SÖREN SALOMO

Wechsel der Spitzenführungskraft und Unternehmenserfolg

Betriebswirtschaftliche Forschungsergebnisse

Band 119

Wechsel der Spitzenführungskraft und Unternehmenserfolg

Von

Sören Salomo

Duncker & Humblot · Berlin

Die Deutsche Bibliothek – CIP-Einheitsaufnahme

Salomo, Sören:
Wechsel der Spitzenführungskraft und Unternehmenserfolg /
von Sören Salomo. – Berlin : Duncker und Humblot, 2001
(Betriebswirtschaftliche Forschungsergebnisse ; Bd. 119)
Zugl.: Kiel, Univ., Diss., 2000
ISBN 3-428-10394-7

Fremddatenübernahme und Druck:
Berliner Buchdruckerei Union GmbH, Berlin
Printed in Germany

ISSN 0523-1027
ISBN 3-428-10394-7

Gedruckt auf alterungsbeständigem (säurefreiem) Papier
entsprechend ISO 9706 ♾

Geleitwort

Im Gegensatz zur populären Management-Literatur, vor allem von Magazinen und Wochenschriften, sind die Spitzenführungskräfte großer Unternehmen nur selten Gegenstand seriöser wissenschaftlicher Forschung gewesen. Das gilt auf jeden Fall für Deutschland, weniger für die USA. Während dort mehr als einhundert empirische Studien zu diesem Gegenstand vorliegen, finden sich für Deutschland gerade fünf, davon zwei von amerikanischen Autoren. Über die Gründe kann man spekulieren – es zeigt sich offenkundig ein spezifisch deutsches Defizit.

In diesen Studien vermisst Salomo die betriebswirtschaftliche Perspektive – nämlich den Bezug zum Erfolg. In der jetzt vorliegenden Schrift liefert er diesen Beitrag: Er fragt, ob der Wechsel der Spitzenführungskraft (Vorstandsvorsitzender, Vorstandssprecher, Alleinvorstand) durch vorangehende Misserfolge erklärt werden kann und ob es dem Nachfolger gelingt, den „turn around" der Erfolgslage in angemessener Zeit zu bewerkstelligen. Zu diesem Zweck muss er eine Typologie des Wechsels verwenden, denn die Erfolgswirksamkeit ist zu differenzieren: Vermutlich ist der unfreiwillige Wechsel gegenüber dem freiwilligen und unabdingbaren wesentlich turbulenter.

Salomo liefert eine Vollerhebung von 301 deutschen, börsennotierten Aktiengesellschaften (ohne Banken und Versicherungen) für den Zeitraum von 1987 bis 1997. In diesen Fällen kam es 501 mal zum Wechsel des Vorstandsvorsitzenden. Die Anlässe für den Wechsel werden in einer schriftlichen Befragung sowie in einer inhaltsanalytischen Auswertung der Wirtschaftspresse bestimmt. 388 eindeutige Wechseltypen lassen sich auf diese Weise identifizieren. Diese persönlichen Daten werden mit dem Unternehmenserfolg korreliert, der bilanzanalytisch in Zeit- und Betriebsvergleichen ermittelt wird. Dabei geht Salomo auch auf die Maßnahmen der Bilanzpolitik ein, durch die der Misserfolg kaschiert werden soll.

Die Ergebnisse bestätigen die Vermutung: Sinkender Erfolg führt zum Wechsel der Spitzenführungskraft. Diese Konsequenz wird durch bilanzpolitische Verschönerungen der Jahresabschlüsse kaum aufgehalten. Im Jahr des Wechsels wird der niedrigste Erfolg ausgewiesen. Der Nachfolger versucht, seinem Vorgänger in diesem Jahr noch möglichst viel von dem Misserfolg anzulasten. Danach steigt der Erfolg wieder an, ohne dass es dabei zu bilanzpolitischen Ergebnisverbesserungen kommt. Der Wechsel und seine Effekte treten insbesondere bei Unternehmen mit institutioneller Eigenkapitalgeber-Struktur auf. In diesen Unternehmen reagiert der Aufsichtsrat kühl und rational. Hier haben Spitzenmanager weniger Macht, um sich im Sattel zu halten.

Die vorliegende Studie ist eine herausragende Leistung wegen ihrer strengen theoretischen Orientierung, wegen des Umfangs, der Intensität und der Methoden der Literaturauswertung, wegen des besonderen Niveaus der empirischen Untersuchung, die umfangreiche Personalinformationen mit Bilanzanalysen verknüpft, und wegen der Bedeutsamkeit der empirischen Befunde für die Theorie und Praxis der Unternehmensverfassung. Die aktuelle Diskussion zur Corporate Governance wird an dieser Arbeit Salomos nicht vorbeigehen können.

Kiel, im September 2000 *Prof. Dr. Dr. h. c. Jürgen Hauschildt*

Vorwort

Spitzenführungskräften wird gemeinhin eine herausragende Bedeutung für das Wohl und Wehe ihrer Unternehmen zugeschrieben. Gerade mit dem Wechsel an der Führungsspitze sind Erwartungen an bestimmte typische Erfolgsentwicklungen verbunden. Inwieweit sich diese Erwartungen erfüllen und ob sich bei unterschiedlichen Wechseln der Spitzenführungskraft tatsächlich typische Erfolgsmuster zeigen, soll neben weiteren Aspekten des Wechsels an der Unternehmensspitze Gegenstand dieser Arbeit sein. Dabei werden insbesondere folgende Fragen einer näheren Analyse unterzogen:

- Zeigen sich typische Veränderungen der Erfolgslage im Verlauf eines Wechsels der Spitzenführungskraft?
- Ist der Unternehmenserfolg vor und nach dem Wechsel abhängig vom Anlaß des Wechsels?
- Beeinflussen Spitzenführungskräfte in dieser turbulenten Wechselsituation den Unternehmenserfolg durch Bilanzpolitik?
- In welchen Situationen wird welche Art von Nachfolger an der Unternehmensspitze gewählt und welche Konsequenzen hat diese Wahl für den Unternehmenserfolg?

Die vorliegende Arbeit beantwortet diese Fragen durch eine empirische Analyse der Wechsel an der Vorstandsspitze aller deutschen börsennotierten Aktiengesellschaften für den Zeitraum von 1987 bis 1997.

Mein ganz besonderer Dank gilt meinem akademischen Lehrer und Doktorvater *Herrn Prof. Dr. Dr. h.c. Jürgen Hauschildt,* der diese Arbeit mit wissenschaftlichem Anspruch und stetem Ansporn begleitet hat. *Herrn Prof. Dr. Klaus-Rüdiger Veit* danke ich für die freundliche Übernahme des Koreferates. Meinen *Kollegen* am Lehrstuhl für Organisation danke ich für ihre in zahlreichen Diskussionen erwiesene Unterstützung. Besonders hervorheben möchte ich *Herrn Prof. Dr. Jens Leker,* der mich unermüdlich und in allen Phasen der Arbeit in äußerst kompetenter Weise unterstützte, und *Frau Dr. Liesa Folkerts,* die durch konstruktive Kritik erheblich zum Gelingen der Arbeit beigetragen hat. Darüber hinaus sei allen Famulanten des Lehrstuhls für ihre tatkräftige Hilfe bei der Durchführung der Erhebung und Erfassung der Daten herzlich gedankt.

Es ist mir ein besonderes Vergnügen der ESC Esche Schümann Commichau Stiftung zu danken, die meine Dissertation mit dem Preis zur Förderung der Ausbildung in den rechts-, wirtschafts- und steuerberatenden Berufen ausgezeichnet hat.

Ohne familiäre Unterstützung hätte diese Arbeit nicht in der vorliegenden Form angefertigt werden können. Meinen Eltern, *Mette* und *Dr. Wolfgang Salomo,* möchte ich daher besonders für ihre Unterstützung danken, die mir stets einen sicheren Rückhalt gab.

Kiel, September 2000 *Sören Salomo*

Inhaltsverzeichnis

F. Ergebnisse der empirischen Untersuchung 240

Abbildungsverzeichnis

Tabellenverzeichnis

Abkürzungsverzeichnis

AN	Arbeitnehmer
ANOVA	Analysis of Variance
AR	Aufsichtsrat
CEO	Chief Executive Officer
df	Freiheitsgrade
EA	External Assessment
EDV	Elektronische Datenverarbeitung
EPA	Ergebnis per Aktie
FAZ	Frankfurter Allgemeine Zeitung
I	Investigator Inference
i. w. S.	im weitesten Sinne
k. A.	keine Angabe
KF	Kontrollfälle
n.s.	nicht signifikant
OI	Objective Indicator
p(x)	Wahrscheinlichkeit des Ereignisses „x“
RoA	Return on Assets
RoE	Return on Equity
SpFK	Spitzenführungskraft
ST	Self-typing
TOL	Tolerance
VFE-Lage	Vermögens-, Finanz- und Ertragslage
VIF	Variance Influence Factor
WF	Wechselfälle
WSJ	Wall Street Journal

A. Einleitung

I. Problemstellung und Ziel der Arbeit – Der Wechsel der Spitzenführungskraft und Unternehmenserfolg

Die Problemstellung dieser Arbeit läßt sich an einem Leitartikel unter der Überschrift *„Firing the boss"* in *The Economist* vom Oktober 1999 illustrieren:

„Sacking someone is a horrible task, as near to commanding a firing squad as most civilised people get these days. It is not quite as unpleasant as being sacked, of course, and it is easier if you can delegate your dirty work to somebody in human resources. But the sheer nastiness of telling somebody it's time to go is enough to make the toughest hesitate. Nowhere is this truer than in the boardroom. Confronted with a chief executive whose strategy is not working the instinct of many company directors is to wait and hope that something – the shares, ideally – will turn up. Far better to find a replacement, quickly, and pay the price.

An able chief executive has extraordinary power to make or brake the company. Take the way that Robert Ayling has turned Britain's BA from „the world's most favourite airline" into just another troubled carrier. Or how Gil Amelio damaged Apple Computer and Edzard Reuter wrecked Daimler-Benz. But the speed with which Apple's resurrection followed the return of Steve Jobs, or the vigour with which Jürgen Schrempp has restructured Daimler and Jean-Marie Messier has transformed France's Vivendi, all show the value of talent."[1]

Spitzenführungskräfte erscheinen von herausragender Bedeutung für das Wohl und Wehe von Unternehmen. Ihr Wechsel ist damit auch ein sensibles, schwieriges und einschneidendes Ereignis in der Unternehmensgeschichte. Zudem geht der Wechsel der Spitzenführungskraft offenbar mit typischen Erfolgsentwicklungen vor und nach dem Wechsel einher. Insbesondere wird von einem Wechsel in der Führungsspitze in der Regel eine deutliche Verbesserung des Unternehmenserfolges unter der nachfolgenden Spitzenführungskraft erwartet. Inwieweit sich diese Erwartungen erfüllen und ob sich bei unterschiedlichen Wechseln der Spitzenführungskraft tatsächlich typische Erfolgsmuster zeigen, sollen neben weiteren Aspekten des Wechsels an der Unternehmensspitze Gegenstand dieser Arbeit sein.

Zentraler Untersuchungsgegenstand ist der Zusammenhang zwischen Wechsel der Spitzenführungskraft und Unternehmenserfolg. Ausgehend vom Wechsel an der Führungsspitze der Unternehmen wird untersucht:

---

1 Zitiert aus dem Leitartikel „Firing the boss" erschienen in The Economist, October 30th 1999, S. 15.

(a) inwieweit der Unternehmenserfolg den Wechsel bedingt und

(b) welche Effekte von dem Wechsel auf den weiteren Unternehmenserfolg ausgehen.

Der Wechsel ist zunächst abhängige Variable, die es zu erklären gilt, und wiederum unabhängige Variable, die selbst erklärende Funktion besitzt. Der Untersuchungsansatz strebt folglich eine Betrachtung des gesamten Wechselprozesses an, wobei die Interaktion von Wechsel der Spitzenführungskraft und Erfolg immer als zentrale Variablenbeziehung im Vordergrund steht. Die auf theoretischer Basis abgeleiteten Hypothesen zu diesem zentralen Zusammenhang werden anhand einer Stichprobe deutscher börsennotierter Aktiengesellschaften überprüft.

Die Analyse des Wechsels an der Unternehmensspitze verfolgt dabei unterschiedliche Zielsetzungen:

Die Betriebswirtschaftslehre betrachtet unterschiedliche Einflußgrößen auf den Unternehmenserfolg. Im Zentrum der Analyse stehen dabei zum einen im weitesten Sinne unternehmensunabhängige Faktoren. Dieser auch unter dem Stichwort der „Industrial Organization Forschung" zusammengefaßte Bereich der Betriebswirtschaft betrachtet insbesondere den Einfluß intra- und interindustrieller Erfolgsfaktoren.[2] Zum anderen beschäftigt sich insbesondere die Forschung zur Unternehmensstrategie mit dem Zusammenhang von unterschiedlichen Strategiealternativen und Unternehmenserfolg.[3] Dabei werden zum Beispiel die Fragen der Erfolgswirkung einer Diversifikationsstrategie oder der Konzentration auf Kernkompetenzen entsprechend der theoretischen Überlegungen des resourcenbasierten Ansatzes diskutiert.[4] In weiten Teilen dieser theoretischen und empirischen Forschung der Betriebswirtschaft wird jedoch die Spitzenführungskraft als entscheidende Determinante des Unternehmenserfolgs ausgeklammert oder lediglich am Rande behandelt.[5] Dies steht jedoch im deutlichen Widerspruch zur öffentlichen Meinung und Wirtschaftspresse, in der das Schicksal der Unternehmen gerade an bestimmte Personen und deren Wechsel in der Führungsspitze geknüpft wird. Spitzenführungskräfte erscheinen in der Presse häufig als die zentralen Faktoren des Unternehmenserfolges. Der Diskrepanz zwischen der Orientierung der betriebswirtschaftlichen Forschung an „unpersönlichen" Erfolgsfaktoren und all-

---

2 Vgl. stellvertretend Schmalensee (1985), Rumelt (1991) und den Überblick bei zu Knyphausen (1993), S. 771–792.

3 Vgl. Conner (1991).

4 Vgl. stellvertretend Chatterjee / Wernerfelt (1991), Hill / Hansen (1991), Mahoney / Pandian (1992), Kern (1988), Markides (1995), Hunt / Morgan (1995) und Grant (1991).

5 Vgl. auch Schrader (1995), S. 3 ff., der ein ähnliches Fazit zur Bedeutung der Spitzenführungskraft in der betriebswirtschaftlichen Analyse zieht. Lediglich die in jüngster Zeit aufkommenden Studien zum Zusammenhang von persönlichen Eigenschaften der Spitzenführungskräfte mit der Unternehmensstrategie rücken ebenfalls explizit die Person in den Mittelpunkt der betriebswirtschaftlichen Analyse. Vgl. stellvertretend Hambrick / Mason (1984), S. 193–206, Hambrick (1988), Dosi / Marengo (1992).

gemeiner Einschätzung zur Bedeutung von Spitzenführungskräften soll mit dieser Arbeit entgegengetreten werden. Dabei kann durch die Analyse der spezifischen Wechselsituation der Frage nachgegangen werden, inwieweit Spitzenführungskräfte beziehungsweise ihr Wechsel die Entwicklung des Unternehmenserfolges beeinflussen.

Der Zusammenhang von Wechsel der Spitzenführungskraft und Unternehmenserfolg kann sowohl hinsichtlich unterschiedlicher Wechseltypen, zum Beispiel im Sinne unfreiwilliger, freiwilliger oder unabdingbarer Wechsel, als auch in bezug auf die Erfolgsmessung differenziert betrachtet werden. Dabei steht bei dem auf Basis von Jahresabschlüssen bestimmten Erfolg besonders die Frage im Vordergrund, inwieweit der Unternehmenserfolg einer gezielten Beeinflussung durch bilanzpolitische Maßnahmen der jeweiligen Spitzenführungskraft unterliegt. Eine differenzierte Erfolgsmessung sowie die explizite Betrachtung bilanzpolitischer Aktivität ermöglicht die Beantwortung der Frage, welcher Teil der unterstellten Erfolgsvarianz im Verlauf des Wechsels durch „reale“ Effekte des Wechsels und welcher Teil durch bilanzpolitischen Einfluß zu erklären ist. In diesem Sinne liegt diese Arbeit auf der Schnittstelle zwischen Organisation und Rechnungswesen. Die direkte Analyse der Bilanzpolitik im Wechselprozeß offenbart zudem einen Einblick in die aktive Gestaltung des Jahresabschlusses durch das Management und läßt sich damit auch als Ansatz der empirischen Bilanzforschung nach Coenenberg verstehen.[6] Die hier vorgenommenen Analysen beziehen sich dabei insbesondere auf die „Gestaltungsentscheidungen der Unternehmensleitung“ sowie den „Inhalt der finanziellen Rechenschaftslegung“.[7]

Erweist sich die Bilanzpolitik – und damit die gezielte Einflußnahme durch die jeweilige Spitzenführungskraft – tatsächlich als bedeutender Einflußfaktor auf den ausgewiesenen Erfolg der Unternehmen, so kann dieses Ergebnis zudem Hinweise für die weitere empirische Forschung zu Erfolgsfaktoren liefern. Die weit verbreitete Erfassung des Unternehmenserfolges in Form hoch aggregierter Erfolgskennzahlen zum Beispiel als „Gesamtkapitalrendite“ oder „Return on Assets“ (RoA)[8] differenziert nicht nach *„realen“* und *„bilanzpolitisch bedingten“* Erfolgseffekten. Erweist sich jedoch der Erfolg im Verlauf des Wechsels an der Unternehmensspitze als eine Größe, die durch gezielte bilanzpolitische Aktivität beeinflußt ist, so wäre dieser Effekt auch bei der Erfolgsmessung in anderen Studien zu berücksichtigen. Die Ermittlung „unverzerrter“ Erfolgsfaktoren bedürfte daher der Kontrolle bilanzpolitischer Effekte.

---

6 Vgl. Coenenberg (1978), S. 459 ff.

7 Die beiden weiteren Ansatzpunkte der empirischen Bilanzforschung nach Coenenberg beziehen sich auf eine Analyse der „Ziele der finanziellen Rechenschaftslegung“ und „(Ziel-) Effizienz der finanziellen Rechenschaftslegung“. Vgl. Coenenberg (1978), S. 496.

8 Vgl. z. B. zu den verwendeten Erfolgsmaßen im Rahmen der Untersuchungen zum Wechsel der Spitzenführungskraft Kapitel C.III sowie Übersicht 1 und Übersicht 2 im Anhang.

Die Analyse des Wechsels der Spitzenführungskraft deutscher Aktiengesellschaften leistet zudem einen Beitrag zur aktuellen „Corporate Governance" Diskussion.[9] So ermöglicht insbesondere die Unterscheidung von Wechseltypen nach der Initiative zum Wechsel der Spitzenführungskraft eine umfassende und für deutsche Unternehmen in dieser Form noch nicht vorliegende Analyse der aktuellen Spitzenverfassung.[10] Die Überwachung der Unternehmensleitung durch den Aufsichtsrat kann bereits durch die Verteilung der Wechseltypen und hier insbesondere die relative Häufigkeit des „unfreiwilligen" Wechsels der Spitzenführungskraft im Ansatz bewertet werden. Im Vergleich zu den Ergebnissen amerikanischer Studien kann die Verteilung der Wechseltypen sowie ihr Zusammenhang mit dem Unternehmenserfolg Hinweise zur relativen Effizienz der deutschen Spitzenverfassung geben.

Die mit dieser Arbeit verfolgten *Ziele* lassen sich in den folgenden Forschungsfragen konkretisieren:

- Zeigen sich typische Veränderungen der Erfolgslage im Verlauf eines Wechsels der Spitzenführungskraft?
- Zeigt sich ein Unterschied in der Erfolgslage vor und nach dem Wechsel, je nachdem ob die Spitzenführungskraft unfreiwillig, freiwillig oder unabdingbar aus der Unternehmensleitung ausscheidet?
- Zeigt sich im Verlauf des Wechselprozesses eine gezielte bilanzpolitische Aktivität und läßt sich ein Einfluß der Bilanzpolitik auf den Unternehmenserfolg in dieser Situation nachweisen?
- Verändert sich der bilanzpolitische Einfluß auf den Erfolg in Abhängigkeit von der jeweiligen Spitzenführungskraft und dem Zeitpunkt im Wechselprozeß?
- Von welchen Bedingungen hängt die Wahl eines Insider- oder Outsider-Nachfolgers an der Unternehmensspitze ab und welchen Effekt haben die unterschiedlichen Nachfolger auf den Unternehmenserfolg nach dem Wechsel?

Diese Forschungsfragen leiten den weiteren Verlauf der Analyse. Sie bilden insbesondere die Basis für die Auswahl der theoretischen Konzepte, die zur Ableitung der im empirischen Teil der Arbeit zu testenden Hypothesen dienen.

II. Gang der Untersuchung

Die vorliegende Untersuchung zum Zusammenhang von Wechsel der Spitzenführungskraft und Unternehmenserfolg gliedert sich in zwei Hauptteile. Im ersten Teil wird vor dem Hintergrund theoretischer Ansätze ein konzeptioneller Rahmen zur Betrachtung des zentralen Untersuchungsgegenstandes – den Erfolgsbedingun-

---

9 Vgl. stellvertretend Feddersen / Hommelhoff / Schneider (1996).

10 Vgl. zum Begriff der Spitzenverfassung Bleicher (1987), Sp. 1858 ff.

gen und Erfolgseffekten des Wechsels der Spitzenführungskraft – entwickelt. Die theoretischen Überlegungen münden in Hypothesen zum Zusammenhang von Spitzenführungskraftwechsel und Unternehmenserfolg. Die konzeptionelle Basis wird zusätzlich um eine ausführliche Meta-Analyse der bisherigen Ergebnisse der empirischen Forschung zum Wechsel der Spitzenführungskraft ergänzt. Im zweiten Hauptteil der Arbeit werden die zuvor abgeleiteten Hypothesen einer empirischen Überprüfung unterzogen.

Kapitel B.I beginnt mit einer agency-theoretischen Fundierung des Wechsel-Erfolgs-Zusammenhangs, die um Überlegungen auf Basis der Anspruchs-Anpassungs-Theorie (*Kapitel B.II*) ergänzt wird. Ausgehend von der Annahme, daß sich Wechsel an der Unternehmensspitze in Abhängigkeit der Motivation zum Wechsel in unterschiedliche Typen unterscheiden lassen, können Hypothesen zum einen zu Erfolgsbedingungen (*Kapitel B.III.1*) und zum anderen zu Erfolgswirkungen der jeweiligen Wechseltypen (*Kapitel B.III.2*) abgeleitet werden.

Die Überlegungen zu differenzierten Erfolgsmaßen, die im Wechselzusammenhang von Bedeutung sein können, führen im Rahmen des *Kapitels B.III.3* zur Auswahl des jahresabschlußbasierten Erfolges als zentrales Erfolgsmaß. Damit rückt der Prozeß der Jahresabschlußerstellung mit den ihm eigenen Möglichkeiten zur gezielten bilanzpolitischen Einflußnahme durch die jeweilige Spitzenführungskraft in das Blickfeld der Analyse. Die Aufstellung des Jahresabschlusses kann dabei als Rollenepisode interpretiert werden, so daß mittels der Rollentheorie Erwartungen zur bilanzpolitischen Einflußnahme der Spitzenführungskraft auf den Erfolg formuliert werden können (*Kapitel B.IV*).

Neben der Differenzierung nach der Initiative zum Wechsel kann zusätzlich die – besonders in der amerikanischen Literatur verfolgte – Unterscheidung nach Insider- oder Outsider-Nachfolgern aufgegriffen werden. Im Unterschied zur bisherigen empirischen Forschung zum Zusammenhang von Nachfolgerart und Unternehmenserfolg, die überwiegend auf Basis eher ad hoc formulierter Erwartungen unterschiedliche und zum Teil widersprüchliche Ergebnisse erzielt, werden in *Kapitel B.V* Hypothesen unter Rückgriff auf den Agency-Ansatz formuliert. Dabei stehen erneut die Erfolgsbedingungen der Nachfolgerart sowie die Wirkungen der Wechsel je nach Insider- oder Outsider-Nachfolge im Zentrum der Betrachtung.

In *Kapitel B.VI* werden relevante Kontextbereiche identifiziert, die bei einer Analyse der Beziehung von Wechsel der Spitzenführungskraft und Unternehmenserfolg ebenfalls zu berücksichtigen sind.

Kapitel C faßt den bisherigen Stand der empirischen Forschung zu Erfolgsbedingungen und -wirkungen des Spitzenführungskraftwechsels zusammen. Dabei ermöglicht eine Meta-Analyse der Ergebnisse erste Antworten auf die zuvor formulierten Erwartungen und insbesondere Hinweise auf Bereiche, die noch einer tiefergehenden empirischen Analyse bedürfen. Die zusammenfassende Betrachtung der bisherigen Forschung dient zudem der Identifikation relevanter Kontextfaktoren, die bei einer empirischen Prüfung der zuvor formulierten Hypothesen zu kontrollieren sind. Ergänzend wird der Frage nachgegangen, welche Meßansätze und Operationalisierungen sich bei der Bestimmung der Wechseltypen bewährt haben beziehungsweise in welcher Form sie geeignet modifiziert werden sollten.

Kapitel D beendet den ersten Teil der Arbeit und vereinigt die konzeptionellen Überlegungen sowie die Ergebnisse der Analyse der bisherigen empirischer Forschung in einer zusammenfassenden Darstellung der zu testenden Hypothesen. Ergänzend kann vor dem Hintergrund der bisherigen empirischen Forschung zum Wechsel der Spitzenführungskraft das in der eigenen empirischen Untersuchung gewählte Analysedesign skizziert werden.

Gegenstand des zweiten Hauptteils der Arbeit ist die empirische Prüfung der Hypothesen zum Zusammenhang von Wechsel der Spitzenführungskraft und Unternehmenserfolg. Dabei lassen sich grundsätzlich zwei Analysebereiche voneinander abgrenzen: Erstens werden Erfolgsbedingungen und zweitens die Erfolgseffekte unterschiedlicher Wechsel- und Nachfolgertypen überprüft. Die Frage des bilanzpolitischen Einflusses der Spitzenführungskraft im Verlauf des Wechsels an der Unternehmensspitze ermöglicht zudem die Klärung, inwieweit festgestellte Erfolgseffekte auf reale oder bilanzpolitisch bedingte Einflüsse zurückzuführen sind.

Die Präsentation der Datenbasis und des Untersuchungsdesigns ist Gegenstand des *Kapitels E.* Die Untersuchung konzentriert sich dabei auf Wechsel von Spitzenführungskräften deutscher börsennotierter Aktiengesellschaften aus den Jahren 1989 bis 1997. Besondere Beachtung findet die Operationalisierung der Wechseltypen im Rahmen des *Kapitels E.IV.* Dabei wird zum einen eine geeignete Basis für die eigene differenzierte Analyse geschaffen und zum anderen der weiteren Forschung zum Wechsel der Spitzenführungskraft ein valides Instrument zur Bestimmung von Wechseltypen zur Verfügung gestellt.

In *Kapitel F* werden die zuvor aufgestellten Hypothesen einem empirischen Test unterzogen. Zunächst kann in *Kapitel F.I* die Stichprobe charakterisiert werden, bevor in *Kapitel F.II* auf aggregierter Ebene der Zusammenhang von Wechsel der Spitzenführungskraft und Unternehmenserfolg überprüft wird. Nachdem in *Kapitel F.III* gezeigt werden kann, daß eine nach Wechseltypen differenzierende Analyse vorteilhaft ist, werden in den folgenden *Kapiteln F.IV bis F.VI* Erfolgsbedingungen und -effekte des Wechsels der Spitzenführungskraft je Wechseltyp detailliert überprüft. *Kapitel F.VII* beschäftigt sich mit dem Test der Hypothesen zur Bilanzpolitik im Wechselprozeß, und *Kapitel F.VIII* betrachtet abschließend den Zusammenhang von Nachfolgerart (Insider / Outsider) und Unternehmenserfolg.

Die Arbeit schließt in *Kapitel G* mit einer Einordnung der Untersuchung in die Spitzenführungskraftforschung sowie den Implikationen der Ergebnisse für Wissenschaft und Praxis.

III. Spitzenführungskräfte deutscher Aktiengesellschaften

Bevor mit der eigentlichen Analyse begonnen werden kann, ist der Begriff „Spitzenführungskraft" zu definieren. Da die Aktiengesellschaft Gegenstand der eigenen empirischen Betrachtung ist, beschränkt sich die Definition der Spitzenführungskraft zunächst auf diese Rechtsform.[11]

Nach § 76 Abs. 1 AktG hat der Vorstand unter eigener Verantwortung die Aktiengesellschaft zu leiten. Die Kompetenz zur Gestaltung der Unternehmenspolitik liegt folglich allein in der Verantwortung des Vorstandes, so daß die Aktionäre nur indirekt über den Aufsichtsrat mittelbaren Einfluß auf die Unternehmenspolitik nehmen können.[12] Zentrale Organisationsnorm für den Vorstand einer Aktiengesellschaft bildet der § 77 Abs. 1 AktG, der eine gemeinschaftliche Geschäftsführung zwingend vorschreibt.[13] Es gilt das Kollegialprinzip für die Willensbildung im Leitungsorgan der Aktiengesellschaft.[14] Das Gesetz läßt jedoch zu, daß auf der Basis von Satzungen oder Geschäftsordnungen ein Vorstandsvorsitzender vom Aufsichtsrat ernannt werden kann.[15] Ernennt der Aufsichtsrat keinen Vorstandsvorsitzenden, kann der Vorstand aus seiner Mitte einen Sprecher wählen.[16] Auch wenn der Sprecher nicht Vorsitzender im Sinne des Gesetzes ist, so lassen sich die beiden Positionen hinsichtlich der in Realität ausgeübten Funktionen nicht voneinander abgrenzen.[17]

Mit der Institution des Vorstandsvorsitzenden oder Vorstandssprechers liegt eine Annäherung der rechtlich kollegialen Spitzenverfassung an eine de facto direktoriale Organisation der „obersten Unternehmensleitung"[18] vor. So berichtet Trenkle

---

11 Im Rahmen der Meta-Analyse (Abschnitt C) wird diese „engere" Definition zu Gunsten einer allgemeineren Bestimmung von Spitzenführungskräften als „Mitglieder der obersten geschäftsführenden Instanz" (Vgl. Witte, 1981b) erweitert.

12 Vgl. Witte (1981a), S. 275, Meyer-Landrut (1973), S. 580–582.

13 Vgl. v. Werder (1987), S. 2268. Diese Rechtsnorm ist bedeutsam bei einem Vorstand, der aus mehr als einer Person besteht. Im Fall des Alleinvorstands, der insbesondere bei großen Unternehmen eher die Ausnahme als die Regel darstellt, liegt die Verantwortung für die Geschäftsführung ausschließlich bei dieser Person, die damit auch als Spitzenführungskraft zu definieren ist.

14 Vgl. Chmielewicz (1992), Sp. 2474 f. sowie zur kollegialen Leitung Bleicher (1987), Sp. 1860 f. Vgl. auch Meyer-Landrut (1973), S. 594 sowie S. 595 ff. zu abweichenden Regelungen des Gesetzes, die jedoch die grundsätzliche Norm der „Gesamtgeschäftsführung" nicht außer Kraft setzen. Die gesetzlich Festlegung auf das Kollegialprinzip trägt dabei auch der Tatsache Rechnung, daß u. a. aus historischen Gründen in Deutschland das CEO-(„Führer"-)Prinzip zumindest in großen Organisationen tendenziell kritisch beurteilt wird. Vgl. auch Gutenberg (1962), S. 46 f., Kosiol (1976), S. 117 f.

15 Vgl. § 84 Abs. 2 AktG.

16 Vgl. auch Meyer-Landrut (1973), S. 59.

17 Vgl. zur annähernd gleichen Ausprägung der Funktionen von Vorstandsvorsitzenden und -sprecher in deutschen Aktiengesellschaften Bleicher / Leberl / Paul (1989), S. 94 f. sowie Wilhelmi (1977), Rdnr. 467 f. und Vogel (1980), S. 99 f.

18 Vgl. Seidel / Redel (1987), S. 131.

in einer empirischen Untersuchung deutscher Vorstände, daß in 88% der von ihm befragten Unternehmen (n = 60), der Vorstandsvorsitzende oder -sprecher nicht nur als Sitzungsleiter fungiert, sondern „bei Meinungsverschiedenheiten ausgleicht“ oder nach Aussage der befragten Vorstände sogar „als oberste Instanz“ im Vorstandskollegium verstanden wird.[19] Ergänzend kommt dem Vorstandsvorsitzenden die besondere Funktion als Bindeglied zwischen Aufsichtsrat und Vorstand zu.[20] Die in der täglichen Vorstandspraxis hervorgehobene Position[21] findet ihre Entsprechung in der exponierten Stellung der Vorsitzenden oder Sprecher in der öffentlichen Diskussion um einzelne Unternehmen. Diese Überlegungen legen es damit nahe, Personen im Amt des Vorstandsvorsitzenden oder Vorstandssprechers als Spitzenführungskräfte deutscher Aktiengesellschaften zu definieren.[22]

---

19 Vgl. Trenkle (1983), S. 92. Vgl. zu weiteren Aufgaben die Vorstandsvorsitzenden oder -sprecher obliegen Bleicher / Leberl / Paul (1989), S. 95, Hölters (1985), S. 657 ff., Erle (1987), S. 11 f.

20 Vgl. Bleicher / Paul (1986), S. 263 ff. sowie Erle (1987), S. 11.

21 Meyer-Landrut (1973), S. 597 spricht auch vom „primus inter pares“.

22 Vgl. auch Witte (1981b), Schrader / Lüthje (1995), S. 468, te Wild (1996), S. 37 und Leker / Salomo (1998), S. 163.

B. Wechsel der Spitzenführungskraft und Performance: Theoretische Perspektiven

Die nachfolgenden Ausführungen betrachten den Prozeß des Wechsels der Spitzenführungskraft in Relation zum Unternehmenserfolg aus unterschiedlichen theoretischen Perspektiven. Im Vordergrund der Analyse steht die Frage der Performance-Entwicklung[1] unmittelbar vor und nach einem Wechsel der Spitzenführungskraft. Ergänzt wird diese Betrachtung durch eine Analyse der Intensität und Richtung der Bilanzpolitik im Verlauf des Wechselprozesses.

Die bereits in einer Reihe von anderen Studien formulierte Agency-Beziehung zwischen Spitzenführungskraft und kontrollierendem Aufsichtsrat wird hier konkret für den Wechselzusammenhang analysiert. Im Vordergrund steht dabei die Anwendung der *Agency Theorie* auf das konkrete Problem des Wechsels an der Unternehmensspitze. Entsprechend den Annahmen der Agency Theorie kann die veröffentlichte Performance als zentrales Maß zur Kontrolle der Spitzenführungskraft identifiziert werden. Die Frage nach Maßstab und Funktion der Sanktionierung in Abhängigkeit der Performanceentwicklung wird mit Hilfe der *Aspiration-Level-Theorie* näher analysiert. Neben dem erfolgsbedingten, vom Aufsichtsrat initiierten Wechsel der Spitzenführungskraft lassen sich weitere Motive zum Wechsel identifizieren. Je nach Wechseltyp können daraufhin Erwartungen zur Erfolgsentwicklung im Wechselprozeß formuliert werden.

Die Entwicklung des im Jahresabschluß abgebildeten Erfolges der Unternehmen ist jedoch zusätzlich abhängig von gezielter bilanzpolitischer Einflußnahme der jeweiligen Spitzenführungskraft. Auf Basis einer *rollentheoretischen Betrachtung,* die Hinweise auf die Ausgestaltung und Veränderung der Beziehung zwischen den zwei zentralen Akteuren – Spitzenführungskraft und Aufsichtsrat – liefert, ermöglicht ein Rollenepisodenmodell die Formulierung von Erwartungen zur Bilanzpolitik. Hypothesen zur Intensität und Richtung der Bilanzpolitik werden in Abhängigkeit von Wechseltyp und Zeitpunkt im Wechselprozeß abgeleitet.

In Ergänzung zur Typologie des Wechsels anhand unterschiedlicher Motivation zum Abgang der Spitzenführungskraft kann zusätzlich nach *Insider- und Outsider-Nachfolgern* differenziert werden. Diese, besonders in der anglo-amerikanischen Literatur weit verbreitete Möglichkeit zur Abgrenzung verschiedener Wechseltypen, wird im vorletzten Abschnitt umfassend erstmals für deutsche Aktiengesellschaften *auf der Basis agency-theoretischer Überlegungen* diskutiert. Die Unter-

---

[1] Die Begriffe „Performance“ und „Unternehmenserfolg“ werden im folgenden synonym verwandt.

scheidung der Nachfolger an der Unternehmensspitze in Abhängigkeit ihrer früheren Organisationszugehörigkeit kann dabei als alternative Wechseltypologie oder als moderierende Variable zum Zusammenhang von Erfolg und Wechsel der Spitzenführungskraft analysiert werden. Mögliche Erfolgsbedingungen und Erfolgswirkungen der jeweiligen Nachfolgertypen werden in Hypothesen zusammengefaßt.

Abschließend werden die Überlegungen zum Zusammenhang von Wechsel und Performance um die Betrachtung von *Kontextvariablen* aus vier identifizierten Einflußbereichen ergänzt.

Die theoretischen Ansätze werden vor dem Hintergrund der zentralen Forschungsfrage zum Zusammenhang von Unternehmenserfolg und Wechsel der Spitzenführungskraft auf das spezifische Problem des Spitzenführungskraftwechsels angewandt. Aus der Kombination der ineinander greifenden theoretischen Überlegungen können detaillierte Hypothesen abgeleitet werden. Der folgende Abschnitt C ergänzt diese konzeptionellen Überlegungen um eine systematische Analyse der bisherigen empirischen Ergebnisse. Dies ermöglicht eine erste Überprüfung der abgeleiteten Hypothesen sowie eine Konkretisierung der empirisch relevanten Kontextfaktoren. Im zweiten Teil dieser Schrift werden die aufgestellten Hypothesen zum Wechsel der Spitzenführungskraft dann einer empirischen Überprüfung unterzogen.

I. Agency-Theoretische Fundierung des Wechsel-Performance-Zusammenhangs

Der Wechsel an der Unternehmensspitze ist charakterisiert durch die Interaktion von Spitzenführungskraft und Aufsichtsrat als kontrollierendem oder aktiv eingreifendem Organ der Unternehmensverfassung von Aktiengesellschaften. Damit bietet sich die Agency-Theorie als geeignete Basis zur Analyse dieser dyadischen Interaktions-Beziehung zwischen Spitzenführungskraft und Aufsichtsrat an.[2] Im hier relevanten Kontext der Interaktion von Spitzenführungskraft und Aufsichtsrat läßt sich die Spitzenführungskraft als Agent der Unternehmenseigner, repräsentiert durch den Aufsichtsrat, identifizieren. Die Spitzenführungskraft ist im Sinne der klassischen „seperation of ownership and control"[3] mit der Unternehmensleitung beauftragt und wird dabei vom Aufsichtsrat als Kontrollorgan überwacht.

---

2 Vgl. Jensen/Meckling (1976), S. 309, Gedenk (1998), S. 23. Im strengen Sinne ist die Agency-Theorie lediglich für zwei-Personen-Beziehungen definiert. Diese Bedingung wird jedoch regelmäßig zu Gunsten einer weiteren Betrachtung auf Personengruppen wie zum Beispiel den Aufsichtsrat (Vgl. z. B. Gedenk, 1998) oder die „shareholder" (Vgl. z. B. Pratt/Zeckhauser, 1985) ausgedehnt. Dabei wird implizit unterstellt, daß die Prinzipale eine gemeinsame Zielfunktion besitzen und diese auch entsprechend artikulieren. Vgl. hierzu auch die Ausführungen in Kapitel B.IV.1.

3 Vgl. Berle/Means (1932), die zum ersten Mal auf das Problem der Trennung von Eigentum und Kontrolle hinwiesen.

Die Agency-Theorie untersucht allgemein Probleme bei Prinzipal-Agenten-Beziehungen, in denen eine oder mehrere Personen (Prinzipal(e)) Aufgaben und damit Entscheidungsverantwortung an ein anderes Individuum (Agent) delegieren und diesem dafür eine Vergütung zahlen.[4] In einem gemeinsam vereinbarten Kontrakt werden die Rechte und Pflichten beider Vertragsparteien festgelegt. Nach *Baiman* definiert der Vertrag[5] neben Vergütung und Informationssystem auch die Verteilung von Aufgaben und „property rights“.[6] Ziel des Agency-Ansatzes ist es, einen möglichst effizienten, das heißt „Agency-Cost“-minimalen, Kontrakt zur Regelung der Beziehung zwischen Prinzipal und Agent zu erreichen.

Der Agency-Ansatz basiert insbesondere auf den Annahmen[7], daß:

(a) die Akteure individuelle Nutzenmaximierer sind. Das heißt, die Handlungen jedes Individuums sind von Eigeninteressen gelenkt.[8] Jedes Individuum verfolgt seine eigenen Ziele innerhalb der Grenzen, die vom jeweiligen System definiert sind. Im hier relevanten Kontext bedeutet dies, daß die Anteilseigner an nachhaltig guter Performance des Unternehmens interessiert sind, während für die Spitzenführungskraft angenommen wird, daß ihr Nutzen positiv von hoher Vergütung und negativ vom Umfang des Arbeitseinsatzes abhängt.

(b) insbesondere der Agent risikoaverses Verhalten zeigt.[9] Es wird dabei angenommen, daß die Spitzenführungskraft risikoaverser eingestellt ist als die im Aufsichtsrat repräsentierten Eigentümer, da letztere im Gegensatz zum Agenten in der Lage sind, ihr Risiko durch Portfoliodiversifikation zu reduzieren, während dem Agenten diese Möglichkeit nicht offen steht.[10]

Auf diesen Annahmen aufbauend entsteht das „Agency-Problem“[11] aus zwei fundamentalen Bedingungen: Zielkonflikte und Informationsasymmetrien, die gemeinsam die Prinzipal-Agenten-Beziehung konstituieren.[12] *Zielkonflikte* entstehen, wenn ein Agent – hier die Spitzenführungskraft – versucht, seine individuelle Nut-

---

4 Vgl. Baiman (1990), S. 342, Pratt / Zeckhauser (1985), S. 2.

5 Vgl. zum Unternehmen als „set of contracts“ zwischen den Produktionsfaktoren Fama (1980), S. 289.

6 Vgl. Baiman (1990), S. 342.

7 Vgl. Furubotn / Richter (1990), S. 4 zu einer systematischen Darstellung der zentralen Annahmen aller Ansätze aus dem Bereich der „Neuen Institutionen Ökonomik“ sowie Müller (1995), S. 64 ff. und Meinhövel (1999), S. 140 ff. zur kritischen Diskussion der Annahmen im Rahmen der Agency-Theorie.

8 Vgl. Müller (1995), S. 61.

9 Vgl. Eisenhardt (1989), S. 59 ff.

10 Vgl. Gedenk (1994), S. 21 – 29, die zudem Risikoaversion der Spitzenführungskraft aus der „Notwendigkeit zur Verlängerung von typischerweise auf 3 oder 5 Jahre ausgelegten Anstellungsverträgen“ begründet sieht. Gedenk (1998), S. 24.

11 Vgl. Eisenhardt (1989), S. 58.

12 Vgl. Chakravarthy / Zajac (1984), S. 30 ff., Vgl. zur frühen Diskussion von möglichen Zielkonflikten auch Berle / Means (1967), S. 113 f.

zenfunktion zu maximieren, die jedoch der Nutzenfunktion des Prinzipals entgegensteht. Ohne diesen Zielkonflikt wäre das Agency-Problem zu einem einfach lösbaren Kontrakt-Problem reduziert.[13] *Informationsasymmetrien*[14] als weitere kritische Bedingung bei der Auftragsbeziehung zwischen Prinzipal und Agent beziehen sich auf folgende Situationen:

(a) Der Prinzipal ist durchgängig nicht in der Lage oder nur unter sehr hohen Kosten befähigt, das Verhalten des Agenten zu beobachten. Insbesondere liegen ihm keine Informationen über das Anstrengungsniveau des Agenten vor.[15]

(b) Die Umweltbedingungen lassen keine sichere Ergebnisprognose zu. Stochastische Einflüsse, die nicht unter der Kontrolle des Agenten liegen und deren Umfang sowohl Agent als auch Prinzipal unbekannt sind, wirken auf das Ergebnis,[16] so daß Ergebnisschwankungen nicht eindeutig dem Anstrengungsniveau des Agenten zuzuschreiben sind.[17]

Vor dem Hintergrund dieser Bedingungen werden in der Regel zwei idealtypische Handlungsalternativen des Prinzipals bei der Vertragsgestaltung voneinander abgegrenzt.[18] Der Prinzipal kann im Sinne einer Input-orientierten Steuerung das Verhalten des Agenten direkt beobachten, indem er in Informationssysteme investiert. Anreizsysteme können dann so gestaltet werden, daß positive oder negative Sanktion unmittelbar an das Verhalten des Agenten anknüpft.[19] Auf der anderen Seite ist eine ausschließlich auf das Ergebnis fokussierte Kontrolle möglich, bei der Anreizsysteme im Sinne einer variablen Vergütung an das realisierte Ergebnis geknüpft sind. Auf den Agenten wird bei dieser Steuerungsvariante jedoch ein Teil des Entscheidungsrisikos abgewälzt, was dieser auf Grund seiner angenommenen Risikoaversion nur bei Zahlung einer adäquaten Risikoprämie akzeptiert. Die Auswahl der Handlungsalternative stellt sich damit als Optimierungsproblem dar:

> „However, the heart of principal-agent theory is the trade-off between (a) the cost of monitoring behavior and (b) the cost of measuring outcomes and transferring risk to the agent.“[20]

Im hier relevanten Kontext der Steuerung der Unternehmensführung wird in der Regel besonders auf die Schaffung anteilseignerkonformen Verhaltens mittels ergebnisorientierter Vergütungssysteme abgestellt.[21] Es wird argumentiert, daß die

---

13 Vgl. Zajac (1990), S. 219.

14 Vgl. Meinhövel (1999), S. 15.

15 Vgl. Elschen (1991a), S. 1004.

16 Vgl. Arrow (1985), S. 37.

17 Vgl. Breid (1995), S. 824 zu einer Systematik der Informationsasymmetrien.

18 Vgl. Gedenk (1998), S. 24.

19 Vgl. Elschen (1991a), S. 1005.

20 Eisenhardt (1989), S. 61.

21 So findet sich eine umfangreiche – empirisch und konzeptionell ausgerichtete – Literatur, die sich mit der Frage (optimaler) Anreiz- oder Vergütungsstrukturen für Unternehmens-

Aktivitäten der Spitzenführungskraft nur unter besonders hohen Kosten direkt beobachtet werden können. Gerade aufgrund ihres großen Informations- und Professionalitätsvorsprungs werden Spitzenführungskräfte mit der Leitung des Unternehmens beauftragt. Ihre Aktivitäten sind daher schwer direkt zu beobachten. Auf der anderen Seite liegt mit dem Unternehmenserfolg ein gut zu beobachtendes und gut zurechenbares Maß zur Leistungsbeurteilung vor, so daß eine Koppelung der Entlohnung an die Unternehmens-Performance als eine geeignete Form der anreizkompatiblen Steuerung von Geschäftsführern erscheint.

Schwalbach und *Grasshoff* weisen jedoch in ihrer empirischen Studie zum Zusammenhang von Managervergütung und Unternehmenserfolg in deutschen Aktiengesellschaften und GmbH nach, daß die Höhe der Vergütung im wesentlichen von der Unternehmensgröße erklärt wird. Bei einer Erfolgs-Vergütungs-Elastizität von 0,0058 besteht in deutschen Unternehmen offensichtlich kein empirisch nachweisbarer Zusammenhang von Unternehmens-Performance und Vergütung der Spitzenführungskräfte.[22] Dieser Befund wird von *Albers/Gedenk* in ihrer Studie zur Steuerung von Geschäftsführern unterstützt. So geben 91% der Aufsichtsorgane und 74% der Geschäftsführer in einer schriftlichen Befragung an[23], daß die Kontrolle der Geschäftsführung ausschließlich oder in Ergänzung zu Kennzahlen eine detaillierte inhaltliche Analyse des Geschäfts als Informationsbasis nutzt.[24] Zusätzlich zeigt sich, daß aus der Sicht der Aufsichtsorgane eine hohe variable Vergütung signifikant positiv mit der Intensität der Mitwirkung der Aufsichtsorgane korreliert.[25] *Gedenk* argumentiert folglich, daß an den Erfolg gekoppelte finanzielle Anreize weniger im Sinne der Hypothesen der Agency-Theorie eine Steuerungs- als vielmehr eine allgemeine Motivationswirkung verfolgen. Verstärkte inhaltliche Kontrolle und Mitwirkung in der Geschäftsführung durch die Aufsichtsorgane wirken demotivierend auf Spitzenführungskräfte, die nach eigenen Angaben besonders durch „Selbständigkeit" motiviert werden.[26] Finanzielle

---

leitungen auseinandersetzt. Vgl. Becker (1990), S. 27 ff., Isele (1991), S. 274 ff., Winter (1996), S. 229 ff. Vgl. auch Elschen (1991b), S. 213 ff. zur kritischen Auseinandersetzung mit Zielgrößen von Anreizsystemen.

22 Vgl. Schwalbach / Graßhoff (1997), S. 211 ff., insbesondere S. 214 sowie unterstützend auch Schmid (1997), S. 79 und Kraft / Niederprüm (1999), S. 802. Vgl. auch Murphy (1998), der für amerikanische Unternehmen feststellt: *„there is surprisingly little direct evidence that higher pay-performance sensitivities lead to higher stock performance"*.

23 Die Stichprobe umfaßt Informationen von 66 Aufsichtsorganen und 88 Geschäftsführungen deutscher Unternehmen, die sich durch konzentrierten Anteilsbesitz auszeichnen. Vgl. Gedenk / Albers (1994), S. 330.

24 Vgl. Gedenk / Albers (1994), S. 336. Vgl. auch Donaldson / Davis (1990), S. 4.

25 Eine multivariate Regressionsanalyse auf Basis der Daten von Gedenk / Albers (1994) zeigt, auf dem $p < .01$-Niveau signifikante Koeffizienten der Regression von „Intensität der Mitwirkung" auf „Höhe der variablen Vergütung". Die partiellen Korrelationskoeffizienten unterstützen diesen Befund ebenfalls. Weiterhin zeigt sich auch bei der Analyse von *Gedenk,* daß die Unternehmensgröße hoch signifikanten Einfluß auf die variable Vergütung hat. Vgl. Gedenk (1998), S. 32 f.

26 Vgl. Gedenk / Albers (1994), S. 331.

Anreize kompensieren offensichtlich diese negativen Motivationswirkungen und schließen die Motivationslücke, die sich aus der intensiven inhaltlichen Kontrolle ergibt.[27] Unternehmenserfolg erscheint vor diesem Hintergrund, konträr zu den üblichen agency-theoretischen Überlegungen, nicht als zentrale Variable zur Kontrolle der Geschäftsführung geeignet zu sein.[28] Dies gilt jedoch nur, wenn sich die an den Erfolg geknüpfte Sanktionierung auf Veränderungen der Vergütung bezieht. Ergänzend kann jedoch argumentiert werden, daß der Unternehmenserfolg über seine kompensatorische Motivationswirkung hinaus zusätzlich auch als Kontrollvariable vom Aufsichtsrat verwendet wird.

Wie die aktuelle Diskussion über die Aufsichtsratstätigkeit zeigt, bestehen erhebliche Zweifel an der Kompetenz des Aufsichtsrates zur detaillierten inhaltlichen Prüfung der Aktivitäten der Spitzenführungskraft. Dabei werden in der Literatur verschiedene Argumente genannt:

(1) Aufsichtsratsmitglieder deutscher Aktiengesellschaften können bis zu 10 Aufsichtsratsmandate parallel wahrnehmen.[29] Die Aufsichtsratstätigkeit wird dabei in der Praxis als „Nebenaufgabe" verstanden, das heißt die überwiegende Mehrzahl der Anteilseigner-Vertreter im Aufsichtsrat rekrutiert sich aus Spitzenführungskräften anderer Unternehmen. Zur aktiven Überwachung der Unternehmensleitung steht den Aufsichtsräten je Mandat somit nur wenig Zeit zur Verfügung.

(2) Der Aufsichtsrat stützt sich bei der Überwachung auf Informationen, die er über die Unternehmensleitung bezieht. Diese Informationsbasis zur Überwachung der Unternehmensleitung ist nicht immer ausreichend und liegt dem Aufsichtsrat vor allem häufig nicht zeitnah vor.

(3) Abgesehen von ehemaligen Vorständen rekrutiert sich die Mehrzahl der Aufsichtsratsmitglieder aus Banken, Versicherungen oder öffentlichen Einrichtungen. Diesen „Branchen-Outsidern" wird vielfach nicht ausreichende Kompetenz zur Beurteilung spezifischer Geschäfte unterstellt.[30]

Vor dem Hintergrund dieser Argumentation scheinen Zweifel angebracht, inwieweit Aufsichtsräte deutscher Aktiengesellschaften tatsächlich geeignet sind, eine

---

27 Vgl. Gedenk (1998), S. 32 f.

28 Dies bestätigen auch die Befunde von Kraft / Niederprüm (1999), S. 802, die eine asymmetrische Beziehung von Vergütung und Erfolgs- bzw. Verlustsituation ermitteln: *„Das wesentliche Element der Bezahlung ist weiterhin die Unternehmensgröße. Darüber hinaus konnte eine unterschiedliche Reaktion der Vergütung auf Verluste bzw. Gewinne festgestellt werden. Während Unternehmensgewinne tatsächlich belohnt werden, fällt die Bestrafung des Vorstands deutlich geringer aus."*

29 Vgl. § 100 AktG. Neben der gesetzlich maximal zulässigen Zahl von 10 Mandaten können Aufsichtsratsmitglieder in unbegrenzter Anzahl Positionen in äquivalenten Aufsichtsorganen von Nicht-Aktiengesellschaften (z. B. Verwaltungsrat einer GmbH) wahrnehmen.

30 Vgl. Vgl. stellvertretend zur Diskussion der Aufsichtsratstätigkeit Picot (1995), Clemm (1996), Schreib (1996), Hopt (1998), Scheffler (2000).

intensive und detaillierte inhaltliche Überwachung der Unternehmensführung zu leisten. Dies wird zusätzlich unterstützt durch den Befund von *Gedenk/Albers,* daß immerhin 32% der von ihnen befragten Geschäftsführer angeben, daß ihre Aufsichtsorgane nur teilweise oder überhaupt nicht in der Lage sind, die Zukunftsaussichten des Unternehmens zu beurteilen.[31]

Selbst wenn der Aufsichtsrat seine eigenen Fähigkeiten zur inhaltlichen Kontrolle höher einschätzt, als dies vom Kontrollierten oder Externen wahrgenommen wird, sollte auch beim Aufsichtsrat Unsicherheit über den Grad der Genauigkeit der inhaltlichen Überwachung bestehen. Zur Reduktion dieser Unsicherheit bleibt es für den Aufsichtsrat sinnvoll, neben der bevorzugten inhaltlichen Überwachung auch die Performance als ein quasi objektives Maß zur Beurteilung der Aktivitäten der Spitzenführungskräfte zu beobachten. In diesem Fall dient die Performance des Unternehmens zwar nicht als Basis zur Bestimmung des variablen Vergütungsanteils und Performanceänderungen bedingen folglich auch keine oder nur schwache Vergütungsänderungen. Die Unternehmens-Performance wird vielmehr im Sinne einer Minimum-Grenze beobachtet, die nicht unterschritten werden sollte: Solange die Performance oberhalb dieser Grenze liegt, ist die detaillierte inhaltliche Überwachung Basis für die vergütungsorientierte Sanktionierung. Sinkt die Performance unter diese Grenze, erhält das Aufsichtsorgan ein klares Signal für nicht zielkonformes Verhalten der Spitzenführungskraft. Als mögliche Konsequenz aus der unbefriedigenden Performance muß die Spitzenführungskraft aus dem Unternehmen ausscheiden.[32] Die an die Beobachtung der Performance geknüpfte Sanktionsart ist also weniger das finanzielle Anreizsystem als vielmehr die Entlassung aus dem Amt.[33] Damit findet die 0/1-skalierte Sanktionsdimension (Entlassung oder Weiterbeschäftigung) ihre Entsprechung in einem auf Nominalskala transformierten Erfolgsmaß im Sinne einer Minimumsgrenze. Anforderungen an die Unternehmens-Performance wirken in bezug auf die daran anknüpfende Sanktion als asymmetrisches Ziel: Die Unterschreitung des „minimalen" Performanceziels wird mit Entlassung negativ sanktioniert; bei Übererfüllung werden deutsche Spitzenführungskräfte nicht automatisch durch eine höhere finanzielle Vergütung belohnt.[34] Grundsätzlich gilt damit, daß die Wahrscheinlichkeit des Wechsels der Spitzenführungskraft mit schlechter Performance des Unternehmens ansteigt.

Hypothese 1 (H1):

Je schlechter die Performance des Unternehmens, desto höher ist die Wahrscheinlichkeit des Ausscheidens der Spitzenführungskraft.

---

31 Vgl. Gedenk / Albers (1994), S. 336 f.

32 Vgl. Mizruchi (1983), S. 433.

33 Vgl. auch Arrow (1985), S. 50, Fama (1980), S. 293.

34 Vgl. Coenenberg / Schmidt / Werhand (1986), S. 330.

II. Performance-Anspruch und Wechsel der Spitzenführungskraft

Wenn man der Argumentation auf Basis der Agency-Theorie folgt, orientiert sich der Aufsichtsrat zumindest in einem Teil seiner Kontrollaktivitäten an der Performance des Unternehmens. Aufgrund der Unsicherheit über seine Fähigkeit zur umfassenden und korrekten inhaltlichen Kontrolle der Spitzenführungskraft dient ihm die Überwachung des Unternehmenserfolges als Instrument zur Bewältigung der Unsicherheit. Der Unternehmenserfolg wird als quasi objektives Maß, das bis zu einem bestimmten Mindestniveau erfüllt werden muß, beobachtet. Im Fall einer ausreichend negativen Zielabweichung greift eine Sanktion in Form der Entlassung der Spitzenführungskraft.

Unterstellt man vollkommen rational handelnde Individuen im Sinne der klassischen Entscheidungstheorie, dann sollte der Erfolg als Zielvariable maximiert und eine Sanktion an die entsprechende Zielerfüllung geknüpft werden. Auf Grund kognitiver Beschränkungen der relevanten Akteure ist eine Entscheidungssituation in Realität jedoch eher durch beschränkte Rationalität gekennzeichnet:[35]

> „The capacity of the human mind for formulating and solving complex problems is very small compared with the size of the problems whose solution is required for objectively rational behavior in the real world – or even for a reasonable approximation to such objective rationality."[36]

Individuen, die sich einer komplexen Entscheidungssituation gegenüber sehen, sind dabei nicht in der Lage, ausreichend Alternativen zu generieren oder zukünftige Bedingungen zu antizipieren. Weiterhin finden sich Beschränkungen im Informationsprozeß, die sich sowohl auf reduzierte Möglichkeiten zur Informationsgewinnung als auch auf Defekte in der Informationsverarbeitung beziehen.[37] Vor diesem Hintergrund suchen Individuen den Entscheidungsprozeß zu vereinfachen, wobei innerhalb der Bedingungen der beschränkten Rationalität rationales Verhalten angestrebt wird.[38] Eine Möglichkeit der Reaktion auf beschränkte Rationalität ist nach *Sauermann / Selten* die Orientierung an Anspruchsniveaus:

> „Während die uneingeschränkte absolute Rationalität nur die Auswahl einer *besten* Lösung als vernünftiges Verhalten erscheinen läßt, gibt sich die eingeschränkte Rationalität mit *guten* Lösungen zufrieden, weil die Ermittlung der *besten* Lösung an den begrenzten Rationalitätsmöglichkeiten scheitert. Was eine *gute* Lösung ist, bestimmt das Anspruchsniveau." [Hervorhebungen im Original][39]

---

35 Vgl. Hauschildt (1981), S. 311 f.

36 Vgl. Simon (1957), S. 196 ff. hier S. 198. Vgl. auch Tversky / Kahnemann (1974), S. 1130.

37 Vgl. Morecroft (1985), S. 901, der diese Probleme insbesondere für den Organisationskontext betont.

38 Vgl. Kahnemann / Tversky (1979) sowie Lant (1992), S. 624.

39 Sauermann / Selten (1962), S. 579. Vgl. auch Simon (1959), S. 262 f.

Ein Erfolgs-Anspruchsniveau läßt sich definieren als der niedrigste Erfolg, der vom Entscheider gerade noch akzeptiert wird.[40] Liegt der realisierte Erfolg oberhalb des Anspruchsniveaus, wird das Ergebnis als zufriedenstellend gewertet, liegt der Erfolg unterhalb des Anspruchsniveaus, wird dies als Verlustsituation eingeschätzt.[41] Bei Anwendung eines Anspruchsniveaus transferieren Entscheider das kardinal skalierte Erfolgsmaß in ein nominales Maß und reduzieren somit die Komplexität des Entscheidungsproblems.[42]

Im hier vorliegenden Fall des Spitzenführungskraftwechsels liegt es nahe, daß der Aufsichtsrat ein Anspruchsniveau bezüglich der Unternehmens-Performance bildet. Dieses Anspruchsniveau hat die Spitzenführungskraft mindestens zu erfüllen, ohne daß sie die daran geknüpfte Sanktion der Entlassung zu befürchten hat. Dabei stellt sich (a) die Frage, anhand welcher Kriterien ein Anspruchsniveau gebildet wird und (b) welcher funktionale Zusammenhang zwischen dem realisierten Ergebnis in Abhängigkeit des Anspruchsniveaus und der daran geknüpften Sanktion besteht.

1. Bildung von Anspruchsniveaus

Grundsätzlich lassen sich zwei unterschiedliche „Referenzmaßstäbe" für die Bildung von Performance-Anspruchsniveaus unterscheiden[43]: Das Performance-Anspruchsniveau eines Unternehmens kann sich zum einen an der Performance anderer ähnlicher Unternehmen orientieren.[44] Alternativ kann ein Anspruchsniveau auf der Basis vergangener realisierter Performance, im Sinne eines historischen Referenzmaßstabes gebildet werden.

a) Im Vergleich zu einer Referenzgruppe („Betriebsvergleich")

Zur Abgrenzung der Referenzgruppe lassen sich verschiedene Kriterien heranziehen. Dabei wird bei der Auswahl dieser Kriterien unterstellt, daß Unternehmen sich, je nach Ausprägung des Kriteriums, in der Performance systematisch unterscheiden. Ein Vergleich von Unternehmen ist folglich nur sinnvoll, wenn sie im

---

40 Vgl. Schneider (1992), S. 1053 sowie ergänzend Selten (1996), S. 4 f., der ein Anspruchsniveau formal unter Berücksichtigung komplexerer Zielstrukturen definiert.

41 Vgl. March / Simon (1965), S. 343.

42 Vgl. March (1988), S. 7 sowie Cyert / March (1963), S. 10 zur Satisfizierung nach Festlegung von dichotomen Anspruchsniveaus.

43 Vgl. Greve (1998), S. 60.

44 Die Bildung von Anspruchsniveaus im Vergleich zu einer ähnlichen Referenzgruppe findet ihre Entsprechung im Rahmen der „social comparison theory", die sich auf der Ebene von Individuen mit psychologischen Prozessen des Vergleichs eines Individuums mit jeweils unterschiedlichen Gruppen anderer Individuen beschäftigt. Vgl. Festinger (1954), S. 118 ff.

relevanten Kriterium ähnliche Ausprägungen aufweisen. In der Regel werden Referenzunternehmen anhand gleicher Branche oder gleicher Größe abgegrenzt.[45] Im Gegensatz zur Brancheneinteilung existiert bei der Bildung von Größenklassen kein einheitliches Maß. Die Praxis unterscheidet in der Regel zwischen großen, mittleren und kleinen Unternehmen anhand der Mitarbeiterzahl, Bilanzsumme und Umsatzgröße[46], ohne daß sich jedoch einheitliche Maßstäbe für die Klassifikation definieren ließen.

Die Zusammensetzung der über Branche oder Größe definierten Referenzgruppe orientiert sich zusätzlich am Vergleichsziel. Setzt sich die Referenzgruppe aus allen Unternehmen gleicher Branche und Größe zusammen, wird ein eher diagnostisches Vergleichsziel verfolgt. Im Sinne eines „Benchmarking" reduziert sich die Vergleichsgruppe auf die Unternehmen, die eine deutlich über dem Durchschnitt liegende Performance – im Sinne eines „best practice" – erreichen.[47] Verfolgt der Vergleich eher die Steigerung des Selbstwertgefühls, werden Referenzunternehmen gewählt, die eine schlechtere Performance aufweisen.[48] Insbesondere das letzte Ziel des „self-enhancement"[49] – das sich vornehmlich auf die individuell persönliche Ebene bezieht – erscheint jedoch im hier relevanten Zusammenhang nicht gegeben.[50] Die Definition eines Anspruchsniveaus aus einem Vergleich mit den erfolgreichsten Unternehmen muß definitionsgemäß dazu führen, daß die Mehrzahl der Unternehmen dieses Anspruchsniveau unterschreiten. Der bisherigen Argumentation folgend, müßte die Wahrscheinlichkeit der Entlassung der Spitzenführungskraft bei dieser großen Anzahl an Unternehmen sprunghaft ansteigen. Vor dem Hintergrund, daß ein Wechsel an der Unternehmensspitze ein sehr einschneidendes Ereignis ist, bleibt dieses Szenario jedoch eher unwahrscheinlich. Die Bildung des Anspruchsniveaus wird sich folglich weniger an den besten Unternehmen orientieren können, als vielmehr maximal am durchschnittlichen Erfolg von Unternehmen gleicher Branche ausgerichtet sein.

---

45 Vgl. Greve (1998), S. 60 und die dort angegebene Literatur.

46 Vgl. zum Beispiel die Definition von Größenklassen gem. § 267 HGB oder die Einteilung im Rahmen einer standardisierten Kreditwürdigkeitsprüfung bei der COMMERZBANK AG. Vgl. Salomo / Kögel (2000).

47 Vgl. zum Begriff „Benchmarking" Camp (1994), S. 4 ff., Leibfried / McNair (1993), S. 13 f.

48 Die Orientierung am „schlechteren" Referenzobjekt ist auch ein häufig am Wahlabend zu beobachtendes Verhalten von Politikern, die eine erste öffentliche Bewertung des Wahlergebnisses vornehmen.

49 Vgl. Greve (1998), S. 60 ff.

50 Die Unternehmen müßten sich in diesem Fall bei der Bildung ihres Anspruchsniveaus an den schlechtesten Unternehmen orientieren und dabei ihr Streben nach möglichst hohem Gewinn vernachlässigen.

b) Im Vergleich zu vergangener Performance („Zeitvergleich“)

Die Bildung eines Anspruchniveaus kann sich auch an der vergangenen Performance des jeweiligen Unternehmens – im Sinne einer historischen Referenz – orientieren.[51] Als Anspruchsniveau wird in diesem Fall zum Beispiel eine bestimmte Eigenkapitalrendite der vergangenen Periode definiert, die in der aktuellen Periode mindestens erreicht werden muß. Alternativ kann auch die Veränderung der Eigenkapitalrendite eine Zielvariable für die Bestimmung des Anspruchsniveaus sein.[52] Dabei wird nicht die Höhe der Rendite, sondern deren positive Veränderung als zufriedenstellend betrachtet.[53] Diese dynamische Perspektive zur Bildung von Anspruchsniveaus läßt sich auch auf den Vergleich zu einer Referenzgruppe übertragen. In diesem Sinne wäre ein Anspruchsniveau als dynamische Abweichung vom Branchentrend zu bestimmen.

Im Gegensatz zur Bildung des Anspruchsniveaus aus einem Vergleich mit Referenzunternehmen reagiert das Anspruchsniveau auf der Basis „historischer“ Performance nicht auf Veränderungen der relativen Position im Markt. Das Anspruchsniveau bleibt in diesem Fall ausschließlich auf das individuelle Unternehmen bezogen. Ist das Anspruchsniveau an die Entwicklung von Referenzunternehmen gekoppelt, eröffnet sich demgegenüber die Möglichkeit zur Reaktion auf Veränderungen im Unternehmensumfeld. Dabei ist jedoch zu berücksichtigen, daß die Auswahl der Vergleichsunternehmen einen Bias im Referenzmaßstab zulassen kann.

2. Relativer Erfolg und Wechsel der Spitzenführungskraft – funktionaler Zusammenhang

Hat ein Unternehmen ein Anspruchsniveau bezüglich der Unternehmens-Performance gebildet, stellt sich die Frage nach dem Zusammenhang von realisierter Performance im Vergleich zum Anspruchsniveau (relative Performance) und daran geknüpfter organisatorischer Konsequenz: der Wechsel der Spitzenführungskraft. Die Literatur zum strategischen Wandel diskutiert in diesem Zusammenhang verschiedene Funktionsverläufe.[54] Grundsätzlich lassen sich zwei Faktoren abgrenzen, die potentiell Einfluß auf den Zusammenhang von relativer Performance und Wechsel der Spitzenführungskraft haben.

---

51 Vgl. Sauermann / Selten (1962), S. 579, Cyert / March (1963), S. 34 ff. und S. 115.

52 Vgl. Lant (1992), S. 641, Levintal / March (1981), S. 307 ff.

53 Vgl. Sauermann / Selten (1962), S. 590.

54 Vgl. Greve (1998), S. 61 f. zur exemplarischen Darstellung möglicher Funktionsverläufe.

a) Entscheidungsverhalten unter Risiko

Grundsätzlich kann angenommen werden kann, daß von dem mit „Personalkompetenz“[55] versehenen Aufsichtsrat die Konsequenzen des Wechsels an der Unternehmensspitze mit größerer Unsicherheit beurteilt werden können als die Konsequenzen personeller Kontinuität. Damit läßt sich der Wechsel der Spitzenführungskraft als ein risikobehafteter Vorgang für die Organisation definieren.[56] Das Risiko kann dabei in eine personelle und eine inhaltliche Komponente unterschieden werden. Durch die laufende Zusammenarbeit mit der Unternehmensleitung hat der Aufsichtsrat die Möglichkeit, sich ein detailliertes Bild über die Eigenschaften und Fähigkeiten der aktuellen Spitzenführungskraft zu verschaffen. Die Informationen über eine nachfolgende Spitzenführungskraft werden naturgemäß von geringerem Umfang und Detaillierungsgrad sein. Zusätzlich zu diesem Risiko auf personeller Ebene besteht auch Unsicherheit über die Aktivitäten der neuen Spitzenführungskraft und deren Auswirkungen auf das Unternehmen. Die in diesem Sinne inhaltliche Dimension bedingt ebenfalls, daß es sich bei einem Wechsel an der Unternehmensspitze um eine risikobehaftete Entscheidungssituation für den Aufsichtsrat handelt. *Kahneman/Tversy* (1979) argumentieren im Rahmen ihrer „Prospect Theory“, daß individuelles Entscheidungsverhalten unter Risiko in Abhängigkeit von einem Referenzpunkt variiert.[57] Liegt die realisierte Performance oberhalb des Referenzpunktes oder Anspruchsniveaus, zeigen Individuen risikoaverses Verhalten. Liegt eine negative relative Performance vor, verändert sich die Einstellung in Richtung risikofreudigeren Verhaltens. Die Entscheidung für einen Wechsel der Spitzenführungskraft in Relation zu einem Anspruchsniveau variiert also je nachdem, ob sich ein relativer Verlust oder Gewinn ergibt.[58]

b) Organisationale Rigiditäten

Die bisherige Argumentation unterstellt, daß eine Organisation, oder im konkreten Fall der Aufsichtsrat, auf negative Performancesignale mit entsprechender Aktivität reagiert. Sowohl auf individuellem Niveau als auch auf Gruppen- oder Organisationsebene zeigen jedoch eine große Anzahl von Studien, daß kritische Situationen nicht immer gleichgerichtetes Handeln nach sich ziehen.[59] Diese Resistenz gegenüber negativen Performancesignalen kann unter anderem im Commitment der Entscheidungsträger gegenüber der aktuellen Situation oder der aktuellen Spit-

---

[55] Vgl. Lutter/Krieger (1993), S. 101 f.

[56] Vgl. Comte/McCanna (1988), S. 303.

[57] Vgl. Kahneman/Tversky (1979), S. 274 sowie Kahneman (1992), S. 297 ff.

[58] Vgl. zur der empirischen Bestätigung eines „zero point effects“ in Abhängigkeit des Anspruchsniveaus Mezias (1988), S. 398. Greve (1998), S. 80 sowie March (1988), S. 6 f. und die dort angegebene Literatur.

[59] Vgl. Staw/Sandelands/Dutton (1981).

zenführungskraft begründet sein. Haben Aufsichtsrat und Spitzenführungskraft über einen langen Zeitraum zusammengearbeitet, ist die Wahrscheinlichkeit hoch, daß die persönliche Beziehung zwischen den Personen eine schnelle Reaktion auf negative relative Performance verhindert.[60] Alternative Erklärungen für Rigiditäten liegen im möglicherweise vorhandenen Spielraum zur Interpretation des Performance-Feedbacks oder allgemein im politischen Widerstand, der sich in Organisationen gegen Wandel formiert.[61]

Die nachfolgende Abbildung skizziert exemplarisch, vor dem Hintergrund der oben diskutierten Einflußfaktoren, zwei mögliche Funktionsverläufe.

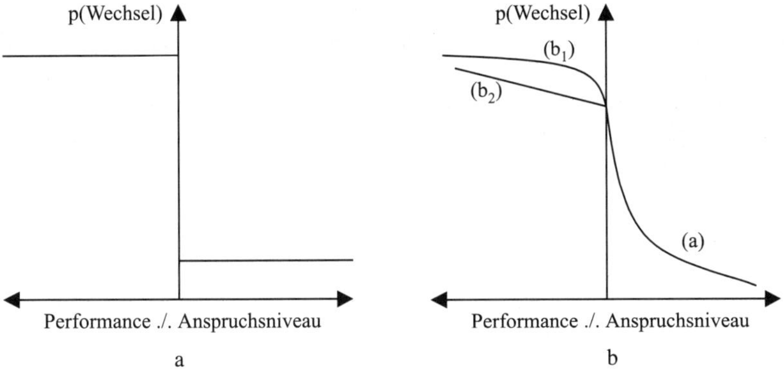

Abbildung 1: Relative Performance und Wechsel der Spitzenführungskraft[62]

Die Abbildung 1a zum funktionalen Zusammenhang von relativer Performance und Wahrscheinlichkeit des Wechsels der Spitzenführungskraft repräsentiert eine sehr stark vereinfachte Entscheidungsregel, bei der ein Entscheidungsträger die Performance in Abhängigkeit vom Anspruchsniveau als Gewinn oder Verlust dichotom klassifiziert. Je nach Ausprägung reagiert er mit dem Wechsel der Spitzenführungskraft oder nicht. Abbildung 1b berücksichtigt neben den Verhaltensannahmen der „Prospect Theory" auch die eventuell vorhandene Problematik organisationaler Rigidität. Grundsätzlich gilt, daß die Wahrscheinlichkeit des Wechsels der Spitzenführungskraft mit abnehmender Performance steigt. Entsprechend den Annahmen der „behavioral decision theory" ändert sich jedoch die Wahrscheinlichkeit des Spitzenführungskraftwechsels in Abhängigkeit der relativen

60 Vgl. Ocasio (1994), S. 290, Miller (1991), S. 35 und Morecroft (1985), S. 914, der über Commitment für eine bestimmte organisatorische Routine (Planungsregeln) organisationale Rigidität erklärt.

61 Vgl. Witte (1973), S. 6, Hauschildt (1999b), S. 2, Greve (1998), S. 58. Milliken / Lant (1991), S. 135 – 145, Pfeffer / Salancik (1978), S. 82.

62 Abbildungen in Anlehnung an Greve (1998), S. 62.

Performance. In der relativen Gewinnsituation (realisierte Performance > Anspruchsniveau) fällt – als Ausdruck konservativer Risikohaltung – die Wahrscheinlichkeit eines Wechsels mit zunehmender Performance stark ab (Abschnitt (a) der Kurve). Im Bereich der relativen Verlustzone (realisierte Performance < Anspruchsniveau) sinkt die Wechselwahrscheinlichkeit trotz ansteigender Performance zunächst kaum. Die Entscheidungsträger weisen in dieser relativen Verlustzone deutlich höhere Risikofreude auf und sind daher auch eher bereit, die Spitzenführungskraft auszutauschen. Auf Grund der geänderten Risikoeinstellung werden die Performance-Aussichten nach einem Wechsel positiver bewertet als die Performance-Entwicklung, die unter Beibehaltung des Status quo zu erwarten wäre. Der weitere Verlauf der Wahrscheinlichkeitsfunktion im Kurvenabschnitt (b_1) spiegelt somit die Änderung der Risikoeinstellung um den Nullpunkt herum wider. Zeigen sich bei dem Entscheidungsprozeß über die Ablösung der aktuellen Spitzenführungskraft Rigiditäten, kann im Bereich der relativen Verlustzone ein Kurvenverlauf entsprechend (b_2) angenommen werden. Trotz sinkender Performance unterhalb des Anspruchsniveaus steigt die Wahrscheinlichkeit des Wechsels nur langsam an.

Die im folgenden aufgestellten Hypothesen reflektieren die in Abbildung 1.b zusammengefaßte Beziehung von relativer Performance und Wechsel der Spitzenführungskraft. Dabei wird unterstellt, daß die Wahrscheinlichkeit des Wechsels abhängig ist von einem Anspruchsniveau, dem als Referenzmaßstab entweder andere Unternehmen der gleichen Branche oder die vergangene eigene Performance zu Grunde liegen.

Hypothese 2a (H2a):

Sinkt die Performance der Unternehmen relativ zum Anspruchsniveau, steigt die Wahrscheinlichkeit eines Wechsels der Spitzenführungskraft.

Hypothese 2b (H2b):

Der Anstieg der Wahrscheinlichkeit eines Spitzenführungskraftwechsels ist für den Bereich, in dem die Performance oberhalb des Anspruchsniveaus liegt, deutlich geringer als für den Bereich negativer relativer Performance.

III. Motivation zum Wechsel der Spitzenführungskraft: unterschiedliche Wechseltypen

Die bisherige Argumentation stützt sich auf einen direkten Zusammenhang von Erfolgsentwicklung und Wechsel der Spitzenführungskraft: Je kritischer die Erfolgslage der Unternehmen, desto höher die Wahrscheinlichkeit eines Wechsels an der Unternehmensspitze. Neben dieser kausalen Beziehung von Erfolg und nachfolgendem Wechsel kann ein Wechsel aber auch durch andere Faktoren motiviert werden.[63] Während der erfolgsbedingte Wechsel entsprechend der obigen Argumentation im wesentlichen durch den Aufsichtsrat initiiert wird, kann die Initiative zum Wechsel auch von der Spitzenführungskraft selbst ausgehen. Im Fall eines Wechsels aus gesundheitlichen Gründen oder auch bei der Pensionierung der Spitzenführungskraft ist demgegenüber keine Person oder Personengruppe als initiierende Kraft zu identifizieren.[64] Dies gilt insbesondere, wenn der Wechsel aus Altersgründen einer unabhängig von der Person gültigen organisationalen Routine folgt, die eine Pensionierung mit Erreichen eines bestimmten Alters zwingend vorschreibt.[65] Damit lassen sich also Wechseltypen in Abhängigkeit der den Wechsel initiierenden Kraft unterscheiden. Aus der Sicht der ausscheidenden Spitzenführungskraft ist ein vom Aufsichtsrat eingeleiteter Wechsel auf Grund ungenügender Unternehmens-Performance ein unfreiwilliger Wechsel. Scheidet die Spitzenführungskraft aus eigenem Antrieb aus, um zum Beispiel ein vorteilhafteres Angebot eines anderen Unternehmens anzunehmen, so liegt ein freiwilliger Wechsel vor. Ist keine Person als treibende Kraft zu identifizieren, kann man in Anlehnung an *Schrader/Lüthje* von einem unabdingbaren Wechsel sprechen.[66] Die nachfolgende Abbildung 2 verdeutlicht die Abgrenzung der einzelnen Wechseltypen entsprechend den hier vorgestellten Kriterien.

1. Performance-Bedingungen je Wechseltyp

Der Erklärungsbeitrag der Unternehmens-Performance unterscheidet sich je nach Wechseltyp. Während der *unfreiwillige Wechsel* entsprechend der bisher entwickelten Hypothesen zu einem großen Teil durch den Unternehmenserfolg in Relation zum Anspruchsniveau erklärt werden kann, gilt dies nicht im gleichen Maße für den freiwilligen oder unabdingbaren Wechsel.

Der *unabdingbare Wechsel* wird durch ein objektiv bestimmbares Kriterium wie zum Beispiel „Alter der Spitzenführungskraft" oder „gesundheitliche Probleme", die die Fähigkeit der Spitzenführungskraft zur Unternehmensleitung einschränken, ausgelöst. Der bisherigen Argumentation zum unfreiwilligem Wechsel folgend, lag der Unternehmenserfolg bei diesen Unternehmen in den Perioden, die dem Wechsel vorausgehen, offensichtlich ausreichend oberhalb des jeweiligen Anspruchsniveaus, da die Spitzenführungskraft sonst bereits vor Erreichen der Pensionsgrenze

63 Vgl. Fredrickson / Hambrick / Baumrin (1988), S. 256.

64 Vgl. Schrader / Lüthje (1995), S. 469.

65 Vgl. Warner et al. (1988), S. 477. Eine in diesem Sinne festgelegte Pensionsgrenze folgt damit dem Postulat *Kosiol*s, einer Organisation *ad rem,* die sich in ihren Regelungen unabhängig von der Person lediglich am Aufgabeninhalt orientieren soll. Vgl. Kosiol (1980), Sp. 181 f., Freese (1980), Sp. 214 sowie Weber (1956), S. 124. Vgl. auch Sonnenfeld (1988), S. 34, der für Pensionierungen grundsätzlich feststellt, daß besonders CEOs im Vergleich zu anderen „senior executives" signifikant häufiger auf Grund von „company tradition" mit Erreichen einer bestimmten Altersgrenze aus dem Unternehmen ausscheiden müssen.

66 Vgl. Schrader / Lüthje (1995), S. 468.

initiierende Kraft	**Wechseltyp**	**Beispiel**	**Hypothesen zum Erklärungsbeitrag der Performance**
Kontrollorgan (AR)	unfreiwillig	Differenzen über Geschäfts-politik	vorhanden
objektives Kriterium	unabdingbar	Pensionierung	nicht vorhanden
ausscheidende Spitzenführungs-kraft	freiwillig	Wechsel in den Vorstand eines anderen Unter-nehmens	u.U. vorhanden

Abbildung 2: Wechseltypen

ausgeschieden wäre. Ein kausaler Zusammenhang von Erfolg und Wechsel ist in diesem Kontext also nicht zu begründen.

Scheiden Spitzenführungskräfte auf Grund von planmäßiger Pensionierung mit in der Regel 65 Jahren aus ihrem Amt, so deutet dies bei einem durchschnittlichen Berufungsalter von 46 Jahren[67] auf eine durchschnittlich relativ lange Zugehörigkeit zur Unternehmensspitze hin. Auf Basis der Literatur, insbesondere aus dem Bereich des Strategischen Managements, kann dabei eine Beziehung zwischen Amtsdauer und Verhalten der Spitzenführungskraft formuliert werden[68]: Je länger eine Spitzenführungskraft im Amt ist, desto stärker steigt ihr Commitment für den Status Quo.[69] Weiterhin wird argumentiert, daß sich die Perspektive der Spitzenführungskraft einschränkt und die Anzahl der genutzten Informationsquellen sinkt, je länger sie in einem bestimmten Umfeld agieren.[70] Bestimmte Fähigkeiten und Verhaltensweisen, die in der Vergangenheit zum Erfolg geführt haben, definieren offensichtlich kognitive Schemata (Realitätsmodell) der Spitzenführungskräfte. Diese Bindungswirkung erfolgreicher vergangener Verhaltensweisen verhindert unter Umständen im Sinne der sogenannten „Kompetenzfalle“ nach *Levitt/March*

67 Vgl. Poensgen (1982), S. 5.

68 Vgl. zu einer umfassenden Darstellung zum Zusammenhang von Charakteristiken der Spitzenführungskraft und Strategie des Unternehmens, Schrader (1996).

69 Vgl. Hambrick/Geletkanycz/Fredrickson (1993), S. 404.

70 Vgl. Hambrick/Futukomi (1991), S. 723 ff.

adäquate Reaktionen unter veränderten Bedingungen.[71] *Finkelstein / Hambrick* können nachweisen, daß Unternehmen, deren Spitzenführungskräfte eine lange Amtszeit aufweisen, konstante, mit der üblichen Branchenstrategie konforme Strategien verfolgen. Diese Unternehmen erreichen maximal die durchschnittliche Branchen-Performance.[72] Dieser Befund wird unterstützt durch die Untersuchung von *Miller*, der bei Spitzenführungskräften mit zunehmender Amtszeit abnehmende Flexibilität und entsprechend negative Performance-Konsequenzen beobachtet[73]:

> „This research supports the thesis that *CEOs grow stale in the saddle,* eventually failing to match strategy and structure with environment, and as a result, compromising the organization's performance."[74]

Obwohl die Ursache für den unabdingbaren Wechsel definitionsgemäß unabhängig von der Unternehmens-Performance ist, kann vor dem Hintergrund der obigen Diskussion zur zunehmenden Inflexibilität bei lange amtierenden Spitzenführungskräften unter Umständen eine kritische Erfolgsentwicklung zum Ende ihrer Amtszeit vermutet werden. Inwieweit diese Entwicklung, die bisher nur bei amerikanischen Spitzenführungskräften untersucht worden ist, auch für deutsche Unternehmensspitzen gilt, muß einer empirischen Prüfung unterzogen werden.

Scheidet eine Spitzenführungskraft auf eigene Initiative *freiwillig* aus ihrem Amt aus, so können unterschiedliche Beziehungen zwischen Unternehmenserfolg und nachfolgendem Wechsel bestehen:

(a) Liegt die Performance des Unternehmens in der Periode vor dem freiwilligen Wechsel bereits sehr nahe am Anspruchsniveau und zeichnet sich ab, daß auch in Zukunft keine substantielle Verbesserung der Ertragslage zu erreichen ist, steigt für die Spitzenführungskraft die Wahrscheinlichkeit eines unfreiwilligen Wechsels. Bedingt durch ihre zentrale Position im Unternehmen erhalten Spitzenführungskräfte ausführliche Informationen über die aktuelle Geschäftsentwicklung. Sie sind in der Lage, diese Informationen vor dem Hintergrund ihrer Erfahrungen im täglichen Geschäft zu bewerten, so daß zumindest kurzfristige, realistische Prognosen zur zukünftigen Ertragslage möglich werden. Da der Aufsichtsrat in der Regel in seiner laufenden Kontrolle der Unternehmensentwicklung ausschließlich auf Informationen der Unternehmensleitung angewiesen ist, besitzt die Spitzenführungskraft immer einen Informationsvorsprung.[75] Sie kann die drohende Sanktion der Entlassung antizipieren und ihr zum Beispiel durch eine alternative Beschäftigung in einem anderen Unternehmen ausweichen. In diesem Fall scheidet die Spitzenführungskraft offensichtlich auf ei-

[71] Vgl. Levitt / March (1988), S. 320 ff.

[72] Vgl. Finkelstein / Hambrick (1990), S. 497.

[73] Vgl. auch Ocasio (1994), S. 288.

[74] Miller (1991), S. 49, Hervorhebungen durch den Autor.

[75] Vgl. Pourciau (1993), S. 321.

gene Initiative aus, die Wechselwahrscheinlichkeit nimmt jedoch auch hier mit kritischer Unternehmens-Performance zu.

(b) Die Performance von Unternehmen dient in der Regel Unternehmensexternen als „objektives" und gut vergleichbares Kriterium zur Beurteilung der Qualitäten einer Spitzenführungskraft. Mit steigendem Unternehmenserfolg steigt auch die Reputation der Spitzenführungskraft und damit auch ihr Wert auf dem Arbeitsmarkt für Führungskräfte.[76] In diesem Fall bieten sich der Spitzenführungskraft attraktive Beschäftigungsmöglichkeiten in anderen Unternehmen, so daß die Wahrscheinlichkeit eines freiwilligen Wechsels steigt.[77] Die Wahrscheinlichkeit des freiwilligen Wechsels steigt damit nicht nur bei kritischem, sondern auch bei sehr positivem Unternehmenserfolg.

(c) Unabhängig von der Erfolgslage des Unternehmens besteht auch die Möglichkeit, daß eine Spitzenführungskraft aus persönlichen Motiven freiwillig aus der Unternehmensleitung ausscheidet.[78] So berichtet zum Beispiel die Wirtschaftswoche vom 8. 4. 1999 vom freiwilligen Rücktritt des Vorstandsvorsitzenden der Continental AG: *„Die Zeit dazwischen nutzte Hubertus von Grünberg, um seinen perplexen Mitarbeitern und einer Handvoll verwunderter Fachjournalisten seinen Ausstieg zu verkünden: [...] „Es ist meine ganz persönliche Planung" erklärte ein sichtlich erschöpfter von Grünberg in einer Pressekonferenz seinen Rücktritt – mit seiner Arbeit für die Conti stehe sie in keinem unmittelbaren Zusammenhang. Von Grünberg: „Ich habe Privates vor." [...] Auf der Bilanzpressekonferenz in der kommenden Woche wird zum fünftenmal in Folge eine Rekordbilanz vorgelegt – auch diese kann getrost als Grünbergs Vermächtnis gelten."*[79]

Eine eindeutige Hypothese zum Zusammenhang von Unternehmenserfolg und freiwilligem Wechsel der Spitzenführungskraft kann also nicht formuliert werden. Während die Argumentation unter den Punkten (a) und (b) tendenziell für einen u-förmigen Zusammenhang von freiwilligem Wechsel und kritischer oder positiver Erfolgslage spricht, weist die gerade beim freiwilligen Wechsel häufig zu vermutende Situation persönlicher Motive (c) auf eine vollkommen fehlende Beziehung zum Unternehmenserfolg hin.

Die Analyse des kausalen Zusammenhangs von Unternehmenserfolg und nachfolgendem Wechsel muß also der Konzeption unterschiedlicher Wechseltypen Rechnung tragen. Während die Wahrscheinlichkeit des *unfreiwilligen Wechsels* – entsprechend der Agency-Argumentation – negativ mit der vorausgegangenen Performance zusammenhängt (*Hypothese 1*), können sich beim *freiwilligen Wechsel* sowohl positive wie auch negative Zusammenhänge zeigen. Ebenso wie beim *un-*

---

76 Vgl. Franke (1993), Sp. 42 f., Haller (1994), S. 600.

77 Vgl. Friedman / Singh (1989), S. 725.

78 Vgl. Friedman / Singh (1989), S. 724.

79 Vgl. Rother (1999), S. 50 f.

abdingbaren Wechsel ist aber auch beim *freiwilligen Wechsel* ein vollkommen fehlender Zusammenhang möglich. Nur eine empirische Prüfung der Erfolgsentwicklung differenziert nach unterschiedlichen Wechseltypen kann hier eine gerichtete Aussage ermöglichen.

Hypothese 3 (H3):

Der Zusammenhang von Unternehmenserfolg und nachfolgendem Wechsel unterscheidet sich je nach Wechseltyp.

Hypothese 3.1 (H3.1):

Unfreiwillige Wechsel der Spitzenführungskraft zeichnen sich besonders durch eine negative Beziehung von Unternehmenserfolg und nachfolgendem Wechsel aus.

Hypothese 3.2a (H3.2a):

Freiwillige Wechsel der Spitzenführungskraft zeichnen sich durch eine positive Beziehung von Unternehmenserfolg und nachfolgendem Wechsel aus.

Hypothese 3.2b (H3.2b):

Freiwillige Wechsel der Spitzenführungskraft zeichnen sich durch eine negative Beziehung von Unternehmenserfolg und nachfolgendem Wechsel aus.

Hypothese 3.2c (H3.2c):

Bei freiwilligen Wechseln der Spitzenführungskraft zeigen sich sowohl positive als auch negative Beziehungen von Unternehmenserfolg und nachfolgendem Wechsel.

Hypothese 3.3a (H3.3a):

Der unabdingbare Wechsel der Spitzenführungskraft ist unabhängig von dem vorangegangenen Unternehmenserfolg.

Hypothese 3.3b (H3.3b):

Scheidet die Spitzenführungskraft (unabdingbar) auf Grund von Pensionierung aus, so geht diesem Wechsel ein kritischer Unternehmenserfolg voraus.

Die Hypothese 3.1 stützt sich auf die Agency- und Aspiration-Level-Argumentation zu Beginn dieses Abschnitts und ist hier aus Gründen der Vollständigkeit mit aufgenommen. Die Hypothesen 3.2a und 3.2b schließen sich gegenseitig aus und tragen damit der Problematik Rechnung, daß ein gerichteter Zusammenhang von Unternehmenserfolg und freiwilligem Wechsel der Spitzenführungskraft theoretisch nicht eindeutig formuliert werden kann. Die Hypothese 3.2c unterstellt einen u-förmigen Zusammenhang von Unternehmens-Performance und freiwilligem Wechsel. Finden diese drei Hypothesen keine empirische Bestätigung, so spricht dies für die ebenfalls theoretisch denkbare Unabhängigkeit des freiwilligen Wechsels von der vorangegangenen Performance. Die Hypothese 3.3b ergibt sich aus der Annahme zunehmender Inflexibilität bei langer Amtszeit und beschränkt sich daher auf unabdingbare Wechsel im Rahmen von planmäßiger Pensionierung.

2. Performance-Effekte je Wechseltyp

Der Wechsel an der Unternehmensspitze führt grundsätzlich zu einer Situation organisationaler Instabilität.[80] Der Umfang dieser Instabilität ist zum einen abhängig von der Intensität, mit der der Wechsel der Spitzenführungskraft interne Prozesse beeinflußt, und zum anderen von dem Ausmaß, in dem externe Beziehungen durch den Wechsel einem Wandel unterzogen werden.[81] Diese organisationalen Konsequenzen des Wandels lassen sich in *funktionale* oder *dysfunktionale Wirkungen* unterscheiden.[82]

Durch die neue Person an der Unternehmensspitze und die mit ihr verbundenen Fähigkeiten und Fertigkeiten steht der Unternehmensleitung eine geänderte Kompetenzbasis zur Verfügung.[83] Neue Spitzenführungskräfte, insbesondere wenn sie extern rekrutiert werden, unterhalten zudem Informationsbeziehungen, die sich von den Beziehungen ihres Vorgängers insoweit unterscheiden, als sie prinzipiell andere und potentiell stärkere Verknüpfungen mit der Umwelt herstellen.[84] Die von *Miller* festgestellte umfangreichere und systematischere Informationssuche neuer Spitzenführungskräfte unterstützt die These verbesserter Informationsbasis nach dem Wechsel.[85] Eine geänderte Informations- und Kompetenzbasis erreicht insbesondere dann eine positive Wirkung, wenn man den Wechsel als „adaptives Ereignis" versteht.[86] Die personelle Veränderung in der Unternehmensspitze dient in diesem Sinne als Instrument zur Anpassung der Organisation an eine geänderte Umwelt. Mit der neuen Spitzenführungskraft steigt die Wahrscheinlichkeit, daß zwischen Organisation und Umwelt erneut ein „fit" besteht und somit auch positive Effekte auf die Unternehmens-Performance möglich werden.[87]

Im Sinne eines funktionalen Wechseleffektes läßt sich auch die Signalwirkung des Wechsels an sich interpretieren.[88] Die Veränderung in der Unternehmensspitze

---

80 Vgl. Grusky (1960), S. 105.

81 Vgl. Haveman (1993), S. 867 f.

82 Vgl. Grusky (1960), S. 105 f., Virany / Tushman / Romanelli (1992), S. 75.

83 Vgl. Castrogiovanni / Baliga / Kidwell (1992), S. 29.

84 Vgl. Virany / Tushman / Romanelli (1992), S. 75, Hambrick / Fukutomi (1991), S. 728 f.

85 Vgl. Miller (1993), S. 646 ff.: *„A moderator term [...] confirmed, that succession was most likely to boost information processing after a firm's performance had been poor."* (S. 654).

86 Vgl. Hannan / Freeman (1984), S. 150 ff., Singh / House / Tucker (1986), S. 589 ff., Pfeffer / Salancik (1978), S. 238 ff.

87 Vgl. Friedman / Singh (1989), S. 719 ff., Datta / Rajagopalan (1998), S. 834.

88 Vgl. Furtado / Rozeff (1987), S. 157, Bonnier / Bruner (1989), S. 103 ff.

signalisiert sowohl den Mitarbeitern als auch den externen „Stakeholder" den Willen zur positiven Veränderung und schafft Bereitschaft zur Kooperation.[89] Diese positiven Effekte aus dem Wechsel sollten besonders in einer Situation kritischer Performance wirksam werden, da die Situation knapper Ressourcen die Bereitschaft aller Organisationsbeteiligten zur Veränderung erhöht.[90]

Der Wechsel der Spitzenführungskraft kann jedoch auch als disruptives Ereignis eine kritische Performancesituation verstärken und in diesem Sinne dysfunktionale Effekte haben. *Virany/Tushman/Romanelli* sprechen in diesem Zusammenhang von *„liabilities of newness"*[91], die sich insbesondere in mangelnder Erfahrung mit der Organisation, Unterbrechung effektiver Handlungsmuster[92] oder verstärkten Konflikten auf Grund von gestiegener Heterogenität des Führungsteams manifestieren. Neben diesen kritischen internen Wirkungen ergeben sich unter Umständen auch dysfunktionale Effekte des Wechsels aus einer gestörten Beziehung zur Umwelt.[93] In einer Situation stabiler Umweltbedingungen erhöht der Wechsel der Spitzenführungskraft die Wahrscheinlichkeit eines „mis-fit" zwischen Umwelt und Organisation und bedingt damit eine kritische Entwicklung der Unternehmens-Performance.[94]

Da grundsätzlich nicht ausgeschlossen werden kann, daß funktionale wie dysfunktionale Effekte des Wechsels parallel wirken, ist die tatsächliche Performance-Wirkung des Wechsels abhängig von der Stärke des jeweiligen Effektes. Überwiegen die funktionalen Effekte, so wird sich der Unternehmenserfolg als Konsequenz des Wechsels der Spitzenführungskraft verbessern. Diesem in der Literatur als *„common-sense"-These*[95] bekannten Wirkungszusammenhang steht die *„succession-crisis"-These*[96] gegenüber, bei der die dysfunktionalen Effekte überwiegen. In Zusammenhang mit der in Hypothese 1 formulierten negativen Beziehung von Performance und nachfolgendem Wechsel ergibt sich in dieser Argumentation die von *Grusky* vermutete „vicious circle"-Entwicklung: Niedrige Effektivität der Organisation führt zum Wechsel der Spitzenführungskraft und dieser Wechsel verursacht erneut eine Reduktion der Effektivität.[97] Zeigt sich kein Unterschied in der Stärke zwischen den funktionalen und dysfunktionalen Effekten, kompensieren sich ihre

89 Vgl. Castrogiovanni / Baliga / Kidwell (1992), S. 29 sowie Guest (1962), S. 54.

90 Vgl. Welsh / Dehler (1988), S. 958 sowie ergänzend Perlitz / Löbler (1985).

91 Vgl. Virany / Tushman / Romanelli (1992), S. 75.

92 Vgl. Vancil (1987), S. 260, der ausführt, daß ein Wechsel an der Unternehmensspitze „embedded beliefs" und „broadly shared values" in kurzer Zeit zerstören kann, deren erneuter Aufbau jedoch Jahre benötigt.

93 Vgl. Friedman / Singh (1989), S. 721.

94 Vgl. Hannan / Freeman (1993).

95 Vgl. Gamson / Scotch (1964), S. 69.

96 Vgl. Carroll (1984), S. 94.

97 Vgl. Grusky (1963), S. 21. Auf längere Sicht erscheint diese Teufelskreis-Hypothese jedoch wenig plausibel, da Unternehmen mit Vorstandswechsel einem konstanten Effektivitätsverfall ausgesetzt wären.

Erfolgswirkungen. Der Unternehmenserfolg sollte in dieser Situation also nicht auf einen Wechsel der Spitzenführungskraft reagieren. Diese Ursache für beobachtete Unabhängigkeit von Wechsel und nachfolgendem Erfolg unterscheidet sich jedoch von der *Sündenbock-Argumentation* („ritual scapegoating" These) nach *Gamson/Scotch.*[98] Danach hat die Spitzenführungskraft grundsätzlich keinen diskretionären Einfluß auf die Performance. Insoweit sollte sich auch bei seinem Wechsel keine Veränderung der Performance abzeichnen. *Gamson* und *Scotch* begründen ihre Hypothese für „field manager" von Baseball-Mannschaften, die sich jedoch von dem hier relevanten Untersuchungsobjekt, der Spitzenführungskraft, unterscheiden. Im Gegensatz zu „field managern" besitzen „echte" Spitzenführungskräfte durchaus diskretionären Einfluß auf die von ihnen geleitete Organisation, so daß entsprechend auch eine Erfolgsbeziehung zu erwarten ist.[99]

A priori ist nicht eindeutig, welcher Effekt des Wechsels der Spitzenführungskraft – funktional oder dysfunktional – dominiert und damit die Erfolgsentwicklung nach dem Wechsel bestimmt. Entsprechend der Argumentation zu Performance-Bedingungen des Wechsels ist es jedoch auch hier sinnvoll, nach unterschiedlichen Wechseltypen zu differenzieren. Zum einen stehen neue Spitzenführungskräfte unterschiedlichen Performance-Situationen je nach Wechseltyp gegenüber, zum anderen unterscheidet sich unter Umständen der Gestaltungsspielraum oder der Umfang zur diskretionären Einflußnahme der neuen Spitzenführungskraft auf die Geschäftspolitik, so daß reale Effekte des Wechsels je Wechseltyp zu unterscheiden sind.

Bei der Argumentation zu Performance-Effekten des Wechsels ist zudem relevant, auf welches Zeitfenster sich die Analyse bezieht. Effekte des Spitzenführungskraftwechsels sollten insbesondere kurzfristig abgrenzbar sein. Je mehr Zeit seit dem Wechsel vergangen ist, desto geringer ist der Umfang unmittelbar auf den Wechsel zurückgehenden organisatorischen Wandels und desto geringer sind entsprechend die Effekte des Wechsels.[100] Die Performance des Unternehmens wird zunehmend von anderen Faktoren beeinflußt, die den Wechseleffekt überlagern. Daher orientiert sich die Diskussion der Performance-Wirkungen des Wechsels insbesondere auf den Zeitraum, der unmittelbar dem Wechsel folgt.[101]

---

98 Vgl. Gamson/Scotch (1964), S. 70 f.

99 Dies erkennen auch Gamson/Scotch (1964), S. 70: *„The effect of field manager on team performance is relatively unimportant. In the long run, the policies of the general manager and other front office personnel are far more important."* Vgl. zur Bedeutung von Spitzenführungskräften auch Gupta (1992), S. 47, Guthrie/Datta (1998), S. 102.

100 Vgl. Haveman (1993), S. 867 f., Hambrick/Fukutomi (1991), S. 728–732.

101 In Übereinstimmung mit den Ergebnissen der bisherigen empirischen Studien zur Erfolgswirkung von Wechseln wird dabei insbesondere das erste und zweite Geschäftsjahr nach dem Wechsel der Spitzenführungskraft betrachtet. Vgl. auch Kapitel C.IV.3.a).

a) Performance-Effekte des unfreiwilligen Wechsels

Eine Spitzenführungskraft, die auf einen unfreiwilligen Wechsel folgt, tritt in der Regel ihre Position an, um eine Änderung der zum Wechsel führenden unbefriedigenden Situation zu erreichen. Befindet sich das Unternehmen entsprechend der Hypothese 1 in einer äußerst kritischen Performancelage, steigt in dieser Situation knapper Ressourcen die Bereitschaft aller Organisationsmitglieder, einschneidende Maßnahmen zu akzeptieren.[102] Im Vergleich zu allen anderen Wechseltypen sollte in diesem Fall der Umfang an Änderungen folglich deutlich höher ausfallen. Jede Änderung kann – der obigen Argumentation folgend – mit funktionalen und / oder dysfunktionalen Effekten einhergehen. Vor dem Hintergrund der besonderen Situation eines unfreiwilligen Wechsels, läßt sich jedoch argumentieren, daß dysfunktionale Effekte zumindest in der kurzen Frist überwiegen:

(a) Der unfreiwillige Wechsel wird in der Regel überraschend und ungeplant vollzogen,[103] so daß die Wahrscheinlichkeit steigt, daß der Nachfolger vergleichsweise geringe spezifische Organisationserfahrung besitzt. Da auch vom Vorgänger kaum Unterstützung oder Einarbeitung zu erwarten ist, steigt die Möglichkeit kritischer Entscheidungen.[104]

(b) Der Nachfolger auf einen unfreiwilligen Wechsel sieht sich in der Regel einer Situation hohen Entscheidungsdrucks ausgesetzt. Dies schränkt seine Möglichkeit zur umfassenden Alternativensuche und -auswahl ein, so daß die Wahrscheinlichkeit kritischer Alternativenauswahl mit entsprechend dysfunktionalen Effekten steigt.

(c) Steigt in Situationen kritischer Unternehmens-Performance der Umfang an Änderungen, steigt auch die Wahrscheinlichkeit, daß bisher erfolgreiche Teilroutinen durch weniger geeignete Maßnahmen ersetzt werden. Je mehr Änderungen umgesetzt werden, desto eher verstärken sich die dysfunktionalen Effekte im Sinne von kumulativen Wirkungen, die über die einfache Addition der einzelnen Effekte hinausgehen.

Als Reaktion auf die kritische Performancesituation sind insbesondere Änderungen zu erwarten, die Entscheidungen der ausgeschiedenen Spitzenführungskraft revidieren. Während diese Maßnahmen mittelfristig funktionalen Charakter besitzen sollten, belasten sie in der kurzen Frist zunächst die Performance des Unternehmens. Ihre Wirkung läßt sich in direkte Effekte – zum Beispiel im Sinne von Abfindungen oder Sozialplänen oder als Verluste aus Desinvestitionen[105] – und in indirekte Wirkungen im Sinne der oben diskutierten dysfunktionalen Effekte unter-

---

102 Vgl. Welsh / Dehler (1988), S. 958.

103 Vgl. Zajac (1990), S. 220.

104 Dies gilt insbesondere für den Fall der externen Rekrutierung des Nachfolgers. Die Frage der Performance-Effekte unterschiedlicher Nachfolgerarten (Insider / Outsider) wird in Kapitel B.V wieder aufgegriffen und detailliert betrachtet.

105 Castrogiovanni / Baliga / Kidwell (1992), S. 29.

scheiden. So steigt zum Beispiel die Wahrscheinlichkeit für personelle Änderungen auf unteren hierarchischen Ebenen nach einem unfreiwilligen Wechsel.[106] Die neue Spitzenführungskraft wird versuchen, bedeutende Positionen mit loyalen Mitarbeitern zu besetzen.[107] Organisatorische Routinen müssen sich dann zunächst jedoch erst einspielen, so daß in diesem Sinne zusätzliche Kosten des Wechsels die Performance auch indirekt belasten.

Insgesamt scheinen die dysfunktionalen Effekte zu überwiegen, die in Verbindung mit den direkten Kosten des Wechsels die Performance nach einem unfreiwilligen Wechsel – zumindest in der kurzen Frist – eher negativ beeinflussen. Daher wird folgende Hypothese formuliert:

Hypothese 4.1 (H 4.1):

Scheidet eine Spitzenführungskraft unfreiwillig aus ihrem Amt, so verschlechtert sich die Performance unmittelbar nach dem Ausscheiden unter dem Einfluß der neuen Spitzenführungskraft.

b) Performance-Effekte des freiwilligen Wechsels

Grundsätzlich ist ein freiwilliger Wechsel der Spitzenführungskraft in der Regel ein für die Organisation überraschendes Ereignis. Dieser Wechsel ist damit ein nicht organisierter Prozeß, der die Organisation unvorbereitet trifft und bei dem daher dysfunktionale Effekte überwiegen sollten.[108] Wie die Argumentation des vorangegangenen Abschnitts zeigt, ist die Performanceentwicklung vor dem Wechsel – im Gegensatz zum unfreiwilligen Wechsel – in diesem Fall weniger eindeutig bestimmt. Verläßt eine Spitzenführungskraft ein Unternehmen in kritischer Performance-Situation quasi als Vorwegnahme der drohenden Entlassung, sollte auch die Performance eine ähnliche Entwicklung nehmen wie im Fall des unfreiwilligen Wechsels diskutiert. Dysfunktionale Effekte des Wechsels sollten überwiegen, so daß sich auch nach einem freiwilligen Wechsel zunächst keine deutliche Verbesserung des Unternehmenserfolges abzeichnen kann.

Alternativ kann sich vor einem freiwilligen Wechsel aber auch eine sehr positive Performance-Situation abzeichnen. Scheidet mit der alten Spitzenführungskraft in diesem Fall eine zentrale „kritische Ressource" aus dem Unternehmen,[109] so hat dieser Wechsel unter Umständen negative disruptive Wirkung auf die Organisation und bedingt folglich eine eher kritische Performance-Entwicklung nach dem Aus-

---

106 Weisbach (1995), S. 186, Gabarro (1988), S. 9 f.

107 Vgl. Helmich / Brown (1972), S. 371 – 373.

108 Vgl. Grusky (1960), S. 107.

109 Vgl. zur Bedeutung „kritischer" Ressourcen Bamberger / Wrona (1996), S. 132 ff., Peteraf (1993), S. 179 ff., Wernerfelt (1984), S. 172 ff. sowie Hall (1992), S. 138 insbesondere zu den „intangible resources".

scheiden. Dieser Effekt verstärkt sich, wenn der ausscheidenden Spitzenführungskraft zusätzlich „wichtige" Führungskräfte unterer Hierarchieebenen in ein neues Unternehmen folgen.[110] Dieser Effekt sollte jedoch mit zunehmender Organisationsgröße und Alter des Unternehmens und damit im hier betrachteten Zusammenhang von geringerer Bedeutung sein.[111] Die gute Performance-Situation bedingt zudem, daß die nachfolgende Spitzenführungskraft nur geringe Anreize zur Veränderung hat. Mit sehr gutem Unternehmenserfolg steigen die Kosten jeder Änderung, da dem unsicheren Ergebnis der Änderung eine sichere, gute Alternative gegenübersteht.[112] Weiterhin bindet ein freiwilliger Wechsel in eine bessere Position den Nachfolger an die strategischen Entscheidungen, die sein Vorgänger durchgesetzt hat, da dieser durch seine berufliche Verbesserung den Eindruck hinterlassen hat, bisher eine erfolgreiche Politik betrieben zu haben.[113] Die nachfolgende Spitzenführungskraft wird folglich versuchen, die erfolgreiche Geschäftspolitik ihres Vorgängers fortzusetzen. Damit steigt aber auch die Wahrscheinlichkeit, daß die Performance nach dem freiwilligen Wechsel weiterhin eine positive Entwicklung nimmt oder zumindest keinen größeren Schwankungen unterlegen ist.

Je nach Ausgangslage für den freiwilligen Wechsel ergeben sich damit unterschiedliche Hypothesen zur Performanceentwicklung unter der nachfolgenden Spitzenführungskraft.

Hypothese 4.2 (H4.2):

Je schlechter der Unternehmenserfolg vor dem freiwilligen Wechsel ist, desto eher zeigt sich auch nach dem Wechsel eine kritische Erfolgsentwicklung.

Hypothese 4.3 (H4.3):

Je positiver der Unternehmenserfolg vor dem freiwilligen Wechsel ist, desto weniger wird sich die Performance nach dem Ausscheiden verändern.

c) Performance-Effekte des unabdingbaren Wechsels

Insbesondere die Pensionierung als Beispiel für einen unabdingbaren Wechsel der Spitzenführungskraft stellt einen geplanten und von der Organisation beeinflußten Vorgang dar. Der Übergang in der Unternehmensleitung kann im voraus geplant werden, so daß mögliche Probleme des Wechsels bereits vor dem Vollzug der personellen Änderung an der Unternehmensspitze gelöst werden können.[114] Eine planmäßige Pensionierung vermittelt sowohl den Organisationsmitgliedern

110 Vgl. z. B. den in der Presse viel diskutierten Fall des Wechsels von Lopez von der Adam Opel AG zur Volkswagen AG.

111 Vgl. Carroll (1984), S. 112.

112 Vgl. Welsch / Dehler (1988), S. 958.

113 Vgl. Grusky (1960), S. 107.

114 Vgl. Friedman / Singh (1989), S. 723.

als auch der Umwelt ein Signal der Stabilität. Sie reduziert Unsicherheit und geht daher tendenziell mit funktionalen Effekten einher.

Da der Wechsel in der Spitzenposition des Unternehmens bereits langfristig bekannt ist, kann sich die später ausscheidende Spitzenführungskraft am Auswahlprozeß des Nachfolgers beteiligen.[115] Je stärker der Einfluß der ausscheidenden Spitzenführungskraft auf den Auswahlprozeß, desto eher werden Nachfolger ausgewählt, die die gleichen Eigenschaften ihrer Vorgänger aufweisen. So stellen *Hambrick* et al. eine Tendenz zum „CEO self cloning“ fest:

> „[...] even CEOs who acknowledged that they were describing eventual successors other than themselves indicated their belief that those successors should have the same characteristics as them.“[116]

Dieser Befund wird durch die Ergebnisse von *Smith/White* bestätigt, die einen signifikanten Zusammenhang zwischen der Karrierespezialisierung des ausscheidenden CEOs und der (identischen) Karrierespezialisierung seines Nachfolgers nachweisen.[117] Je mehr ausscheidende und nachfolgende Spitzenführungskraft zum Beispiel in ihrem beruflichen Hintergrund übereinstimmen, desto eher bewerten sie auch verschiedene Situationen und die daraus abzuleitende Geschäftspolitik äquivalent. Der Wechsel an der Unternehmensspitze bedingt in diesem Fall also kaum reale Veränderungen,[118] so daß auch die Performance keinen Schwankungen unterliegen sollte.

Dieser Effekt wird zusätzlich verstärkt, wenn die ausscheidende Spitzenführungskraft nach ihrem Ausscheiden aus der Vorstandsposition in den Aufsichtsrat wechselt und dort Einfluß auf die Geschäftspolitik des Unternehmens nehmen kann.[119] Die Wahrscheinlichkeit des Wechsels in den Aufsichtsrat ist dabei (a) abhängig von dem Wechseltyp. So wird eine Spitzenführungskraft, nachdem sie freiwillig das Unternehmen verlassen hat, um eine bessere Position in einem anderen Unternehmen einzunehmen, keine weitere Bindung zu dem „alten“ Unternehmen aufrechterhalten können. Im Gegensatz dazu kann der Wechsel in den Aufsichtsrat nach einer Pensionierung als zusätzliches Instrument zur Organisation und Stabilisierung des Führungskraftwechsels interpretiert werden. Zusätzlich zeigen (b) empirische Ergebnisse zum Verbleib des CEO im Board, daß Spitzenführungskräfte amerikanischer Unternehmen besonders dann mit hoher Wahrscheinlichkeit auch nach ihrem Ausscheiden aus der Führungsposition weiterhin Einfluß ausüben kön-

---

115 Vgl. Comte/Mihal (1990), S. 49 f.

116 Hambrick/Geletkanycz/Fredrickson (1993), S. 414.

117 Vgl. Smith/White (1987), S. 277. Vgl. auch Vancil (1987).

118 Den Umfang realer Veränderungen nach einer Pensionierung (und die langfristig jedoch tendenziell kritischen Entwicklungen) schildert *Greiner* in einer plastischen Fallstudie. Vgl. Greiner (1986), S. 159–170.

119 So berichtet Sonnenfeld (1988), S. 283 von ehemaligen CEOs, die als einfache Board-Mitglieder *„resent having to watch the dismantling of their plans, even if they acknowledge that conditions necessitated it“*. Vgl. auch Vancil (1987), S. 88.

nen, wenn die Performance des Unternehmens vor dem Wechsel besonders positiv ist.[120] Da diese positive Situation unter anderem in Entscheidungen der ausscheidenden Spitzenführungskraft begründet ist, kann argumentiert werden, daß übertragen auf das deutsche Modell der Unternehmensverfassung, ihre Integration in den Aufsichtsrat der Sicherung kritischer Fähigkeiten über den Zeitpunkt des Wechsels hinaus dient. Damit ergeben sich für den unabdingbaren Wechsel folgende Hypothesen:

Hypothese 4.4 (H4.4):

Wenn eine Spitzenführungskraft im Rahmen planmäßiger Pensionierung ausscheidet und wenn zugleich die Performance des Unternehmens unmittelbar vor ihrem Wechsel gut ist, dann steigt die Wahrscheinlichkeit, daß diese Person in den Aufsichtsrat wechselt.

Hypothese 4.5 (H4.5):

Wenn eine Spitzenführungskraft unabdingbar im Rahmen planmäßiger Pensionierung aus dem Amt scheidet, zeigen sich kaum Änderungen der Performance des Unternehmens.

Hypothese 4.6 (H4.6):

Wenn die Spitzenführungskraft in den Aufsichtsrat wechselt, werden die Performance-Effekte des Wechsels geringer sein.

Die Diskussion der Erfolgsentwicklung im Wechselprozeß in Abhängigkeit des Wechsels der Spitzenführungskraft in den Aufsichtsrat deutet bereits die hohe Komplexität der Variablenbeziehungen an. Es kann zwar – wie die Ausführungen gezeigt haben – vermutet werden, daß die Bedingungen des Wechsels im Sinne der differenzierten Wechseltypen entscheidenden Einfluß auf die Performanceentwicklung besitzen. Die Berücksichtigung weiterer, moderierender Einflüsse sollte jedoch eine zusätzliche Konkretisierung der beobachteten Zusammenhänge ermöglichen. Abschnitt B.VI greift daher die Kontingenzbedingungen des Wechsels auf und prüft ihren Einfluß auf die hier diskutierten Wechsel-Performance-Beziehungen. Zunächst steht jedoch die Frage nach dem konkreten Performancemaß im Vordergrund und welche Konsequenzen die Wahl des Performancemaßes für die Bestimmung der Performance-Entwicklung im Wechselprozeß hat.

3. Differenzierte Erfolgsmaße

Die bisherige Argumentation stützte sich auf die wenig differenzierten Begriffe Unternehmenserfolg oder Performance, ohne zwischen verschiedenen möglichen Formen der Operationalisierung zu unterscheiden. Dabei interessiert nicht, welches

---

[120] Vgl. Friedman / Singh (1989), S. 727.

Performancemaß im Sinne normativer Analyse am besten zur Kontrolle der Spitzenführungskraft geeignet sein sollte,[121] sondern welches Performancemaß in Realität angewandt wird und welches am besten geeignet ist, die Entwicklung des Unternehmenserfolges im Wechselprozeß abzubilden. Grundsätzlich läßt sich *Performance als marktbasiertes Maß* im Sinne von Aktienkurs oder als Maß der Unternehmenswertentwicklung von *jahresabschlußbasierten Erfolgsmaßen* abgrenzen.[122]

Unter der Annahme eines effizienten Kapitalmarktes spiegeln Aktienkurse alle gegenwärtigen und erwarteten zukünftigen Erträge des Unternehmens wider. Der Aktienkurs kann in diesem Sinn als die Summe aller auf den heutigen Zeitpunkt diskontierten erwarteten Erträge verstanden werden. Seine Höhe ist damit entscheidend abhängig von den Erwartungen des Kapitalmarktes zur zukünftigen Entwicklung des Unternehmens. Der Kapitalmarkt verwendet dabei zur Erwartungsbildung alle öffentlich zugänglichen Informationen. Diese Informationen werden zu einem großen Teil durch das Management zur Verfügung gestellt oder zumindest in ihrer Art beeinflußt. Wird eine Minimum-Performance auf der Basis von Aktienkursen formuliert, so ist nicht auszuschließen, daß das Management zumindest in der kurzen und mittleren Frist erheblichen Einfluß auf dieses Maß hat. Damit reduziert sich der Informationsgehalt von aktienkursbasierten Performancemaßen und erschwert somit die Nutzung dieser Maße im Rahmen der Kontrolle der Unternehmensleitung.

Empirische Untersuchungen, die sich mit der Frage nach der Basisgröße für erfolgsbestimmte variable Vergütung von Geschäftsführungen beschäftigen, zeigen übereinstimmend für deutsche Unternehmen bisher eine geringe Bedeutung der aktienkursorientierten Anreizsysteme.[123] In der weit überwiegenden Mehrzahl der Unternehmen, die eine erfolgsabhängige Vergütung gewähren, basiert diese auf aus dem Jahresabschluß ermittelten Erfolgswerten.[124] Jahresabschlußbasierte Erfolgskennzahlen werden in der Unternehmenspraxis offensichtlich präferiert.[125] Dies ist unter Umständen auch darin begründet, daß der Jahresabschluß als Basis zur Gewinnermittlung – gesetzlich fixiert – Gegenstand der Beratungen des Auf-

---

121 Mit dieser Frage beschäftigt sich die normative Agency-Theorie, die auf der Basis mathematisch formulierter Modelle Aussagen zur optimalen Vertragsgestaltung ableitet. Vgl. zum Beispiel Koppel (1998) und zur ausführlichen Kritik an dieser Vorgehensweise Müller (1995).

122 Vgl. auch zur Eignung unterschiedlicher Erfolgsmaße bei der Messung der Performance im Wechselzusammenhang die Diskussion im Abschnitt C.III.

123 Vgl. FitzRoy / Schwalbach (1990), S. 4, Gedenk / Albers (1994), S. 340.

124 Vgl. Kienbaum (1993), S. 49, Winter (1996), S. 231, der feststellt, daß 74% aller in Unternehmen verwendeten Kennzahlen zur Leistungsbewertung aus dem Jahresabschluß abgeleitet werden. Vgl. auch Isele (1991), S. 277 f.

125 Zwar kann argumentiert werden, daß variable aktienkursbezogene Vergütungssysteme zum Ende der 90er Jahre an Bedeutung gewinnen. Für die Überlegungen im Rahmen dieser Untersuchung, die später anhand eines Datensatzes aus den 80er und 90er Jahren getestet werden, sind jedoch die hier zitierten Befunde relevant.

sichtsrates bei Aktiengesellschaften ist. Der Aufsichtsrat ist gemäß § 170 Abs. 1 AktG verpflichtet den Jahresabschluß zu prüfen und ist somit mit dieser Informationsbasis zur Bestimmung des Periodenerfolges vertraut. Die Qualität der Informationen aus dem Jahresabschluß wird zusätzlich durch die (externe) Prüfung des Jahresabschlusses auf Ordnungsmäßigkeit und Gesetzeskonformität durch den Abschlußprüfer sichergestellt.[126] Die auf dieser Informationsbasis erkennbare Erfolgslage des Unternehmens ist damit nur innerhalb der gesetzlich festgelegten Grenzen von der Spitzenführungskraft beeinflußbar.

Unter Umständen kann argumentiert werden, daß dem Aufsichtsrat auch unterjährige Zahlen (zum Beispiel Monatsbilanzen, Umfang der Auftragseingänge etc.) zur Information vorgelegt werden. Im Gegensatz zu Jahresabschlußzahlen sind diese Informationen jedoch ungeprüft und unterliegen einem potentiell hohen Einfluß der Spitzenführungskraft. Eine wichtige Entscheidung, wie das Ausscheiden der Spitzenführungskraft, wird daher vermutlich kaum ausschließlich auf dieser Informationsbasis vollzogen. Für den empirischen Forscher stehen diese Zahlen zudem in der Regel nicht zur Verfügung, so daß ein Test auf Sensibilität des Spitzenführungskraftwechsels auf zum Beispiel „unterjährige Informationen" nicht möglich ist. Da diese Informationen jedoch die Basis für die im Jahresabschluß abgebildete wirtschaftliche Lage darstellen, sollten beide Maße hoch miteinander korrelieren. Die Analyse von Jahresabschlußzahlen im Zusammenhang mit dem Wechsel der Spitzenführungskraft wird also auch vor diesem Hintergrund sinnvolle Ergebnisse liefern können.[127]

Bildet der Jahresabschluß die Basis zur Bestimmung des Erfolges von Unternehmen und ist an diesen Erfolg eine Sanktionierung in Form des Wechsels der Spitzenführungskraft gebunden, so rückt der Prozeß der Aufstellung des Jahresabschlusses in den Fokus der Analyse. Im Rahmen der hier betrachteten Aktiengesellschaften stellt der Vorstand den Jahresabschluß auf, der nach Prüfung durch Abschlußprüfer und Aufsichtsrat von letzterem festgestellt wird.[128] Aufbauend auf die Definition der Spitzenführungskraft in deutschen Aktiengesellschaften wird dabei unterstellt, daß Vorstandsvorsitzende oder -sprecher[129] maßgeblichen Einfluß auf die bilanzpolitischen Gestaltungsentscheidungen des Gesamtvorstandes neh-

---

126 Vgl. in diesem Zusammenhang jedoch auch die Diskussion zur sogenannten *„Erwartungslücke"*, die *„sich auf die Diskrepanz zwischen den öffentlichen Erwartungen an eine Jahresabschlußprüfung und der wahrge-nommenen Prüfungsrealität"* bezieht. Ruhnke / Deters (1997), S. 925 und Hommelhoff / Mattheus (1998), S. 258.

127 Vgl. Hermalin / Weisbach (1998), S. 97. Vgl. hier auch die Bewertung unterschiedlicher Erfolgsmaße und ihre Eignung im Rahmen der Analyse des Spitzenführungskraftwechsels im Abschnitt C.IV.3.a).

128 Sofern Vorstand und Aufsichtsrat dies beschließen oder der Aufsichtsrat den Jahresabschluß nicht billigt, stellt gemäß § 173 Abs. 1 AktG die Hauptversammlung den Jahresabschluß fest.

129 Im dritten Fall des Alleinvorstandes ist „Vorstand" und „Spitzenführungskraft" gleichzusetzen.

men können. In diesem Sinne kann von „bilanzpolitischen Entscheidungen" der Spitzenführungskraft gesprochen werden.[130] Die Interaktion von Aufsichtsrat und Spitzenführungskraft im Rahmen der Aufstellung des Jahresabschlusses kann daher im folgenden einer rollentheoretischen Analyse unterzogen werden, die auf der Basis einer zu definierenden Rollenepisode Hypothesen zum Bilanzierungsverhalten der Spitzenführungskraft im Rahmen des Wechselprozesses ermöglicht. Damit rückt neben der allgemeine Beziehung von Performance und Wechsel die Möglichkeit zur gezielten bilanzpolitischen Beeinflussung des ausgewiesenen Erfolges durch die jeweilige Spitzenführungskraft im Laufe des gesamten Wechselprozesses in das Zentrum der Betrachtung.

Eine rollentheoretische Analyse bietet sich in diesem Zusammenhang an, da insbesondere Erwartungen und die Reaktion auf diese Erwartungen durch die fokale Person – Spitzenführungskraft – explizit berücksichtigt werden können. In Abhängigkeit von Erwartungsänderungen oder Variation der Reaktion auf Erwartungen im Verlauf des Wechselprozesses lassen sich unter Umständen bestimmte, typische Erfolgsentwicklungen oder Phasen unterschiedlich motivierten bilanzpolitischen Verhaltens abgrenzen. Die Analyse dieser Phasen im Wechselprozeß kann zudem nach Wechseltypen differenzieren.

IV. Interaktion von Spitzenführungskraft und Aufsichtsrat: Rollentheoretische Analyse

Das Verhalten der Spitzenführungskraft sowie des Aufsichtsrates in ihren Funktionen als Agenten und Prinzipal läßt sich unter rollentheoretischen Gesichtspunkten analysieren. Dabei wird das Konzept der sozialen „Rolle" angewandt, um die Schnittstelle zwischen beiden Interaktionspartnern näher zu beleuchten.[131]

Die Rollentheorie als einer der zentralen Ansätze der Soziologie[132] basiert auf der Tatsache, daß „soziales Handeln Gleichförmigkeit zeigt"[133]. Das Handeln eines Individuums ist dabei nicht nur von seiner eigenen „Intentionalität" geprägt, sondern ebenfalls durch die Interessen Dritter bestimmt.[134] Diese Interessen können dabei sowohl expliziter als auch impliziter Natur sein[135] und manifestieren sich im

130 Diese Annahme erscheint auch insofern gerechtfertigt, als der primäre Ansprechpartner des Aufsichtsrates – insbesondere des Aufsichtsratsvorsitzenden – allgemein der Vorstandsvorsitzende ist. Damit erhält die Spitzenführungskraft eine besondere Bedeutung in der Beziehung zum Aufsichtsrat. Vgl. Mertens (1996), S. 170 zur Repräsentation des Vorstands durch den Vorstandsvorsitzenden.

131 Vgl. auch Walgenbach (1994).

132 Vgl. zur historischen Entwicklung der Rollentheorie und ihrer Einordnung in die Soziologie Popitz (1968), S. 3 ff., Walgenbach (1994), S. 70 f., Scheuch / Kutsch (1975), S. 93 ff.

133 Vgl. Mayntz (1980), Sp. 2044.

134 Vgl. Fischer (1992), Sp. 2224.

135 Vgl. Fischer (1992), Sp. 2224.

Sinne gesellschaftlicher Normierung des individuellen Verhaltens.[136] Die Rollentheorie zielt also nicht auf die Analyse der gesamten Gesellschaft (Makroebene), sondern fokussiert auf die unmittelbare dyadische Interaktion[137] im Sinne einer mikrosoziologischen Problemstellung.[138]

Eine Rolle ist dabei definiert als „Bündel generalisierter, normativer Verhaltenserwartungen, die an eine bestimmte Kategorie von Gesellschafts- oder Gruppenmitgliedern oder an Personen in bestimmten Situationen gerichtet werden".[139] Adressaten dieser Verhaltenserwartungen sind dabei Individuen, die sich durch besondere Merkmale (z. B. Alter) oder durch besondere Situationen (Nachfolger in einer Spitzenführungskraftposition[140]) in bestimmte Rollentypen einteilen lassen. Im Organisationskontext kann eine Rolle in diesem Sinne auch als Rechte und Pflichten, die an eine bestimmte Position gebunden sind, verstanden werden.[141] Zur Beschreibung der Rolle stellen sich dann die Fragen: Was wird von einem bestimmten Organisationsmitglied verlangt? Von wem werden die Erwartungen artikuliert? Wer überwacht und sanktioniert die Rollenhandlungen?[142] Besonders der letzte Aspekt – die soziale Kontrolle der Normeinhaltung – ist nach Ansicht von *Mayntz* (1980) ebenfalls ein konstitutiver Bestandteil des Rollenbegriffs. Je nach unterschiedlicher Form der Sanktionierung lassen sich die an eine Rolle geknüpften Rollenerwartungen in Muß-, Soll- oder Kann-Erwartungen einteilen.[143]

1. Spitzenführungskraft als Rollenträger und Aufsichtsrat als Rollensender

Die Rollentheorie unterscheidet im wesentlichen zwischen zwei „Akteuren": dem „Rollenträger" oder der „fokalen Rolle" und den „Rollensendern", die an den Rollenträger Normerwartungen senden und damit seine Rolle konstituieren. Der Rollenträger kann dabei in eine Vielzahl von Rollenbeziehungen eingebunden sein,

---

136 Vgl. Popitz (1968), S. 8 sowie Mayntz (1980), Sp. 2044.

137 Vgl. Fischer (1992), Sp. 2225.

138 Vgl. zur Abgrenzung von Mikro- und Makroebene Scheuch/Kutsch (1975), S. 43, Wiswede (1992), Sp. 2002.

139 Mayntz (1980), Sp. 2044. Vgl. ergänzend zur Definition der „Rolle" Linton (1973), S. 311, Scheuch/Kutsch (1975), S. 98 ff., Dahrendorf (1964), S. 26 und Tenbruck (1970), Sp. 1467.

140 Vgl. Wiswede (1992), Sp. 2004.

141 Wiswede (1992), Sp. 2002.

142 Vgl. Staehle (1991), S. 248.

143 Vgl. Dahrendorf (1964), S. 29–33 zum Grad der Verbindlichkeit unterschiedlicher Erwartungen: Bei Muß-Erwartungen erfolgt im Fall der Normabweichung immer eine Bestrafung, im Fall der Erwartungserfüllung wird eventuell auch belohnt. Bei Soll-Erwartungen wird konformes Verhalten belohnt und nicht konformes Verhalten bestraft. Bei Kann-Erwartungen wirkt nur die Belohnung – (explizite) Bestrafung kommt nicht vor.

die sich aus seiner bestimmten Position ergeben. *Merton* definiert diese Vielfalt an Orientierungen zu anderen Rollenpartnern als „Rollen Set“.[144]

Übertragen auf den hier relevanten Zusammenhang des Wechsels in der Unternehmensführung läßt sich die Spitzenführungskraft als fokaler Rollenträger identifizieren, an den verschiedene Rollensender Erwartungen richten. Diese Erwartungen basieren auf Eigeninteressen, so daß die in sozialen Systemen charakteristischen Zielinkongruenzen auch zu variierenden oder divergierenden Erwartungen führen.[145] Klassische Rollensender eines Managers lassen sich in Unter- und Übergebene im weitesten Sinne unterteilen.[146] Da eine Spitzenführungskraft zudem relativ nahe an der Organisationsgrenze angesiedelt ist, treten weitere Rollensender wie Fremdkapitalgeber, Zulieferer, Kunden und andere Organisationsexterne hinzu.[147]

Im Zusammenhang mit dem Wechsel an der Unternehmensspitze ist insbesondere der Aufsichtsrat als Rollensender relevant. Dem Modell der deutschen Unternehmensverfassung folgend, setzt sich der Aufsichtsrat sowohl aus Anteilseigner- als auch aus Arbeitnehmervertretern zusammen. Der Umfang der Arbeitnehmerbeteiligung am Aufsichtsrat ist abhängig von der Unternehmensgröße sowie der Branche.[148] Die am Aufsichtsrat beteiligten Personengruppen beziehungsweise ihre Vertreter zeichnen sich durch individuell unterschiedliche Erwartungen aus, die unter Umständen auch divergieren können.

Die Rollenerwartung der Anteilseignervertreter im Aufsichtsrat bezieht sich auf die Sicherung und Verbesserung der nachhaltigen Ertragskraft des Unternehmens. Zusätzlich erwarten sie ausreichende Informationen über die Entwicklung des Unternehmens. Die aus den Interessen der Arbeitnehmer abgeleiteten Erwartungen der Arbeitnehmervertreter im Aufsichtsrat beziehen sich primär auf die Sicherung und Erhöhung von Löhnen, Gehältern und Anwartschaften sowie auf die Sicherung von Arbeitsplätzen.[149] Zwar ist nachhaltiger Erfolg des Unternehmens eine notwendige Bedingung zur Sicherung von Arbeitsplätzen und Entlohnung, im Fall von zum Beispiel Rationalisierungsinvestitionen oder Teilbetriebsschließungen zur Erfolgssteigerung entsteht jedoch ein Interessenkonflikt zwischen Arbeitnehmern und An-

---

144 Vgl. Merton (1975), S. 322.

145 Vgl. Hauschildt (1999a), S. 14, Cyert / March (1963), S. 27.

146 Vgl. Tsui (1984), S. 65.

147 Rollensender im Sinne dieser Überlegungen können allgemein als *„Elemente der Umwelt, mit denen eine Unternehmung* [oder Spitzenführungskraft, Ergänzung durch den Autor] *zur Erreichung ihrer Sachziele interagiert“*, identifiziert werden. Vgl. Kubicek / Thom (1976), Sp. 3992–3996 zur Zusammensetzung dieses „aufgabenspezifischen Umsystems“. Vgl. ergänzend Schreyögg (1996), S. 311 f.

148 Vgl. zum Umfang der Mitbestimmung im Aufsichtsrat stellvertretend Macharzina (1995), S. 127 ff. sowie die gesetzlichen Regelungen im einzelnen nach MontanMitbestG von 1951, BetrVG von 1952 und MitbestG von 1976.

149 Vgl. zu differenzierten Erwartungen der Interessengruppen Bötzel (1993), S. 5 ff., Jacobs (1994), S. 72 f., Wöhe (1992), S. 45 ff., Schildbach / Feldhoff (1993), Sp. 31 ff.

teilseignern. Der Aufsichtsrat kann also nicht als „monolitischer Block" im Organsystem der Unternehmung verstanden werden, sondern ist im hier relevanten Kontext ein aus unterschiedlichen Interessengruppen zusammengesetzter Rollensender.[150] Im Fall gemeinsamer Interessen – zum Beispiel hinsichtlich ausreichend detaillierter und regelmäßiger Information des Kontrollorgans durch die Unternehmensleitung – können Erwartungen vom Aufsichtsrat als Organ der Unternehmensverfassung kommuniziert werden. Es ist jedoch auch möglich, daß „Partikular-Erwartungen" von einzelnen Gruppen oder Mitgliedern des Aufsichtsrates getrennt voneinander über den Aufsichtsrat als Rollensender kommuniziert werden. Vor diesem Hintergrund erfährt die Spitzenführungskraft unter Umständen konfliktionäre Rollenerwartungen. Um diesen (Intra-) Rollenkonflikten zu begegnen oder sie zu reduzieren, werden in der Literatur verschiedene Möglichkeiten unterschieden.

Es ist zu erwarten, daß ein Rollenträger in einer Situation widersprüchlicher Erwartungen die relative Sanktionsmacht[151] seiner Rollenpartner evaluiert und sich primär konform zu den Erwartungen verhält, denen er die größte Bedeutung beziehungsweise Bedrohung zumißt.[152] Unabhängig vom Modell der Arbeitnehmerbeteiligung im Aufsichtsrat verfügt die Anteilseignerseite immer über eine gesetzlich garantierte Stimmenmehrheit,[153] so daß die Spitzenführungskraft bei Leistungsdiskrepanz[154] besonders die Sanktion der Anteilseignerseite befürchten muß. Im hier relevanten Rollenset sollten folglich die Anteilseigner-Erwartungen als Teil der vom Aufsichtsrat gesendeten Erwartungen in der Relevanz für die Spitzenführungskraft dominieren.

Neben dem Sanktionsmechanismus sind nach *Wiswede* zusätzlich noch die Legitimäts- und Selbstdimension als Dimensionen bei der Lösung von Rollenkonflikten zu unterscheiden.[155] Demnach orientiert sich ein Rollenträger bei konfliktionären

---

150 Vgl. Hamel (1982), S. 60 ff.

151 Vgl. zu den unterschiedlichen Machtbasen French / Raven (1950), S. 150 ff., Krüger (1992), Sp. 1320 f.

152 Mayntz (1980), Sp. 2046, Wiswede (1992), Sp. 2007.

153 Nach dem BetrVG von 1952 stellen die Arbeitnehmervertreter maximal 1 / 3 der Aufsichtsratsmandate, vgl. BetrVG § 76 (1). Im MitbestG von 1976 ist zwar eine paritätische Mitbestimmung bezogen auf die Anzahl Vertreter im Aufsichtsrat vorgesehen, der Vorsitzende, der im Konfliktfall von der Anteilseignerseite bestimmt wird, ist bei kritischen Abstimmungen jedoch mit doppelter Stimmenzahl ausgestattet. Vg. MitbestG von 76 § 27 und § 29. Lediglich nach MontanMitbestG von 51 ist die volle Parität mit einem „neutralen Mann" an der Aufsichtsratsspitze vorgesehen. Vgl. MontanMitbestG von 1951 § 4. Diese Form der Mitbestimmung ist in Deutschland jedoch nur noch von geringer praktischer Relevanz. Lag die Zahl montanmitbestimmter Unternehmen in den sechziger Jahren noch bei 49, so erfüllten 1997 nur noch 10 Unternehmen die Bedingungen für diese Mitbestimmungsform. Vgl. FAZ, vom 13. 12. 1997 sowie Oesterle (1996), S. 455. Vgl. auch Iber (1987), S. 56.

154 „Leistungsdiskrepanz" ist dabei in Anlehnung an *Fischer* definiert als Unterschied zwischen den Erwartungen der Anteilseigner und tatsächlichem Rollenverhalten. Vgl. Fischer (1992), Sp. 2231 sowie Graen (1976), S. 1206.

155 Vgl. Wiswede (1992), Sp. 2007.

Rollenerwartungen an den Erwartungen, die er für legitimer hält oder die eher mit seinem eigenen „Selbstbild“[156] übereinstimmen. Da nicht unmittelbar deutlich ist, inwieweit eine Spitzenführungskraft Anteilseigner- und Arbeitnehmerinteressen nach ihrem Grad der Legitimität unterscheidet, kann die Gültigkeit dieser Konfliktlösungsmöglichkeit für den konkreten Fall nicht bewertet werden.

Auf der anderen Seite zeigen eine Reihe von Befunden zum Selbstbild von Spitzenführungskräften, daß diese sich eher mit Unternehmenseignern als mit Arbeitnehmern identifizieren.[157] Das Selbstbild muß dabei nicht nach objektiven Faktoren bestimmbar sein, sondern ist abhängig von der gewählten Bezugsgruppe. Versteht sich eine Spitzenführungskraft also eher als Mitglied der Anteilseignergruppe, so wird sie eher die Erwartungen dieser Gruppe zu erfüllen suchen. In diesem Sinne weist eine rollentheoretische Diskussion der Aufsichtsrat-Spitzenführungskraft-Beziehung über die Argumentation auf Basis des Agency-Ansatzes hinaus. Zusätzlich zu der im Agency-Ansatz instrumentalisierten Belohnungs- oder Bestrafungsmacht wird hier die Identifikationsmacht zur Sicherstellung konformen Verhaltens eingeführt. Insoweit spricht die Selbst- ebenso wie die Sanktionsdimension für die Annahme, daß die Anteilseigner-Erwartungen als Teil der Rollenerwartung durch den Aufsichtsrat besondere Bedeutung für die Spitzenführungskraft als Rollenträger besitzen.[158]

2. Rollenepisode zwischen Spitzenführungskraft und Aufsichtsrat: Bilanzpolitik im Wechselprozeß

Im hier zugrunde gelegten rollentheoretischen Konzept läßt sich die Beziehung von Spitzenführungskraft und Aufsichtsrat wie folgt konkretisieren:

Der Aufsichtsrat kontrolliert die Spitzenführungskraft anhand der realisierten Performance. Zur Messung der Performance greift er auf Daten des Jahresabschlusses zurück und analysiert diese auf die Erfüllung seiner Erwartungen. Die Spitzenführungskraft hat Interesse, diese Erwartungen zu erfüllen, da sonst negative Sanktionen drohen. Dabei stehen dem Aufsichtsrat insbesondere Nichtentlastung des Vorstandes oder Absetzung der Führungsgremien als Sanktionsmaßnahmen zur Verfügung.[159]

---

156 Der Begriff „Selbstbild“ ist eng verbunden mit dem Begriff „Bezugsgruppe“, die eine Gruppe bezeichnet, „mit der Ego sich selbst identifiziert, ungeachtet des Urteils anderer“. Vgl. Scheuch / Kutsch (1975), S. 69.

157 Vgl. Witte / Kallmann / Sachs (1981), S. 11 f. und ergänzend Albers / Gedenk (1992), S. 31, die feststellen, daß die Aufsichtsräte über die Beteiligung von Spitzenführungskräften am Unternehmen deren Selbstverständnis als Unternehmer aktiv zu fördern versuchen.

158 Im weiteren muß daher nicht zwischen Anteilseigner- und Arbeitnehmererwartung differenziert werden, wenn von der Rollenerwartung des Aufsichtsrats gesprochen wird.

159 Vgl. Bötzel (1993), S. 6 zu Sanktionsmöglichkeiten der Anteilseigner bei nicht erfüllter Rollenerwartung.

Damit ergibt sich ein Wechselspiel zwischen der Spitzenführungskraft, die den Jahresabschluß unter Nutzung der Bilanzpolitik aufstellt, und dem Aufsichtsrat als Bilanzanalyst und Bilanzkritiker.[160] *Katz/Kahn* (1966) entwickeln dieses Wechselspiel allgemein rollentheoretisch als Rollenepisode.[161] Die folgende Abbildung überträgt das allgemeine Modell der Rollenepisode auf den spezifischen Fall der Abschlußerstellung durch die Spitzenführungskraft.[162]

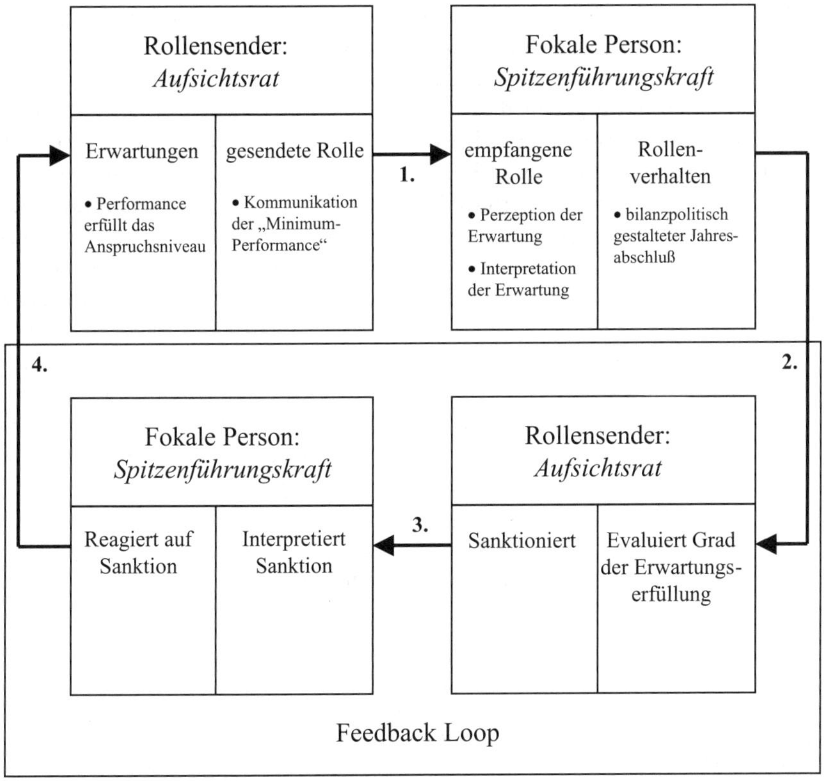

Quelle: Abbildung in Anlehnung an Katz / Kahn (1966), S. 182.[163]

Abbildung 3: Rollenepisode zwischen Aufsichtsrat und Spitzenführungskraft

160 Vgl. Hauschildt (1977), S. 660 zum „Wechselspiel von Bilanzkritik (=Rollenerwartung) und Bilanzpolitik (=Versuch der Rollenanpassung)".

161 Vgl. Katz / Kahn (1966), S. 171 ff., insbesondere S. 182 sowie Neuberger (1987), Sp. 871 f.

162 Vgl. auch Bötzel (1993), S. 9.

163 Der bei *Katz/Kahn* „feedback loop" genannte Pfeil Nr. 2 ist hier differenziert in die Episodenschritte 2, 3 und 4. Vgl. Katz / Kahn (1966), S. 183.

Der Prozeß der Abschlußaufstellung als Rollenepisode läuft dabei in folgenden Phasen ab:

1. Zunächst bildet der Aufsichtsrat als Rollensender Erwartungen hinsichtlich des zu realisierenden Unternehmenserfolges.[164] Der Unternehmenserfolg als indirektes Maß zur Kontrolle der Leistung der Spitzenführungskraft sollte ein bestimmtes Anspruchsniveau nicht unterschreiten.[165] Diese Minimumsgrenze wird an die Spitzenführungskraft als fokale Person kommuniziert.

2. Die Spitzenführungskraft als zentraler Rollenträger empfängt diese gesendeten Erwartungen, die als Anforderungen an das Verhalten der fokalen Person interpretiert werden können. Sie leitet in ihrer Geschäftsführung Maßnahmen ein, um die an sie gestellten Erwartungen erfüllen zu können. Der Jahresabschluß dokumentiert das Ergebnis dieser Aktivitäten. Mit Vorlage des Jahresabschlusses sucht die Spitzenführungskraft folglich, Rechenschaft über die Erfüllung der Anforderungen abzulegen. Es ist dabei in ihrem Interesse, die an sie gestellten „Rollenerwartungen" zu erfüllen, das heißt, die im Jahresabschluß dokumentierte Erfolgs-, Finanz- und Vermögenslage sollte mindestens das Anspruchsniveau der im Aufsichtsrat vertretenen Eigenkapitalgeber erfüllen. Je weiter das Ergebnis vom Anspruchsniveau entfernt ist, desto intensivere bilanzpolitische Aktivitäten sind zu erwarten.[166] Das bilanzpolitische Instrumentarium wird insbesondere dazu genutzt, die in diesem Sinne kritische wirtschaftliche Lage zu kaschieren. Das heißt, der Rollenträger verfolgt die Strategie, nicht erwartungskonformes Verhalten, beziehungsweise dessen Ergebnis, der Beobachtung der Rollensender soweit wie möglich zu entziehen.[167] Somit manifestiert sich das Rollenverhalten der Spitzenführungskraft in den materiellen Effekten ihrer Geschäftspolitik, über die im Jahresabschluß Rechenschaft abgelegt wird. Die gezielte bilanzpolitische Gestaltung des Jahresabschlusses ist jedoch ebenfalls unter das Rollenverhalten zu subsumieren.[168]

---

164 Wie die vorangegangenen Ausführungen zeigen, ist dabei zu beachten, daß die im Aufsichtsrat vertretenen Interessengruppen durchaus unterschiedliche und eventuell konfliktionäre (Performance-)Ansprüche an die Spitzenführungskraft formulieren können. Folgt man jedoch der vorangehenden Abwägung zur Bedeutung der einzelnen Interessengruppen für die Spitzenführungskraft, ist hier insbesondere die von der Anteilseignerseite formulierte Erfolgserwartung von besonderer Relevanz. Dies schließt jedoch nicht aus, daß sich die Spitzenführungskraft u. U. bestehender Intra-Gruppenkonflikte im Aufsichtsrat bedient, um z. B. mit Hilfe der Arbeitnehmerseite ihre eigene Position zu festigen.

165 Vgl. Hauschildt (1977), S. 660.

166 Unter Bilanzpolitik wird dabei mit Küting (1996), S. 935 *„die willentliche und hinsichtlich der Unternehmensziele zweckorientierte Einflußnahme auf Form, Inhalt und Berichterstattung des handels- und steuerrechtlichen Jahresabschlusses im Rahmen der durch die Rechtsordnung gezogenen Grenzen (legale Bilanzpolitik). Oder – auf eine Kurzformel gebracht – [...] eine zielorientierte Transformation von Unternehmensdaten"* verstanden. Vgl. auch Hauschildt (1977), S. 659 ff., Clemm (1989), S. 358, Baetge / Ballwieser (1978), S. 512.

167 Mayntz (1980), Sp. 2046 sowie bezogen auf die Bilanzpolitik Baetge / Ballwieser (1978), S. 522.

3. Anhand des Jahresabschlusses evaluiert der Aufsichtsrat den Grad der Erwartungserfüllung. Je nachdem, inwieweit der veröffentlichte Unternehmenserfolg den Erwartungen in Sinne des Anspruchsniveaus entspricht, erfolgt eine Sanktionierung. Wie bereits die Diskussion auf Basis des Agency-Ansatzes zeigt, steht dem Aufsichtsrat dabei als zentrale Sanktionsmaßnahme insbesondere die Entlassung der Spitzenführungskraft zur Verfügung.

4. Die Spitzenführungskraft erfährt die Sanktionen und interpretiert sie. Dabei steht für sie die Frage im Vordergrund, bis zu welchem Umfang die Nicht- oder Untererfüllung der Erwartungen noch akzeptiert wird, beziehungsweise wie sensitiv die Sanktion auf Erwartungsabweichungen reagiert. Die Reaktion der Spitzenführungskraft auf die Sanktion bildet wiederum die Basis für die erneute Erwartungsbildung beim Rollensender, so daß die Rollenepisode erneut beginnen kann.

Die konkrete Ausgestaltung und der Ablauf dieser Rollenepisode ist abhängig vom Zeitpunkt in Relation zum Wechsel der Spitzenführungskraft. Rollenerwartung und das Rollenverhalten als zentrale Elemente der Rollenepisode variieren zum einen mit der Veränderung der Person in der Spitzenposition und zum anderen mit unterschiedlichen Einstellungen des Aufsichtsrates vor und nach einem Wechsel. Ein Wechsel an der Unternehmensspitze hat also Auswirkungen sowohl auf das Rollenverhalten der fokalen Person, die im Verlauf der Rollenepisode ausgetauscht wird, als auch auf die Erwartungsbildung durch den Rollensender – den Aufsichtsrat.

Mit dem Wechsel an der Unternehmensspitze kann sich die Rollenhandlung der fokalen Person ändern, da, wie *Grusky* argumentiert, durch das Ausscheiden der Spitzenführungskraft auch eine Reihe des für diese Person einzigartigen Rollenverhaltens entfällt:

> „With the departure of a key official from an organization goes his unique interpretations of organizational policies, his unique mode of relating to others as well as other unique role behaviors."[169]

Das Rollenverhalten des Nachfolgers in der Spitzenführungskraftposition ist zusätzlich beeinflußt durch die Umstände des Wechsels. So wird zum Beispiel eine Spitzenführungskraft, die als „turnaround"-Spezialist nach einem unfreiwilligen Wechsel in das Unternehmen eintritt, eine sehr große Machtfülle erhalten, um notwendige Restrukturierungen einzuleiten.[170] Ihr Rollenverhalten kann sich folglich von dem Verhalten anderer Spitzenführungskräfte unterscheiden, die zum Beispiel nach planmäßiger Pensionierung ihres Vorgängers ohne explizites Mandat zur Umstrukturierung im Amt nachfolgen.[171]

---

168 Vgl. auch Baetge / Ballwieser (1977), S. 203.

169 Grusky (1960), S. 107.

170 Vgl. Hambrick / Fukutomi (1991), S. 727, Hofer (1980), S. 25 ff.

171 Vgl. Hambrick / Geletkanycz / Fredrickson (1993), S. 414.

Die Erwartungsbildung des Aufsichtsrates kann sich ebenfalls im Verlauf des Wechsels an der Unternehmensspitze ändern. Sie ist dabei (a) abhängig von einer eventuell geänderten Zusammensetzung des Aufsichtsrates und (b) von den Umständen des Wechsels. Wird die ausscheidende Spitzenführungskraft zum Beispiel nach planmäßiger Pensionierung in den Aufsichtsrat gewählt, zerstört dieser Wechsel im Gegensatz zum unfreiwilligen Wechsel nicht unbedingt den Einfluß des Vorgängers auf die nachfolgende Spitzenführungskraft.[172] Allein die Tatsache, daß der Vorgänger noch Einfluß ausüben kann, stabilisiert die Orientierung des Nachfolgers hinsichtlich strategischen Wandels. In diesem Sinne wirkt die Wechselursache indirekt auf die Erwartungsbildung im Verlauf des Wechselprozesses.

Die Rollenerwartungen an die neue Spitzenführungskraft nach einem Wechsel sind zusätzlich beeinflußt von den Erfahrungen, die der Aufsichtsrat mit dem vorangegangenen Rolleninhaber gemacht hat.[173] Wurden die Rollenerwartungen in der Vergangenheit nicht erfüllt und mußte die Spitzenführungskraft unfreiwillig ausscheiden, werden unter Umständen die Performance-Standards für die auf den Wechsel folgende Periode re-evaluiert.[174] Dies sollte für einen freiwilligen oder unabdingbaren Wechsel nicht gleichermaßen gelten.[175]

Der Ablauf der Rollenepisode ist also entscheidend beeinflußt durch den Typ des Wechsels an der Unternehmensspitze. Erwartung und Rollenverhalten variieren mit unterschiedlichen Motiven für den Wechsel. Die weitere Diskussion zum gezielten Einfluß der Spitzenführungskraft im Verlauf des Wechselprozesses auf die im Jahresabschluß abgebildete Entwicklung der wirtschaftlichen Lage differenziert daher nach unterschiedlichen Wechseltypen. Grundsätzlich ist dabei erneut zwischen einer Phase vor dem Wechsel mit der später ausscheidenden Spitzenführungskraft als verantwortlichem Rollenträger und einer Nach-Wechselphase mit der neuen Spitzenführungskraft zu unterscheiden.[176] Bei der im Abschnitt B.III diskutierten Ableitung von grundsätzlichen Hypothesen zur Entwicklung der Performance im Wechselprozeß standen insbesondere die „realen“ Effekte des Wechsels im Vordergrund der Analyse. Vor dem Hintergrund der hier gewählten rollentheoretischen Betrachtung rückt nun zusätzlich die Frage nach der gezielten bilanzpolitischen Gestaltung des Erfolges in Abhängigkeit der phasenabhängigen Erwartungen und unterschiedlichen Rollensets in den Fokus der Analyse. Damit ermöglicht diese Analyse neben der Untersuchung der Frage, ob und in welche Richtung eine Spitzenführungskraft „earnings management“ betreibt, auch die Be-

---

172 Vgl. Grusky (1960), S. 107.

173 Gorden / Rosen (1981), S. 236.

174 Gorden / Rosen (1981), S. 252: *„It is in such periods that* [sic!] *old allocation of resource battles are fought over again, [...] performance standards are reevaluated, role responsibilities are redefined and new goals are set.“*

175 Vgl. Grusky (1960), S. 107.

176 Gorden / Rosen (1981), S. 241.

antwortung der Frage, warum Spitzenführungskräfte Einfluß auf den Erfolg nehmen.[177]

Die Systematisierung des Wechselprozesses anhand von unterschiedlichen inhaltlich und zeitlich abgegrenzten Phasen stellt, wie bei anderen Phasenmodellen auch,[178] lediglich eine analytische Vereinfachung einer in der Regel komplexeren Realität dar.[179] Diese Phasenmodelle bieten jedoch die Möglichkeit zur Ableitung grundsätzlich gültiger Tendenzen, die dann einer empirischen Überprüfung unterzogen werden können.

a) Unfreiwilliger Wechsel

aa) Phase der Kaschierung

Der unfreiwillige Wechsel, entsprechend der zu Beginn dieses Abschnitts diskutierten Agency- und Aspiration-Level-Argumentation, ist durch unzureichenden Unternehmenserfolg bedingt. Die Spitzenführungskraft hat ausreichend Informationen, um diesen Rückgang des Unternehmenserfolges auf ein Niveau unterhalb des vom Aufsichtsrat erwarteten Anspruchsniveaus vorauszusehen. Sie erkennt, daß die Erwartungen zum Erfolgsniveau nicht erreicht werden können, und reagiert mit geeigneten Ausweichstrategien.[180] Aus umfangreichen empirischen Untersuchungen zur jahresabschlußbasierten Krisendiagnose und -prognose ist hinreichend bekannt, daß Spitzenführungskräfte in Situationen zunehmend kritischer Performance diese durch vielfältige bilanzpolitische Maßnahmen zu kaschieren suchen.[181] *Murphy / Zimmerman* sprechen in diesem Zusammenhang von der *„Cover-up"-Hypothese,* das heißt, die Spitzenführungskraft wird versuchen, durch erfolgserhöhende Bilanzpolitik trotz rückgängiger Erträge das Anspruchsniveau des Aufsichtsrates zu erreichen.[182]

Mit der *„Signalling"-These* liegt ein alternativer Erklärungsansatz für erfolgserhöhende Bilanzpolitik in dieser spezifischen Vor-Wechsel-Situation vor. Hierbei wird unterstellt, daß die Spitzenführungskraft erfolgssteigernde Bilanzpolitik nicht im Sinne opportunistischen Verhaltens betreibt. Die Spitzenführungskraft setzt

---

177 Vgl. Bernard / Skinner (1996), S. 314, die vor dem Hintergrund der bisherigen Literatur zum „earnings management" resümieren: *„Moreover, even if we take managers' ability to manipulate earnings as given, it is still unclear* why managers choose to intervene in the reporting process." [Hervorhebungen im Original]

178 Vgl. z. B. die Einteilung nach Produktlebenszyklen (Hofer / Schendel, 1978) oder Organisationslebenszyklen (Greiner, 1972).

179 Hambrick / Fukutomi (1991), S. 735.

180 Vgl. Mayntz (1980), Sp. 2046.

181 Vgl. stellvertretend Hauschildt (2000a), S. 38, Leker (1993), und Küting (1996), S. 939, Küting / Kaiser (1994), S. 15 – 17.

182 Vgl. Murphy / Zimmerman (1993), S. 274.

vielmehr vor dem Hintergrund, daß sie auf Basis ihrer internen Informationen eine positive Erfolgsentwicklung erwartet, diese Entwicklung jedoch im bilanziellen Unternehmenserfolg nicht ausreichend deutlich wird, Bilanzpolitik als Signal zur Vermittlung dieser internen Information ein.[183] Bilanzpolitische Aktivitäten im Sinne der „Signalling"-These sind zum Beispiel im Fall von immateriellen Investitionen vorstellbar.

Selbsterstellte immaterielle Wirtschaftsgüter des Anlagevermögens unterliegen nach § 248 Abs. 2 HGB einem Aktivierungsverbot. Damit stellt sich Unternehmen, die zum Beispiel umfangreiche Forschung und Entwicklung betreiben, das Problem, daß die Ausgaben für diese Innovationstätigkeit größtenteils sofort als Aufwand ergebnisschmälernd wirksam werden, obwohl im Sinne einer periodengerechten Zuordnung eine Aktivierung und sukzessive Abschreibung geboten wäre.[184] Der zunächst negative Informationseffekt einer vermeintlich zukünftig positiv wirkenden Aktivität könnte in diesem Fall unter Umständen durch ergebnisverbessernde Bilanzpolitik zumindest im Ansatz korrigiert werden. Dieses Verhalten entsprechend der „Signalling"-These ist für die Spitzenführungskraft jedoch nur sinnvoll, wenn der im Jahresabschluß abgebildete „unbeeinflußte" Erfolg negative Sanktionen nach sich zieht. Insoweit greifen beide Erklärungsansätze („Signalling" und „Cover-up" These) auf eine identische Basis – mangelnde Erwartungserfüllung und darauf ausgerichtete Ausweichstrategien – zurück.

Die „Cover-up-"oder „Signalling"-Thesen sind aus Sicht der Spitzenführungskraft nur dann rational, wenn der Aufsichtsrat die Aktivitäten zur Kaschierung eines unzureichenden Erfolges nicht realisiert. Andernfalls müßte er bilanzpolitisch bedingte Erfolgsverbesserungen bei der Evaluation der Performance diskontieren, so daß die erwünschte Wirkung der Kaschierung unterbleibt.[185] Grundsätzlich besteht jedoch bereits Unsicherheit, welches Performancemaß geeignet ist, die Aktivitäten der Spitzenführungskraft korrekt zu evaluieren.[186] Jede Kaschierungsaktivität erhöht diese Unsicherheit und reduziert damit die Wahrscheinlichkeit der Sanktion. In diesem Kontext bleibt die Ausnutzung von Bilanzierungswahlrechten für die Spitzenführungskraft effektiv und rational. Inwieweit die Ausnutzung von Bilanzierungs- und Bewertungswahlrechten für den „externen" Analysten transparent ist, unterliegt zudem in weiten Teilen dem Einfluß der Spitzenführungskraft.[187] Empirische Untersuchungen zur Qualität der Berichterstattung deutscher Aktiengesellschaften unterstützen diese Vermutung verdeckter Bilanzpolitik.[188]

---

183 Vgl. DeAngelo (1988), S. 7, Pourciau (1993), S. 322.

184 Vgl. zur Problematik der Aktivierung von FuE-Ausgaben Veit (1992), S. 641 ff., Veit (1994b), S. 591 f. und Hauschildt (1994), S. 173 ff. Vgl. auch Littkemann (1997).

185 Vgl. Küting (1996), S. 939 sowie Veit (1995), S. 2131, der argumentiert, daß eine mögliche Ursache für die beobachtet geringe Inanspruchnahme von Bilanzierungshilfen u. U. in der „durch die Art des Ausweises bedingten Transparenz zu suchen" ist.

186 Vgl. Kapitel B.III.3 und C.III sowie die dort zitierte Literatur.

187 Vgl. Clemm (1989), S. 360.

Insgesamt zeigen besonders Unternehmen in kritischen Situationen nur eine unzureichende Publizitätsgüte.[189] *LaSalle / Jones / Jain* argumentieren in diesem Sinne:

„If CEOs have incentives to manage earnings, they may also have incentives to insure that such manipulations are not detected."[190]

Empirische Untersuchungen zur Ausnutzung von Bilanzierungs- und Bewertungswahlrechten unmittelbar vor einem Wechsel der Spitzenführungskraft – die sich auf amerikanische Unternehmen beschränken – zeigen ein uneinheitliches Bild. Während die Ergebnisse von *Dechow / Sloan* (1991) die These erfolgserhöhenden „earnings management" vor dem Wechsel unterstützen[191], kann *Pourciau* (1993) keine signifikante Beeinflussung durch den ausscheidenden CEO ermitteln.[192] Insgesamt läßt sich aber aus der obigen Argumentation zur Motivation der Spitzenführungskraft, unmittelbar vor ihrem unfreiwilligen Ausscheiden bilanzpolitisch tätig zu werden, folgende Hypothese ableiten:

Hypothese 5 (H 5):

Unternehmen mit einem unfreiwilligen Wechsel der Spitzenführungskraft werden unmittelbar vor dem Wechsel mehr erfolgserhöhende Bilanzpolitik aufweisen, als Unternehmen, die ihre Spitzenführungskraft nicht wechseln.

bb) „Financial Bath"

Die nach dem unfreiwilligen Wechsel des Vorgängers neu in die Unternehmensspitze eintretende Spitzenführungskraft steht einer vollkommen geänderten Situation gegenüber. Die unbefriedigende Erfolgssituation des Unternehmens hat den Aufsichtsrat veranlaßt, ihren Vorgänger zu entlassen. Der Nachfolger hat die in ihn gesetzten Erwartungen zu erfüllen und zumindest mittelfristig ein realistisches Erfolgsziel zu erreichen.[193] Um diesen Erwartungen zu begegnen, kann angenommen werden, daß die neue Spitzenführungskraft ihrerseits gezielt bilanzpolitisch tätig wird. Dabei lassen sich zwei zum Teil ergänzende Thesen zur bilanzpolitischen Motivation der Spitzenführungskraft unterscheiden:

---

188 Vgl. Wysocki et al. (1971), S. 333, Leker / Möhlmann (1997) sowie Jäckel / Leker (1995), S. 300. Vgl. zur problematischen Publizitätsgüte im Fall kritischer Unternehmensentwicklung Bötzel (1993), S. 214 ff.

189 Vgl. zum hier verwendeten Begriff der Publizität als freiwillige oder obligatorische Offenlegung der periodischen Rechnungslegung eines Unternehmens, Kropff (1993), Sp. 1669.

190 LaSalle / Jones / Jain (1993), S. 670.

191 Vgl. Dechow / Sloan (1991), S. 64 f.

192 Vgl. Pourciau (1993), S. 332 sowie zur Kritik an ihrem Ansatz, Smith (1993), S. 338 f.

193 Vgl. Vancil (1987), S. 67.

1. *Andere Sicht der Realität*

Die neue Spitzenführungskraft bewertet wirtschaftliche Sachverhalte unter Umständen anders als ihr Vorgänger.[194] Mußte die frühere Spitzenführungskraft auf Grund nicht ausreichender Performance aus dem Unternehmen scheiden, steigt die Wahrscheinlichkeit, daß ihr Nachfolger die Situation des Unternehmens zunächst deutlich kritischer einschätzt. Die nachfolgende Spitzenführungskraft ist (emotional) weniger stark an Entscheidungen der Vergangenheit gebunden und kann daher eine andere, unter Umständen realistischere Sicht der Sachverhalte vertreten.[195]

Hinweise auf eine in persönlichen Unterschieden beruhende differenzierten Sicht der Realität geben zusätzlich empirische Studien, die einen deutlichen Zusammenhang von persönlichen Charakteristiken der Führungskräfte mit den von ihnen bevorzugt verfolgten strategischen Entscheidungen nachweisen.[196] Ähnlich argumentiert die „upper echolons" Perspektive, die Organisationen als Abbild ihrer Spitzenführungskräfte versteht.[197] Je stärker sich ausscheidende und nachfolgende Spitzenführungskraft in ihren persönlichen Charakteristiken unterscheiden, desto stärker sollten demnach auch ihre Sicht der Realität und die daraus abgeleiteten Bilanzierungsentscheidungen variieren. Kann die ausscheidende Spitzenführungskraft – wie im unfreiwilligen Wechsel – keinen Einfluß auf die Nachfolgerauswahl nehmen, steigt die Wahrscheinlichkeit größerer „persönlicher Differenz".[198] Vor dem Hintergrund der kritischen Erfolgssituation kann zudem angenommen werden, daß auch der Aufsichtsrat Interesse an einer deutlichen personellen Veränderung an der Unternehmensspitze hat. Die Wahrscheinlichkeit, daß sich die nachfolgende Spitzenführungskraft erheblich von ihrem Vorgänger unterscheidet und entsprechend auch eine andere Sicht der Realität aufweist, ist bei einem unfreiwilligen Wechsel also relativ hoch. Allein durch die unterschiedliche Bewertung der Realität können sich also unterschiedliche Ausnutzungen des bilanzpolitischen Spielraums nach einem Wechsel ergeben.[199]

2. *„Blaming These"*

Im Gegensatz zur These der „anderen Sicht" bezieht sich die „Blaming These" nicht nur auf die Intensität bilanzpolitischer Aktivitäten unmittelbar nach dem Wechsel, sondern auch auf die Richtung dieser Maßnahmen.[200] Die „Blaming

---

194 Vgl. Milliken / Lant (1991), S. 148 f., Gibbins / Richardson / Waterhouse (1990), S. 131 und 139.

195 Vgl. Miller (1993), S. 647.

196 Vgl. Schrader (1995), S. 120 – 136 und die dort angegebene Zusammenstellung empirischer Befunde zum Zusammenhang von persönlichen Charakteristiken und Unternehmensstrategie.

197 Vgl. Hambrick / Mason (1984), S. 198 ff.

198 Vgl. zur Auswahl des Nachfolgers Comte / Mihal (1990), S. 49.

199 Vgl. Gonedes / Dopuch (1988), S. 188.

200 Vgl. LaSalle / Jones / Jain (1993), S. 656.

These" unterstellt, daß der Nachfolger an der Unternehmensspitze im ersten Jahr seiner Einflußnahme Bewertungs- und Ansatzwahlrechte in möglichst großem Umfang nutzt, um den Erfolg des Unternehmens möglichst kritisch darzustellen. Dabei verfolgt die neue Spitzenführungskraft mit Stärke und Richtung dieser Bilanzpolitik drei Ziele:

1. Die Ausnutzung bilanzpolitischer Wahlrechte zur Reduzierung des Unternehmenserfolges lenkt die Aufmerksamkeit des Aufsichtsrates auf die schlechten Entscheidungen des Vorgängers.[201] Die neue Spitzenführungskraft kann damit zum einen der Erwartung gerecht werden, die Lage des Unternehmens „schonungslos" offenzulegen,[202] und zum anderen ist diese kritische Situation des Unternehmens dem Vorgänger anzulasten.[203] Nicht die neue Spitzenführungskraft ist für die zunächst kritische Erfolgslage verantwortlich, sondern der unfreiwillig ausgeschiedene Vorgänger.
2. Unter Rückgriff auf die weiter oben diskutierte Rollenepisode läßt sich die bilanzpolitisch stark beeinflußte Erfolgsminderung auch als Reaktion der neuen Spitzenführungskraft auf die Sanktion ihres Vorgängers – die Entlassung – interpretieren. Die nachfolgende Spitzenführungskraft beeinflußt die noch vom Vorgänger zu verantwortende Erfolgslage negativ. Dieser Unternehmenserfolg dient dem Aufsichtsrat als Basis zur erneuten Erwartungsbildung. Der drastische Ergebniseinbruch bedingt unter der Annahme, daß der Aufsichtsrat sein Anspruchsniveau zumindest zum Teil auch vor dem Hintergrund eines historischen Referenzwertes bildet, eine Korrektur der Erwartungen an den zukünftigen Erfolg nach unten. Der neuen Spitzenführungskraft gelingt damit unter Umständen die Etablierung des Anspruchsniveaus auf einem deutlich niedrigeren Niveau als zuvor.[204]
3. Abgesehen von der Reduktion der historischen Referenzbasis und den damit gestiegenen Möglichkeiten zur späteren relativen Erfolgsverbesserung bedingen bilanzpolitische Maßnahmen, die das aktuelle Ergebnis mit Beträgen belasten, die zu diesem Zeitpunkt oder in dieser Höhe nicht notwendig sind, eine automatische Entlastung des zukünftigen Ergebnisses. Im Sinne der „Zweischneidigkeit" jeder bilanzpolitischen Maßnahme[205] wird das zukünftige Ergebnis von diesen Aufwendungen entlastet, so daß sich quasi automatisch ein Ergebnisanstieg in den weiteren Perioden zeigen wird.

Insgesamt kann die neue Spitzenführungskraft ihre Ausgangsposition durch bilanzpolitische Aktivitäten im Sinne des „Financial Bath" erheblich verbessern. Sie profiliert sich als realistischer Krisenmanager, indem sie die kritische Lage offen-

201 Vgl. Pourciau (1993), S. 323.

202 Vgl. Gabarro (1988), S. 45.

203 Vgl. Moore (1973), S. 101.

204 Vgl. Hauschildt (1977), S. 663.

205 Vgl. Veit (1995), S. 2129.

legt. Gleichzeitig schafft sie die Basis für zukünftige – zumindest relative – Verbesserungen des Unternehmenserfolges.

Sowohl die These einer „anderen Sicht" der wirtschaftlichen Lage des Unternehmens als auch die „Blaming These" beziehen sich ausschließlich auf die Zeit unmittelbar nach dem Wechsel.

Die zeitliche Ausdehnung dieser „Financial-Bath"-Phase sollte dabei auf das erste Jahr – präziser auf den ersten Jahresabschluß unter dem Einfluß der neuen Spitzenführungskraft beschränkt sein. Diese Phase setzt sofort nach dem Wechsel an, da

- sofern eine „andere Sicht" die Änderung der Bilanzpolitik begründet, diese „andere Sicht" unmittelbar von Bedeutung ist und generell zu Anfang einer Tätigkeit im Unternehmen am stärksten wirken sollte,
- unmittelbar nach dem unfreiwilligen Wechsel die beste Gelegenheit besteht, im Sinne der „Blaming These" eine kritische Erfolgssituation dem Vorgänger anzulasten. Mit zunehmendem Abstand vom Zeitpunkt des Wechsels gelingt dieser Verweis auf den Vorgänger immer schlechter.

Auf der anderen Seite sollte diese Phase in der Regel jedoch auch nicht länger als ein Jahr andauern, da

- es der nachfolgenden Spitzenführungskraft zunehmend weniger gelingen wird, eine weiterhin kritische Situation beziehungsweise zusätzlich verschlechternde Erfolgslage auch im zweiten Jahr nach dem Wechsel dem Vorgänger anzulasten,[206]
- eine „andere Sicht" der Dinge mit zunehmender Dauer der Unternehmenszugehörigkeit an Bedeutung verliert und
- durch die bilanzpolitische Aktivität im ersten Jahr nach dem Wechsel die Möglichkeiten zur weiteren erfolgsreduzierenden Bilanzpolitik innerhalb des gesetzlichen Rahmens für die Folgeperioden bereits weitestgehend ausgeschöpft sind.

Damit lassen sich die folgenden drei Hypothesen zur Bilanzpolitik im Jahr unmittelbar nach dem unfreiwilligen Wechsel ableiten, wobei die Hypothese 6 im Sinne der „anderen Sicht"-These lediglich umfangreichere bilanzpolitische Änderungen unterstellt und damit die *Intensität der Bilanzpolitik* betrachtet. Die Hypothesen 7a und 7b konkretisieren diese Vermutung im Sinne der „Blaming These" zusätzlich um eine spezifische, erfolgsreduzierende *Richtung der Bilanzpolitik.* Hypothese 7a bezieht sich dabei auf einen Vergleich von Wechselunternehmen mit Unternehmen, die keinen Wechsel an der Unternehmensspitze realisieren. Hypothese 7b bezieht sich demgegenüber ausschließlich auf die Änderung der Bilanzpolitik bei Wechselunternehmen im Verlauf des Wechselprozesses.

206 Vgl. Pourciau (1993), S. 331.

Hypothese 6 (H 6):

Unternehmen mit einem unfreiwilligen Wechsel der Spitzenführungskraft werden im ersten Jahr nach dem Wechsel mehr Veränderungen der Bilanzpolitik aufweisen, als Unternehmen, die ihre Spitzenführungskraft nicht wechseln.

Hypothese 7a (H 7a):

Unternehmen mit einem unfreiwilligen Wechsel der Spitzenführungskraft werden im ersten Jahr nach dem Wechsel umfangreichere erfolgsreduzierende bilanzpolitische Maßnahmen ergreifen als Unternehmen, die ihre Spitzenführungskraft nicht wechseln.

Hypothese 7b (H 7b):

Der Umfang erfolgsreduzierender bilanzpolitischer Maßnahmen ist im ersten Jahr nach dem unfreiwilligen Wechsel der Spitzenführungskraft höher als im Jahr vor dem Wechsel.

cc) Phase der Konsolidierung

Je mehr Zeit seit dem Wechsel an der Unternehmensspitze vergangen ist, desto geringer sind die Möglichkeiten für die neue Spitzenführungskraft, kritische Erfolgssituationen des Unternehmens den Entscheidungen des Vorgängers zuzuordnen. Die Verantwortung für die Entwicklung des Unternehmens liegt in zunehmendem Maße bei der neuen Spitzenführungskraft. Während im ersten Jahr nach dem Wechsel ein Erfolgseinbruch im Sinne der Argumentation des vorangegangenen Abschnitts vom Aufsichtsrat akzeptiert wird, gewinnt die Erwartung steigenden Erfolges in den weiteren Perioden an Bedeutung.[207] Auch die neue Spitzenführungskraft hat das Anspruchsniveau des Aufsichtsrates zu erfüllen, will sie möglichen Sanktionen bei Untererfüllung entgehen. Empirische Befunde deuten darauf hin, daß die Wahrscheinlichkeit eines Wechsels besonders in den Anfangsjahren der Amtszeit der Spitzenführungskraft besonders hoch ist.[208] Eine neue Spitzenführungskraft kann offensichtlich erst nach längerer Amtszeit eine stabile Machtposition aufbauen; unmittelbar nach ihrem Amtsantritt ist ihre Machtposition noch wenig gefestigt.[209] Sie muß erste Erfolge vorweisen, um ihre Legitimität unterstreichen zu können.[210] Zeigt sich keine oder nur eine verzögerte positive Erfolgsentwicklung durch die von ihr initiierten „realen" Maßnahmen, steigt die Wahrscheinlichkeit, dem Druck zur Erfolgsverbesserung durch entsprechende bilanzpolitische Maßnahmen zu begegnen. Damit kann für das zweite und dritte Jahr nach

207 Vgl. Leker / Salomo (1998), S. 162.

208 Vgl. Chakravarty (1983), S. 114 ff.

209 Vgl. Ocasio (1994), S. 286 f.

210 Vgl. Hambrick / Fukutomi (1991), S. 728.

dem Wechsel folgende Hypothese zur bilanzpolitischen Einflußnahme durch die neue Spitzenführungskraft formuliert werden:

Hypothese 8 (H 8):

Je kritischer der Unternehmenserfolg im zweiten und dritten Jahr nach einem unfreiwilligen Wechsel ist, desto eher wird die neue Spitzenführungskraft erfolgserhöhende Bilanzpolitik betreiben.

b) Unabdingbarer Wechsel

Entsprechend der Analyse der Erfolgsveränderung bei unabdingbarem Wechsel fokussiert die Argumentation zur bilanzpolitischen Einflußnahme der Spitzenführungskraft erneut auf Wechsel im Rahmen von planmäßiger Pensionierung. Zeigt sich in den letzten Jahren vor dem Wechsel, unter Umständen begünstigt durch „Verkrustungstendenzen" aus langer Amtsdauer der Spitzenführungskraft, eine Ergebnisverschlechterung, so steigt im Sinne der „Cover-up"- und „Signalling"-These die Wahrscheinlichkeit für erfolgssteigernde Bilanzpolitik. Auch wenn für eine planmäßig aus dem Unternehmen scheidende Spitzenführungskraft weniger die Sanktion in Form der Entlassung Bedeutung besitzt, so hat sie doch Interesse an möglichst hohem Unternehmenserfolg. Zwar spricht der geringe Zusammenhang von Unternehmenserfolg und Vergütung der Spitzenführungskräfte[211] eher gegen die These, daß Erfolgssteigerungen zum Ende der Amtszeit auf Grund steigender Pensionszahlungen im Interesse der Spitzenführungskraft liegen. Zudem basieren Pensionszahlungen an deutsche Spitzenführungskräfte fast ausschließlich auf dem nicht-variablen Teil ihrer letzen Vergütung, so daß der Unternehmenserfolg keinen Zusammenhang mit der Pensionshöhe haben sollte.[212] Die These 5.4 zum Zusammenhang von Erfolg und Wechsel in den Aufsichtsrat unterstützt jedoch die Vermutung von Anreizen zur Erfolgssteigerung. Nur wenn ein zufriedenstellendes Unternehmensergebnis vorliegt, erhält die Spitzenführungskraft die Möglichkeit, in den Aufsichtsrat zu wechseln.

Im Gegensatz zur Situation bei unfreiwilligen Wechseln an der Unternehmensspitze ist der ausscheidenden Spitzenführungskraft der genaue Zeitpunkt des Ausscheidens bei planmäßiger Pensionierung schon lange vor dem Wechsel bekannt. Opportunistisches Verhalten wird insoweit möglich, als die Spitzenführungskraft Konsequenzen ihres Handelns nur bis zum Datum des Ausscheidens zu verantworten hat. Im Sinne des in der Literatur diskutierten „horizon"-Problems kann die ausscheidende Spitzenführungskraft also, ohne negative Konsequenzen fürchten zu müssen, Aufwendungen in die Zukunft verlagern und derart das Ergebnis un-

---

211 Vgl. Abschnitt B.I und die dort angegebene Literatur.

212 Vgl. Albers/Gedenk (1992), S. 22. Im Gegensatz dazu berichten Chen/Lee (1995), S. 110 für amerikanischen Unternehmen von einem Zusammenhang zwischen Vergütung i. S. v. Bonus-Plan und Entscheidungen für ein „accounting change" in besonderen Situationen.

mittelbar vor ihrem Ausscheiden entlasten.[213] Auch vor diesem Hintergrund ist also ergebnissteigernde Bilanzpolitik unmittelbar vor der Pensionierung zu erwarten.

Diese bilanzpolitische Aktivität sollte sich jedoch auf das letzte Amtsjahr oder maximal auf die letzten zwei Jahre vor der Pensionierung beschränken. Eine über einen längeren Zeitraum vor dem Wechsel angelegte Bilanzpolitik in diesem Sinne ist insbesondere unwahrscheinlich, da (a) die Gefahr der Entdeckung und entsprechender „Gegenmaßnahmen" mit zunehmender zeitlicher Ausdehnung steigt und (b) die allen bilanzpolitischen Maßnahmen inhärente „Zweischneidigkeit" den eigentlich erwünschten Effekt unter Umständen verhindert oder gar entgegenwirkt.[214] So belastet eine im vierten oder dritten Jahr vor dem Wechsel eingesetzte erfolgserhöhende bilanzpolitisch Maßnahme im Jahr unmittelbar vor dem Wechsel unter Umständen bereits den Unternehmenserfolg und erzielt damit einen gerade nicht beabsichtigten Effekt.

Damit kann folgende Hypothese zur Bilanzpolitik im Jahr unmittelbar vor dem unabdingbaren Wechsel formuliert werden:

Hypothese 9 (H9):

> *Unternehmen, deren Spitzenführungskräfte planmäßig im Rahmen von Pensionierungen ausscheiden, zeigen im Jahr vor dem Wechsel umfangreichere erfolgssteigernde Bilanzpolitik als Unternehmen, die keine Spitzenführungskraft wechseln.*

Inwieweit die nachfolgende Spitzenführungskraft Anreize und Möglichkeiten zur gezielten bilanzpolitischen Beeinflussung des Unternehmenserfolges besitzt, ist entscheidend abhängig vom Verbleib der ausgeschiedenen Spitzenführungskraft beziehungsweise von ihren Möglichkeiten zur Einflußnahme über die Pensionierung hinaus. Wechselt die pensionierte Spitzenführungskraft in den Aufsichtsrat, so hat ihr Nachfolger kaum die Möglichkeit oder Bereitschaft, im Sinne der „Blaming These" erfolgsreduzierende Bilanzpolitik zu betreiben. Auch die These verstärkter Bilanzpolitik aufgrund anderer Sicht der Realität ist wenig wahrscheinlich. In dieser Situation sollte die Anwesenheit der ausgeschiedenen Spitzenführungskraft im Aufsichtsrat auch auf die Bilanzpolitik eine stabilisierende Wirkung ausüben.

Anders in einer Situation, bei der die pensionierte Spitzenführungskraft das Unternehmen vollkommen verlassen mußte. Bereits die vollständig vollzogene Trennung nach der Pensionierung kann als Hinweis gewertet werden, daß der Aufsichtsrat die planmäßige Trennung als Möglichkeit zur Veränderung begreift.[215]

---

213 Vgl. Murphy / Zimmerman (1993), S. 274.

214 Vgl. Veit (1995), S. 2129.

215 In diesem Sinne ist auch der Befund von *Weisbach* zu interpretieren, der auch nach einer Pensionierung verstärkte Desinvestitionen erfolgloser Akquisitionen durch den Nachfolger beobachtet und daraus schließt: *„Normal retirement provisions provide an opportunity to correct managerial mistakes."* Weisbach (1995), S. 161.

Der planmäßige Wechsel im Rahmen einer Pensionierung trägt in dieser Situation die Züge eines unfreiwilligen Wechsels. Folglich ist auch die Wahrscheinlichkeit hoch, daß Motivation und Möglichkeit zur bilanzpolitischen Gestaltung durch den Nachfolger ähnlich ist – wenn auch die Tendenz zur Erfolgsreduktion nicht von gleicher Intensität gekennzeichnet sein sollte. In diesem Fall kann ein Nachfolger in der Unternehmensspitze den Unternehmenserfolg entsprechend der „Blaming" oder „andere Sicht" Hypothese gestalten. Damit ergibt sich die folgende Hypothese 10 zur Bilanzpolitik des Nachfolgers einer planmäßigen Pensionierung. Entsprechend der Argumentation zur zeitlichen Eingrenzung der „Financial Bath Phase" im Fall des unfreiwilligen Wechsels bezieht sich auch diese Hypothese auf das erste Jahr unmittelbar nach dem unabdingbaren Wechsel:

Hypothese 10 (H 10):

> *Unternehmen, deren Spitzenführungskräfte nach planmäßiger Pensionierung nicht in den Aufsichtsrat wechseln, zeichnen sich durch eine stärkere Intensität der Bilanzpolitik („andere Sicht These") in Richtung kurzfristiger Erfolgsminderung („Blaming These") aus als Unternehmen, deren Spitzenführungskräfte in anderer Funktion (AR) dem Unternehmen weiterhin verbunden bleiben.*

c) Freiwilliger Wechsel

Ebenso wie bereits bei der Frage bilanzpolitischer Einflußnahme durch die jeweilige Spitzenführungskraft im Rahmen des unabdingbaren Wechsels ist neben der besonderen Situation des Wechseltyps auch die spezifische Erfolgslage des Unternehmens bei der Analyse von freiwilligen Wechseln relevant. Scheidet eine Spitzenführungskraft in einer Situation besonders guter Unternehmens-Performance freiwillig aus ihrem Amt, so ist für die Zeit vor ihrem Ausscheiden keine außergewöhnliche Bilanzpolitik zu erwarten.[216] Deutet sich vor ihrem Ausscheiden bereits eine sehr kritische Erfolgslage an und ist der „freiwillige" Wechsel im Sinne einer Vorwegnahme der Entlassung zu interpretieren, ähnelt die Motivationslage der Spitzenführungskraft zur gezielten Bilanzpolitik der Situation des unfreiwilligen Ausscheidens. Entsprechend ist eine erfolgserhöhende Bilanzpolitik im Sinne der „Cover-up" oder „Signalling" These zu erwarten.

Die Situation nach dem freiwilligen Ausscheiden der Spitzenführungskraft ist entscheidend vom fehlenden Einfluß der ausgeschiedenen Spitzenführungskraft geprägt. Sie wird in der Regel nach ihrem Wechsel nicht Mitglied des Aufsichts-

---

216 Lediglich die Frage, inwieweit die ausscheidende Spitzenführungskraft Bilanzpolitik im Sinne des „horizon Problems" betreibt, könnte relevant sein. Dies setzt jedoch voraus, daß der Spitzenführungskraft bereits lange (d. h. mindestens 2 Jahre) vor ihrem tatsächlichen Ausscheiden Tatsache und Datum des Wechsels bekannt sind. Im Fall des freiwilligen Wechsels – insbesondere in eine anderes Unternehmen – sollte der Wechsel jedoch in der Regel auch für die ausscheidende Spitzenführungskraft eher kurzfristig bekannt sein.

rates und hat auch nur begrenzten Einfluß auf die Wahl ihres Nachfolgers.[217] Insoweit besteht nach dem Wechsel Spielraum für kurzfristig erfolgsreduzierende Bilanzpolitik im Sinne der „Blaming These". Zumindest kann aber die „andere Sicht" des Nachfolgers zur höheren Intensität der Bilanzpolitik nach dem Wechsel beitragen. Grundsätzlich gilt für die Phase nach dem freiwilligen Wechsel, daß Bilanzpolitik im Sinne der „Blaming" oder „andere Sicht" These um so wahrscheinlicher wird, je kritischer der Unternehmenserfolg vor dem Wechsel war. Damit ergeben sich folgende zwei Hypothesen zur Ausprägung der Bilanzpolitik unmittelbar vor und im ersten Jahr nach einem freiwilligen Wechsel an der Unternehmensspitze.[218]

Hypothese 11 (H 11):

> *Unternehmen, deren Spitzenführungskräfte freiwillig aus dem Amt scheiden, zeigen vor dem Wechsel keinen Unterschied in der Bilanzpolitik im Vergleich zu Unternehmen, die nicht wechseln.*

Hypothese 12 (H 12):

> *Unternehmen mit einem freiwilligen Wechsel an der Unternehmensspitze werden unmittelbar nach dem Wechsel umfangreichere (erfolgsreduzierende) bilanzpolitische Maßnahmen aufweisen als Unternehmen, die ihre Spitzenführungskraft nicht wechseln.*

V. Spezifische Nachfolgertypologie: Insider / Outsider-Wechsel und Performance

Die Literatur zum Wechsel der Spitzenführungskraft diskutiert neben der allgemeinen Beziehung von Wechsel und Unternehmenserfolg zusätzlich den spezifischen Fall der Insider- versus Outsider-Nachfolge an der Unternehmensspitze.[219] Wechsel der Spitzenführungskräfte unterscheiden sich in diesem Zusammenhang nach dem Umfang der Beziehung, die der Nachfolger an der Unternehmensspitze bereits vor seinem Amtsantritt mit der Organisation unterhalten hat. Stammt der Nachfolger aus dem wechselnden Unternehmen, dann wird er als sogenannter „Insider" definiert, bestand vor dem Wechsel keine weitere Beziehung zum Unterneh-

---

217 Ihr Einfluß beschränkt sich lediglich auf die Auswahl und Förderung potentieller interner Nachfolger während ihrer Amtszeit. Vgl. Zajac (1990), S. 220.

218 Der zeitliche Bezug dieser Hypothesen orientiert sich dabei erneut an der Phasen-Diskussion im Rahmen des unfreiwilligen Wechsels.

219 Eine Präferenz für diese Form der Differenzierung unterschiedlicher Wechseltypen entspringt u. U. ihrer vermeintlich leichten Erhebbarkeit: *„As widely demonstrated in the succession literature, previous organizational membership is* a salient characteristic of an incoming CEO. *Successor origin,* a highly visible attribute, *[...]"* [Hervorhebungen durch den Autor], Friedman / Singh (1989), S. 726.

men, gilt der Nachfolger als „Outsider". Vor diesem Hintergrund kann die Differenzierung nach Insider und Outsider auch als alternative Wechseltypologie verstanden werden. Nicht die Frage nach der initiierenden Kraft für den Wechsel entscheidet dabei über den jeweiligen Wechseltyp, sondern der Integrationsgrad des Nachfolgers in die jeweilige Organisation. Im Gegensatz zur bisherigen Argumentation steht nicht mehr die Frage nach den Erfolgsbedingungen des Wechsels an sich, sondern die Frage nach den Bedingungen für die Art des Nachfolgers im Vordergrund der Analyse. Ergänzend kann analysiert werden, welche Effekte wiederum der jeweilige Nachfolgertyp auf den Unternehmenserfolg als zentrale Variable hat.

Die Mehrzahl der empirischen Studien zu Bedingungen und Wirkungen der Insider / Outsider-Nachfolge vermeidet eine theoretische Fundierung der von ihnen zu testenden Hypothesen.[220] In der Regel werden Erwartungen lediglich im Sinne einer „Common Sense"-Überlegung ad hoc abgeleitet. Dabei ergeben sich zum Teil unterschiedliche und widersprüchliche Überlegungen. So argumentieren *Friedman / Singh,* daß die Wahrscheinlichkeit von Veränderungen nach einem Wechsel zu einem Outsider höher ist als bei einer Insider-Nachfolge. Das Interesse an Veränderung steigt jedoch mit zuvor unbefriedigender Zielerreichung, so daß Outsider die Spitzenführungskraftposition eher in Situationen kritischer Performance erreichen:[221]

> „Successors from outside tend to be seen as harbingers of, if not torchbearers for, changes in mission, strategy, and personnel. [...] As a result, organizations are more likely to choose outsiders when they have been performing poorly. Conversely, succession from within is more likely when presuccession performance has been good."[222]

Lubatkin et al. erkennen ebenfalls die grundsätzlich stärkere disruptive Wirkung von Outsidern. Sie vermuten jedoch, daß gerade eine positive Performancesituation eine Outsider-Nachfolge begünstigt, da in einer Situation mangelnder Ressourcenknappheit weniger interne Opposition wirkt. Zusätzlich steige bei guter Erfolgslage die Attraktivität des Unternehmens für Outsider und damit die Wahrscheinlichkeit ihrer Berücksichtigung:

> „Perhaps contrary to expectations, high-performing firms are more receptive to hiring from the outside because the security and status of existing managers are relatively secure during periods of prosperity. [...] The pool of all available candidates may be larger for high performing firms."[223]

Um diesen Widersprüchen auszuweichen, erscheint es sinnvoll, Hypothesen zu Bedingungen der unterschiedlichen Nachfolgerart auf einer theoretischen Basis ab-

---

220 Lediglich Zajac (1990) entwickelt Hypothesen zu Wirkungen unterschiedlicher Nachfolgertypen vor einem agency-theoretischen Hintergrund.

221 Vgl. auch Kang / Shivdasani (1995), S. 49–51.

222 Friedman / Singh (1989), S. 726.

223 Lubatkin et al. (1989), S. 63.

zuleiten. Die nachfolgende Argumentation stützt sich daher zum einen auf die *Agency-Theorie*, die auf der Basis von vermuteten Informationsasymmetrien Aussagen zur Wahl der Nachfolgerart zuläßt.[224] Zum anderen kann die Nachfolgerwahl in Abhängigkeit von der Erfolgslage der Unternehmen als Ergebnis der Beziehung zwischen erwarteter Qualifikation und *Kompetenzprofil der* jeweiligen *Nachfolgerart* betrachtet werden.

Bei der Entscheidung über die Nachfolge an der Unternehmensspitze steht der Aufsichtsrat grundsätzlich vor dem Auswahlproblem, einen Insider oder einen Outsider als Spitzenführungskraft zu berufen. Diese Entscheidung wird der Aufsichtsrat auf der Basis von Informationen über die Qualifikation der potentiellen Nachfolgekandidaten treffen. Dabei sollten diese Informationen zwischen dem Aufsichtsrat und den potentiellen Spitzenführungskräften grundsätzlich unterschiedlich verteilt sein. Es ist zum Beispiel nicht auszuschließen, daß ein potentieller Nachfolger unter Umständen Qualifikationen vortäuscht oder kritische Informationen bewußt zurückhält und in diesem Sinne seinen Informationsvorsprung zu seinen eigenen Gunsten nutzt. In diesem Sinne bergen Informationsasymmetrien damit immer das Risiko opportunistischen Verhaltens des einen Interaktionspartners – in diesem Fall der potentiellen Spitzenführungskraft.[225] Der Aufsichtsrat wird in jedem Fall bestrebt sein, die Nachfolgeentscheidung auf einer möglichst umfangreichen und sicheren Informationsbasis zu treffen. Die Entscheidung für einen Insider oder Outsider als Nachfolger wird damit von dem Informationsumfang über beide Nachfolgekandidaten sowie von der Einschätzung der Sicherheit dieser Informationen durch den Aufsichtsrat abhängig sein.

Die interne Rekrutierung von Spitzenführungskräften wird sich bei deutschen Aktiengesellschaften vornehmlich auf „einfache" Vorstandsmitglieder konzentrieren.[226] Intern berufene Nachfolger sind damit bereits vor ihrer Wahl zur Spitzenführungskraft mit Geschäftsleitungsaufgaben im jeweiligen Unternehmen vertraut. Da der Aufsichtsrat nicht nur die Aktivitäten der Spitzenführungskraft, sondern auch die Geschäftsführung des gesamten Vorstandes prüft, stehen ihm zur Beurteilung der Qualifikation dieser Insider umfangreiche Informationen zur Verfügung. Im Fall eines geplanten und damit längere Zeit bekannten Wechsels an der Unternehmensspitze besteht zudem die Möglichkeit, einen potentiellen internen Nachfolgekandidaten besonders auf seine Qualifikation zu testen und eventuell bereits vor der Amtsübernahme besondere Aufgaben zu übergeben.

224 Vgl. zu den Grundprämissen der Agency-Theorie die Ausführungen zu Beginn des Abschnitts sowie die dort angegebene Literatur.

225 In diesem Kontext bezieht sich die Informationsasymmetrie nicht auf Informationen über die Aktivität des Agenten (i. S. des klassischen Problems der Agency-Theorie), sondern auf Informationen über die grundsätzliche Qualifikation des jeweiligen Nachfolgers.

226 Es ist unwahrscheinlich, daß interne Nachfolgekandidaten aus der zweiten Führungsebene an den aktuellen Vorstandsmitgliedern vorbei an die Unternehmensspitze berufen werden. Ein interner Nachfolger wird i. d. R. bereits zuvor Erfahrung als „einfaches" Vorstandsmitglied gesammelt haben.

Die Informationsbasis zur Beurteilung der Qualifikation der Outsider muß sich naturgemäß von der Insider-Bewertung unterscheiden. Um Informationen über Nachfolgekandidaten außerhalb des Unternehmens zu erhalten, kann der Aufsichtsrat nicht auf die detaillierte und regelmäßige Beobachtung der Aktivität wie beim Insider zurückgreifen, sondern muß alternative Informationswege nutzen. Ein Outsider kann so zum Beispiel als Spitzenführungskraft eines Konkurrenzunternehmens bereits bekannt sein. Bestimmten potentiellen Nachfolgekandidaten eilt unter Umständen auch bereits ein besonderer Ruf voraus, der sie als optimale Besetzung der Unternehmensleitung in einer besonderen Situation prädestiniert.[227] Diese Informationen über den Outsider-Kandidaten sind jedoch in der Regel von geringerem Umfang und stützen sich weniger auf eigene Erfahrung und konstante Beobachtung als dies bei Insidern der Fall ist. Entsprechend wird der Aufsichtsrat, auch ohne absichtsvolles Handeln des unternehmensexternen Nachfolgekandidaten im Sinne von Verschleiern unzureichender Qualifikation,[228] mit hoher Wahrscheinlichkeit die Informationen über den Insider (subjektiv) als vergleichsweise sicher werten. Die Wahl eines Insiders ist in diesem Sinne die sicherere und damit präferierte Alternative, so daß die folgende Hypothese zur Nachfolgerwahl formuliert werden kann:

Hypothese 13 (H13):

Die Wahrscheinlichkeit einer Insider-Nachfolge ist höher als die einer Outsider-Nachfolge.

Diese generelle Hypothese zur Wahrscheinlichkeit der Insider- oder Outsider-Nachfolge ist jedoch weiter zu konkretisieren, beziehungsweise vor dem Hintergrund bestimmter Situationen zu relativieren. Dabei beeinflussen neben der *Aufsichtsratszusammensetzung* und der *Vorstandsgröße* insbesondere der *Unternehmenserfolg* die Wahl der Nachfolgerart.

1. Aufsichtsratszusammensetzung und Nachfolgerart

Die Entscheidung für einen bestimmten Nachfolgertyp ist unter Umständen abhängig von der Zusammensetzung des Aufsichtsrates. Für die Auswahl des Nachfolgers ist dabei zum einen die Frage relevant, ob die ausgeschiedene Spitzenführungskraft in den Aufsichtsrat wechselt oder nicht.[229] Zum anderen kann auch das

---

227 Dies gilt insbesondere für Spitzenführungskräfte, die sich durch vergangene Erfolge bei Krisenunternehmen z. B. einen Ruf als besonders effektive „Sanierer" erworben haben. So spricht z. B. die Wirtschaftspresse im für deutsche Spitzenführungskräfte wohl bekanntesten Fall von Kajo Neukirchen als „erfahrener Sanierer" (Süddeutsche Zeitung, 18. 12. 1993) oder als „der Ausputzer" (Die Zeit, 28. 01. 1994).

228 Vgl. Zajac (1990), S. 220.

229 Vgl. auch Kesner / Dalton (1985), S. 6. Die Nachfolgerentscheidung wird zwar i. d. R. vor dem offiziellen Wechsel der ausscheidenden Spitzenführungskraft in den Aufsichtsrat

Verhältnis von unternehmensinternen zu -externen Mitgliedern im Aufsichtsrat von Bedeutung sein.[230]

Eine Spitzenführungskraft, die nach dem Ende ihrer Amtszeit in den Aufsichtsrat wechselt, hatte während ihrer aktiven Tätigkeit in der Unternehmensleitung ausreichend Gelegenheit, ihren Vorstandskollegen und potentiellen Insider-Nachfolger kennenzulernen.[231] Ihr steht somit eine breite Informationsbasis zur Evaluation der Führungsfähigkeit des Insiders zur Verfügung. Mit Beteiligung des Vorgängers an der Auswahl des Nachfolgers verstärkt sich somit das Argument, daß die Informationen des Aufsichtsrates über Insider umfangreicher und sicherer sind als bei Outsidern. Die im Unternehmen verbleibende Spitzenführungskraft begünstigt in diesem Sinne die Auswahl von Insidern.[232] Ergänzend kann vermutet werden, daß ausscheidende Spitzenführungskräfte ein Interesse an der Fortführung ihrer bisherigen Unternehmenspolitik haben. Ein Insider, der auf Grund seiner bisherigen Zugehörigkeit zur Unternehmensleitung Entscheidungen der Vergangenheit mit getragen hat, wird dabei der bisherigen Unternehmenspolitik tendenziell eher verbunden sein als ein unbeteiligter Outsider. Bei angenommener Präferenz der früheren Spitzenführungskraft für Konstanz und gegen Revision der bisherigen Unternehmenspolitik wird im Fall der Beteiligung der früheren Spitzenführungskraft an der Rekrutierungsentscheidung entsprechend die Wahl eines Insiders begünstigt.

Die Zusammensetzung des Aufsichtsrates ist jedoch nicht nur hinsichtlich des Einflusses der ausgeschiedenen Spitzenführungskraft relevant, sondern hat durch den unterschiedlichen Bezug seiner Mitglieder zum Unternehmen auch direkten Einfluß auf den Umfang relevanter Nachfolger-Alternativen. Unternehmensinterne Mitglieder des Aufsichtsrates sind im Vergleich zu externen Mitgliedern tendenziell stärker auf das eigene Unternehmen bezogen und orientieren sich folglich in ihrer Kandidatenfindung auch eher an möglichen internen Nachfolgern. Während frühere Spitzenführungskräfte im Aufsichtsrat in der Regel auch umfangreiche Informationen über qualifizierte Externe besitzen, beschränkt sich die Kenntnis über mögliche Alternativen bei den Arbeitnehmervertretern im Aufsichtsrat deutlicher

---

fallen. Dieser Wechsel in den Aufsichtsrat kann jedoch bereits als Hinweis auf die zentrale Bedeutung der „alten“ Spitzenführungskraft gewertet werden. In dieser Situation ist die Wahrscheinlichkeit hoch, daß sie auch entscheidenden Einfluß auf die Rekrutierungsentscheidung bei ihrer Nachfolge nehmen kann.

230 Zu beachten ist, daß die Bestimmung von „unternehmensinternen“ bzw. -“externen“ Mitgliedern des Aufsichtsrates vom anglo-amerikanischen Modell der „board insider“ und „board outsider“ abweicht. Während die „inside directors“ im Board Führungskräfte des Unternehmens sind, bezieht sich der Begriff „unternehmensintern“ bei deutschen Aktiengesellschaften auf Arbeitnehmervertreter und im weiteren Sinne auf ehemalige Vorstandsmitglieder.

231 Vgl. Carlson (1961), S. 214.

232 Die gute Informationslage über Insider kann jedoch auch einen genau umgekehrten Effekt auf die Auswahlentscheidung haben. Je besser Insider bekannt sind, desto eher ist auch bekannt, wer ein interner Rivale oder Opponent ist. In dieser Situation werden unter Umständen gerade „unbeteiligte“ Outsider bevorzugt.

auf interne Kandidaten.[233] Ist die Anzahl an Alternativen auf Grund beschränkter Wahrnehmung der Entscheidungsträger zu Gunsten von Insidern verzerrt, steigt auch die Wahrscheinlichkeit, daß Insider als Nachfolger berufen werden.[234]

Damit läßt sich die Hypothese zur Wahrscheinlichkeit eines bestimmten Nachfolgertyps vor dem Hintergrund der Aufsichtsratszusammensetzung konkretisieren:

Hypothese 14a (H14a):

Unternehmen, deren ausgeschiedene Spitzenführungskräfte in den Aufsichtsrat wechseln, berufen eher Insider als Outsider zur Nachfolge an der Unternehmensspitze.

Hypothese 14b (H 14b):

Unternehmen mit einem größeren Anteil unternehmensinterner Vertreter (im wesentlichen Arbeitnehmervertreter) im Aufsichtsrat berufen eher Insider als Outsider zur Nachfolge an der Unternehmensspitze.

2. Unternehmenserfolg, spezifische Kompetenzprofile und Nachfolgerart

Neben der Zusammensetzung des Aufsichtsrates sollte besonders der Unternehmenserfolg entscheidende Bedeutung für die Nachfolgerwahl haben. Die Erfolgsentwicklung eines Unternehmens ist dabei eine wichtige Informationsbasis zur Bewertung der Qualität möglicher Nachfolger. Insider haben in ihrer Funktion als Vorstandsmitglieder wesentlich an der strategischen Orientierung des Unternehmens mitgewirkt und sind daher auch mitverantwortlich für die Performance des Unternehmens. Zeigt sich nun eine kritische Erfolgslage vor dem Wechsel, so kann diese als negative Information zu Lasten des Insiders gewertet werden.[235] In dieser Situation steigt die Wahrscheinlichkeit, daß ein Aufsichtsrat trotz unsicherer Informationslage die Qualifikation eines Outsiders besser bewertet als die sichere, aber auf kritischen Informationen beruhende Qualität des Insiders. Die Wahrscheinlichkeit für eine Outsider-Nachfolge steigt folglich bei kritischem Unternehmenserfolg.[236]

---

233 Vgl. Borokhovich / Parrino / Trapani (1996), S. 353.

234 Vgl. zum Wahrnehmungsbezug von Alternativen Hauschildt (1997), S. 298 f.

235 Dies gilt um so mehr, als daß regelmäßig erwartet wird, daß die Wahrscheinlichkeit zur strategischen Neuorientierung durch einen Insider auf Grund seiner Identifikation mit den bisher praktizierten Handlungsmustern sehr niedrig ist. Nötige Veränderungen zur Umkehr der Performanceentwicklung sind von Insidern also weniger zu erwarten. Vgl. Friedman / Singh (1989), S. 726, Kang / Shivdasani (1995), S. 50.

236 Entsprechend der Argumentation zu Beginn dieses Kapitels besteht zusätzlich ein Zusammenhang zwischen der Performance und der Motivation zum Wechsel. Damit sollte sich

Bei unbefriedigender Erfolgslage des Unternehmens erwartet der Aufsichtsrat mit dem Wechsel der Spitzenführungskraft eher Diskontinuität als Fortführung der bisherigen Unternehmenspolitik. Er wird entsprechend einen Nachfolger berufen, der aus seiner Sicht am besten geeignet ist, eine Veränderung der Situation herbeizuführen. Zur Unterscheidung der beiden Nachfolgertypen kann dabei auf das insbesondere aus dem Personalmanagement bekannte theoretische Konzept der *Kompetenzen* zurückgegriffen werden.[237] Insgesamt lassen sich entsprechend der Tabelle 1 vier unterschiedliche Kompetenzbereiche voneinander abgrenzen.

Tabelle 1

Kompetenzbereiche[238]

Kompetenzdimensionen			
Fachkompetenz	Soziale Kompetenz	Methodenkompetenz	Aktionskompetenz
– Fachkenntnisse – Fertigkeiten – Fähigkeiten – Sachverstand – unternehmensspezifisches Wissen	– Verhaltensweisen – Kommunikationsbereitschaft(-fähigkeit) – Kooperationsbereitschaft (-fähigkeit) – Teamorientierung	– Verfahrensweisen – analytisches Denken – variable Arbeitsverfahren – Umstellungsfähigkeit – Informationsverarbeitung – konzeptionelles Denken	– Handlung – Entscheidungsbereitschaft – Dynamik und Veränderung als Ziel – Risikobereitschaft
Insider		Outsider	

Unter Fachkompetenz versteht man die besondere Qualifikation im Form von Fähigkeiten und Fertigkeiten, die für eine bestimmte Aufgabe aus Erfahrung, Ausbildung und Training erworben wurden.[239] Dabei steht der aufgabenorientierte Sachverstand im Vordergrund, der besonders in Abgrenzung zur Methodenkompe-

auch ein Zusammenhang zwischen Wechseltypen und Nachfolgetyp ergeben, der in der empirischen Überprüfung entsprechend berücksichtigt werden sollte. Vgl. auch Friedman / Singh (1989), S. 738.

237 Zur Definition des Kompetenzbegriffs vgl. Heyse / Erpenbeck (1997), S. 47 ff., Faulstich (1996), S. 376, Weinberg (1996), S. 213 ff., Bunk (1994), S. 10 f. Einen Überblick zur unterschiedlichen Verwendung des Kompetenzbegriffs in den verschiedenen Fachdisziplinen (z. B. der Soziologie, Arbeitswissenschaften, Betriebswirtschaft und Sprachwissenschaften) liefern Becker / Rother (1998), S. 10 ff.

238 Tabelle in Anlehnung an Bunk (1994), S. 11, wobei die „Mitwirkungskompetenz" nach *Bunk* hier durch die „Aktionskompetenz" ersetzt wurde. Vgl. auch Heyse / Erpenbeck (1997), S. 56.

239 Vgl. stellvertretend Hersey / Blanchard (1982), S. 5.

tenz eher auf Kontinuität ausgerichtet ist. Die Methodenkompetenz konzentriert sich demgegenüber auf analytische, kognitive Fähigkeiten und beschreibt Qualifikationen, die unabhängig von einer spezifischen Aufgabe zum Einsatz kommen. Methodenkompetenz betont die Fähigkeit zum analytischen Denken und zum Transfer gemachter Erfahrungen auf neue Probleme. In diesem Sinne ermöglicht Methodenkompetenz „Flexibilität". Sozialkompetenz bezieht sich insbesondere auf die Fähigkeit und Bereitschaft zur Kommunikation und Kooperation. Bunk definiert eine Person als sozial kompetent, die *„mit anderen Menschen kommunikativ und kooperativ zusammenarbeiten kann, gruppenorientiertes Verhalten und zwischenmenschliches Verständnis zeigt"*.[240] Als vierte Kompetenzart kann die Aktionskompetenz definiert werden.[241] Eine Person zeichnet sich durch Aktionskompetenz aus, wenn sie Bereitschaft zur Handlung zeigt, entscheidungsfreudig und risikobereit ist. Widerstände werden dabei nicht als Hindernis, sondern als Ansporn verstanden. Aktionskompetenz beinhaltet in diesem Sinne die Fähigkeit zur Durchsetzung.

Grundsätzlich werden sowohl Insider als auch Outsider Qualifikationen für alle vier Kompetenzbereiche aufweisen. Ausgehend von dem grundsätzlichen Unterschied zwischen Insidern und Outsidern bezogen auf ihre bisherige Organisationszugehörigkeit lassen sich jedoch Unterschiede in der jeweiligen Stärke der Kompetenz identifizieren. So spricht die Erfahrung, die ein Insider in seiner bisherigen Funktion als Vorstandsmitglied mit Produkten, Kunden und Mitarbeitern erwerben konnte, für eine hohe unternehmensspezifische Fachkompetenz. Ein Outsider kann zwar ebenfalls zum Beispiel über spezifische Branchenerfahrung verfügen, seine Qualifikation wird jedoch in der Regel kaum in vergleichbarer Weise auf das spezifische Unternehmen zugeschnitten sein. In diesem Sinne weist ein Insider tendenziell eine höhere Fachkompetenz auf.

Die Stärke der sozialen Kompetenz ist abhängig von den Möglichkeiten und Fähigkeiten zur Kommunikation und Kooperation. Ein Insider wird im Gegensatz zum Outsider durch seine Tätigkeit im Unternehmen auf bereits ausgeprägte und erprobte interne Kommunikationsbeziehungen zurückgreifen können. Er ist jedoch auch eher in Koalitionen verhaftet und daher unter Umständen in seiner Kooperationsbereitschaft eingeschränkt. Ein potentieller Outsider-Nachfolger ist hingegen unbelastet durch Koalitionen, er kann sich jedoch auch nicht auf etablierte Kommunikationswege stützen. Insgesamt erscheint damit die soziale Kompetenz des Insiders – zumindest für die Zeit unmittelbar nach Übernahme der Führungsposition – etwas stärker ausgeprägt zu sein als die des Outsiders.

---

[240] Vgl. Bunk (1994), S. 11.

[241] In der Literatur werden noch weitere Kompetenzbegriffe bestimmt (z. B. „Reflexionskompetenz", Faulstich (1996) / „Mitwirkungskompetenz", Bunk (1994) / „Selbstkompetenz", Reetz (1989)). Da diese Begriffe jedoch nicht immer überschneidungsfrei abgegrenzt werden und überwiegend im Kontext des Personalmanagements Verwendung finden, beschränkt sich die Analyse auf die hier genannten vier Kompetenzbereiche.

Methodenkompetenz wird regelmäßig als zentrale Kompetenz von Führungskräften gefordert und unterstellt.[242] Insofern erscheint diese Kompetenz bereits als Bedingung zur Übernahme der Spitzenführungskraftposition sowohl bei Insidern wie Outsidern gegeben, so daß lediglich graduelle grundsätzliche Unterschiede zu erwarten sind. Auf Grund ihrer fehlenden vorangegangenen Organisationszugehörigkeit stehen Outsider eher außerhalb der gewohnten Routine der Unternehmen. Sie werden daher eher in der Lage sein, die aktuelle Situation als „Externe" zu analysieren und potentielle Lösungen unabhängig von vergangenen Entscheidungen zu erkennen. Outsider sind in diesem Sinne „analytischer" und verfügen daher über eine etwas ausgeprägtere Methodenkompetenz als Insider.

Auch hinsichtlich der Aktionskompetenz lassen sich grundsätzliche Unterschiede zwischen Insidern und Outsidern erkennen. Outsider unterhalten bei Amtsantritt weniger persönliche Beziehungen zu Unternehmensinternen und sind emotional weniger an vergangene Entscheidungen gebunden als Insider-Nachfolger. In diesem Sinne fällt es Outsidern leichter, Bereitschaft und Fähigkeit zum Handeln zu zeigen, Änderungen herbeizuführen und Widerstände zu brechen – ihre Aktionskompetenz ist entsprechend höher.

Abhängig von der Unternehmenssituation werden unterschiedliche Kompetenzen, beziehungsweise Kompetenzmuster von Bedeutung sein. Befindet sich ein Unternehmen, dessen Spitzenführungskraft ausscheidet, in einer kritischen Erfolgssituation, erwartet der Aufsichtsrat von der neuen Spitzenführungskraft Initiativen zur Veränderung. In dieser Situation muß sich der Nachfolger von bisher praktizierten Handlungsmustern trennen können und alternative Lösungswege aufzeigen. Die Erfolgskrise fragt zudem nach Handlung und Antrieb zur Änderung ohne Zögern, Abwägen oder Ausweichen auf Kompromisse. Entsprechend sollte ein Nachfolgertyp gefragt sein, der besondere Methodenkompetenz und Aktionskompetenz besitzt. In der Krise bietet es sich folglich an, einen Outsider zu berufen, da bei ihm die gewünschten Kompetenzen stärker ausgeprägt sind als bei einem Insider. Liegt hingegen eine positive Erfolgssituation vor, hat der Aufsichtsrat ein starkes Interesse an Kontinuität. Hohe fachliche Qualifikation und soziale Kompetenz gewinnen entsprechend an Bedeutung, um den Übergang an der Führungsspitze so reibungslos wie möglich zu gestalten. Die Rekrutierungsentscheidung des Aufsichtsrates wird sich entsprechend an Fachkompetenz und sozialer Kompetenz orientieren – Fähigkeiten, die eher dem Insider zuzuordnen sind. Damit ergibt sich zum Zusammenhang von Unternehmenserfolg und Insider-/Outsider-Nachfolge an der Unternehmensspitze – unter Rückgriff auf ihre spezifischen Kompetenzprofile – folgende Hypothese:

Hypothese 15 (H15):

> *Je kritischer der Unternehmenserfolg vor dem Wechsel der Spitzenführungskraft ist, desto eher wird ein Outsider im Amt nachfolgen.*

---

242 Vgl. stellvertretend Becker/Rother (1998), S. 12 ff. und insbesondere Hersey/Blanchard (1982), S. 5–6.

3. Vorstandsgröße und Nachfolgerart

Die Möglichkeiten zur Beeinflussung des Gesamterfolges durch ein „einfaches" Vorstandsmitglied sinken mit steigender Vorstandsgröße. Der Beitrag des jedes einzelnen Vorstandsmitgliedes zur Unternehmensentwicklung ist nicht mehr eindeutig abzugrenzen, so daß der Informationswert kritischen Erfolges bei der individuellen Qualitätsbeurteilung sinkt. Zusätzlich bedeutet eine größere Anzahl an Vorstandsmitgliedern, daß sich die relevante Menge an möglichen Nachfolgekandidaten (zum Zeitpunkt des Wechsels) erhöht.[243] Die Wahrscheinlichkeit, daß ein Insider vom Aufsichtsrat berufen wird, sollte also mit größerem Potential an internen Kandidaten zur Nachfolge der Spitzenführungskraft steigen.[244] Damit ergibt sich folgende Hypothese zum Zusammenhang von Vorstandsgröße und Nachfolgeart:

Hypothese 16 (H16):

> *Mit steigender Vorstandsgröße wächst die Wahrscheinlichkeit, daß eher Insider als Outsider zum Nachfolger der Spitzenführungskraft berufen werden.*

Die Analyse der *Wirkungen des jeweiligen Nachfolgertyps* kann erneut auf eine agency-theoretische Argumentation zurückgreifen. Zusätzlich ermöglichen die Überlegungen zur unterschiedlichen Kompetenzbasis der beiden Nachfolgertypen und die an sie geknüpften Erwartungen ebenfalls die Formulierung einer Hypothese zur Erfolgsentwicklung in Abhängigkeit des Nachfolgertyps.

Bei gegebener grundsätzlicher Informationsasymmetrie zwischen potentieller Spitzenführungskraft und Aufsichtsrat, verbunden mit der Fähigkeit und Möglichkeit des Aufsichtsrates, mögliche interne Nachfolgekandidaten relativ besser beurteilen zu können, sollten die aus der Informationsasymmetrie resultierenden Probleme beim Insider geringer ausfallen. Das heißt, der Aufsichtsrat wird im Fall einer Entscheidung für einen Insider im Durchschnitt eine bessere Wahl treffen können als bei einer Outsider-Nachfolge. Somit sollte sich die Performance unter einem Insider als Nachfolger im Durchschnitt auch besser entwickeln als unter einem Outsider.[245]

Auf Grund der spezifischen Kompetenzsituation des Insiders wird er – entsprechend der obigen Argumentation – vom Aufsichtsrat in der Regel besonders dann bevorzugt, wenn Kontinuität in einer bereits positiven Erfolgssituation gefragt ist. Die vergleichsweise hohe „Fachmannschaft" sowie seine erprobten und stabilen sozialen Beziehungen innerhalb des Unternehmens sichern einen reibungslosen Übergang und ermöglichen damit auch weiterhin einen positiven Unternehmenser-

---

243 Vgl. zum Entscheidungs- und Zeitpunktbezug von Alternativen Hauschildt (1997), S. 298.

244 Vgl. Kang / Shivdasani (1995), S. 50, die für den Zusammenhang von Board-Größe und Nachfolgerart ähnlich argumentieren. Vgl. auch Drazin / Kazanjian (1993), S. 1385.

245 Vgl. auch Zajac (1990), S. 220.

folg. Von einem Outsider hingegen wird erwartet, daß sich seine Aktivität durch Diskontinuität auszeichnet, die wiederum geeignet ist, eine ursprünglich schlechte Erfolgssituation zu korrigieren. Dennoch bedingt die vom Outsider zu erwartende hohe Veränderungsintensität stärkere disruptive Effekte für die Organisation, die zumindest im ersten und zweiten Jahr nach dem Wechsel auch negative Erfolgseffekte bergen können.[246] Entsprechend steigt die Wahrscheinlichkeit, daß sich nach einer Outsider-Nachfolge eine kritischere Erfolgslage zeigen wird. Somit läßt sich zur Unternehmens-Performance nach dem Wechsel in Abhängigkeit von der Nachfolgerart folgende Hypothese formulieren:

Hypothese 17 (H17):

Unternehmen mit einem Insider als Nachfolger werden nach dem Wechsel eine bessere Entwicklung der Performance aufweisen, als Unternehmen mit einem Outsider als Nachfolger.

VI. Kontingenz des Wechsels

Die Entwicklung des Unternehmenserfolges im Verlauf des Wechsels an der Unternehmensspitze ist neben den bisher dargestellten zentralen Einflüssen zusätzlich durch weitere Faktoren bestimmt. Diese Faktoren wirken entweder direkt auf den Wechsel beziehungsweise auf die Performance oder sie moderieren den Zusammenhang von Wechsel und Performance im Sinne verstärkender oder reduzierender Wirkung. In diesem Sinne lassen sich die zusätzlich wirkenden Faktoren auch als Kontext des Wechsels interpretieren. Grundsätzlich sind vier verschiedene Kontextbereiche, die Einfluß auf die Wechsel-Performance-Beziehung nehmen können, zu identifizieren:

Personenbezogene Faktoren

Hierunter sind Charakteristiken zu fassen, die sich im weitesten Sinne auf die Person der Spitzenführungskraft beziehen. Insbesondere die Frage der Integration der jeweiligen Spitzenführungskraft in das Unternehmen bereits vor ihrer Tätigkeit an der Führungsspitze ist in diesem Zusammenhang relevant. Diesem Aspekt der Wechselbedingungen wurde im vorangegangenen Abschnitt B.V zur Insider-/Outsider-Differenzierung gesondert nachgegangen. Auch die Frage, inwieweit die jeweilige Spitzenführungskraft selber Aktionär des Unternehmens ist, kann unter die personenbezogenen Faktoren subsumiert werden.

---

246 Positive Effekte realer Änderungen, z. B. einer strategischen Neuorientierung, dürften sich i. d. R. nicht sofort positiv im Erfolg niederschlagen, sondern wirken – wenn überhaupt – erst mit einer zeitlichen Verzögerung von mindestens zwei bis drei Jahren. Vgl. auch Kapitel B.III.2.

Faktoren der Unternehmensverfassung

Der Einfluß unterschiedlicher Merkmale der Unternehmensverfassung im weitesten Sinne konzentriert sich auf die Frage, welche besonderen Konstellationen der Unternehmensverfassung eine besondere Machtstellung der im Wechselprozeß interagierenden Organe beziehungsweise Personen bedingen. So kann vermutet werden, daß die Stellung der Spitzenführungskraft unter anderem von der Aktionärsstruktur des Unternehmens abhängig ist.[247] In einem Unternehmen mit großem Anteil Streubesitz wird der direkte Einfluß auf die Geschäftsführung tendenziell geringer sein als bei stark konzentriertem Anteilsbesitz.[248] Die unterschiedliche Machtstellung der Spitzenführungskraft führt unter Umständen auch zu einem unterschiedlich ausgeprägten Zusammenhang von Unternehmenserfolg und nachfolgendem Wechsel. Neben der Aktionärsstruktur ist die Machtstellung der Spitzenführungskraft zusätzlich potentiell beeinflußt von der Zusammensetzung des Aufsichtsrates[249] sowie von der Größe des Vorstandes.[250] Da Nachfolger für eine Spitzenführungsposition in der Regel auch aus dem jeweiligen Vorstand rekrutiert werden können, wirkt die Vorstandsgröße unter Umständen auch direkt auf die Wahrscheinlichkeit des Wechsels. Je größer der Vorstand, desto mehr potentielle Nachfolger stehen direkt und ohne größeren Rekrutierungsaufwand zur Verfügung.

Unternehmens-Faktoren

Um die Vergleichbarkeit mit anderen Studien im Forschungsfeld zum Spitzenführungskraftwechsel zu gewährleisten, bietet es sich an, den Einfluß der Unternehmensgröße und des Unternehmensalters zu kontrollieren. Besonders der Größeneffekt ist ein in der empirischen Forschung bekannter, jedoch für den Spitzenführungskraftwechsel kontrovers diskutierter Einflußfaktor auf die individuelle Unternehmens-Performance.[251] Das Unternehmensalter kann als Stellvertretergröße für das Entwicklungsstadium der Organisation verstanden werden.[252] Damit ermöglicht die Kontrolle des Alters indirekt zum Beispiel die Berücksichtigung un-

---

247 Vgl. Allen / Panian (1982), S. 541. Die zum Einfluß der Kontingenzvariablen zitierten Quellen werden jeweils stellvertretend für alle Studien genannt, die sich mit dem spezifischen Einfluß einer Kontext-Variable beschäftigen. Der an weitergehenden Ausführungen interessierte Leser sei auf die umfassende Zusammenstellung der relevanten Literatur in der Meta-Analyse im dritten Abschnitt dieser Arbeit verwiesen.

248 Vgl. Boecker (1992), S. 403 f. sowie zu einer alternativen Argumentation Cosh / Hughes (1997), S. 471.

249 Vgl. Geddes / Vinod (1997), S. 770 sowie die Ausführungen zur Aufsichtsratsstruktur und Insider / Outsider-Nachfolge.

250 Vgl. Warner / Watts / Wruck (1988), S. 480.

251 Vgl. zur Diskussion potentiell gegensätzlicher Größeneinflüsse Schrader / Lüthje (1995), S. 470 f. Vgl. auch Pfeffer / Moore (1980), S. 390 f.

252 Vgl. zum Einfluß des Organisationsalters auf die Wahl eines Nachfolgetyps Helmich (1975b), S. 359 – 361.

terschiedlicher Wechselwahrscheinlichkeiten in unterschiedlichen Wachstumsphasen der Organisation.[253]

Umweltfaktoren

Der Einfluß der Umwelt auf die Wechsel-Performance-Beziehung läßt sich anhand des Brancheneinflusses und der Umweltdynamik betrachten. Wie *Dess/Ireland/Hitt* zeigen, wird in empirischen Studien der Brancheneinfluß nur unzureichend berücksichtigt.[254] Ein erheblicher Teil der Varianz in Querschnittstudien ist durch den Brancheneinfluß bedingt. Die Kontrolle der Branche sollte daher ein deutlicheres Bild des hier relevanten zentralen Zusammenhangs ermöglichen.[255] Die Umweltdynamik kann im Sinne der „Adaptions-Hypothese" die Vermutung einer verbesserten Anpassung der Organisation an eine geänderte Umwelt mittels Wechsel der Spitzenführungskraft konkretisieren: Für Unternehmen in einer dynamischen Umwelt steigt in diesem Sinne die Wahrscheinlichkeit, daß ein Wechsel in der Unternehmensführung die Anpassung der Organisation an ihre Umwelt verbessert.[256] Die Erfolgslage dieser Unternehmen sollte sich durch einen Wechsel entsprechend ebenfalls verbessern.

In den vorangegangenen Kapiteln dieses Abschnitts wurde die Entwicklung der Unternehmens-Performance in Abhängigkeit des Wechsels der Spitzenführungskraft einer detaillierten Analyse unterzogen. Es konnten Hypothesen zum Einfluß und zur Entwicklung der Performance vor und nach dem Wechsel an der Unternehmensspitze abgeleitet werden. Dabei erscheint es sinnvoll, Wechseltypen zum einen nach der Motivation zum Wechsel in unfreiwillige, freiwillige und unabdingbare Wechsel und zum anderen nach der Intensität der vorangegangenen Organisationszugehörigkeit in Insider- / Outsider-Nachfolgen zu differenzieren. Wie die obigen Ausführungen zeigen, sind Richtung und Stärke dieser zentralen Zusammenhänge jedoch zusätzlich beeinflußt durch verschiedene Kontextvariablen. Ausgehend von fünf verschiedenen Wechseltypen (Motivations- und Nachfolgertypen) sowie mindestens zwei Zeitpunkten (vor und nach dem Wechsel) ergeben sich bei den bisher sieben dargestellten Kontextvariablen bereits 84 mögliche Beziehungen, die einer detaillierten Analyse unterzogen werden könnten.[257] Aufgrund dieser großen Zahl an Kombinationsmöglichkeiten kann es nicht Ziel dieser Arbeit sein, alle Beziehungen einer detaillierten theoretischen Analyse zu unterziehen. Dies

---

253 Vgl. Drazin / Kazanjian (1993), S. 1385.

254 Vgl. Dess / Ireland / Hitt (1990), S. 9 – 14.

255 Vgl. Lieberson / O'Connor (1972), S. 124 ff.

256 Vgl. Datta / Rajagopalan (1998), S. 834.

257 Diese Zahl an Beziehungen berücksichtigt noch nicht mögliche Interaktionen der Kontextvariablen untereinander. In diesem Fall ergäben sich sogar $12 * \left(\sum_{i=1}^{7}\binom{i}{7}\right) = 1.524$ mögliche Beziehungen.

gilt insbesondere auch vor dem Hintergrund der noch sehr unvollständigen theoretischen Fundierung der Prozesse im Rahmen des Wechsels der Spitzenführungskraft. Die vorliegende Untersuchung wählt daher eine alternative Vorgehensweise, um dennoch den Einfluß von Kontextbedingungen adäquat berücksichtigen zu können: Im Rahmen der folgenden Meta-Analyse werden unter anderem die in der empirischen Literatur zum Spitzenführungskraftwechsel untersuchten Kontextvariablen dargestellt. Vor dem Hintergrund der bereits vorliegenden Befunde zum Einfluß dieser Kontextvariablen können dann ergänzende „kontextrelativierte" Hypothesen zum zentralen Zusammenhang von Wechsel und Unternehmenserfolg formuliert werden.[258]

258 Vgl. zu einer ähnlichen Vorgehensweise Schrader (1995), S. 117 ff.

C. Meta-Analyse empirischer Forschung zum Wechsel der Spitzenführungskraft

Die folgenden Kapitel dienen der Analyse empirischer Befunde zum Zusammenhang von Wechsel der Spitzenführungskräfte und Performance der Unternehmen. Aus der bereits vorliegenden Zahl an Studien zu diesem spezifischen Bereich des Wechsels an der Organisationsspitze als „organisationalen Wandel“[1] werden 115 empirische Untersuchungen einer detaillierten Analyse unterzogen.[2] Dabei lassen sich grundsätzlich zwei Forschungsfragen unterscheiden: (a) Welche Wirkung haben die Performance und andere Bedingungsvariablen auf den Wechsel und (b) welche Konsequenzen für die Performance der Organisation ergeben sich aus dem Wechsel?

Die Meta-Analyse dieser Studien zum Spitzenführungskraftwechsel verfolgt dabei im wesentlichen drei Ziele:

1. Darstellung und Systematisierung der empirischen Forschung

Auf Basis einer umfassenden Sichtung der Literatur zum Wechsel der Spitzenführungskraft sucht diese Analyse, eine möglichst vollständige Zusammenstellung und Systematisierung des hier relevanten empirischen Forschungsfeldes zu erreichen. Neben der Möglichkeit, Bereiche zu identifizieren, für die nur wenig gesicherte Befunde vorliegen, liefert die systematische Darstellung der empirischen Forschung die Basis zur Einordnung der eigenen Untersuchung. Die detaillierte Analyse der gewählten Operationalisierungen zentraler Variablen kann zudem Hinweise für die Bestimmung insbesondere der Wechseltypen wie auch der Performancemaße liefern.

---

1 Vgl. Friedman / Singh (1989), S. 722, die in diesem Zusammenhang von „research on succession as organizational change“ sprechen.

2 Eine Zusammenstellung der empirischen Literatur zum Wechsel der Spitzenführungskraft findet sich bei Oesterle (1999), Schrader (1995) und Kesner / Sabora (1994). Im Vergleich zur Gesamtzahl der in diesen Studien berücksichtigten empirischen Untersuchungen können in der hier vorgenommenen Meta-Analyse 48 zusätzliche Studien zum Zusammenhang von Spitzenführungskraftwechsel und Unternehmenserfolg einer eingehende Analyse unterzogen werden. Die hier vorgenommene Meta-Analyse unternimmt zudem zum ersten Mal den Versuch einer quantitativen Zusammenfassung der Ergebnisse und die Berechnung aggregierter Effektstärken. Die einzelnen empirischen Studien werden weiterhin einer vergleichsweise detaillierteren Analyse z. B. bezüglich der Operationalisierung unterschiedlicher Wechseltypen und Erfolgsmaße unterzogen.

2. *Kumulative Wissensgewinnung*

Im Sinne einer kumulativen Wissensgewinnung werden die individuellen Ansätze und Ergebnisse aggregiert, so daß Aussagen zu Beziehungsrichtung und -stärke der zentralen Variablen (Wechsel und Performance) möglich werden.[3] Dabei können unterschiedliche Ergebnisse vor dem Hintergrund individueller Analysedesigns gewürdigt werden. Diese Ermittlung generell gültiger Beziehungen in der aggregierten Analyse ist im weitesten Sinne auch als erster Test der im vorangegangenen Abschnitt abgeleiteten Hypothesen zu verstehen.

3. *Bestimmung relevanter Kontextfaktoren*

Die Analyse der empirischen Studien dient nicht zuletzt der Bestimmung relevanter Kontextfaktoren und ergänzt so die konzeptionellen Überlegungen des Kapitels B.VI. Dabei steht zunächst die Frage im Vordergrund, welche Kontextfaktoren in den einzelnen Studien betrachtet werden, bevor eine zusammenfassende Analyse der Studien eine Aussage zu besonders relevanten Kontextvariablen erlaubt. Für diese Variablen können dann in Ergänzung zum Abschnitt 2 Hypothesen zum Einfluß auf den zentralen Zusammenhang von Wechsel und Performance abgeleitet werden.[4]

Aus den Zielen, die mit der vorliegenden Meta-Analyse verfolgt werden, ergibt sich die weitere Vorgehensweise wie folgt: Zunächst werden die in die Analyse einbezogenen Studien kurz gekennzeichnet und entsprechend ihres Untersuchungszusammenhangs verschiedenen Gruppen zugeordnet. Nach einem Überblick über Untersuchungsobjekte, analysierte Stichproben sowie statistische Analyseverfahren werden die beiden zentralen Variablen „Wechsel" und „Performance" bezüglich ihrer Operationalisierung und Einbindung in die Analyse untersucht. Die weitere Analyse widmet sich in vier Teilschritten der Wechsel-Performance-Beziehung, wie sie sich in den empirischen Studien darstellt. Dabei zeigt die aggregierte Analyse der Beziehungen signifikant heterogene Untersuchungsergebnisse, so daß sich eine nachfolgend differenziertere Betrachtungsweise anbietet. Zunächst werden relevante Kontingenzfaktoren, die moderierenden Einfluß auf die fokale Beziehung von Wechsel und Performance nehmen können, identifiziert. Die differenzierte Betrachtung von Wechseltypen und unterschiedlichen Performancemaßen ermöglicht eine weitere Verfeinerung der Analyse. Abschließend kann ein komplexes Modell der Variablenbeziehungen im Rahmen des Wechsel-Performance-Kontexts vorgestellt werden, das als Basis für die weitere eigene empirische Analyse dient.

---

3 Diese Vorgehensweise entspricht damit der Forderung von Sawyer / Peter (1983), S. 126, die meinen, daß erst die ausreichende Wiederholung von Untersuchungen und gemeinsame Analyse eine gesicherte Aussage der jeweils zentralen Zusammenhängen ermöglichen.

4 Vgl. zu den Kontext-Hypothesen Abschnitt D.

I. Überblick über die empirischen Studien

Die folgende Meta-Analyse betrachtet Studien zum Zusammenhang von Erfolg und Wechsel der Spitzenführungskraft. Dabei wurden eine Reihe von Such- und Auswahlkriterien angewandt, um für diese Forschungsfrage relevante empirische Untersuchungen zu identifizieren.[5] In der Regel ist die Beziehung von Spitzenführungskraftwechsel und Erfolg zentraler Untersuchungsgegenstand der ausgewählten Studien. Ist dies nicht der Fall, wird mindestens jedoch gefordert, daß eine Pearson-Produkt-Moment-Korrelation zwischen Variablen dieser Beziehung angegeben oder ermittelbar[6] ist. Inwieweit die Variablen abhängige, unabhängige oder sogenannte Kontrollvariablen sind, war für die Auswahl der Studien zunächst nicht entscheidend.

Die Suche nach auswertbaren Studien stützte sich zunächst auf eine EDV-basierte Stichwortsuche (CEO, management, top executive, turnover, Vorstand, Wechsel, etc.) in einer Reihe von Datenbanken zur wirtschaftswissenschaftlichen Literatur (ABI-INIFORM, WISO, ECONIS). Ergänzend wurden zentrale Zeitschriften der betriebswirtschaftlichen Managementforschung[7] manuell auf relevante Studien durchsucht. Soweit möglich wurden die jeweiligen Jahresinhaltsverzeichnisse ab 1975 als Informationsbasis verwandt. Die Zitationen bereits ermittelter Untersuchungen lieferten ebenfalls Hinweise auf weitere einzubeziehende Studien. Die Suche beschränkte sich auf deutsch- und englischsprachige Veröffentlichungen.

Da diese Meta-Analyse sich auf veröffentlichte, quantitative Studien beschränkt, die in der Regel ausschließlich in Zeitschriften erschienen, die einen erfolgreichen Begutachtungsprozeß als Voraussetzung zur Veröffentlichung der Ergebnisse fordern, kann ein Bias nicht ausgeschlossen werden: In Fachzeitschriften veröffentlichte Studien berichten tendenziell eher signifikante Ergebnisse als nicht veröf-

---

5 Mit der detaillierten Beschreibung des Auswahlprozedere wird der Forderung von Glass et al. (1981), S. 57 gefolgt, daß *„the best protection against this source of bias* [Bias aus der Auswahl der Studien, Anmerkung des Verfassers] *is a thorough description of the procedures used to locate the studies that were found so that the reader can make an intelligent assessment of the representativeness and completeness of the data for a meta-analysis."*

6 Wird eine t-Statistik angegeben, so kann diese zu einer „piont biserial r" umgerechnet werden. Vgl. hierzu die bei Rosenthal/Rosnow (1991), S. 290 ff. insbesondere auf S. 292 angegebene Formel. Studien mit Angabe einer t-Statistik qualifizieren sich daher auch zur Aufnahme in das Sample. Ausschließlich deskriptive Studien wurden also nicht in die Analyse einbezogen. Mit Jahn (1996) wird jedoch von dieser Regel abgewichen, um die Anzahl der Studien aus dem deutschsprachigen Raum im Analysesample zu erhöhen.

7 Bei folgenden Zeitschriften wurden die Jahres-Inhaltsverzeichnisse auf relevante Studien hin durchsucht: Academy of Management Journal, Accounting Review, Administrative Science Quarterly, Die Betriebswirtschaft, Journal of Accounting Research, Journal of Accounting, and Economics, Journal of Economic Behaviour and Organization, Journal of Finance, Journal of Financial Economics, Journal of Management, Management Science, Strategic Management Journal, Zeitschrift für Betriebswirtschaft, Zeitschrift für betriebswirtschaftliche Forschung, Zeitschrift für Organisation.

fentlichte Studien.[8] Die hier ermittelten Zusammenhänge erscheinen damit deutlicher, stärker und reliabler als dies unter Umständen in Realität der Fall ist.[9] *Hunter, Schmidt* und *Jackson* relativieren diese Problematik jedoch vor dem Hintergrund, daß nicht signifikante Zusammenhänge aus zum Beispiel unveröffentlichten Forschungsergebnissen nicht selten auf methodische Probleme zurückzuführen sind. Zudem verweisen sie darauf, daß nur eine sehr große Anzahl nicht berücksichtigter Untersuchungen einen moderierenden Einfluß auf die Ergebnisse einer Meta-Analyse haben können.[10]

Studien werden in die Meta-Analyse einbezogen, wenn sie die folgenden Kriterien erfüllen:

(1) Es muß sich um eine empirische Arbeit zum Zusammenhang von Wechsel der Spitzenführungskraft und Erfolg handeln. Das heißt nur Untersuchungen auf der Basis von großzahligen Erhebungen mit Aussagen, die möglichst über eine deskriptive Analyse hinausgehen, werden berücksichtigt. Fallstudien zur Analyse der Dynamik in Wechselprozessen an der Organisationsspitze[11] sind folglich nicht Gegenstand der Untersuchung.[12]

(2) Um den gesamten Wechselprozeß in die Analyse einbeziehen zu können, werden sowohl Arbeiten berücksichtigt, die Einflußfaktoren auf den Wechsel einer Spitzenführungskraft betrachten als auch Studien, die Auswirkungen des Wechsels in den Führungspositionen thematisieren. In jedem Fall steht der Wechsel der Spitzenführungskraft im Zentrum der Analyse, er ist dabei entweder „ultimativ abhängige oder unabhängige Variable"[13].

(3) Die Ebene der Analyse ist die Institution. Eine Untersuchung auf der Ebene des Individuums zum Beispiel im Sinne der psychologischen und materiellen Effekte eines Wechsels auf die ausscheidende Spitzenführungskraft[14] qualifiziert ebensowenig zur Aufnahme wie eine Untersuchung auf überorganisationaler (z. B. volkswirtschaftlicher) Ebene.

---

8 Vgl. Schewe (1998), S. 107 f., der vor dem Hintergrund verschiedener empirischer Forschungsarbeiten zum „Zwang der Befundpräsentation" empfiehlt, empirische Forschungsergebnisse mit der notwendigen Vorsicht zu interpretieren. Vgl. auch Cotton / Tuttle (1986), S. 56.

9 Vgl. Glass et al. (1981), S 64.

10 Vgl. Hunter et al. (1982) sowie Rosenthal (1979), S. 638 ff.

11 In diesem Zusammenhang sind insbesondere die Studien von Guest (1962), Zald (1965), Kotin / Sharaf (1967) zu nennen.

12 Das Ziel von Fallstudien ist weniger die empirische Überprüfung von Hypothesen als vielmehr die Ermittlung von möglichen Hypothesen zur späteren Prüfung. Sie besitzen in diesem Sinne rein explorativen Charakter und ermöglichen erste Einblicke in ein noch unbekanntes Untersuchungsobjekt. Vgl. Müller-Böling (1992), Sp. 494 f., Tomczak (1992), S. 83 f., Yin (1991), S. 16 ff., Witte (1977), S. 278. Die Ergebnisse der in der Meta-Analyse nicht berücksichtigten Fallstudien werden daher z. T. im Rahmen der Entwicklung des konzeptionellen Bezugsrahmens dieser Arbeit wieder aufgegriffen.

13 Vgl. Damanpur (1992), S. 380.

14 Vgl. z. B. Grusky (1969).

(4) Im Falle mehrerer Veröffentlichungen basierend auf einer Datenbasis wird jeweils nur eine der Studien ausgewählt.[15] Diese Regel findet jedoch nicht Anwendung, wenn unterschiedliche Fragestellungen oder Analyseverfahren jeweils unterschiedliche oder ergänzende Ergebnisse zulassen.[16]

Insgesamt werden *115 empirische Untersuchungen* zum Wechsel-Erfolgs-Zusammenhang einer detaillierten Analyse unterzogen.[17]

Damit findet sich im Bereich der Forschung zum Wechsel der Spitzenführungskraft bereits eine sehr große Zahl an empirischen und konzeptionellen Arbeiten sowohl zu Determinanten wie auch zu Auswirkungen des Wechsels. Spitzenführungskräfte als besonders hervorgehobene Akteure der betrieblichen Realität finden zudem Berücksichtigung in vielfältigen weiteren Bereichen der Managementforschung. Zu nennen sind hier unter anderem die Strategieforschung[18], die Forschung zu Krisenursachen[19] oder Untersuchungen zum Einfluß von Spitzenführungskräften auf den Innovationsprozeß.[20] Auch wenn der Wechsel der Spitzenführungskraft nur selten im Zentrum dieser Analysen steht, thematisieren sie häufig den Zusammenhang von Spitzenführungskraft und Unternehmenserfolg. Diese kaum noch überschaubare Anzahl an Veröffentlichungen erzwingt daher eine inhaltliche Beschränkung der hier beabsichtigten Meta-Analyse auf empirische Studien, deren Fokus insbesondere auf Veränderungen in der Position der Spitzenführungskraft liegt.

Dies geschieht zum einen vor dem Hintergrund der zentralen Forschungsfrage dieser Schrift zur Performancedynamik im Rahmen des Wechselprozesses. Aus der Analyse der verwendeten Verfahren und erzielten Ergebnisse lassen sich unter Umständen Defizite der bisherigen empirischen Annäherung an die Thematik ableiten. Diese möglichen Defizite können dann bei der Konzeption der eigenen Studie Berücksichtigung finden. Zudem ermöglicht die Systematisierung der bisherigen Forschung eine Einordnung des empirischen Ansatzes dieser Schrift.

15 Vgl. Cosh / Hughes (1995) und (1997) sowie Louie / Fizel / Mentzer (1993) und Fizel / Louie / Mentzer(1990) wo jeweils die erste der beiden Studien aus der Analyse gestrichen wurden.

16 Vgl. Boecker (1992) sowie Boecker / Goodstein (1993), der mit identischen Stichproben zunächst Einflußfaktoren auf den CEO-Wechsel prüft und später Einflußfaktoren auf die Art der Nachfolge analysiert. Vgl. auch Walsh (1988) und Walsh (1989) sowie Gerpott (1993) und Gerpott (1994).

17 Vgl. zu den einbezogenen Studien die Übersichten 1 und 2 im Anhang.

18 Vgl. Schrader (1995).

19 Vgl. Hauschildt (1988), S. 5, der unter anderem Führungskräfte als bedeutende Faktoren im Rahmen der Krisenforschung identifiziert. Vgl. ergänzend Fleege-Althoff (1930), S. 171, Reske / Brandenburg / Mortsiefer (1978), S. 173 und S. 176 sowie Brandstätter (1993), S. 217 f.

20 Vgl. zur zusammenfassende Darstellung zum Einfluß von Machtpromotoren auf den Innovationserfolg und die dort angegebene Literatur Hauschildt (1997), S. 157 ff.

Zum anderen ermöglicht diese Fokussierung, Studien mit möglichst gleichartigem Aufbau miteinander zu vergleichen. Besteht ausreichende Übereinstimmung in Bezug auf die zentrale Forschungsfrage, verwendeten Variablen sowie deren Operationalisierung, so sind Aussagen im Sinne kumulierten Erkenntnisfortschritts möglich. Eine über mehrere Untersuchungen aggregierte Analyse kann dabei sowohl auf qualitativen Aussagen beruhen als auch den Versuch einer quantitativen Einschätzung von sogenannten „Effektstärken" unterschiedlicher Zusammenhänge unternehmen.

Ein Gesamtüberblick über die in dieser Meta-Analyse betrachteten Studien anhand der Kriterien: Untersuchungszusammenhang, Grundgesamtheit, Stichprobengröße und Zeitraum der Analyse, eingesetzte statistische Verfahren, abhängige und unabhängige Variable sowie erzielte Ergebnisse findet sich in den Übersichten 1 und 2 im Anhang.

Die folgende Abbildung verdeutlicht den Forschungszusammenhang, der im Zentrum der betrachteten empirischen Studien steht. Der Wechsel der Spitzenführungskraft wird dabei zum einen als abhängige Variable analysiert. Von Interesse ist, welche Determinanten Einfluß auf Vorkommen, Häufigkeit oder Art des Wechsels der Spitzenführungskraft haben. Zum anderen wird der Wechsel als erklärende Variable eingeführt. Die Auswirkungen eines Wechsels an der Organisationsspitze werden in Bezug auf verschiedene Bereiche analysiert. Der Einfluß weiterer Variablen auf den jeweils zentralen Untersuchungszusammenhang im Sinne einer Kontingenzbetrachtung ist ergänzend Gegenstand der analysierten Studien.

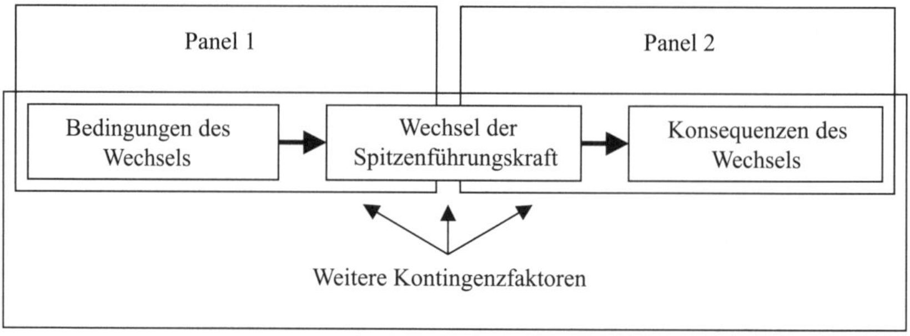

Abbildung 4: Forschungszusammenhang im Fokus der empirischen Studien

Dieses einfache Modell unterschiedlicher Untersuchungszusammenhänge dient im folgenden der Systematisierung der in der Meta-Analyse betrachteten Studien. So wird zunächst nach Art der abhängigen Variable differenziert, wobei *Panel 1* Studien mit *dem Wechsel als endogener Variable* und *Panel 2* Untersuchungen zu *Konsequenzen des Wechsels* enthält. Weitere Differenzierungsnotwendigkeit ergibt sich aus den unterschiedlichen Organisationstypen, die Gegenstand der empirischen Analyse sind. So erscheint es sinnvoll, zwischen Studien zu unterscheiden, die Unternehmen im weitesten Sinne[21] oder Sportmannschaften als Untersuchungsobjekte wählen. Zusätzlich lassen sich die Untersuchungen im Hinblick auf die Art des betrachteten Wechsels differenzieren. Dabei sind Studien zu unterscheiden, die den Wechsel der Spitzenführungskraft im Sinne des Vorkommens (0 / 1), der Häufigkeit oder als „Amtsdauer" betrachten, und Studien, die insbesondere auf den Spitzenführungskrafttyp im Sinne von „Insider" versus „Outsider" abstellen.

Damit ergibt sich eine Systematisierung des Forschungsfeldes in sechs Unterabschnitte, die in der folgenden Abbildung wiedergegeben ist.

Gesamtheit der empirischen Studien zum Wechsel der Spitzenführungskraft					
Wechsel der Spitzenführungskraft als					
abhängige Variable			unabhängige Variable		
Panel 1			**Panel 2**		
Untersuchungsobjekt			Untersuchungsobjekt		
Unternehmen i. w. S.		Sport-mannschaften	Unternehmen i. w. S.		Sport-mannschaften
Panel 1.1			**Panel 2.1**		
Wechselkonstrukt			Wechselkonstrukt		
Wechsel	Führungs-krafttyp		Wechsel	Führungs-krafttyp	
Panel 1.1.1	**Panel 1.1.2**	**Panel 1.2**	**Panel 2.1.1**	**Panel 2.1.2**	**Panel 2.2**
n[a] = 51	n = 7	n = 5	n = 38	n = 16	n = 5

[a] n bezieht sich auf die Anzahl der Studien je Panel. Die Summe der Studien über alle Panel unterscheidet sich dabei von der tatsächlichen Anzahl der betrachteten Studien, da einzelne Untersuchungen den Wechsel sowohl als exogene wie auch endogene Variable sowie parallel Wechsel und Spitzenführungskrafttyp betrachten. Diese Studien werden jeweils entsprechend ihres Analysedesigns mehreren Panel zugeordnet und damit auch mehrfach gezählt.

Abbildung 5: Systematisierung des Forschungsfeldes

Diese Unterteilung des Forschungsfeldes in sechs unterschiedliche Panel leitet die Analyse der empirischen Studien in Bezug auf die jeweils betrachteten Zusammenhänge beziehungsweise Forschungsdesigns und erzielten Ergebnisse. Zunächst soll jedoch das Feld der empirischen Forschung zum Wechsel der Spitzenführungskraft auf allgemeine Charakteristika hin untersucht werden. Die Analyse der zeitlichen Entwicklung der empirischen Forschung zum Spitzenführungskraftwechsel verdeutlicht dabei die zunehmende Bedeutung dieses Forschungsansatzes in der

21 Unter den Begriff „Unternehmen i. w. S." werden neben Unternehmen auch non-profit Organisationen zugeordnet. Da zum einen Unternehmen zahlenmäßig dominieren und zum anderen die betrachteten non-profit Organisationen große institutionelle Ähnlichkeit mit Unternehmen besitzen, erscheint diese begriffliche Zusammenfassung gerechtfertigt.

betriebswirtschaftlichen Literatur. Die zusammenfassende Betrachtung der verwendeten Untersuchungsobjekte, der jeweiligen Stichprobengrößen sowie der zur statistischen Analyse verwendeten Verfahren ermöglicht eine Einordnung der empirischen Untersuchungen und läßt erste Aussagen zur Generalisierbarkeit der Untersuchungsergebnisse zu.

1. Zeitliche Entwicklung der empirischen Forschung zum Spitzenführungskraftwechsel

Großzahlige empirischer Studien zur Fluktuation von Spitzenführungskräften finden sich zum ersten Mal zu Beginn der 60er Jahre. *Grusky* (1960) lenkt zusammen mit *Carlson* (1961) den Blick der Managementforschung auf das Phänomen des Wechsels an der Organisationsspitze. Beide Studien wählen nicht Unternehmen, sondern Sportmannschaften oder Schuldistrikte als Untersuchungsobjekte. Dies ist Ausdruck der Dominanz eher soziologisch ausgerichteter Forschung in den frühen Jahren dieser Forschungsrichtung, die weniger Performanceeffekte als vielmehr die Wechselprozesse in den Vordergrund der Analyse stellt.[22] Während diese Forschungsansätze in den 70er und frühen 80er Jahren nur vereinzelt wieder aufgegriffen wurden, zeigt sich ab 1985 ein deutlicher Anstieg des Interesses der betriebswirtschaftlichen Forschung an Problemen im Rahmen von Wechseln in der Führungsposition von Organisationen.[23] Unsere Erhebung großzahliger empirischer Veröffentlichungen in diesem Bereich verdeutlicht dies durch eine Verfünffachung der veröffentlichten Arbeiten von den 70er zu den 90er Jahren. Allein seit 1995 konnten 26 Studien identifiziert werden, die sich detailliert mit der relevanten Fragestellung auseinandersetzen. Ursachen für diesen signifikanten Anstieg des Interesses am Wechsel der Spitzenführungskraft lassen sich unter anderem erklären durch:

(a) die hier gewählte Beschränkung auf großzahlige empirische Studien zu diesem Themenbereich. Die empirische Forschungsmethodik setzt sich in der Betriebswirtschaftslehre erst langsam seit Beginn der 70er Jahre durch. Damit einher geht die Diffusion avancierter statistischer Verfahren, die die Analyse des komplexen Problems des Spitzenführungskraftwechsels ermöglichen. Zudem stehen dem empirischen Forscher ausreichend lange Datenreihen für eine Längsschnittanalyse des Wechselprozesses erst seit den 70er Jahren in leicht zugänglicher Form zur Verfügung.

---

22 Vgl. Kesner / Sabora (1994), S. 330 und 362.

23 Vgl. auch Kesner / Sabora (1994), S. 330 ff. die die empirische Forschung zum Spitzenführungskraftwechsel in drei zeitliche Phasen einteilen: Phase 1 – *„The emergence of the field"*, Phase 2 – *„Building theory and gaining empirical evidence"* und Phase 3 – *„Review and explosive growth"*. Die vorliegende Meta-Analyse wählt im Gegensatz hierzu nicht eine zeitliche, sondern eine inhaltliche Systematisierung der Studien, um aggregierte Aussagen zu Ergebnissen und offenen Fragen möglich zu machen.

(b) die zunehmende Bedeutung der Strategieforschung in den 80er und 90er Jahren, die die Spitzenführungskraft als wichtige Determinante der Unternehmensstrategie in der Regel in das Zentrum der Analyse stellt.[24] Damit wächst in diesen Jahren auch das Interesse an den Bedingungen und Folgen eines Wechsels der Unternehmensführung.[25]

2. Untersuchungsobjekte und analysierte Stichproben

Jede Organisation mit einem zentralen Leitungsorgan im Sinne einer Spitzenführungskraft ist ein Element der theoretischen Grundgesamtheit, die zur empirischen Analyse der Ursachen und Folgen eines Wechsels an der Organisationsspitze herangezogen werden kann. Das betriebswirtschaftliche Interesse konzentriert sich zunächst auf Unternehmen als Organisation mit zentraler Leitung durch eine Spitzenführungskraft. Entsprechend sind Unternehmen auch in der Mehrzahl der hier betrachteten Studien (n = 91) Objekte der Untersuchung. Ergänzend werden in 6 Studien non-profit Organisationen und in n = 9 Studien Sportmannschaften als Analyseobjekte gewählt. Sportmannschaften als Analyseobjekte haben für die empirische Forschung den Vorteil, daß

(a) Daten über einen sehr langen Zeitraum und auf Grund der intensiver Berichterstattung in der Sportpresse gut dokumentiert vorliegen,

(b) die Performance-Messung einfach und valide in sehr kurzen Zeitintervallen (ein Erfolgswert je Spieltag) erfolgt und

(c) die verantwortliche Spitzenführungskraft in Form des Trainers oder Managers eindeutig identifizierbar ist und damit der Wechsel in Bezug auf Zeitpunkt und Ursachen genau abgegrenzt werden kann. Insgesamt steht der empirischen Forschung auf der Basis von Sportmannschaften ein umfangreiches Paneldesign[26] mit der Möglichkeit zur optimalen Analyse der Dynamik in Wechselprozessen zur Verfügung.

Die Analyse von non-profit Organisationen eröffnet die Möglichkeit, Variablen zu betrachten und Analysedesigns zu entwickeln, die bei Unternehmensstichproben nur schwer oder gar nicht erhebbar sind.

Die von *Smith* et al. (1984) untersuchten „minister" der „Northeast Ohio Conference of the United Methodist Church" ermöglichen beispielsweise ein ganz spezifisches Analysedesign. Sie nutzen die Tatsache, daß „minister" in der United Me-

---

24 Vgl. hier insbesondere die wegweisende Arbeit von Hambrick / Mason (1984), die eine Organisation als Reflektion der Spitzenführungskraft („upper echolons") verstehen.

25 Vgl. z. B. Schrader (1995) der sich im Zusammenhang mit der Frage nach der Beziehung von Spitzenführungskrafttyp und Unternehmensstrategie auch dem Problemkreis des Spitzenführungskraftwechsels widmet.

26 Vgl. zu den Vorteilen der statistischen Analyse von Paneldaten Ernst (1996), S. 297.

thodist Church regelmäßig und zu festgelegten Zeitpunkten ihre Gemeinde wechseln müssen. Die gleiche „Spitzenführungskraft" kann damit über mehrere Jahre in mehreren Organisationen beobachtet werden. Der Einfluß eines Wechsels in der Führungsposition wird damit unabhängig von der Führungskraft oder unabhängig von der Organisation meßbar. Ein vergleichbares Analysedesign mit Unternehmen als Grundgesamtheit ist aufgrund der de facto unbegrenzten Amtsdauer der Spitzenführungskräfte nicht möglich.[27]

Die Analyse von Wechseln in der Leitung von „Departments" oder Fakultäten amerikanischer Universitäten kann als ein Beispiel für die Integration neuer, bei Unternehmen schwer erhebbarer Variablen angesehen werden. So führen *Salancik* et al. (1980) die Variable „Paradigmenentwicklung", die den Grad der Übereinstimmung innerhalb einer Organisation bezüglich der Problemlösungsinstrumente abbilden soll[28], als erklärende Variable für die Wechselhäufigkeit an der Organisationsspitze ein.

Die überwiegende Mehrzahl der Studien verwendet jedoch Unternehmen als Untersuchungsobjekte. Die Gesamtzahl der Unternehmen als theoretische Grundgesamtheit wird mittels kontrollierter Variablen (zum Beispiel „Börsennotierung" oder „Größe") in eine jeweils untersuchungsrelevante Grundgesamtheit eingegrenzt. Die nachfolgende Tabelle 2 zeigt die am häufigsten verwendeten kontrollierten Variablen für die Panel 1.1 und 1.2, wobei mehrere Kriterien parallel in einer Untersuchung Anwendung finden können.

Das am häufigsten verwendete Kriterium zur Bestimmung der untersuchungsrelevanten Grundgesamtheit ist die Zugehörigkeit der untersuchten Unternehmen zu einer speziellen Datenbank oder veröffentlichten Liste.[29] Insbesondere amerikanische Untersuchungen bevorzugen externe Datenbanken zur einfachen Ziehung ihrer Stichprobe. Regelmäßig werden dadurch nur sehr große Unternehmen in die Analyse einbezogen, da die relevanten Datenbanken und Listen die Unternehmensgröße als Aufnahmekriterium enthalten (so zum Beispiel Fortune oder Forbes 500,

---

27 Vorstände deutscher Aktiengesellschaften werden in der Regel für eine Amtsperiode von 5 Jahren bestellt. In Japan hingegen beträgt die Vertragslaufzeit in der Regel nur 2 Jahre. Vgl. Abe (1997), S. 13. Ein institutionalisierter, ex ante festgelegter Wechsel der Spitzenführungskraft ist jedoch generell nur für den Fall der Pensionierung vorgesehen. Hat ein Vorstand nach Ablauf der Amtsperiode die geltende Altersgrenze noch nicht erreicht, wird sein Vertrag in der Regel verlängert. Ist eine Person also einmal in die oberste Leitungsfunktion einer Unternehmung aufgerückt, ist der Wechsel eher die Ausnahme als die Regel. Es ist somit kaum möglich, die gleiche Spitzenführungskraft in mehreren Unternehmen zu betrachten.

28 „Paradigmenentwicklung" wird dabei operationalisiert als 1. Anzahl Wörter je Dissertationsabstract im jeweiligen Gebiet und 2. Länge der Kette der voneinander abhängigen Veranstaltungen je Fakultät. Vgl. Salancik et al. (1980), S. 427–429.

29 So wird die Zugehörigkeit zu *„Forbes anual list of executive compensation"* am häufigsten ($n = 8$) als Auswahlkriterium verwandt. Diese einmal jährlich im Juni veröffentlichte Liste führt 800 amerikanische Unternehmen mit den bestbezahlten Top-Executives inklusive weiterer Daten zu den jeweiligen Unternehmen. Vgl. Cannella / Lubatkin (1993), S. 771.

Tabelle 2

Kontrollierte Variablen zur Abgrenzung der Grundgesamtheit

Kontrollierte Variable	Panel 1.1	Panel 2.1	Gesamt
Gegenstand einer speziellen Datenbank / Liste	18	9	27
Börsennotierung	13	13	26
Branche	12	10	22
Akquisitionsbeteiligung	7	3	10
Größe (z. B. größte 250 Unternehmen)	4	4	8
Rechtsform / Anteilsstreuung	4	3	7
Konkursunternehmen	–	2	2

mit den 500 größten Unternehmen eines Jahres).[30] Dieser Bias zugunsten großer Unternehmen findet weitere Verstärkung durch die häufig verwendete Einschränkung der Grundgesamtheit auf börsennotierte Aktiengesellschaften oder der expliziten Berücksichtigung der Unternehmensgröße. Während die Beschränkung auf große Unternehmen den Vorteil hat, daß dem externen Analytiker für diese Organisationen und deren Spitzenführungskräfte in der Regel ausreichend Informationen für eine sinnvolle Auswertung zur Verfügung stehen, ist der damit einhergehende Größenbias beim Ausmaß der Generalisierbarkeit der Ergebnisse zu berücksichtigen.

Die Stichproben der in die Meta-Analyse einbezogenen Studien lassen sich anhand der Anzahl betrachteter Organisationen (in der Regel Unternehmen) sowie nach der Länge der jeweiligen Untersuchungszeiträume charakterisieren. Tabelle 3 gibt einen nach Panel differenzierten Überblick über Größe und Dauer der Analysezeiträume der Stichproben.

Die Stichprobengröße reicht von lediglich 12 Unternehmen[31] bis zur sehr großzahligen Untersuchung von *Khorana* (1996), die insgesamt 5169 Unternehmen analysiert. Dabei ist jedoch zu berücksichtigen, daß in dieser Gesamtstichprobengröße mit n = 4.830 überproportional viele „unauffällige" Kontrollfälle im Ver-

30 Murphy / Zimmerman (1993) können zusätzlich in einer dynamischen Analyse zeigen, daß Unternehmen, die in der Forbes 500 Liste erscheinen, zum einen über einen 20-Jahreszeitraum das höchste Umsatzwachstum im Jahr ihrer Aufnahme in die Liste verzeichnen und zweitens die Umsatzwachstumsraten vor der Aufnahme in die Liste höher sind als nach der Notierung. Insofern bedingt die Beschränkung auf z. B. „Forbes-500 Unternehmen" nicht nur einen Größenbias sondern auch in Abhängigkeit zum Analysejahr einen Effekt der Umsatzwachstumsdynamik. Vgl. Murphy / Zimmerman (1993), S. 312 – 314.

31 Thomas (1988), S. 395.

Tabelle 3

Stichprobengröße und Länge der Analysezeiträume

	Panel 1.1	Panel 1.2	Panel 2.1	Panel 2.2
Stichprobengröße (n Anzahl Organisationen)				
Kleinster Wert	23	16	12	16
Größter Wert	5169	129	2137	522
Mittelwert	343	52	239	124
Median	197	31	162	22
Länge der Untersuchungszeiträume (in Jahren)				
Minimum	1	5	1	16
Maximum	58	89	176	129
Mittelwert	11,1 [a]	38,5	11,6 [a]	46
Median	10 [a]	41	11 [a]	41

[a] Mittelwert und Median der Länge der Untersuchungsdauer bei Panel 1.1 und 2.1 bezieht sich auf eine um Ausreißer bereinigte Zusammenstellung der Werte zwischen dem 10%- und 90%-Percentile.

gleich zu $n = 339$ Unternehmen mit einem CEO-Wechsel vertreten sind. Im Mittel über alle Studien gehen $n = 343$ (Panel 1.1), beziehungsweise $n = 239$ Unternehmen (Panel 2.1) in die Analyse ein. Die Stichprobengrößen bei Studien, die Sportmannschaften als Untersuchungsobjekt wählen, liegen im Mittel etwas unter dem Umfang der Untersuchungen aus Panel 1.1 und 2.1. Da in der Regel jeweils Mannschaften aus der höchsten professionellen Liga berücksichtigt werden, wird die Stichprobengröße jedoch bereits durch die Grundgesamtheit stark eingeschränkt. Die Studien wählen in diesen Fällen auch folglich immer die Vollerhebung.

Der Untersuchungszeitraum variiert zwischen einem und 176 Jahren[32]. Lediglich 8 Studien wählen als Untersuchungszeitraum ein Jahr und damit eine Querschnittsanalyse zur Untersuchung der Determinanten oder Wirkungen des Wechsels der Spitzenführungskraft. Im Mittel liegen die Untersuchungszeiträume von

---

[32] Die drei Studien mit den längsten betrachteten Zeiträumen unterscheiden sich dabei deutlich von der übrigen Studien, indem sie jeweils nur eine bestimmte, genau eingegrenzte Branche untersuchen und wie im Fall von *Helmich* und *Caroll* nur relativ wenig Variablen unter Ausschluß einer Performancebetrachtung in die Analyse einbeziehen. Caroll (1984), (Zeitraum von 1800 – 1975) betrachtet nur Zeitungsorganisationen mit Daten aus einer gut dokumentierten spezifischen Datenbank (N. W. Ayer's Directory of Newspapers and Periodicals, S. 98). Tushman / Rosenkopf (1996), (Zeitraum 1918 – 1986) analysieren nur Unternehmen der Zementindustrie und Helmich (1975a), (Zeitraum 1916 – 1973) beschäftigt sich nur mit Unternehmen der Petrochemie. Insofern erscheint eine Bereinigung um diese „Ausreißer" bei der Berechnung des Mittelwertes / Medians gerechtfertigt.

Panel 1.1 und 2.1 bei 11,1 und 11,6 Jahren.[33] Im Gegensatz zur Stichprobengröße zeigt sich bei dem Analysezeitraum ein deutlicher Unterschied zu den Studien, die Sportmannschaften als Untersuchungsobjekt wählen. Letztere analysieren im Mittel einen deutlich längeren Zeitraum je Mannschaft (38,5 bzw. 46 Jahre) und kompensieren damit die in der limitierten Grundgesamtheit begründete geringere Stichprobengröße.

Bezogen auf Panel 1.1 und 2.1 werden Daten aus den Jahren von 1930 bis 1994 beziehungsweise von 1900 bis 1993 in die Analyse einbezogen. Tabelle 4 gibt einen Überblick über die Verteilung der Analysejahre auf die letzten vier Dekaden.

Tabelle 4

Verteilung der Analysezeiträume

	Anzahl Studien[a]	
Zeitraum	Panel 1.1	Panel 2.1
60er-Jahre	11	12
70er-Jahre	24	22
80er-Jahre	29	22
90er-Jahre	3[b] (11)	1[b] (3)

[a] Anzahl Studien, deren Untersuchungszeitraum mit mindestens 4 Jahren zwischen 1960/70/80 und 1969/79/89 liegt.
[b] Anzahl Studien, deren Untersuchungszeitraum mit mindestens 2 Jahren zwischen 1990 und 1997 liegt. Anzahl Studien, deren Untersuchungszeitraum mit mindestens 1 Jahr zwischen 1990 und 1997 liegt, in Klammern.

Die Mehrzahl der Studien beschäftigt sich mit Daten aus dem Zeitraum von 1970 bis 1989. Auch wenn die Anzahl an Untersuchungszeiträumen mit Daten aus den 90er Jahren noch relativ gering ausfällt, so kann vor dem Hintergrund der aktuellen Veröffentlichungsaktivität in diesem Forschungsbereich noch eine steigende Anzahl an Untersuchungen mit aktuelleren Daten erwartet werden. Dies gilt insbesondere unter Berücksichtigung zum Teil mehrjähriger Begutachtungsprozesse zur Veröffentlichung in den hier betrachteten Zeitschriften. Inwieweit geänderte Rahmenbedingung – zum Beispiel verstärkte Zielorientierung der Unternehmen in Richtung „Shareholder Value“ oder Änderungen des ordnungspolitischen Rahmens zur Stärkung des Managements in Relation zu den Eigentümern – im Laufe der Betrachtungsperioden auf die Untersuchungsergebnisse Einfluß nehmen können, muß folglich bei der Interpretation der Ergebnisse berücksichtigt werden.[34]

33 Damit ergibt sich ein Median von n = 1.982 analysierten Unternehmensjahren bei Panel 1.1 und n = 2.116 Unternehmensjahren bei Panel 2.1.

3. Statistische Analyseverfahren

Die Mehrzahl der Untersuchungen zum Wechsel der Spitzenführungskraft betrachtet neben der Interdependenz von Wechsel und Performance der Organisation noch eine Reihe weiterer Variablen. Dies ermöglicht den Einsatz multivariater statistischer Analysemethoden, um der Komplexität der möglichen Zusammenhänge in der Methodik ausreichend gerecht zu werden.[35] Die Regressionsanalyse ist das am häufigsten angewandte Verfahren. In Abhängigkeit vom gewählten Analysedesign, ist dabei zwischen der logistischen Regression (Anwendung in 18 Studien aus dem Panel 1.1) und der linearen OLS- / GLS- Regression (Anwendung in 18 Studien aus dem Panel 2.1) zu unterscheiden.[36] Mit weitem Abstand in Bezug auf die Häufigkeit des Einsatzes finden sich Varianz- und CoVarianz-Analysen (insgesamt in 11 Studien) sowie (Cox) Hazard-Raten Modelle (n = 3), Diskriminanzanalysen (n = 2) oder ein LISREL-Ansatz (n = 1). Untersuchungen, die als Performancemaß nicht jahresabschlußbasierte Renditen, sondern eine Marktrendite – operationalisiert mittels „abnormaler Aktienkursentwicklungen" – verwenden, umgehen eine explizite Anwendung multivariater Methoden in der Analyse. Diese Methoden finden jedoch implizit bei der Operationalisierung der Marktperformance Anwendung. Zur Berechnung des zu Grunde liegenden Marktmodells werden regelmäßig OLS-Regressionen eingesetzt[37], so daß diese Methodik im Rahmen der Forschung zum Wechsel der Spitzenführungskraft zusätzlich an Bedeutung gewinnt.

---

34 So wird in verschiedenen Studien argumentiert, daß Veränderungen des ordnungspolitischen Rahmens in den USA seit den 50er-Jahren (Pound, 1991; Jarrell / Bradley, 1980) zu Einschränkungen der Möglichkeiten zur effektiven Kontrolle des Managements durch Eigentümer oder „Outsider" geführt haben. In ihrer empirischen Analyse zu Determinanten des CEO-Wechsels zwischen 1933 und 1941 finden Hadlock und Lumer (1997) jedoch eher Belege für eine zunehmende Sensitivität des Wechsel in Bezug auf die Performance und widersprechen damit der Aussage abnehmender Kontrollmöglichkeiten.

35 Vgl. zur Anwendung der statistischen Analyseverfahren die zusammenfassende Übersicht 1 und 2 im Anhang. Die Analyse der Untersuchungsmethodik beschränkt sich auf die verwendeten multivariaten Verfahren. Nur soweit diese nicht zur Anwendung kommen, werden auch univariate oder deskriptive Vorgehensweisen erfaßt.

36 Ist wie in Panel 1.1 die abhängige Variable in der Regel nominal skaliert (Wechsel: ja / nein), kann nur die logistische Regression Anwendung finden. Im Panel 2.1 ist in der Regel ein kardinal skaliertes Performancemaß abhängige Variable, so daß eine OLS- oder GLS-Regression einsetzbar ist.

37 Bei der Frage nach dem Zusammenhang von Spitzenführungskraftwechsel und Aktienkursentwicklung (Marktperformance) greifen eine Reihe von Studien auf die „residual analysis technique" (Maddala (1977), Fama et al. (1969)) zurück. Dabei wird die Performance des Unternehmens abgeleitet aus dem Marktmodell:

$$r_{it} = \alpha_i + \beta_i r_{mt} + \varepsilon_{it}$$

mit r_{it} = Aktienkursveränderung für Unternehmen i am Tag t (korrigiert um Dividendenzahlungen und Aktienaufspaltung), r_{mt} = Kursentwicklung eines gleichgewichteten Marktportfolios (i. d. R. Daten zum Marktportfolio sowie zu Einzelunternehmen aus der Datenbank des

II. Wechsel der Spitzenführungskräfte in der empirischen Forschung

1. Operationalisierung des Wechsels

Für diese Meta-Analyse werden Studien ausgewählt, die den Wechsel der Spitzenführungskraft in das Zentrum der Analyse stellen. Der Wechsel an der Organisationsspitze sollte dabei ultimativ abhängige oder unabhängige Variable sein. Es ist nun zu untersuchen, wie der zunächst etwas abstrakte Begriff „Spitzenführungskräfte" operationalisiert werden kann. Werden in den einzelnen Studien unter Umständen unterschiedliche Positionen beziehungsweise Funktionen einer Organisation unter dem Begriff „Spitzenführungskraft" subsumiert, dann schränkt dies die Möglichkeit zur zusammenfassenden Betrachtung und Verallgemeinerung ein.

Unter „Spitzenführungskräften" versteht man im allgemeinen „Mitglieder der obersten geschäftsführenden Instanz"[38]. Ihnen obliegt die Bestimmung der Organisationsstrategie sowie die operative Geschäftsführung. Sie werden als führende Repräsentanten der Organisation wahrgenommen und besitzen somit Signalkraft nach außen.[39]

Die Mehrzahl der hier analysierten Studien betrachtet Unternehmen (corporations) aus dem anglo-amerikanischen Raum. Die anglo-amerikanische Unternehmensverfassung definiert die „Shareholder Meeting" sowie den „Board of Directors" als die zwei zentralen Organe des Unternehmens. Im Gegensatz zur festen, gesetzlich normierten Struktur deutscher Unternehmen lassen sich in anglo-amerikanischen Unternehmen verschiedene Führungsmodelle identifizieren. Die Führungsstruktur wird in „Corporations" im wesentlichen durch unternehmensindividuelle „by laws" (Satzungsbestimmungen) determiniert. Grundsätzlich gilt der „Board of Directors" als oberstes Leitungsorgan der Organisation. Seine Mitglieder lassen sich unterscheiden in „Inside" und „Outside Directors", je nachdem ob sie in das Unternehmen eingebunden, in der Regel hierarchisch unterhalb des CEO an der laufenden Geschäftsführung beteiligt sind oder als Unternehmensexterne in der Regel Kontrollfunktionen im Board ausüben. Im Sinne eines Grundmodells

---

Center for Research in Securities Prices, University of Chicago. Vgl. stellvertretend Bonnier / Bruner (1988), S. 97), α_i, β_i = Regressionskoeffizienten des Marktmodells, ε_{it} = Störgröße (normalverteilt mit $E(\varepsilon_{it}) = 0$ und konstanter Varianz). OLS-Regression wird nun verwandt, um das Marktmodell zu schätzen. Die „Abnormale Aktienkurs-Entwicklung" für jedes Unternehmen i zum Zeitpunkt *t* ergibt sich dann als:

$$ar_{it} = r_{it} - (a_i + b_i r_{mt}) \ ,$$

mit a_i und *bi* als OLS-Schätzer von α_i und β_i. In diesem Sinne sind die Residuen, die signifikant von Null abweichen (*t*-Test) ein Hinweis auf eine abnormale (hohe / niedrige) Aktienkursentwicklung bei Kontrolle der Gesamtmarktentwicklung. Vgl. stellvertretend zur Signifikanzprüfung, Furtado / Rozeff (1987), S. 158 f.

38 Vgl. Witte (1981b).

39 Vgl. Pfeffer / Moore (1980), S. 387 sowie Gamson / Scotch (1964), S. 70.

lassen sich mindestens zwei Führungspositionen[40] innerhalb des „Board of Directors" unterscheiden[41]: Der „Chief Executive Officer" (CEO) und der „Chairman of the Board".[42] Dieses Grundmodell variiert zwischen Unternehmen in dem Ausmaß, in dem die möglichen Führungspositionen tatsächlich besetzt sind,[43] sowie in der Zuordnung der Aufgaben auf die einzelnen Positionen.[44] Die tatsächliche Machtverteilung kann dabei je nach Satzung der Unternehmen erheblich variieren.[45] Ergänzend bilden sich abweichende Realtypen, wenn zum Beispiel eine Person im Amt des „Chairman" durch persönliches Ansehen oder durch besonders lange Organisationszugehörigkeit (z. B. als Unternehmensgründer) alle anderen Leitungsfunktionen dominiert.

Ähnliche Modelle gelten auch für andere Länder. So identifiziert *Abe* (1997) für Japan ebenfalls den „Board of Directors" als oberstes Leitungsorgan. In Japan obliegt jedoch dem „President" die Funktion der Geschäftsführung.[46]

Untersuchungsobjekte empirischer Studien zum Wechsel deutscher Spitzenführungskräfte sind in der Regel Aktiengesellschaften zum Teil unter Einschluß von GmbHs und anderer Rechtsformen.[47] Im Gegensatz zum monistischen Ansatz der anglo-amerikanischen Führungsverfassung findet sich bei deutschen Aktiengesellschaften ein dualistischer Ansatz[48] mit den Organen: Hauptversammlung, Aufsichtsrat und Vorstand. Während dem Aufsichtsrat im wesentlichen Kontrollfunktionen gegenüber Aktivitäten des Vorstandes eingeräumt werden,[49] ist der Vorstand als oberste Leitungsinstanz mit der Geschäftsführung betraut. Sofern ein Vorstand

---

40 Personen, die diese Führungspositionen besetzen werden auch als „senior corporate executives" bezeichnet. Vgl. Johnson et al. (1985), S. 156.

41 Zusätzlich wird in einigen Studien mit dem „Vice-chairman" noch eine weitere Position der obersten Führungsstruktur zugeordnet. Vgl. stellvertretend Furtado / Rozeff (1987), S. 147.

42 Vgl. Bleicher / Leberl / Paul (1989), S. 174 ff.

43 Häufig werden die Positionen CEO und „Chairman" in Personalunion von einer Spitzenführungskraft besetzt. Diese als „Duality" bezeichnete Situation ist Anlaß für eine Reihe von empirischen Studien zur Effizienz dieser Führungsorganisation. Vgl. stellvertretend Baglia / Moyer / Rao (1996) sowie die dort zitierte Literatur.

44 Vgl. Haveman (1993), S. 870.

45 Vgl. zu unterschiedlichen Typen der Führungsstruktur amerikanischer Unternehmen Bleicher / Leberl / Paul (1989), S. 174 ff., die neun unterschiedliche Typen entwickeln sowie Schrader (1995), S. 227 – 229, der drei Idealtypen bildet.

46 Vgl. Abe (1997), S. 5 f. sowie Kang / Shivdasani (1995), S. 34.

47 Vgl. z. B. Gerpott (1994), S. 8.

48 Vgl. zur Unterscheidung der beiden Ansätze Bleicher / Leberl / Paul (1989).

49 Neben der im Aktiengesetz kodifizierten (de facto ex post) Kontrollfunktion (vgl. § 111 AktG) vermag der Aufsichtsrat mittels eines in der Satzung festgelegten Katalogs „zustimmungspflichtiger Geschäfte" im Sinne einer ex ante Kontrolle zum Teil bedeutsamen Einfluß auf die Geschäftsführung nehmen. In diesem Sinne läßt sich eine Annäherung an das angloamerikanische Board-System in der Tendenz auch in der deutschen Führungsverfassung feststellen.

aus mehr als einem Mitglied besteht, sind alle Vorstandsmitglieder gemeinschaftlich und gleichberechtigt an der Unternehmensleitung beteiligt. In Realität finden sich jedoch häufig sogenannte „Vorstandsvorsitzende" oder „Vorstandssprecher", die de facto eine Rolle des „primus inter pares" einnehmen.[50] Diese hervorgehobene Position veranlaßt Studien zum Wechsel in deutschen Unternehmen Vorsitzende oder Sprecher des Vorstandes als Spitzenführungskräfte in deutschen Aktiengesellschaften zu identifizieren.[51]

Die Operationalisierung der Spitzenführungskräfte wird also allgemein erschwert durch,

(a) unterschiedliche gesetzliche Normen und individuell ausgestaltete Satzungen, die verschiedene Organe mit der Funktion als oberste Leitungsinstanz definieren und

(b) eine unterschiedliche de facto Ausgestaltung der Normen. Die Identifikation von Spitzenführungskräften wird in diesem Sinne erschwert durch die zu beobachtende Personalunion von „Chairman" und CEO, durch zustimmungspflichtige Geschäfte, satzungsbestimmte de facto Macht des Vorstandsvorsitzenden oder durch persönlichkeitsbestimmte Machtverteilung innerhalb der Leitungsorgane.

Die darin begründete problematische Zuordnung von Personen beziehungsweise Funktionen zum Begriff „Spitzenführungskraft" findet ihren Ausdruck in unterschiedlichen Ansätzen der Operationalisierung. Die nachfolgende Tabelle 5 gibt einen Überblick über die gewählten Ansätze. Dabei werden nur Studien aus dem Panel 1.1.1 und 2.1.1 betrachtet.

Die Operationalisierung von Spitzenführungskräften läßt sich in drei Gruppen einteilen. Ein Gruppe von Studien versucht, die Spitzenführungskraft eindeutig einer bestimmten Position beziehungsweise einem Organ zuzuordnen. So werden zum Beispiel ausschließlich CEOs oder Vorstandsvorsitzende in der jeweiligen Analyse betrachtet.[52] Dieser Vorgehensweise liegt implizit die Annahme zugrunde, daß eine Differenzierung der Leitungsfunktion auf mehrere Personen zwar unter Umständen gegeben ist, die jeweils ausgewählte Position jedoch alle anderen dominiert. Die Mehrzahl der Studien ($n = 41$) wählt diesen Weg der Operationalisierung. Eine zweite Gruppe von Studien beschränkt ihre Analyse nicht nur auf eine Position, sondern vermutet, daß eine externe Zuordnung der obersten Leitungsfunktion nicht auf eine bestimmte Position möglich ist. Mehrere Positionen werden daher parallel betrachtet.[53] N = 22 Untersuchungen definieren die Spitzenführungskraft als eine Person, die entweder CEO, Chairman of the Board oder Presi-

---

50 Vgl. Schrader / Lüthje (1995), S. 477 sowie die Definition von Spitzenführungskräften in deutschen Aktiengesellschaften gemäß Kapitel A.III.

51 Vgl. stellvertretend te Wild (1996), S. 57.

52 Vgl. stellvertretend Cannella / Lubatkin (1993), S. 771.

53 Vgl. stellvertretend Johnson et al. (1985), S. 156.

Tabelle 5

Operationalisierungen von Spitzenführungskräften

Anzahl Studien	„einfache“ Zuordnung	Gruppen von Spitzenführungskräften	Spitzenführungskräfte und Führungskräfte unterer Ebenen
32	CEO		
3	Vorstandsvorsitzende, Vorstandssprecher		
2	President		
4	sonstige (z. B. Bürgermeister)		
12		CEO, Chairman, President	
3		Vorstände / Geschäftsführung	
5		Top Management	
1		Vorstandsvorsitzende / Aufsichtsratsvorsitzende / Vorstände	
1		Executive officers	
1			Top Executives
1			CEO / Board-Mitglieder
1			CEO / Executive Team
Σ 64[a)]			

[a)] Die Summe der Studien weicht von der Summe der Studien im Panel 1.1.1 und 2.1.1 ab, da einige Studien keine Angabe zur Operationalisierung machen.

dent sein kann. Drei Studien gehen über die engeren Definitionen der obersten Leitungsinstanz hinaus und schließen zum Teil noch die zweite Leitungsebene in die Analyse ein.[54] Dabei werden jedoch weiterhin nur Führungspositionen betrachtet, deren Besetzung aus öffentlich zugänglichen Quellen ersichtlich ist.[55] Diese Führungskräfte (der zweiten hierarchischen Ebene) erfüllen also zumindest die Bedingung gewisser Außenwirkung und können somit im weitesten Sinne der Gruppe der Spitzenführungskräfte zugeordnet werden.

Insgesamt ist die Gruppe der betrachteten Positionen, die zur Operationalisierung der Spitzenführungskraft herangezogen werden, über alle Studien relativ ho-

54 Vgl. stellvertretend Tushman / Rosenkopf (1996), S. 944.

55 Vgl. zum Beispiel Tushman / Rosenkopf (1996), S. 943, die Informationen zur Besetzung der Spitzenführungskraftpositionen aus spezifischen Branchenzeitschriften gewinnen.

mogen. Es werden Positionen der obersten Leitungsebene von Organisationen betrachtet. Die Aggregation und Verdichtung der Untersuchungsergebnisse wird also durch die Operationalisierung des Begriffs „Spitzenführungskraft" nicht beeinträchtigt.

Nicht die Spitzenführungskraft selbst, sondern der Wechsel in der obersten Leitungsinstanz steht jedoch im Zentrum der Analysen. Wechsel wird dabei verstanden als Veränderung in der personellen Besetzung der Position der Spitzenführungskraft. Diese Veränderung kann in zwei Teilschritte differenziert werden: 1. Das Ausscheiden des bisherigen Amtsinhabers und 2. die Neubesetzung der Position durch einen Nachfolger.[56] Damit ergeben sich drei mögliche, beobachtbare Ausprägungen der Veränderung in Abhängigkeit der Dauer zwischen den beiden Teilschritten:

1. Ausscheiden und Neubesetzung zum gleichen Zeitpunkt,[57]
2. Nur Ausscheiden aus der obersten Leitungsinstanz,
3. Nur Neubesetzung der obersten Leitungsinstanz.

Die Alternativen 2. und 3. zeichnen sich dadurch aus, daß entweder der Zeitraum zwischen Ausscheiden und Neubesetzung länger ist als der gewählte Untersuchungszeitraum oder daß die betrachtete Position in der Organisation wegfällt oder neu geschaffen wird. Insgesamt verwenden die Studien jedoch nicht eine derart detaillierte Betrachtung, sondern beziehen sich in der Mehrzahl auf Veränderungen mit gleichzeitigem Ausscheiden und Neubesetzung.

Eine Reihe von Studien analysiert nicht unmittelbar den Wechsel in der Position der Spitzenführungskraft, sondern die *„Amtsdauer"* des jeweiligen Amtsinhabers. Dabei wird je Spitzenführungskraft die Anzahl der Zeiteinheiten (Jahre / Monate), in der sie die oberste Leitungsinstanz besetzt, erfaßt. Inhaltlich unterscheiden sich die beiden Ansätze zur Operationalisierung der Veränderung in weiteren Sinne nicht, da Unternehmen mit durchschnittlich kürzerer Amtsdauer ihrer Spitzenführungskräfte im Vergleich zu Unternehmen mit durchschnittliche längerer Amtsdauer im Mittel häufiger eine personelle Veränderung in der obersten Leitungsinstanz vollziehen. Methodisch unterscheiden sich die beiden Ansätze insofern, als daß der Wechsel im Sinne einer ja / nein-Erfassung eine nominal skalierte Variable darstellt. Die Amtsdauer gemessen in Zeiteinheiten bietet jedoch Analysemöglichkeiten auf kardinalem Skalenniveau. Die unterschiedlichen Skalen ermöglichen je nach Untersuchungsansatz andere statistische Analyseverfahren und andere inhaltliche Aussagen. Die Entscheidung zur Operationalisierung der Veränderung in der Position der Spitzenführungskraft muß jedoch nicht nur vor dem Hintergrund der

---

[56] Vgl. auch Reinganum (1985), S. 48 f. sowie Worrell et al. (1993), S. 392 f.

[57] Eine Trennung in zwei Teilschritte ist in dieser Situation eher ein theoretischer als ein beobachtbarer Vorgang. Dieser Fall stellt den „Normalfall" des Wechsels der Spitzenführungskraft dar, da zu erwarten ist, daß eine Organisation den Zustand einer Vakanz an der obersten Leitungsinstanz möglichst zu vermeiden sucht.

methodischen Differenzierung begründet sein. Werden beispielsweise die untersuchungsrelevanten Daten durch Befragung der aktuellen Spitzenführungskraft nach der Dauer seiner Amtszeit bis zum Zeitpunkt der Befragung erhoben, dann ist der Wechsel nicht mehr als 0/1-Variable zu erfassen.[58] Lediglich der Zusammenhang von Amtsdauer und anderen Variablen kann Gegenstand der Untersuchung sein.

Damit wird deutlich, daß die Datenquelle zur Operationalisierung von Bedeutung ist. Die nachfolgende Tabelle 6 zeigt die Häufigkeit der Nutzung verschiedener Datenquellen zur Bestimmung der jeweiligen Spitzenführungskraft, ihrer Amtszeit oder des Wechsels in der Position.

Tabelle 6

Datenquellen zur Operationalisierung der Spitzenführungskraft

Art der Datenquelle	Häufigkeit der Nutzung[a)] (über alle Studien)
Datenbanken, veröffentlichte Listen	36
Artikel in Zeitschriften, Zeitungen	24
Jahresabschlüsse	11
Befragung (schriftlich / mündlich)	8
„10K-reports“[59]	6
„proxy statements“[60]	4
Unterlagen für die Steuerbehörden („tax forms“)	1

[a)] Werden mehrere Datenbanken / Zeitschriften pro Studie verwandt, führt dies nur zur einmaligen Zählung unter der jeweiligen Datenquelle. Finden mehrere Datenquellen pro Studie Anwendung, so werden diese jeweils gezählt.

Informationen zur Veränderung in der Position der Spitzenführungskraft werden in der Mehrzahl der Fälle aus Datenbanken oder Listen ($n = 36$) und aus Zeitschriften- oder Zeitungsartikeln ($n = 24$) entnommen. Jahresabschlüsse als Informationsbasis finden in zehn Studien Anwendung. Bei den Datenbanken werden bei jeweils zehn Studien *Standard and Poor's Register of Corporations, Directors and Executives*[61] beziehungsweise *Forbes Anual List of Executive Compensation*[62]

---

58 Vgl. Zajac (1990), S. 223 f.

59 Unter „10k-reports“ versteht man geprüfte Jahresabschlüsse, die in standardisierter Form von der amerikanischen *Securities and Exchange Commission* (SEC) für „public companies“ und „mutual funds“ gefordert werden.

60 „Proxy statements“ sind alle Dokumente, die – wie von der SEC gefordert – ein Unternehmen an die Aktionäre schicken muß und in denen substantielle Informationen über alle Sachverhalte gegeben werden, die in der Hauptversammlung zur Abstimmung anstehen.

61 Vgl. stellvertretend Gilson (1989), S. 243.

bevorzugt. Das *Wall Street Journal*[63] wird mit $n = 18$ Studien in der Kategorie „Zeitungen" als häufigste Datenquelle genutzt.

Entscheidend für die Auswahl einer geeigneten Datenquelle ist die Möglichkeit zur exakten Identifikation des Datums des Wechsels. Ohne genaue Bestimmung des Wechselzeitpunktes kann weder der Wechsel an sich, noch eine abgeleitete Amtsdauer in Beziehung zu anderen Organisationsdaten (insbesondere der Performance) betrachtet werden.[64] Die korrekte Zuordnung von Amtszeit der Spitzenführungskraft und Periode der Erfolgsentstehung entscheidet über die Genauigkeit der Analyse.[65] Bei der Verwendung von Jahresabschlüssen als Informationsbasis ist die Bestimmung der Tatsache des Wechsels in der Regel unproblematisch.[66] Die Bestimmung des genauen Wechselzeitpunktes muß in der Regel jedoch auf weitere Datenquellen (z. B. Wirtschaftspresse) zurückgreifen. Datenbanken und Listen können nur insofern als alleinige Datenquellen zur Bestimmung des Wechsels und des Wechselzeitpunktes genutzt werden, als daß sie nicht nur die jeweiligen Namen der Spitzenführungskräfte nennen, sondern die jeweilige Amtsdauer auch aus biographischen Daten ablesbar ist. Sie bedürfen in der Regel ebenfalls der Ergänzung durch Informationen aus der Wirtschaftspresse. Wird die sogenannte „event-study-Methode" zur Analyse des Einflusses des Wechsels auf den Aktienkurs einer Unternehmung angewandt, ist weniger der Zeitpunkt der personellen Veränderung als vielmehr der Zeitpunkt des erstmaligen öffentlichen Bekanntwerdens des Wechsels relevant.[67] In diesen Fällen werden in der Regel Zeitungsmeldungen zum Wechsel als Datenquelle herangezogen werden.

2. Bestimmung von Wechseltypen

a) Meßkonzepte zur Bestimmung von Wechseltypen

Der Vorgang des Wechsels an der Führungsspitze einer Organisation kann in seiner „einfachen" Form als Wechselvariable im Sinne des Vorhandenseins oder als Häufigkeit des Vorganges einer empirischen Analyse unterzogen werden. Eine

62 Vgl. stellvertretend Coughlan / Schmidt (1985), S. 49.

63 Vgl. stellvertretend Geddes / Vinod (1997), S. 773.

64 Nicht nur die Bestimmung des Wechselzeitpunktes, sondern auch der Zeitpunkt bzw. das Intervall zur Messung des Organisationsvariablen ist entscheidend für die Genauigkeit der Analyse. So argumentiert Weisbach (1988), S. 440, daß z. B. Performancedaten, die sich auf einen längeren Zeitraum beziehen eine unpräzisere Analyse ermöglichen, als Daten, die in kürzeren Intervallen erfaßt werden.

65 Vgl. zur Problematik der Zuordnung insbesondere Murphy / Zimmerman (1993), S. 310 sowie zur Diskussion dieser Problematik die Ausführungen in Abschnitt E.V dieser Arbeit.

66 Zumindest für die nach deutschen Rechtsnormen aufgestellten Abschlüsse besteht die Pflicht zur Angabe der „Organe der Gesellschaft". Im Vergleich zwei aufeinander folgender Jahresabschlüsse können entsprechend Veränderungen in der Geschäftsführung identifiziert werden.

67 Vgl. stellvertretend Johnson et al. (1985), S. 156 – 162.

Reihe von Autoren empfehlen jedoch eine weitere Differenzierung des „Wechsels" in unterschiedliche Typen, um Zusammenhänge detaillierter und störungsfreier untersuchen zu können.[68] So wird beispielsweise argumentiert, daß die Performance als erklärende Variable, je nachdem ob die Spitzenführungskraft im Rahmen üblicher Pensionierung ausscheidet oder auf externen Druck (z. B. durch den Aufsichtsrat) die Führungsposition aufgeben muß, eine unterschiedliche Wirkung auf die Wechselhäufigkeit besitzt.[69]

Dem Spitzenführungskraftforscher stehen eine ganze Reihe von Möglichkeiten zur Messung unterschiedlicher Wechseltypen zur Verfügung. Zur Identifikation der in den Studien verwandten Ansätze der Ermittlung und Messung von Wechseltypen wird hier auf die von *Snow* und *Hambrick* (1980) im Rahmen der Strategieforschung identifizierten vier unterschiedlichen Meßansätze zurückgegriffen. Sie unterscheiden (1) „investigator inference", (2) „self-typing", (3) „external assessment" und (4) „objective indicators".[70]

(1) Unter *„Investigator inference"* versteht man die *Identifikation und Messung* unterschiedlicher Wechseltypen auf der Basis möglichst aller verfügbaren Informationen zum Wechsel *allein durch den Forscher.*[71] Die Verarbeitung umfangreicher Information, kombiniert mit einem a priori abgeleiteten theoretischen Konzept, soll eine objektive Typologiebildung ermöglichen.[72] Der Forscher liefert eine präzise und externe Einschätzung des Wechselvorgangs, die ihm eine korrekte Zuordnung der empirischen Fälle zu den einzelnen Wechseltypen ermöglicht. So differenzieren zum Beispiel *Martin* und *McConnel* (1991) zwischen „disciplinary"- und „non-disciplinary"-Wechsel aus der Analyse von Zeitungsmeldungen zum Wechselvorgang.[73] Es ist jedoch zu beachten, daß die externe Einschätzung des Forschers immer einem Perzeptions-Bias unterliegt. Die korrekte Bewertung eines Wechsels setzt weiterhin voraus, daß vergleichbare Informationen in ausreichender Menge vorliegen und vor dem Hintergrund eines sinnvollen theoretischen Konzeptes gewürdigt werden. Nicht nur die Informationsmenge, sondern auch die Informationsquelle ist insbesondere im Fall einer Wechseltypologie entscheidend. Soweit sich die Einschätzung des Wechselvorganges ausschließlich auf Informationen der direkt Beteiligten oder Betroffenen stützt, liegt eine „reine" Messung im Sinne des „investigator inference" zu Grunde. Dieser Fall liegt immer dann vor, wenn ausschließlich zum Beispiel Jahresabschlüsse (n = 4 Studien) oder 10k-reports beziehungsweise proxy-statements (n = 2 Studien) oder auch Handbücher (n

---

68 Vgl.stellvertretend Martin / McConnell (1991), S. 675 – 677 sowie Kim (1996), S. 484 – 486.

69 Vgl. Leker / Salomo (1998), S. 158.

70 Vgl. Snow / Hambrick (1980), S. 532 ff.

71 Vgl. zur Beschreibung der unterschiedlichen Meßansätze auch Brockhoff / Leker (1998), S. 1202 – 1203.

72 Vgl. Snow / Hambrick (1980), S. 532.

73 Vgl. auch Denis / Serrano (1996) und Parrino (1997).

= 2 Studien) sowie der nicht-redaktionelle Teil von Zeitungen (WSJ-Index) als Datenquelle genutzt werden. In der Übersicht 3 zur Bestimmung und Typologie des Wechsels im Anhang sind diese Studien durch ein „I" in der Spalte „Meßmethode" gekennzeichnet.

Soweit sich die Bestimmung der Wechseltypologie auf den redaktionellen Teil der Wirtschaftspresse stützt, durchläuft die Information einen zusätzlichen Filter, der nicht im Einflußbereich des Forschers liegt. Die „reine" „investigator inference" wird in diesem Sinne durch eine externe Einschätzung ergänzt. Die Spalte „Meßmethode" in der Übersicht 3 des Anhangs vermerkt in diesen Fällen „I, (EA)". Mit insgesamt $n = 20$ Studien verwendet die Mehrzahl der Untersuchungen diese Meßmethode.[74]

(2) *„Self-typing"* bezeichnet die Ermittlung von Wechseltypen *durch Selbsteinschätzung der am Wechsel beteiligten Personen.* Der Wechsel an der Spitze einer Organisation stellt jedoch regelmäßig einen sehr sensiblen Vorgang für alle Beteiligten dar.[75] Je nachdem welche Person zu welchem Zeitpunkt in Relation zum Wechselzeitpunkt befragt wird, ist ein unterschiedlich starker Bias in der Antwort zu erwarten. Verzerrungen ergeben sich dabei sowohl aus mangelnder Objektivität (unbewußt) als auch aus bewußter Verzerrung, wenn zum Beispiel persönlich unangenehme Sachverhalte kommuniziert werden müssen.[76] Die Klassifikation einer Meßmethode als „self-typing" ist immer abhängig von der Stellung der Person in Relation zum jeweiligen Untersuchungsphänomen. Im Fall des Wechsels der Spitzenführungskraft ist die Befragung der ausscheidenden Spitzenführungskraft immer ein „self-typing"[77], die Befragung von im Unternehmen verbliebenen oder neu hinzugekommenen Organisationsmitgliedern kann ebenfalls unter dieser Methode subsumiert werden. In Abhängigkeit vom Abstand zum Entscheidungsvorgang beim Spitzenführungskraftwechsel kann die Befragung von Organisationsmitgliedern aber auch als „external assessment" interpretiert werden. So ist die Befragung des unmittelbaren Nachfolgers oder des jeweiligen Aufsichtsratsvorsitzenden zeitlich kurz nach dem Ausscheiden der Spitzenführungskraft eher dem „self-typing" zuzuordnen. Werden Aussagen nicht unmittelbar betroffener Spitzenfüh-

---

74 Da insbesondere im Fall des Wall Street Journal nicht immer deutlich wird, ob die Studien den redaktionellen Teil der Zeitung oder nur den Wall Street Journal-Index auswerten, kann nicht ausgeschlossen werden, daß einige Studien anstatt der Kategorie „I" der Kategorie „I, (EA)"zugeordnet werden.

75 Vgl. James / Soref (1981), S. 4.

76 Im Gegensatz zur Strategietypenermittlung ist die Bestimmung von Wechseltypen i. d. R. weniger komplex (z. B. ist die Anzahl zu bestimmender Einzelelemente geringer). Die Kritik an der Methode des „self-typing" bezüglich mangelnder Typen-Kenntnis der Befragten (Vgl. Brockhoff (1999), S. 213.) ist insofern bei der Wechseltypologie nicht im gleichen Maße zu formulieren.

77 Dieser Ansatz findet sich jedoch in keiner der analysierten empirischen Studien, was (a) in der fehlenden Kontaktmöglichkeit, (b) u. U. in fehlendem Interesse bei der Spitzenführungskraft und (c) vor dem Hintergrund zu erwartender unvalider Messung begründet ist.

rungskräfte unter Umständen viele Jahre nach dem Wechselvorgang zur Typisierung herangezogen, so spricht dies eher für „external assessment".

In den hier analysierten Studien wird nur in zwei Fällen der Spitzenführungskraftwechsel im Sinne des „self typing" (ST) klassifiziert. Aktuelle Manager werden bei *Kriseberg* (1962) nach der Länge ihrer Amtszeit und bei *Zajac* (1990) nach dem Planungsgrad bezüglich des Nachfolgers befragt. Die sehr zurückhaltende Anwendung dieser Meßmethode ist ein zusätzlicher Hinweis auf Einsatzprobleme im Rahmen der Forschung zum Spitzenführungskraftwechsel. Der umfangreiche Aufwand zur Datenerhebung und die Befürchtung mangelnder Validität durch stark verzerrte Aussagen der Beteiligten oder Betroffenen veranlaßt die Mehrzahl der Studien, auf andere Meßmethoden zurückzugreifen.

(3) *„External assessment"* (EA) bezeichnet die *Bestimmung der Wechseltypologie durch unbeteiligte Externe.* Im Idealfall wird die Einschätzung von Personen vorgenommen, die vollkommen unabhängig und unbeteiligt auf der Basis möglichst umfangreicher Informationen den Sachverhalt des Wechsels beurteilen. Die Studie von *Boecker* (1992) als Beispiel für „reines" external assessment greift bei der Bestimmung von Wechseltypen auf die Einschätzung von unabhängigen Experten aus „market research" Unternehmen zurück. Diese Experten haben sich über mehrere Jahre hinweg mit den Untersuchungsobjekten intensiv befaßt und können daher unverzerrt und gestützt auf eine umfangreiche Datenbasis den Sachverhalt des Wechsels bewerten.[78] Im Rahmen dieser Studie werden auch die im redaktionellen Teil von Zeitschriften geäußerte Einschätzungen zum Wechsel der Spitzenführungskraft als „external assessment" identifiziert. Da diese Einschätzungen in der Regel jedoch noch nicht ausreichen, um eine differenzierte Wechseltypologie zu ermitteln, wird die externe Beurteilung ergänzt um eine Klassifikation durch den jeweiligen Forscher. In diesem Fall wird also „external assessment" mit „investigator inference" gekoppelt – eine Vorgehensweise, die bereits *Snow* und *Hambrick* in ihrer Würdigung der Meßmethoden empfehlen.[79]

(4) Als vierte Meßmethode läßt sich die Bestimmung von Wechseltypen anhand von *„objektive indikators"* (OI) anführen. Die *Typologie* wird vollkommen unabhängig von der individuellen Perzeption (extern oder intern) *anhand objektiver Informationen* ermittelt. Der bei der individuellen Perzeption nicht auszuschließende Bias wird bei dieser Methode per Definition vermieden. So ist zum Beispiel das Alter der Spitzenführungskraft bei Ausscheiden in Relation zum üblichen Pen-

---

[78] Vgl. Boecker (1992), S. 408: *„Great care was taken to identify and differentiate between dismissal and voluntary succession and retirement. Two of the major market research firms that monitor the semiconductor industry had kept records of all chief executives and top management dismissals* [...] *since the firms began operating. Because the market research firms sold their services* [... they] *felt that it was important to observe when top management changes occurred and to understand the motivations underlying such changes"*.

[79] Vgl. zum Methodenmix Snow/Hambrick (1980), S. 537, sowie Brockhoff/Leker (1998), S. 1203.

sionsalter ein objektives Maß zur Bildung einer Wechseltypologie.[80] Wird ausgehend von diesem Maß auf die Freiwilligkeit des Wechsels oder auf die Tatsache des Wechsels wegen Pensionierung als entscheidendes Kriterium zur Typisierung geschlossen, so bleibt offensichtlich ein Teil der Varianz durch diesen Indikator unerklärt. Spitzenführungskräfte im Alter von 64 Jahren scheiden in der Regel aufgrund von Pensionierung aus. Nicht in allen Fällen existiert jedoch eine feste Regel zur Pensionierung, so daß sich auch andere Wechseltypen hinter dieser Gruppe verbergen können.[81] Objektive Maße sind in der Regel also nur bedingt geeignet, komplexe Vorgänge wie zum Beispiel den Wechsel an der Führungsspitze einer Organisation abzubilden – die Validität der Messung erscheint nicht immer gegeben. Dennoch verwenden insgesamt 13 Studien ausschließlich objektive Indikatoren zur Einteilung unterschiedlicher Wechseltypen. Nicht zuletzt aufgrund der einfachen und unverzerrten Erhebbarkeit ist diese Meßmethode damit nach dem „investigator inference" der am häufigsten gewählte Ansatz.

Alle vier von *Snow/Hambrick* (1980) beschriebenen Meßansätze finden also im Rahmen der empirischen Forschung zum Wechsel der Spitzenführungskräfte Anwendung. Die Bestimmung unterschiedlicher Wechseltypen bedarf jedoch personenbezogener und damit für Unternehmen sensible Informationen. Objektive Indikatoren lassen zwar eine unverzerrte und leicht erhebbare Einschätzung zu, sie liegen jedoch häufig nicht vor oder ermöglichen nur eine sehr rudimentäre Typologie. Die Bestimmung einer Typologie durch „self typing", „external assessment" oder „investigtor inference" kann sich auf eine umfangreichere Informationsmenge stützen. Durch die ihnen eigenen Prozesse der Informationsweitergabe und -verarbeitung lassen sie jedoch einen unkontrollierten Bias zu. Inwieweit eine durch diese Meßansätze bestimmte Typologie valide ist, bleibt zum Teil unklar. Diese durch die isolierte Anwendung der Meßansätze bedingten Defizite, lassen sich durch Kombination der Ansätze zumindest teilweise reduzieren:

(a) Werden zwei oder mehrere Meßansätze kombiniert, die jeweils unterschiedliche Informationsbereiche abdecken, kann eine vollständige und lückenlose Typologie gelingen. So kann beispielsweise mittels „objective indicators" zunächst nach dem Alter bei Ausscheiden differenziert werden, um danach die Abgänge jüngerer Spitzenführungskräfte zusätzlich mittels einer Analyse der Wirtschaftspresse („investigator inference") in „freiwillige" und „unfreiwillige" Wechsel zu klassifizieren.

(b) Werden parallel mehrere Meßansätze zur Bestimmung der gleichen Typologie eingesetzt, kann mittels eines Vergleichs der Zuordnung der einzelnen Wechselfälle auf die jeweiligen Typen die Validität der Messung überprüft werden. Zeigt sich eine hohe Übereinstimmung bezüglich der Zuordnung über alle an-

---

80 Vgl. stellvertretend Ocasio (1994), Puffer/Weintrop (1991) oder Wiersma/Bantel (1993). In insgesamt $n = 8$ Studien ist das Alter das am häufigsten verwandte „objektive" Kriterium zur Typenbildung.

81 Vgl. Schrader/Lüthje (1995), S. 469.

gewandten Meßansätze, spricht dies für eine valide Bestimmung der Typologie.

Die Kombination der Meßinstrumente zur Bestimmung einer Wechseltypologie ist also ein sinnvoller Ansatz zur validen und lückenlosen Einteilung der beobachteten Spitzenführungskraftwechsel.

b) Wechseltypen in der empirischen Forschung

Die in der Meta-Analyse betrachteten Studien differenzieren den Wechsel der Spitzenführungskraft nach einer Reihe unterschiedlicher Konzepte. Dieser Vorgehensweise liegt die Annahme zu Grunde, daß die jeweils analysierten zentralen Zusammenhänge (in der Regel der Wechsel-Performance-Zusammenhang) sich je nach Wechseltyp grundlegend unterscheiden. Eine zusammenfassende Betrachtung aller Wechselfälle würde damit zu einem unklaren Bild der Zusammenhänge führen, da unterschiedliche Effekte sich unter Umständen gegenseitig kompensieren oder spezifische Zusammenhänge im undifferenzierten Gesamt überlagert werden.[82] Mittels der Typenbildung und gesonderten Analyse je Typ werden de facto typenbildende Variablen kontrolliert. Diese typenbildenden Variablen könnten nicht nur zu dieser ex ante Aufteilung der Wechselfälle genutzt werden, sondern auch als exogene Variablen, zum Beispiel in einer Regressionsgleichung, berücksichtigt werden. Letztlich ergäbe sich der gleiche kontrollierende Effekt bezogen auf den zentralen Wechsel-Performance-Zusammenhang. So verwenden *Worrell* et al. (1986) beispielsweise den „Bekanntheitsgrad“[83] des CEO (bewertet nach der Tatsache, ob der CEO-Name im Unternehmensnamen enthalten ist oder nicht) als ex ante typenbildende Einteilung der Wechselfälle. *Allen / Panian* (1982) betrachten den Einfluß der Performance auf die Wechselwahrscheinlichkeit unter Kontrolle der Machtstellung des CEO (operationalisiert als Umfang des Aktienbesitzes beim CEO). Unter der Annahme, daß ein CEO, dessen Name sich im Unternehmensnamen wiederfindet, in der Regel Eigentümer bzw. Hauptaktionär des Unternehmens ist[84], kontrollieren beide Studien bei unterschiedlicher Methodik letztlich den gleichen Effekt auf den zentralen Zusammenhang von Performance und Wechsel.

Die Übersicht 3 im Anhang zur Bestimmung und Typologie des Wechsels ermöglicht in den letzten beiden Spalten einen Überblick über die in den Studien verwendeten theoretischen Konzepte zur Typenbildung sowie deren Operationalisierung und damit über die im Sinne von Wechseltypen kontrollierten Variablen.

---

82 Inwieweit diese vermuteten Effekte in Realität tatsächlich wirken, wird jedoch regelmäßig nicht überprüft. Lediglich aus den zum Teil gegensätzlichen Ergebnissen je Untergruppe läßt sich auf die Legitimität der differenzierten Betrachtung schließen. Vgl. in diesem Zusammenhang stellvertretend Cosh / Hughes (1997), S. 486 – 489.

83 Vgl. Worrell et al. (1986), S. 682 zu „name recognition“.

84 Eine Annahme, die Worrell et al. (1986), S. 682 bestätigen.

Eine Differenzierung nach unterschiedlichen Wechseltypen findet sich dabei im wesentlichen nur bei Studien, die den Wechsel von Spitzenführungskräften in Unternehmen als Untersuchungsobjekte wählen. Stehen Sportmannschaften im Fokus der Untersuchung, wird regelmäßig nicht nach unterschiedlichen Wechselformen unterschieden. Trainerwechsel bei Sportmannschaften verlaufen jedoch in der Regel nicht geplant und eher unfreiwillig – Pensionierungen zum Beispiel sind äußerst ungewöhnlich. Die betrachteten Wechselvorgänge stellen damit eine relativ homogene Gruppe dar, die ex ante nicht zusätzlich unterteilt werden muß. Lediglich in Bezug auf den Zeitpunkt des Wechsels findet sich eine Differenzierung. So unterscheiden zum Beispiel *Allen / Panian / Lotz* (1979) Wechsel während der laufenden Saison und Wechsel zwischen zwei Spielzeiten. Dieser Differenzierung liegt die Annahme zugrunde, daß ein Wechsel während der Saison eher ungeplant und damit von den anderen Trainerwechseln gesondert zu betrachten ist.[85]

In der einfachsten Typologie werden Unternehmen mit einem Wechsel in der Führungsspitze lediglich in zwei Gruppen aufgeteilt: 1. Unternehmen, bei denen die Spitzenführungskraft aufgrund von Pensionierung ausscheidet und 2. alle anderen Wechselfälle. Diese in $n = 7$ Studien relativ oft gewählte Differenzierung bietet sich an, da ein Wechsel im Rahmen einer Pensionierung sehr einfach über das Alter bei Ausscheiden zu bestimmen ist.[86] Dennoch erkennen zum Beispiel *Harrison* et al., die ebenfalls nur nach dem Alter differenzieren, daß eine weitere Unterscheidung möglich und sinnvoll ist:

> „The situation is further complicated by the variety of forms of turnover, including leaving for a more desirable position, being fired, retirement, and death. The various forms could be modeled separately, but this introduces further methodological problems, such as determining whether job changes or retirements were voluntary or involuntary. We did not attempt to deal with these problems but took a narrower focus."[87]

Diese „umfassendere" Sichtweise greifen dennoch eine Reihe von Studien auf, indem sie zum Beispiel wie *Schrader / Lüthje* (1995) nach „freiwilligen", „erzwungenen" oder „unabwendbaren" Wechseln unterscheiden. Andere Studien verwenden die Begriffe „disciplinary / non-disciplinary" oder „forced / non-forced" zur Unterscheidung der Typen. Insgesamt wählen $n = 19$ Studien eine solche Typenbil-

---

85 Vgl. Allen / Panian / Lotz (1979), S. 171 und S. 175 sowie Gamson / Scotch (1964), S. 71, die nur Wechsel während der Saison betrachten, da: *„(1) mid-season changes tend to maximize disruptive effects [...]; and (2) there is less opportunity for influences other than the field manager's influence to operate"*.

86 Warner et al (1988), S. 477 stellen fest, daß das Alter bei Ausscheiden eine sehr valide Proxy-Größe für den Wechsel aufgrund von Pensionierung ist. Sie können zeigen, daß Wechsel, die im WSJ als „retirement" genannt werden, Spitzenführungskräfte betrifft, die im Mittel 65 Jahre alt sind (Modalwert 65 Jahre). Dieser Zusammenhang wird zusätzlich deutlich durch die Abgrenzung zu Wechseln, die anderen Formen zugeordnet werden können (z. B. „control change", „policy difference"). Bei diesen ausgeschiedenen Spitzenführungskräften liegt das durchschnittliche Alter bei 59 Jahren (Modalwert 53 Jahre).

87 Harrison et al. (1988), S. 213 – 214.

dung, wobei die unterschiedlichen Wechseltypen in der Regel auf der Basis von Pressemeldungen zum Wechsel bestimmt werden. Im Gegensatz zur „einfachen" Typisierung nach Alter bei Ausscheiden bedürfen diese komplexeren Einteilungen einer umfangreichen Informationsbasis. Die Pressemeldungen werden mittels „investigator inference" im Sinne einer einfachen Inhaltsanalyse[88] auf bestimmte Formulierungen zum Wechsel durchgesehen und die jeweiligen Fälle daraufhin je nach zugrundeliegendem Konzept den Typen zugeordnet. Die Operationalisierung der einzelnen Typen durch Zuordnung bestimmter Formulierungen ist jedoch zum Teil problematisch. Die Begriffe „Pensionierung", „Entlassung", „Ausscheiden, um attraktivere Position anzunehmen" oder „Tod" lassen zwar eine eindeutige Zuordnung zu den jeweils gewählten Typen zu, weniger präzise Formulierungen wie „frühzeitige Pensionierung" oder „keine Angabe von Gründen" bedürfen jedoch weiterer Interpretation vor ihrer Zuordnung. In diesen Fällen ist die Typisierung abhängig von der individuellen Einschätzung des Forschers. So unterscheiden *Gilson* (1989) und *Hadlock/Lumer* (1997) zwar beide den Wechsel konzeptionell nach „forced" und „non-forced". Während *Gilson* jedoch Wechsel, bei denen im Wall Street Journal keinen weiteren inhaltlichen Angaben zum Wechselvorgang erkennbar sind, der „forced"-Gruppe zuordnet, entscheiden sich *Hadlock/Lumer,* diese Wechsel keine der beiden Gruppen zuzuordnen und aus der weiteren Analyse auszuschließen. Diese unterschiedliche Behandlung ist insofern von Bedeutung, als daß keine weitere inhaltliche Aussage in den Zeitungen für die Mehrzahl der Wechselfälle identifizierbar ist.[89] Ein großer Teil der jeweiligen Stichprobe bleibt also entweder unberücksichtigt (*Hadlock/Lumer*) oder wird mehr oder weniger willkürlich einem bestimmten Wechseltyp zugeordnet (*Gilson*). Die Zuordnung von Wechseln, bei denen aus der Analyse von Pressemeldungen nicht unmittelbar auf eine ex ante bestimmte Wechselkategorie zu schließen ist, zur „forced"-Gruppe bedürfte zumindest einer kurzen Begründung, um dem Vorwurf der willkürlichen Zuordnung zu begegnen. Mangelnde Information kann zum einen in der Tatsache begründet sein, daß Unternehmen unfreiwillige Wechsel aufgrund ihrer negativen Außenwirkung selten direkt kommunizieren.[90] Dies würde eine Zuordnung zu diesem Wechseltyp rechtfertigen. Zum anderen besteht aber auch die Möglichkeit, daß der Wechsel zum Beispiel im Fall einer lange geplanten Pensionierung bereits so frühzeitig der Öffentlichkeit mitgeteilt wurde, daß der Bekanntmachungszeitpunkt weit außerhalb des individuellen Analysezeitraums liegt. In diesem Fall wäre die pauschale Zuordnung zur „forced"-Gruppe falsch. Da ohne weitere Information keine Argumentation von vorne herein abgelehnt werden kann, bleibt eine insoweit pauschale Zuordnung zumindest teilweise willkürlich.

---

88 Vgl. zur Inhaltsanalyse auch Kapitel E.IV.2.

89 Hadlock/Lumer (1997), S. 161 können bei 40% aller „non-death" Wechsel keine nähere Angabe zum Wechsel in Zeitungen identifizieren. Bei Warner et al. (1988), S. 470 beträgt dieser Anteil immerhin 15%.

90 Vgl. James/Soref (1981), S. 4.

Die unterschiedliche Ausnutzung von Interpretationsspielräumen wird bei der Zuordnung der Wechsel im Rahmen von „early retirement" deutlich. *Kim* (1996) identifiziert diese Wechsel als „non-disciplinary"[91] während *Martin/McConnel* (1991) sie als „disciplinary"[92] klassifizieren. Erst durch Würdigung zusätzlicher Informationen ist eine widerspruchsfreie Zuordnung dieser Wechsel zu einem bestimmten Typ möglich. *Friedman/Singh* (1989) differenzieren in diesem Sinne Wechsel im Rahmen von „early retirement" in Wechsel „by his/her choice" oder „*not* by his/her choice".[93] Die einzelnen Wechseltypen unterscheiden sich also letztlich in der den Wechsel initiierenden Kraft. Bei den „forced" oder „disciplinary" Wechseln bestimmt der Aufsichtsrat bzw. der Board den Wechsel; bei „unforced" bzw. „non-disciplinary" Wechseln liegt die Initiative eher bei der ausscheidenden Spitzenführungskraft und bei einer dritten Gruppe von Wechseln – zum Beispiel wegen Tod oder gesundheitlichen Problemen – läßt sich keine direkt personengebundene Initiative identifizieren. Mit *Schrader/Lüthje* kann man diese Wechsel als „unabwendbare" Wechsel bezeichnen, bei denen kein Entscheidungsträger identifizierbar ist.[94]

Die Typen „disciplinary/non-disciplinay" werden, wie auch die Unterscheidung „routine/non-routine" nicht nur auf der Basis von Presseauswertungen bestimmt, sondern auch in Abhängigkeit der auf den Wechsel folgenden Situation. *Kang/Shivdasani* (1995) definieren einen „routine"-Wechsel als einen Wechsel, bei dem der ausscheidende CEO entweder als „Chairman of the Board" oder als anderes, einfaches Board-Mitglied dem Unternehmen weiterhin verbunden bleibt.[95] Dieser Vorgehensweise liegt die Annahme zugrunde, daß der Abbruch jeder Beziehung zum Unternehmen nach dem Ausscheiden aus einer Leitungsfunktion ein Hinweis auf einen ungewöhnlichen und in der Regel unfreiwilligen Wechsel darstellt.[96] Eine Differenzierung von Wechseltypen im Sinne von „Wechselintensität" findet in ähnlicher Form Anwendung zum Beispiel bei *Tushman/Rosenkopf* (1996). Der Wechsel an der Unternehmensspitze wird dabei nicht als dichotome Variable definiert, sondern kann in unterschiedlicher Stärke vorkommen, je nachdem ob nur der CEO, nur ein Mitglied des „executive team" oder beide gleichzeitig aus dem Unternehmen scheiden.[97] Diese Differenzierung ermöglicht, über die Vorteile einer

---

91 Vgl. Kim (1996), S. 485–486.

92 Vgl. Martin/McConnel (1991), S. 676 und 681.

93 Friedman/Singh (1989), S. 730. Zu beachten ist dabei, daß diese Information direkt vom Unternehmen mittels Fragebögen erhoben wurde, die dann die Auswertung der Pressemeldungen ergänzen. Damit bestätigt sich auch in diesem Fall, daß die parallele Anwendung mehrerer Meßmethoden eine vollständigere Klassifizierung ermöglicht.

94 Vgl. Schrader/Lüthje (1995), S. 469.

95 Vgl. auch Canella/Lubatkin (1993), S. 777.

96 Vgl. auch Jahn (1996), der versucht einen ähnliche Typologie für deutsche Vorstände aufzustellen, die nach dem Ausscheiden aus dem Vorstand in den Aufsichtsrat wechseln oder ganz aus dem Unternehmen scheiden können.

97 Vgl. auch Virany et al. (1992), S. 79, Worrell et al. (1986), S. 679 f.

nach Gruppen getrennten Analyse hinaus, die Definition des Wechsels als ordinal skalierte Größe und damit die Anwendung komplexerer Analysemethoden.

Insbesondere im Rahmen der Analyse zum Zusammenhang von Wechsel und Aktienkursperformance ist die Differenzierung von Wechseln nach erwarteten und unerwarteten Veränderungen an der Unternehmensspitze von Bedeutung. So untersuchen *Beatty/Zajac* (1987) die „Who's Who section" im Wall Street Journal auf Beschreibungen von Wechseln, bei denen die Wörter „surprise" oder „suddenness" vorkommen, um die Wechsel zu identifizieren, die vom den Marktteilnehmern nicht antizipiert werden.[98] Ist der Wechsel bereits vor dem eigentlichen Datum des Ausscheidens beziehungsweise vor der Vollzugsmeldung bekannt, so sollte die Auswirkung des Wechsels unter Bedingung des effizienten Marktes[99] bereits im Aktienkurs enthalten sein. In diesem Fall wäre kein Zusammenhang von Wechsel und Kursentwicklung feststellbar.

c) Insider / Outsider Typologie

Wie bereits in der Systematisierung des Forschungsfeldes erläutert, werden im Panel 1.1.2 bzw. 2.1.2 nicht nur der Wechsel in der Führungsposition an sich, sondern vielmehr unterschiedliche Formen des Wechsels im Sinne von Insider- versus Outsider-Nachfolge betrachtet. Während die bisher analysierten Studien zwar auch nach unterschiedlichen Typen des Wechsels differenzieren, steht bei diesen jedoch immer die Frage nach dem Effekt des Spitzenführungskraftwechsels im Vergleich zur Situation personeller Kontinuität im Vordergrund. Studien zur Insider / Outsider-Differenzierung analysieren in Ergänzung hierzu lediglich die Effekte unterschiedlicher Wechsel je nach Organisationszugehörigkeit der nachfolgenden Spitzenführungskraft. Die nachfolgende Tabelle 7 ermöglicht einen Überblick über die gewählten Meßansätze zur Bestimmung der „Insider / Outsider"-Nachfolge.[100]

Sofern man der individuellen Operationalisierung Gültigkeit zusprechen kann, geschieht die Zuordnung der einzelnen Spitzenführungskräfte zur Gruppe der Insider oder Outsider mittels „objective indicators". Lediglich in drei Fällen findet sich „self typing" als Meßansatz. In diesen Fällen bleibt es den Spitzenführungskräften selbst überlassen, sich einer der beiden Gruppen zuzuordnen.

---

98 Vgl. auch Johnson et al. (1985), S. 156 f., Worrell et al. (1986), S. 679 ff.

99 Die Hypothese des effizienten Marktes besagt, daß der Aktienkurs auf der Basis aller öffentlich bekannten Informationen die Erwartungen der Marktteilnehmer bzgl. der zukünftigen Performance reflektiert. Im vollkommen effizienten Markt reagiert der Markt auf neue Informationen ohne Zeitverzögerung, wobei in einer Reihen von empirischen Arbeiten eine schnelle wenn auch nicht sofortige Informationsverarbeitung durch den Markt nachgewiesen werden konnte. Vgl. Reinganum (1985), S. 50.

100 Auf Angaben zur Bestimmung der Spitzenführungskraft kann bei der Tabelle 7 verzichtet werden, da die Studien entweder bereits im Anhang in der Tabelle zur Bestimmung und Typologie des Wechsels vorgestellt wurden oder immer den CEO als Spitzenführungskraft identifizieren.

Tabelle 7: **Meßansätze zur Bestimmung der Insider / Outsider-Nachfolge**[101]

Autor (Jahr), Seite	Meß-methode	Datenquelle	Operationalisierung
Borokhovich et al. (1996), S. 342	OI	– Million Dollar Directory – Moody's Industrial, Bank and Finance, Transportation and Public Utilities Manuals – proxy statements	① Insider = board-officers ② Outsider = nicht board-officers
Carlson (1961), S. 211, 213	OI	„selected reports and documents"	① Insider = „promoted from within", Weg durch die Hierarchie ② Outsider = bis zur Anstellung nicht in der Organisation beschäftigt
Drazin / Kazanjian (1993), S. 1388	ST	Fragebogen an aktuellen CEO	① „founder" ② Insider = „successor to the founder, who prior to succession were employee of the firm" → Outsider = „. . . not employee of the firm"
Friedman / Singh (1989), S. 713	ST	Fragebogen an aktuelle Unternehmensleitung	① Insider / Outsider = Frage: „Did the current CEO come from within the company?"
Guthrie / Datta (1988), S. 106 f.	OI	Business Week	① Insider = CEO mit mehr als 5 Jahren Organisationszugehörigkeit ② Outsider = CEO mit weniger als 5 Jahren . . .
Helmich (1975), S. 356	OI	– „selected trade journals (Chemical Week, Oil and Gas Journal)" – „industrial directories"	① Insider = „inside succession involves promotion of a person from the executive staff of the predecessor" ② Outsider = „. . . not from the executive staff . . ." (bezogen auf Board-Mitgliedschaft)

(Fortsetzung nächste Seite)

(Fortsetzung Tabelle 7)

Autor (Jahr), Seite	Meß-methode	Datenquelle	Operationalisierung
Helmich / Brown (1972), S. 372, 374	OI	– Moody's Manual – Standard & Poor's Register	① Insider = „person from the executive role constellation of the predecessor" ② Outsider = „person *not* from the executive role constellation of the predecessor" "executive role constellation" gemäß Jager / Steiglitz (1962)
Kang / Shivdasani (1995), S. 50	OI	– Yakuin Shihiko – J. B. Diamond's Directory – Japan Company Databank	① Insider = „incomming president" ist bereits mehr als 3 Jahre im Unternehmen beschäftigt ② Outsider = „incomming president" ist 3 Jahre oder weniger im Unternehmen beschäftigt
Kesner / Dalton (1985), S. 9–10 sowie Dalton / Kesner (1985), S. 754	OI	– WSJ – Company 8k-reports – S&P's Register	① Insider = „person promoted from within the executive span of the predecessor" ② Outsider = „. . .not from within. . ."
Lubatkin et al. (1989), S. 51, 54 f.	OI	Forbes anual list of corporate executive compensation	① Insider = mindestens 5 Jahre im Unternehmen ② Outsider = weniger als 1 Jahr im Unternehmen → nicht berücksichtigte CEO, wenn Zugehörigkeit dazwischen
Virany et al. (1985), S. 187	OI	– 10k reports – Jahresabschlüsse	① Insider = mehr als 1 Jahr im Unternehmen ② Outsider = weniger als 1 Jahr im Unternehmen
Zajac (1996), S. 224	ST	Fragebogen an aktuellen CEO	Frage: „Where you promoted from wihthin or brought in from outside?"

Carlson charakterisiert „Insider“ als Spitzenführungskräfte wie folgt:

> „His career is one ascent up the hierarchy [...]. The man who waits can be called an Insider. He has been promoted from within.“[102]

Im Gegensatz hierzu werden Outsider nicht aus dem internen „Reservoir“ an Führungskräften zur obersten Unternehmensleitung befördert, sondern erreichen diese Position als Unternehmensexterne. Die Frage inwieweit eine nachfolgende Spitzenführungskraft als Insider oder Outsider identifiziert werden kann, hängt also entscheidend von der Dauer und Intensität der Organisationszugehörigkeit bis zum Tag der Nachfolge ab.[103] Die Operationalisierung einer Spitzenführungskraft als Outsider in Bezug auf die Dauer ihrer Organisationszugehörigkeit variiert von (a) keiner vorherigen Beschäftigung in der Organisation[104] bis zu (b) maximal 5 Jahren in der Organisation[105]. Unter der Annahme, daß interne Nachfolger nur aus der zweiten Führungsebene beziehungsweise aus dem Board of Directors befördert werden, unterscheiden letztlich auch alle Studien, die die vorherige Zugehörigkeit zum „executive“-Personenkreis als Entscheidungskriterium wählen, nach der Dauer der Zugehörigkeit: „Outsider“ in diesem Sinne sind Personen, die nicht „from within the executive span of the predecessor“[106] stammen und damit vor ihrer Berufung nicht im Unternehmen tätig sind. Die Würdigung der Untersuchungsergebnisse im Rahmen der Insider / Outsider-Differenzierung hat also zu beachten, daß die Operationalisierung zum Teil erheblich Unterschiede aufweist.[107]

---

101 In der Tabelle werden nur Studien berücksichtigt, die Angaben zur Operationalisierung der Begriffe „Insider“ oder „Outsider“ machen. So können die Untersuchungen von Beatty / Zajac (1987), Bonnier / Bruner (1989), Furtado / Rozeff (1987), Khanna / Poulsen (1995), Worrell / Davidson (1987) und Worrell et al. (1993) aufgrund fehlender ausreichender Dokumentation nicht berücksichtigt werden.

102 Carlson (1961), S. 211.

103 Dabei geht keine Untersuchung der Frage nach, inwieweit ein als Outsider bestimmter Nachfolger u. U. zu einem früheren Zeitpunkt bereits für sein „neues“ Unternehmen tätig war, dies jedoch zwischenzeitlich wieder verlassen hatte. Das Phänomen dieser „zeitweisen“ Outsider wird durchgängig bei der Operationalisierung der Nachfolgertypen ignoriert.

104 Vgl. Carlson (1961), S. 213.

105 Vgl. Guthrie / Datta (1998), S. 107.

106 Kesner / Dalton (1985), S. 10.

107 Werden beispielsweise die Wirkungen einer Outsider-Nachfolge auf die Performance betrachtet, so ist zu beachten, ob Outsider vollkommen neu in das Unternehmen eintreten oder unter Umständen bereits einige Jahre unternehmensspezifische Organisationserfahrung sammeln konnten.

III. Performance im Rahmen des Wechsels von Spitzenführungskräften

Die in der vorliegenden Meta-Analyse betrachteten Studien stellen in der Regel den Zusammenhang von Performance und Wechsel in den Mittelpunkt ihrer Analysen. Dabei wird zum einen untersucht, welchen Einfluß die Performance auf den Wechsel von Spitzenführungskräften hat (Panel 1) und zum anderen die auf einen Wechsel folgende Entwicklung der Performance betrachtet (Panel 2). Unter Performance verstehen wir dabei zunächst den Erfolg einer Organisation im weitesten Sinne.

Der Erfolg von Sportmannschaften wird in der Regel nicht als wirtschaftlicher Erfolg definiert, sondern bezieht sich auf sportliche Leistungen der jeweiligen Mannschaft. Zwei Maße dominieren dabei: Zum einen wird der Erfolg als das Verhältnis von gewonnenen zu verlorenen Spielen gemessen.[108] Zum anderen wird die Stellung des Vereins zu seinen Mitkonkurrenten mittels der Tabellenplazierung betrachtet.[109] Beide Erfolgsmaße werden als „absolute" Werte oder als Veränderungswerte operationalisiert. Soweit die empirischen Arbeiten Non-Profit-Organisationen als Untersuchungsobjekte wählen, können nur Hilfsgrößen für die Performance herangezogen werden.[110] In der Regel stellen diese Studien andere Variablen in das Zentrum der Analyse.[111]

Die Mehrzahl der hier einbezogenen empirischen Arbeiten analysiert jedoch den Wechsel von Spitzenführungskräften in Unternehmen. Die Performance von Unternehmen wird dabei entweder als „Marktperformance" oder als „accounting based performance"[112] operationalisiert. Die „Marktperformance" orientiert sich an der Aktienkursentwicklung des jeweiligen Unternehmens. Das Unternehmen und die Spitzenführungskraft – beziehungsweise dessen Wechsel – werden von den Marktteilnehmern bezüglich der zukünftigen Erfolgsentwicklung beurteilt. Je nach Einschätzung der zukünftigen Entwicklungspotentiale verändert sich der Aktienkurs positiv oder negativ und damit auch die Performance des Unternehmens.[113] Insofern ist die Marktperformance als ein ex ante Maß zu verstehen, in dem sich die

108 Vgl. stellvertretend Eitzen / Yetman (1972), S. 111.

109 Vgl. Scully (1992), S. 72.

110 Vgl. stellvertretend Smith / Carson / Alexander (1984), S. 768, die in ihrer Analyse auf der Basis von „minister" der United Methdist Church z. B. mittlere wöchentliche Besucherzahl des Gottesdienstes oder Spendensumme eines Jahres als Performancemaß verwenden.

111 So z. B. Salancik / Staw / Pondy (1980), S. 426 – 429, die bei ihrer Analyse von „departments" einer Universität keine Performancemaße entwickeln können und alternativ den Zusammenhang von Wechsel und Größe, Ressourcen- und Aufgabeninterdependenz sowie Paradigmenentwicklung analysieren. Vgl. auch Calson (1961), S. 218 f. der u. a. die auf einen Wechsel folgende Veränderung der Mitarbeiterzahl in der zentralen Verwaltung untersucht.

112 Vgl. zur Differenzierung der Performance in „market performance" und „accounting based performance" stellvertretend Canella / Lubatkin (1993), S. 773.

113 Vgl. Reinganum (1985), S. 50.

Erwartungen der Investoren bezüglich der zukünftigen Performance widerspiegeln.[114] Die „accounting based" Performance oder „operating"[115] Performance wird anhand der im Jahresabschluß veröffentlichten Zahlen zur wirtschaftlichen Lage des Unternehmens operationalisiert.[116] Unterschiedliche Kennzahlen sollen dabei die tatsächliche Erfolgslage des Unternehmens offenlegen. „Return on Assets" (RoA), (n = 18), Umsatzveränderungen (n = 14) und „Return on Equity" (RoE), (n = 10) sind dabei die am häufigsten verwendeten Kennzahlen. Erfolgskennzahlen, die zum Beispiel um nicht-ordentliche Erfolgsbeiträge korrigiert sind, werden nur sehr selten eingesetzt. So findet sich zum Beispiel die Messung der Performance als „ordentliches Betriebsergebnis" nur in vier Studien. In immerhin ebenfalls vier Studien wird der Erfolg im Sinne einer nominal skalierten Variable als Überleben im Markt operationalisiert: Erfolgreiche Unternehmen bestehen im Markt, nicht erfolgreiche scheiden aus dem Markt aus.

Unabhängig vom verwendeten Performancemaß interessieren im Zusammenhang mit dem Wechsel der Spitzenführungskraft nur unternehmensindividuelle Effekte. Die Erfolgsmaße werden daher in einigen Studien um den Einfluß unternehmensexterner Effekte korrigiert. So wird versucht, Performanceveränderungen, die auf die allgemeine konjunkturelle Entwicklung (außerhalb des Einflußbereiches der einzelnen Unternehmung) oder auf die Branchenentwicklung zurückzuführen sind, aus der Analyse auszuschließen.[117] Wird die Performance mittels Jahresabschlußkennzahlen gemessen, so kann zum Beispiel um den Erfolgsmittelwert der Branche und den Jahresmittelwert über alle Jahre des Untersuchungszeitraums korrigiert werden. Bei der Marktperformance wird die Aktienkursentwicklung in Relation zu einem gewichteten Marktportfolio analysiert. In der einfacheren Form wird die Aktienkursentwicklung des Unternehmens um die Wertentwicklung eines Gesamtmarktindizes korrigiert.[118] Um zusätzlich Brancheneffekte zu bereinigen, wird an Stelle eines Gesamtmarktindizes auch ein branchenbezogener Index verwandt.[119] Alternativ wird in der Mehrzahl der Studien die unternehmensindividuelle Performanceentwicklung als der nicht durch ein Marktmodell erklärbare Anteil der Performanceentwicklung im Sinne von „abnormal return" bestimmt.[120] Der „abnormale" oder unerwartete „return" einer Aktie ist damit die Differenz

114 Vgl. Lubatkin et al. (1989), S. 52.

115 Vgl. Khanna / Poulsen (1995), S. 920.

116 Da Jahresabschlüsse vergangenes wirtschaftliches Geschehen zahlenmäßig abbilden, sind daraus abgeleitete Performancemaße auch als ex post Maße zu interpretieren.

117 Vgl. stellvertretend Canella / Lubatkin (1993), S. 773. Vgl. zudem Dess et al. (1990), S. 18 f., der auf die besondere Bedeutung der Kontrolle von Brancheneinflüssen in der empirischen Forschung hinweist.

118 Vgl. stellvertretend Denis / Serrano (1996), S. 246, die den „Center for Research in Security Price (CRSP) value-weighted" Index verwenden. Vgl. auch Kang / Shivdasani (1995), S. 35, die den Tokio Stock Exchange Price Index (TOPIX) als Korrekturgröße verwenden.

119 Vgl. stellvertretend Weisbach (1988), S. 440.

120 Vgl. stellvertretend zur Bestimmung der „abnormal return" Bonnier / Bruner (1989), S. 96 – 98 oder Johnson et al. (1985), S. 160 f. sowie die Erläuterungen in Kapitel C.I.3.

zwischen dem beobachteten tatsächlichen „return" und dem erwarteten „return".[121] Positive abnormale „returns" signalisieren gestiegenen Unternehmenswert für die Aktionäre.[122]

Neben inhaltlich differenzierten Performance-Maßen unterscheidet sich die Performance-Messung der einzelnen Studien auch bezüglich der zeitlichen Dimension. Die Messung der Performance bezieht sich dabei entweder auf einen Zeitpunkt oder einen Zeitraum. *Hotchkiss* (1995) betrachtet so die Wirkung eines CEO-Wechsels auf verschiedene jahresabschlußbasierte Erfolgskennzahlen jeweils einmal in den einzelnen Jahren nach dem Wechsel.[123] Der Zeitpunkt der Messung wird dabei bestimmt durch das jährliche Intervall der Aufstellung des Jahresabschlusses. Die Mehrzahl der Untersuchungen wählt für die jahresabschlußbasierte Erfolgsmessung jedoch einen Zeitraum. So bilden zum Beispiel *Kesner/Dalton* (1985) den Mittelwert des RoA über einen Zeitraum von drei Jahren vor dem Wechsel.[124] Schwankungen der Erfolgswerte innerhalb des Zeitraums werden durch diese Vorgehensweise nivelliert.

Wird die Marktperformance als „abnormal return" operationalisiert, bezieht sich die Performance-Messung in der Regel auf einen Zeitraum. Die auf Tagesbasis ermittelbaren „abnormal returns" werden über unterschiedliche Zeitfenster kumuliert.[125]

IV. Die Wechsel-Performance-Beziehung

Die Analyse der Ergebnisse empirischer Studien zur zentralen Beziehung zwischen Wechsel der Spitzenführungskraft und Performance der Organisation beginnt mit einer Betrachtung auf aggregiertem Analyseniveau. Wie ein zusammenfassender Test zur Effektstärke der jeweils betrachteten Beziehungen zeigt, weisen die Studien sowohl zu Performance-Bedingungen als auch zu Performance-Wirkungen des Wechsels stark heterogene Untersuchungsergebnisse auf. Die weitere Analyse dieser Zusammenhänge differenziert folglich zunächst nach dem Einfluß von Kontingenzfaktoren und nach unterschiedlichen Performancemaßen sowie Wechseltypen, bevor diese einzelnen Ergebnisse abschließend in einem komplexen Modell zum Zusammenhang von Performance und Wechsel der Spitzenführungskraft integriert werden.

---

121 In Erweiterung des Konzepts der „abnormal returns" bestimmen einige Studien des „excess return", bei dem analog zum „abnormal return" erwartete mit tatsächlichen Ergebnissen verglichen werden. Als Vergleichsbasis dienen jedoch nicht mehr alle Firmen eines Marktportfolios, sondern nur noch Unternehmen mit vergleichbarem Niveau an systematischen Risiko. Vgl. stellvertretend Lubatkin et al. (1989), S. 53 f.

122 Vgl. Puffer / Weintrop (1991), S. 8.

123 Vgl. Hotchkiss (1995), S. 8 f.

124 Vgl. Dalton / Kesner (1985), S. 753.

125 Vgl. Beatty / Zajac (1987), S. 308 ff. sowie Bonnier / Bruner (1989), S. 97 f.

1. Wechsel-Performance-Beziehung: aggregierte Analyse

Zunächst werden die empirischen Studien bezüglich der von ihnen festgestellten Beziehung zwischen Wechsel der Spitzenführungskraft und Performance der Organisation analysiert. Dabei ist im ersten Schritt lediglich der „einfache“ Zusammenhang von Performance und Wechsel zu untersuchen, wobei weiterhin zwischen Panel 1 und 2 differenziert wird.

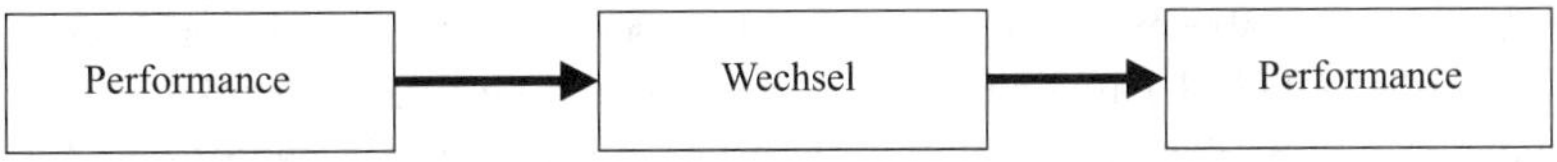

Abbildung 6: Wechsel-Performance-Beziehung – aggregierte Analyse

Diese Analyse der Wechsel-Performance-Beziehung auf aggregiertem Niveau ermöglicht zunächst einen Überblick über den generellen Zusammenhang der zentralen Variablen und bildet zudem die Basis für die nachfolgende, differenziertere Analyse.

Eine Möglichkeit zur Meta-Analyse besteht in der einfachen „counting method“[126]. Dabei wird die Anzahl an Studien, die für einen bestimmten Variablenzusammenhang eine signifikante Korrelation (*p*.10) ermitteln, mit der Anzahl Studien verglichen, die von keinen signifikanten Zusammenhängen oder signifikanten Zusammenhängen mit anderem Vorzeichen berichten. Weisen alle Studien für eine bestimmte Variablenbeziehung signifikante Korrelationen mit dem gleichen Vorzeichen aus, so kann mittels der „Abzählmethode“ eine aggregierte, gerichtete Aussage zur relevanten Beziehung abgeleitet werden.

Im Fall der Studien, die die Wirkung vergangener Performance auf einen Wechsel der Spitzenführungskraft (Panel 1) untersuchen, zeigt sich ein relativ einheitliches Bild der Wirkungsrichtung. Bei insgesamt n = 33 Studien ist eine Aussage zum allgemeinen Wirkungszusammenhang ermittelbar.[127] Die Mehrzahl von n = 24 Studien ermittelt eine signifikante negative Beziehung zwischen vergangener Performance und Wechsel. Immerhin neun Studien können auf dieser aggregierte Ebene keinen signifikanten Zusammenhang erkennen.

Bei den Studien zu Performance-Konsequenzen eines Wechsels der Spitzenführungskraft (Panel 2) zeigt sich ein noch weniger eindeutiges Bild. Von n = 27 Untersuchungen, die auswertbare Ergebnisse berichten, ermitteln n = 14 einen positi-

126 Vgl. Cotton / Tuttle (1986), S. 57.

127 Wirkungszusammenhänge werden dann in der „Abzählmethode“ berücksichtigt, wenn die einzelnen Studien den relevanten aggregierten Zusammenhang explizit als Ergebnis würdigen oder wenn der Zusammenhang aus der Dokumentation der statistischen Daten ersichtlich ist.

ven Effekt des Wechsels auf die Performance. Immerhin $n = 7$ Studien finden jedoch den entgegensetzten, negativen Zusammenhang zwischen den beiden Variablen. Drei Studien können aus ihren Daten keine Effekte des Wechsels auf die nachfolgende Performance der Organisation nachweisen.[128]

Die einfache „Abzählmethode" hat den Nachteil, daß sie die einzelnen Studien gleich gewichtet. So werden zum Beispiel die Ergebnisse einer Studie, die einen Zusammenhang auf der Basis kleiner Fallzahl zwischen den Variablen ermittelt, gleichgesetzt mit den Ergebnissen einer Studie, die auf großzahliger Datenbasis einen Zusammenhang erkennen lassen.[129] Vor dem Hintergrund, daß sowohl in Panel 1 als auch insbesondere in Panel 2 die empirischen Studien inkonsistente Ergebnisse bezüglich der Beziehung von Wechsel und Performance zeigen, wird im folgenden mittels der aggregierten Effektstärke eine nähere Analyse der Zusammenhänge und Integration der Studien unternommen.[130] Teststatistiken der einzelnen Studien werden verwandt, um die individuelle Effektstärke je Studie zu ermitteln.[131] Diese werden dann gewichtet nach der Stichprobengröße[132] über alle Studien aggregiert. In der Tabelle 8 und 9 sind die in diese Analyse einbezogenen Studien und deren Effektstärken wiedergegeben. Da nicht alle Studien Korrelationskoeffizienten für eine „undifferenzierte" Wechselvariable und ein Performancemaß angeben, kann bei der Analyse der Effektstärke nur ein Teil der in dieser Meta-Analyse identifizierten relevanten Studien für diesen Analyseschritt herangezogen werden. Bei den neun Studien aus Panel 1 und acht Studien aus Panel 2 handelt es sich jedoch regelmäßig um sehr ausführlich dokumentierte und extern gut nachvollziehbare Untersuchungen, die damit auch den Schluß auf eine hohe Qualität der Ergebnisse zulassen. Bei der Interpretation der aggregierten Effektstärken ist jedoch zu beachten, daß insbesondere die betrachteten Performancemaße zwischen den Studien stark variieren. Insofern kann die Betrachtung der aggregierten Effektstärken lediglich als erster Ansatz zur integrierenden Analyse der empirischen Ergebnisse verstanden werden.

Für beide Untersuchungszusammenhänge ergeben sich jeweils aggregierte Effektstärken von –.04 / –.12 für die auswertbaren Studien des Panel 1 und –.02 / –.09 für die Studien des Panel 2. Aggregiert über alle Studien scheint sich also ein – wenn auch sehr schwacher – negativer Zusammenhang von (a) Performance und

---

128 Zusätzlich ermitteln drei Studien einen Einfluß des Wechsels bzw. der Spitzenführungskraft auf die Performance. Eine Aussage zur Richtung des Einflusses ist jedoch in diesen Fällen aufgrund des Analysedesigns nicht möglich. Vgl. Smith et al. (1984), Thomas (1988), Weiner / Mahoney (1981).

129 Vgl. zur Kritik an der „Abzählmethode" auch Cotton / Tuttle (1986), S. 57.

130 Vgl. McEvoy / Ocasio (1987), S. 749 sowie Dalton et al. (1998), S. 277.

131 Effektstärke ist analog zum Pearson-Produkt-Moment Korrelationskoeffizienten und kann in der Regel aus den angegebenen Korrelationsmatritzen ermittelt werden. Vgl. auch Boyd (1995), S. 302.

132 Die Stichprobengröße wird dabei zum einen als Anzahl analysierter Unternehmen und zum anderen als Anzahl betrachteter Wechsel gemessen.

Tabelle 8

Relative Effektstärke des Zusammenhangs von Performance und nachfolgendem Wechsel (Panel 1)

Studie	Performance-Maß	Effektstärke	Stichprobengröße (n Unternehmen / n Wechsel)
Allen / Panian / Lotz (1979)	„team-winning-percentage“	-0,19	- / 283
Boeker (1992)	Umsatzwachstum	-0,44	67 / 115
	Umsatzwachstum unterhalb Branchenwachstum (0 / 1)	-0,21	67 / 115
Canella / Lubatkin (1993)	ROE (branchenbereinigt)	-0,05	- / 472
	„market return“ (Jensen's alpha)	-0,11	- / 472
Hambrick / Canella (1993)	ROE (des akquirierten Unternehmens)	-0,12	97 / 430
	ROE-Differenz (zwischen Ziel- und Käuferunternehmen)	-0,15	97 / 430
Ocasio (1994)	ROA	-0,09	114 / 225
Puffer / Weintrop (1991)	ROE	-0,02	480 / 53
	ROA	0,01	480 / 53
	Umsatzrendite	0,03	480 / 53
	Ergebnis per Aktie (EPA)	0,08	480 / 53
	Kummulierte „abnormal returns“	-0,03	480 / 53
	Differenz von EPA und von Analysten erwartetes EPA (relativiert am erwart. EPA)	-0,08	480 / 53
Virany / Tushmann / Romanelli (1985)	ROA	-0,28	23 / -
Walsh (1989)	„premium paid“ bei Akquisitionen	-0,02	113 / -
Wiersma / Bantel (1993)	ROA	-0,25	85 / -
Aggregierte Effektstärke (bezogen auf Anzahl Unternehmen / Anzahl Wechsel)		-0,04 / -0,12	

Tabelle 9

Relative Effektstärke des Zusammenhangs von Wechsel und nachfolgender Performance (Panel 2)

Studie	Performance-Maß	Effektstärke	Stichprobengröße (n Unternehmen / n Wechsel)
Allen / Panian / Lotz (1979)	„team winning percentage“	-0,22	- / 283
Friedman / Singh (1989)	kummulierte „abnormal returns“	-0,25	130 / 130
Gerpott (1993)	Veränderung des ordentlichen Betriebsergebnis (ordinal)	0,36	92 / -
Havemann (1993)	„firm failure“	0,09	243 / -
Miller (1993)	„profitability“ (Umsatzrelativiert)	-0,18	36 / -
Pfeffer / Davis-Blake (1986)	% gewonnene Spiele	-0,11	22 / 27
Tushman / Rosenkopf (1996)	„performance change“	0,04	59 / 122
	„performance crisis“ (0 / 1)	-0,01	59 / 122
Virany / Tushman / Romanelli (1992)	ROA-Veränderung	0,12	38 / 173
Aggregierte Effektstärke (bezogen auf Anzahl Unternehmen / Anzahl Wechsel)		-0,02 / -0,09	

nachfolgendem Wechsel und (b) Wechsel und nachfolgender Performance zu bestätigen. Der negative Zusammenhang ist bei den Studien aus Panel 1 etwas stärker als bei der Betrachtung der Wechselkonsequenzen in Panel 2. Dies entspricht dem Ergebnis der „Abzählmethode“, bei der insbesondere die Studien des Panel 2 eher inkonsistente Ergebnisse bezüglich der Wechsel-Performance-Beziehung offenbarten.

Um eine Aussage treffen zu können, inwieweit die Studien tatsächlich eine einheitliche Tendenz des Zusammenhangs von „undifferenzierten“ Wechsel und Performance ermitteln, bietet sich an, die statistische Heterogenität der Effektstärken zu bestimmen.[133] Dies geschieht mittels:

[133] Vgl. Rosenthal / Rosnow (1991), S. 494–501.

$$\chi^2 = \Sigma\left[(n_j - 3)(z_j - \bar{z})^2\right]$$

mit

z_j als das vom jeweiligen r_j transformierte Fischer $z = \frac{1}{2}\ln[(1+r)/(1-r)]$

$\bar{z}$ als gewichtetes Mittel über alle $z, \bar{z} = \frac{\Sigma[(n_j - 3)z_j]}{\Sigma(n_j - 3)}$

n_j als Stichprobengröße der Studie j

das χ^2 verteilt ist mit $J - 1 df$.

Für die Studien des Panel 1 ergibt sich ein χ^2-Wert von 12,94, der bei $J - 1 = 6$ *df* signifikant auf dem $p \leq .05$ Niveau ist. Trotz hoher Übereinstimmung der Ergebnisse zur Richtung des Performance-Wechsel-Zusammenhangs dieser Studien, zeigt sich damit eine statistisch signifikante Heterogenität zwischen den Untersuchungsergebnissen. Die Betrachtung der Beziehung von Performance und undifferenzierten Wechsel bedarf also einer näheren und differenzierteren Analyse.

Die Analyse der Heterogenität der Untersuchungsergebnisse für Panel 2 ergibt einen χ^2-Wert von 23,84, der bei $J - 1 = 5$ *df* mit $p \leq .001$ hoch signifikant ist. Die bereits festgestellte große Heterogenität der Untersuchungsergebnisse der Studien zu Performance-Konsequenzen des Wechsels findet folglich zusätzliche Bestätigung. Auch in diesem Untersuchungszusammenhang ist eine differenziertere Analyse sinnvoll und notwendig.

2. Kontingenzfaktoren und Wechsel-Performance-Beziehung

Die in dieser Meta-Analyse betrachteten Studien beziehen verschiedene Kontingenzfaktoren in die Untersuchung des Wechsel-Performance-Zusammenhangs ein. Diese Kontingenzfaktoren beeinflussen die den Studien zugrunde liegende fokale Beziehung von Wechsel und Performance[134] und vermögen so die in der aggregierten Analyse festgestellte Heterogenität der Untersuchungsergebnisse zum Teil aufzulösen. Insgesamt lassen sich vier unterschiedliche Bereiche der untersuchten Kontingenz identifizieren:

(1) Bedingungen im Zusammenhang mit der *Person der Spitzenführungskraft* sind Gegenstand der Analyse einiger Studien. Persönliche Charakteristika wie Alter, Berufserfahrung oder Position im Unternehmen werden dabei in Beziehung zum Wechsel-Performance-Zusammenhang gesetzt. Sofern die Stellung der Spitzenführungskraft im Organgefüge der Unternehmung beziehungsweise in Relation

---

134 Vgl. stellvertretend zum allgemeinen Begründungszusammenhang zwischen Kontingenz und Wechsel Friedman / Singh (1989), S. 722. Pfeffer / Davis-Blake (1986), S. 82 fordern in diesem Zusammenhang, daß [...] *„investigators should examine conditions surrounding successions and the characteristics of successors"*.

zu anderen Entscheidungsträgern betrachtet wird (zum Beispiel als „CEO-duality“ Variable[135]), ergeben sich Überschneidungen mit dem zweiten Bereich an Kontingenzfaktoren zur

(2) *Unternehmensverfassung.* Mittels der Analyse der Aktionärsstruktur, der Board- oder Top-Management-Zusammensetzung wird versucht, unterschiedliche Macht- oder Konfliktverhältnisse in der Wechselsituation zu berücksichtigen. Die Einbeziehung expliziter Konfliktsituationen während des Wechselprozesses (z. B. „greenmail“-Situationen[136]) sind ebenfalls dieser Gruppe von Kontingenzfaktoren zuzuordnen.

(3) die Kontingenzfaktoren, die sich aus der Unternehmensverfassung ableiten, können auch als Untergruppe der *unternehmensbezogenen* Wechsel-Performance-*Bedingungen* aufgefaßt werden. In diese Kategorie fallen zum Beispiel die Variablen zur Unternehmensgröße oder zum Unternehmensalter. Auch die Analyse spezifischer Unternehmenssituationen – zum Beispiel Phasen strategischer Reorientierung – lassen sich hier einordnen.

(4) Die Analyse unterschiedlicher Branchenbedingungen oder Faktoren der Umweltstabilität läßt sich unter der Gruppe von Kontingenzfaktoren zur *externen Umwelt* subsumieren. Hier werden Bedingungen in die Analyse einbezogen, die nicht im unmittelbaren Einfluß der Unternehmen stehen.

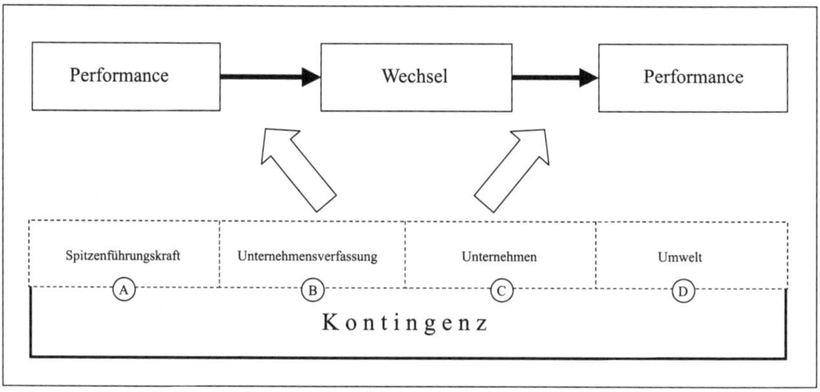

Abbildung 7: Kontingenzfaktoren in der Wechsel-Performance-Beziehung

135 CEO-duality bezeichnet die Situation, daß die Positionen des CEO und des „chairman of the board“ in Personalunion von einer Spitzenführungskraft besetzt sind. Vgl. auch Abschnitt C.II.1.

136 Ein Unternehmen zahlt „greenmail“, wenn es ein Aktienpaket eines bestimmten Aktionärs oder einer Aktionärsgruppe in der Regel zu einem Preis über dem Marktpreis zurückkauft. Dabei wird unterstellt, daß das Management diesen Rückkauf initiiert, um seine eigene Position zu stärken, indem speziell Aktien von potentiell „gefährlichen“ Investoren zurückgekauft werden. Vgl. Klein / Rosenfeld (1988), S. 493 f. sowie die dort angegebene Literatur.

Abbildung 7 auf S. 134 gibt einen schematischen Überblick über den im folgenden betrachteten Zusammenhang von Kontingenz und Wechsel-Performance-Beziehung.

In den folgenden beiden Abschnitten werden die in den Studien betrachteten Kontingenzfaktoren je nach zentraler Forschungsfrage (Panel 1 oder 2) in bezug auf ihren moderierenden Einfluß auf den Wechsel-Performance-Zusammenhang analysiert. Dabei werden auch solche Variablen in die Analyse einbezogen, die nicht explizit in ihrer moderierenden Wirkung berücksichtigt werden, sondern eher zur Beschreibung bestimmter Wechselsituationen dienen. Gerade im Sinne dieser situativen Relativierung lassen sie sich jedoch auch als Kontingenzfaktoren definieren.

a) Kontingenzfaktoren im Panel 1

Die Studien des Panel 1 berücksichtigen eine Reihe von Kontingenz-Variablen, die sich auf die ausscheidende Spitzenführungskraft beziehen. Neben den drei Variablen *Amtsdauer, „Herkunft"* und *Führungskrafttyp*[137], die sich im weitesten Sinne auf persönliche Charakteristika der Spitzenführungskraft beziehen, können hier noch die Variablen *CEO = Gründer, CEO-duality* und *überproportionale Gehaltszahlung* als direkt auf die Spitzenführungskraft bezogene Faktoren analysiert werden.

Insgesamt fünf Studien betrachten die Amtsdauer später ausscheidender Spitzenführungskräfte. Die Analyse dieser Variable ist dabei inhaltlich zu trennen von Studien, die den „Wechsel" mittels der Amtsdauer operationalisieren.[138] Die Amtsdauer wird in den vorliegenden Fällen nicht als exogene Variable analysiert, sondern zusätzlich zum Wechseltatbestand erfaßt und in Relation zu diesem untersucht. Während *Kang/Shivdasani* (1995) und *Barro/Barro* (1990) keinen Effekt der Amtsdauer feststellen können, identifizieren zwei Studien einen positiven Zusammenhang von Amtsdauer und Wechsel.[139] *Ocasio* (1994) ermittelt eine nicht lineare Beziehung zum Wechsel: Spitzenführungskräfte die weniger als zehn Jahre in der Position tätig sind, verzeichnen eine höhere Wechselwahrscheinlichkeit; ab dem 10. Jahr der Amtsdauer nimmt diese wieder ab.

Drei Studien unterscheiden später ausscheidende Spitzenführungskräfte bezüglich ihrer Unternehmenszugehörigkeit vor Eintritt in die oberste Unternehmensleitung nach Insider und Outsider.[140] Tendenziell zeigt sich eine niedrigere Ausschei-

---

137 Die Unterscheidung nach „administrativen" und „nicht administraiven" Führungskräftetypen wird lediglich von Kriseberg (1962) getroffen. Dabei erwartet er, daß Führungskräfte, die einen administrativen Hintergrund aufweisen, mit höherer Wahrscheinlichkeit ausscheiden.

138 Vgl. stellvertretend Allen / Panian (1982), S. 540.

139 Vgl. Puffer / Weintrop (1991) und Hadlock / Lumer (1997).

denswahrscheinlichkeit bei Insidern bezogen auf Unternehmen, die bereits seit längerer Zeit im Markt tätig sind.[141]

Die nachfolgende Tabelle zeigt die unterschiedlichen Analyseergebnisse für die Variablen „CEO = Gründer", „CEO-duality" und „überproportionale Gehaltszahlung". Alle drei Variablen lassen sich als Maß der individuellen Machtstellung interpretieren. Ist die Spitzenführungskraft Gründer des Unternehmens, vereinigt sie die zwei wichtigsten Leitungsfunktionen in einer Person oder erhält sie eine ungewöhnlich hohe Vergütung, so läßt dies auf eine verstärkte Machtposition im Unternehmen schließen. Der Analyse dieser Variablen liegt die Vermutung zu Grunde, daß im Falle einer mächtigen Spitzenführungskraft ein tendenziell schwächerer (negativer) Zusammenhang zwischen Performance und Wechsel besteht.

Tabelle 10

Individuelle Machtstellung und Wechsel

Autor (Jahr)	Zusammenhang von Wechsel und
CEO = Chairman of the Board	
Canella / Lubatkin (1993)	kein Einfluß
Fizel et al. (1990)	negativ
Ocasio (1994)	negativ
Harrison et al. (1988)	negativ
CEO = Gründer	
Hadlock / Lumer (1997)	positiv, aber negativ auf unfreiwilligen Wechsel
Ocasio (1994)	kein Einfluß
Parrino (1997)	negativ
überproportional hoher Vergütung	
Coughlan / Schmidt (1993)	negativ
Fizel et al. (1990)	negativ

Insgesamt scheint sich dieser Zusammenhang zu bestätigen: Die Mehrzahl der Studien kann eine negative Beziehung zwischen Machtstellung der Spitzenführungskraft und Ausscheiden aus der Führungsposition feststellen. Je mächtiger die

140 Diese Vorgehensweise ist dabei inhaltlich von der Analyse der Insider / Outsider-Wechsel (Panel 1.1.2) zu trennen, da hier nicht die nachfolgende, sondern die ausscheidende Spitzenführungskraft bezüglich ihrer früheren Organisationszugehörigkeit betrachtet wird.

141 Vgl. Schrader / Lüthje (1995) und Helmich (1975b). Ocasio (1994) kann keinen Effekt unterschiedlicher Führungskräftetypen auf die Wechselwahrscheinlichkeit ermitteln.

Spitzenführungskraft, desto geringer die Wahrscheinlichkeit eines Wechsels, desto schwächer auch der Zusammenhang zwischen Performance und Wechsel.

Machtverhältnisse im Unternehmen und ihr Einfluß auf den Wechsel-Performance-Zusammenhang werden auch in den Kontingenzfaktoren zur Unternehmensverfassung berücksichtigt. Dabei werden als zentrale Variablen die *Aktionärsstruktur* sowie die *Board-Zusammensetzung* in ihrem Einfluß auf die Wechselwahrscheinlichkeit der Spitzenführungskraft untersucht.

Tabelle 11

Aktionärsstruktur als Kontingenzfaktor

Autor (Jahr)	Kontingenzvariable	Einfluß auf Wechsel-Performance-Zusammenhang
Allen / Panian (1982)	CEO ist Eigentümer (>5% Aktien)	Bei CEO-Kontrolle kein Wechsel (trotz schlechter Performance) Keine Kontrolle durch CEO: *p*(Wechsel)[a] höher
Boecker (1992)	CEO ist Eigentümer	Bei CEO-Kontrolle ist *p*(Wechsel) in jeder Performance-Situation niedriger
Cosh / Hughes (1997)	Managerkontrolle (0 / 1)[142]	Kein Einfluß
Hadlock / Lumer (1997)	Managerkontrolle (%-Anteile bei Top-Managment)	Wenn %-Anteile über 1% steigen, steigt *p*(*unfreiwilliger* Wechsel)
James / Soref (1981)	Manager- vs. Eigentümerkontrolle	Bei Eigentümerkontrolle steigt *p*(Wechsel) bei schlechter Performance Bei Managerkontrolle besteht Zusammenhang nur mit Performanceveränderung
McEachern (1975)	Kontrolltypen (Extern, Manager, Eigentümer-Manager)	Bei Eigentümer-Manager *p*(Wechsel) geringer als bei anderen Kontrolltypen
Salancik / Pfeffer (1980)	Kontrolltypen nach McEachern	Bei externer Kontrolle steigt *p*(Wechsel) bei schlechter Performance Bei Eigentümer-Manager ist Zusammenhang am schwächsten

(Fortsetzung nächste Seite)

142 Cosh / Hughes (1997) unterscheiden „owner-controlled" und „manager-controlled" Unternehmen anhand der Tatsache, ob Anteile des Unternehmens von „executive directors" gehalten werden. Sofern die „executive directors" Anteile halten, wird Managerkontrolle unterstellt. (Vgl. S. 472).

(Fortsetzung Tabelle 11)

Autor (Jahr)	Kontingenzvariable	Einfluß auf Wechsel-Performance-Zusammenhang
Schrader / Lüthje (1995)	Kontrolltypen (Manager-, institutionell-, Eigentümerkontrolle)	Bei Managerkontrolle eher hohe *p*(*unabwendbare* Wechsel) Bei Eigentümer oder institutioneller Kontrolle eher hohe *p*(*unfreiwilliger / freiwilliger* Wechsel)
Virany et al. (1985)	Manager- vs. externe Kontrolle	Bei externer Kontrolle steigt *p*(Wechsel) bei schlechter Performance Managerkontrolle hat keinen Einfluß
Weisbach (1988)	CEO Aktienbesitz (0 / 1) Directors-Aktienbesitz (%-Anteil)	Bei CEO=Aktionär sinkt p(Wechsel), Performance-Zusammenhang bleibt bestehen Directors-Aktienbesitz hat keinen Einfluß
Boecker (1992)	Aktienstreuung (%-Anteil bei Großaktionären)	Je mehr Streubesitz, desto geringer *p*(Wechsel) bei niedriger Performance
Cosh / Hughes (1997)	Aktienstreuung (%-Anteil Großaktionäre)	Kein Einfluß
Dennis / Serrano (1996)	Veränderung der Aktionärsstruktur (neuer Großaktionär mit / ohne Anknüpfung an Unternehmen)	Ohne Anknüpfung steigt p(Wechsel) Mit Anknüpfung sinkt *p*(Wechsel)
Kang / Shivdasani (1995)	Aktienstreuung (%-Anteil Großaktionäre)	Je weniger Streubesitz, desto höher p(*non-routine* Wechsel)
Conyon / Nicolitsas (1998)	„public“ vs. „private“	Kein Einfluß

[a] *p*(Wechsel) = Wahrscheinlichkeit für Wechsel der Spitzenführungskraft. Diese Notation gilt auch für alle folgenden Tabellen.

Sofern die Studien berücksichtigen, inwieweit die Spitzenführungskraft (Teil-) Eigentümer des jeweiligen Unternehmens ist, zeigt sich ein deutlicher Einfluß auf den Wechsel bzw. Wechsel-Performance-Zusammenhang. Die Wahrscheinlichkeit eines Wechsels an der Unternehmensspitze ist geringer, wenn die betreffende Person gleichzeitig Eigentümer des Unternehmens ist. Im Sinne einer (klassischen) moderierenden Beziehung schwächt Anteilsbesitz der Spitzenführungskraft tendenziell den negativen Zusammenhang von Performance und nachfolgendem

Tabelle 12

Boardstruktur als Kontingenzfaktor

Autor (Jahr)	Kontingenzvariable	Einfluß auf Wechsel-Performance-Zusammenhang
Boecker (1992)	Anteil Insider im Board	Bei schlechter Performance sinkt *p*(Wechsel) bei hohem Anteil Insider
Cosh / Hughes (1997)	Anteil Insider („non-executives“) im Board	Kein Einfluß
Dennis / Serrano (1996)	Strukturveränderung im Board bezogen auf Anteil Insider / Outsider	Insider-Anteil steigt: kein Einfluß auf *p*(Wechsel) Outsider-Anteil steigt: *p*(Wechsel) nimmt zu
Fizel et al. (1990)	Anzahl Outsider im Board	Je mehr Outsider im Board, desto höher *p*(Wechsel)
Geddes / Vinod (1997)	Anteil Outsider im Board	Je größer der Anteil Outsider, desto niedriger *p*(Wechsel)
Ocasio (1994)	Anteil Outsider im Board	Bei schlechter Performance: *p*(Wechsel) steigt mit hohem Insider-Anteil und sinkt mit hohem Outsider-Anteil
Parrino (1997)	Anzahl Outsider im Board	Bei hoher Anzahl Outsider steigt *p*(*erzwungener* Wechsel)
Salancik / Pfeffer (1980)	Anteil Insider im Board	Bei hohem Insider-Anteil kehrt sich negativer Zusammenhang von Performance und Wechsel um
Weisbach (1988)	Outsider- / Insider- / mixed Board	Nur bei Outsider dominierten Boards negativer Zusammenhang von Performance und Wechsel
Boecker (1992)	Anteil vom CEO ernannter Board-Mitglieder	Bei schlechter Performance sinkt *p*(Wechsel) wenn der Anteil CEO-ernannter Mitglieder steigt
Ocasio (1994)	Anteil vom CEO ernannter Board-Mitglieder	Kein Einfluß
Ocasio (1994)	Größe des Board	Je größer der Board, desto stärker der negative Zusammenhang von Performance und Wechsel

Wechsel ab. Bezogen auf die Streuung des Anteilsbesitzes zeigt sich ein negativer Zusammenhang von Wechsel und Anteilskonzentration.[143] Je eher Anteile im Streubesitz gehalten werden, desto schwächer ist der negative Zusammenhang von Performance und Wechsel an der Unternehmensspitze.

Neben der Aktionärsstruktur wird die Board-Zusammensetzung als weitere wichtige Kontingenzvariable aus dem Bereich der Unternehmensverfassung betrachtet. Dabei wird das *Verhältnis von Insidern zu Outsidern im Board,* die *Board-Größe* und der *Anteil von Board-Mitgliedern, die während der Amtszeit des ausscheidenden CEO ernannt wurden,* in Relation zum Performance-Wechsel-Zusammenhang analysiert.

Die Studien, die die Board-Zusammensetzung als Verhältnis von Insidern zu Outsidern operationalisieren, zeigen keine einheitlichen Ergebnisse in bezug auf den Einfluß der Board-Zusammensetzung auf den Performance-Wechsel-Zusammenhang. Zwar ermittelt die Mehrzahl der Studien eine höhere Wechselwahrscheinlichkeit beziehungsweise einen stärkeren negativen Zusammenhang von Performance und Wechsel im Fall höheren Outsider-Anteils, zwei Studien (*Geddes/ Vinod,* 1997 und *Ocasio,* 1994) können jedoch ein genau gegensätzliches Ergebnis nachweisen.[144] Inwieweit der Anteil von Board-Mitgliedern, die in der Amtszeit des ausscheidenden CEO ernannt worden sind, Einfluß auf den Wechsel hat, bleibt ebenfalls unklar – auch wenn tendenziell die Wechselwahrscheinlichkeit bei hohem Anteil abnimmt. Der Einfluß der Board-Größe wird lediglich von *Ocasio* (1994) geprüft: Zunehmende Board-Größe wirkt verstärkend auf den negativen Performance-Wechsel-Zusammenhang.

Neben der Board-Struktur wird in einigen Studien auch die Zusammensetzung des zweiten Organs im Unternehmensgefüge – das Managementteam – als Einflußvariable untersucht. Während *Boecker* (1992) keinen Zusammenhang von Teamgröße und Wechsel feststellen kann[145], ermitteln *Warner et al.* (1988) einen positiven Einfluß der Managementgröße auf den Wechsel des CEO.[146] Die demographische Heterogenität als zusammengesetztes Maß aus Unterschieden in der Amtszeit und dem Ausbildungsniveau zwischen den Mitgliedern des Top-Managements besitzt keine Bedeutung für die Beziehung von Performance und Wechsel.[147]

Als dritte Gruppe von Kontingenzvariablen lassen sich Unternehmenseinflüsse auf den Wechsel-Performance-Zusammenhang identifizieren. Die *Unternehmens-*

---

143 Conyon/Nicolitsas (1998) unterscheiden für ihre Stichprobe kleiner und mittlerer Unternehmen zusätzlich nach „public“ und „private“ Unternehmen, je nachdem ob die Anteile öffentlich gehandelt werden. Einen Einfluß dieser Variable auf den Wechsel-Performance-Zusammenhang können sie nicht feststellen.

144 Geddes/Vinod (1997), S. 776 erkennen selbst den Unterschied ihrer Ergebnisse im Vergleich mit anderen Studien, ohne diese Inkonsistenz jedoch erklären zu können.

145 Vgl. Boecker (1992), S. 415.

146 Vgl. Warner et al. (1988), S. 480.

147 Vgl. Wiersma/Bantel (1993), S. 497 f.

größe ist dabei die mit Abstand am häufigsten betrachtete Variable. Insgesamt n = 17 Studien berücksichtigen diese Kontingenzvariable explizit in ihrer Analyse.

Tabelle 13

Größe als Kontingenzfaktor

Autor (Jahr)	Größenmaß	Einfluß auf Wechsel-Performance-Zusammenhang
Boecker (1992)	Umsatz in t_0	Kein Einfluß
Cosh / Hughes (1997)	Kaital, *log*	Je größer, desto niedriger p(Wechsel)
Fizel et al. (1990)	Umsatz	Je größer, desto höher p(Wechsel)
Friedman / Singh (1989)	Mitarbeiterzahl, *lg*[a]	Kein Einfluß
Hadlock / Lumer (1997)	Bilanzsumme / Marktwert, *lg*	Kein Einfluß
Harrison et al. (1988)	Umsatz	Je größer, desto höher p(Wechsel)
James / Soref (1981)	Vermögen	Je größer, desto höher p(Wechsel)
Kriseberg (1962)	Anzahl Untergebene	Je größer, desto höher p(Wechsel)
Ocasio (1994)	Mitarbeiter, lg	Kein Einfluß
Parrino (1997)	Umsatz, lg	Je größer, desto höher p(*erzwungener* Wechsel)
Pfeffer / Moore (1980)	Anzahl Mitarbeiter	Je größer, desto höher p(Wechsel)
Puffer / Weintrop (1991)	Vermögen, *lg*	Kein Einfluß
Salancik / Pfeffer (1980)	Vermögen, *lg*	Kein Einfluß
Salancik et al. (1980)	Anzahl Fakultätsmitglieder	Kein Einfluß
Schrader / Lüthje (1995)	Umsatz	Bei kleinen Unternehmen: p(*unfreiwillige / freiwillige* Wechsel) höher Bei großen Unternehmen: p(*unabwendbare* Wechsel) höher
te Wildt (1996)	Bilanzsumme	Je größer, desto niedriger p(Wechsel)
Warner et al. (1988)	Keine Angabe	Je größer, desto höher p(Wechsel)

[a] Sofern logarithmierte Werte in der Analyse Anwendung fanden, ist dies durch „*log*“ oder „*lg*“ gekennzeichnet.

Es zeigt sich ein relativ uneinheitliches Bild bezüglich des Zusammenhangs von Unternehmensgröße und Wechselwahrscheinlichkeit. Sieben Studien können keinen Einfluß feststellen, acht Studien ermitteln einen negativen Zusammenhang von Größe und Wechsel. Bei lediglich zwei Studien findet sich ein positiver Zusammenhang. Diese uneinheitlichen Ergebnisse können unter Umständen vor dem Hintergrund der Zusammensetzung der analysierten Stichproben begründet werden. Wenn die Stichproben in der Regel aus Listen gezogen werden (z. B. Forbes list of executive compensation), die ausschließlich große Unternehmen enthalten, ist die Wahrscheinlichkeit unterschiedlicher Ergebnisse aufgrund der geringen Größenvarianz höher. Die Ergebnisse zur Größenwirkung bei unterschiedlichen Wechseltypen[148] zeigen zudem einen möglichen Weg zur Auflösung der Unterschiede.

Als weitere auf die individuelle Unternehmenssituation bezogene Kontingenzvariablen werden das *Unternehmensalter* sowie die spezifische *Situation eines Strategiewechsels* oder die *Beteiligung an einer Akquisition* betrachtet. Das Unternehmensalter erweist sich dabei als unbedeutend für den Performance-Wechsel-Zusammenhang.[149] Befindet sich ein Unternehmen in einer Phase strategischer Reorientierung, so wechselt die Spitzenführungskraft im Vergleich zu „stabilen" Unternehmen relativ häufiger.[150] Dieser Zusammenhang gilt insbesondere für Unternehmen mit guter Performance.[151] Sind die Unternehmen Gegenstand einer Akquisition oder eines Unternehmenszusammenschlusses („merger"), so ist die Wahrscheinlichkeit eines Wechsel in der Unternehmensleitung ebenfalls höher als bei in diesem Sinne unauffälligen Unternehmen.[152]

Der vierte Bereich an Bedingungen, die den Performance-Wechsel-Zusammenhang beeinflussen, betrifft Variablen zur externen Umwelt. Dabei wird zum einen der Einfluß verschiedener *Branchencharakteristika* und zum anderen die *Umweltstabilität* analysiert.[153]

Branchenmerkmale wie Regulierungsgrad[154], Konzentrationsrate[155] oder Homogenität der Branche gemessen an der Korrelation der Aktienkursentwicklung[156]

---

148 Vgl. Schrader / Lüthje (1995) sowie Parrino (1997).

149 Vgl. Hadlock / Lumer (1997), S. 175.

150 Vgl. Osborn et al. (1981), S. 187 f. sowie Wiersma / Bantel (1993), S. 497 f.

151 Vgl. Virany et al. (1985), S. 189.

152 Vgl. stellvertretend Krug / Hegarty (1997), S. 670 sowie Walsh (1988), S. 177.

153 Der unterschiedliche Paradigmen-Entwicklungsstand sowie die Ressourceninterdependenz lassen sich ebenfalls als Umwelt-Variablen interpretieren, werden aber aufgrund ihrer beschränkten Übertragbarkeit auf Performance-Wechsel-Zusammenhänge bei Unternehmen hier nicht weiter betrachtet. Vgl. Pfeffer / Moore (1980), S. 388 und S. 402 f. sowie Salancik et al. (1980), S. 429.

154 Vgl. Geddes / Vinod (1997), die keinen Einfluß aus dem Regulierungsgrad ermitteln.

155 Vgl. Harrison et al. (1988), S. 220, die keinen Zusammenhang von Konzentrationsrate und CEO-Wechsel ermitteln können.

156 Vgl. Parrino (1997), S. 187 f., der einen positiven Zusammenhang von Homogenität und erzwungenem Wechsel feststellt.

werden jeweils nur in einer Studie betrachtet. Die ermittelten, in der Regel sehr schwachen Zusammenhänge können daher nur bedingt verallgemeinert werden.

Umweltstabilität wird von insgesamt vier Studien in Relation zum Wechsel der Spitzenführungskraft betrachtet.

Tabelle 14

Umweltstabilität und Wechsel-Performance-Zusammenhang

Autor (Jahr)	Umweltstabilität	Einfluß auf Wechsel-Performance-Zusammenhang
Kriseberg (1962)	Ein-Parteiendominanz in der zuständigen Legislative = stabile Umwelt für „mental health" Programme	Je stabiler, desto niedriger p(Wechsel)
Osborne et al. (1981)	Sozioökonomische Volatilität, „supplier" Volatilität	Je niedriger, desto niedriger p(Wechsel)
Salancik et al. (1980)	Umweltstabilität für Universitäten	Je stabiler, desto niedriger p(Wechsel)
Wiersma / Bantel (1993)	Anzahl und Größe der Branchenkonkurrenz	Je stabiler, desto niedriger p(Wechsel)

Über alle vier Studien zeigt sich – trotz unterschiedlicher Organisationstypen und Operationalisierung der Umweltdynamik – der gleiche negative Zusammenhang von Umweltstabilität und Wechsel der Spitzenführungskraft.[157] Je turbulenter die Umwelt, desto wahrscheinlicher wird ein Wechsel an der Unternehmensspitze. Die nachfolgende Abbildung zeigt die (moderierende) Wirkung verschiedener Kontingenzfaktoren. Dabei werden nur die Beziehungen dargestellt, die einheitlich in Richtung und Stärke in allen analysierten Studien festgestellt werden konnten.

b) Kontingenzfaktoren im Panel 2

Im Vergleich zu den im Rahmen der Studien des Panel 1 betrachteten Kontingenzvariablen wird der Zusammenhang von Spitzenführungskraftwechsel und nachfolgender Performance in geringerem Ausmaß situativ relativiert. Die Anzahl der analysierten Bedingungsvariablen ist deutlich geringer, sie lassen sich jedoch

157 Diese Ergebnisse finden auch Bestätigung durch Pfeffer / Davis-Blake (1986), S. 78 f., die für Sportmann-schaften feststellen, daß starke Dynamik im Sinne hoher Spielerfluktuation, die Wahrscheinlichkeit eines Trainerwechsels erhöht.

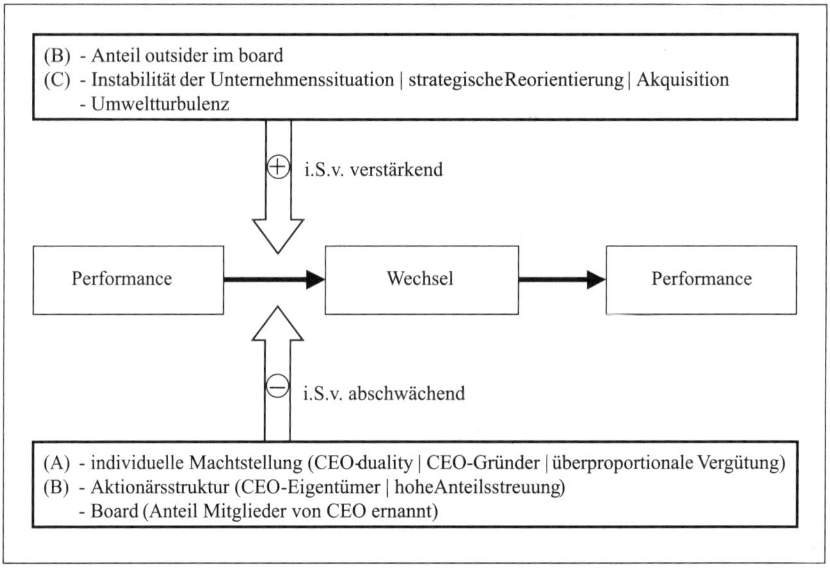

Abbildung 8: Kontingenzfaktoren zur Performance-Wechsel-Beziehung im Panel 1

auch im Rahmen der Studien des Panel 2 zu vier Gruppen von Kontingenzvariablen zusammenfassen.

Die erste Gruppe von Variablen bezieht sich auf den Einfluß *spezifischer Eigenschaften der Spitzenführungskraft* auf den Zusammenhang von Wechsel und nachfolgender Performance. Die Studien des Panel 2 beschränken sich in ihrer Analyse dabei regelmäßig auf individuelle Merkmale der ausgeschiedenen Führungskraft. Charakteristika der nachfolgenden Person an der Unternehmensspitze sind lediglich in einem Fall Gegenstand der Untersuchung.[158] Die grundsätzliche Bedeutung führungskraftspezifischer Ausprägungen für den Zusammenhang von Wechsel und Organisationserfolg können *Smith* et al. (1984) mit Hilfe ihres spezifischen Analysedesigns – der Untersuchung von Führungskräften („minister" der Northeast Ohio United Methodist Church), die regelmäßig unabhängig von anderen Faktoren die Organisation wechseln – nachweisen.[159] Dennoch findet sich lediglich in zwei Studien eine detailliertere Analyse: *Johnson* et al. (1985) ermitteln, bezogen auf alle analysierten Fälle, keine Performanceeffekte nach dem plötzlichen Tod der Spitzenführungskraft. Ist jedoch die Entlohnung der Führungskraft deutlich höher im Vergleich zur nächst höchsten Entlohnung, zeigt sich ein negativer Effekt des Wechsels auf die Performance.[160] Unterstellt man, daß besonders bekannte Spit-

158 Vgl. Datta / Rajagopalan (1998), S. 846.

159 Vgl. Smith et al. (1984), S. 771.

160 Vgl. Johnson et al. (1985), S. 171 – 173.

zenführungskräfte auch eine relativ höhere Vergütung erhalten, so bestätigen *Worrell* et al. (1986) diesen Zusammenhang für CEOs, die bei „bekanntem Namen" wegen Tod aus der Führungsposition scheiden.[161] Da beide Studien nur den todesbedingten Wechsel in der obersten Unternehmensleitung analysieren, sind allgemeine Schlüsse aus diesen Ergebnissen jedoch nur bedingt möglich.

Ein weiterer Bereich der Analyse der Kontingenzfaktoren liegt bei Einflußvariablen aus dem Bereich der Unternehmensverfassung. Dabei können wiederum Zusammenhänge in bezug auf die *Aktionärsstruktur* und zur *Board-Zusammensetzung* identifiziert werden.

Die Aktionärs- oder Kontrollstruktur[162] ist Gegenstand der Analyse von zwei Studien. Während *Caroll* (1984) keinen Einfluß der Kontrollstruktur im Sinne unterschiedlicher Aktionärszusammensetzung auf den Wechsel-Performance-Zusammenhang feststellen kann[163], ermittelt *Johnson* et al. (1985) für den Fall, daß der CEO Aktionär ist, eine positive Beziehung von Wechsel und Performance.

Die Board-Zusammensetzung wird in drei Studien in Relation zum Wechsel-Performance-Zusammenhang analysiert. Wie bereits in den Studien des Panel 1 steht auch hier das Verhältnis von Insider zu Outsider im Mittelpunkt der Analyse.[164] In keinem Fall besitzt die Struktur des Boards einen signifikanten Einfluß auf die Entwicklung der Performance nach dem Wechsel.[165]

Bezogen auf den Einfluß von Besonderheiten der einzelnen Unternehmen auf den Wechsel-Performance-Zusammenhang können sowohl *Weiner/Mahoney* (1981) als auch *Thomas* (1988) feststellen, daß ein bedeutender Teil der Performancevarianz durch die Unternehmensvariable erklärt werden kann.[166] Insbesondere das *Performanceniveau* der Unternehmen, gemessen als mittlere Performance früherer Perioden, zeigt sich als bedeutende Bedingungsvariable.[167]

161 Vgl. Worrell et al. (1986), S. 684.

162 Vgl. Caroll (1984), S. 98.

163 Lediglich die Änderung der „dominant individual" Kontrollstruktur führt tendenziell zu schlechterer Performance als andere Veränderungen der Kontrollstruktur. Vgl. Caroll (1984), S. 111.

164 Weisbach (1988), differenziert etwas feiner in Insider-, Outsider- oder Mixed-Boards.

165 Vgl. Daily / Dalton (1995) und Datta / Rajagopalan (1998), S. 845 f.

166 Vgl. Weiner / Mahoney (1981), S. 465 und 468, Thomas (1988), S. 396 sowie ergänzend Salancik / Pfeffer (1977), S. 488, die feststellen, daß der Einfluß von unterschiedlichen Städten eine höhere Varianzerklärung für unterschiedliche städtische Ausgabentypen ermöglicht als der Einfluß des Bürgermeisters.

167 Die Unternehmensgröße wird ebenfalls in einer Reihe von Studien als Bedingungsvariable untersucht. Sofern Ergebnisse detailliert berichtet werden, zeigt sich jedoch kaum ein Einfluß dieser Variable. Vgl. stellvertretend Borokhovich et al. (1996), S. 357 sowie Lubatkin et al. (1989), S. 58 ff.

Tabelle 15

Performance-Niveau als Kontingenzvariable

Autor (Jahr)	Beziehung zum Wechsel-Performance-Zusammenhang
Friedman / Singh (1989)	niedriges Performanceniveau: Performancesteigerung nach Wechsel hohes Performanceniveau: Performancereduktion nach Wechsel
Guthrie / Datta (1998)	niedriges Performanceniveau: Performancesteigerung nach Wechsel
Hotchkiss (1995)	Kein Einfluß
Johnson et al. (1985)	kombiniert mit Aktienbesitz beim CEO: niedriges Performanceniveau: Performancesteigerung nach Tod des CEO
Lubatkin et al. (1989)	hohes Performanceniveau: Performancesteigerung nach Wechsel
Smith et al. (1984)	Performanceniveau und nicht Wechsel erklärt aktuelle Performance
Virany et al. (1985)	Kein Einfluß

Insgesamt zeigt sich ein uneinheitliches Bild zum Einfluß des Performance-Niveaus. Während zwei Studien im Sinne eines „regression to the mean“ Effektes[168] bei hohem Performance-Niveau nach dem Wechsel eine Verschlechterung der Performance feststellen, ermitteln *Lubatkin* et al. (1989) bei guter vergangener Performance auch nach dem Wechsel eine positive Erfolgsentwicklung. Weitere zwei Studien erkennen keinen Einfluß der vergangenen Performance.

Die besondere *Situation eines Unternehmens im Sinne von strategischem Wandel* parallel zum Managementwechsel ist Gegenstand der Analyse von drei Studien. Während *Khanna / Poulsen* (1995) grundsätzlich einen negativen Zusammenhang von Wechsel und nachfolgender Marktperformance ermitteln, kehrt sich dieser Performanceeffekt bei Wechseln parallel zu „downsizing“-Entscheidungen um. *Virany* et al. (1992) unterscheiden umfangreiche Wechsel, mit Veränderungen sowohl in der CEO-Position wie auch im „executive team“, von Wechseln in lediglich einer der beiden Positionen. In Phasen strategischer Reorientierung bewirkt der weniger umfangreiche Wechsel eine Performance-Verschlechterung, der umfangreiche Wechsel demgegenüber ermöglicht eine Verbesserung des Erfolges.[169]

168 Vgl. Eitzen / Yetman (1972), S. 113, die diesen Effekt auch bei der Analyse von sportlichem Erfolg und Trainerwechsel identifizieren. Vgl. zudem Pfeffer / Davis-Blake (1986), S. 80 f.

169 Vgl. Virany et al. (1992), S. 84 – 86. Vgl. auch Tushman / Rosenkopf (1996), S. 949, die dieses Ergebnis für Unternehmen in turbulenter Umwelt bestätigen können.

Der Einfluß von Umweltvariablen als vierte Bedingungsgruppe für den Wechsel-Performance-Zusammenhang wird detailliert von *Tushman/Rosekopf* (1996) für die *Umweltstabilität* untersucht. Dabei zeigt sich unter anderem, daß in einer Situation umfangreicher personeller Veränderung, in der sowohl der CEO als auch das „executive team" wechseln, die Performance zwar in jedem Fall sinkt, unter Bedingung turbulenter Umwelt der Rückgang jedoch weniger stark ausfällt. Wechselt in dieser Situation der CEO und ist im „executive team" nur ein Abgang zu verzeichnen, verbessert sich sogar die Performance.[170] *Datta/Rajagopalan* (1998) verknüpfen Branchenbedingungen und CEO-Charakteristika der nachfolgenden Spitzenführungskraft und untersuchen den Einfluß eines „fits" dieser beiden Variablen in Relation zur Performance nach dem Wechsel. So können sie zeigen, daß bei hohem „fit" von Branchenbedingungen und CEO-Charakteristika die Performance nach dem Wechsel über dem Median der Verbesserung liegt, während bei ausbleibenden „fit" die Unternehmen nach dem Wechsel relativ schlechter abschneiden.[171]

Insgesamt werden im Rahmen der Studien zum Zusammenhang von Spitzenführungskraftwechsel und nachfolgender Performance Kontingenzvariablen nur sehr eingeschränkt analysiert. Die Anzahl der betrachteten Variablen und Zusammenhänge ist vergleichsweise gering und die Operationalisierung unterscheidet sich zum Teil erheblich. Im Sinne einer zusammenfassenden Darstellung der „relevanten" Kontingenzbeziehungen erscheint die nachfolgende Abbildung jedoch gerechtfertigt.

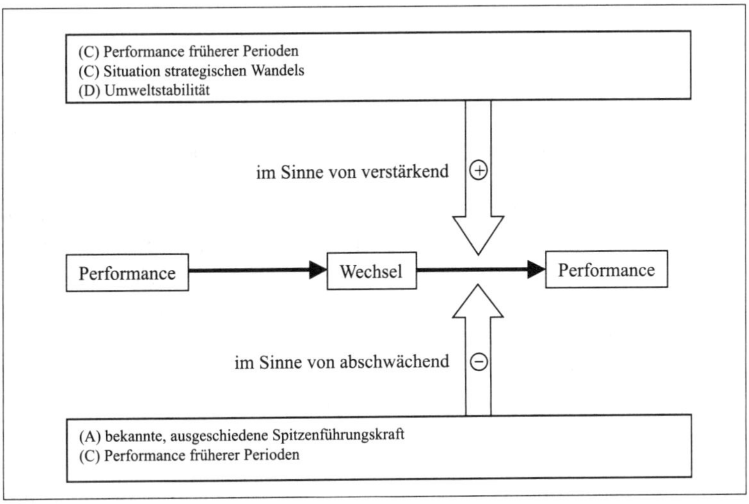

Abbildung 9: Kontingenzfaktoren zur Wechsel-Performance-Beziehung im Panel 2

170 Vgl. Tushman / Rosenkopf (1996), S. 948 f.

171 Vgl. Datta / Rajagopalan (1998), S. 846.

3. Differenzierte Wechsel-Performance-Beziehung

Wie bereits die Analyse auf aggregierter Ebene zeigt, unterscheiden sich die Studien bezüglich der verwendeten Performancemaße.[172] Die Performancevariable kann dabei sowohl nach der Datengrundlage (in der Regel Jahresabschluß oder Aktienkurse) als auch nach dem zeitlichen Bezug differenziert werden. Die unterschiedlichen Möglichkeiten zur Operationalisierung des Wechsels der Spitzenführungskraft sowie zur Bestimmung von Wechseltypen ermöglichen zusätzlich eine differenzierte Analyse der Wechselvariable. Ein Teil der Heterogenität der Analyseergebnisse läßt sich durch diese differenzierte Betrachtung der zentralen Variablen „Wechsel" und „Performance" abbauen. Abbildung 10 gibt einen schematischen Überblick über die im folgenden vorgenommenen Differenzierungen.

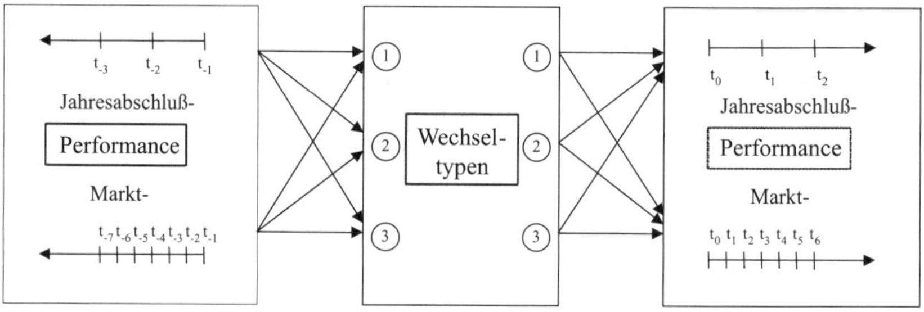

Abbildung 10: Differenzierte Wechsel-Performance-Beziehung

a) Nach Performancemaßen differenzierte Betrachtung

Wie bereits im Abschnitt C.III. erläutert, lassen sich die in dieser Meta-Analyse betrachteten Studien bezüglich der verwendeten Performancemaße unterscheiden. Es ist zu prüfen, inwieweit die im Abschnitt C.IV.1. auf aggregierter Ebene festgestellte Heterogenität der Studien auf die Verwendung unterschiedlicher Performancemaße zurückzuführen ist. Grundsätzlich wird die Performance bei Unternehmen entweder auf der Basis von Daten aus dem Jahresabschluß oder als „Marktperformance" mittels Kapitalmarktdaten operationalisiert. Um die Bedeutung der Operationalisierung der Performancemaße für den Wechsel-Performance-Zusammenhang zu analysieren, bietet es sich an, die Studien näher zu betrachten, die beide Performancemaße parallel verwenden. In Panel 1 trifft diese Bedingung für $n = 9$ Studien und in Panel 2 für lediglich eine Studie zu.

---

172 Vgl. hierzu die Aufstellung der Performancemaße in den Tabellen zur Effektstärke in Abschnitt C.IV.1 sowie die alle Studien zusammenfassenden Übersichten 1 und 2 im Anhang.

Während *Barro/Barro* (1990) nur bei der „Marktperformance" und nicht bei jahresabschlußbasierten Erfolgskennzahlen einen Zusammenhang mit dem nachfolgenden Wechsel der Spitzenführungskraft (in Banken) feststellen[173], ermitteln *Martin/McConnel* (1991) einen signifikanten Einfluß für beide Performancemaße.[174] Werden beide Maße jedoch parallel in die Analyse einbezogen, so zeigt sich, daß Jahresabschlußmaße in ihrer Erklärung des Wechsels Kapitalmarktmaße dominieren. Letztere haben nach Berücksichtigung von jahresabschlußbasierten Erfolgskennzahlen nur noch unbedeutenden Einfluß.[175] Die Studien von *Kang/Shivdasani* (1995) sowie *Salancik/Pfeffer* (1980) machen jedoch deutlich, daß die Erklärung des Wechsels durch unterschiedliche Performancemaße zusätzlich durch weitere Variablen beeinflußt wird. So zeigt sich die „accounting performance" insbesondere in den Fällen als wichtiges Maß, in denen Unternehmen eine starke Hausbankbeziehung unterhalten. Sind demgegenüber Großaktionäre die dominierende Kraft, gewinnt die „Marktperformance" einen größeren Erklärungsbeitrag für den Wechsel.[176] Hausbanken stützen sich in ihrer Kundenbeurteilung sehr stark auf Jahresabschlußinformationen,[177] so daß der deutliche Zusammenhang von Führungskraftwechsel und „accounting performance" aus dieser spezifischen Situation erklärbar ist. *Salancik/Pfeffer* ermitteln die „kontrollierende Kraft" als Determinante für den differenzierten Erklärungsbeitrag unterschiedlicher Performancemaße. Bei der Unterscheidung nach managerkontrollierten und extern kontrollierten Unternehmen können sie zeigen, daß die „accounting" Maße im Fall von externer Kontrolle relevant sind und die „Marktperformance" mit Wechsel in manager-kontrollierten Unternehmen in Beziehung steht.[178] Die Operationalisierung der Kontrolltypen orientiert sich an dem Konzept von *McEachern.* Bei extern kontrollierten Unternehmen ist mindestes eine Gruppe von externen Aktionären vorhanden, die mehr als 4% der Aktien halten. Managerkontrolle ist gekennzeichnet durch vollkommenen Streubesitz, bei der keine Gruppe mehr als 4% der Aktien hält.[179] Unter der Annahme, daß ein „blockholder" ähnlich der Hausbank bei seiner Einschätzung des Unternehmens größere Möglichkeiten zur detaillierten Analyse von Unternehmensdaten hat und daher auch Jahresabschlußdaten verarbeitet,[180] zeigen die Ergebnisse der beiden Studien eine hohe Übereinstimmung.

Neben der Unterscheidung nach Markt- und Jahresabschluß-Performance differenzieren einige Studien auch nach klassischen Erfolgsmaßen und Wachstumsma-

---

173 Vgl. Barro / Barro (1990b), S. 35.

174 Vgl. Martin / McConnell (1991), S. 678 ff.

175 Vgl. Cosh / Hughes (1997), S. 488 sowie Weisbach (1988), S. 444.

176 Vgl. Kang / Shivdasani (1995), S. 44.

177 Vgl. Salomo / Kögel (2000), S. 224 f.

178 Vgl. Salancik / Pfeffer (1980), S. 660 f.

179 Vgl. zur Operationalisierung der Kontrolltypen McEachern (1975), S. 57 – 61.

180 Institutionelle Anleger (als „blockholder") unterhalten vergleichbar mit den Banken umfangreiche Analyseabteilungen zur Beurteilung der potentiellen Anlageobjekte und können daher auch komplexe Jahresabschlußinformationen sinnvoll verarbeiten.

ßen. Sowohl *Kaplan* (1994) als auch *Khorana* (1996) können zeigen, daß Wachstumsmaße nur geringen Einfluß auf den Wechsel der Spitzenführungskraft haben.[181]

Die Studien des Panel 2 zu Konsequenzen des Wechsels differenzieren in ihrer Analyse in der Regel nicht gleichzeitig nach unterschiedlichen Performancemaßen. Lediglich *Khanna / Poulsen* (1995) verwenden sowohl markt- als auch jahresabschlußbasierte Performancemaße. Für den Fall von Konkursunternehmen zeigt sich kein Effekt des Wechsels auf die „accounting" Performance, nur die Marktperformance wird negativ durch den Wechsel beeinflußt. Die Wahl von Konkursunternehmen als Analyseobjekte schränkt jedoch die Generalisierbarkeit dieses Ergebnisses ein. Konkursunternehmen befinden sich per Definition in einer wirtschaftlich sehr angespannten Lage, so daß sich nur geringe Varianz im Jahresabschlußbild zeigen kann. Die Marktperformance als Ausdruck zukünftiger Erwartungen kann demgegenüber auch in einer finanziellen Krisensituation auf die Information des Wechsels an der Unternehmensspitze reagieren.[182]

Ein Vergleich der Performancemaße der im Rahmen der Effektstärke analysierten Studien zeigt, daß die stärksten negativen Effekte des Wechsels entweder bei Studien ermittelt werden, die Sportmannschaften analysieren,[183] oder bei Studien, die die Marktperformance betrachten.[184] Wird die jahresabschlußbasierte Performance analysiert, zeigen sich eher positive Effekte nach einem Wechsel.

Bei der Analyse der zeitlichen Dimension im Zusammenhang von Wechsel und Performance zeigt sich ein große Übereinstimmung zwischen den Studien. 10 von 12 Untersuchungen, die explizit Aussagen zum zeitlichen Zusammenhang von Wechsel und Performance machen, können den stärksten Zusammenhang in der kurzen Frist unmittelbar vor oder nach dem Wechsel erkennen.[185] Für Studien des Panel 1 gilt regelmäßig, daß Effekte der Performance maximal zwei Jahre vor dem Wechsel wirken[186], wobei sich dieser zeitliche Bezug sowohl bei jahresabschlußbasierten als auch bei kapitalmarktorientierten Performancemaßen zeigt.[187] Dennoch bleibt zu beachten, daß Jahresabschlußkennzahlen im Gegensatz zu den täglich verfügbaren Marktperformancewerten in der Regel in einjährigen Intervallen

---

181 Vgl. Kaplan (1994), S. 151 sowie Khorana (1996), S. 416.

182 Vgl. Furtado / Rozeff (1987), S. 148 zu „langfristiger" Orientierung der Marktperformance.

183 Vgl. Allen et al. (1979), Pfeffer / Davis-Blake (1986).

184 Vgl. Friedman / Singh (1989).

185 Einzig Abe (1997), S. 13 ff. ermittelt auch für die langfristige Peformance einen Einfluß auf den Wechsel, in diesem Fall jedoch für eine Stichprobe japanischer Unternehmen. Nach Warner et al. (1988), S. 477 ff. hat nur die kurzfristige Performance Bedeutung für den Wechsel, demgegenüber ist die Performance-Veränderung nach dem Wechsel – wenn überhaupt – erst in langer Frist erkennbar.

186 Vgl. stellvertretend Barro / Barro (1990b), S. 30 ff. sowie Khorana (1996), S. 418.

187 Vgl. Puffer / Weintrop (1991) S. 13.

vorliegen. Vor dem Hintergrund maximal zweijähriger Wirkungsperioden sind damit insbesondere die Ergebnisse der Studien kritisch zu würdigen, die Performancemaße mit dreijährigen Mittelwerten verwenden.[188]

Die dem Aufstellungsintervall des Jahresabschlusses folgende jährliche Messung der Performance erscheint insbesondere vor dem Hintergrund der Ergebnisse von *Pourciau* zum Einfluß von diskretionären Bilanzierungsentscheidungen der verantwortlichen Spitzenführungskräfte im Verlauf eines Wechsels von Bedeutung. So kann sie zeigen, daß durch Auswahl unterschiedlicher Bilanzierungs- und Bewertungsmethoden der Erfolg in den einzelnen Jahren des Wechselprozesses positiv oder negativ beeinflußt wird. Während im Jahr des Wechsels der Erfolg zunächst durch „accruals" reduziert wird, zeigt sich im folgenden Jahr eine erfolgsverbessernde Tendenz ebenfalls durch bilanzpolitische Maßnahmen.[189] Die Aggregation von Erfolgswerten mehrerer Zeitpunkte zu einem Performancewert nivelliert diese differenzierten Effekte und ermöglicht daher unter Umständen nur ein sehr ungenaues Bild der Erfolgswirkung im gesamten Wechselprozeß.

Zusammenfassend läßt sich feststellen, daß die ausschließliche Verwendung von Performancemaßen, die sich an der Aktienkursentwicklung im Rahmen des Wechselprozesses orientieren, zum Teil problematisch ist. Die Ergebnisse der Studien zum Performance-Wechsel-Zusammenhang, die parallel Marktperformance und jahresabschlußbasierte Erfolgsmaße verwenden, zeigen regelmäßig stärkere Zusammenhänge für letztere Maße. Der Erklärungsbeitrag der Marktperformance ist in den empirischen Ergebnissen deutlich dominiert durch die Erfolgsmaße auf Basis des Jahresabschlusses. Zusätzlich begründen die folgenden konzeptionellen Überlegungen eine eher zurückhaltende Interpretation der Ergebnisse zum Zusammenhang von Marktperformance und Wechsel.

Der Aktienkurs einer Unternehmung sollte den diskontierten Erwartungswert zukünftiger Cash-Flows widerspiegeln. Alle zum jeweiligen Zeitpunkt verfügbaren Informationen sowie die daraus abgeleiteten Erwartungen der Marktteilnehmer fließen in den Aktienkurs ein. Damit enthält der Aktienkurs auch Erwartungen bezüglich der Wahrscheinlichkeit, daß eine Spitzenführungskraft eine Unternehmen verlassen muß, wenn zum Beispiel der Unternehmenserfolg negativ wird.[190] Aktienkurse für Unternehmen mit in diesem Sinne „schlechten" Spitzenführungskräften sollten dann höher sein im Vergleich zu einer Situation, in der die Unternehmensleitung eine quasi Lebenszeit-Garantie auf die Führungsposition hätte.[191] Dieser Effekt – bessere Marktperformance durch Wechselerwartungen – sollte

188 So z. B. Dalton / Kesner (1985), S. 754 die nur einen schwächeren Zusammenhang von Performance und Wechsel ermitteln können. Vgl. auch Datta / Guthrie (1994), S. 573.

189 Vgl. Pourciau (1993), S. 331 sowie zum „Financial Bath" unmittelbar nach dem Wechsel auch Moore (1973), S. 106. Vgl. auch LaSalle et al. (1993), Murphy / Zimmerman (1993).

190 Vgl. Weisbach (1988), S. 444.

191 Dabei ist unterstellt, daß Marktteilnehmer erwarten, daß nachfolgende Spitzenführungskräfte besser geeignet sind, einen positiven Unternehmenserfolg zu erreichen.

noch stärker wirken, wenn die Marktteilnehmer für ein spezifisches Unternehmen die Wahrscheinlichkeit eines Wechsels bei schlechter Performance sehr hoch einschätzen. Dies wäre zum Beispiel der Fall, wenn dominante Aktionäre bereits zu einem frühen Zeitpunkt ihre Spitzenführungskräfte bei sich verschlechternder Performance austauschen. Der Zusammenhang von Performance und Wechsel – bezogen auf die Marktperformance – erscheint vor diesem Hintergrund also schwächer als er tatsächlich ist. Jahresabschlußgestützte Erfolgsmaße leiden nicht unter diesem Nachteil, da sie immer nur die Performance einer abgeschlossenen Periode betreffen und Erwartungen zur zukünftigen Unternehmensentwicklung in geringerem Umfang berücksichtigen.[192]

Auch in bezug auf den Untersuchungszusammenhang im Rahmen der Studien des Panel 2 ist die Marktperformance ein vergleichsweise „unscharfes" Maß. Wird die Performance-Entwicklung nach einem Wechsel der Spitzenführungskraft untersucht, so kann die Aktienkursveränderung Ausdruck zweier gegensätzlicher Effekte sein:

1. *Informations-Effekt.* Der Wechsel an der Unternehmensspitze signalisiert den Marktteilnehmern, daß die Performance des Unternehmens sehr kritisch ist. Diese negative Situation wird dem Markt unter Umständen erst durch den Wechsel deutlich, so daß Cash-Flow-Erwartungen nach unten korrigiert werden und die Marktperformance entsprechend negativ auf den Wechsel reagiert.

2. *Fundamentaler Effekt.* Eine kritische Erfolgslage ist den Marktteilnehmern bereits vor dem Wechsel bekannt, so daß der Informationseffekt nicht zusätzlich greift. Der Wechsel an der Unternehmensspitze signalisiert den Marktteilnehmern vielmehr eine positive Wende in der Unternehmensentwicklung mit entsprechendem Erfolgspotential. In diesem Sinne müßte die Marktperformance positiv auf die Wechselinformation reagieren.[193]

Die Gesamtwirkung dieser beiden Effekte hängt von der Stärke jedes einzelnen Effektes ab. Die Analyse der Marktperformance nach einem Wechsel kann jedoch in der Regel nicht nach diesen beiden Effekten differenzieren und ermöglicht damit nur eingeschränkt die Messung der Auswirkungen auf die Performance.[194]

Unter der Bedingung des effizienten Marktes reagieren Aktienkurse sofort auf neue Informationen bezüglich der Unternehmensentwicklung. Werden „langfristige" Veränderungen der Kurse im Zusammenhang mit Wechseln in der Unterneh-

---

192 Das „Vorsichtsprinzip" und „Imparitätsprinzip" bei Aufstellung des Jahresabschlusses lassen insbesondere nur die Erfassung tatsächlich realisierter Gewinne zu. Vgl. zu den allgemeinen Bewertungsgrundsätzen § 252 (1) HGB.

193 Vgl. Bonnier / Bruner (1989), S. 95 – 96, die in diesem Zusammenhang von „information effect" und „real effect" sprechen. Vgl. auch Furtado / Rozeff (1987), S. 148.

194 Bonnier / Bruner (1989), S. 96 versuchen den Informationseffekt des Wechsels durch die Analyse bereits bekannt schlechter Unternehmen soweit wie möglich auszuschließen, um so den Einfluß des Wechsels auf die fundamentale Performance abschätzen zu können. Diese Vorgehensweise schränkt jedoch die Generaliserbarkeit ihrer Ergebnisse stark ein.

mensleitung analysiert[195], so lassen sich diese Zusammenhänge nur sehr schwer interpretieren. Über einen längeren Zeitraum kann eine Reihe von anderen Faktoren (z. B. Akquisitionen, Innovationen) unabhängig vom Wechsel Einfluß auf die zukünftige Erfolgserwartung nehmen und damit den Wechsel-Performance-Zusammenhang „verschleiern". Um diesen Problemen externer Einflüsse zu entgehen, muß sich die Analyse auf die kurze Frist von wenigen Tagen im Sinne einer „event study" konzentrieren.[196] Da der Markt nicht auf den Wechselvorgang, sondern auf die Information, daß ein Wechsel vollzogen werden soll, reagiert, muß die Analyse auf den Zeitpunkt der *ersten* Information ausgerichtet werden. Bei überraschenden, tendenziell unplanmäßigen Wechseln in der Führungsspitze – zum Beispiel bei überraschendem tödlichen Unfall der Spitzenführungskraft – kann dieser Zeitpunkt durch die Analyse der Wirtschaftspresse in der Regel verhältnismäßig genau bestimmt werden. Bei eher planmäßigen Wechseln, zum Beispiel im Rahmen von Pensionierungen, ist der Zeitpunkt der „ersten Information" nicht exakt zu bestimmen. Gleiches gilt für Wechsel, die im Sinne einer langsamen „Informationsdiffusion" dem Markt bekannt werden.[197] In diesen Fällen verhindert die problematische Bestimmung des Informationszeitpunktes eine sinnvolle Analyse des Performance-Wechsel-Zusammenhangs auf Basis der Marktperformance.

Insgesamt erscheint die Operationalisierung der Performance mittels Aktienkursen eher problematisch und führt nur unter Verwendung sehr spezieller Analysedesigns zu validen Ergebnissen.[198]

Als Alternative zur Marktperformance bieten sich Performancemaße basierend auf Jahresabschlußdaten der Unternehmen an. Sie zeigen, auch bei gemeinsamer Berücksichtigung mit der Marktperformance, einen deutlichen Zusammenhang mit dem Wechsel an der Führungsspitze. Wie empirische Ergebnisse zur Erfolgsabhängigkeit der Vergütung von Spitzenführungskräften zeigen, bilden jahresabschlußgestützte Erfolgsmaße die Basis zur Bewertung der Unternehmensleitung.[199] Auch wenn sich die tatsächliche Bewertung – zum Beispiel des Vorstandes durch den Aufsichtsrat – an internen Daten zur Unternehmensentwicklung orientiert, so sind

---

195 Zum Beispiel in der Form kumulierter „abnormal returns" vieler Zeitpunkte. Vgl. Warner et al. (1988), S. 484 ff.

196 Vgl. Friedman / Singh (1989), S. 728.

197 So wird z. B. das Ausscheiden einer Spitzenführungskraft, um eine attraktivere Position in einem anderen Unternehmen zu übernehmen, u. U. bereits lange vor der offiziellen Ankündigung in der Wirtschaftspresse (zunächst z. B. als Gerücht aus „informierten Kreisen") diskutiert.

198 Das trotz dieser Einschränkungen besonders in der amerikanischen Literatur Aktienkurse bei der hier relevanten Frage des Wechsels der Spitzenführungskraft häufig als Performancemaße verwandt werden, kann unter Umständen in der besseren Erhebbarkeit dieser Daten im Vergleich zu Jahresabschlußdaten begründet sein. Leicht erhebbare Daten müssen aber – wie die vorangehenden Bewertungen des Zusammenhangs von Aktienkursen und Wechsel der Spitzenführungskraft deutlich machen – nicht unbedingt „erheblich" für die zu untersuchende Fragestellung sein.

199 Vgl. Joskow / Rose (1994), Alexander / Zhou (1995), Chopin / Dickens / Shelor (1995).

diese doch immer mit Daten des externen Rechnungswesens hoch korreliert.[200] Erfolgskennzahlen aus dem Jahresabschluß bieten sich somit zur Analyse als Maß der „tatsächlichen" Performance im Wechselkontext an.

Die Messung der Performance aus Daten des Jahresabschlusses wird jedoch häufig vor dem Hintergrund der Möglichkeit zur Beeinflussung der Daten durch die jeweilige Spitzenführungskraft kritisiert.[201] Gerade im Rahmen eines Wechsels in der Führungsposition steigt die Wahrscheinlichkeit gezielter Maßnahmen zur Beeinflussung des im Jahresabschluß ausgewiesenen Erfolges. *LaSalle* et al. (1993) können zeigen, daß Unternehmen mit einem Spitzenführungskraftwechsel signifikant häufiger „accounting changes" realisieren als Nicht-Wechsler.[202] Werden die jahresabschlußbasierten Performancemaße nicht um die verzerrenden Effekte aus diskretionären Bilanzierungs- und Bewertungsmaßnahmen korrigiert, ergibt sich unter Umständen nur ein ungenaues Bild vom Zusammenhang tatsächlicher Performance und Wechsel der Spitzenführungskraft. Lediglich vier Untersuchungen versuchen mittels der Analyse des „ordentlichen Betriebserfolges" parallel zur tendenziell unbereinigten Gesamtkapitalrendite, diese verzerrenden Effekte zu kontrollieren.[203] Wird, wie in den meisten Fällen üblich, die Performance mittels RoA gemessen, so ist folglich nicht auszuschließen, daß die festgestellte Performance-Varianz im Rahmen von Wechseln unter Umständen nicht in fundamentalen Erfolgsveränderungen begründet ist, sondern zum großen Teil durch diskretionäre bilanzpolitische Maßnahmen der jeweiligen Spitzenführungskraft erklärt werden kann.

Jahresabschlüsse liegen jeweils nur in einjährigen Intervallen vor. In Abhängigkeit vom Zeitpunkt des Wechsels an der Unternehmensspitze und vor dem Hintergrund unterschiedlicher bilanzpolitischer Einflußnahme je nach ausscheidender oder nachfolgender Spitzenführungskraft,[204] ist die korrekte, zeitgenaue Zuordnung von Jahresabschluß und Spitzenführungskraft von Bedeutung. Scheidet eine Spitzenführungskraft zum Beispiel zum 31.12.1997 (Geschäftsjahresende) aus dem Unternehmen aus, wird der Jahresabschluß jedoch erst im neuen Jahr 1998 aufgestellt, so kann die nachfolgende Spitzenführungskraft bereits entscheidenden Einfluß auf das ausgewiesene Ergebnis des Geschäftsjahres 1997 ausüben. Folglich müßte 1996 als das letzte Geschäftsjahr vor dem Wechsel gelten. Nur bei Berücksichtigung dieser zeitlichen Zusammenhänge, kann eine korrekte Analyse der Performanceentwicklung im Wechselkontext gelingen.[205] Inwieweit die hier analy-

---

200 Vgl. Warner et al. (1988), S. 464.

201 Vgl. Kapitel B.IV.

202 Vgl. La Salle et al. (1993), S. 651 sowie Moore (1973), S. 103.

203 Poensgen / Lukas (1982), te Wildt (1996), Denis / Serrano (1996), Hotchkiss (1995) und bedingt Gerpott (1993).

204 Vgl. Pourciau (1993), S. 331 sowie Leker / Salomo (1998), S. 160.

205 Vgl. zu dieser Problematik auch Khorana (1996), S. 408 sowie die Ausführungen in Kapitel E.V.

sierten Studien dieses Problemfeld berücksichtigen, kann nicht abschließend beurteilt werden, da bis auf zwei Studien keine ausreichenden Angaben zur zeitlichen Zuordnung von Jahresabschlußdaten und Wechsel erfolgen.[206]

Insgesamt erscheint die Operationalisierung der Performance mittels Erfolgskennzahlen aus dem Jahresabschluß als geeignete und valide Vorgehensweise zur Analyse des Wechsel-Performance-Zusammenhangs. Unter Berücksichtigung der mangelnden Korrektur bilanzpolitischer Einflüsse sowie ungenauer Angaben zur zeitlichen Zuordnung, sind jedoch auch diese Ergebnisse der bisherigen Studien zum Wechsel der Spitzenführungskraft mit der nötigen Vorsicht zu interpretieren.

b) Nach Wechseltypen differenzierte Betrachtung

Wie in Abschnitt C.II.2. deutlich wurde, differenzieren einige Studien die personelle Veränderung an der Organisationsspitze nach Wechseltypen. In der einfachsten Form werden Wechsel vor einem bestimmten Alter (in der Regel 64 Jahre) und Wechsel nach diesem Alter unterschieden. Eine Analyse der Studien des Panel 1 zeigt, daß die Beziehung von Performance und Wechsel mit der Unterscheidung der Wechsel nach dem Alter bei Ausscheiden variiert. Sofern Spitzenführungskräfte vor ihrem 64. Lebensjahr ausscheiden, besteht regelmäßig eine negative Beziehung zwischen vorangegangener Performance und Wechsel.[207] Lediglich *Wiersma/Bantel* (1993) können keinen Zusammenhang zwischen Performance und Wechsel unter 64 Jahren feststellen. Das verwendete jahresabschlußbasierte Performancemaß wurde jedoch als 3-jahres Mittel operationalisiert. Vor dem Hintergrund der Ergebnisse aus dem vorangehenden Abschnitt kann dieses abweichende Ergebnis unter Umständen durch einen Nivellierungseffekt aus der Mittelwertbildung begründet werden. Wechseln Unternehmen ihre Spitzenführungskräfte nach dem vollendeten 64. Lebensjahr, dann zeigt sich entweder kein Zusammenhang[208] oder sogar eine positive Performanceentwicklung vor dem Wechsel.[209]

Studien, die eine über die nach Alter bei Ausscheiden hinausgehende Typologie des Wechsels verwenden, erkennen ebenfalls einen differenzierteren Zusammenhang von Performance und Wechsel. Grundsätzlich zeigt sich bei allen „unfreiwilligen"/„disciplinary" Wechseln der Spitzenführungskraft ein negativer Zusammenhang von Performance und Wechsel.[210] Werden zusätzlich freiwillige Wechsel betrachtet, so ermitteln *Martin/McConnel* (1991) einen deutlich schwächeren

---

206 te Wildt (1996), S. 61 f. und Pourciau (1993).

207 Vgl. stellvertretend Ocasio (1994), S. 298 ff., Poensgen/Lukas (1982), S. 184.

208 Vgl. Coughlan/Schmidt (1997), S. 64, die jedoch ausschließlich eine kapitalmarktbasierte Performance analysieren.

209 Vgl. Puffer/Weintrop (1991), S. 16, die neben der Marktperformance auch „accounting" Performance betrachten.

210 Vgl. stellvertretend Denis/Serrano (1996), S. 247, Hadlock/Lumer (1997), S. 166 sowie James/Soref (1981), S. 13.

Zusammenhang.[211] *Friedman/Singh* (1989) können analog bei allen *nicht* „Board-initiierten" Wechseln überhaupt keinen Zusammenhang von Wechsel und Performance feststellen.[212] Die Gruppe *nicht* unfreiwilliger Wechsel wird lediglich in zwei Fällen weiter differenziert. Während *Cosh/Hughes* (1997) für die Wechsel wegen Pensionierung, Krankheit oder Tod keinen Einfluß der Performance auf die Wechselhäufigkeit ermitteln können,[213] berichten *Schwarz/Menon* (1985) auch in diesen Fällen von einem negativen Zusammenhang. Letztere operationalisieren jedoch die Performance als auftretenden oder ausbleibenden Konkurs. Dabei stellen sie fest, daß Spitzenführungskräfte im Vorfeld eines Konkurses häufiger im Rahmen von Pensionierung ausscheiden, als dies bei nicht konkursgefährdeten Unternehmen der Fall ist.[214]

Differenzieren Studien nach der Wechselintensität oder dem Umfang des Ausscheidens, so zeigt sich ein sehr einheitliches Bild des Wechsel-Performance-Zusammenhangs. In allen Fällen erhöht sich die Wechselintensität bei vorausgegangener schlechter Performance. Folgt man der Interpretation von *Abe* (1997), daß der vollkommene Abbruch jeder Beziehung zum Unternehmen und damit hohe Wechselintensität ein Hinweis auf eine Entlassung der Spitzenführungskraft ist, so bestätigen sich die Befunde zum unfreiwilligen Wechsel.

Die Studien des Panel 2 zu Performance-Konsequenzen aus dem Wechsel differenzieren deutlich weniger nach inhaltlich bestimmten Typen des Wechsels im Sinne von freiwilligem oder unfreiwilligem Ausscheiden, als dies in Panel 1 der Fall war.[215] Immerhin drei Studien, die ausschließlich „unfreiwillige" Wechsel analysieren, ermitteln unabhängig vom verwendeten Performancemaß eine Erfolgsverbesserung als Konsequenz aus der personellen Veränderung.[216] Lediglich *Warner* et al. (1988) ermitteln bei unfreiwilligen Wechseln eine, wenn auch nur sehr schwache und mit erheblichen „time-lag" auftretende Verschlechterung der Performance.[217] Vor dem Hintergrund, daß regelmäßig Performanceeffekte nur in unmittelbarer zeitlicher Nähe zum Vorgang oder Bekanntwerden des Wechsel identifiziert werden konnten, sind die Ergebnisse von *Warner* et al. jedoch mit Vorsicht zu interpretieren.

Wird der Wechsel über die dichotome Klassifikation in „unfreiwillige" und „freiwillige" Wechsel hinaus inhaltlich weiter differenziert, so bestätigen sich auch

---

211 Vgl. Martin / McConnel (1991), S. 681.

212 Vgl. Friedman / Singh (1989), S. 735.

213 Vgl. Cosh / Hughes (1997), S. 488 f.

214 Vgl. Schwarz / Menon (1985), S. 682 f.

215 So findet sich z. B. nur in einer Studie eine explizite Unterscheidung nach Alter bei Ausscheiden, wobei unabhängig vom Alter ein CEO-Wechsel immer positive Marktperformance nach sich zieht.

216 Denis / Serrano (1996), S. 256 und S. 259, Klein / Rosenfeld (1988), S. 501 und Worrell et al. (1993), S. 395.

217 Vgl. Warner et al. (1988), S. 482–484.

hier die Ergebnisse zu positiven Performanceeffekten „Board-initiierter" und damit „unfreiwilliger" Wechsel.[218] Bei weiterer Unterscheidung der „unabwendbaren" Wechsel, entsprechend der Klassifikation von *Schrader* und *Lüthje,* in Wechsel im Rahmen üblicher Pensionierung und Wechsel aufgrund von „disability"[219] oder Tod, zeigen sich unterschiedliche Erfolgseffekte. Während in der aggregierten Sicht Pensionierung oder Tod im Mittel keine Performancewirkung offenbaren[220], zeigen sich bei „disability" oder todesbedingten Wechseln dann negative Effekte, wenn die vorangegangene Performance positiv war.[221]

Eine Reihe von Untersuchungen operationalisiert den Wechsel als Intensität der personellen Veränderung. Auch in diesem Fall variiert die Performance-Entwicklung überwiegend zwischen positiver oder unveränderter Entwicklung nach dem Wechsel an der Führungsspitze. Sowohl *Furtado/Rozef* (1987) als auch *Reinganum* (1985) können zeigen, daß Wechsel geringerer Intensität, zum Beispiel im Sinne von Ausscheiden der Spitzenführungskraft ohne erneute Besetzung der Position, im Gegensatz zu „vollständigen" Wechseln keine Erfolgseffekte aufweisen.[222] Während diese beiden Studien nur die Marktperformance analysieren, betrachten alle anderen Studien dieser Gruppe ausschließlich jahresabschlußbasierte Erfolgsmaße. Sowohl *Virany* et al. (1992) als auch *Tushman/Rosenkopf* (1996) differenzieren zwischen umfangreichen Wechseln, bei denen sowohl der CEO als auch Mitglieder des „executive teams" ausscheiden, und weniger umfangreichen Wechseln aus nur jeweils einer der beiden Personengruppen.[223] Die Ergebnisse der beiden Studien unterscheiden sich jedoch in ihren Performancewirkungen: *Virany* et al. ermitteln analog zu den bisher beobachteten Wechseln in der Regel positive oder indifferente Erfolgsentwicklungen nach dem „umfangreichen" Wechsel,[224] *Tushman/Rosenkopf* konstatieren bei diesen Fällen hingegen eine Performanceverschlechterung. Diese Performance-Entwicklung wird jedoch in beiden Studien weiter differenziert in Abhängigkeit zum einen vom Umfang des strategischen Wandels innerhalb der Organisation und zum anderen vom Ausmaß der Umweltdynamik.

Die Differenzierung nach unterschiedlichen Wechseltypen erscheint insgesamt eine sinnvolle Möglichkeit zur Erklärung der Performance-Entwicklung im Verlauf des Wechsels einer Spitzenführungskraft. Je nach Wechseltyp zeigt sich eine zum

---

218 Vgl. Friedman / Singh (1989), S. 737.

219 Friedman / Singh (1989), S. 730.

220 Vgl. Johnson et al. (1985), S. 164 sowie Friedman / Singh (1989), S. 737.

221 Vgl. Friedman / Singh (1989), S. 737 sowie Johnson et al. (1985), S. 172, der beim plötzlichen Tod eines „hochpositionierten" CEO negative Effekte feststellt. Dies unterstützt das Ergebnis von Friedman / Singh, da die Position des CEO gemessen an der Entlohnungsrelation zu anderen Top-Executives positiv mit dem Unternehmenserfolg korreliert.

222 Die Untersuchung von Kang / Shivdasani (1995), S. 41 f. unterstützt – bei ähnlicher Operationalisierung des Wechsels – das Ergebnis positiver Performanceeffekte für den zum unfreiwilligen Wechsel analogen Fall der „non-routine" Wechsel.

223 Vgl. Tushman / Rosenkopf (1996) und Virany et al. (1992), S. 79.

224 Vgl. auch Virany et al. (1985).

Teil stark unterschiedliche Performance-Entwicklung. Einfachere Differenzierungen zum Beispiel im Sinne von „Alter des CEO bei Ausscheiden" leisten bereits einen Beitrag zur Erklärung der Performance-Varianz. Die Ergebnisse einiger Studien geben jedoch Hinweise, daß eine differenziertere Klassifikation nach wechselverursachender Kraft (sowie die darüber hinausgehende Trennung zum Beispiel der „unabwendbaren" Wechsel in Wechsel wegen Krankheit / Tod oder Pensionierung) eine genauere Analyse ermöglicht. Jede in diesem Sinne operationalisierte Wechsel-Untergruppe zeichnet sich durch einen zum Teil unterschiedlichen Performance-Wechsel-Zusammenhang aus. Diese komplexe Differenzierung ist jedoch bisher selten vollständig in einer empirischen Studie umgesetzt worden. In der Regel begnügen sich die Untersuchungen, jeweils *einen* Wechseltyp – in der Mehrzahl nur „Board-initiierte" Wechsel – näher zu analysieren.

Neben der inhaltlichen Differenzierung der Wechsel nach der wechselinitiierenden Kraft findet sich eine Reihe von Studien, die im Sinne einer Wechselintensität klassifizieren. Wird das Ausmaß des Wechsels als Proxy-Maß für die inhaltliche Differenzierung im Sinne von freiwilligen oder unfreiwilligen Wechseln verstanden, ergibt sich ein identischer Erklärungsbeitrag. Wird darüber hinaus nach weiteren Wechselintensitäten klassifiziert, zeigen sich zum Teil unklare oder gegensätzliche Wirkungszusammenhänge. Die Unterscheidung der Wechseltypen nach Intensitäten ermöglicht also unter Würdigung der vorliegenden empirischen Ergebnisse kaum eine verbesserte Erklärung der Performancevarianz im Rahmen des Wechselprozesses.

c) Performance und Insider / Outsider-Wechsel

Insbesondere in der angelsächsischen Literatur findet sich eine Differenzierung der Wechsel bezogen auf den Umfang der spezifischen Organisationserfahrung des Nachfolgers. Unterschieden wird nach Insider- oder Outsider-Nachfolgern, wobei die Studien des Panel 1 die Art der Nachfolge in Abhängigkeit der vorangegangenen Unternehmens-Performance untersuchen und in Panel 2 die Entwicklung der Performance, je nachdem ob ein Insider oder Outsider die Unternehmensleitung übernommen hat, analysiert wird. Die Studien zur Insider / Outsider-Differenzierung unterscheiden sich also insoweit von der bisher betrachteten Differenzierung nach Wechseltypen, als daß nicht der grundsätzliche Zusammenhang von Wechsel und Performance, sondern die Unterscheidung zwischen den zwei Wechseltypen im Mittelpunkt der Analyse steht.

In Panel 1 analysieren sechs Studien den Zusammenhang von Performance und Insider / Outsider-Nachfolge. Dabei ermittelt die Mehrzahl der Studien einen negativen Zusammenhang von Performance und Outsider-Nachfolge.[225]

---

225 Lediglich Martin / McConnell (1991), S. 682, können keinen Unterschied zwischen dem Zusammenhang von Performance und Nachfolgertyp feststellen. Sie analysieren aller-

Tabelle 16

Einfluß der Performance auf Insider / Outsider-Nachfolge

Autor (Jahr)	Einfluß von Performance auf Nachfolgertyp
Dalton / Kesner (1985)	nicht-linearer Zusammenhang: • kritische Performance ⇒ hohe p(Insider)[a] • mittlere Performance ⇒ hohe p(Outsider) • gute Performance ⇒ hohe p(Insider)
Datta / Guthrie (1994)	gute Performance ⇒ hohe p(Insider)
Kang / Shivdasani (1995)	extrem kritische Performance ⇒ hohe p(Outsider)
Martin / McConnell (1991)	kritische Performance ⇒ p(Insider) = p(Outsider)
Parrino (1997)	Performance unter Branchenmittel ⇒ hohe p(Outsider) Performance *nicht* unter Branchenmittel ⇒ hohe p(Insider)
Schwarz / Menon (1985)	Krisenunternehmen ⇒ hohe p(Outsider) „unauffällige" Unternehmen ⇒ hohe p(Insider)

[a] p(Insider / Outsider) = Wahrscheinlichkeit für Insider- oder Outsider-Nachfolge

Je kritischer die Performance der Unternehmen, desto größer ist die Wahrscheinlichkeit, daß ein Outsider die Nachfolge an der Unternehmensspitze antritt. Lediglich die Studie von *Dalton/Kesner* (1985) ermittelt ein abweichendes Ergebnis: Bei kritischer sowie bei guter Performance steigt die Wahrscheinlichkeit einer Insider-Nachfolge, bei mittlerer Performance werden eher externe Spitzenführungskräfte berufen. Die Operationalisierung von Insider und Outsider unterscheidet sich in dieser Studie jedoch von anderen Ansätzen. Während die Differenzierung nach Nachfolgertypen in der Regel in Abhängigkeit der Dauer der Organisationszugehörigkeit vorgenommen wird, definieren *Dalton/Kesner* Insider als Personen, die vor dem Wechsel dem „executive span" des Vorgängers angehörten.[226] Die Dauer der Organisationszugehörigkeit eines Outsiders wäre in diesem Sinne gleich Null und die Bedingung zur Bestimmung als Outsider deutlich restriktiver als bei den anderen Studien.[227] Die Gruppe der Insider bei *Dalton/Kesner* enthält damit Personen, die in den anderen Studien unter Umständen als Outsider klassifiziert werden.

---

dings Managementwechsel in akquirierten Unternehmen, so daß dieses Ergebnis aufgrund der besonderen Situation nur bedingt mit anderen Studien vergleichbar ist.

226 Dalton / Kesner (1985), S. 754.

227 Vgl. stellvertretend Kang / Shivdasani (1995), S. 50, die ab drei Jahren Organisationszugehörigkeit zwischen Insider und Outsider differenzieren.

Die Entwicklung der Performance nach dem Wechsel der Spitzenführungskraft in Abhängigkeit unterschiedlicher Nachfolgetypen (Panel 2) ist Gegenstand der Analyse von 11 Studien.

Tabelle 17

Wirkung der Insider / Outsider-Nachfolge auf die Performance

Autor (Jahr)	Einfluß von Nachfolgertyp auf Performance
Beatty / Zajac (1987)	Negative Marktreaktion unabhängig vom Nachfolgertyp
Borokhovich et al. (1996)	*freiwillige Wechsel:* • Insider ⇒ positive Performance • Outsider ⇒ dreimal stärkere positive Performance *unfreiwilliger Wechsel:* • Insider ⇒ negative Performance • Outsider ⇒ positive Performance
Friedman / Singh (1989)	Kein Einfluß
Furtado / Rozeff (1987)	*Große Unternehmen:* • Insider ⇒ positive Performance • Outsider ⇒ schwächere positive Performance
Guthrie / Datta (1998)	• Insider ⇒ stark negative Performance • Outsider ⇒ positive Performance (*besonders in wenig diversifizierten Unternehmen*)
Kang / Shivdasani (1995)	Outsider ⇒ positive Performance
Khanna / Poulsen (1995)	Negative Performance unabhängig vom Nachfolgertyp
Lubatkin et al. (1989)	• Insider ⇒ positive Performance • Outsider ⇒ stärkere positive Performance *kritische vergangene Performance:* • negative Performance unabhängig vom Nachfolgertyp
Reinganum (1985)	• Insider ⇒ kein Performanceeffekt • Outsider ⇒ positive Performance
Worrell / Davidson (1987)	• Insider ⇒ positive Performance • Outsider ⇒ kein Performanceeffekt
Zajac (1990)	Insider ⇒ positive Performance

Insgesamt zeigt sich, unterschieden nach Insider- oder Outsider-Nachfolge, ein uneinheitliches Bild bezüglich der Performance-Entwicklung. Drei Studien ermitteln keine unterschiedliche Entwicklung der Performance in Abhängigkeit vom Nachfolgertyp. Dabei zeigt sich in allen Fällen eine negative Performance-Reaktion auf den Wechsel der Spitzenführungskraft. Im Gegensatz dazu ermitteln fünf Studien für den Fall der Insider-Nachfolge eine positive Performance-Wirkung, denen jedoch die Studien von *Guthrie / Datta* (1998) und *Borokovich et al.* (1996) gegenüberstehen, die für die Outsider-Nachfolge positive Performance-Effekte, jedoch negativen Folgen einer Insider-Nachfolge feststellen.[228] Eine positive Entwicklung der Performance nach einem Outsider-Wechsel erkennen sechs Studien. In Relation zur Entwicklung der Performance nach einer Insider-Nachfolge differieren jedoch auch diese Studien bezüglich der Intensität der Verbesserung. Während zum Beispiel *Furtado / Rozeff* (1987) nach einem Outsider-Wechsel eine schwächere positive Performance-Entwicklung feststellen, ermitteln *Lubatkin* et al. (1989) den stärkeren Effekt bei Outsider-Wechseln. Wie die Studien von *Furtado / Rozeff* (1987), *Guthrie / Datta* (1998) und *Lubatkin* et al. (1989) zeigen, ist die unterschiedliche Entwicklung der Performance in Abhängigkeit vom Nachfolgertyp zusätzlich beeinflußt durch weitere, moderierende Variablen.[229] Differenzierte Performance-Effekte sind zum Beispiel bedingt durch die Unternehmensgröße, Diversifikationsgrad oder das Performance-Niveau vor dem Wechsel. Die Ergebnisse von *Borokovich* et al. (1996) geben einen Hinweis darauf, daß unabhängig vom Nachfolgertyp die im vorangegangen Abschnitt diskutierte Differenzierung nach Wechseltypen zumindest einen Teil der Ergebnisvarianz erklären kann.[230]

4. Komplexes Modell der Wechsel-Performance-Beziehung

Die nachstehende Abbildung gibt einen Überblick über die verschiedenen Beziehungen der in der empirischen Forschung zum Wechsel der Spitzenführungskraft analysierten Variablen. Die fokale Beziehung von Wechsel und Performance wird dabei beeinflußt durch verschiedene Kontextvariablen. Insbesondere für die Wirkungsbeziehung vergangener Performance auf den Wechsel an der Organisa-

228 Bezogen auf Trainerwechsel bei Sportmannschaften ermitteln Allen et al. (1979), S. 175 eine genau entgegengesetzte Beziehung. Die Performance der Mannschaften verbessert sich nach einem Insider-Trainer und verschlechtert sich nach einem Outsider als Nachfolger.

229 Die moderierenden Variablen sind in der Tabelle durch kursiven Text gekennzeichnet.

230 Die Differenzierung der Wechsel, nach wechselinitiierenden Kraft (freiwillig / unfreiwillig) sowie die Unterscheidung von Nachfolgertypen (Insider / Outsider) scheinen beide, unabhängig voneinander Einfluß auf die Wechsel-Performance-Beziehung zu besitzen. Insofern ist die Operationalisierung der unfreiwilligen Wechsel mittels der Nachfolgerbetrachtung (Outsider-Nachfolge = unfreiwilliger Wechsel), wie zum Beispiel bei Martin / McConnell (1991), S. 676 f., kritisch zu beurteilen.

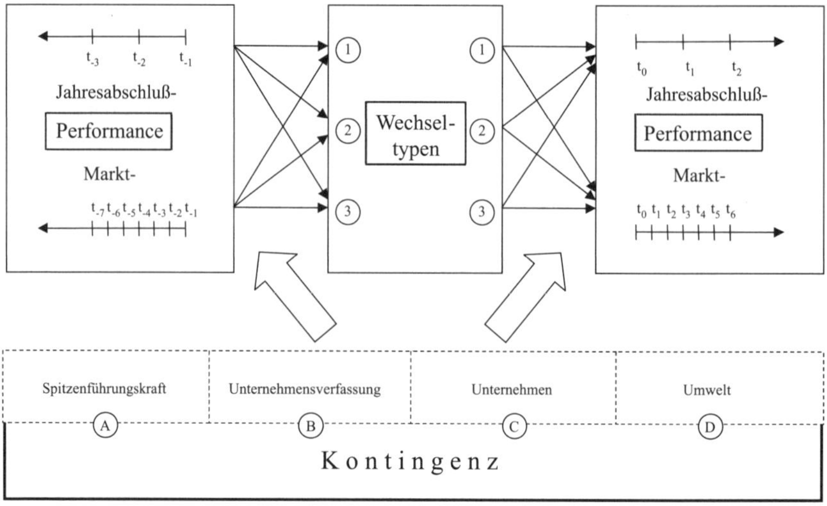

Abbildung 11: Komplexes Modell

tionsspitze können eine Reihe von Kontextfaktoren identifiziert werden, die entscheidenden Einfluß auf Art und Stärke dieses Zusammenhangs ausüben.

Bereits die Analyse der Kontextfaktoren zeigt, daß eine weitere Differenzierung sinnvoll ist. So ermitteln *Hadlock/Lumer* (1997) einen positiven Zusammenhang von „CEO = Gründer" und Wechsel des CEO, der sich jedoch umkehrt, wenn nur noch *unfreiwillige* Wechsel betrachtet werden.[231] *Schrader/Lüthje* (1995) können zeigen, daß *unabwendbare* Wechsel eher bei managerkontrollierten Unternehmen, während *(un)freiwillige* Wechsel eher bei Eigentümerkontrolle oder extern kontrollierten Unternehmen zu finden sind.[232] Ein ähnlich gerichtetes Ergebnis höherer Wahrscheinlichkeit *erzwungener* Wechsel bei Outsider-dominierten Boards ermittelt *Parrino* (1997).[233] Der Einfluß der Kontextfaktoren auf die Wechsel-Performance-Beziehung wirkt also unter Umständen je nach Wechseltyp unterschiedlich. Die Differenzierung nach der den Wechsel initiierenden Kraft erweist sich dabei als sinnvolle Vorgehensweise, die einen erheblichen Teil der in der aggregierten Analyse festgestellten Performance-Varianz erklären hilft.

Neben dieser Differenzierung nach Wechseltypen kann zusätzlich nach verwendeten Performancemaßen unterschieden werden. Dabei zeigen kapitalmarktorientierte und jahresabschlußbasierte Maße unabhängig voneinander in der kurzen Frist (maximal zwei Jahre vor und nach dem Wechsel) einen Zusammenhang mit dem Wechsel. Bei gemeinsamer Berücksichtigung in der Analyse dominieren jedoch

231 Vgl. Hadlock / Lumer (1997), S. 170.

232 Vgl. Schrader / Lüthje (1995), S. 482 f.

233 Vgl. Parrino (1997), S. 176.

die auf dem Jahresabschluß basierenden Erfolgsmaße. Bestehen nach der komplexen Differenzierung der Wechsel in unterschiedliche Typen noch Differenzen bezüglich des Erfolgszusammenhangs, so sind diese zum Teil in der unterschiedlichen Operationalisierung des Erfolges begründet. Auch der zeitliche Bezug der Erfolgsmessung kann, zumindest für die Gruppe der unfreiwilligen Wechsel, zur Erklärung unterschiedlicher Performance-Entwicklungen herangezogen werden.

D. Synthese der theoretischen Überlegungen und der Ergebnisse empirischer Forschung

Die Überlegungen im Rahmen des Abschnitts B zur Formulierung einer theoretischen Basis legen einen engen Zusammenhang von Wechsel der Spitzenführungskraft und Unternehmenserfolg nahe. Dieser Zusammenhang ist von weiteren Bedingungen wie Motivation zum Wechsel und daraus abgeleiteten Wechseltypen, der Art des Nachfolgers an der Unternehmensspitze sowie von weiteren Kontextfaktoren beeinflußt. Zu den einzelnen Aspekten des Wechsels der Spitzenführungskraft konnten Hypothesen abgeleitet werden, die im folgenden Teil dieser Arbeit mit empirischen Daten zur Wechselsituation in deutschen Aktiengesellschaften konfrontiert werden sollen. Vor dieser eigentlichen empirischen Prüfung wurde die theoretischen Basis durch die Analyse bisheriger empirischer Ergebnisse zum Wechsel der Spitzenführungskraft (Abschnitt C) konkretisiert. Die zusammenfassende Gegenüberstellung der bisherigen empirischen Studien ermöglichte zudem einen ersten Test der konzeptionellen Überlegungen.

Die quantitative Meta-Analyse zeigt, daß eine undifferenzierte Betrachtung des Wechsels in der Unternehmensspitze in Übereinstimmung mit den konzeptionellen Überlegungen keine präzise Analyse der Beziehung zwischen Wechsel und Unternehmenserfolg zuläßt. Vielmehr wird deutlich, daß die theoretisch diskutierte und in einigen Studien ansatzweise vorgenommene Differenzierung nach unterschiedlichen Motiven für den Wechsel eine genauere Analyse des Wechselprozesses ermöglicht. In diesem Sinne bestätigen die Ergebnisse empirischer Forschung die in Abschnitt B formulierten Erwartungen zur Wechseltypologie.

Im Rahmen der konzeptionellen Überlegungen wurden jahresabschlußbasierte Erfolgsmaße als Performance-Größen mit zentraler Bedeutung für das Wechselgeschehen an der Unternehmensspitze identifiziert. In Studien, die jahresabschluß- und marktbasierte Performance-Maße gemeinsam analysieren, erweisen sich die Jahresabschlußzahlen als Maße mit dem stärksten Zusammenhang zum Wechsel der Spitzenführungskraft. Die Annahmen zum relevanten Performance-Maß im Rahmen der theoretischen Überlegungen können also ebenfalls durch die Analyse der empirischen Literatur bestätigt werden.

Für den Bereich der Kontextfaktoren können zusätzlich ergänzende Hypothesen vor dem Hintergrund zentraler Ergebnisse der empirischen Studien abgeleitet werden. Dabei zeigt sich, daß insbesondere die Machtposition der Spitzenführungskraft auf die Beziehung zwischen Wechsel und Unternehmenserfolg einwirkt. Die Machtposition der Spitzenführungskraft relativiert den negativen Zusammenhang von Erfolg und nachfolgendem Wechsel ebenso wie die Eintrittswahrscheinlichkeit unterschiedlicher Wechseltypen. Die bisherigen Ergebnisse empirischer Forschung legen zusätzlich nahe, daß die Anzahl potentieller interner Nachfolger, die Größe des Unternehmens sowie die Fluktuationsrate in weiteren Vorstandspositionen ergänzende Bedingungen des Wechsels darstellen.

In den beiden folgenden Abschnitten werden zunächst aufbauend auf den theoretischen Überlegungen und der Analyse empirischer Literatur zum Spitzenführungskraftwechsel die zentralen Hypothesen dieser Untersuchung zusammengefaßt. Unter Verwendung der Systematik, die zur Analyse der empirischen Literatur im Rahmen der Meta-Analyse eingesetzt wurde, kann im Abschnitt II. ergänzend das Untersuchungsdesign der nachfolgenden eigenen empirischen Überprüfung anhand von Daten zum Wechsel von Spitzenführungskräften deutscher Aktiengesellschaften dargestellt werden.

I. Zusammenfassung der Hypothesen

Die folgende Zusammenstellung der Hypothesen verdeutlicht nochmals die zentralen Forschungsfragen dieser Untersuchung sowie den Aufbau der Analyse des Zusammenhangs von Wechsel der Spitzenführungskraft und Unternehmenserfolg. Die Hypothesen 1 bis 2b beziehen sich im Sinne von *Bedingungen des Wechsels* auf den allgemeinen Zusammenhang von Unternehmenserfolg und nachfolgendem Wechsel der Spitzenführungskraft. Diese Beziehung wird durch die Hypothesen 3 bis 3.3b weiter konkretisiert, indem zusätzlich nach unterschiedlichen Motiven für den Wechsel differenziert wird. Diese Unterscheidung von Wechseltypen nach der „verursachenden Kraft" zum Wechsel leitet auch die Frage zu *Effekten des Wechsels* der Spitzenführungskraft, die in den Hypothesen 4.1 bis 4.6 thematisiert werden. Da insbesondere jahresabschlußbasierte Erfolgsmaße Gegenstand der Analyse sind, werden in den Hypothesen 5 bis 12 vor dem Hintergrund einer rollentheoretischen Argumentation Erwartungen zur *bilanzpolitischen Einflußnahme* der Spitzenführungskraft im Wechselprozeß formuliert. Die Entwicklung des Unternehmenserfolges im Wechselprozeß wird zusätzlich in Abhängigkeit des *Nachfolgertyps* (Hypothese 13 bis 17) sowie unter dem Einfluß von ausgewählten *Kontextfaktoren* (Hypothesen 18 bis 21) betrachtet.

Insgesamt liegt damit ein geschlossenes – aus theoretischen Überlegungen abgeleitetes und vor dem Hintergrund bisheriger empirischer Forschung konkretisiertes – Hypothesengerüst zum Wechsel der Spitzenführungskraft und Erfolg der Unternehmen vor. Diese Hypothesen sind im weiteren Verlauf der Arbeit anhand einer Stichprobe deutscher Aktiengesellschaften einem empirischen Test zu unterziehen.

Tabelle 18

Hypothesen zum Zusammenhang von Performance und Wechsel der Spitzenführungskraft

Hypothesen	
Performance vor dem Wechsel	
H 1	Je schlechter die Performance des Unternehmens, desto höher ist die Wahrscheinlichkeit des Ausscheidens der Spitzenführungskraft.
H 2a	Sinkt die Performance der Unternehmen relativ zum Anspruchsniveau, steigt die Wahrscheinlichkeit eines Wechsels der Spitzenführungskraft.
H 2b	Der Anstieg der Wahrscheinlichkeit eines Spitzenführungskraftwechsels ist für den Bereich, in dem die Performance oberhalb des Anspruchsniveaus liegt, deutlich geringer als für den Bereich negativer relativer Performance.
Performance vor dem Wechsel (je Wechseltyp: Motivation zum Wechsel)	
H 3	Der Zusammenhang von Unternehmenserfolg und nachfolgendem Wechsel unterscheidet sich je nach Wechseltyp.
H 3.1	Unfreiwillige Wechsel der Spitzenführungskraft zeichnen sich besonders durch eine negative Beziehung von Unternehmenserfolg und nachfolgendem Wechsel aus.
H 3.2a	Freiwillige Wechsel der Spitzenführungskraft zeichnen sich durch eine positive Beziehung von Unternehmenserfolg und nachfolgendem Wechsel aus.
H 3.2b	Freiwillige Wechsel der Spitzenführungskraft zeichnen sich durch eine negative Beziehung von Unternehmenserfolg und nachfolgendem Wechsel aus.
H 3.2c	Bei freiwilligen Wechseln der Spitzenführungskraft zeigen sich sowohl positive als auch negative Beziehungen von Unternehmenserfolg und nachfolgendem Wechsel.
H 3.3a	Der unabdingbare Wechsel der Spitzenführungskraft ist unabhängig von dem vorangegangenen Unternehmenserfolg.
H 3.3b	Scheidet die Spitzenführungskraft (unabdingbar) auf Grund von Pensionierung aus, so geht diesem Wechsel ein kritischer Unternehmenserfolg voraus.
Performance nach dem Wechsel (je Wechseltyp: Motivation zum Wechsel)	
H 4.1	Scheidet eine Spitzenführungskraft unfreiwillig aus ihrem Amt, so verschlechtert sich die Performance unmittelbar nach dem Ausscheiden unter dem Einfluß der neuen Spitzenführungskraft.
H 4.2	Je schlechter der Unternehmenserfolg vor dem freiwilligen Wechsel ist, desto eher zeigt sich auch nach dem Wechsel eine kritische Erfolgsentwicklung.
H 4.3	Je positiver der Unternehmenserfolg vor dem freiwilligen Wechsel ist, desto weniger wird sich die Performance nach dem Ausscheiden verändern.
H 4.4	Wenn eine Spitzenführungskraft im Rahmen planmäßiger Pensionierung ausscheidet und wenn zugleich die Performance des Unternehmens unmittelbar vor ihrem Wechsel gut ist, dann steigt die Wahrscheinlichkeit, daß diese Person in den Aufsichtsrat wechselt.

(Fortsetzung nächste Seite)

(Fortsetzung Tabelle 18)

H 4.5	Wenn eine Spitzenführungskraft unabdingbar im Rahmen planmäßiger Pensionierung aus dem Amt scheidet, zeigen sich kaum Änderungen der Performance des Unternehmens
H 4.6	Wenn die Spitzenführungskraft in den Aufsichtsrat wechselt, werden die Performance-Effekte des Wechsels geringer sein.
Bilanzpolitik im Wechselprozeß (je Wechseltyp: Motivation zum Wechsel)	
H 5	Unternehmen mit einem unfreiwilligen Wechsel der Spitzenführungskraft werden unmittelbar vor dem Wechsel mehr erfolgserhöhende Bilanzpolitik aufweisen als Unternehmen, die ihre Spitzenführungskraft nicht wechseln.
H 6	Unternehmen mit einem unfreiwilligen Wechsel der Spitzenführungskraft werden im ersten Jahr nach dem Wechsel mehr Veränderungen der Bilanzpolitik aufweisen als Unternehmen, die ihre Spitzenführungskraft nicht wechseln.
H 7a	Unternehmen mit einem unfreiwilligen Wechsel der Spitzenführungskraft werden im ersten Jahr nach dem Wechsel umfangreichere erfolgsreduzierende bilanzpolitische Maßnahmen ergreifen als Unternehmen, die ihre Spitzenführungskraft nicht wechseln.
H7b	Der Umfang erfolgsreduzierender bilanzpolitischer Maßnahmen ist im ersten Jahr nach dem unfreiwilligen Wechsel der Spitzenführungskraft höher als vor dem Wechsel.
H 8	Je kritischer der Unternehmenserfolg im zweiten und dritten Jahr nach einem unfreiwilligen Wechsel ist, desto eher wird die neue Spitzenführungskraft erfolgserhöhende Bilanzpolitik betreiben.
H 9	Unternehmen, deren Spitzenführungskräfte planmäßig im Rahmen von Pensionierungen ausscheiden, zeigen im Jahr vor dem Wechsel umfangreichere erfolgssteigernde Bilanzpolitik als Unternehmen, die ihre Spitzenführungskraft nicht wechseln.
H 10	Unternehmen, deren Spitzenführungskräfte nach planmäßiger Pensionierung nicht in den Aufsichtsrat wechseln, zeichnen sich durch eine stärkere Intensität der Bilanzpolitik („andere Sicht These") in Richtung kurzfristiger Erfolgsminderung („Blaming These") aus als Unternehmen, deren Spitzenführungskräfte in anderer Funktion (AR) dem Unternehmen verbunden bleiben.
H 11	Unternehmen, deren Spitzenführungskräfte freiwillig aus dem Amt scheiden, zeigen vor dem Wechsel keinen Unterschied in der Bilanzpolitik im Vergleich zu Unternehmen, die nicht wechseln.
H 12	Unternehmen mit einem freiwilligen Wechsel an der Unternehmensspitze werden unmittelbar nach dem Wechsel umfangreichere (erfolgsreduzierende) bilanzpolitische Maßnahmen ergreifen als Unternehmen, die ihre Spitzenführungskraft nicht wechseln.
Performance und Insider-/Outsider-Nachfolge	
H 13	Die Wahrscheinlichkeit einer Insider-Nachfolge ist höher als die einer Outsider-Nachfolge.

(Fortsetzung nächste Seite)

(Fortsetzung Tabelle 18)

H 14a	Unternehmen, deren ausgeschiedene Spitzenführungskräfte in den Aufsichtsrat wechseln, berufen eher Insider als Outsider zur Nachfolge an der Unternehmensspitze.
H 14b	Unternehmen mit einem größeren Anteil unternehmensinterner Vertreter (im wesentlichen Arbeitnehmervertreter) im Aufsichtsrat berufen eher Insider als Outsider zur Nachfolge an der Unternehmensspitze.
H 15	Je kritischer der Unternehmenserfolg vor dem Wechsel der Spitzenführungskraft ist, desto eher wird ein Outsider im Amt nachfolgen.
H 16	Mit steigender Vorstandsgröße wächst die Wahrscheinlichkeit, daß eher Insider als Outsider zum Nachfolger der Spitzenführungskraft berufen werden
H 17	Unternehmen mit einem Insider als Nachfolger werden nach dem Wechsel eine bessere Entwicklung der Performance aufweisen, als Unternehmen mit einem Outsider als Nachfolger.
Kontext des Wechsel-Performance-Zusammenhangs	
H 18a	Je größer die Macht der Spitzenführungskraft [d. h. je eher sie Eigentümer ist, je größer der Anteil an Streubesitz am Kapital des Unternehmens und je mehr Insider im Aufsichtsrat vertreten sind], desto schwächer ist der negative Zusammenhang von Performance und nachfolgendem Wechsel an der Unternehmensspitze.
H 18b	Je geringer die Macht der Spitzenführungskraft [s. o.] ist, desto eher wechselt sie unfreiwillig aus dem Amt.
H 18c	Je größer die Macht der Spitzenführungskraft [s. o.] ist, desto eher scheidet sie im Rahmen eines unabdingbaren Wechsels aus der Unternehmensspitze.
H 21	Je größer das Unternehmen ist, desto häufiger scheidet die Spitzenführungskraft unabdingbar aus dem Amt.
H 19	Je mehr potentielle interne Nachfolger zur Verfügung stehen, desto wahrscheinlicher ist ein Wechsel der Spitzenführungskraft.
H 20	Je mehr einfache Vorstandsmitglieder unmittelbar nach dem Wechsel der Spitzenführungskraft ebenfalls ausscheiden, desto kritischer ist die Performance-Lage nach dem Wechsel

II. Konsequenzen für die eigene empirische Untersuchung

Die folgende empirische Untersuchung zum Zusammenhang von Wechsel der Spitzenführungskraft und Unternehmenserfolg hat zum Ziel, die oben aufgeführten Hypothesen anhand empirischer Daten zur Wechselsituation in deutschen Aktiengesellschaften zu testen. Das Analysedesign und die Vorgehensweise bei der Analyse orientieren sich dabei sowohl an den theoretischen Überlegungen zum Wechsel der Spitzenführungskraft als auch an den Erfahrungen und offenen Fragen, die sich aus der Analyse der bisherigen empirischen Forschung zu diesem Themengebiet ergeben.

Insgesamt lassen sich aus der Analyse der bisherigen empirischen Forschung zum Zusammenhang von Wechsel der Spitzenführungskraft und Unternehmenserfolg ein Reihe von offenen Fragen und insbesondere methodisch problematischen Punkten erkennen, die in der weiteren Analyse aufgegriffen und präzisiert werden können. Dabei handelt es sich insbesondere um regelmäßig auftretende „Defizite" in den Bereichen:

- Fehlende theoretische Fundierung der Analyse und Ableitung von Hypothesen aus einer konzeptionellen Basis.
- Beschränkung auf U.S. amerikanische Unternehmen, die sich in ihrer Spitzenverfassung jedoch von deutschen Unternehmen deutlich unterscheiden.
- Mangelnde oder ungenaue Differenzierung nach unterschiedlichen Wechseltypen.
- Verwendung von Jahresabschlußzahlen, die nicht um bilanzpolitischen Einfluß korrigiert sind und lediglich eine „globale" Erfolgsanalyse zum Beispiel im Sinne einer Gesamtkapitalrendite erlauben.
- Ungenaue Zuordnung von Erfolgswerten und jeweils verantwortlichen Spitzenführungskräften.
- Beschränkung auf jeweils nur wenige Kontextvariablen ohne umfassende Analyse aller relevanten Beziehungen.

Die nachfolgende Tabelle zur Einordnung der eigenen empirischen Untersuchung – deren Vorgehensweise im folgenden fünften Abschnitt ausführlich beschrieben wird – orientiert sich an den Kriterien, die zur Analyse der empirischen Literatur zum Wechsel der Spitzenführungskraft herangezogen wurden. Neben einem ersten Überblick über die vorgesehene empirische Untersuchung wird damit direkt der Vergleich mit anderen Studien im hier relevanten Forschungsfeld ermöglicht.

Tabelle 19

Einordnung der empirischen Untersuchung

Kriterien des Analysedesigns	Ausprägung der Untersuchung
Untersuchungs-zusammenhang	Bedingungen des Spitzenführungskraftwechsels (Panel 1.1) Effekte des Spitzenführungskraftwechsels (Panel 2.1)
Untersuchungs-objekte	Deutsche börsennotierte Aktiengesellschaften (ohne Banken und Versicherungen)
Stichprobe	Vollerhebung für den Untersuchungszeitraum von 1987 – 1997 n = 301 Unternehmen mit n = 501 Wechsel, n = 1.856 Wechsel-Unternehmensjahre und n = 1.800 Kontroll-Unternehmensjahre

(Fortsetzung nächste Seite)

(Fortsetzung Tabelle 19)

Kriterien des Analysedesigns	Ausprägung der Untersuchung	
Statistische Analyseverfahren	• Varianzanalyse (mit Meßwiederholungen) • logistische Regression • lineare multiple Regression	
	Wechsel	
Operationalisierung	Ausscheiden von Vorstandsvorsitzenden, Vorstandssprechern oder Alleinvorständen	
Datenquellen	• Hoppenstedts Handbuch deutscher Aktiengesellschaften • Jahresabschlüsse • Wirtschaftspresse • Who's Who Deutschland, Hoppenstedts Handbuch Leitende Männer und Frauen der deutschen Wirtschaft • Bundesbankstatistik	
	Wechseltypologie	
	(a) Motivation zum Wechsel: unfreiwillig, freiwillig, unabdingbar	
Meßkonzept	• Investigator Inference (I)	*Inhaltsanalyse* der Wirtschaftspresse
	• Self Typing (ST) / External Assessment (EA)	*Fragebogen* an die aktuelle Unternehmensleitung
	• Objective Indicator (OI)	Alter bei Ausscheiden u. a.
Typologie	• inhaltlich bestimmt	Fragebogenkategorien
	• abstrakte Typen	„initiierende Kraft"
	(b) Nachfolgertyp: Insider vs. Outsider	
Meßkonzept	• Objective Indicator (OI)	Zugehörigkeit zum Vorstand vor dem Wechsel
Performancemaß	jahresabschlußbasierte Erfolgskennzahlen	
	Kontingenzfaktoren[a]	
Spitzenführungskraft	• Wechsel in den Aufsichtsrat	
	• Spitzenführungskraft = Aktionär	
Unternehmensverfassung	• Vorstandsgröße	
	• Aufsichtsratsgröße	
	• Aufsichtsratsstruktur (Anteil Arbeitnehmervertreter)	
	• „einfache" Vorstandswechsel	

(Fortsetzung nächste Seite)

(Fortsetzung Tabelle 19)

Kriterien des Analysedesigns	Ausprägung der Untersuchung
Unternehmen	• Unternehmensgröße
	• Unternehmensalter
	• Anteilseignerstruktur
Umwelt	• Branche
	• Umweltdynamik
	• Jahr

[a] Vgl. zur Einordnung der Variablen in das Untersuchungskonzept Kapitel E.VI.5.

Die Untersuchung des Zusammenhangs von Wechsel der Spitzenführungskraft und Unternehmenserfolg basiert auf einer Stichprobe deutscher börsennotierter Aktiengesellschaften, so daß eine Analyse der Bedingungen und Wirkungen des Wechsels an der Unternehmensspitze für die deutsche Spitzenverfassung möglich wird.

Über einen Zeitraum von 11 Jahren von 1987 bis 1997 werden in n = 301 Unternehmen n = 501 Wechsel von Spitzenführungskräften identifiziert. Insgesamt werden 1.856 Jahresabschlüsse von „Wechsel-Unternehmen" und 1.800 Jahresabschlüsse von „Kontroll-Unternehmen", die keine Veränderung in der Führungsspitze realisieren, ausgewertet. Damit steht eine vergleichsweise große Stichprobe zur Verfügung, die Möglichkeiten zur komplexen statistischen Analyse eröffnet und generalisierende Aussagen zuläßt.

Um der Komplexität der vermuteten Variablenbeziehungen gerecht zu werden, werden geeignete multivariate statistische Verfahren angewandt.

Da die korrekte Bestimmung unterschiedlicher Wechseltypen von hoher Bedeutung für die Güte der Untersuchungsergebnisse ist, wird der Operationalisierung der Wechselvariablen besonderes Gewicht beigemessen. Während die Unterscheidung des Nachfolgertyps nach „Insider" und „Outsider" ausschließlich auf objektiv bestimmbare Indikatoren zurückgreifen kann, wird zur Bestimmung der unfreiwilligen, freiwilligen und unabdingbaren Wechseltypen eine Kombination unterschiedlicher Meßansätze eingesetzt. Dabei können diese Wechseltypen insbesondere aus einer Inhaltsanalyse der Wirtschaftspresse und aus einer Befragung der aktuellen Unternehmensleitung zu den Umständen früherer Wechsel der Spitzenführungskraft bestimmt werden. Diese Vorgehensweise ermöglicht (a) durch Kombination der verschiedenen Meßansätze eine besonders valide Operationalisierung und (b) die Zuordnung einer vergleichsweisen großen Anzahl an Wechseln zu jeweils einem präzise bestimmten Wechseltyp.

Zur Messung der Unternehmens-Performance werden jahresabschlußbasierte Erfolgsmaße verwandt. Im Gegensatz zu allen anderen empirischen Untersuchungen zum Wechsel der Spitzenführungskraft werden jedoch ausgehend von einer „globalen" Gesamtkapitalrendite zusätzlich differenzierte Erfolgsmaße im Sinne einer Erfolgsquellenanalyse betrachtet.[1] Ergänzend werden Änderungen der Bilanzpolitik im Verlauf des Wechselprozesses an der Unternehmensspitze analysiert. Dabei ermöglicht diese explizite Analyse der Bilanzpolitik einen Einblick in die bilanzpolitischen Gestaltungsentscheidungen der Geschäftsleitung in der besonderen Situation des Wechsels an der Unternehmensspitze. Aussagen zur Entwicklung des Unternehmenserfolges im Verlauf des Wechselprozesses lassen sich vor dem Hintergrund gezielten bilanzpolitischen Einflusses entsprechend relativieren.

Neben den beiden zentralen Variablen der Untersuchung – dem Wechsel der Spitzenführungskraft und dem Unternehmenserfolg – werden zusätzlich weitere „Kontextfaktoren" in der Analyse berücksichtigt. Alle in bisherigen empirischen Untersuchungen als „bedeutsam" ermittelten Variablen werden dabei unter den Bereichen „Spitzenführungskraft", „Unternehmensverfassung", „Unternehmen" und „Umwelt" systematisch in die Analyse integriert.

---

1 Vgl. zu dieser Vorgehensweise insbesondere Hauschildt (1996), S. 29 ff.

E. Empirische Analyse zum Zusammenhang von Spitzenführungskraftwechsel und Erfolg deutscher Aktiengesellschaften

I. Aufbau der empirischen Analyse

Es ist das Ziel der empirischen Analyse, den Zusammenhang von Wechseln an der Vorstandsspitze börsennotierter deutscher Aktiengesellschaften mit dem Erfolg dieser Unternehmen zu untersuchen. Die in den vorangegangenen konzeptionellen Überlegungen aufgestellten Hypothesen sollen vor dem Hintergrund der Ergebnisse der bisherigen empirischen Forschung zum Spitzenführungskraftwechsel anhand einer Untersuchungsstichprobe deutscher Unternehmen überprüft werden. Tabelle 20 auf der folgenden Seite zeigt die Untersuchungsschritte in chronologischer Reihenfolge und gibt die Abschnitte an, in denen die einzelnen Fragen ausführlich behandelt werden.

Tabelle 20

Untersuchungsschritte

Untersuchungsschritt	Abschnitt
1. Bestimmung der Grundgesamtheit	E.II
2. Operationalisierung und Identifikation von Spitzenführungskraftwechseln	E.III
3. Einteilung der Spitzenführungskraftwechsel nach Wechseltypen durch – Fragebogen („self typing / external assessment“) – Inhaltsanalyse („investigator inference“) – wechselbezogene Daten („objective indicator“) – Aggregation der Klassifikationen	E.IV E.IV.1 E.IV.2 E.IV.3 E.IV.4
4. Bestimmung der individuellen Untersuchungszeiträume (t_{-2} bis t_2)	E.V
5. Auswahl der Kontrollfälle	
6. Operationalisierung (und Erfassung) der Jahresabschluß- und Kontextdaten	E.VI.1 – E.VI.3
7. Bereinigung um „Branchen-“ und „Jahreseinfluß“ – „Mittelwertbereinigung“ nach Bundesbankstatistik – Parallelisierung von Wechsel- und Kontrollfällen	E.VI.4.
8. Analyse der „Missing Daten“	E.VII
9. Ergebnisse der empirischen Analyse	F

Zunächst werden die Kriterien zur Abgrenzung der Grundgesamtheit erläutert. Danach wird, aufbauend auf einer operationalen Definition von Spitzenführungskräften, der Wechsel in dieser Position bei börsennotierten deutschen Aktiengesellschaften identifiziert. Insgesamt können für den Analysezeitraum von 1989 bis 1997 n = 501 Spitzenführungskraftwechsel ermittelt werden (I).[1] Die Wechsel

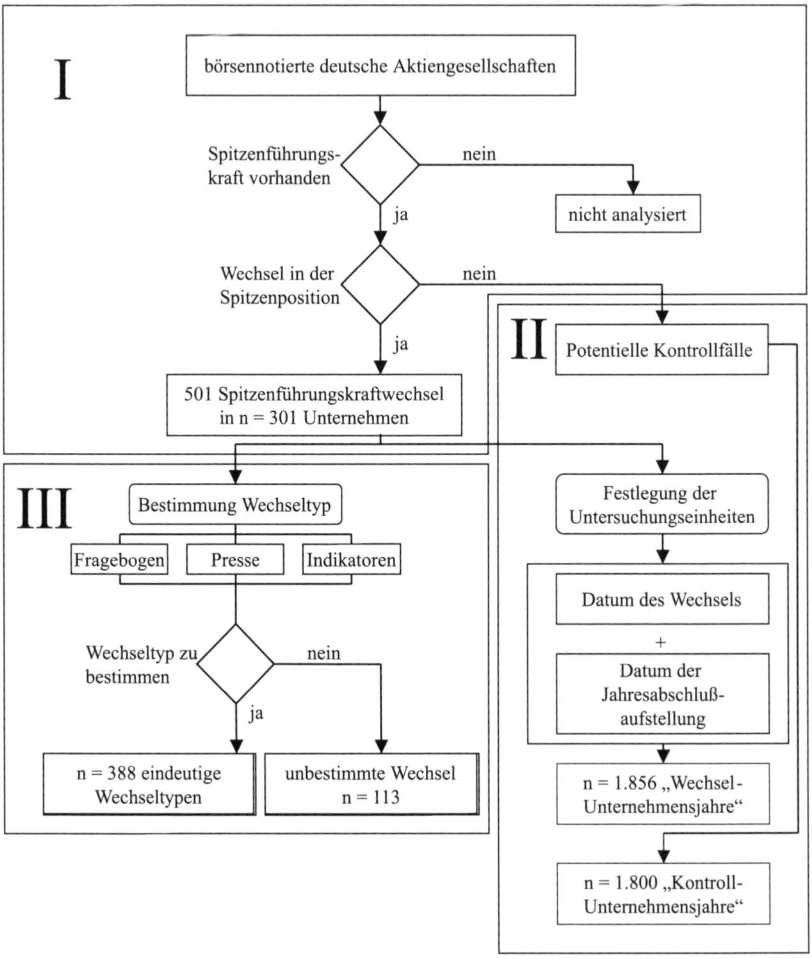

Abbildung 12: Bestimmung von Untersuchungseinheiten und Wechseltypen

[1] Die römischen Ziffern in Klammern beziehen sich auf inhaltlich zusammenhängende Analyseschritte aus Abbildung 12.

können durch Kombination mehrerer Meßmethoden in unterschiedliche Wechseltypen eingeteilt werden (II). Für jeden Spitzenführungskraftwechsel wird ferner ein individuell relevanter Analysezeitraum bestimmt (III). Dabei orientiert sich der Analysezeitraum am Jahr des Wechsels (t_0) und umfaßt insgesamt fünf „Wechsel-Unternehmensjahre" (t_{-2} bis t_2). Unternehmensjahre, die nicht in einen individuellen Wechselzeitraum fallen, können zur Auswahl der „Kontroll-Unternehmensjahre" herangezogen werden. Die nebenstehende Abbildung auf S. 174 gibt einen Überblick über diese Analyseschritte.

II. Grundgesamtheit

Die Analyse des Zusammenhangs von Erfolg und Wechsel an der Unternehmensspitze konzentriert sich auf den Wechsel von Spitzenführungskräften deutscher börsennotierter Aktiengesellschaften. Die Wahl von börsennotierten Gesellschaften hat den Vorteil, daß

(a) diese Unternehmen im Vergleich zum Gesamtbestand an Unternehmen durchschnittlich deutlich größer sind. Mit zunehmender Unternehmensgröße steigt auch das Interesse der Öffentlichkeit insbesondere an Daten zur wirtschaftlichen Lage dieser Organisationen.[2] Neben ausführlichen Jahresabschlußdaten[3] sind damit auch weitere Informationen, zum Beispiel zu personellen Veränderungen an der Unternehmensspitze, leichter zugänglich.[4]

(b) Weiterhin steht bei börsennotierten Unternehmen dem großen Interesse der aktuellen und potentiellen Anleger an relevanten Daten zur Unternehmensentwicklung auch eine größere Bereitschaft zur Publizität von Seiten der Unternehmen selbst gegenüber. Dies gilt insbesondere für Unternehmen mit einem größeren Anteil an Streubesitz, in denen auch das Management im Sinne anlegerorientierten Verhaltens ein Interesse an offener Informationspolitik hat. Folglich sind für börsennotierte Unternehmen eher Veröffentlichungen in der Wirtschaftspresse, zum Beispiel über den im Rahmen dieser Untersuchung besonders relevanten Vorstandswechsel, zu finden. Zusätzlich stehen eine Reihe von Informationen, zum Beispiel zur Organmitgliedschaft oder Eigentümerstruktur in einschlägigen Handbüchern (z. B. Hoppenstedts Aktienführer), über einen längeren Zeitraum zur Verfügung.

Untersucht werden Wechsel der Spitzenführungskraft für einen Zeitraum von 1989 bis 1997. Jeder Wechselfall wird über einen individuellen Analysezeitraum von fünf Jahren betrachtet:

---

2 Vgl. Leker (1993), S. 8 f.

3 So sind große Kapitalgesellschaften gem. § 266 HGB zu umfangreicherer Veröffentlichung der wirtschaftlichen Lage verpflichtet, als dies für kleine Gesellschaften gilt.

4 Vgl. Schrader / Lüthje (1995), S. 473.

- zwei Jahre vor dem Wechsel t_{-2} und t_{-1}
- das Jahr des Wechsels t_0
- zwei Jahre nach dem Wechsel t_1 und t_2.

Um Probleme der Vergleichbarkeit von Jahresabschlüssen, die vor 1987 nach „altem" Recht aufgestellt wurden, mit Jahresabschlüssen nach „neuem" Recht zu vermeiden, werden Vorstandswechsel erst ab 1989 identifiziert. Diese Fokussierung auf die späten achtziger und die neunziger Jahre ermöglicht zudem die Analyse eines relativ homogenen Zeitraums und reduziert mögliche Verzerrungen durch Veränderungen übergeordneter Rahmenbedingungen und Einstellungen der relevanten Akteure.[5]

Durch Beginn oder Rücknahme der Notierung an der Wertpapierbörse variiert die Größe der Grundgesamtheit in den einzelnen Jahren. Im Durchschnitt sind 556 Unternehmen in den verschiedenen Märkten der deutschen Börsen notiert.[6] Durchschnittlich scheiden 8,4 Unternehmen aus und 18 Gesellschaften werden im Mittel pro Jahr zwischen 1989 und 1997 neu notiert.[7]

Die Analyse des Wechsels von Spitzenführungskräften konzentriert sich auf Unternehmen, die nicht dem Banken- und Versicherungssektor zuzuordnen sind. Banken und Versicherungen unterliegen einer besonderen Regulierung durch staatliche Aufsichtsbehörden, die sich auch auf die Besetzung der Spitzenführungskraftpositionen erstreckt.[8] Zudem weicht die Bilanzstruktur von Banken und Versicherungen sowie deren Wertschöpfung erheblich von anderen Aktiengesellschaften ab.[9] Vor dem Hintergrund dieser Unterschiede wird zugunsten einer größeren Homogenität des Untersuchungssamples auf die Einbeziehung von „finanzwirtschaftlichen" Unternehmen verzichtet. Dies sichert zudem die Vergleichbarkeit der Analyseergebnisse mit der Mehrzahl der Studien zum Spitzenführungskraftwechsel, die ebenfalls auf die Einbeziehung von Banken und Versicherungen verzichten.[10] Damit umfaßt die *relevante Grundgesamtheit* dieser Untersuchung durchschnittlich *n = 503 „nicht finanzwirtschaftliche" Unternehmen, die an* einer der oben genannten Märkte *der deutschen Börse notiert* sind.

---

5 Seit Ende der achtziger Jahre gewinnt zunehmend die Orientierung am Anlegerinteresse unter dem Stichwort „Shareholder Value" an Bedeutung. Diese Veränderung der Wertorientierung sollte auch in der Beziehung von Unternehmens-Performance und Spitzenführungskraftwechsel ihren Niederschlag finden.

6 Der Durchschnitt bezieht sich auf die Jahre 1989 bis 1997 und umfaßt nur „nicht-finanzwirtschaftliche", börsennotierte Unternehmen, die am „Amtlichen Verkehr", „Geregelten Markt", „Freien Verkehr" und seit 1997 am „Neuen Markt" notiert sind.

7 Vgl. Angaben im Sahling Aktienführer von 1990 bis 1998.

8 So kann z. B. das Bundesaufsichtsamt für Kreditwesen die Erlaubnis zum Betreiben eines Kreditinstitutes versagen, wenn „Tatsachen vorliegen, aus denen sich ergibt, daß [...die Geschäftsleitung] nicht die zur Leitung des Kreditinstituts erforderliche fachliche Eignung hat [...], KWG § 33 (1) sowie Schneider (1986), S. 380 ff.

9 Vgl. Hauschildt (2000b), S. 122.

10 Vgl. zur Grundgesamtheit vergleichbarer Studien Abschnitt C.I.2.

III. Identifikation von Spitzenführungskraftwechseln

Die Spitzenverfassung deutscher Aktiengesellschaften kennt rechtlich fixiert nur den gemeinschaftlich verantwortlichen Gesamtvorstand, bestehend aus mindestens einem, in der Regel jedoch mehreren gleichberechtigten Vorstandsmitgliedern.[11] Wird eine Gesellschaft lediglich von einer Person im Vorstand geleitet, so ist dieses Vorstandsmitglied eindeutig als Spitzenführungskraft zu identifizieren. Bei einem Mehrpersonenvorstand ist die Identifikation einer Spitzenführungskraft vor dem Hintergrund der gemeinschaftlichen Geschäftsführung schwieriger. In der Praxis hat sich jedoch häufig eine quasi interne Hierarchie entwickelt, die dem Vorstandsvorsitzenden oder Vorstandssprecher eine Rolle des „primus inter pares" zuspricht. Diese besondere Position des Vorsitzenden oder Sprechers in Relation zu seinen Vorstandskollegen kann als de facto Abwendung vom gesetzlich fixierten Kollegialprinzip hin zum Direktorialprinzip interpretiert werden.[12]

Entsprechend § 285 Nr. 10 HGB sind alle Mitglieder des Geschäftsführungsorgans und etwaige Vorsitzende des Geschäftsführungsorgans als solche im Anhang des Jahresabschlusses zu bezeichnen.[13] Entsprechend können Personen als Spitzenführungskräfte identifiziert werden, die im Jahresabschluß der Unternehmen als Vorsitzende oder Sprecher des Vorstandes besonders hervorgehoben werden.

Diesem Konzept folgend wird eine Spitzenführungskraft definiert als Alleinvorstand oder als Vorstandsmitglied in der Funktion eines Vorstandsvorsitzenden oder -sprechers. Diese besondere Funktion eines Vorstandsmitgliedes muß vom Unternehmen im Jahresabschluß bekannt gegeben werden.

Betrachtet über alle Gesellschaften der relevanten Grundgesamtheit für das Jahr 1993, hatten 260 (52%) der börsennotierten, nicht „finanzwirtschaftlichen" Aktiengesellschaften einen Vorstandsvorsitzenden. 31 Unternehmen (6%) hatten einen Vorstandssprecher, 65 (13%) nur ein Vorstandsmitglied und 141 (28%) der Unternehmen mehrere Mitglieder ohne besondere Differenzierung nach Vorsitzenden oder Sprecher.[14] Bei der letzteren Gruppe von Unternehmen besteht der Vorstand aus mehreren Personen, ohne daß eine Vorsitzenden- oder Sprecherfunktion zugeordnet werden kann. Veränderungen in der Zusammensetzung des Vorstandes bei diesen Unternehmen werden nicht als Spitzenführungskraftwechsel identifiziert und damit nicht in die Analyse einbezogen.

Zur Identifikation des Wechsels von Spitzenführungskräften werden die Angaben zur personellen Zusammensetzung der Vorstände aus dem *Sahling Aktienführer* zweier aufeinanderfolgender Jahre miteinander verglichen.[15] Sofern sich eine

---

11 Vgl. § 77 (1) AktG.

12 Vgl. Abschnitt A.III. zur Definition von „Spitzenführungskräften".

13 In der Praxis werden nicht nur die Vorsitzenden des Vorstandes, sondern i. d. R. auch die Sprecher gesondert unter den Angaben zu den Organen der Gesellschaft hervorgehoben.

14 Vgl. Hoppenstedts Aktienführer von 1995.

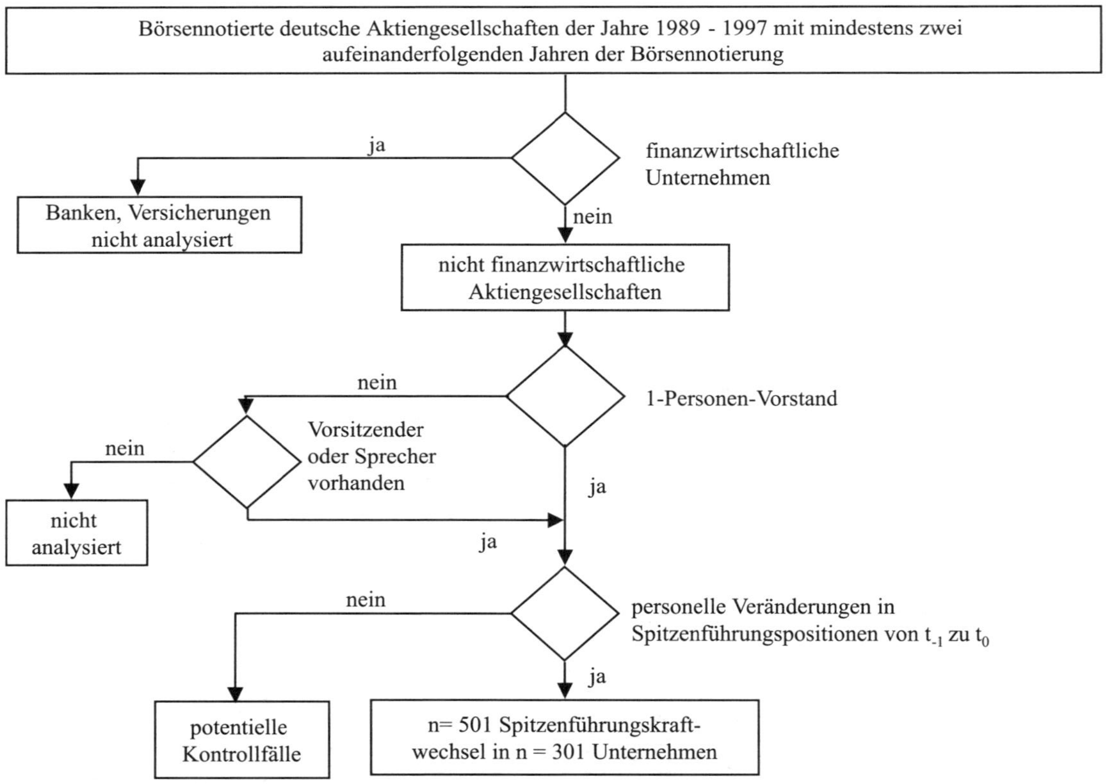

Abbildung 13: Stichprobenziehung und Spitzenführungskraftwechsel

Veränderung in der personellen Besetzung der Spitzenführungskraftposition erkennen läßt, wird dies für das betreffende Unternehmen vermerkt.[16] *Insgesamt konnten n = 501 Wechsel in n = 301 Unternehmen identifiziert werden.*[17] Die Anzahl der Wechsel variiert dabei zwischen einer und maximal vier Veränderungen an der Führungsspitze je Unternehmen im relevanten Zeitraum.

Der Prozeß zur Bestimmung der hier untersuchten Spitzenführungskraftwechsel wird in der nebenstehenden Abbildung 13 zusammengefaßt dargestellt.

Da in der vorliegenden Studie börsennotierte Aktiengesellschaften insgesamt für einen Zeitraum von neun Jahren auf einen Wechsel der Spitzenführungskraft untersucht wurden, ergibt sich eine durchschnittliche Zahl von 55,6 Wechseln pro Jahr. Bezogen auf die Grundgesamtheit von durchschnittlich 503 Unternehmen wechseln in deutschen Aktiengesellschaften damit durchschnittlich 11% aller Spitzenführungskräfte pro Jahr. Werden nur Unternehmen berücksichtigt, die auch eine Spitzenführungskraft im Sinne dieser Untersuchung an der Unternehmensspitze aufweisen, erhöht sich die durchschnittliche Anzahl der Wechsel pro Jahr auf 15%.[18]

Um die Beziehung von Wechsel der Spitzenführungskraft und Unternehmenserfolg näher analysieren zu können, bedarf es der Bestimmung des genauen Wechselzeitpunktes. Die genaue Kenntnis des Wechselzeitpunktes ist dabei entscheidend für die korrekte Bestimmung von t_0 und damit des individuellen Analysezeitraums.[19] Zusätzlich dient der Wechselzeitpunkt als Grundlage zur Ermittlung des Alters der Spitzenführungskraft bei Ausscheiden aus dem Unternehmen. Durch Vergleich der Angaben im *Hoppenstedt Aktienführer* kann lediglich die Tatsache des Wechsels festgestellt werden. Das Datum des Wechsels wird daher – soweit möglich – aus den Jahresabschlüssen der relevanten Jahre ermittelt. Dabei werden die Angaben zu Organen der Gesellschaft im Geschäftsbericht gemäß § 285 (10) HGB bezüglich des Wechsels der Spitzenführungskraft analysiert. Sofern keine Jahresabschlüsse mehr zu beziehen sind oder Angaben zum Wechsel keinen Rückschluß auf das Datum des Wechsels zulassen, werden ergänzend Pressemeldungen

15 Der Aktienführer basiert im wesentlichen auf Informationen aus den Jahresabschlüssen der Unternehmen.

16 Erlischt die Börsennotierung eines Unternehmens beispielsweise nach Fusion oder Rechtsformwechsel, können Wechsel der Spitzenführungskraft, die in diesem Zusammenhang vollzogen werden, nicht erfaßt werden, da die Angaben zu diesen Unternehmen nicht mehr im *Sahling Aktienführer* gelistet werden.

17 Eine Aufstellung aller identifizierten Wechsel in der Spitzenführungskraftposition kann auf Anfrage beim Autor bezogen werden.

18 Gemäß den Angaben zur Zusammensetzung der Vorstände in 1993 (siehe weiter oben) lassen sich in ca. 72% aller Unternehmen Spitzenführungskräfte im Sinne dieser Studie identifizieren. Bei insgesamt 503 Unternehmen der Grundgesamtheit ergibt sich damit die Zahl von 360 „relevanten“ Unternehmen pro Jahr.

19 Wie bereits die Analyse der empirischen Forschung in diesem Feld zeigt, vernachlässigen eine Reihe von Studien diesen Aspekt, so daß ihre Ergebnisse nur mit größter Vorsicht betrachtet werden dürfen.

in der Wirtschaftspresse zur Bestimmung des Wechseldatums herangezogen. Bei n = 93 Unternehmen war weder durch Auswertung der Jahresabschlüsse noch der Pressemeldungen das Datum des Wechsels bestimmbar. Durch direkte telefonische Nachfrage bei diesen Unternehmen konnten die fehlenden Informationen zum Wechselzeitpunkt ergänzt werden.

Die nachfolgende Abbildung zeigt die Häufigkeitsverteilung der Spitzenführungskraftwechsel über den Analysezeitraum.

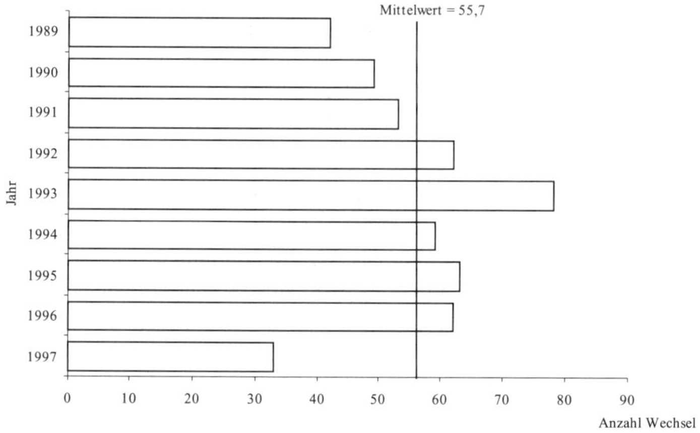

Abbildung 14: Verteilung der Wechsel im Analysezeitraum

Von 1991 bis 1996 – mit Ausnahme von 1993 – zeigt sich eine relativ konstante Zahl an Spitzenführungskraftwechseln mit durchschnittlich 55,7 personellen Veränderungen an der Unternehmensspitze pro Jahr. An beiden Randpunkten des Analysezeitraums gehen jedoch deutlich weniger Wechsel in die Analyse ein. Der *Hoppenstedt Aktienführer* aktualisiert alle Angaben zu Unternehmen auf der Basis von Informationen, die bis zum 30. September des Vorjahres bekannt werden. Einige Wechsel aus 1997 sind noch nicht bis zum 30. 09. 1997 vollzogen oder der Redaktion des Aktienführers noch nicht bekannt, so daß nicht alle Wechsel aus 1997 in dieser Untersuchung berücksichtigt werden können. Um Problemen mit der „Linkszensierung" von Daten nach 1987 zu entgehen, bezieht sich der erste Vergleich der personellen Besetzung von Spitzenführungskraftpositionen auf die Zeitpunkte 30. 09. 1989 und 30. 09. 1990. Damit können eine Reihe von Wechseln aus den ersten Monaten von 1989 nicht erfaßt werden[20], so daß sich die reduzierte Zahl an Wechseln aus den Anfangsjahren der Analyse erklärt.

[20] Vollzieht ein Unternehmen zum Beispiel einen Wechsel im Februar 1989, so wäre dieser Wechsel nur durch einen Vergleich von 1988 zu 1989 festzustellen. Da in dieser Situation

IV. Einteilung der Spitzenführungskraftwechsel nach Wechseltypen

Zur detaillierten Analyse der Beziehung von Unternehmens-Performance und Spitzenführungskraftwechsel bedarf es der Differenzierung unterschiedlicher Wechseltypen. In Anlehnung an das von *Schrader* und *Lüthje* (1996) zum ersten Mal für deutsche Aktiengesellschaften angewandte Konzept der Trennung in drei „Hauptarten des Abgangs“ von Spitzenführungskräften, wird hier in

(a) unabdingbare,

(b) freiwillige und

(c) unfreiwillige Wechsel

unterschieden.

Diese drei Oberkategorien werden jeweils aus konkreten, differenzierten Ausprägungen des Wechsels abgeleitet. Die nachfolgende Abbildung zeigt die Systematik zur Unterscheidung der einzelnen Wechseltypen.

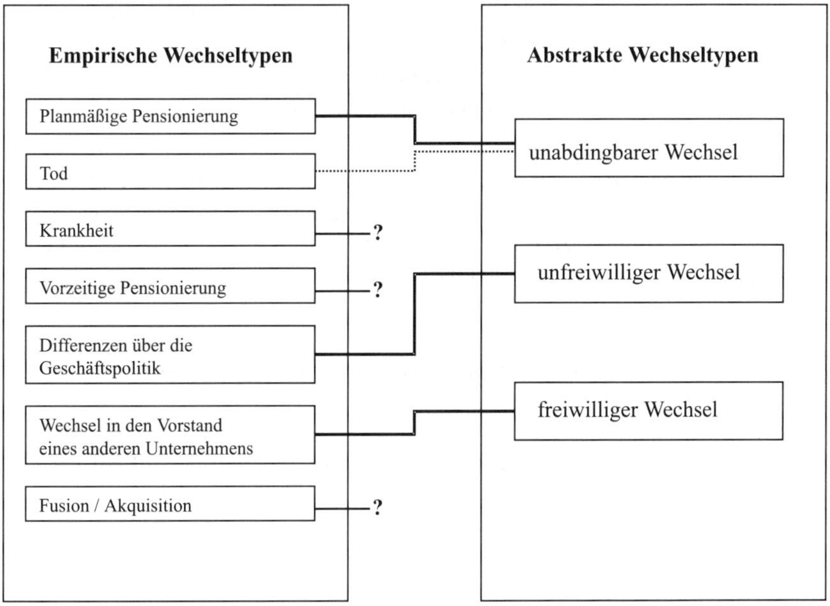

Abbildung 15: Systematik der Wechseltypen

1988 mit hoher Wahrscheinlichkeit als t_0-Jahr definiert wird, müßte der Analysezeitraum auf 1986 ausgedehnt werden. Aufgrund der Änderung des Bilanzrechts in diesem Jahr entstehen Auswertungsprobleme (vgl. Abschnitt E.II.), die durch den Beginn der Auswertung mit dem Vergleich von 1989 und 1990 umgangen werden können.

Die Bestimmung des konkreten Wechseltyps kann sich unterschiedlicher Meßmethoden bedienen. Der Einteilung des Abschnitts 3 folgend, sind die Methoden „Investigator Inference", „External Assessment", „Self Typing" und „Objective Indicator" zu unterscheiden. Wie bereits die Ausführungen im Rahmen der Meta-Analyse zeigen, ist es sinnvoll, mehrere Meßmethoden in Kombination zu verwenden, um eine valide Zuordnung der einzelnen Wechsel zu konkreten Typen zu erreichen.[21]

Zur Klassifikation der einzelnen Wechsel werden daher in der vorliegenden Untersuchung drei unterschiedliche Vorgehensweisen eingesetzt:

(1) Bestimmung der Wechseltypen mittels Fragebogen. Im Sinne eines „External Assessment" oder „Self Typing" nimmt die aktuelle Unternehmensleitung Stellung zum früheren Wechsel.

(2) Klassifikation der Wechselfälle mittels Inhaltsanalyse der Presseartikel zum Wechsel. Dieses Vorgehen entspricht der Methode der „Investigator Inference", wobei der Wechseltyp unter Würdigung möglichst aller veröffentlichten Aussagen zum Wechsel bestimmt wird.

(3) Durch die Betrachtung des Alters der Spitzenführungskraft bei Ausscheiden aus dem Amt als quasi „Objective Indicator" werden die Wechsel zusätzlich klassifiziert. In Ergänzung zu dieser Variable unterstützen weitere „Indikatoren", wie zum Beispiel „Vorhersehbarkeit des Wechsels" oder „Wechsel in den Aufsichtsrat", die Einteilung der einzelnen Fälle in eine eindeutige Wechselkategorie.

Jede der drei Meßmethoden erlaubt für sich allein im Ergebnis eine mehr oder weniger gute Zuordnung der einzelnen Wechsel zu den zuvor beschriebenen Wechseltypen. Die endgültige Bestimmung des Wechseltyps je Fall ergibt sich jedoch aus der systematischen Kombination dieser drei Klassifikationen.

1. External Assessment und Self Typing: Fragebogenklassifikation

Zur Darstellung der Vorgehensweise bei der Fragebogenklassifikation sind zunächst die Adressaten der Befragung zu bestimmen. Zusätzlich wird auf die Gestaltung des Fragebogens eingegangen sowie die Rücklaufquote dokumentiert.

a) Adressaten der Befragung

Die Bestimmung eines Wechseltyps im Sinne der oben gewählten Einteilung bedarf der detaillierten Information über den spezifischen Wechselvorgang. Im Gegensatz zum externen Beobachter des Geschehens, der einen Wechsel in der Regel

---

21 Vgl. hierzu die Ausführungen in Abschnitt C.II.2.

erst aus der Vergangenheit und naturgemäß nur aus Quellen Dritter analysieren kann, vermögen am Wechsel direkt beteiligte Personen ein Urteil auf der Basis deutlich umfangreicherer Informationen abzugeben. Neben der ausscheidenden Spitzenführungskraft und dem Aufsichtsrat, der kraft Gesetz für Berufung und Abberufung von Vorständen verantwortlich ist, können auch die Nachfolger an der Vorstandsspitze als direkt oder indirekt beteiligte Personen identifiziert werden.

Die Befragung *ausgeschiedener Vorstände* ist aus zwei Gründen problematisch:

(a) Ein ausgeschiedener Vorstand kann nur in Ausnahmefällen über das jeweilige Unternehmen kontaktiert werden. In der Regel müßte dies über die Privatadresse der früheren Spitzenführungskraft geschehen, die jedoch sehr selten zur Verfügung steht.

(b) Mit der Befragung ausgeschiedener Vorstände zu den Umständen ihres Wechsels aus dem Unternehmen sind in einigen Fällen erhebliche Verzerrungen zu erwarten. Mußte zum Beispiel ein Vorstand sein Unternehmen unfreiwillig verlassen, so ist dies in der Regel mit Reputationsverlust für diese Person verbunden. Der Markt für Führungskräfte interpretiert den unfreiwilligen Wechsel als Indikator für nicht ausreichende Qualität des Vorstandes, so daß die Möglichkeiten zur weiteren beruflichen Entwicklung stark eingeschränkt sind.[22] Einem unfreiwillig ausgeschiedenen Vorstand kann folglich eine große Motivation unterstellt werden, den Vorgang des Wechsels in einem für ihn individuell möglichst positiven Licht darzustellen. Die Klassifikation des Wechsels mittels Fragebogen brächte in diesem Fall folglich Validitätsprobleme mit sich.

Neben der eher forschungspraktischen Überlegung schwer zu beschaffender Information bedingen insbesondere die zu erwartenden Validitätsprobleme die Entscheidung, den ausgeschiedenen Vorstand nicht zu befragen.

Eine der zentralen Aufgaben des *Aufsichtsrates* ist die Personalkompetenz bezogen auf die Besetzung der Vorstandspositionen. Insoweit böte es sich an, dieses Gremium beziehungsweise dessen Vorsitzenden bezüglich der vergangenen Vorstandswechsel zu befragen. Jedoch sprechen auch in diesem Fall unter anderem inhaltliche Überlegungen gegen eine solche Vorgehensweise. Die Befragung der aktuellen Aufsichtsratsspitze würde eine äußerst heterogene Gruppe betrachten. Im günstigsten Fall, bei personeller Konstanz in dieser Position, könnten die am früheren Wechselprozeß direkt beteiligten und verantwortlichen Personen befragt werden. Zum anderen kann aber auch der Aufsichtsratsvorsitz in der Zeit seit dem relevanten Wechsel auf eine neue Person übergegangen sein. Neben dem zum Teil sehr langen Zeitraum zwischen Vorstandswechsel und Befragung (bis zu zehn Jahre) spricht insbesondere die hier im Zentrum der Analyse stehende Situation der personellen Veränderung an der Unternehmensspitze für die Vermutung personeller Inkonsistenz an der Aufsichtsratsspitze. Nicht selten wird parallel zur Vor-

22 Vgl. Franke (1993), Sp. 42.

standsneubesetzung eine Veränderung im Aufsichtsrat vollzogen. Der ausscheidende Vorstand wechselt unter Umständen selbst in die Position des Aufsichtsratsvorsitzenden[23] oder aber die Hauptversammlung nutzt die Umbruchsituation zur externen Neubesetzung des Aufsichtsrates. Der unterschiedliche Hintergrund der einzelnen Aufsichtsräte hätte unterschiedliche Auswirkungen auf die individuelle Bewertung der Wechselumstände. Während ein neuer, externer Aufsichtsratsvorsitzender auf der Basis eines deutlich geringeren Informationsstandes urteilen müßte als ein am Wechselgeschehen aktiv Beteiligter, sind zum Beispiel bei einem aus dem ehemaligen Vorstand rekrutierten Aufsichtsrat – ähnlich wie beim ausgeschiedenen Vorstand ohne Aufsichtsratsmandat – unkontrollierte Verzerrungen zu erwarten.

Vor dem Hintergrund dieser Überlegungen wählt die vorliegende Untersuchung die aktuelle Unternehmensleitung als Adressat zur Befragung der Wechselumstände. Die hier befragten Personen waren zwar allenfalls indirekt oder im Regelfall überhaupt nicht am Ausscheiden ihrer Vorgänger beteiligt[24], es ist dennoch zu erwarten, daß sie über ausreichende Informationen zum Wechsel ihrer Vorgänger verfügen. Weiterhin besteht kein Anlaß, systematische Verzerrungen ihrer Beurteilung der Wechselumstände zu vermuten, so daß Validitätsprobleme in diesem Sinne nicht auftreten sollten.

b) Gestaltung des Fragebogens

Mit Hilfe des Fragebogens werden die näheren Umstände eines konkreten Wechsels an der Vorstandsspitze des jeweiligen Unternehmens erfragt. Wurden im Analysezeitraum von 1989 bis 1997 mehrere Spitzenführungskraftwechsel pro Unternehmen identifiziert, so erhielt die aktuelle Unternehmensleitung einen Fragebogen je Wechselfall. Jeder Fragebogen enthielt das genaue Datum des Wechsels sowie den Namen der ausgeschiedenen Spitzenführungskraft.

Die Befragungen von Unternehmen und hier insbesondere der Unternehmensspitze stoßen in letzter Zeit auf zunehmende Ablehnung in der Unternehmenspraxis. Die mangelnde Bereitschaft zur Beantwortung von Fragen aus der Wissenschaft gilt um so mehr, wenn für das Unternehmen sensible Bereiche Gegenstand

---

23 Bei den hier untersuchten Spitzenführungskraftwechseln übernehmen immerhin n = 114 ausgeschiedene Vorstände (23%) Aufsichtsratsposten in ihrem „alten" Unternehmen.

24 Bei Befragung der aktuellen Unternehmensleitung zu den Umständen des Ausscheidens ihrer (unmittelbaren) Vorgänger kann folglich nur im weiten Sinne von „Self Typing" gesprochen werden. Im Sinne einer sehr engen Definition dieser Erhebungsmethode wären nur direkt am Wechselprozeß beteiligte Personen adäquate Adressaten. In diesem Fall müßte die hier gewählte Vorgehensweise als „External Assessment" bezeichnet werden. „Self Typing" wird hier also, in Anlehnung an Studien zur Unternehmensstrategie, als Beurteilung von unternehmensinternen Vorgängen durch „Unternehmensinterne" verstanden. Vgl. in diesem Zusammenhang auch die Ausführungen in Kapitel C.II.2.

der Fragebogenaktion sind.[25] Um diesen Problemen entgegenzuwirken, orientiert sich die inhaltliche Gestaltung des Fragebogens an drei Kriterien:

(1) Es sollten nur solche Informationen erfragt werden, die nicht durch Recherche extern vorhandener Quellen zu beziehen sind[26] und

(2) der Umfang des Fragebogens sollte eine Seite nicht überschreiten.[27]

(3) Die Fragen sollten zudem möglichst einfach gestaltet sein und sich am Sprachgebrauch der Unternehmenspraxis im Rahmen von Vorstandswechseln orientieren.

Damit wird die größtmögliche Bereitschaft der Unternehmensleitung angestrebt, den Fragebogen auch tatsächlich zu beantworten. Dies wird noch zusätzlich durch die Möglichkeit einer bequemen Faxantwort unterstützt, die auch ca. zwei Drittel aller Unternehmen nutzten.

Der Fragebogen besteht aus insgesamt vier größtenteils geschlossenen Fragen[28], die sich alle auf die Umstände eines konkreten Wechsels an der Unternehmensspitze beziehen. In Frage (1) ist die konkrete Ursache für das Ausscheiden aus der Spitzenposition zu nennen. Insgesamt stehen sieben eindeutig definierte „Ursachen“ sowie eine offene Antwortmöglichkeit zur Auswahl. Die Fragen (2) bis (4) dienen der Konkretisierung und näheren Beschreibung der Wechselumstände, wobei Frage (2) und (4) als siebenstufige Ordinalskalen mit inhaltlich bestimmten Extrem- und Mittelpunkten gestaltet sind[29] und Frage (3) als Nominalskala den Wechsel in Relation zum Ablauf der Vertragszeit klassifiziert.

Die inhaltliche Bestimmung der Fragen war zusätzlich Gegenstand eines Pre-Tests mit Experten. Ein erster Entwurf des Fragebogens wurde dabei im Januar 1998 zwei Vorstandsmitgliedern deutscher Aktiengesellschaften mit der Frage nach Verständlichkeit und Vollständigkeit vorgelegt. Insbesondere die Formulierung der möglichen Wechselkategorien sollte sich am Sprachgebrauch und Verständnis der Unternehmenspraxis anlehnen, um so Validitätsprobleme zu reduzieren. Der Begriff „Differenzen über die Geschäftspolitik“ wurde übereinstimmend als guter Indikator für einen unfreiwilligen Wechsel identifiziert. Auch die in der

---

25 Dies gilt beispielsweise für laufende oder kürzlich abgeschlossene Innovationsprojekte, aber eben auch für Personalfragen, wie sie in dieser Untersuchung im Zentrum stehen.

26 So stellen Tomaskovic-Devey / Leiter / Thompson (1994), S. 445 fest, daß eine große Zahl von Unternehmen nicht bereit sind, „financial information“ weiterzugeben. Dies mag damit zusammenhängen, daß diese Information auch über andere Quellen (z. B. Jahresabschluß) bereits zur Verfügung gestellt wird.

27 Als häufigste Ursache für die Nichtbeantwortung eines Fragebogens wird Zeitmangel angegeben. Vgl. Tomaskovic-Devey / Leiter / Thompson (1994), S. 445. Je kürzer der Fragebogen, desto größer ist daher die Wahrscheinlichkeit der Beantwortung.

28 Vgl. Denz (1989), S. 14 f., Kromrey (1986), S. 205 – 207, zu unterschiedlichen Möglichkeiten der Fragengestaltung und ihrer jeweiligen Vor- und Nachteile.

29 Vgl. zur Skalenbildung sowie zu Möglichkeiten ihrer numerischen und verbalen Verankerung Stier (1996), S. 65 ff.

XY AG

An Herrn
Sören Salomo
Haubachstr. 16

D-22765 Hamburg

Fax: (0431) 880-3213

Am **TT.MM.JJJJ** schied **Herr XXX** aus dem Vorstand unseres Unternehmens aus.

1. Dies erfolgte aufgrund:
(Mehrfachantworten sind möglich)

- ☐ Pensionierung im Rahmen eines Pensionsplans
- ☐ vorzeitige Pensionierung
- ☐ Differenzen über die Geschäftspolitik
- ☐ Übernahme eines größeren Verantwortungsbereichs in einem anderen Unternehmen
- ☐ Fusion oder Akquisition des Unternehmens
- ☐ Krankheit
- ☐ Tod
- ☐ sonstige Gründe: ....

2. Der Vorstandswechsel vollzog sich im wesentlichen auf Initiative des:

ausgeschiedenen Vorstandes ☐— ☐—☐—☐—☐—☐—☐ *Aufsichtsrates*
(zu gleichen Teilen)

3. Der Vorstand schied ☐ **mit** Ablauf seiner Vertragszeit
☐ **vor** Ablauf seiner Vertragszeit aus dem Unternehmen.

4. Der Vorstandswechsel war absehbar.

lang- *mittel-* *kurzfristig*
☐—☐—☐—☐—☐—☐—☐
(über 2 Jahre) *(unter 6 Monaten)*

Datum: .... (Unterschrift)

Abbildung 16: Fragebogen zur Bestimmung des Wechseltyps

Praxis häufig gebrauchte Standardformulierung „im gegenseitigen Einvernehmen" konnte in diesem Zusammenhang diskutiert werden. Dabei zeigte sich, daß diese Formulierung keine eindeutige Beschreibung des Wechsels zuläßt, da neben tatsächlichen „einvernehmlichen" Wechseln auch unfreiwillige – und damit eigentlich nicht einvernehmliche – Wechsel von der Praxis in dieser Form kommuniziert werden. Auf Grund der zu erwartenden Validitäts- und Reliabilitätsprobleme wurde entsprechend auf die Kategorie „im gegenseitigen Einvernehmen" verzichtet. Zusätzlich empfahlen die Vorstände, den Wechsel in Relation zum vereinbarten Vertragsende zu betrachten, um die Umstände des Wechsels näher beschreiben zu können. Weitere inhaltliche Änderungen des Fragebogens ergaben sich darüber hinaus nicht.

c) Rücklaufquote

Die Fragebögen sowie ein Anschreiben mit einer kurzen Erläuterung des Forschungsprojektes wurden im Februar 1998 an die Geschäftsleitung von n = 301 Unternehmen gesandt. Innerhalb der ersten zwei Wochen nach Versand der Fragebögen wurde eine telefonische Nachfaßaktion durchgeführt, um den Rücklauf zu erhöhen.[30] Wenn möglich, wurde der direkte Kontakt zum Vorstandssekretariat der Unternehmen gesucht, die bis zu diesem Zeitpunkt noch nicht geantwortet hatten. Alle Unternehmen wurden dabei nochmals auf die Möglichkeit zur unkomplizierten Faxantwort hingewiesen.

Insgesamt gingen n = 170 Fragebögen nach zwei Wochen ein. Diese Zahl erhöhte sich durch die Nachfaßaktion auf n = 211 auswertbare Fragebögen. Damit wird eine beachtlich hohe Rücklaufquote von 42% erreicht.[31] Verglichen mit anderen Studien zum Wechsel des Vorstandes liegt die hier erreichte Rücklaufquote leicht oberhalb der sonst erzielten Ergebnisse,[32] so daß die Strategie möglichst einfacher und schnell zu beantwortender Fragebögen erfolgreich umgesetzt werden konnte.

Die Bereitschaft zur Beantwortung der Fragen zu Wechselumständen der früheren Spitzenführungskraft variierte dabei erheblich zwischen den Unternehmen. Während eine Reihe von Unternehmen keine Reaktion zeigte, antworteten 14 Unternehmen, daß Fragebögen grundsätzlich nicht beantwortet werden oder Angaben speziell zu früheren Vorstandsmitgliedern abgelehnt werden.[33] Auf der anderen

30 Vgl. zur Bedeutung von wiederholten Kontakten Goyder (1987), S. 56 f.

31 Die Rücklaufquote bezieht sich dabei auf die Anzahl der versandten Fragebögen und damit auf die Anzahl der Wechsel in Spitzenführungskraftpositionen. Von 301 angeschriebenen Unternehmen antworteten n = 211, so daß sich in bezug auf die betroffenen Unternehmen eine Rücklaufquote von 42% ergibt.

32 Vgl. z. B. Zajac (1990), S. 224, der in einer vergleichbaren Befragung von amerikanischen CEOs eine Rücklaufquote von 37% erreicht.

33 In drei Fällen wurde mit datenschutzrechtlichen Problemen argumentiert. Hier offenbart sich das Spannungsverhältnis zwischen dem vom Bundesverfassungsgericht im Rahmen des

Seite ging die Auskunftsbereitschaft einiger Unternehmen weit über die einfache Fragebeantwortung hinaus. Die nachfolgende Tabelle zeigt exemplarisch ergänzende schriftliche Äußerungen der Unternehmen, die einzelnen Wechselkategorien zugeordnet werden können.

Tabelle 21

Ergänzende Angaben zum Fragebogen

Wechselkategorie	Ergänzende Angaben zum Fragebogen
Pensionierung	„nach fast 40-jähriger Tätigkeit vor Umwandlung der Familien-KG in eine Aktiengesellschaft als geschäftsführender Gesellschafter, in der AG als Vorsitzender des Vorstandes, wechselte Herr Luitwin Gisbert von Boch-Gallhau in den Aufsichtsrat (als stellvertretender Vorsitzender)"
	„Pensionierung mit 65 Jahren durch Erreichen der Altersgrenze"
Differenzen über die Geschäftspolitik	„Wechsel wegen totaler Unfähigkeit zur Unternehmensführung"
Wechsel in den Vorstand eines anderen Unternehmens / sonstige Gründe	„Konzentration auf die Sanierung eines Tochterunternehmens"
	„Versetzungsplan innerhalb des Konzerns Gilette"
sonstige Gründe	„H. Wilhelm war vom Aufsichtsrat für 1 Jahr nach § 105 (2) Akt Ges. in den Vorstand delegiert und kehrte in den Aufsichtsrat zurück"

Soweit dies aus den beiliegenden Briefen oder Absendern auf den Fragebögen ersichtlich war, wurde die Mehrzahl der Fragebögen wie erwünscht von den aktuellen Unternehmensleitungen ausgefüllt.[34]

---

sogenannten „Volkszählungsurteils" definierte Recht von Privatpersonen auf „informationelle Selbstbestimmung" und dem Informationsrecht der Öffentlichkeit an Daten zu „Personen öffentlichen Interesses". Vgl. BVerfGE 65, S. 1 ff.

34 Der Fragebogen sah die Nennung des Beantwortenden vor. Einige Unternehmen beantworteten zwar den Fragebogen, unterließen jedoch einen Hinweis auf die Person des Antwortenden. Durch die auf dem Fax automatisch vermerkte Absendernummer (-identifikation) sowie durch gezielte Rückfrage bei einigen Unternehmen konnten jedoch ausnahmslos die Unternehmensleitung oder das Vorstandssekretariat als Absender ermittelt werden. Dabei wurde häufig darauf hingewiesen, daß die Weitergabe von Informationen dieser Art durch die Unternehmensleitung sanktioniert werden müsse.

2. Investigator Inference: Auswertung der Presseberichterstattung

Neben der Bestimmung des Wechseltyps mittels der direkten Befragung besteht zusätzlich die Möglichkeit, Berichte und Meldungen zum Wechsel der Spitzenführungskraft in der Wirtschaftspresse zu analysieren. Gerade die Frage der Ursache oder der verursachenden Kraft des Wechsels ist häufig Gegenstand der Presseberichterstattung, so daß sich eine Auswertung dieser Datenbasis zur Bestimmung des Wechseltyps anbietet. Investigator Inference liegt dann vor, wenn die Einteilung spezifischer Fälle in vorab definierte Typenklassen durch den „Forscher" vor dem Hintergrund möglichst umfangreicher Informationen anhand eines allgemein gültigen Bewertungsschemas erfolgt. Obwohl die Umstände des Wechsels im vorliegenden Fall bereits durch einen Redakteur interpretiert werden und damit einen Filter durchlaufen, läßt sich die Analyse der Presseberichterstattung unter dem Verfahren „Investigator Inference" subsumieren[35]:

- Die analysierten Presseberichte beschäftigen sich nicht ausschließlich und explizit nur mit der Wechselursache.
- Die Analyse eines Wechselfalls würdigt – sofern möglich – mehrere Berichte in der Presse.

  Insofern liegt der Bewertung eine breite Datenbasis zu Grunde.
- Eine Entscheidung über die Zuordnung eines Wechselfalls wird vor dem Hintergrund einer eigenen und für jeden Fall gültigen Bewertungsskala getroffen.

Damit erfüllt diese Klassifikationsform die Bedingungen, die an die Methode des „Investigator Inference" gestellt werden.

Datengrundlage für die Bestimmung des Wechseltyps sind Aussagen zu Tatsache und Umständen des Wechsels in den jeweiligen Presseartikeln. Zur Auswahl der Artikel wurde auf das Unternehmensarchiv des *HWWA – Institut für Wirtschaftsforschung,* Hamburg, zurückgegriffen.[36] Im Unternehmensarchiv sind Presseartikel, sortiert nach Unternehmen in chronologischer Reihenfolge, entsprechend den Zeitpunkten der Veröffentlichung, zusammengefaßt. Ausgehend vom Zeitpunkt des Wechsels wurde für einen Zeitraum von 1 Jahren vor und nach dem Wechsel die Berichterstattung je Unternehmen auf Aussagen zum Wechsel an der Unternehmensspitze ausgewertet. Lagen jeweils für einen Zeitraum von einer Woche mehrere Artikel zu einem Wechselvorgang vor, wurden diese vor Ort auf Aussagen zum Wechsel überprüft und zusätzlich zum jeweils inhaltlich umfangreichsten Bericht aufgenommen, sofern sie ergänzende Informationen zum Wechsel ent-

---

35 Sofern in einem Pressebericht bereits ein Urteil über die Art des Wechsels gefällt wird, läßt sich diese Klassifikation unter Umständen auch als „External Assessment" interpretieren. Da sich dies Urteil jedoch nur auf den individuellen Fall bezieht und eine Einordnung über alle Wechselfälle naturgemäß unterbleibt, ist eine Einordnung unter das Verfahren „Investigator Inference" sinnvoller.

36 Das Pressearchiv des HWWA sichtet systematisch alle deutschsprachigen Periodika und sammelt seit 1908 Meldungen und Berichte über große deutsche Unternehmen. Zur Zeit liegen Informationen für ca. 70.000 Unternehmen in ca. 18 Millionen Presseausschnitten vor.

hielten. Insgesamt konnten *n = 1.258 Presseartikel mit relevanten Aussagen zu n = 302 Wechselfällen* identifiziert werden.[37] Im Durchschnitt gehen damit ungefähr vier relevante Presseartikel je Wechselfall in die Analyse ein.

Zur Bestimmung der unterschiedlichen Wechseltypen auf Basis der Berichterstattung in der Presse wird auf eine einfache, dem Untersuchungsziel angepaßte inhaltsanalytische Vorgehensweise zurückgegriffen. Unter dem Verfahren der Inhaltsanalyse versteht man allgemein eine Forschungsmethode, die sprachliche Eigenschaften eines Textes objektiv und systematisch identifiziert und beschreibt, um Schlußfolgerungen auf nichtsprachliche Phänomene von Personen und gesellschaftlichen Aggregaten zu ziehen.[38] Im vorliegenden Fall sollen Presseberichte als relevantes Textmaterial auf Hinweise zur Bestimmung und Einteilung unterschiedlicher Wechseltypen untersucht werden. Die folgende Abbildung verdeutlicht die Schritte der vorgenommenen Inhaltsanalyse.[39]

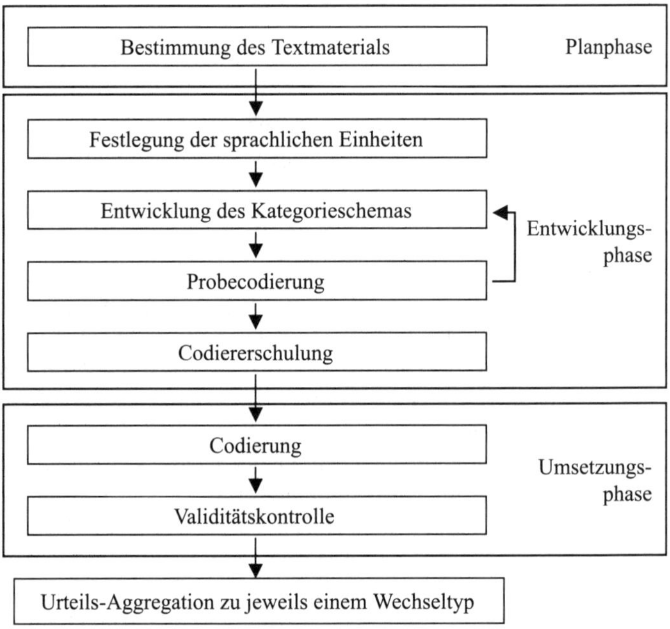

Abbildung 17: Ablauf der Inhaltsanalyse

37 Bei n = 200 Fällen der insgesamt 501 identifizierten Wechselfälle lagen entweder keine Pressemeldungen vor oder konnten keine inhaltlichen Aussagen, die über die einfache Berichterstattung der Tatsache des Wechsels hinausgehen, festgestellt werden.

38 Vgl. Massenberg (1986), S. 74, zur Definition in Anlehnung an Mayntz / Holm / Hübner (1978), S. 151. Vgl. ergänzend Merten (1983), S. 15 f., Hauschildt (1977), S. 271, Berelson (1971), S. 14 ff.

39 Vgl. zur Darstellung der Vorgehensweise stellvertretend Merten (1983), S. 148 – 151, Kriz (1978b), S. 52 ff.

a) Bestimmung des Textmaterials

Die Bestimmung des Textmaterials orientiert sich an den Kriterien „Existenz“, „Zugänglichkeit“ und „Relevanz“.[40] Wie bereits erläutert, werden Presseberichte als Datenbasis zur Bestimmung von Wechseltypen verwandt. Unter allen denkbaren Quellen stellen sie die breiteste Informationsbasis dar und sind verhältnismäßig leicht zu beschaffen. Insbesondere von der Wirtschaftspresse ist anzunehmen, daß sie sich bemüht, möglichst umfassend über alle bedeutsamen Ereignisse der größeren Unternehmen zu berichten. Die potentiell bestehende Gefahr, daß eine Falschberichterstattung auf Grund von zum Beispiel Schadensersatzforderungen zu einem wirtschaftlichen Nachteil für den jeweiligen Redakteur oder Verlag führen kann, sollte zusätzlich dazu führen, daß Informationen in der Presse einen hohen Wahrheitsgehalt aufweisen.[41] Daher sollten Presseartikel eine hohe Relevanz bezüglich der Forschungsfrage besitzen.

b) Festlegung der sprachlichen Einheiten und Entwicklung des Kategorieschemas

Als sprachliche Einheiten werden in dieser Analyse Wörter, Sätze und Abschnitte definiert, die nach ihrem Inhalt klassifiziert werden. Für das Kategorieschema wird – wie bereits bei der Fragebogenerhebung – auf die in Abschnitt 2 analytisch entwickelte Wechseltypologie zurückgegriffen.[42] Für jede Kategorie werden vorab eine Reihe von „Identifikatoren“ bestimmt, die die Zuordnung eines Textes und damit auch eines Wechselfalls zu einem bestimmten Wechseltyp lenken. Das entwickelte Kategorieschema und insbesondere die Bestimmung von Wörtern oder Textbausteinen als „Identifikatoren“ werden zunächst im Rahmen einer Probecodierung verwandt, die zur weiteren Anpassung der Codierregeln führte. Im Sinne eines iterativen Vorgehens entsteht so eine Art „Codebuch, das neben [...] Kategorienamen, Kategoriedefinitionen, Beispielen und Identifikatoren auch allgemeine Codierregeln [...] enthält“.[43] Tabelle 22 zeigt exemplarisch Kategorien und die ihnen zugeordneten Textbeispiele.

---

40 Vgl. Kromrey (1986), S. 180.

41 In keinem Fall enthielt die Berichterstattung zum Wechsel eine „Gegendarstellung“ oder Korrektur einer zuvor veröffentlichten Information zum Wechsel der Spitzenführungskraft. Dies kann als zusätzlicher Beleg für die Validität der Presseberichterstattung gewertet werden.

42 Vgl. zu Anforderungen an das Kategorieschema Merten (1983), S. 95 – 103 sowie Lisch (1978), S. 69 – 72.

43 Geiss (1992), S. 14.

Tabelle 22

Wechseltypen und Textbeispiele

Wechselkategorie	Textbeispiel aus der Wirtschaftspresse
Pensionierung	• Gustav Klingspor, seit 1985 amtierender Chef der Babcock-BSH AG, wird nach erreichen der Altersgrenze zum 30. Juni aus dem Vorstand in den AR wechseln. (Handelsblatt, 27. 06. 1994) • Er wird Nachfolger von Hermann Josef Strenger (63), der mit Erreichen der Altersgrenze dieses Amt aufgibt und gleichzeitig die Nachfolge von Prof. Herbert Grünewald (69) als AR-Vorsitzender antreten soll. (Handelsblatt, 09. 09. 1991)
Krankheit	• Hans Kröner, seit gut 40 Jahren bei Fresenius tätig und seit der Umwandlung in eine Aktiengesellschaft im Jahr 1981 Vorstandsvorsitzender, wird mit Ablauf der Hauptversammlung am 27. August 1992 aus gesundheitlichen Gründen sein Amt niederlegen. (Börsen-Zeitung, 27. 06. 1992) • [. . .] übernahm Klaus Sistermann für den erkrankten Vorstandsvorsitzenden Manfred Werner die Rolle des Sprechers. (Börsen-Zeitung, 16. 05. 1997)
Tod	• Dr. Richard Büttner, Vorstandsmitglied der Konrad Hornschuch AG, Weißbach, ist am 13. November an den Folgen eines Herzversagens gestorben. Er wurde 54 Jahre alt. (Börsen-Zeitung, 18. 11. 1992) • Nach dem Tod ihres Vaters, dem Vorstandsvorsitzenden der Gesellschaft, Georg Hach, am 27. August hat Beate Hach sowohl dessen Position in dem Unternehmen als auch seinen Anteil [. . .] am Stammkapital übernommen. (Börsen-Zeitung, 10. 11. 1992)
vorzeitige Pensionierung	• [. . .] der langjährige Vorstandsvorsitzende Rainer Michel, 60 Jahre, werde sich vorzeitig in den Ruhestand zurückziehen und vorerst nicht Mitglied des Aufsichtsrats. (FAZ, 10. 04. 1996) • [. . .] Der 47jährige wird damit Nachfolger von Lothar Mayer (63), der ursprünglich erst zum Jahresende in den Ruhestand wollte. (Hamburger Abendblatt, 02. 08. 1997)
Differenzen über die Geschäftspolitik	• Im Zuge der Veränderungen auch Zeidler loszuwerden, der sich wohl weder herabstufen noch wegloben lassen wollte, dürfte auch Suard kaum grämen. Obwohl auch offiziell das „gute Einvernehmen" zwischen Zeidler und dem Alcatel-Konzern hervorgehoben wird, gibt es dieses Einvernehmen seit geraumer Zeit nicht mehr. (Handelsblatt, 04. 01. 1995) • Vorstandssprecher Dr. Peter Friedemann ist am 1. April dieses Jahres „wegen unterschiedlicher Auffassungen zur Geschäftspolitik" aus dem Unternehmen ausgeschieden. (Textilwirtschaft, 15. 04. 1993)

(Fortsetzung nächste Seite)

(Fortsetzung Tabelle 22)

Wechselkategorie	Textbeispiel aus der Wirtschaftspresse
Wechsel in den Vorstand eines anderen Unternehmens	• Franz Neudeck hat per 1. Mai 1995 den Vorsitz des Vorstandes (Executive Board) der europäischen Holdinggesellschaft Sappi Europe Ltd, London, übernommen. (Handelsblatt, 16. 06. 1995) • Der Anzag-Vorstandsvorsitzende Franz H. Wolf wird Mitte des Jahres, nach Ablauf der Hauptversammlung am 3. Juli, das Unternehmen verlassen und eine führende Funktion in der Asko-Massa-Gruppe übernehmen. Anhaltspunkte für ein Scheiden im Streit gibt es nicht. Wolf, 48 Jahre alt, sieht in der neuen Funktion offenbar eine reizvollere Aufgabe. (FAZ, 02. 03. 1989)
Fusion / Akquisition	• Einen „fliegenden Wechsel" gab es zwei Monate nach Übernahme der Kapital-mehrheit durch Kaufhof an der Spitze der Horten AG. Das bisherige Kaufhalle-Vorstandsmitglied Lovro Mandac (44) löst Dieter Jünemann ab, der „in freundlichem Einvernehmen" [...] Horten verließ. (Textilwirtschaft, 18. 08. 1994) • Helmut Posern, 52, Vorstandssprecher der Bavaria-St.Pauli-Brauerei AG, Hamburg, wird im gegenseitigen Einvernehmen am 31. Januar das Unternehmen verlassen. Sein Ausscheiden erfolgt nach Mitteilung des Unternehmens im Zuge der Integration der Bavaria-Brauerei in die Brau und Brunnen-Gruppe und einer damit einhergehenden Verkleinerung des Vorstandes auf drei Mitglieder. (Handelsblatt, 27. 01. 1995)
sonstige Gründe	• Überraschend ist der Vorstandsvorsitzende dieses bedeutenden Unternehmens der Leuchten-Herstellung, Klaus-Peter Schneidewind, aus dieser Führungsposition ausgeschieden, ohne seinen Schritt vor der Hauptversammlung zu begründen. Als Minderheitsgesellschafter mit einem Anteil von vier Prozent des Kapitals der Gesellschaft trat er jedoch in den Aufsichtsrat ein. (FAZ, 05. 12. 1989) • Die Aktionäre lobten die erfreulichen Bilanzrelationen [...] und stellten damit der Arbeit des seit 1988 amtierenden Moldenhauer das beste Zeugnis aus. Moldenhauer scheidet jetzt aus „privaten Gründen" aus dem Unternehmen aus. (Handelsblatt, 05. 08. 1994)

Die folgenden Codierregeln wurden zur Bestimmung des Wechseltyps auf der Basis von Presseartikeln zum Wechsel verwandt und im Rahmen einer Codiererschulung als Richtlinien zur Codierung vorgegeben:

1. Alle Presseartikel werden auf Aussagen zum Wechsel der Spitzenführungskraft durchgesehen und der jeweils besprochene Wechsel wird anhand von Identifikatoren oder des Kontextes einer der Wechselkategorien zugeordnet.
2. Sofern Identifikatoren bezüglich des Wechseltyps nicht mit dem Kontext übereinstimmen, wird nach Kontext klassifiziert.[44]

3. Finden sich zwei oder mehr Aussagen im relevanten Text für einen Wechselfall und widersprechen sie sich bezüglich der Typenzuordnung, so wird keine Zuordnung getroffen. Dieser Fall wird gesondert vermerkt.

c) Codierung

Da die Zuordnung eines Wechsels durch Analyse der Presseberichterstattung in der Regel eine kontextbasierte Entscheidung ist und damit einem subjektiven Einfluß durch den jeweiligen Codierer unterliegt, wird hier die Codierung durch zwei voneinander unabhängige Personen vorgenommen (Codierer 1 und 2). Durch einen Vergleich beider Codierungen wird dann eine Abschätzung der Codiergüte möglich. Jeder Codierer beurteilte dabei auf der Basis der gesamten 1.258 Presseartikel jeden Wechselfall und traf – soweit möglich – eine Zuordnung zu einem der Wechseltypen.[45] Die folgende Tabelle auf Seite 195 zeigt die Häufigkeitsverteilung der einzelnen Wechseltypen differenziert nach Codierern.

d) Reliabilitätskontrolle

Probleme bei der Codierung können immer dann auftreten, wenn bestimmte Inhalte, die semantisch oder begrifflich unscharf ausfallen, zu präzise bestimmten Kategorien codiert werden sollen.[46] So kann zum Beispiel ein Wechsel, der mit dem Begriff „im gegenseitigen Einvernehmen" charakterisiert wird, sowohl ein freiwilliger Wechsel als auch ein „versteckter" unfreiwilliger Wechsel sein. Um einen Eindruck über die Zuverlässigkeit der Codierung zu erhalten, wird daher die Übereinstimmung der Codierentscheidungen zwischen den zwei Codierern überprüft.[47] Einem dritten Codierer „R" wurden die Fälle, in denen die zwei Hauptcodierer nicht übereinstimmten, sowie eine Reihe ergänzender, zufällig ausgewählter Fälle zur erneuten Codierung vorgelegt, um die Klassifizierung der kritischen Fälle auch vor dem Hintergrund eindeutiger Wechseltypen zu ermöglichen.[48]

---

[44] So kann zum Beispiel der Identifikator „auf eigenen Wunsch" im Zusammenhang mit einem Wechsel genannt werden. Sofern aber im weiteren Kontext des Wechsels von „Streit", „Konflikten mit dem Aufsichtsrat" oder „unzufriedenen Anlegern" mit der Konsequenz des Wechsels berichtet wird, erfolgt eine Zuordnung zum unfreiwilligen Wechseltyp.

[45] Da der dritte Codierer (Reliabilitätscodierer „R") zur Auflösung von Codierdifferenzen eingesetzt wurde, mußten ihm nicht alle Wechselfälle zur Klassifikation zur Verfügung gestellt werden.

[46] Vgl. Merten (1983), S. 302.

[47] Vgl. zur „Intercodierer-Reliabilität" Kromrey (1986), S. 183.

[48] Die Einteilung in kritische und unkritische Fälle war dem dritten Codierer „R" nicht transparent.

Tabelle 23

Einteilung der Wechsel nach Typen je Codierer

Wechseltyp	Codierer						endgültige Presse-Codierung	
	1		2		R			
	n	%	n	%	n	%	n	%
Pensionierung	81	26,2	80	27,5	53	26,1	81	26,8
vorzeitige Pensionierung	8	2,6	4	1,4	–	0	7	2,3
Differenzen über die Geschäftspolitik	101	32,6	108	37,1	72	35,5	109	36,1
Größerer Verantwortungsbereich in einem anderen Unternehmen	35	11,3	28	9,6	34	16,7	36	11,9
Fusion oder Akquisition des Unternehmens	23	7,4	15	5,2	–	0	21	7,0
Krankheit	11	3,5	10	3,4	8	3,9	11	3,6
Tod	6	1,9	6	2,1	5	2,5	5	1,7
sonstige Gründe	45	14,5	40	13,7	31	15,3	32	10,6
Summe[a]	310	100	291	100	203	100	302	100

[a] Da einige Presseartikel mehrere Wechselfälle zugleich behandeln und die Abgrenzung der jeweils besprochenen Personen sowie deren Zuordnung zu einem Wechseltyp nicht von jedem Codierer erkannt und umgesetzt worden ist, variiert die Anzahl der codierten Fälle.

Insgesamt klassifizierten die beiden Hauptcodierer (1 und 2) n = 317 Wechsel, dabei stimmten sie in ihrem Urteil zum Wechseltyp in n = 246 Fällen überein. In n = 57 Fällen fällte einer der Codierer ein spezifisches Urteil, während der andere Codierer keine Angaben zum Wechsel machen konnte oder „sonstige Gründe" für den Wechsel identifizierte. In n = 14 Fällen ordneten die Codierer einen Wechselfall jeweils unterschiedlichen spezifischen Typen zu. Damit erreicht die inhaltsanalytische Klassifikation von Wechseltypen eine „einfache" Intercodierreliabilität[49] von 95,6%. Eine Übereinstimmung der Klassifikation in über 90% der Fälle wird in der Literatur als ein sehr gutes Ergebnis für inhaltsanalytische Einteilungen gewertet.[50]

49 „Einfache" Intercodierreliabilität bestimmt sich dabei als Quotient aus Anzahl übereinstimmender Klassifikation (wird dann angenommen, wenn beide Codierer nicht spezifisch unterschiedliche Einteilungen vornehmen) zur Anzahl aller klassifizierten Wechselfälle. Vgl. Merten (1983), S. 304 ff.

50 Vgl. Miller/Friesen (1978), S. 924, die ca. 90% Übereinstimmung zwischen zwei Codierern als „extrem gut" bezeichnen sowie Yin/Heald (1975), S. 374, zu ähnlicher Argumentation.

Ein Reliabilitätsmaß, daß neben der tatsächlichen Übereinstimmung auch die zufällig zu erwartenden Übereinstimmungen berücksichtigt, liegt mit Cohen's Kappa-Koeffizient (κ) vor.[51] κ mißt dabei (für beliebig viele Codierer) den Grad der überzufälligen Übereinstimmung von C Codierern bezüglich N (i = 1 bis N) Beobachtungseinheiten in K Kategorien (j = 1 bis K) in Relation zum Grad der Übereinstimmung, der über den Zufall hinaus erreicht werden kann. Je weiter sich κ dem Wert 1 annähert, desto besser ist die Intercodierreliabilität.[52]

$$\kappa = \frac{p - p_e}{1 - p_e}$$

mit

$$p = \frac{1}{N * C(C-1)} \left(\sum_{i=1}^{N} \sum_{j=1}^{K} n_{ij}^2 - N * C \right) ,$$

$$p_e = \sum_{j=1}^{K} p_j^2 \; , \; p_j = \frac{1}{N * C} \sum_{i=1}^{N} n_{ij}$$

und n_{ij} = Zahl der Codierer, die der Beobachtungseinheit E_i die Kategorie K_j zugeordnet haben.

Im vorliegenden Fall ergibt sich ein κ von 0,839. Auch bei Berücksichtigung der zufällig zu erwartenden Übereinstimmungen in der Codierung kann die Zuordnung von Wechselfällen zu den Wechselkategorien somit als sehr zufriedenstellend gewertet werden.[53]

Dem dritten „Reliabilitäts-Codierer R" wurden die 71 uneinheitlichen Fälle sowie weitere 132 unkritische Fälle zur erneuten Klassifikation vorgelegt. Die 132 unkritischen Fälle wurden per Zufallsauswahl aus der Gruppe der 246 zuvor spezifisch gleich beurteilten Fälle ausgewählt und ebenfalls zur erneuten Klassifikation vorgelegt. Diesem Codierer wird damit eine Klassifikation der kritischen Fälle auch vor dem Hintergrund leicht zu bestimmender Wechseltypen ermöglicht. Von den 14 Fällen, in denen die zwei Hauptcodierer einen Wechselfall jeweils unterschiedlichen spezifischen Typen zuordneten, konnten drei Fälle durch die Klassifikation des dritten Codierers zu einem Wechseltyp konkretisiert werden.[54] Zusätzlich zu den 11 weiterhin kritischen Fällen bestimmte der dritte Codierer bei den 57 Fällen mit nur einem spezifischen Urteil vier weitere Fälle mit abweichendem spezifischen Urteil und 12 Fälle mit identischer spezifischer Zuordnung. Die nachfolgende Abbildung verdeutlicht nochmals den Vorgang der Codierung.

---

51 Vgl. Cohen (1960).

52 Vgl. Huber (1995), S. 141 – 143.

53 Vgl. zur Kritik an diesen Reliabilitätsmaßen Kriz (1978a), S. 88 ff.

54 In allen drei Fällen wurde der Wechsel als „Differenzen über die Geschäftspolitik" oder „vorzeitige Pensionierung" klassifiziert. Der zusätzliche Codierer entschied sich in allen Fällen für die Variante „Differenzen über die Geschäftspolitik", so daß dieser Typ gewählt wurde.

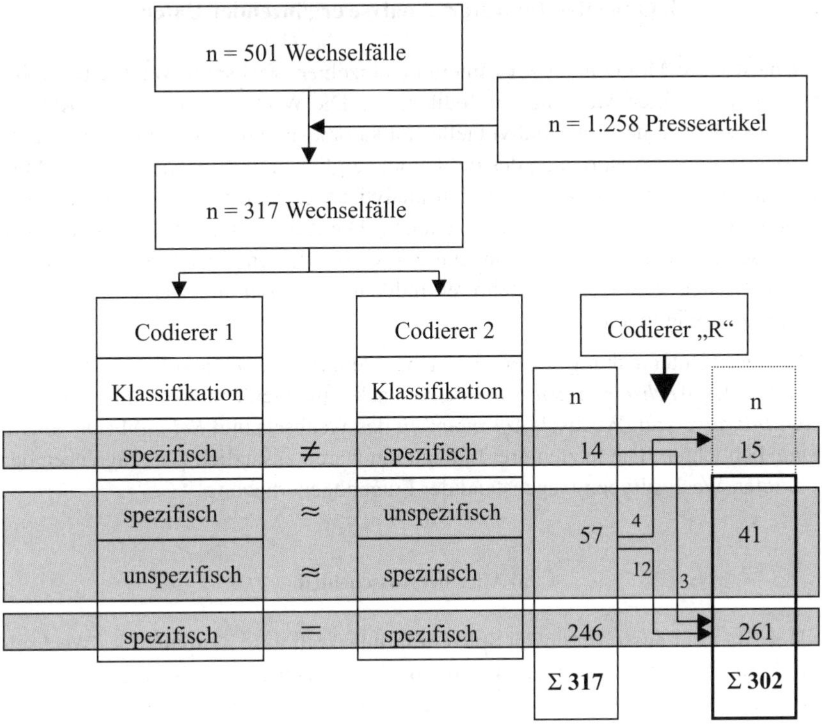

Abbildung 18: Codierschritte

e) Urteilsaggregation

Die Einteilung der Wechselfälle zu Typen durch die drei Codierer muß nun zu einem Typ je Wechselfall aggregiert werden. Dabei gilt, daß (a) bei Übereinstimmung in einem spezifischen Typ dieser gewählt wird, (b) bei einem spezifischen und einem unspezifischen Typ der spezifische Typ gewählt wird und (c) bei zwei unterschiedlichen spezifischen Typen keine Presseklassifikation vorgenommen werden kann.

Insgesamt können n = 302 Wechselfälle einem konkreten Wechseltyp zugeordnet werden. Die letzte Spalte („endgültige Pressecodierung“) in Tabelle 23 zeigt die aggregierte Verteilung der Wechseltypen auf Basis der Inhaltsanalyse von Presseartikeln.

3. Objective Indicator: Analyse ergänzender Daten

Eine weitere Möglichkeit zur Einteilung einzelner Wechsel in Wechseltypen besteht in der direkten Messung von Indikatoren. Die Wechsel werden einer Kategorie zugeordnet, indem ihre individuelle Indikatorausprägung mit einer vorab definierten typischen Ausprägung des Indikators verglichen wird. Stehen mehrere Indikatoren zur Verfügung, so lassen sich analytisch ex ante typische Ausprägungskombinationen je Wechselkategorie ableiten. Die Zuordnung eines Falls zu einem Typ geschieht dann nicht mehr anhand eines isolierten Indikators, sondern mittels systematischer Verknüpfung mehrerer Indikatoren beziehungsweise ihrer individuellen Ausprägungen.

In dieser Untersuchung lassen sich neben dem *Alter bei Ausscheiden* sowie der Tatsache des *Wechsels in den Aufsichtsrat* nach Ausscheiden außerdem die Indikatoren *Initiative* zum Wechsel, *Absehbarkeit* des Wechsels und *Relation zum Vertragende* betrachten. Die letzten drei Indikatoren waren zusätzlich zur Frage nach den konkreten Wechseltypen Gegenstand der Fragebogenerhebung.[55]

a) Alter bei Ausscheiden

Das Alter der ausscheidenden Spitzenführungskraft zum Zeitpunkt des Wechsels wird in der Literatur häufig zur Bestimmung von Wechseltypen herangezogen. Dabei wird unterstellt, daß in Unternehmen in der Regel informell oder formell festgelegt Pensionsgrenzen existieren, die auch für die Spitzenführungskraft ein Ausscheiden aus dem Amt ab einer bestimmten Altersgrenze verbindlich vorschreiben. Je nachdem, welches Alter als Pensionsgrenze definiert wird, werden Wechsel zum Beispiel mit 65 Jahren als unabdingbar klassifiziert. Alle Wechsel, bei denen die Spitzenführungskraft unter 65 Jahre alt ist, werden als nicht pensionsbedingte Wechsel eingestuft. Bei dieser Form der Klassifikation ergeben sich jedoch eine Reihe von Problemen:

(a) Die Bestimmung des Wechseltyps ist entscheidend abhängig von der Definition der Altersgrenze. Diese wird für alle Unternehmen einheitlich definiert, obwohl Unterschiede zwischen den Unternehmen als auch zwischen einzelnen Spitzenführungskräften eines Unternehmens existieren können. So ist zum Beispiel denkbar, daß es einer besonders erfolgreichen Spitzenführungskraft gelingen kann, die im Unternehmen übliche Pensionsgrenze um einige Jahre hinauszuzögern. Die beschränkte Möglichkeit, eine einheitliche Pensionsgrenze zu bestimmen, wird auch durch die in der Literatur unterschiedliche Anwendung von Altersgrenzen deutlich.[56] So definieren zum Beispiel *Geddes* und *Vinod*

[55] Vgl. zum Fragebogen Abbildung 16.

[56] Vgl. zur Operationalisierung der Wechselindikatoren Abschnitt C.II.2 sowie die letzte Spalte der Übersicht 3 zur Messung von Wechseltypen im Anhang.

eine Pensionsgrenze von 60 bzw. 61 Jahren,[57] während *Weisbach* einen pensionsbedingten Wechsel unterstellt, wenn die Spitzenführungskraft mit 64, 65 oder 66 Jahren ausscheidet[58].

(b) Wird ein Wechsel als pensionsbedingt eingestuft, sofern die Spitzenführungskraft ein bestimmtes Alter mindestens erreicht hat[59], so fallen auch Wechsel von Spitzenführungskräften in einem Alter weit über der Minimumsgrenze in diese Kategorie. Es ist jedoch fraglich, ob Spitzenführungskräfte, für die offensichtlich keine Pensionsgrenze zu definieren war, tatsächlich „unabdingbar" aus ihrem Amt ausscheiden, sofern nicht Krankheit oder Tod als Ursache identifiziert werden können. Die Gruppe der pensionsbedingten Wechsel enthielte in diesem Fall unter Umständen auch Wechsel, die anderen Ursachen zuzuordnen wären.

(c) Die Einteilung der Wechsel nach dem Alter bei Ausscheiden in Relation zu einer vorab definierten Pensionsgrenze ermöglicht lediglich eine dichotome Klassifikation in Wechsel auf Grund von Pensionierung und nicht pensionsbedingte Wechsel. Während erstere eine relativ homogene Gruppe von „unabwendbaren" Spitzenführungskraftwechseln darstellen, werden unter der zweiten Gruppe der nicht pensionsbedingten Wechsel sehr heterogene Fälle subsumiert: Neben freiwilligen und unfreiwilligen Wechseln finden sich hier auch weitere unabwendbare Abgänge auf Grund von Krankheit oder Tod.

Zur Bestimmung des Alters bei Ausscheiden wird neben dem Datum des Wechsels das Geburtsdatum der Spitzenführungskraft benötigt. Um dieses zu erhalten, wurden das *Munzinger Pressearchiv, Hoppenstedts Handbuch führender Frauen und Männer der deutschen Wirtschaft* sowie die deutsche Ausgabe des *Who's Who* auf Eintragungen zu den relevanten Personen hin durchgesehen. Die Analyse konzentrierte sich dabei zunächst auf die jeweiligen Ausgaben der Handbücher aus den zwei Jahren vor dem Wechsel und wurde soweit nötig bis zur jeweiligen Ausgabe von 1985 beziehungsweise 1998 ausgedehnt. Für insgesamt 248 Spitzenführungskräfte konnte dabei das Geburtsdatum identifiziert werden. Damit errechnet sich das Alter bei Ausscheiden taggenau als Differenz von Datum des Ausscheidens und Geburtsdatum.

b) Wechsel in den Aufsichtsrat

In deutschen Aktiengesellschaften ist häufig zu beobachten, daß Spitzenführungskräfte nach ihrem Ausscheiden aus der aktiven Unternehmensleitung eine Po-

---

57 Vgl. Geddes / Vinod (1997), S. 770. Vgl. ergänzend Klein / Rosenfeld (1988), S. 496 ff., die ebenfalls 61 Jahre als kritische Grenze definieren.

58 Vgl. Weisbach (1995), S. 181 f.

59 Vgl. stellvertretend Kim (1996), S. 484 ff., Poensgen / Lukas (1982), S. 179, Harrison et al. (1988), S. 213, die übereinstimmend „64 Jahre oder älter" als Kriterium für pensionsbedingte Wechsel identifizieren.

sition im Aufsichtsrat des gleichen Unternehmens übernehmen.[60] Nicht selten wechseln sie sogar direkt in den Aufsichtsratsvorsitz. Unternehmen versprechen sich durch diese indirekte personelle Kontinuität auch eine inhaltliche Kontinuität der Unternehmensleitung. Disruptive Effekte durch den Wechsel in der Leitungsfunktion sollen durch die Integration der früheren Spitzenführungskraft in das Kontrollorgan reduziert werden. Dies gilt um so mehr, als über das Instrument der „zustimmungspflichtigen Geschäfte“ der Aufsichtsrat gemäß § 111 Abs. 4 Satz 2 AktG auch direkt Einfluß auf die Unternehmensleitung nehmen kann.[61] Ergänzend verspricht man sich von der Einbeziehung ehemaliger Vorstände eine verbesserte Kontrolle der aktuellen Unternehmensleitung.[62] Durch ihre „Insider-Kenntnisse“ des Unternehmens können ehemalige Vorstände die Kontrollfunktion des Aufsichtsrates qualitativ verbessern.[63] Wechselt eine Spitzenführungskraft in den Aufsichtsrat, deutet dies folglich darauf hin, daß ihre Leistungen in der Unternehmensführung positiv bewertet wurden. Unfreiwillig ausscheidende Spitzenführungskräfte sollten demnach nicht in den Aufsichtsrat wechseln. Umgekehrt gilt aber nicht zwingend, daß alle Vorstände, die nicht in den Aufsichtsrat aufgenommen werden, unfreiwillig ausscheiden. Somit ergibt sich also auch bei diesem Indikator eine dichotome Klassifikation in:

(a) eine Gruppe von wechselnden Spitzenführungskräften, die nicht unfreiwillig ausscheiden und

(b) in eine Gruppe, die alle anderen Wechsel enthält.

Für die vorliegende Studie wurde die Zusammensetzung des Aufsichtsrates in den zwei Jahren nach dem Wechsel in der Spitzenführungskraftposition überprüft und alle Fälle vermerkt, in denen der ausgeschiedene Vorstand als Mitglied des Aufsichtsrates genannt wird. Die Daten zur Zusammensetzung des Aufsichtsrates wurden dem *Hoppenstedt Aktienführer* der jeweils relevanten Jahre entnommen. Bei insgesamt 110 Fällen (26,1%)[64] wechselte die Spitzenführungskraft in eine Aufsichtsratsposition.

---

60 Vgl. auch Gerum (1991), der bei der Mehrzahl der von ihm untersuchten Aufsichtsräte einen durchschnittlichen Mandatsanteil je Anteilseignervertreterkategorie von 8% „Altvorständen“ ermittelt. Vgl. auch Bleicher / Leberl / Paul (1989), S. 120.

61 Vgl. Gerum (1991), S. 724, Lutter / Krieger (1993), S. 35 ff. sowie Bleicher / Leberl / Paul (1989), S. 62 f. Vgl. von Rechenberg (1990) zur exemplarischen Diskussion des Umfangs und Gegenstands von Zustimmungsvorbehalten am Beispiel der Unternehmensplanung.

62 Die Bedeutung der Kontrollfunktion des Aufsichtsrates wird, wie die jüngste Änderung der Gesetzeslage mit Einführung des Gesetzes zur Kontrolle und Transparenz im Unternehmensbereich (KonTraG) zum 1. 5. 98 zeigt, nochmals verstärkt und hervorgehoben. Vgl. BGBl. I 1998, S. 786 ff., Klar (1997), S. 685 ff. und Hommelhoff / Mattheus (1998), S. 249 ff.

63 Die Bindung ausgeschiedener Vorstände an das Unternehmen durch Aufnahme in den Aufsichtsrat verhindert zusätzlich, daß diese unter Umständen von der Konkurrenz abgeworben werden und z. B. über Beraterverträge wettbewerbsrelevantes Wissen weitergeben.

64 Angaben in % beziehen sich auf die Gesamtzahl der Wechsel, für die Angaben zur Zusammensetzung des Aufsichtsrates vorhanden waren.

c) Fragebogengestützte Indikatoren

Bei den Indikatoren zur *Initiative zum Wechsel,* zur *Frist, innerhalb der ein Wechsel absehbar war,* und zur *Relation von Vertragslaufzeit und Wechsel* handelt es sich nicht um „objektive Indikatoren" im engen Sinne. Sie lassen sich nicht wie zum Beispiel das „Alter bei Ausscheiden" direkt messen, sondern wurden ergänzend zur Frage nach der konkreten Wechselursache im Fragebogen an die aktuelle Unternehmensleitung erhoben. Sie werden dennoch unter diesen Gliederungspunkt gefaßt, da ihr Beitrag zur Bestimmung der Wechseltypen dem der tatsächlichen „Objective Indicator" entspricht.

Die Initiative zum Wechsel wurde auf einer ordinalen siebenstufigen Skala durch die aktuelle Unternehmensleitung beschrieben. Die Initiative geht dabei entweder vollständig von der ausscheidenden Spitzenführungskraft oder dem Aufsichtsrat aus, oder aber beide Akteure werden zu gleichen Teilen aktiv. Im Falle eines unfreiwilligen Wechsels muß die Initiative per Definition vom Aufsichtsrat ausgehen, beim freiwilligen Wechsel sollte die Spitzenführungskraft selbst aktiv werden. Die Initiative für einen unabdingbaren Wechsel zum Beispiel im Rahmen einer planmäßigen Pensionierung ist nicht eindeutig einem der beiden Akteure zuzuordnen.

Die Frist, mit der ein Wechsel absehbar war, sollte ebenfalls auf einer siebenstufigen Skala abgetragen werden. Dabei konnte an den Extrempunkten zwischen einer langfristigen (über zwei Jahre) und einer kurzfristigen (unter sechs Monaten) Frist unterschieden werden. Spitzenführungskraftwechsel im Rahmen planmäßiger Pensionierung sind bereits Jahre vor dem Wechseldatum absehbar. Bei anderen unabdingbaren Wechseltypen zum Beispiel auf Grund von Krankheit oder Tod kann der Wechsel aber auch sehr kurzfristig erfolgen. Unfreiwillige Wechsel sollten in der Regel ebenfalls kurzfristig absehbar sein, auch wenn ihnen unter Umständen eine längere Periode der offensichtlichen Differenz zwischen Führungskraft und Kontrollorgan vorausgehen kann.

Vorstände deutscher Aktiengesellschaften werden in der Regel für einen Zeitraum von fünf Jahren bestellt. Die Wahrscheinlichkeit, daß ein unfreiwilliger Wechsel mit dem Ende des Vertrages zusammenfällt, ist folglich relativ gering. Dennoch besteht die Möglichkeit, daß Aufsichtsräte gerade in einer Situation, in der sie über die Vertragsverlängerung entscheiden sollen, die Chance zur einfachen Trennung von der Spitzenführungskraft ergreifen. Dies gilt um so mehr, als Vertragskündigungen während der Laufzeit zu Abfindungszahlungen in erheblicher Höhe führen können. Lediglich der Wechsel im Rahmen planmäßiger Pensionierung sollte sicher mit Beendigung der Vertragslaufzeit zusammenfallen. Diese Form des Wechsels ist lange geplant, und die Verträge werden folglich mit den entsprechenden Laufzeiten abgeschlossen.

d) Zusammenfassende Beurteilung der „objektiven Indikatoren" zur Wechselkategorisierung

Im Gegensatz zu den beiden vorangegangenen Verfahren zur Bildung von Wechseltypen ermöglichen die hier besprochenen Indikatoren nur eine vergleichsweise diffuse Zuordnung von Spitzenführungskraftwechseln zu Typen. So kann zum Beispiel durch die Betrachtung des „Alters bei Ausscheiden" lediglich eine dichotome Einteilung der Wechsel in wahrscheinlich pensionsbedingte und nicht pensionsbedingte Abgänge vorgenommen werden. Bei Anwendung dieser Verfahren muß also in Kauf genommen werden, daß ein Teil der Wechsel ungenau zugeordnet wird. Zudem ermöglicht die rein dichotome Klassifikation nicht die Unterscheidung nach weiter differenzierten Typen, die mittels genauerer Meßinstrumente abgrenzbar sind.

Vor dem Hintergrund dieser Überlegungen werden die oben genannten Indikatoren in dieser Untersuchung nicht zur isolierten Bestimmung von Wechseltypen verwandt, sondern gehen als ergänzende Informationen in die endgültige Zuordnung eines Falls zu einem Wechseltyp ein.

4. Bestimmung des Wechseltyps je Fall

a) Verteilung der Wechseltypen je Meßinstrument und Validitätsprüfung

Bei insgesamt 501 identifizierten Wechseln der Spitzenführungskraft ist der Versuch unternommen worden, sie einem bestimmten Wechseltyp zuzuordnen. Neben der Befragung der aktuellen Unternehmensspitze im Sinne eines „Self Typing" wurden die einzelnen Wechsel zusätzlich anhand von Presseartikeln („Investigator Inference") klassifiziert. Ergänzend konnten für eine Reihe von Wechseln Indikatoren ermittelt werden, die die jeweiligen Umstände des Wechsels näher charakterisieren. Für 211 Unternehmen liegt eine Einteilung zu einem Wechseltyp aus der Auswertung der Fragebögen vor. N = 302 Wechselfälle ließen sich anhand der Presseanalyse klassifizieren. Die nachfolgende Tabelle 24 zeigt die Verteilung der einzelnen Wechselursachen je angewandter Meßmethode.

Durch den Vergleich der Wechseltypklassifikation je Meßmethode lassen sich die Besonderheiten sowie die Validität der jeweiligen Methode beurteilen.[65] Zeigen sich größere Abweichungen bei der Zuordnung zu einem Wechseltyp bezogen auf den individuellen Fall, kann dies als ein erster Hinweis auf Validitätsprobleme verstanden werden.

Bereits der Vergleich der Verteilung der Wechseltypen je nach angewandter Meßmethode gibt einen Hinweis auf die Besonderheiten der einzelnen Methoden.

---

65 Vgl. zum Begriff der Validität Brockhoff (1993), S. 20 f. sowie umfassend Kromrey (1986), S. 76 ff.

Tabelle 24

Verteilung der Wechselursachen je Meßmethode

Wechseltyp	Meßmethode			
	„external assessment / self typing" (Fragebogen)		„investigator inference" (Presse)	
	n	%	n	%
Pensionierung	85	40,3	81	26,8
vorzeitige Pensionierung	15	7,1	7	2,3
Differenzen über die Geschäftspolitik	30	14,2	109	36,1
Größerer Verantwortungsbereich in einem anderen Unternehmen	35	16,6	36	11,9
Fusion oder Akquisition des Unternehmens	8	3,8	21	7,0
Krankheit	6	2,8	11	3,6
Tod	4	1,9	5	1,7
sonstige Gründe	28	13,3	32	10,6
Σ	211	100	302	100

Während 40,3% aller Wechsel, die auf Basis der Angaben durch die aktuelle Unternehmensleitung klassifiziert wurden, der Ursache „Pensionierung" zugeordnet werden können, ergibt die Presseauswertung mit n = 109 Wechseln (36,1%) den unfreiwilligen Wechsel „wegen Differenzen über die Geschäftspolitik" als zahlenmäßig häufigsten Wechseltyp. Diese Wechselursache wird nur für 30 Wechsel (16,6%) von der aktuellen Unternehmensleitung angegeben.

Beide Meßmethoden eignen sich offensichtlich unterschiedlich gut, um verschiedene Ursachen des Wechsels zu identifizieren. Die Inhaltsanalyse von Presseartikeln deckt deutlich mehr unfreiwillige Wechsel auf, als die aktuelle Unternehmensleitung zu klassifizieren bereit ist. Dafür ermöglicht die Messung im Sinne eines „Self Typing" die Identifikation von unabdingbaren Wechseln im Rahmen der Pensionierung, die offensichtlich in der Presse unterrepräsentiert sind. Über die Ursachen für die unterschiedliche Eignung zur Bestimmung verschiedener Wechseltypen kann nur spekuliert werden. Es ist aber zu vermuten, daß

(a) unfreiwillige Wechsel bevorzugt Berücksichtigung in der Presse finden, da sie vermutlich spektakulärer sind und damit diesem Wechsel ein höherer „Nachrichtenwert" unterstellt wird.

(b) die aktuelle Unternehmensleitung wenig geneigt ist, unfreiwillige Wechsel ihrer Vorgänger extern zu kommunizieren und im Zweifel auf eine entsprechende

Nachfrage nicht reagiert. Ein Wechsel im Rahmen einer planmäßigen Pensionierung zeugt hingegen von hoher Stabilität und Weitsicht der Unternehmensleitung und wird daher bereitwillig angegeben.[66]

Für diese Argumentation spricht, daß 79 von 109 Wechselfällen anhand der Presseauswertung als „unfreiwillig" klassifiziert werden, ohne daß ein Fragebogen für diese Fälle vorlag, während bei 40 von 85 Wechseln, die mittels der Fragebogenauswertung als planmäßige Pensionierung klassifiziert werden, keine Aussage in der Presse zu identifizieren war.

Durch die kombinierte Anwendung dieser zwei Meßmethoden steigt also die Wahrscheinlichkeit, eine Vielzahl unterschiedlicher Wechsel klassifizieren zu können. Insgesamt ergibt sich dadurch ein komplettes Bild der Wechselaktivität in der Grundgesamtheit deutscher Aktiengesellschaften.

Ein Vergleich der durch Fragebogen- und Presseauswertung identifizierten Wechselursache bei den Fällen, die mittels beider Meßmethoden bestimmt wurden, ermöglicht eine detailliertere Abschätzung der Gültigkeit der Methoden zur Bestimmung der Wechseltypen. Abbildung 19 gibt einen Überblick über die Anzahl gemeinsam klassifizierter Fälle. Insgesamt konnten n = 395 Wechsel durch mindestens eine Meßmethode in ihrem Wechseltyp bestimmt werden. Dies entspricht einem Anteil von 79% an allen ermittelten Spitzenführungskraftwechseln im Analysezeitraum.

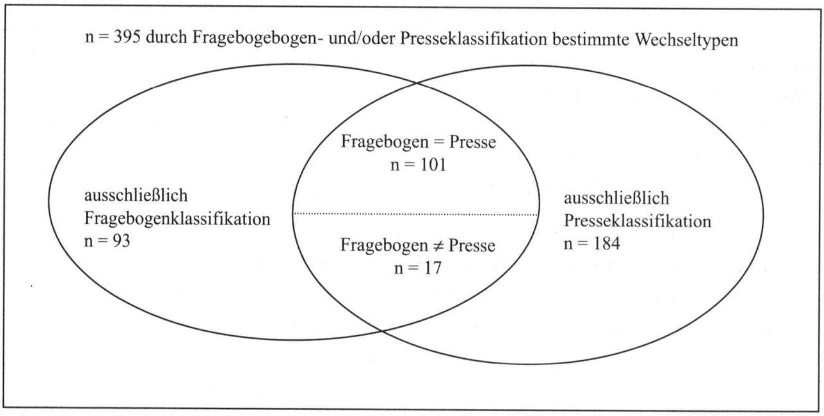

Abbildung 19: Klassifikation je Meßmethode

Bei n = 118 Wechseln liegt sowohl ein Urteil auf Basis der Fragebogenauswertung als auch als Ergebnis der Presseanalyse vor. In 101 Fällen stimmt das Fragebogenurteil mit dem der Presseanalyse überein, in 17 Fällen zeigen sich Abwei-

66 Vgl. Keun-nam (1996), S. 57.

chungen hinsichtlich der Einteilung zu einem spezifischen Wechseltyp. Bei gemeinsamer Beurteilung mit beiden Meßinstrumenten ergeben sich also nur in 14,4% der Fälle unterschiedliche Klassifikationen. Versteht man die Bestimmung des Wechseltyps anhand von zwei voneinander unabhängigen Meßinstrumenten als Maßnahme zur Kreuzvalidierung, so kann vor diesem Hintergrund die hohe Übereinstimmung der Meßergebnisse als Beleg für eine hohe Validität der Messung gelten.

Insgesamt erscheint die hier gewählte Vorgehensweise zur Bestimmung der Wechseltypen im Sinne einer kombinierten Messung aus Fragebogenerhebung und Inhaltsanalyse von Presseartikeln sinnvoll. Durch die Anwendung beider Meßmethoden kann der Umfang an klassifizierten Wechseln deutlich erhöht werden, wobei gleichzeitig die Möglichkeit zur Überprüfung und Sicherstellung der Validität der einzelnen Messung gegeben ist.

b) Bestimmung „eindeutiger Wechseltypen“

Bei n = 395 Wechselfällen liegt mindestens eine Zuordnung zu einem der vorab definierten Wechseltypen vor. Die entweder aus der Fragebogenauswertung oder Presseanalyse hervorgegangenen Klassifikationen müssen nun zu einem „eindeutigen“ Wechseltyp je Wechselfall kombiniert werden. Abhängig von der Möglichkeit zur Messung des Wechseltyps treten folgende drei Varianten je Wechselfall auf:

1. weder *Fragebogen-* noch *Presseklassifikation vorhanden*

In n = 106 Fällen lag weder ein auswertbarer Fragebogen noch eine auf den Wechsel bezogene Aussage in der Presse vor. In diesen Fällen konnte folglich keine eindeutige Bestimmung des Wechseltyps erfolgen.

2. Fragebogen- oder *Presseklassifikation vorhanden*

In n = 93 Fällen lag zwar von der aktuellen Unternehmensleitung eine Aussage zum Wechseltyp vor, die Analyse der Presse ergab jedoch keine auswertbaren Informationen zum Wechsel. 184 Wechsel wurden mittels der Presseanalyse klassifiziert, ohne daß parallel ein Fragebogen zur Einordnung vorlag. Vor dem Hintergrund der hohen Übereinstimmung zwischen Presse- und Fragebogenklassifikation besteht kein Grund, eine systematische Verzerrung der Messung bei einem Instrument anzunehmen. Sofern die Bestimmung des Wechseltyps nur auf einer Messung beruht, wird daher dieser Wechseltyp als „eindeutige“ Klassifikation verwandt.

3. Fragebogen- und *Presseklassifikation vorhanden*

Liegt für den individuellen Wechselfall sowohl eine Fragebogen- als auch eine Presseklassifkation vor (n = 118), so können sich unterschiedliche Urteilskombinationen in Abhängigkeit der Spezifität der Einteilungen ergeben. Diese Fälle sind bei der Bestimmung des Wechseltyps differenziert zu behandeln:[67]

(a) Fragebogen und Presse stimmen in ihrem spezifischen Urteil überein. Für diesen Fall ist der Wechseltyp damit eindeutig bestimmt.

(b) Liegt für einen Fall sowohl ein spezifisches als auch ein unspezifisches Urteil vor, so orientiert sich die Bestimmung des eindeutigen Wechseltyps am spezifischen Urteil.

(c) Eine unmittelbar eindeutige Bestimmung des Wechseltyps ist für den Fall, daß die spezifischen Fragebogen- und Presseurteile voneinander abweichen, zunächst nicht möglich. Für diese kritischen Fälle werden ergänzend die Ausprägungen der „objektiven Indikatoren“ analysiert, um unter Umständen dennoch eine Zuordnung zu eindeutigen Wechseltypen zu ermöglichen.

Zwar lassen sich, wie in Abschnitt E.IV.3 dargelegt, auf der Basis von Indikatoren Wechseltypen nur relativ diffus abgrenzen, dennoch sollten sich aus einem Vergleich der Indikatorausprägung unkritischer Fälle mit der Ausprägung bei kritischen Fällen Hinweise auf eine korrekte Typ-Zuordnung ergeben. Tabelle 25 zeigt die deskriptive Statistik sowie die Ergebnisse einer Varianzanalyse zur Unterscheidung der Indikatorausprägungen bei Wechselfällen, die jeweils bei beiden Meßmethoden einheitlich klassifiziert wurden. Dabei beschränkt sich die Analyse auf die Wechseltypen „Pensionierung“, „Differenzen über die Geschäftspolitik“ und „Wechsel in den Vorstand eines anderen Unternehmens“, da für die übrigen Wechseltypen nicht ausreichend Fälle mit gleicher Fragebogen- und Presseklassifikation vorliegen.

Die Ergebnisse bestätigen die Vermutung, daß sich die einzelnen Wechseltypen hinsichtlich der Indikatorausprägungen gerichtet signifikant unterscheiden.[68] Wechsel im Rahmen von planmäßiger Pensionierung weisen in allen Indikatoren im Vergleich zu den beiden anderen Wechseltypen eine unterschiedliche Verteilung auf. Wechsel wegen Differenzen über die Geschäftspolitik unterscheiden sich besonders in dem Indikator „Initiative zum Wechsel“ von den eher freiwilligen Wechseln. Die Initiative geht bei den unfreiwilligen Wechseln erwartungsgemäß fast ausschließlich vom Aufsichtsrat aus.

---

67 Die Einteilung eines Wechsels unter „sonstige Gründe“ wird hier in Analogie zum Vorgehen bei der Aggregation der Presseurteile als „unspezifisches“ Urteil bezeichnet. Alle anderen Wechseltypen basieren demnach auf „spezifischen“ Urteilen. Vgl. hierzu auch Abschnitt E.IV.2.

68 Damit ergibt sich auch eine zusätzliche Validierung der Meßergebnisse zum Wechseltyp. Die mittels Fragebogen oder Inhaltsanalyse ermittelten Wechseltypen zeigen jeweils unterschiedliche und für jeden Typ plausible Ausprägungen in den ergänzend erhobenen Indikatoren.

Tabelle 25: **Indikatorausprägungen bei „unkritischen" Fällen**

„unkritischer" Wechseltyp[b]	Indikatoren																		
	Alter bei Ausscheiden					Wechsel in AR		Initiative zum Wechsel					Absehbarkeit des Wechsels					Wechsel mit oder vor Vertragsende	
	Mittelwert[a]	Median		Modus	n	Ja	Nein	Mittelwert	Median		Modus	n	Mittelwert	Median		Modus	n	mit	vor
„Pensionierung"	64,4	64,5	1,84	65	32	24	18	2,94⁺	4	1,82	4	17	1,18	1	0,73	1	34	33	1
„Differenzen"	53,4*	53	4,66	52	8		18	6,25*	7	1,36	7	12	6,27*	7	1,10	7	11		14
„in ein anderes Unternehmen"	52,8*	57	5,89	57	9	3	9	2,80⁺	1	2,68	1	5	5*	4	1,87	4	5	2	5
Mittel der Quadrate	711,59							43,37					121,455						
F-Wert	61,192***							13,183***					129,654***						

$p \leq .05$; *** p £ .001

[a] Signifikanzniveaus bei Mittelwerten beziehen sich auf Unterschiede zum Wechseltyp „Pensionierung" bei * und zum Wechseltyp „Differenzen über die Geschäftspolitik" bei ⁺ (*Scheffe Test*).

[b] „Pensionierung" = Wechsel im Rahmen planmäßiger Pensionierung, „Differenzen" = Wechsel wegen Differenzen über die Geschäftspolitik, „in ein anderes Unternehmen" = Wechsel in den Vorstand eines anderen Unternehmens".

Bei insgesamt nur 17 Wechselfällen unterscheiden sich Fragebogen- und Presseauswertung in ihrem spezifischen Urteil. So wird zum Beispiel ein Wechsel auf der Basis der Fragebogenauswertung als unabdingbarer Wechsel (Pensionierung) klassifiziert. Die Presseanalyse ergibt jedoch Hinweise auf einen unfreiwilligen „Wechsel wegen Differenzen über die Geschäftspolitik". So berichtet die Wirtschaftswoche, daß die Spitzenführungskraft „[...] halb freiwillig halb gezwungen – die Konsequenzen aus seiner von Glücklosigkeit und Pannen geprägten sechsjährigen Amtszeit [zieht]". Da die Spitzenführungskraft bereits mit 60 Jahren ausscheidet und auch nicht in den Aufsichtsrat des Unternehmens wechselt, weichen die Indikatorenausprägungen in diesem Fall deutlich von den typischen Werten bei Wechseln auf Grund von Pensionierung ab. In diesem Fall scheint die Klassifikation auf der Basis der Presseanalyse eher den tatsächlichen Wechseltyp aufzudekken, so daß dieser Wechsel als „unfreiwillig" klassifiziert werden kann. Der gleiche Unterschied zwischen Fragebogen- und Presseklassifikation ergibt sich bei einem weiteren Wechsel. Im Gegensatz zum obigen Fall scheidet die Spitzenführungskraft hier jedoch mit 62 Jahren aus dem Amt. Ihr Alter bei Ausscheiden liegt somit sehr nahe am üblichen Pensionsalter, so daß in diesem Fall keine Auflösung der Differenz von Fragebogen- und Presseauswertung anhand typischer Indikatorausprägungen möglich ist. Eine „eindeutige" Bestimmung des Wechseltyps muß in diesem Fall also unterbleiben.

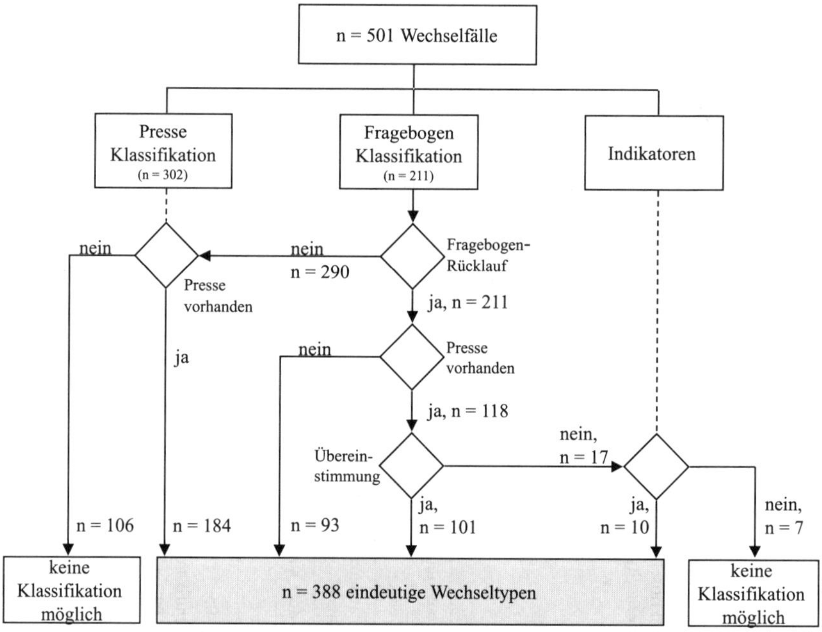

Abbildung 20: Bestimmung von eindeutigen Wechseltypen

Insgesamt können zehn „kritische" Fälle mit Hilfe der Indikatorausprägungen einem eindeutigen Wechseltyp zugeordnet werden. Bei sieben Fällen gelingt auch durch die zusätzliche Analyse der Indikatoren keine eindeutige Bestimmung des Wechseltyps. Damit liegen am Ende des Klassifikationsprozesses aller 501 Wechselfälle aus den Jahren 1989 bis 1997 n = 388 nach ihrem Wechseltyp eindeutig bestimmte Spitzenführungskraftwechsel zur weiteren Analyse vor.

Abbildung 20 faßt noch einmal den Ablauf zur Bestimmung eindeutiger Wechseltypen zusammen. Die Schritte zur systematischen Kombination der Ergebnisse aus der Anwendung verschiedener Meßmethoden werden dabei im einzelnen angezeigt, wobei die Verteilung der Wechselfälle durch Häufigkeiten an den Pfeilen verdeutlicht wird.

c) Verteilung der Wechseltypen

Insgesamt ergibt damit die Klassifikation der Spitzenführungskraftwechsel die in der folgenden Tabelle wiedergegebene Verteilung der Wechseltypen für Spitzenführungskräfte deutscher börsennotierter Aktiengesellschaften.

Tabelle 26

Verteilung der Wechseltypen bei Spitzenführungskräften deutscher Aktiengesellschaften

Wechseltyp	n	%
Pensionierung	119	30,7
Tod	5	1,3
Krankheit	14	3,6
vorzeitige Pensionierung	15	3,9
Differenzen über die Geschäftspolitik	121	31,2
Fusion / Akquisition	24	6,2
Wechsel in den Vorstand eines anderen Unternehmens	52	13,4
sonstige Gründe	38	9,8
Summe	388	100

Neben dem Wechsel „wegen Differenzen über die Geschäftspolitik" (31,2%) werden die Mehrzahl der Wechsel als planmäßige Pensionierungen (30,7%) klassifiziert. Bei immerhin 52 Wechseln (13,4%) scheidet die Spitzenführungskraft aus, um sich zu verbessern und in den Vorstand eines anderen Unternehmens einzutreten.

Die hier untersuchten Spitzenführungskräfte scheiden damit in erstaunlich hoher Zahl unfreiwillig aus ihrer Position. Unter Umständen ist dieser hohe Anteil jedoch auch auf die relativ große Zahl an nicht klassifizierten Wechseln (n = 113) zurückzuführen. Die in diesen Fällen nicht mögliche Klassifikation ist unter anderem darauf zurückzuführen, daß keine Presseberichterstattung vorlag. Es handelt sich bei diesen Wechseln daher unter Umständen um wenig spektakuläre Ereignisse, so daß sie vermutlich eher der Gruppe der Pensionierungen zuzuordnen sind. In diesem Fall reduziert sich der Anteil an Wechseln wegen Differenzen über die Geschäftspolitik von 31% auf 24%, während der Anteil der unabdingbaren Wechsel (Pensionierung, Krankheit, Tod) von 36% auf 50% steigt. Je nach Methode der Zuordnung scheiden dennoch zwischen einem Drittel und einem Viertel aller Spitzenführungskräfte unfreiwillig aus ihrem Amt. Kontrollmechanismen zur Disziplinierung der Vorstände scheinen folglich zu funktionieren. Die Aufsichtsräte reagieren offensichtlich auf nicht zufriedenstellende Performance oder auf vom Eigentümerinteresse abweichende Geschäftspolitik mit einem Wechsel in der Unternehmensführung.

N = 52 (13,4%) der Spitzenführungskräfte scheiden freiwillig aus ihrem Amt, um eine andere (bessere) Position in einem anderen Unternehmen zu übernehmen. Vor dem Hintergrund, daß hier ausschließlich börsennotierte Unternehmen analysiert werden, vermag dieser relativ geringe Anteil an freiwilligen Wechseln nicht zu erstaunen. Mit Erreichen der Spitzenführungskraftposition in diesen großen deutschen Unternehmen stehen nur noch wenige attraktive Alternativen offen. In der Regel ist mit dem Vorstandsvorsitz in einem börsennotierten Unternehmen die Karrierespitze erreicht.

Die Klassifikation von Wechseln der Spitzenführungskraft deutscher Aktiengesellschaften im Rahmen dieser Studie ermöglicht den Vergleich mit Ergebnissen anderer empirischer Studien. Werden zum Vergleich deutsche Studien herangezogen, die eine ähnliche Datenbasis analysieren, so geben die Verteilungen der Wechseltypen zusätzliche Hinweise auf die Validität der Klassifikation. Im Vergleich zu Ergebnissen amerikanischer Studien lassen sich unter Umständen Aussagen zur Effizienz der unterschiedlichen „Corporate Governance" Strukturen ableiten.

Die nachfolgende Tabelle zeigt die Verteilung der Wechseltypen in den einzelnen Studien. Dabei wurden nur Untersuchungen aufgenommen, die von einer differenzierten Typologie berichten.[69] Da nicht alle Studien das gleiche Klassifikationsschema verwenden und in ihrer Zuordnung unterschiedlich differenziert vorgehen, wird versucht, die ermittelten Verteilungen der Wechseltypen auf die hier verwendeten Kategorien zu übertragen. Wo dies in der differenzierten Unterteilung nicht möglich ist, wird lediglich zwischen den drei „Haupttypen" des Wechsels: „unabdingbar", „unfreiwillig" und „freiwillig" unterschieden. Diese Haupttypen sind in der Tabelle durch Doppellinien voneinander getrennt.

---

[69] Vgl. zur Anwendung unterschiedlich differenzierter Meßansätze Abschnitt C.II.2. und die dort aufgeführten Studien sowie die Übersicht 3 im Anhang.

Tabelle 27: **Verteilung der Wechseltypen in empirischen Studien**

Wechseltyp	Schrader / Lüthje (1996)				Jahn (1996)		te Wildt (1996)		Gilson[a] (1989)		Friedmann / Singh (1989)				Canella / Lubatkin (1993)			
	n	%	n	%	n	%	n	%	n	%	n	%	n	%	n	%	n	%
Pensionierung	22	*39*					35	*15,2*			104	*59*			288[b]	*61*		
Tod	3	*5*	28	*49*	26	*41*	3	*1,3*	35	*20*	19	*11*	123	*70*	24	*5*	325	*69*
Krankheit	3	*5*													13	*3*		
vorzeitige Pensionierung															52	*11*		
Differenzen über die Geschäftspolitik	12	*21*	14	*25*	21	*34*	24	*10,4*	94	*53*	19	*11*	19	*11*	95	*20*	147	*31*
Fusion / Akquisition	2	*4*					2	*0,9*										
Wechsel in den Vorstand eines anderen Unterneh-mens	15	*26*	15	*26*	16	*25*	7	*3,1*			33	*19*	33	*19*				
sonstige Gründe							159	*69,1*	47	*28*								
Summe	57	*100*	57	*100*	63	*100*	230	*100*	176	*100*	175	*100*	175	*100*	472	*100*	472	*100*

[a] Spitzenführungskraftwechsel in Unternehmen, die vor dem Wechsel eine besonders starke negative Aktienkursentwicklung realisieren.

[b] Zusammengefaßte Größe aus „relay"-Wechsel (Wechsel des CEO auf die Position des „chairman of the board" mit internem Nachfolger) und „normal retirement".

(Fortsetzung nächste Seite)

(Fortsetzung Tabelle 27)

Wechseltyp	Warner et al. (1988)				Denis / Serrano (1996)[c]				Kim (1996)			
	n	%	n	%	n	%	n	%	n	;%	n	%
Pensionierung	129[a]	*56*			10	*31*			4	*2*		
Tod	19	*8*	153	*66*	1	*3*	11	*33*	13	*8*	17	*10*
Krankheit	5	*2*										
vorzeitige Pensionierung					4	*12*			3	*2*		
Differenzen über die Geschäftspolitik	23	*10*	36	*16*	11	*33*	18	*55*	20	*12*	25	*15*
Fusion / Akquisition	13	*6*			3	*9*			2	*1*		
Wechsel in den Vorstand eines anderen Unternehmens	6	*3*	6	*3*	2	*6*	2	*6*	2	*1*	2	*1*
sonstige (ohne) Gründe	35	*15*	35	*15*	2	*6*	2	*6*	126[b]	*74*	126	*74*
Summe	230	*100*	230	*100*	33	*100*	33	*100*	170	*100*	170	*100*

[a] Zusammengefaßte Größe aus „retirement" und „assume other position" (i.d.R. Wechsel auf die Position des „chairman of the board").
[b] Kim (1996) wertet diese Wechsel (ohne Gründe) ebenfalls als „disciplinary" und betrachtet sie gemeinsam mit den 25 „unfreiwilligen" Wechseln.
[c] Es werden nur Unternehmen betrachtet, die zwischen 1983 und 1989 Gegenstand eines nicht erfolgreichen „control contest" waren.

(Fortsetzung nächste Seite)

(Fortsetzung Tabelle 27)

Wechseltyp	Cosh / Hughes (1997)				Salomo (2000)				Zusammenfassung über alle Studien			
	n	%	n	%	n	%	n	%	n[a]	%	n	%
Pensionierung	26	41	29	*46*	119	*30,7*	138	*35,6*	737	*40,3*	923	*44,8*
Tod	3	5			5	*1,3*			55	*3,0*		
Krankheit					14	*3,6*			35	*1,9*		
vorzeitige Pensionierung			30	*48*	15	*3,9*	160	*41,2*	74	*4,1*	590	*28,6*
Differenzen über die Geschäftspolitik	30	48			121	*31,2*			336	*18,4*		
Fusion / Akquisition					24	*6,2*			46	*2,5*		
Wechsel in den Vorstand eines anderen Unternehmens	4	6	4	*6*	52	*13,4*	52	*13,4*	137	*7,5*	137	*6,6*
sonstige (ohne) Gründe					38	*9,8*	38	*9,8*	407	*22,3*	407	*20,0*
Summe	63	100	63	*100*	388	*100*	388	*100*	1.827	*100*	2.057	*100*

[a] Die Summe über alle Einzelkategorien der Wechseltypen (1.827) weicht von der Summe über die zusammengefaßten Wechseltypen (2.057) ab, da nur Studien mit eindeutiger Zuordnung zu Einzelkategorien in der detaillierten Wechseltypologie berücksichtigt werden.

Die vorletzte Spalte der Tabelle 27 zeigt zum Vergleich die Verteilung der Wechseltypen aller im Rahmen der vorliegenden Untersuchung klassifizierten Spitzenführungskraftwechsel. Die letzte Spalte der Tabelle 27 faßt alle Studien zusammen und zeigt damit die durchschnittliche Verteilung der Wechseltypen.

Die Verteilung der Wechseltypen kann zunächst mit den Ergebnissen aus drei Studien, die ebenfalls deutsche Unternehmen analysieren, verglichen werden. Sowohl *Schrader/Lüthje* (1996) als auch *Jahn* (1996) differenzieren Wechsel in unabdingbare, freiwillige und unfreiwillige Wechseltypen. Bei beiden Studien scheiden die meisten Spitzenführungskräfte (49% bzw. 41%) aus unabdingbaren Gründen aus den Unternehmen aus. Im Vergleich klassifiziert die vorliegende Studie mit 35,6% weniger unabdingbare Wechsel. Der Anteil der unfreiwilligen Wechsel liegt demgegenüber um ca. 7 bis 15% über den Ergebnissen der beiden Studien. Die Gegenüberstellung der Häufigkeitsverteilungen muß jedoch beachten, daß sich sowohl *Schrader/Lüthje* als auch *Jahn*[70] in Umfang und Auswahl der Untersuchungseinheiten insoweit beschränken, daß ihnen eine fast 100% Klassifikation aller Fälle gelingt. Unter der Annahme, daß die in der vorliegenden Untersuchung nicht klassifizierten Fälle eher unter den unabdingbaren als unter den freiwilligen oder unfreiwilligen Wechseln zu subsumieren sind, gleicht sich die Verteilung der Wechseltypen an. Insoweit bestätigen sich die Ergebnisse zur Häufigkeitsverteilung unterschiedlicher Wechseltypen.

Die Angaben zum Wechseltyp bei der dritten Studie (*te Wildt*), die ebenfalls deutsche Aktiengesellschaften analysiert, weichen erheblich von den hier präsentierten Verteilungen sowie von den Ergebnissen bei *Schrader/Lüthje* und *Jahn* ab.[71] Dabei ist jedoch zu beachten, daß bei *te Wildt* eine sehr große Anzahl an Fällen nicht eindeutig einem konkreten Wechseltyp zugeordnet wird, so daß der größte Anteil der von ihm klassifizierten Wechsel unter die „sonstigen Gründe" fällt. Damit wird die Vergleichbarkeit der Klassifikation in diesem Fall erheblich eingeschränkt.

Ergänzend zu den drei deutschen Studien berichten auch sieben Studien aus dem anglo-amerikanischen Raum über die Häufigkeitsverteilung differenzierter Wechseltypen. Dabei ist jedoch zu beachten, daß die Studien von *Gilson* (1989) und *Denis/Serrano* (1996) Unternehmen in besonderen Situationen analysieren, die einen Vergleich der Ergebnisse nur beschränkt zulassen. Die Ergebnisse der Untersuchung von *Kim* (1996) unterscheiden sich stark von der hier ermittelten Häufigkeitsverteilung. Ein Vergleich ist jedoch auch in diesem Fall nur eingeschränkt möglich, da die Mehrzahl der Wechsel (74%) von *Kim* nicht klassifiziert werden. Bei den wenigen eindeutig bestimmten Wechseln zeigt sich ein leicht größerer Anteil an unfreiwilligen Wechseln in Relation zu den unabdingbaren Wechseln und

---

70 Vgl. Schrader/Lüthje (1995), S. 473 , die nur wenige, aber sehr große Unternehmen wählen und Jahn (1996), S. 107, der sich auf Unternehmen der Versicherungswirtschaft beschränkt, für die er Daten aus unterschiedlichen Quellen ausführlich recherchieren kann.

71 Die hier berichtete Klassifikation nach te Wildt bezieht sich auf die von ihm zitierten Angaben aus den Geschäftsberichten. Vgl. te Wildt (1996), S. 91.

damit eine ähnliche Tendenz wie in der vorliegenden Studie. Diese Tendenz bestätigt sich auch in der Studie von *Cosh/Hughes* (1997). Hier ist jedoch zu beachten, daß wiederum nur relativ wenige Spitzenführungskraftwechsel untersucht werden (n = 63), die zudem ausschließlich Unternehmen der Branche Elektrotechnik zuzuordnen sind.

Die verbleibenden drei Untersuchungen (Friedmann / Singh, Canella / Lubatkin, Warner et al.) lassen sich hinsichtlich Umfang und Repräsentativität der jeweiligen Stichprobe sehr gut mit der hier vorliegenden Studie vergleichen. Dabei fällt auf, daß der unabdingbare Wechsel der Spitzenführungskraft in amerikanischen Unternehmen mit einem durchschnittlichen Anteil von 68% deutlich häufiger vorkommt als in deutschen Unternehmen. Unfreiwillige Wechsel finden sich hingegen mit einem durchschnittlichen Anteil von 19% an allen Wechseln in deutlich geringerer Anzahl. Dieser Befund erstaunt angesichts der für die USA allgemein angenommenen „hire and fire"-Mentalität im Unterschied zu dem bei deutschen Unternehmen unterstellten Bestreben nach Ordnung und langfristiger Stabilität.[72] Da nicht plausibel ist, daß deutsche Spitzenführungskräfte durchschnittlich schlechtere Leistungen erbringen als ihre amerikanischen Kollegen und deshalb häufiger unfreiwillig ausscheiden, ist eine Erklärung für diesen Unterschied in der Wechselhäufigkeit auf einer anderen Ebene zu suchen.

Die Spitzenverfassung deutscher und amerikanischer Unternehmen unterscheidet sich – wie bereits in Abschnitt 1 erläutert – in bezug auf die Stellung der Spitzenführungskraft. Die im Direktorialprinzip verankerte Machtfülle des CEO sowie seine Einbindung im Board, die sich aus der monistisch organisierten Unternehmensverfassung ergibt, ermöglichen der amerikanischen Spitzenführungskraft offensichtlich, einem unfreiwilligen Wechsel eher zu widerstehen. Auf der anderen Seite steht mit dem Aufsichtsrat in deutschen Aktiengesellschaften ein unabhängiges Organ zur Verfügung, das befugt ist, Spitzenführungskräfte bei nicht zufriedenstellender Lage aus ihrem Amt zu entlassen. Weiterhin werden die in der vorliegenden Arbeit untersuchten Unternehmen weit überwiegend von Mehrpersonen-Vorständen geleitet, deren einzelne Mitglieder bereits Gesamtverantwortung für die Unternehmensleitung besitzen. Damit ist es in deutschen Aktiengesellschaften für den Aufsichtsrat unter Umständen einfacher, einen internen Nachfolger mit ausreichender Leitungserfahrung „heranzuziehen". Eine Alternative zur amtierenden Spitzenführungskraft ist also eher vorhanden und hinsichtlich ihrer Leistungsfähigkeit bereits über einen längeren Zeitraum zu beurteilen. Die Kosten eines Wechsels der Spitzenführungskraft, bestehend aus Suchkosten und Kosten der Unsicherheit bezüglich der Qualität des Nachfolgers, können vom Aufsichtsrat bei deutschen Aktiengesellschaften entsprechend niedriger bewertet werden, so daß die Wahrscheinlichkeit des unfreiwilligen Wechsels steigt. Inwieweit diese (hier eher ad hoc vorgetragene) Argumentation auch durch die weiteren Befunde unterstützt wird, ist Gegenstand des sechsten Abschnitts dieser Arbeit.

---

72 Vgl. auch Schrader / Lüthje (1995), S. 479 f.

In der Zusammenfassung über alle Studien zeigt sich ebenfalls eine Dominanz des unabdingbaren Wechseltyps, der mit 44,8% deutliche häufiger auftritt als der unfreiwillige Wechsel mit 28,6% aller Fälle.[73] Da mehr als 67%[74] der in dieser Zusammenfassung berücksichtigten Fälle auf Wechsel amerikanischer Spitzenführungskräfte zurückgeht, spiegelt diese Aggregation jedoch erneut überwiegend die Situation in amerikanischen Unternehmen wieder und ist damit nur bedingt auf deutsche Verhältnisse zu übertragen.

V. Bestimmung individueller Untersuchungszeiträume und Auswahl der Kontrollfälle

Nachdem bisher die Vorgehensweise zur Bestimmung von Tatsache und Art des Wechsels der Spitzenführungskraft dargestellt wurde, wird in den folgenden Abschnitten die Definition der individuellen Wechselzeiträume und damit auch der Wechselfälle beschrieben. Abschließend wird die Auswahl der Kontrollfälle dargestellt.

1. Bestimmung der individuellen Untersuchungszeiträume: Wechselfälle

Der Zusammenhang zwischen dem Wechsel der Spitzenführungskraft und dem Unternehmenserfolg wird in dieser Untersuchung für einen individuellen Wechselzeitraum von fünf Jahren betrachtet. Da Jahresabschlüsse der Unternehmen als Datenbasis zur Messung des Unternehmenserfolges verwandt werden sollen, ergeben sich insgesamt fünf Jahresabschlüsse und damit auch fünf Meßzeitpunkte zur Bestimmung der jeweiligen Wechselzeiträume. Ausgehend vom Jahresabschluß in t_0, der zum ersten Mal maßgeblich durch die nachfolgende Spitzenführungskraft beeinflußt wird, ist der individuelle Wechselzeitraum definiert als zwei Jahre vor dem Wechsel – unter dem Einfluß der später ausscheidenden Spitzenführungskraft (t_{-2}, t_{-1}) – und drei Jahre nach dem Wechsel, für die der jeweilige Nachfolger verantwortlich zeichnet (t_0, t_1 und t_2). Die Bestimmung des t_0-Jahres ist dabei abhängig von:

(a) dem Datum des Wechsels der Spitzenführungskraft und

(b) dem Zeitpunkt der Aufstellung des Jahresabschlusses.

---

73 Die Zahlen dieser Zusammenfassung über alle Studien sind mit großer Vorsicht zu interpretieren. Die berücksichtigten Studien unterscheiden sich zum Teil erheblich hinsichtlich der Zusammensetzung der Stichproben sowie der Operationalisierung der Wechselkategorien. Zudem kann nicht ausgeschlossen werden, daß einige Wechsel in mehreren Studien gleichzeitig berücksichtigt wurden und damit hier doppelt gezählt werden.

74 Angabe in % bezieht sich auf die Anzahl Fälle, die einem „konkreten" Wechseltyp zugeordnet werden können.

Untersuchungen, die ebenfalls jahresabschlußbasierte Performancemaße verwenden, orientieren sich bei der Zuordnung von Spitzenführungskräften zu den jeweiligen Jahresabschlüssen in der Regel am Geschäftsjahr und weniger am Datum der Aufstellung.[75] Damit wird implizit angenommen, daß lediglich materielle Sachverhalte für das Jahresabschlußbild relevant sind. In dieser Untersuchung wird jedoch argumentiert, daß neben den materiellen Effekten auch die gezielte Beeinflussung der publizierten wirtschaftlichen Lage im Jahresabschluß zu berücksichtigen ist. Damit gewinnt die Frage, ob die ausscheidende oder nachfolgende Spitzenführungskraft den Jahresabschluß aufstellt, entscheidende Bedeutung.

Scheidet eine Spitzenführungskraft nach der Aufstellung des Jahresabschlusses aus, hat sie noch die Möglichkeit, den Abschluß des Vorjahres sowohl materiell als auch bilanzpolitisch zu gestalten. Wechselt die Spitzenführungskraft nach Ende des Geschäftsjahres, aber noch vor Aufstellung des Abschlusses, so hat sie weiterhin die materielle Basis für den Abschluß des vergangenen Jahres zu verantworten, die bilanzpolitischen Maßnahmen zur gezielten Gestaltung des Jahresabschlußbildes stehen jedoch bereits ihrem Nachfolger zur Verfügung. Inwieweit der Nachfolger die Aufstellung des Abschlusses noch beeinflussen kann, hängt von der Zeitspanne zwischen Wechsel und Aufstellung des Jahresabschlusses ab. In dieser Untersuchung wird eine „kritische" Spanne von 6 Wochen festgelegt, so daß sich zwei mögliche Fälle zur t_0-Bestimmung ergeben:

1. Vergehen zwischen Wechsel und Aufstellung weniger als sechs Wochen, wird angenommen, daß der *neuen* Spitzenführungskraft nicht mehr ausreichend Zeit zur Verfügung steht, den Jahresabschluß bilanzpolitisch entscheidend zu beeinflussen. Erst der Abschluß des folgenden Jahres steht voll unter dem Einfluß der neuen Spitzenführungskraft und wird folglich als t_0-Jahr im Wechselzeitraum definiert.
2. Liegen mehr als sechs Wochen zwischen Wechsel und Aufstellung, kann die nachfolgende Spitzenführungskraft den Jahresabschluß bereits zielgerichtet bilanzpolitisch gestalten. Im Vergleich zum obigen Fall verschiebt sich das t_0-Jahr damit um ein Jahr nach vorn.

Neben dem Datum des Wechsels, das bereits zur Bestimmung des Alters bei Ausscheiden erhoben wurde, mußte zusätzlich das Datum der Aufstellung des Jahresabschlusses ermittelt werden. Hierzu wurde auf die Pflichtveröffentlichung der Jahresabschlüsse im Bundesanzeiger zurückgegriffen. Bei jedem Wechselfall wurde das Aufstellungsdatum des Jahresabschlusses für drei Geschäftsjahre, von einem Jahr vor dem Wechsel bis zum Geschäftsjahr nach dem Wechseljahr, erfaßt. Sofern die aufstellenden Vorstände namentlich im Zusammenhang mit dem Datum der Aufstellung genannt sind, wurde diese Information zur Zuordnung der Jahresabschlüsse zu den jeweiligen Spitzenführungskräften zusätzlich herangezogen.

---

75 Vgl. zum Beispiel te Wildt (1996), S. 61 f., Conyon/Nicolitsas (1998), S. 148 und 152.

Entsprechend der oben beschriebenen Zuordnungsregel konnten n = 472 t_0-Jahre bestimmt werden. Insgesamt 29 Wechselfällen konnte kein t_0-Jahr zugeordnet werden. Diese Spitzenführungskraftwechsel wurden entweder erst 1997 vollzogen, so daß das t_0-Jahr bereits außerhalb des Analysezeitraums lag, oder es standen keine Jahresabschlüsse zur Verfügung. Einige Unternehmen unterlassen die Pflichtpublikation im Bundesanzeiger, so daß eine korrekte Zuordnung der Jahresabschlüsse zu *t*-Jahren nicht möglich ist. N = 9 Unternehmen wechseln die Spitzenführungskraft im gleichen Jahr zweimal. Für diese Fälle kann ebenfalls kein t_0-Jahr korrekt bestimmt werden.

Bei n = 63 Wechselfällen liegt eine Zeitspanne von 2 Tagen bis 5 Monaten zwischen Wechsel der Spitzenführungskraft und Aufstellung des Jahresabschlusses. Die Median-Zeitspanne zwischen Wechsel und nachfolgender Jahresabschlußaufstellung liegt bei 39 Tagen. Das heißt, bei der Mehrzahl der „kritischen" Fälle hat die nachfolgende Spitzenführungskraft mindestens sechs Wochen Zeit, den Jahresabschluß entsprechend ihrer eigenen Zielvorstellungen zu gestalten. Zwar sind große Kapitalgesellschaften gesetzlich verpflichtet, ihren Abschluß innerhalb von drei Monaten nach Ende des Geschäftsjahres zu veröffentlichen[76], in der Realität besitzen Spitzenführungskräfte jedoch ausreichend Spielraum, diese Frist bei Bedarf zu verlängern.[77] Da man davon ausgehen kann, daß gerade die nachfolgende Spitzenführungskraft diese Möglichkeit auch ausnutzen wird, kann die festgestellte mittlere Zeitspanne als empirische Bestätigung der oben definierten 6-Wochenfrist gewertet werden.

Die Zuordnung des t_0-Jahres erfolgt bei diesen „kritischen" Fällen entsprechend der obigen „6-Wochen-Regel". In n = 32 Fällen stehen dem Nachfolger deutlich weniger als 6 Wochen zur erneuten oder modifizierten Aufstellung des Jahresabschlusses zur Verfügung.[78] Der jeweilige Abschluß wird bei diesen Fällen folglich der ausscheidenden Spitzenführungskraft zugerechnet.

Ausgehend von den t_0-Jahren je Wechselfall lassen sich die weiteren Jahre (t_{-2} bis t_2) des individuellen Analysezeitraums bestimmen. Einige Unternehmen realisieren jedoch mehrere Spitzenführungskraftwechsel hintereinander. Liegen nicht mindestens vier Jahre zwischen zwei t_0-Jahren eines Unternehmens, überlappen sich die individuellen Untersuchungszeiträume. Jedes Geschäftsjahr sollte jedoch

---

76 Vgl. § 264 (1) HGB.

77 Ziegler (1984), S. 135 berichtet auf Basis einer Befragung von Unternehmen, daß die Vorlage des Jahresabschlusses bis zu 10 Monate nach Abschluß des Geschäftsjahres noch als geringe Verzögerung angesehen wird. Vgl. auch Leker (1993), S. 50.

78 Die Verteilung der Wechselursachen bei diesen 32 Fällen kann als erneute Bestätigung der hier angewandten Methode zur Bestimmung der Wechselursache gewertet werden. Bei keinem Wechselfall, der der Kategorie „Pensionierung" zugeordnet wurde, scheidet die Spitzenführungskraft kurz vor der Aufstellung des Jahresabschlusses aus. Im Gegensatz hierzu trifft dies für 14 Wechsel wegen „Differenzen über die Geschäftspolitik" zu. Unfreiwillig ausscheidende Spitzenführungskräfte verlassen das Unternehmen auch – oder gerade – dann kurzfristig, wenn die Aufstellung des Abschlusses unmittelbar bevorsteht.

nur einem Wechselfall eindeutig zugeordnet werden, um Interpretationsproblemen auszuweichen. Daher beginnt die t-Jahr Zuordnung mit dem frühesten Wechsel je Unternehmen und schreitet so lange fort, bis erneut ein t_0-Jahr des gleichen Unternehmens erreicht wird. Diesem Wechselfall können daraufhin nur noch maximal t_1- und t_2-Jahre zugeordnet werden. In 97 Fällen lagen die t_0-Jahre weniger als vier Jahre auseinander, wobei in 29 Fällen auf ein t_0-Jahr unmittelbar ein weiteres t_0-Jahr folgte. In 41 Fällen lagen ein Jahr und in 25 Fällen zwei Jahre zwischen den Wechseljahren. Lediglich in zwei Fällen lagen drei Jahre zwischen den t_0-Jahren.

Insgesamt konnten n = *1.856* Geschäftsjahre eindeutig einem Jahr im individuellen Analysezeitraum je Wechselfall zugeordnet werden. Diese 1.856 Untersuchungseinheiten werden im folgenden als *„Wechsel-Unternehmensjahre"* bezeichnet.

2. Auswahl der Kontrollfälle

Um Aussagen zu Bedingungen und Wirkungen eines Wechsels der Spitzenführungskraft analysieren zu können, müssen die ermittelten Wechselfälle in Relation zu Kontrollfällen analysiert werden. Erst durch den Vergleich der Wechselsituation mit einer Situation, die nicht durch den Wechsel der Spitzenführungskraft beeinflußt wird, lassen sich „Wechseleffekte" isolieren.

Würden bei der Ermittlung der Kontrollgruppe nur Unternehmen berücksichtigt, die im Analysezeitraum nie einen Wechsel der Spitzenführungskraft vollziehen, ergäbe sich eine verzerrte Zusammensetzung der Kontrollgruppe. Wechselfälle würden mit Kontrollfällen verglichen, die als „Exoten" mit hoher Wahrscheinlichkeit nicht nur in der Tatsache des Wechsels, sondern auch in anderen Unternehmenscharakteristika systematisch von der Mehrzahl der Unternehmen abweichen. Daher orientiert sich die Auswahl der Kontrollfälle nicht an Unternehmen, sondern an „Unternehmensjahren".

Grundsätzlich wird – entsprechend der bisherigen Argumentation – angenommen, daß zwischen dem Wechsel der Spitzenführungskraft und dem Unternehmenserfolg ein Zusammenhang besteht. Diese Beziehung sollte insbesondere für die als „individuellen Wechselzeitraum" definierte Periode von t_{-2} bis t_2 gelten. Um sicherzustellen, daß ein „Kontroll-Unternehmensjahr" nicht durch Effekte eines Wechsels der Spitzenführungskraft beeinflußt wird, können entsprechend nur die Unternehmensjahre als Kontrollfälle herangezogen werden, die außerhalb eines „individuellen Wechselzeitraums" liegen.

Kontroll-Unternehmensjahre sind also Geschäftsjahre, bei denen anzunehmen ist, daß Effekte aus dem Wechsel der Spitzenführungskraft zu einem in der Vergangenheit oder in der Zukunft liegenden Zeitpunkt nicht oder kaum vorhanden sind.

Die nachfolgende Abbildung 21 verdeutlicht diese Vorgehensweise zur Bestimmung der potentiellen „Kontroll-Unternehmensjahre" (t_k).

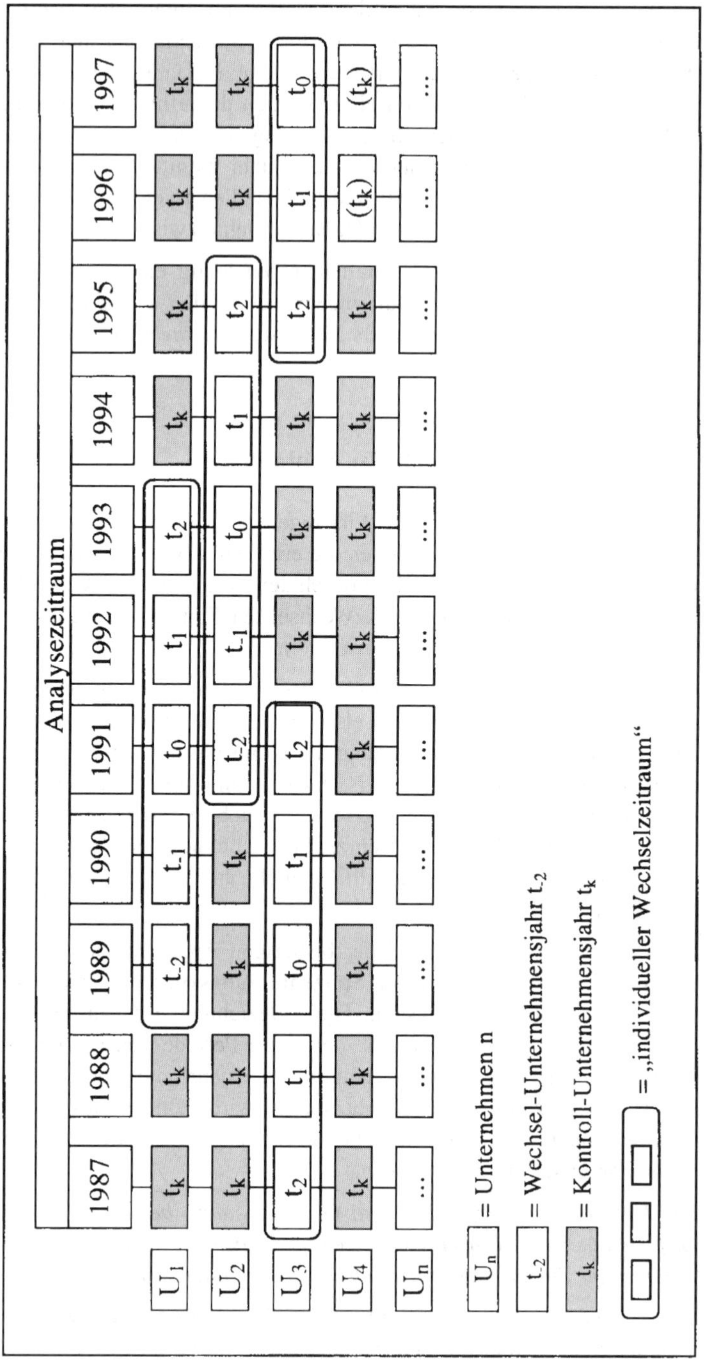

Abbildung 21: Bestimmung der „Kontroll-Unternehmensjahre“

Im Fall des Unternehmens U_1 läßt sich das Geschäftsjahr 1991 als t_0-Jahr identifizieren. Ausgehend von diesem Jahr umfaßt der „individuelle Wechselzeitraum" für diesen Wechsel der Spitzenführungskraft entsprechend die Jahre 1989 (t_{-2}) bis 1993 (t_2). Das Geschäftsjahr 1994 hingegen liegt weder innerhalb dieses Wechselzeitraums noch innerhalb eines eventuell folgenden individuellen Wechselzeitraums und qualifiziert sich entsprechend als „Kontroll-Unternehmensjahr".[79] Im Fall des Unternehmens U_3 ist diese Bedingung lediglich für die Geschäftsjahre 1992 bis 1994 erfüllt. Obwohl das Geschäftsjahr 1995 weit außerhalb des ersten individuellen Wechselzeitraums liegt, kann es bereits dem Wechselzeitraum des zweiten, im Jahr 1997 erfolgenden Wechsels der Spitzenführungskraft dieses Unternehmens zugeordnet werden. Bei Unternehmen U_4 wechselte im Verlauf des gesamten Analysezeitraums keine Spitzenführungskraft. Damit könnten alle relevanten Geschäftsjahre dieses Unternehmens als Kontroll-Unternehmensjahre berücksichtigt werden. Um jedoch dem zuvor erläuterten Einwand zu begegnen, daß Unternehmen U_4 als „Exot" nur eine verzerrte Betrachtung ermöglicht, wird zusätzlich geprüft, ob dieses Unternehmen in der Zeit vor 1987 einen Wechsel der Spitzenführungskraft aufweist. Zeigt sich auch in sieben Jahren (bis 1980) vor dem eigentlichen Analysezeitraum kein Wechsel der Spitzenführungskraft, werden die entsprechenden Unternehmensjahre nicht als Kontrollfälle berücksichtigt.[80]

Mit Anwendung des Kriteriums, daß ein Kontroll-Unternehmensjahr immer außerhalb eines fünfjährig definierten „individuellen Wechselzeitraums" liegen muß, unterscheidet sich diese Untersuchung von allen anderen Studien zum Wechsel der Spitzenführungskraft. Im Gegensatz zum hier angewandten Verfahren werden in den bisherigen Studien regelmäßig diejenigen Jahre als Kontrollfälle bestimmt, in denen kein Wechsel der Spitzenführungskraft vorliegt.[81] Damit könnte zum Beispiel das Geschäftsjahr 1991 des Unternehmens U_1 als Kontrollfall definiert werden. Die in der vorliegenden Studie angewandte Regel stellt folglich strengere An-

---

79 Während das Geschäftsjahr 1995 bei diesem Unternehmen ebenfalls mit Sicherheit außerhalb eines individuellen Wechselzeitraums liegt, kann das für die beiden Jahre 1996 und 1997 nicht mit Sicherheit angenommen werden. Da Informationen über 1998 zum Zeitpunkt der Erhebung nicht vorlagen, ist es durchaus möglich, daß im Fall eines erneuten Wechsels der Spitzenführungskraft in diesem Jahr, 1996 und 1997 eigentlich als t_{-1} und t_{-2}-Jahre zu klassifizieren wären. Diese Unsicherheit wird jedoch in Kauf genommen, um bei (der in Kapitel E.VI.4 erläuterten) Parallelisierung der Fälle „Untersuchungspärchen" auch für die Unternehmensjahre 1996 und 1997 bilden zu können.

80 Mit zunehmender Dauer seit dem letzten Wechsel der Spitzenführungskraft steigt die Wahrscheinlichkeit für einen erneuten Wechsel mit jedem weiteren Jahr stark. Damit steigt auch die Wahrscheinlichkeit, daß die Geschäftsjahre 1996 und 1997 bei diesen „Nicht-Wechselunternehmen" tatsächlich bereits einem individuellen Wechselzeitraum als t_{-2} oder t_{-1} Jahre zuzuordnen sind. Daher werden sie bei vergleichbaren Unternehmen grundsätzlich nicht als „Kontroll-Unternehmensjahre" verwandt.

81 Vgl. stellvertretend Boecker (1992), Harrison / Torres / Kukalis (1988), S. 216 ff. Grundsätzlich gilt, daß explizite Angaben zur Bestimmung der Kontrollfälle in der Regel unterbleiben und nur indirekt aus der Datenpräsentation abgeleitet werden können.

forderungen an die Definition eines Kontrollfalls und sichert so, daß Effekte aus dem Wechsel der Spitzenführungskraft deutlicher isoliert werden können.[82]

Bei durchschnittlich 503 Unternehmen in der Grundgesamtheit und einem Analysezeitraum von 11 Jahren (1987 – 1997) ergeben sich 5.533 Unternehmensjahre, die potentiell als Kontrollfälle in die Analyse einfließen könnten. Da insgesamt 501 Wechsel der Spitzenführungskraft identifiziert werden, für die jeweils maximal ein „individueller Untersuchungszeitraum" von fünf Jahren definiert ist (501 Wechselfälle * 5 Jahre = 2.505 Wechsel-Unternehmensjahre), reduziert sich die Anzahl der potentiellen Kontroll-Unternehmensjahre auf 3.028 Unternehmensjahre (5.533 ./. 2.505). Nach Abzug der vermeintlichen „Exoten"-Fälle werden aus dieser maximal möglichen Menge an Unternehmensjahren (entspricht der Menge der grau schraffierten Geschäftsjahre aus Abbildung 21) *n = 1.800 Kontroll-Unternehmensjahre* zufällig ausgewählt.

Damit stehen Kontroll-Unternehmensjahre zur Verfügung, die *nicht* durch einen Wechsel der Spitzenführungskraft beeinflußt werden. Für die vergleichende Analyse mit Wechsel-Unternehmensjahren muß zusätzlich sichergestellt sein, daß eine grundsätzliche Vergleichbarkeit der Fälle gegeben ist. Dies bezieht sich insbesondere auf sogenannte Jahres- und Brancheneffekte, die den Vergleich von Wechsel- und Kontroll-Unternehmensjahren verhindern beziehungsweise stören können. Die Vorgehensweise zur Kontrolle dieser Effekte durch Mittelwertbereinigung und Parallelisierung ist Gegenstand der Erläuterungen des Kapitels E.VI.4.

Die folgende Abbildung auf Seite 223 verdeutlicht nochmals zusammenfassend die Auswahl der n = 1.856 Wechsel- und n = 1.800 Kontroll-Unternehmensjahre.

VI. Operationalisierung der Variablen: Unternehmenserfolg, Bilanzpolitik und Kontext

Nachdem in den vorangegangenen Kapiteln die Bestimmung des Spitzenführungskraftwechsels sowie der verschiedenen Wechseltypen dargestellt wurde, ist die Operationalisierung der Variablen zum Unternehmenserfolg, zur Bilanzpolitik im Wechselprozeß und zum Kontext Gegenstand des folgenden Abschnitts. Die Bestimmung von Performance-Maßen orientiert sich dabei an der Diskussion geeigneter Erfolgsmaße zur Betrachtung der Performance-Entwicklung im Laufe des Wechselprozesses im Rahmen der konzeptionellen Überlegungen sowie der Ana-

---

82 Darüber hinaus ist anzumerken, daß die beiden vergleichbaren Studien, die sich ebenfalls mit dem Wechsel der Spitzenführungskraft in deutschen Aktiengesellschaften beschäftigen, nur vage Angaben zur Auswahl der Kontrollfälle machen. Kaplan (1994), S. 145 ff. vergleicht für den Wechsel des Vorstandsvorsitzenden jeweils Jahre mit und ohne Wechsel. Te Wildt (1996) unterläßt Angaben zur Auswahl der Kontrollfälle. Aus dem (vollkommen konstanten) Verlauf der Performancewerte für Kontrollfälle läßt sich unter Umständen schließen, daß er diese als Mittel über alle Unternehmen der Grundgesamtheit definiert (Vgl. S. 114).

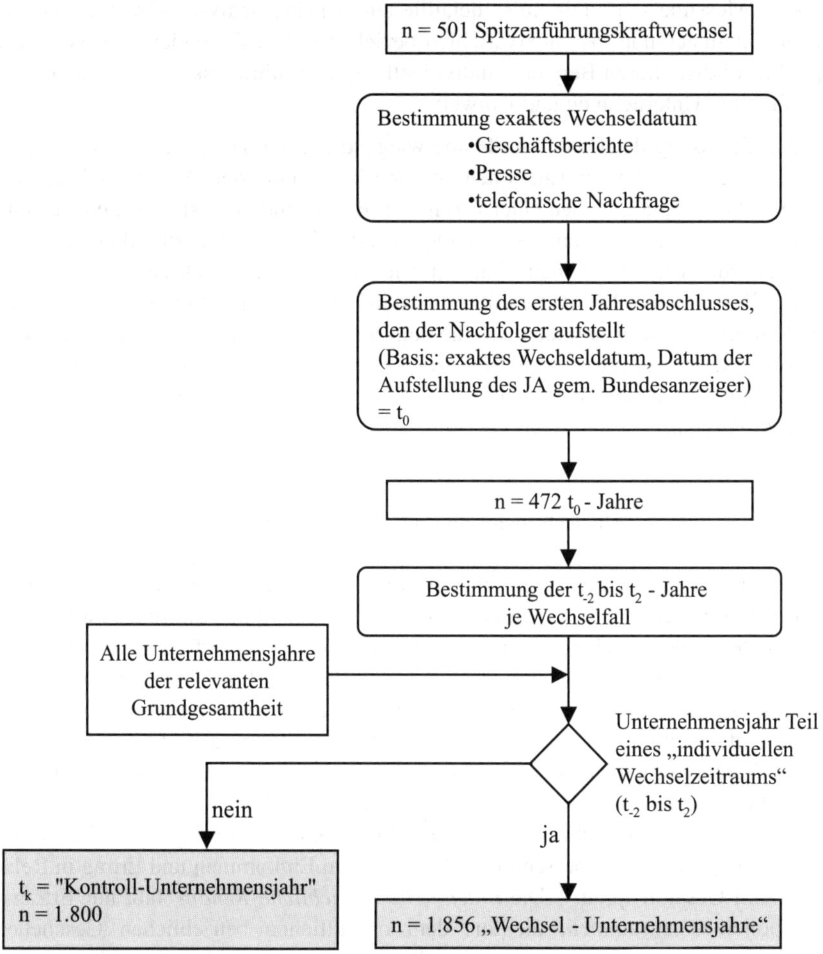

Abbildung 22: Bestimmung der Wechsel- und Kontroll-Unternehmensjahre als Untersuchungseinheiten

lyse der empirischen Befunde.[83] Die Operationalisierung der Erfolgsmaße konzentriert sich entsprechend auf jahresabschlußbasierte Kennzahlen.[84] Ergänzend wird ein auf den Erfolg bezogenes Anspruchsniveau im Vergleich zum Branchenmittel (soziale Referenz) definiert. Die Bilanzpolitik wird ergänzend – im Sinne einer di-

83 Vgl. Kapitel B.III.3 und C.III.

84 Dabei wird jeweils auf den Konzernabschluß zurückgegriffen. Sofern nur ein Einzelabschluß aufgestellt wird, bildet dieser die Datengrundlage für die jahresabschlußbasierten Variablen.

rekten Messung – mittels einer detaillierten Anhangsanalyse betrachtet. Die zu operationalisierenden Kontextvariablen beziehen sich insbesondere auf die in Kapitel B.VI diskutieren Bereiche: individuelle Spitzenführungskraft, Unternehmensverfassung, Unternehmen und Umwelt.

Zur Erfassung der Daten wurde überwiegend auf den *Hoppenstedt Aktienführer* zurückgegriffen, der Informationen zu allen börsennotierten Aktiengesellschaften eines Jahres enthält. Neben einer verkürzten Bilanz und GuV sind weitere standardisierte Angaben, unter anderem zu Organen der Gesellschaft, zur Aktionärsstruktur und zum wirtschaftlichen Tätigkeitsfeld in dieser öffentlich zugänglichen Datenquelle enthalten. Der Aktienführer wird im jährlichen Rhythmus herausgegeben und nimmt alle Informationen auf, die dem Verlag bis zum 30. September des Vorjahres bekannt geworden sind. Ergänzend stützt sich die Erhebung, besonders bezogen auf Daten der Bilanzpolitik des Unternehmens, auf Jahresabschlüsse aus dem *Kieler Jahresabschlussarchiv.*[85]

1. Erfolgsmaße und Anspruchsniveau

Zentraler Gegenstand dieser Untersuchung ist die Analyse des Zusammenhangs von Performance der Unternehmen und Wechsel der Spitzenführungskraft. Dabei sind unter anderem Hypothesen sowohl zur allgemeinen Erfolgsentwicklung im Wechselprozeß als auch zur Frage des bilanzpolitischen Einflusses der Spitzenführungskraft gebildet worden. Zur *Bestimmung des Unternehmenserfolges* greift diese Untersuchung auf das Konzept der Erfolgsspaltung nach *Hauschildt* zurück und differenziert neben einer „globalen" Gesamtkapitalrendite nach unterschiedlichen Erfolgsquellen[86] zwischen der ordentlichen betrieblichen Rendite, dem Finanzerfolg und dem nicht ordentlichen Erfolg.[87] Die *Gesamtkapitalrendite* ist dabei definiert als Jahresüberschuß vor Steuern vom Einkommen und Ertrag in Relation zum Gesamtkapital.[88] Die *ordentliche betriebliche Rendite* faßt nur Ertragskomponenten zusammen, die aus dem ordentlichen betrieblichen Geschehen resultieren und relativiert diese ebenfalls am Gesamtkapital.[89] Der *Finanzerfolg*

---

85 Das Institut für Betriebswirtschaft der Christian-Albrechts-Universität zu Kiel archiviert seit 1993 in Kooperation mit dem Anlegermagazin *Börse Online* systematisch die Jahresabschlüsse deutscher börsennotierter Unternehmen. Seit 1998 wird die Pflege des Archivs durch finanzielle Zuwendungen der *Landeszentralbank Hamburg* unterstützt.

86 Vgl. Hauschildt / Grenz / Gemünden (1988), S. 60 ff.

87 Vgl. auch Hauschildt (1996), S. 29 ff.

88 Die GuV-Gliederung im Hoppenstedt Aktienführer faßt Zinsaufwendungen und Zinserträge in einer saldierten Position „Finanzerträge" zusammen. Entsprechend kann der Jahresüberschuß nur um die Position „Steuern vom Einkommen und Ertrag" und nicht wie üblich (vgl. Hauschildt (1996), S. 29) ebenfalls um den Zinsaufwand ergänzt werden.

89 Vgl. Hauschildt / Grenz / Gemünden (1988), S. 60 f. Die Relativierung am Gesamtkapital und nicht an der Gesamtleistung ermöglichst dabei eine Abschätzung der relativen Bedeutung der einzelnen Erfolgsquellen für den aggregierten Gesamterfolg.

als zweite differenzierte Erfolgskennzahl setzt den saldierten Wert aus „sonstigen Zinsen und ähnliche Erträge“, „Erträge aus anderen Wertpapieren und Ausleihungen des Finanzanlagevermögens“, „Erträge aus Beteiligungen“ und „Abschreibungen auf Finanzanlagen und auf Wertpapiere des Umlaufvermögens“ sowie „Zinsen und ähnliche Aufwendungen“ in Beziehung zum Gesamtkapital. Die *nicht ordentliche Rendite* berücksichtigt sowohl außerordentliche Erfolgskomponenten als auch die sonstigen betrieblichen Erträge und relativiert diese ebenfalls am Gesamtkapital.

Die Betrachtung einer „globalen“ Erfolgskennzahl als Basismaß der Erfolgsbestimmung ermöglicht den Vergleich der Untersuchungsergebnisse mit anderen Studien zum Spitzenführungskraftwechsel, die in der Regel wenig differenzierte Maße verwenden.[90] Ausgehend von der agency-theoretischen Argumentation zur Kontrolle der Spitzenführungskraft durch den Aufsichtsrat bietet sich zudem die Analyse der Gesamtkapitalrendite an, da die vom Aufsichtsrat zu beobachtende „Mindestrendite“ ein möglichst einfach zu bestimmendes und klares Erfolgsmaß sein sollte.[91] Die weitere Differenzierung der Erfolgsmaße macht ergänzend den spezifischen Einfluß des Wechsels auf besondere Erfolgsbereiche transparent. Insbesondere die ordentliche betriebliche Rendite findet zudem Berücksichtigung als eine von der Bilanzpolitik möglichst wenig beeinflußte Erfolgskennzahl.

Neben der Frage des grundsätzlichen Zusammenhangs von Unternehmenserfolg und Wechsel der Spitzenführungskraft ist im Rahmen der Überlegungen zur „Aspiration Level“-Theorie die Analyse des Erfolges in Relation zu einem *Anspruchsniveau* von Bedeutung. Das Anspruchsniveau bezieht sich dabei auf den Erfolg des Unternehmens, den der Aufsichtsrat mindestens erreicht sehen möchte. Der anspruchsniveaurelativierte Unternehmenserfolg ergibt sich folglich aus:

$$GKR_{A-rel,t,i} = Gkr_{t,i} \ ./. \ A \ ,$$

mit

$Gkr_{i,t}$ = Gesamtkapitalrendite des Unternehmens i in der Periode t
A = Anspruchsniveau des Unternehmens
t = 1, ... T Jahre
i = 1, ... N Unternehmen
A-rel = „anspruchsniveaurelativierte“ Größe.

---

90 Vgl. Kapitel C.III.

91 Zwar könnte argumentiert werden, daß der Aufsichtsrat eher an der Eigenkapitalrendite interessiert ist. Die Gesamtkapitalrendite hat jedoch den Vorteil, daß zur Abgrenzung des Zählers im Vergleich zur Definition des Eigenkapitals deutlich weniger notwendige Korrekturen durchgeführt werden müssen. Vgl. stellvertretend zur Bestimmung des Eigenkapitals Coenenberg (1991), S. 555 ff. Ergänzend ist zu beachten, daß neben den klassischen Eigenkapitalvertretern im Aufsichtsrat auch eine Reihe von weiteren „Stakeholdern“ (z. B. Banken- und Arbeitnehmervertreter) vertreten sind, die eher das Gesamtunternehmen im Blick haben und daher die Gesamtkapitalrendite als Erfolgsmaß präferieren.

In Anlehnung an die Überlegungen des Abschnitts 2 zur Bestimmung des Anspruchsniveaus betrachtet diese Untersuchung den *Mittelwert der Branchenrendite* ($A_{b,t}$) des jeweiligen Jahres als Anspruchsniveau:[92]

$$A_{b,t} = \frac{1}{M_b}\left(\sum_{m=1}^{M_b} Gkr_{m,b,t}\right), \forall b = 1, \ldots B \text{ Branchen},$$

mit

t = 1,..., T Jahr,

m = 1,..., M_b Unternehmen.

Dieser Fall basiert auf der Annahme, daß die Unternehmens-Performance in Relation zur durchschnittlichen Performance der jeweiligen Wettbewerber beobachtet wird. Um eine möglichst breite Basis zur Bestimmung der Branchenrendite nutzen zu können, wird auf die Unternehmensbilanzstatistik der *Deutschen Bundesbank* zurückgegriffen. Die Bundesbank veröffentlicht einmal jährlich im Rahmen ihrer Monatsberichte eine umfangreiche Auswertung von Jahresabschlüssen nichtfinanzieller Unternehmen.[93] Alle Bilanzen und Erfolgsrechnungen, die im Zusammenhang mit dem Rediskontgeschäft bei den Zweigstellen der Deutschen Bundesbank eingehen, werden auf Basis der Umsatzsteuerstatistik des Statistischen Bundesamtes zu einer nach Wirtschaftszweigen differenzierten aggregierten Bilanz und GuV hochgerechnet.[94] Insgesamt gehen ca. 70.000 Jahresabschlüsse[95] in diese Berechnung ein, wobei nach insgesamt 27 Wirtschaftszweigen unterschieden wird.[96] Je Branche läßt sich folglich eine mittlere Gesamtkapitalrendite[97] berechnen, die dem jeweiligen Unternehmen entsprechend der individuellen Branchenzugehörigkeit[98] als Anspruchsniveau zugeordnet werden kann.[99]

---

92 Alternativ ließe sich als Anspruchsniveau – im Sinne einer individuellen historischen Referenz – die Mindest-Erfolgsgrenze als gleitendes arithmetisches Mittel der Gesamtkapitalrendite des jeweiligen Unternehmens auf Basis der beiden vorangegangenen Perioden definieren. Da jedoch für die Kontrollfälle nur in Ausnahmefällen Vorjahreswerte zur Verfügung stehen, wird dieses historische Referenzmaß hier nicht weiter betrachtet.

93 Die Unternehmensbilanzstatistik erscheint in der Regel im Monat November und bezieht sich auf das jeweils vorangegangene Jahr.

94 Vgl. zu den Verfahren der „gebundenen Hochrechnung" sowie des „vergleichbaren Kreises" Deutsche Bundesbank (1998), S. 60–65.

95 Vgl. zur Datenbasis Deutsche Bundesbank (1998), S. 54 f.

96 Die Anzahl der Wirtschaftszweige variiert dabei leicht durch die Umstellung der Wirtschaftszweigstatistik auf eine EU-weit harmonisierte Klassifikation im Jahr 1993. Vgl. Deutsche Bundesbank (1997), S. 45–47 zur Liste der jeweils berücksichtigten Branchen.

97 Obwohl die Bilanzgliederung der Bundesbank Zinsaufwendungen gesondert ausweist und damit eine Ergänzung des Jahresüberschusses um diese Position ermöglicht, wird auf diese Vorgehensweise aus Gründen der Vergleichbarkeit verzichtet. Die Bestimmung der durchschnittlichen Branchenrendite orientiert sich vielmehr an der durch die eingeschränkte Hoppenstedt GuV-Gliederung vorgegebenen Operationalisierung der individuellen Gesamtkapitalrendite.

98 Vgl. zum Vorgehen der Branchenzuordnung Kapitel E.VI.4.

2. Bilanzpolitischer Einfluß

Die Bestimmung des bilanzpolitischen Einflusses der Spitzenführungskraft konzentriert sich auf Änderungen der Bilanzierungs- und Bewertungsmethoden im Wechselprozeß. Im Sinne einer direkten Messung werden Tatsache und Richtung der Bilanzpolitik unmittelbar aus den Anhangsangaben der jeweiligen Unternehmen operationalisiert.

Gemäß § 284 Abs. 2 Nr. 3 beziehungsweise § 313 Abs. 1 Nr. 3 HGB sind Unternehmen verpflichtet, im Anhang Änderungen der angewandten Bilanzierungs- und Bewertungsmethoden im Vergleich zum Vorjahr anzugeben und zu begründen.[100] Die sich aus dieser Durchbrechung des Stetigkeitsgrundsatzes[101] ergebenden Einflüsse auf die Vermögens-, Finanz- und Ertragslage (VFE-Lage) sind gesondert darzustellen. Berichtet ein Unternehmen entsprechend öffentlich von einem vollzogenen Methodenwechsel, so kann dies als starkes Signal für gerichteten Einfluß der Spitzenführungskraft auf die Bilanzpolitik des Unternehmens gewertet werden.[102]

Die Operationalisierung der Bilanzpolitik orientiert sich also an den Berichtserfordernissen, die sich, der Differenzierung des Gesetzgebers folgend, auf die Angabe der Tatsache eines Methodenwechsels, deren Begründung sowie die Auswirkungen des Wechsels auf die VFE-Lage beziehen.[103] Die *Tatsache des Methodenwechsels* wird als nominal skalierte 0 / 1-Variable kodiert. Ergänzt durch die *Begründung* für den Wechsel[104] erlaubt die Auswertung dieser Variable insbesondere eine Analyse der „andere Sicht"-Hypothese. Die Angaben zum Einfluß auf die VFE-Lage ermöglichen eine Beurteilung der *Wirkungsrichtung* bilanzpolitischer Maßnahmen auf einer dichotomen Skala zur Unterscheidung erfolgserhöhender oder erfolgssenkender Bilanzpolitik. Die Abgrenzung der Wirkungsrichtungen greift auf die im Rahmen des Saarbrücker Modells[105] definierte „deutsche Normbi-

---

99 Bei diesem Branchenmittelwert handelt es sich folglich um ein ungewichtetes Mittel. Dies erscheint jedoch insoweit realistisch, als daß zu erwarten ist, daß Anspruchsniveaus tendenziell unabhängig z. B. von der Unternehmensgröße auf eine bestimmtes Branchenrendite ausgerichtet sind.

100 Die Anwendung einer bestimmten Bilanzierungsmethode, die sich aus dem erstmaligen Auftreten eines Sachverhalts begründet, fällt also nicht unter die Berichtspflicht und wird daher auch nicht in der Operationalisierung berücksichtigt.

101 Vgl. § 252 Abs. 1 (6) HGB.

102 Vgl. Küting / Kaiser (1994), S. 15 zum spezifischen Fall des Methodenwechsels als „erstes öffentliches Krisensignal", hinter dem sich eine Reihe weiterer Maßnahmen verbergen, die in aller Regel still vollzogen werden und „auch für den geschulten Bilanzanalysten nicht erkennbar" sind.

103 Vgl. Leker / Möhlmann (1997), S. 24 f.

104 Eine mögliche Begründung für die abweichende Anwendung einer Bewertungsmethode liegt nach Leker / Möhlmann zum Beispiel im Wechsel der Geschäftsführung. Vgl. Leker / Möhlmann (1997), S. 25.

105 Vgl. zum Saarbrücker Modell Küting / Weber (1997), S. 405 – 409. Vgl. auch Jäckel / Poppe (2000), S. 114 ff.

lanzierung" und die daraus abgeleiteten Checklisten zur „progressiven" und „konservativen" Bilanzpolitik zurück, sofern nicht eindeutige Angaben zur Erfolgsrichtung der bilanzpolitischen Aktivitäten dem Anhang direkt zu entnehmen sind.[106] Gerichtete Aussagen zur Bilanzpolitik der jeweiligen verantwortlichen Spitzenführungskraft ermöglichen die Überprüfung gerichtet formulierter Hypothesen zum Beispiel im Sinne des „Financial Bath" nach einem unfreiwilligen Wechsel.

3. Operationalisierung der Kontextvariablen

Die Analyse des Zusammenhangs zwischen dem Wechsel der Spitzenführungskraft und dem Unternehmenserfolg muß berücksichtigen, daß weitere Variablen – im Sinne von Kontextvariablen – Einfluß auf diese zentrale Beziehung nehmen können. In Anlehnung an die im Rahmen der Meta-Analyse als bedeutend erkannten Einflußfaktoren werden hier Kontextvariablen zu den Bereichen *individuelle Spitzenführungskraft, Unternehmensverfassung, Unternehmen* und *Umwelt* bestimmt.

a) Daten zur individuellen Spitzenführungskraft[107]

Insider / Outsider

Die Bestimmung einer nachfolgenden Spitzenführungskraft als Insider oder Outsider orientiert sich an der Dauer der Zugehörigkeit zum Vorstand vor dem Wechsel. Eine Spitzenführungskraft wird dann als Outsider klassifiziert, wenn sie vor dem Ausscheiden des Vorgängers weniger als ein Jahr dem Vorstand des Unternehmens als ordentliches oder stellvertretendes Mitglied angehört.

Wechsel in den Aufsichtsrat

Der Wechsel der ausscheidenden Spitzenführungskraft in den Aufsichtsrat wird als nominal skalierte 0 / 1-Variable operationalisiert. Wechselt die ausscheidende Spitzenführungskraft in den Aufsichtsrat, erhält die Variable den Wert eins, scheidet sie vollständig aus dem Unternehmen aus, wird eine Null zugeordnet.

Spitzenführungskraft als Aktionär

Durch den Vergleich des Namens der jeweiligen Spitzenführungskraft mit den Angaben zu Aktionären mit größerem bekannten Aktienanteil wird auf die Zuge-

---

106 Vgl. Küting (1993), S. 46 ff.

107 Auch der Wechseltyp ist als Variable zur individuellen Spitzenführungskraft zu definieren. Die Operationalisierung des Wechseltyps ist Gegenstand der Ausführungen in Kapitel E.IV.

hörigkeit der Spitzenführungskraft zu einer Aktionärsfamilie geschlossen. Im Fall von Namensgleichheit oder -ähnlichkeit wird angenommen, daß die Spitzenführungskraft mindestens indirekt (über die Zugehörigkeit zur Familie) am Grundkapital beteiligt ist. Die Variable „Spitzenführungskraft = Aktionär" erhält in diesem Fall den Wert 1, ansonsten den Wert 0. Sie wird für jedes Unternehmensjahr bestimmt.

b) Daten zur Unternehmensverfassung

Vorstandsgröße

Die Vorstandsgröße wird, bezogen auf den Stichtag 30. September, gemessen als Anzahl der ordentlichen und stellvertretenden Vorstandsmitglieder je Unternehmensjahr.

Fluktuation im Vorstand

Die Variable „Fluktuation im Vorstand" mißt den Umfang personeller Änderungen in „einfachen" Vorstandspositionen, das heißt ohne den Wechsel der Spitzenführungskraft. Dabei wird neben der Anzahl der Abgänge aus dem Vorstand die Anzahl der Zugänge im Vorstand sowie der Saldo beider Größen – bezogen auf ein Jahr – erfaßt. Jedes der drei Maße wird – im Sinne einer individuellen Fluktuationsquote – an der Gesamtzahl der Vorstandsmitglieder je Unternehmensjahr relativiert. Zusätzlich läßt sich entsprechend eine Fluktuationsquote *bis zum Wechsel* der Spitzenführungskraft und *ab dem Wechsel* der Spitzenführungskraft bestimmen. Diese Werte können naturgemäß je Wechsel nur einmal bestimmt werden.

Aufsichtsratsgröße

Die Aufsichtsratsgröße wird, äquivalent zur Messung der Vorstandsgröße, bezogen auf den Stichtag 30. September, gemessen als Anzahl der ordentlichen Aufsichtsratsmitglieder je Unternehmensjahr.[108]

Anteil Arbeitnehmervertreter im Aufsichtsrat

Der Anteil der Arbeitnehmervertreter im Aufsichtsrat wird als Anzahl der Arbeitnehmervertreter in Relation zur Gesamtzahl der Aufsichtsratsmitglieder – bezogen auf den Stichtag 30. September – gemessen. Die Angabe erfolgt je Unternehmensjahr.

---

108 Zu beachten ist, daß die Variable „Aufsichtsratsgröße" in keiner Hypothese explizit berücksichtigt wird. Zum einen dient diese Variable jedoch als Basisgröße für die Bestimmung des „Anteils Arbeitnehmer im Aufsichtsrat", und zum anderen ermöglicht die Berücksichtigung dieser Variable im empirischen Test einen Vergleich mit anderen Studien zum Wechsel der Spitzenführungskraft, die ebenfalls die Aufsichtsratsgröße berücksichtigen.

c) Daten zum Unternehmen[109]

Unternehmensgröße

Zur Messung der Unternehmensgröße werden in der Literatur eine Reihe von Variablen vorgeschlagen.[110] Diese Untersuchung orientiert sich bei der Operationalisierung der Unternehmensgröße an den im Rahmen der Untersuchungen zum Spitzenführungskraftwechsel üblichen Maßen Umsatz, Bilanzsumme und Mitarbeiterzahl[111]. Alle drei Maße werden je Unternehmensjahr angegeben.

Aktionärsstruktur

Der *Hoppenstedt Aktienführer* differenziert in den Angaben zur Aktionärsstruktur zwischen Streubesitz, größeren Besitzanteilen bei natürlichen Personen oder Familien und größeren institutionellen Anlegern. Die Aktionärsstruktur kann entsprechend als Summe der prozentualen Anteile am Gesamtvermögen je einzelner Aktionärsgruppe gemessen werden. Auch dieses Maß wird je Unternehmensjahr angegeben.[112]

Unternehmensalter

Das Alter des Unternehmens wird als Differenz von Gründungsjahr (gemäß *Hoppenstedt Aktienführer*) und jeweiligem Jahr der Analyse bestimmt.

d) Daten zur Umwelt

Branche

Auf Basis der Angaben zum wirtschaftlichen Tätigkeitsbereich der Unternehmen im *Hoppenstedt Aktienführer* wird für jedes Unternehmen die Branche durch

---

109 Entsprechend der Zuordnung der t_0-Jahre lassen sich je Unternehmen die Anzahl unmittelbar hintereinander erfolgender Wechsel der Spitzenführungskraft bestimmen (multiple Wechsel). Vgl. auch Kapitel E.V.1.

110 Vgl. Kapitel C.IV.2. sowie die Größenmaße nach § 267 HGB.

111 Gemessen als durchschnittliche Anzahl „vollzeitäquivalenter" Mitarbeiter eines Jahres.

112 Die Variable „Anteil Streubesitz" kann auch als Residualgröße der Anteilskonzentration interpretiert werden. Dabei mißt die Variable „1 *B*8 % Streubesitz" den prozentualen Umfang der Anteilskonzentration bei natürlichen Personen und institutionellen Anlegern. Dieses absolute Konzentrationsmaß hat den Nachteil, daß nicht die Zahl der Fälle (Anteilseigner) sowie die Veränderung der Konzentration unterhalb der m größten Aktionäre berücksichtigt wird. Da im *Hoppenstedts Aktienführer* jedoch keine Informationen zur Anzahl der Kleinaktionäre dokumentiert sind, können exaktere „summarische Konzentrationsmaße", wie z. B. ein Herfindahl-Index, nicht berechnet werden. Vgl. stellvertretend Kromrey (1986), S. 263–265.

Zuordnung von SYPRO-Nummern[113] des Statistischen Bundesamtes bis zur zweiten Differenzierungsebene bestimmt. Sind mehrere Tätigkeitsbereiche pro Unternehmensjahr zu identifizieren, werden die Jahresabschlüsse der Unternehmen zur Bestimmung des Haupttätigkeitsbereiches herangezogen. Sofern Umsatzerlöse nach Tätigkeitsbereichen im Rahmen der Segmentberichterstattung im Anhang angegeben werden,[114] bestimmt sich die Hauptbranche als das Segment mit dem größten prozentualem Umsatzanteil. Ergänzend kann die Operationalisierung der Haupttätigkeitsbereiche auf Angaben zur Bedeutung unterschiedlicher Tätigkeitsbereiche im Lagebericht oder allgemeinen Informationsteil der veröffentlichten Jahresabschlüsse zurückgreifen. Die Branche des Unternehmens wird je Unternehmensjahr bestimmt.

Umweltdynamik

Die Umweltdynamik wird hier operationalisiert als Varianz der durchschnittlichen Gesamtkapitalrendite je Branche über den Zeitraum von 1987 bis 1996.[115] Sie liegt damit in Abhängigkeit der individuellen Branchenzuordnung je Wechselfall vor.

4. Bereinigung von Branchen- und Jahreseffekten

Die Analyse von Quer- und Längsschnittdaten birgt immer das Problem, daß der im Zentrum der Untersuchung stehende Zusammenhang zweier Variablen – im vorliegenden Fall der Zusammenhang von Wechsel und Unternehmenserfolg – durch Einflüsse aus Branchen- oder Jahreseffekten unkontrolliert verzerrt wird. Um Branchen- und Jahreseffekte adäquat kontrollieren zu können, finden zwei alternative Verfahren Anwendung:

1. „Mittelwertdifferenzen-Methode"

Die Bereinigung um Branchen- und Jahreseffekte nach der „Mittelwertdifferenzen-Methode" erfolgt durch Bildung der Differenz aus individuellem Variablenwert „x" und Mittelwert der Branche. Der um branchenspezifische Jahreseffekte bereinigte individuelle Variablenwert $\chi_{v,i}$ ergibt sich damit als:

---

113 „Systematik der Wirtschaftszweige"

114 Vgl. § 285 Abs. 4 sowie § 314 Abs. 1 (4) HGB sowie Leker/Möhlmann (1997), S. 106–108, Veit (1994a), S. 1136 und Veit/Bernards (1995), S. 493–495, zur Segmentberichterstattung.

115 Die durchschnittliche Branchenrendite bestimmt sich äquivalent zum Anspruchsniveau aus Daten der Bundesbank. Vgl. Kapitel E.VI.1.

$$\chi_{v,i} = x_{v,i,t,b} \;./.\; \bar{x}_{v,t,b}$$

mit

$\bar{x}_{v,t,b}$ = Mittelwert über alle Unternehmen der Branche b im Jahr t
v = 1,. . . , V Variablen
i = 1,. . . , N Wechsel- und Kontrollunternehmen
t = 1987, . . . , 1997 Jahre[116]
b = 1,. . . , B Branchen.

Der Variablen-Mittelwert über alle Unternehmen einer Branche im Jahr t berechnet sich äquivalent zur Bestimmung des branchenorientierten Anspruchsniveaus auf Basis der aggregierten Jahresabschlüsse der Bundesbank-Statistik. Der jeweilige Branchenmittelwert könnte alternativ auch auf Basis der Stichproben-Unternehmen bestimmt werden. Da jedoch eine Reihe von Branchen nur mit einem oder wenigen Unternehmen belegt sind und der Mittelwert in diesen Fällen unkontrollierten Verzerrungen unterläge, wird auf diese Vorgehensweise verzichtet. Da die Bundesbank-Statistik auf Jahresabschlußpositionen beschränkt ist, ermöglicht die „Mittelwertdifferenzen-Methode" lediglich eine Bereinigung von Branchen- und Jahreseffekten für Erfolgskennzahlen. Um diese Effekte auch bei der Analyse aller anderer Variablen kontrollierten zu können wird ergänzend ein parallelisiertes Untersuchungsdesign genutzt.[117]

2. Parallelisierung von Wechsel- und Kontrollfällen

Um Branchen- und Jahreseffekte kontrollieren zu können, werden Wechsel- und Kontroll-Unternehmensjahre anhand der Variablen Branche und Analysejahr parallelisiert. Bei dieser, aus der statistischen Insolvenzprognose bekannten Vorgehensweise,[118] wird jedem Wechsel-Unternehmensjahr ein Kontroll-Unternehmensjahr gleicher Branche und gleichen Jahres zugeordnet. Wenn zu einem Wechsel-Unternehmensjahr mehrere „passende" Kontrollfälle gleicher Branche und gleicher Jahre im Sample vorhanden sind,[119] wird per Zufallsauswahl ein Kontroll-Unternehmensjahr ausgewählt.[120] Damit ergibt sich ein paarweise parallelisiertes Untersu-

116 Der Index „t" bezeichnet im Unterschied zur bisherigen Notation nicht t-Jahre (von -2 bis 2) im Wechselzeitraum, sondern reale Jahre des Untersuchungszeitraums von 1987 bis 1997.

117 Sofern lediglich Analysen auf Basis von Erfolgskennzahlen erfolgen, werden mittelwertbereinigte Daten verwandt. Gehen ebenfalls Variablen aus den Kontext-Bereichen in die Analyse ein, wird auf das parallelisierte Design zurückgegriffen.

118 Vgl. stellvertretend Leker (1993), S. 144 ff. und S. 108 – 112 zu detaillierten Literaturangaben.

119 Da einzelne Kontroll-Unternehmensjahre mehreren Wechsel-Unternehmensjahren gleichzeitig zugeordnet werden können, stehen den 1.856 Wechsel-Unternehmensjahren nach diesem ersten Parallelisierungsschritt 15.320 „Kontrollfälle" gegenüber.

120 Jedem vergleichbaren Kontroll-Unternehmensjahr wird dabei mit Hilfe eines Zufallsgenerators eine Zahl zwischen 0 und 1 zugeordnet. Je Wechsel-Unternehmensjahr wird dann das „parallele" Kontroll-Unternehmensjahr ausgewählt, daß den höchsten Wert der Zufallszahlen besitzt.

chungsdesign, das die Kontrolle von Branchen- und Jahreseffekten bei allen analysierten Variablen ermöglicht.

Zur Verdeutlichung dieser Parallelisierung sei nochmals auf das Beispiel aus Abbildung 21 verwiesen: Unter der Annahme, daß Unternehmen U_1, U_2 und U_4 in der gleichen Branche tätig sind, könnte das Wechsel-Unternehmensjahr t_{-1} des Unternehmens U_1 mit dem Geschäftsjahr 1990 des Unternehmens U_2 parallelisiert werden. Dem t_0-Jahr von Unternehmen U_1 könnte hingegen das Geschäftsjahr 1991 des Unternehmens U_4 als Kontroll-Unternehmensjahr zugeordnet werden. Das Geschäftsjahr 1991 des Unternehmens U_2 eignet sich in diesem Fall nicht als Kontroll-Unternehmensjahr, da es bereits in einen „individuellen Wechselzeitraum“ fällt.

5. Einordnung der Variablen in das Analysekonzept

Die Datenbasis dieser Untersuchung ist insgesamt durch folgende Gegebenheiten gekennzeichnet: Untersuchungseinheiten beziehungsweise Analysefälle sind jeweils Unternehmensjahre. Wechselfälle unterscheiden sich von Kontrollfällen in ihrem Bezug zum Wechsel der Spitzenführungskraft. Kontroll-Unternehmensjahre sind dabei Unternehmensjahre, die im Gegensatz zu den Wechsel-Unternehmensjahren nicht innerhalb des auf fünf Jahre definierten individuellen Wechselzeitraums liegen. Damit lassen sich nur in Ausnahmefällen mehrere unmittelbar hintereinander liegende Kontroll-Unternehmensjahre eines Unternehmens in die Analyse einbeziehen. Ansätze zur Analyse oder Variablen (z. B. Fluktuation in „einfachen“ Vorstandspositionen), die Veränderungen abbilden beziehungsweise auf Daten aus aufeinander folgenden Jahren zurückgreifen, sind somit für die Kontrollfälle nicht zu bestimmen. Die explizite Analyse von Entwicklungen über die Zeit bleibt damit ausschließlich auf die Wechselfälle beschränkt.

Eine Reihe von Variablen bezieht sich unmittelbar auf die Tatsache des Wechsels. So kann zum Beispiel die Variable „Wechsel in den Aufsichtsrat“ nur sinnvoll für Fälle erhoben werden, die zuvor einen Wechsel der Spitzenführungskraft vollzogen haben. Kontrollfälle werden in dieser Variable per Definition einen fehlenden Wert aufweisen. Der Vergleich von Wechsel- und Kontrollfällen hinsichtlich dieser Variablen ist damit nicht möglich.

Die folgende Tabelle systematisiert die im weiteren Verlauf der Untersuchung verwendeten Variablen hinsichtlich ihrer Eignung für spezifische Analysen. Dabei wird zwischen einem Vergleich von Wechselfällen mit Kontrollfällen, dem Vergleich zwischen unterschiedlichen Wechseltypen und der Analyse der zeitlichen Entwicklung unterschieden.

Tabelle 28

Einordnung der Variablen in das Analysekonzept

Variablengruppe		Vergleich		
Variable	Kurzbezeichnung[a]	WF und KF	Wechseltypen	über die Zeit
Unternehmenserfolg				
Gesamterfolg vor StEE	GKR	✓	✓	✓
ordentlicher Betriebserfolg	obe_bs	✓	✓	✓
Finanzerfolg	fine_bs	✓	✓	✓
nicht ordentlicher Erfolg	noe_bs	✓	✓	✓
außerordentlicher Erfolg	aoe_bs	✓	✓	✓
Bilanzpolitik				
Änderung der Bilanzpolitik[b]	bªend	✓	✓	✓
Richtung der Bilanzpolitik	b_richt	✓	✓	✓
Spitzenführungskraft				
Wechseltyp	Typ1 / 2 / 3		✓	
Nachfolgerart	Ins / Out		✓	
Wechsel in den Aufsichtsrat	WexinAR		✓	
Spitzenführungskraft = Aktionär	SpFK=Akt	✓	✓	✓
Unternehmensverfassung				
Vorstandsgröße	n_vorst	✓	✓	✓
Aufsichtsratsgröße	nªr	✓	✓	✓
Anteil Arbeitnehmer im Aufsichtsrat	nªnar	✓	✓	✓
Fluktuation bis Wechsel	fluktbis		✓	✓
Fluktuation ab Wechsel	fluktab		✓	✓
Unternehmen				
Unternehmensgröße	n_besch	✓	✓	✓
Unternehmensalter	alter	✓	✓	✓
Anteil Streubesitz	besstreu	✓	✓	✓
Anteil institutioneller Besitz	besinst	✓	✓	✓
Anteil Besitz bei natürlichen Personen	besnat	✓	✓	✓
multiple Wechsel	wexmult		✓	✓
Umwelt				
Branche	branche	✓	✓	(✓)
Jahr	jahr	✓	✓	
Umweltdynamik	udynam	✓	✓	(✓)

[a] SPSS-Notation (u. a. beschränkt auf sieben Zeichen)

[b] Bilanzpolitik verstanden als Änderung der Bilanzierungs- und Bewertungsmethoden

VII. Analyse der „Missing“-Daten

Bevor Ergebnisse aus Daten einer Stichprobe abgeleitet werden, empfiehlt sich eine Analyse der sogenannten „Missing“ Daten.[121] Dies gilt insbesondere, wenn auf Basis der Stichprobe Rückschlüsse auf die entsprechende Gesamtpopulation angestrebt werden. Missing Daten können im Rahmen der vorliegenden Untersuchung aus drei unterschiedlichen Quellen resultieren:[122]

1. Liegt bei dem einzelnen Wechselfall weder ein auswertbarer Fragebogen noch ausreichende Information aus Presseartikeln vor, kann keine eindeutige individuelle Wechselursache ermittelt werden. Dieser Fall erhält in der Variable „Wechseltyp“ einen Missing Wert und kann daher in der detaillierten Analyse nicht berücksichtigt werden.
2. Missing Werte können zusätzlich je Fall in verschiedenen weiteren Variablen auftreten, wenn die jeweiligen Datenquellen keine oder unvollständige Informationen enthalten. Dies bezieht sich zum Beispiel auf die Anzahl von Arbeitnehmervertretern im Aufsichtsrat, wenn im *Hoppenstedts Aktienführer* keine Differenzierung der Aufsichtsratsmitglieder erfolgt.
3. Ein besonderer Fall der Missing Werte ergibt sich aus der Zuordnungsregel zur Festlegung der individuellen t-Jahre. Die gewählte Zuordnungsregel verursacht eine Reduktion der Fallzahl besonders an den Rändern der individuellen Wechselzeiträume. Die Konsequenzen dieser Vorgehensweise werden im folgenden Kapitel näher diskutiert.

Um zu prüfen, inwieweit systematische Verzerrungen aus fehlender Zuordnung eines Wechselfalls zu einem Wechseltyp entstehen können (Missing Data Process 1.), werden diese Missing Fälle mit „klassifizierten“ Fällen hinsichtlich verschiedener Variablenausprägungen verglichen. Die Auswahl der zum Vergleich herangezogenen Variablen orientiert sich an der Vermutung, daß mangelnde Information zur Bestimmung des Wechseltyps unter Umständen systematisch mit bestimmten Gegebenheiten eines Falles variiert.[123] So ist zum Beispiel zu prüfen, inwieweit ein Größen-Bias, ein Jahreseffekt oder Branchenverzerrungen bei der Fallauswahl wirksam werden. Die nachfolgende Tabelle 29 ermöglicht den Vergleich von Missing-Fällen (keine Klassifikation des Wechseltyps möglich) mit Fällen, die in der späteren detaillierten Wechseltyp-Analyse berücksichtigt werden.

---

121 Vgl. Daniel (1987), S. 320, Hair et al. (1998), S. 46 f.

122 Hair et al. (1998), S. 46, bezeichnen die Art der Entstehung von Missing Daten als einen „missing data process“.

123 Vgl. Tomaskovic-Devey / Leiter / Thompson (1994), S. 446 – 449, die Zusammenhänge zwischen Unternehmensvariablen (z. B. Unternehmensgröße) und „survey non-response“ (für den Fall organisationsbezogener Fragebogenerhebungen) nachweisen können.

Tabelle 29

Missing Fälle und Fälle mit Wechseltyp-Klassifikation[124]

Variablen[+]	Fälle mit Angaben zum Wechseltyp		Missing Fälle		Sig.
Anzahl	372		73		
Bilanzsumme	3.147.894 (10.075.042)		1.218.124 (2.980.476)		*
Anzahl Mitarbeiter	12.955 (38.019)		5.208[a] (11.862)		*
Umsatz	4.443.747 (13.920.843)		7.775.959 (52.489.977)		n.s.
GKR	-0,00291 (0,1262)		0,00306 (0,4305)		n.s.
Jahr mit Wechsel	*n*	%	n	%	
1988	2	0,5	1	1,4	
1989	36	9,7	3	4,1	
1990	34	9,1	8	11,0	
1991	35	9,4	11	15,1	
1992	49	13,2	10	13,7	
1993	49	13,2	13	17,8	
1994	48	12,9	8	11,0	
1995	51	13,7	5	6,8	
1996	48	12,9	7	9,6	
1997	20	5,4	7	9,6	
Branche	*n*	%	n	%	
Energie	13	3,5	5	6,8	
Steine / Erden / Bergbau	7	1,9	0	0	
verarbeitendes Gewerbe[b]	247	66,4	37	50,7	
Nahrungs- und Genußmittel	31	8,3	9	12,3	
Bau	10	2,7	0	0	
Handel / Dienstleistungen	33	8,9	7	9,6	
Übrige	31	8,3	15	20,5	

[a] n = 71

[b] Bei beiden Gruppen dominiert die Branche „Maschinenbau" mit jeweils 26% (klassifizierte Fälle) und 32% (Missing Fälle) der Unternehmen des verarbeitenden Gewerbes.

* Signifikant auf dem $p \leq 0{,}05$ Niveau.

[+] Bei den Größenmaßen werden Mittelwerte und Standardabweichung (in Klammern) angegeben.

Missing Fälle, die nicht einem Wechseltyp zugeordnet werden können, unterscheiden sich in zwei von drei Größenmaßen signifikant von den Fällen, für die auswertbare Informationen zum Wechseltyp vorliegen.[125] Missing Fälle weisen dabei sowohl eine geringere durchschnittliche Bilanzsumme als auch eine durchschnittlich geringere Anzahl Mitarbeiter auf. Offensichtlich liegen für relativ kleinere Unternehmen weniger Informationen zur Bestimmung des Wechseltyps vor. Vor dem Hintergrund, daß jedoch nicht alle Größenmaße signifikante Unterschiede signalisieren und die Beschränkung auf börsennotierte Aktiengesellschaften bereits die Bandbreite der Größenvariation einschränkt, ist die Vermutung eines Bias in der Analyse zu Gunsten sehr großer Unternehmen nur bedingt haltbar. Dennoch sollte die Interpretation der Ergebnisse zum Wechsel der Spitzenführungskraft berücksichtigen, daß im wesentlichen große Unternehmen als Datenbasis herangezogen werden. Die Übertragbarkeit der Ergebnisse auf kleinere Unternehmen ist daher nur eingeschränkt zulässig.

Nach Wechseltyp klassifizierte Fälle und Missing Fälle zeigen im Jahr des Wechsels keine unterschiedlichen Erfolgswerte. Die durchschnittlichen Gesamtkapitalrenditen weichen nicht signifikant voneinander ab.

Da die Bestimmung des Wechseltyps auch auf der Befragung von Unternehmen basiert, könnte vermutet werden, daß die Stichprobe hinsichtlich der berücksichtigten Wechsel je Jahr zu Gunsten aktueller Wechsel verzerrt ist. Zwar liegt der größere Anteil der Missing Fälle eher vor 1995, während der Schwerpunkt der „klassifizierten“ Fälle bis 1996 reicht,[126] dennoch finden sich auch in aktuelleren Jahren eine ganze Reihe von Missing Fällen. Die Null-Hypothese, daß die beiden Variablen „Missing / vorhanden“ und „Jahr“ voneinander unabhängig sind, kann mit Hilfe eines Chi-Quadrat Tests auf Basis einer Kreuztabelle überprüft werden. Ein Chi-Quadrat Wert nach Pearson von 10,638 (9 df) ermöglicht bei einem Signifikanzniveau von 0,301 jedoch nicht die Ablehnung dieser Hypothese.

Ergänzend wird in Tabelle 29 die Verteilung der Fälle je Gruppe auf die unterschiedlichen Wirtschaftszweige dokumentiert.[127] Die größten prozentualen Unterschiede hinsichtlich der Branchenverteilung der Missing und „klassifizierten“ Fälle zeigen sich beim „verarbeitenden Gewerbe“ und bei den „sonstigen Branchen“. Während der Wechselprozeß bei Unternehmen des verarbeitenden Gewerbes offenbar relativ gut dokumentiert ist, scheint die Informationsbasis zur Bestimmung des Wechseltyps bei der sehr heterogenen Gruppe der „übrigen“ Branchen schwächer zu sein. Ein spezifischer Branchenbias scheint folglich nicht vorzuliegen.

---

124 Die Angaben beziehen sich jeweils auf t_0.

125 Signifikante Mittewertunterschiede zwischen den beiden Gruppen werden mit Hilfe eines *t*-Tests überprüft.

126 In der Tabelle 29 sind diese „Schwerpunkte“ jeweils durch Kästchen markiert.

127 Da der Chi-Quadrat Test stark abhängig ist vom unterschiedlichen Detaillierungsgrad der Brancheneinteilung, wird auf einen Test des Zusammenhangs von Branchenverteilung und Missing Fällen verzichtet.

Insgesamt zeigen sich nur geringe Unterschiede zwischen den in die detaillierte Analyse einbezogenen Fällen und den Missing Fällen. Es lassen sich lediglich schwache Hinweise auf einen möglichen Größenbias durch die Art der Wechseltypenbestimmung erkennen. Damit bestätigt sich zum einen erneut die Gültigkeit der hier gewählten Klassifikationsmethode zur Bestimmung unterschiedlicher Wechseltypen, und zum anderen kann ein sogenannter „hidden bias“[128] für die vorliegende Untersuchung kontrolliert werden.

Abschließend ist zu klären, in welchem Umfang Missing Daten in der Stichprobe durch fehlende Informationen in den Ausgangsquellen entstehen. Die nachfolgende Tabelle zeigt die Anzahl der Missing Daten je Variable sowohl für alle Fälle als auch differenziert nach Wechsel- und Kontrollfällen.[129]

Tabelle 30

Missing Daten je Variable

Variable	Anzahl und relative Häufigkeit von Missing Daten je Variable					
	alle Fälle		Kontrollfälle		Wechselfälle	
	n	%	n	%	n	%
Bilanzsumme	2	0,05	0	0	2	0,1
Umsatz	0	0	0	0	0	0
Unternehmensgröße[a]	38	1,0	29	1,6	9	0,5
Aufsichtsratsgröße	5	0,1	0	0	5	0,3
Anteil AN-Vertreter[b]	300	8,1	189	10,2	111	6,1
Vorstandsgröße	3	0,05	0	0	3	0,1
SpFK = Aktionär[c]	8	0,1	3	0,1	5	0,3
Branche	1	0	0	0	1	0
Wechsel in AR	./.	./.	./.	./.	84	4,6
Insider / Outsider	./.	./.	./.	./.	154	8,5

[a] Anzahl Beschäftigte.
[b] Anteil Arbeitnehmervertreter im Aufsichtsrat
[c] Spitzenführungskraft = Aktionär

Lediglich die Variable „n_anar“ – Anzahl Arbeitnehmervertreter im Aufsichtsrat – weist mit n = 300 eine relativ hohe Anzahl an Missing Daten auf. Eine nähere Analyse der Verteilung dieser Missing Daten zeigt, daß allein 150 fehlende Werte bei Fällen zu verzeichnen sind, die drei oder weniger Aufsichtsratsmitglieder haben. Da aus den Angaben im *Hoppenstedt Aktienführer* nicht deutlich wird, ob bei diesen Fällen tatsächlich kein Arbeitnehmer im Aufsichtsrat vertreten ist oder ob

128 Vgl. Hair et al. (1998), S. 47.

129 Fälle beziehen sich hier erneut auf Unternehmensjahre. Vgl. auch Kapitel E.V.

keine Angaben über die Arbeitnehmerbeteiligung verfügbar waren, sind diese Fälle als Missing Daten kodiert. Insgesamt zeichnet sich der zu analysierende Datensatz jedoch durch eine bemerkenswert geringe Anzahl an Missing Daten aus. Bezogen auf die in Tabelle 30 betrachteten Variablen fehlen lediglich 1,8% der maximal möglich erhebbaren Daten. Der Einfluß eines „hidden bias“ kann also auch für diese mögliche Fehlerquelle ausgeschlossen werden.

Insgesamt bestätigt sich eindrucksvoll die Vorteilhaftigkeit der gewählten Untersuchungsstrategie, möglichst auf Daten aus Sekundärquellen zurückzugreifen. Die Wahl von externen Datenbanken zur Ermittlung der Datenbasis garantiert einen möglichst vollständigen Datensatz.

F. Ergebnisse der empirischen Untersuchung

Auf Basis von Daten zum Vorstandswechsel in deutschen börsennotierten Aktiengesellschaften sollen die in Abschnitt B und C abgeleiteten Hypothesen zum Zusammenhang von Wechsel der Spitzenführungskraft und Unternehmenserfolg überprüft werden. Der Aufbau des empirischen Teils dieser Arbeit orientiert sich dabei an der Argumentation und Struktur der theoretischen Überlegungen zum Vorstandswechsel. Bevor jedoch die einzelnen Hypothesen einem detaillierten Test unterzogen werden, ist zunächst in Kapitel F.I die *Datenbasis* zu *beschreiben.*

Die in Kapitel F.II dokumentierte Analyse, bei der *alle Wechselfälle* zusammengefaßt betrachtet werden, ermöglicht zunächst, grundsätzliche Unterschiede zwischen Wechsel- und Kontrollfällen zu erkennen. Aufbauend auf den konzeptionellen Überlegungen zur Unterscheidung der Wechselfälle nach der unterschiedlichen Motivation zum Wechsel, wird diese aggregierte Analyse in den folgenden Kapiteln zu Gunsten einer *nach Wechseltypen differenzierenden Untersuchung* erweitert. Nachdem erhebliche Unterschiede in Niveau und Entwicklung des Unternehmenserfolges bei den drei betrachteten Wechseltypen – *unfreiwillige, unabdingbare und freiwillige Wechsel* – festgestellt werden können, sind (Erfolgs-)Bedingungen und Wirkungen des Wechsels der Spitzenführungskraft jeweils getrennt nach Wechseltypen Gegenstand der Analyse. Die Ergebnisse zum Zusammenhang von Unternehmenserfolg und Wechsel der Spitzenführungskraft je Wechseltyp werden in den Kapiteln F.III bis F.VI dokumentiert. Im Rahmen der Analyse des unfreiwilligen Wechsels (Kapitel F.IV.4) können ergänzend die Hypothesen zum Zusammenhang von Wechsel und *Anspruchsniveau* überprüft werden.

Eine rollentheoretisch fundierte Betrachtung des Wechselprozesses legt die Vermutung nahe, daß der Unternehmenserfolg im Verlauf des Wechsels an der Unternehmensspitze in Abhängigkeit unterschiedlicher Situationen einer gezielten bilanzpolitischen Einflußnahme durch die jeweilige Spitzenführungskraft unterliegt. Kapitel F.VII erläutert entsprechend den Test der verschiedenen Hypothesen zur *bilanzpolitischen Einflußnahme* auf den Unternehmenserfolg.

Neben der Unterscheidung von Wechseltypen hinsichtlich der den Wechsel verursachenden Kraft lassen sich Wechsel der Spitzenführungskraft auch nach der „Herkunft" der Nachfolger an der Unternehmensspitze unterscheiden. Diese *Insider- oder Outsider-Wechsel* werden in Kapitel F.VIII einer detaillierten Analyse unterzogen. Dabei können in einem multivariaten Ansatz neben den Bedingungen auch die Erfolgswirkungen der jeweiligen Nachfolgerart ermittelt werden.

Die einzelnen im Abschnitt F dokumentierten Analysen folgen einem gemeinsamen Aufbau. Jeder Analysekomplex beginnt zunächst mit einer Deskription des jeweils interessierenden Sachverhalts. Bivariate Zusammenhänge werden mittels induktiver Statistik untersucht, bevor eine multivariate Analyse die jeweils zentralen Variablenbeziehungen unter Berücksichtigung verschiedener weiterer (Kontroll-)Variablen untersucht.[1] Jeder Abschnitt endet mit einer zusammenfassenden Darstellung der zentralen Ergebnisse.

I. Eigenschaften der Stichprobe – ein Überblick

Zur Kennzeichnung der Stichprobe werden zunächst Größenmaßen und Branchenzuordnungen bei Wechsel- und Kontrollfällen betrachtet, bevor Verteilungsmaße und Lageparameter der in die Untersuchung eingehenden Variablen dargestellt werden.

1. Größenmaße bei Wechsel- und Kontrollfällen

Zur Beschreibung der Stichprobe und zur Einordnung der vorliegenden empirischen Ergebnisse werden nachfolgend Größenmerkmale sowie die Branchenverteilung bei Wechsel- und Kontrollfällen angegeben.

In der folgenden Tabelle 31 sind für Wechsel- und Kontrollfälle die Größenmaße „Bilanzsumme", „Umsatz" und „Anzahl Mitarbeiter" wiedergegeben. Die Angaben zu Wechselfällen beziehen sich auf Werte aus dem Wechseljahr t_0, die jeweils um sogenannte Holding-Unternehmen bereinigt sind.[2] Bei den Kontrollfällen sind die Mittelwerte über alle Kontroll-Unternehmensjahre angegeben.

Bei Betrachtung der Mittelwerte in den Größenmaßen Bilanzsumme und Umsatz unterscheiden sich Wechsel- und Kontrollfälle deutlich voneinander. Wechselfälle sind sowohl in der Bilanzsumme als auch im Umsatz signifikant größer als die analysierten Kontrollfälle.[3] Lediglich die Anzahl der Mitarbeiter unterscheidet

---

1 Die im einzelnen angewandten Verfahren der statistischen Analyse werden dabei im folgenden nur soweit detailliert erläutert, wie es zur Interpretation der Ergebnisse dienlich ist. Zur detaillierten Vorgehensweise der einzelnen Verfahren vgl. die einschlägigen statistischen Lehrbücher, insbesondere Bortz (1989), Hair et. al. (1998), Backhaus et al. (1996), Gujarati (1995) und (1999).

2 Als „Holding-Unternehmen" werden Unternehmen identifiziert, die lediglich geringe oder gar keine Umsatzerlöse erzielen, aber dennoch einen Jahresüberschuß – in der Regel aus Finanzerträgen – ausweisen. Die Analyse des Wechsel-Performance-Zusammenhangs wird im folgenden immer dann um diese Holding-Unternehmen bereinigt, sofern Verzerrungen durch diese abweichenden Bilanz- und GuV-Strukturen zu erwarten sind.

3 Auf Basis eines *t*-Tests zeigt sich, daß die Null-Hypothese gleicher Mittelwerte für die Größenmaße Bilanzsumme mit einer Irrtumswahrscheinlichkeit von $p \leq 0,048$ und für Umsatz mit $p \leq 0,028$ abzulehnen ist.

Tabelle 31

Größenmaße bei Wechsel- und Kontrollfällen[a]

Größenmaße	Wechselfälle	Kontrollfälle	Wechseltyp		
			unabdingbar	unfreiwillig	freiwillig
Bilanzsumme	2.831.325	1.897.613	5.724.760	1.158.788*	1.372.720*
	(9.315.025)	(7.151.562)	(13.806.778)	(2.186.740)	(2.362.669)
	393.970	249.766	831.249	403.372	366.698
Umsatz	4.990.380	2.367.849	6.691.898	1.917.696*	2.173.184*
	(24.703.096)	(8.390.877)	(14.747944)	(4.030.263)	(4.017.433)
	467.959	318.267	1.194.769	486.679	491.499
Mitarbeiter	11.713[b]	9.746[c]	21.930	6.503*	7.785*
	(35.264)[b]	(35.645)[c]	(54.626)	(11.504)	(15.074)
	1873[b]	1.158[c]	4.333	1.848	2.353
n	445	1.859	116	116	46

[a] Mittelwert, (Standardabweichung), Median. Werte jeweils in TDM bzw. Anzahl Mitarbeiter

[b] n = 443

[c] n = 1830

* signifikanter Unterschied zu unabdingbaren Wechsel auf $p \leq 0{,}05$ – Niveau (Scheffé-Test)

sich nicht signifikant zwischen den beiden Gruppen. Unter Berücksichtigung der hohen Varianz der Größenwerte empfiehlt sich zusätzlich ein Vergleich anhand der Mediane. Zwar zeigt sich ein geringerer Umfang der Unterschiede in diesen Werten, dennoch bestätigt sich der Befund, daß Wechselfälle im Mittel deutlich größer sind als Kontrollfälle.

Werden Wechselfälle nach unterschiedlichen Wechseltypen in freiwillige, unfreiwillige und unabdingbare Wechseltypen differenziert,[4] so zeigen sich auch hier Unterschiede in der durchschnittlichen Größe je Wechseltyp: Unfreiwillige und freiwillige Wechsel ereignen sich dabei in deutlich kleineren Unternehmen als der unabdingbare Wechsel. Zur Beurteilung der statistischen Signifikanz dieser Mittelwertunterschiede bietet sich die einfaktorielle Varianzanalyse an.

---

4 Dabei wurden für die Betrachtung der Größenmaße „Pensionierungen" als unabdingbare Wechsel, „Wechsel wegen Differenzen über die Geschäftspolitik" als unfreiwillige und „Wechsel in den Vorstand eines anderen Unternehmens" als freiwillige Wechsel berücksichtigt.

Tabelle 32

Varianzanalyse der Größenunterschiede zwischen Wechseltypen

Test auf Varianzhomogenität			
Variable	Wert (Levene-Statistik)	Freiheitsgrade	Signifikanzniveau
Bilanzsumme	22,569	2; 275	0,000
Umsatz	13,85	2; 275	0,000
Anzahl Mitarbeiter	21,166	2; 275	0,000

Ergebnisse der einfaktoriellen Varianzanalyse					
	Varianz	df	Gesamtvarianz	Mittlere Varianz	F-Wert
Bilanzsumme	zwischen den Gruppen	2	1,373530E+15	6,87E+14	8,311 (0,000)
	innerhalb der Gruppen	275	2,272323E+16	8,26E+13	
	Summe	277	2,409676E+16		
Umsatz	zwischen den Gruppen	2	1,496423E+15	7,48E+14	7,453 (0,004)
	innerhalb der Gruppen	275	2,760695E+16	1,00E+14	
	Summe	277	2,910337E+16		
Mitarbeiter	innerhalb der Gruppen	275	15391298844,6	7,70E+09	5,741 (0,001)
	Summe	277	368605547829	1,34E+09	
	zwischen den Gruppen	2	383996846674		

Auf Basis der einfaktoriellen Varianzanalyse sind signifikante Mittelwertunterschiede zwischen den Größenmaßen der drei Wechseltypen festzustellen.[5] Wie die Post-Hoc-Tests zeigen, unterscheidet sich besonders die Gruppe der unabdingbaren Wechsel signifikant von den beiden anderen Wechseltypen.[6] Unternehmen mit einem unabdingbaren Wechsel sind in allen Maßen durchschnittlich größer als Unternehmen mit einem freiwilligen oder unfreiwilligen Wechsel.

Damit bestätigen diese Befunde zum einen die Ergebnisse von *Schrader* und *Lüthje*[7], die ebenfalls einen positiven Zusammenhang von Unternehmensgröße

5 Da nicht von einer Normalverteilung der Daten ausgegangen werden kann, wurde ergänzend ein 3-Gruppen-Kruskal-Wallis-Test berechnet, der auf dem $p \leq 0{,}05$ Niveau die signifikanten Mittelwertunterschiede bestätigt.

6 Als Post-Hoc Test wurde der Scheffé-Test berechnet. Vgl. Hair et al. (1998), S. 282. Die Ergebnisse sind in Tabelle 32 durch * an den jeweiligen Mittelwerten dokumentiert.

7 Vgl. Schrader / Lüthje (1995), S. 483.

Tabelle 33

Branchenverteilung bei Wechsel- und Kontrollfällen

Branche	Wechselfälle[a]		Kontrollfälle		Wechseltyp[a,b]					
					unabdingbar		unfreiwillig		freiwillig	
	n	%	n	%	n	%	n	%	n	%
Energiewirtschaft und Verkehr	19	4,0	175	9,4	9	7,6	1	0,8		
Steine, Erden, Bergbau	7	1,5	69	3,7	5	4,2			1	1,9
Mineralölverarbeitung	2	0,4	9	0,5	2	1,7				
Eisen, Stahl, Metall, NE-Metall	22	4,7	67	3,6	6	5,0	2	1,6	3	5,8
Maschinenbau	76	16,1	293	15,8	15	12,6	28	23,1	12	23,1
Fahrzeugbau (inkl. Schiffbau)	18	3,8	52	2,8	5	4,5	4	3,3	4	7,7
Elektrotechnik	33	7,0	83	4,5	8	6,7	11	9,1	5	9,6
Feinmechanik, Eisen und Blech, Musikinstrumente	18	3,8	97	5,2	5	4,2	4	3,3		
Chemie	16	3,4	83	4,5	12	10,1	1	0,8		
Büromaschinen, Datenverarbeitung	22	4,7	19	1,0	2	1,7	10	8,3	1	1,9
Feinkeramik	7	1,5	36	1,9	4	3,4	1	0,8	1	1,9
Glas	7	1,5	31	1,7	2	1,7	2	1,7	1	1,9
Holz, Zellstoff, Papier	14	3,0	54	2,9	1	0,8	3	2,5	3	5,8
Druckerei, Vervielfältigung	4	0,8	19	1,0						
Kunststoff	15	3,2	58	3,1	6	5,0	5	4,1	2	3,8
Gummi, Asbest	4	0,8	25	1,3	1	0,8	2	1,7		
Leder, Textil, Bekleidung	31	6,6	125	6,7	7	5,9	8	6,6	2	3,8
Nahrungs- und Genußmittel	40	8,5	257	13,8	5	4,5	13	10,7	3	5,8
Bau	10	2,1	59	3,2	4	3,4	3	2,5		
Handel, Dienstleistung, Transport	40	8,5	143	7,7	6	5,0	11	9,1	3	5,8
Übrige	67	14,2	115	6,2	14	11,8	12	9,9	11	21,2
Σ	472	100	1.859	100	119	100	121	100	52	100

[a] Angaben beziehen sich auf t_0.

[b] Wechseltypen werden differenziert nach „Pensionierung", „Differenzen über Geschäftspolitik" und „Wechsel in den Vorstand eines anderen Unternehmens".

= bedeutendste Branche

= drei nächst bedeutende Branchen

und Wechsel aufgrund planmäßiger Pensionierung nachweisen können. Zum anderen wird deutlich, daß die hier gewählte Differenzierung nach unterschiedlichen Wechseltypen eine vielversprechende und sinnvolle Vorgehensweise zur Analyse des Wechselgeschehens in deutschen Aktiengesellschaften darstellt.

2. Branchenverteilung bei Wechsel- und Kontrollfällen

Die nachfolgende Tabelle gibt einen Überblick über die Verteilung der Wechsel- und Kontrollfälle über die verschiedenen Branchen. Erneut beziehen sich die Daten zu den Wechselfällen auf das jeweilige t_0-Jahr während sich die Kontrollfälle auf alle Unternehmensjahre beziehen.

Wechsel- und Kontrollfälle zeigen eine große Übereinstimmung hinsichtlich der Branchenverteilung. In beiden Fällen ist die Branche Maschinenbau – bezogen auf die Anzahl der Unternehmen je Branche – der bedeutendste Wirtschaftszweig, gefolgt von den Branchen „Nahrungs- und Genußmittel" und „Handel, Dienstleistung und Transport".

Während die drei Wechseltypen noch hinsichtlich der Bedeutung der Branche Maschinenbau übereinstimmen, unterscheiden sie sich in den nächst bedeutenden Branchen erheblich. Unabdingbare Wechsel finden sich häufiger in Unternehmen der Chemie- oder Energiewirtschaft, während unfreiwillige Wechsel eher in den Branchen Nahrungs- und Genußmittel oder Handel, Dienstleistung und Verkehr zu beobachten sind. Diese unterschiedliche Häufung der Wechseltypen je Branche kann unter Umständen als erster Beleg gewertet werden, daß die Branche oder die Branchendynamik einen bedeutenden Einfluß auf das Wechselgeschehen an der Unternehmensspitze nehmen kann. In diesem Sinne erscheint die Betrachtung der Branche als moderierende Kontextvariable in der weiteren Analyse gerechtfertigt.

3. Anzahl Unternehmensjahre je Wechseltyp

Bereits im Abschnitt E war der Wechsel an der Vorstandsspitze deutscher Aktiengesellschaften ausführlich Gegenstand der Erörterung. Neben der Intensität des Wechsels stand dort insbesondere die Frage nach der Bedeutung unterschiedlicher Wechseltypen im Vordergrund der Analyse. Ergänzend zu diesen Ausführungen, im Sinne einer weiteren Beschreibung der zu analysierenden Stichprobe, zeigt die folgende Tabelle die Verteilung der Wechsel-Unternehmensjahre je Wechseltyp und Analysejahr.

Die größte Anzahl Unternehmensjahre findet sich bei den drei Wechseltypen „Pensionierung", „Differenzen über die Geschäftspolitik" und „Wechsel in den Vorstand eines anderen Unternehmens". Mit einem Anteil von 64% aller erhobenen Unternehmensjahre stehen diese drei Wechseltypen, die im Gegensatz zu den übrigen Wechseltypen eindeutig einem der drei „abstrakten“ Typen (unabdingbar, unfreiwillig, freiwillig) zugeordnet werden können, damit im Zentrum der Analyse.

Tabelle 34

Wechsel-Unternehmensjahre je Wechseltyp und *t*-Jahr

Wechseltyp	*t*-Jahr					Σ
	-2	-1	0	1	2	
Pensionierung	112	114	119	106	85	*536*
vorzeitige Pensionierung	13	14	15	14	7	63
Differenzen über die Geschäftspolitik	76	89	121	101	66	*453*
in anderen Vorstand	37	38	52	40	30	*197*
Fusion / Akquisition	14	17	24	21	16	92
Gesundheit	9	10	14	11	11	55
Tod	4	5	5	5	5	24
sonstige	26	28	38	28	18	138
nicht bestimmt	45	53	84	69	47	298
Σ	336	368	472	395	255	1856

Die maximale Anzahl an Unternehmensjahren konnte jeweils für das t_0-Jahr erhoben werden, da ein Wechselfall immer nur dann in die Analyse aufgenommen wurde, wenn auch ein t_0-Jahr bestimmbar war. In Richtung der beiden Randpunkte des individuellen Analysezeitraums reduziert sich die Anzahl der Unternehmensjahre. Diese Abnahme an Untersuchungseinheiten ist zum einen in der Bestimmung der individuellen Analysezeiträume bei „multiplen“ Wechseln und zum anderen in der „Rechtszensierung“ des Datensatzes begründet.[8] Wechsel der Spitzenführungskraft, deren t_0-Jahr mit 1996 oder 1997 bestimmt wurde, liegen mit ihren t_2- (und t_1-) Jahren außerhalb des hier analysierten Zeitfensters. Diese Variation der Stichprobengröße je Analysejahr wurde jedoch in Kauf genommen, um:

(a) trotz „Rechtszensierung“, durch die Ausdehnung des analysierten Zeitfensters auf das maximal mögliche Jahr 1997, eine insgesamt größere Fallzahl analysieren zu können und

(b) der Verzerrung durch Mehrfachzuordnung gleicher Jahre im Fall „multipler“ Wechsel zu entgehen.

---

[8] Vgl. zur Bestimmung der individuellen Analysezeiträume Kapitel E.V.

Dennoch bleibt die unterschiedliche Stichprobengröße bei der Analyse der Daten und Interpretation der Ergebnisse zum Wechsel der Spitzenführungskraft zu berücksichtigen.

4. Wechsel in den Aufsichtsrat

Zur ergänzenden Beschreibung des Wechselgeschehens an der Unternehmensspitze wird nachfolgend die Verteilung der nominal skalierten Variable „Wechsel in den Aufsichtsrat" betrachtet.

Tabelle 35

Häufigkeit des Wechsels in den Aufsichtsrat

Wechsel in den Aufsichtsrat	n	%
ja	110	26,1
nein	311	73,9
Σ	421	100

Immerhin 26,1% der ausgeschiedenen Spitzenführungskräfte bleiben ihrem Unternehmen durch einen Wechsel in den Aufsichtsrat verbunden. Bei knapp zwei Drittel der Wechselfälle erhält die ausgeschiedene Spitzenführungskraft nicht die Möglichkeit, als Mitglied des Kontrollorgans weiterhin Einfluß auszuüben. In welchem Umfang diese Spitzenführungskräfte dennoch, zum Beispiel über Beraterverträge, weiterhin an das Unternehmen gebunden werden, läßt sich mit Hilfe der hier analysierten Daten nicht feststellen.

5. Verteilungswerte ausgewählter Variablen

Die nachfolgende Tabelle zeigt die Verteilungswerte für ausgesuchte Variablen der Untersuchung. Dabei werden die Kontrollfälle den Wechselfällen gegenübergestellt.[9] Die Angaben zu den Wechselfällen differenzieren zusätzlich nach den Zeitpunkten t_{-1}, t_0 und t_1.

---

9 Die Betrachtung der Verteilungswerte dieser Variablen muß berücksichtigen, daß die Werte pro Unternehmensjahr erhoben werden. Dabei liegen Wechselfälle immer innerhalb eines individuellen Wechselzeitraums (vgl. Kap. E.V). Da zu erwarten ist, daß sich die Variablenwerte systematisch innerhalb des Wechselzeitraums verändern, erscheint die Mittelwertbildung über alle Wechsel-Unternehmensjahre nicht sinnvoll. Entsprechend werden die

Tabelle 36: **Verteilungswerte ausgewählter Variablen**

Variablen	Kontrollfälle			Wechselfälle								
				t_{-1}			t_0			t_1		
	n	Mittelwert[a]	Median	n	Mittelwert[a]	Median	n	Mittelwert[a]	Median	n	Mittelwert[a]	Median
Gesamtkapitalrendite	1859	0,0534 (0,0977)	0,04766	349	0,0245 (0,102)	0,0298	445	0,0026 (0,208)	0,0207	372	0,0265 (0,153-0)	0,0269
ordentliche betriebliche Rendite	1697	0,0073 (0,196)	0,0159	318	-0,0149 (0,156)	-0,0013	405	-0,0526 (0,306)	-0,0108	337	-0,0364 (0,249)	-0,0055
Aufsichtsratsgröße	1859	9,1969 (5,326)	6	349	10,716 (5,545)	12	444	10,061 (5,468)	9	372	10,217 (5,455)	9
Anzahl Arbeit-nehmer im AR	1670	3.9581 (2,856)	2	329	4,7447 (3,137)	2	417	4,3237 (3,065)	3	349	4,3926 (3,073)	3
Vorstandsgröße	1859	3,2216 (2,131)	3	349	3,7794 (2,047)	3	445	3,4337 (1,964)	3	373	3,4826 (2,035)	3
Anteil Streubesitz	1780	30,885 (25,60)	25	328	32,938 (25,04)	25	418	29,647 (24,73)	25	352	28,755 (24,43)	24,57
Anteil institu-tioneller Besitz	1345	67,756 (26,06)	75	273	67,787 (25,51)	75	346	71,745 (24,55)	76	302	72,433 (25,16)	77,67
Anteil Besitz bei natürlichen Personen	650	61,195 (27,53)	60	99	52,924 (29.02)	51	125	55,474 (29,07)	51,5	98	52,16 (27,87)	51

[a] Standardabweichung in Klammern

Bereits in dieser zusammenfassenden und rein deskriptiven Analyse zeigt sich bei den Erfolgswerten ein Unterschied zwischen Wechsel- und Kontrollfällen. Die Werte der Erfolgsvariablen „Gesamtkapitalrendite" und „ordentliche betriebliche Rendite" liegen bei den Kontrollfällen immer über den Werten der Wechselfälle, unabhängig vom Zeitpunkt im Wechselzeitraum. Während die Kontrollfälle in beiden Renditemaßen einen positiven Erfolg aufweisen, zeigen die Wechselfälle nur bei dem aggregierten Erfolgsmaß „Gesamtkapitalrendite" positive Median-Werte zwischen ca. 3% und 2%. Die ordentliche betriebliche Rendite liegt bei den Wechselfällen unabhängig vom Zeitpunkt im Wechselzeitraum im negativen Bereich. Auffällig ist zudem, daß die größte Varianz der Erfolgswerte bei den Wechselfällen im Zeitpunkt t_0 zu beobachten ist. Der Vergleich der Erfolgswerte zwischen den einzelnen Zeitpunkten im Wechselzeitraum bestätigt zugleich die gewählte, differenzierte Betrachtungsweise. Im Mittel schwankt die Gesamtkapitalrendite mit 2,3% und die ordentliche betriebliche Rendite mit 2,7% im betrachteten Wechselzeitraum. Eine Zusammenfassung aller Wechselfälle ergäbe daher nur ein ungenaues Bild des Wechselgeschehens.

Als Variablen aus dem Bereich der Unternehmensverfassung sind in der Tabelle 36 neben der Aufsichtsratsgröße und der Anzahl der Arbeitnehmervertreter im Aufsichtsrat auch die Vorstandsgröße angegeben. Der Aufsichtsrat ist bei den Kontrollfällen im Median um 3 bis 4 Personen kleiner als bei den Wechselfällen. Dieser Größenunterschied spiegelt sich, wenn auch in etwas geringerem Umfang, auch im Mittelwert wieder. Die Anzahl der Arbeitnehmervertreter im Aufsichtsrat sowie die Vorstandsgröße variiert hingegen kaum zwischen Wechsel- und Kontrollfällen. Lediglich bei Betrachtung des Mittelwertes weisen die Kontrollfälle eine etwas geringere Größe auf. Insgesamt scheint sich in diesen Variablen zur Größe der Unternehmensorgane die bereits zu Anfang dieses Abschnitts festgestellte „allgemeine" Größendifferenz zwischen Wechsel- und Kontrollfällen widerzuspiegeln. Die Analyse der Aufsichtsratsgröße je t-Jahr bei den Wechselfällen zeigt eine auffällige Veränderung von t_{-1} zu t_0. Sowohl im Median als auch im Mittelwert reduziert sich die Anzahl der Aufsichtsratsmitglieder deutlich mit Ausscheiden der Spitzenführungskraft im betrachteten Zeitraum. Offensichtlich geht die personelle Veränderung in der Unternehmensleitung auch mit einer Veränderung im Aufsichtsrat einher.

Die letzten drei Variablen der Tabelle 36 beziehen sich auf die Aktionärsstruktur. Ein Vergleich der durchschnittlichen prozentualen Anteile der jeweiligen Aktionärstypen bei Wechsel- und Kontrollfällen zeigt den größten Unterschied beim Anteil des Besitzes in der Hand von natürlichen Personen. Kontrollfälle weisen durchschnittlich einen um 7,7% größeren Kapitalanteil bei natürlichen Personen aus.

Variablenwerte zu den Wechselfällen für die einzelnen t-Jahre getrennt ausgewiesen. Kontrollfälle hingegen haben gemeinsam, daß sie nicht innerhalb eines Wechselzeitraums liegen, so daß eine zusammenfassende Betrachtung dieser Unternehmensjahre (Mittelwert über alle Kontroll-Unternehmensjahre) möglich ist.

Bezogen auf die Entwicklung der Aktionärsstruktur bei den Wechselfällen fällt besonders die Zunahme des durchschnittlichen Anteils institutionellen Besitzes bei Abnahme des prozentualen Anteils an Streubesitz von t_{-1} zu t_0 auf. Während der Anteil dieser beiden Aktionärsgruppen im Folgejahr kaum variiert, reduziert sich der Aktienanteil in der Hand von natürlichen Personen von t_0 zu t_1 deutlich und gleicht damit den Anstieg aus dem Vorjahr wieder aus. Die größte prozentuale Veränderung mit einer Zunahme von fast 4% des durchschnittlichen Aktienanteils in der Hand institutioneller Anleger von t_{-1} zu t_0 signalisiert offensichtlich eine gestiegene Bedeutung dieses Anlegertyps unmittelbar vor dem Wechsel der Spitzenführungskraft. Inwieweit eine derartige Veränderung der Aktionärsstruktur unter Umständen die Wahrscheinlichkeit des Wechsels beeinflussen kann, muß die weitere Analyse zeigen.

II. Wechsel der Spitzenführungskraft und Unternehmenserfolg: aggregierte Analyse

In Anlehnung an die aggregierte Analyse des Zusammenhangs zwischen dem Wechsel der Spitzenführungskraft und der Unternehmens-Performance im Rahmen der Meta-Analyse wird im folgenden die Entwicklung der Gesamtkapitalrendite bei Unternehmen mit einem Wechsel der Spitzenführungskraft in t_0 der Erfolgslage von Kontrollunternehmen gegenübergestellt. Um in der grafischen Analyse dem verzerrenden Effekt durch Ausreißer bei der Mittelwertbildung zu entgehen, wird in Abbildung 23 der Median der Gesamtkapitalrendite wiedergegeben.[10] Diese deskriptive Analyse ermöglicht eine erste Abschätzung der Erfolgsveränderung im Verlauf des Wechsels an der Unternehmensspitze. Im Gegensatz zur aggregierten Betrachtung im Rahmen der Meta-Analyse ist hier jedoch zu beachten, daß zum einen die Abgrenzung der Kontrollfälle von der sonst üblichen Operationalisierung abweicht[11] und zum anderen der Unternehmenserfolg zu mehreren Zeitpunkten im Verlauf des Wechselprozesses betrachtet wird.

Zu jedem Zeitpunkt im Verlauf des Wechselprozesses liegt die Gesamtkapitalrendite der Wechselfälle unterhalb der Median-Werte für die Kontrollfälle. Der Wechsel an der Unternehmensspitze weist offensichtlich einen Zusammenhang mit der Erfolgslage des Unternehmens auf. Die Differenz zwischen Wechsel- und Kontrollfällen unterscheidet sich je nach t-Jahr, wobei die höchste Differenz in t_0 mit jeweils stetig abnehmenden Werten in Richtung der Ränder des Wechselzeitraums zu beobachten ist. Die mittlere Gesamtkapitalrendite in t_2 erreicht jedoch nicht mehr ganz den Ausgangswert von t_{-2}. Diese Betrachtung über den gesamten

10 Vgl. auch Hauschildt / Grenz / Gemünden (1988), S. 50.

11 Da sich Kontrollfälle als Unternehmensjahre außerhalb eines individuellen Wechselzeitraums definieren, können jedem Kennzahlenwert der jeweiligen Wechsel-Unternehmensjahre alle Kontrollfälle gegenübergestellt werden.

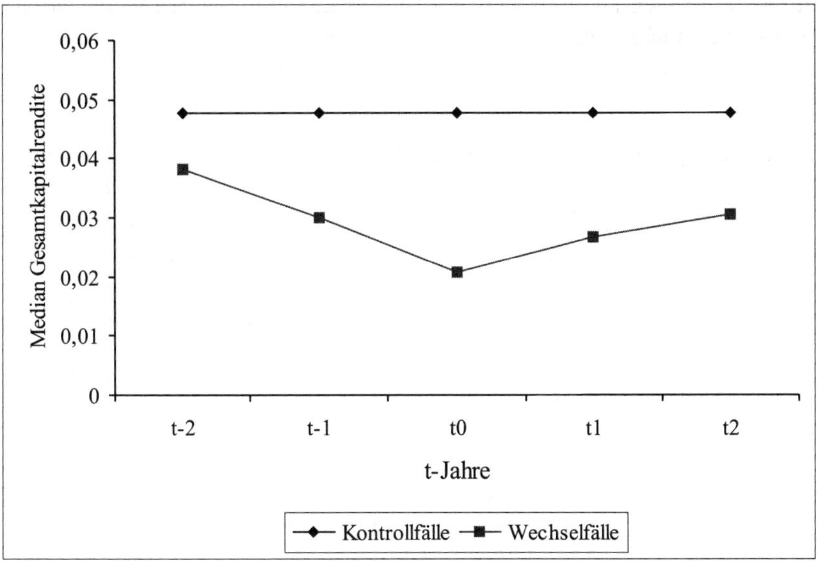

Abbildung 23: Entwicklung der Gesamtkapitalrendite im Wechselprozeß – aggregierte Analyse

Wechselzeitraum macht deutlich, daß der Zusammenhang von Wechsel und Unternehmenserfolg in Abhängigkeit vom Zeitpunkt der Betrachtung variiert. Die nachfolgende detaillierte Analyse hat diesem Umstand Rechnung zu tragen.

Die in der deskriptiven Analyse festgestellten Unterschiede zwischen Wechsel- und Kontrollfällen können mittels eines *t*-Tests auf signifikante Mittelwertunterschiede überprüft werden. Um Verzerrungen durch unkontrollierte Branchen- und Jahreseffekte auszuweichen, dienen mittelwertbereinigte[12] Gesamtkapitalrenditen als Basis zur Berechnung der Teststatistik.

Es zeigen sich sowohl im Jahr unmittelbar vor dem Wechsel als auch im ersten Jahr nach dem Wechsel – dann unter dem Einfluß der nachfolgenden Spitzenführungskraft – hoch signifikante Unterschiede zwischen undifferenzierten Wechselfällen und Kontrollfällen. Die Erfolgsunterschiede zwei Jahre vor dem Wechsel sowie im zweiten und dritten Jahr nach dem Wechsel sind demgegenüber zwar noch erkennbar, aber nur noch schwach signifikant auf dem 10%-Niveau. Diese Ergebnisse der induktiven Statistik bestätigen somit die zuvor gewonnene Erkenntnis deutlicher Niveauunterschiede im Erfolg zwischen Wechsel- und Kontrollfällen. Daneben zeigt sich erneut, daß die Erfolgsunterschiede im Verlauf des Wechsel-

12 Vgl. zur Kontrolle von Branchen- und Jahreseffekten durch Mittelwertbereinigung Kapitel E.VI.4.

prozesses variieren und besonders in unmittelbarer zeitlicher Nähe zum Wechsel der Spitzenführungskraft am deutlichsten auftreten.

Tabelle 37

Gesamtkapitalrendite bei Wechsel- und Kontrollfällen: Mittelwertunterschiede

t-Jahr	T	df	Signifikanz-niveau	mittlere Differenz
-2	1,1619	2177	0,106	0,01025
-1	4,537	2206	0,000	0,02581
0	4,201[a]	494	0,000	0,04167
1	1,499[a]	435	0,135	0,01231
2	1,623[a]	300	0,106	0,01446

[a] Die Nullhypothese, daß die Varianzen beider Populationen gleich sind, kann auf Basis eines Levene Tests nicht abgelehnt werden. Entsprechend wird unter Inkaufnahme reduzierter Freiheitsgrade ein sogenannter „separate-variance *t*-Test" angewandt.[13]

III. Wechsel der Spitzenführungskraft und Unternehmenserfolg: Differenzierung nach Wechseltypen

1. Wechseltypen in der empirischen Analyse

Sowohl die konzeptionellen Überlegungen zum Zusammenhang von Wechsel und Unternehmenserfolg als auch die Analyse bisheriger Untersuchungsergebnisse heben die Bedeutung einer nach Wechseltypen differenzierenden Betrachtung hervor. Die Bestimmung von „abstrakten" Wechseltypen in Abhängigkeit der Initiative zum Wechsel bildet dabei die Basis für die differenzierte Analyse des Wechselprozesses. Die theoretische Analyse unterscheidet zwischen unabdingbaren, unfreiwilligen und freiwilligen Wechseln. Zur Erhebung der Datenbasis wurden diese „abstrakten" Typen zu konkreten Ausprägungen des Wechseltyps operationalisiert. Diese Konkretisierung der Typen führt zu einer weiteren Differenzierung der Wechsel in insgesamt acht unterschiedliche Wechselformen.[14] Um in der empirischen Analyse die in Abschnitt B entwickelten Hypothesen mit den erhobenen Daten konfrontieren zu können, ist zu klären, inwieweit diese konkreten Wechseltypen wiederum zu abstrakten Typen verdichtet werden können. Dabei sind „eindeutige" konkrete Typen von sogenannten „Mischformen" zu unterscheiden. Die nachfolgende Abbildung stellt den „abstrakten" Wechseltypen die empirisch bestimmten Wechseltypen gegenüber.

---

13 Vgl. SPSS (1997), S. 108 f.

14 Vgl. auch Abbildung 15 zur Systematik der Wechseltypen.

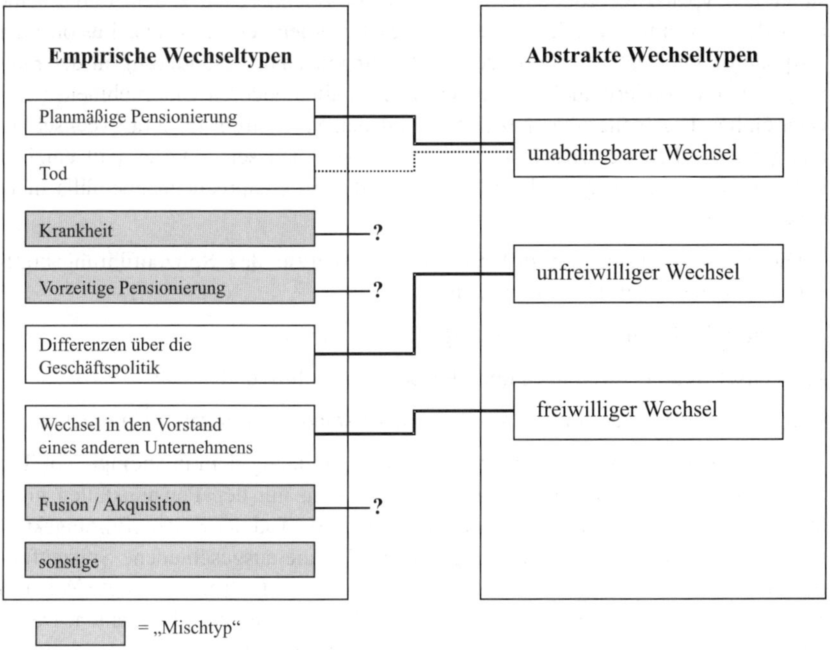

Abbildung 24: Abstrakte und empirische Wechseltypen

Während *„Wechsel im Rahmen planmäßiger Pensionierung"*, nach dem *„Tod des Amtsinhabers"*, *„auf Grund von Differenzen über die Geschäftspolitik"* und als *„Wechsel in den Vorstand eines anderen Unternehmens"* eindeutig einem abstrakten Wechseltyp zugeordnet werden können, lassen sich die in Abbildung 24 grauschraffierten „Mischformen" des Wechsels nicht eindeutig zuordnen. *„Gesundheitliche Gründe"* und *„vorzeitige Pensionierung"* können zum einen als unabdingbarer Wechsel klassifiziert werden, unter Umständen sind diese beiden Formen des Wechsels jedoch auch als „versteckte" unfreiwillige Wechsel zu bestimmen. So kann zum Beispiel vermutet werden, daß Unternehmen die sensible Information eines unfreiwilligen Wechsels öffentlich als gesundheitsbedingtes Ausscheiden kommunizieren oder aber die Spitzenführungskraft tatsächlich unabdingbar auf Grund von Krankheit ausscheiden muß. Um in der folgenden differenzierten Betrachtung Aussagen auf der Basis möglichst eindeutiger Wechseltypen erreichen zu können, werden diese Mischformen des Wechsels in der weiteren Analyse nicht betrachtet. Da in beiden Fällen nur jeweils eine relativ geringe Anzahl von Fällen identifiziert werden konnten, bietet sich auch keine gesonderte Analyse der Mischformen als eigener Wechseltyp an.[15]

Der *Wechsel der Spitzenführungskraft im Rahmen einer Fusion oder Akquisition* stellt einen besonderen Typ des Wechsels dar, der im Einzelfall jedem der drei „abstrakten" Typen zugeordnet werden könnte. Er zeichnet sich zudem durch seine besondere Dynamik in allen Bereichen des Unternehmens aus. Die Fusion oder Akquisition geht dabei insbesondere nicht nur mit einer Veränderung in der Führungsstruktur, sondern auch mit Änderungen in allen anderen Unternehmensbereichen einher. Die Isolierung spezifischer, auf den Spitzenführungskraftwechsel zurückgehender Effekte wird daher nur schwer möglich sein. Dieser Fall entzieht sich damit der hier angestrebten Analyse und wird entsprechend ebenfalls nicht weiter verfolgt.[16]

Die nach Wechseltypen differenzierende Analyse des Spitzenführungskraftwechsels konzentriert sich folglich auf:

- Wechsel im Rahmen von planmäßiger Pensionierung,
- Wechsel wegen Differenzen über die Geschäftspolitik und
- Wechsel der Spitzenführungskraft in den Vorstand eines anderen Unternehmens.

Obwohl der todesbedingte Wechsel ebenfalls eindeutig dem unabdingbaren Typ zugeordnet werden kann, ist die Zusammenfassung mit den Pensionsfällen nicht möglich. Naturgemäß ist ein Wechsel auf Grund von Tod der Spitzenführungskraft weder planbar, noch besteht die Möglichkeit, daß die ausgeschiedene Spitzenführungskraft weiterhin Einfluß auf ihren Nachfolger ausübt. Todesbedingte Wechsel sind also von den übrigen unabdingbaren Wechseln getrennt zu betrachten. Da im vorliegenden Fall nur zwei Fälle diesem Wechseltyp zugeordnet werden können, konzentriert sich die Analyse der unabdingbaren Wechsel auf die Fälle planmäßiger Pensionierung.

2. Erfolgsentwicklung und differenzierte Wechseltypen

Hypothese 3 vermutet einen grundlegend unterschiedlichen Zusammenhang von Wechsel der Spitzenführungskraft und Unternehmenserfolg je Wechseltyp.[17] Dabei interessiert zunächst, inwieweit Unternehmen, die einen Wechsel der Spitzenführungskraft im Sinne der unterschiedlichen Typen realisieren, eine unterschiedliche Erfolgssituation im Verlauf des Wechselzeitraums aufweisen. Zeigen sich signifikante Unterschiede zwischen den betrachteten Wechseltypen, so ist dies ein Beleg

15 Insgesamt konnten lediglich n = 14 gesundheitsbedingte Wechsel und n = 15 vorzeitige Pensionierungen identifiziert werden.

16 Der interessierte Leser sei auf die spezifische Literatur und hier insbesondere auf die Studien von Gerpott (1993) und Gerpott (1994), die auch in der Meta-Analyse berücksichtigt wurden, hingewiesen.

17 Hypothese 3: *Der Zusammenhang von Unternehmenserfolg und nachfolgendem Wechsel unterscheidet sich je nach Wechseltyp.*

für die sinnvolle Differenzierung nach der „initiierenden Kraft des Wechsels". Die weitere Analyse der Spitzenführungskraftwechsel kann dann für jeden Wechseltyp die jeweils individuelle Entwicklung des Unternehmenserfolges vor und nach dem Wechsel betrachten.

Die folgende Abbildung zeigt den durchschnittlichen Unternehmenserfolg[18] (Gesamtkapitalrendite), differenziert nach unabdingbaren, unfreiwilligen und freiwilligen Wechseln an der Unternehmensspitze je *t*-Jahr im Wechselzeitraum.

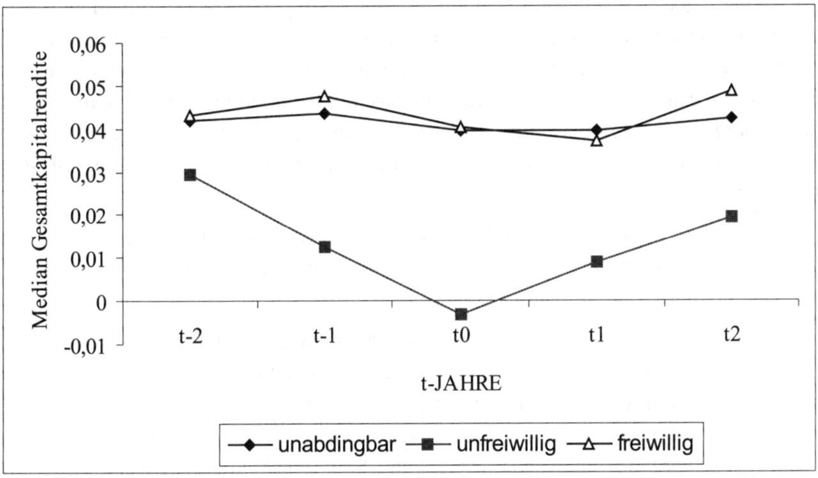

Abbildung 25: Unternehmenserfolg bei differenzierten Wechseltypen

Besonders Unternehmen mit einem unfreiwilligen Wechsel auf Grund von Differenzen über die Geschäftspolitik zeigen eine deutlich unterschiedliche Erfolgssituation im Wechselprozeß. Diese Unterschiede beziehen sich sowohl auf das Niveau als auch auf die Entwicklung der Gesamtkapitalrendite. Unternehmen mit einem freiwilligen Wechsel zeigen kaum Unterschiede zu den Fällen unabdingbaren Wechsels. Beim Vergleich der Wechseltypen ist jedoch zu beachten, daß die Anzahl der freiwilligen Wechselfälle in allen t-Jahren deutlich unterhalb der Stichprobengröße der beiden anderen Wechseltypen liegt.

Um signifikante Mittelwertunterschiede zwischen den Wechseltypen festzustellen, bietet sich die einfaktorielle Varianzanalyse an. Ziel dieser Analyse ist es, die Tatsache eines Zusammenhangs zwischen Wechseltyp und Erfolgslage je t-Jahr im Wechselprozeß zu ermitteln. Die Varianzanalyse testet, ob sich wenigstens ein Mittelwert signifikant von einem oder mehreren Mittelwerten der jeweiligen Untergruppe unterscheidet.[19]

---

18 Erneut werden dafür die Median-Werte der Gesamtkapitalrendite abgetragen.

Die Anwendung der Varianzanalyse stellt bestimmte Bedingungen an den zu Grunde liegenden Datensatz. Insbesondere ist zu prüfen, ob Varianzhomogenität und Normalverteilung der Maßzahlen je Gruppe vorliegen.[20] Während der als sehr konservativ eingeschätzte nichtparametrische Kolmogorov-Smirnov-Test[21] die Annahme normalverteilter Gesamtkapitalrenditen ablehnt, deutet die Levene-Statistik[22] lediglich in den Jahren t_0 und t_1 auf Varianzheterogenität hin. Insgesamt erfüllen damit die zur Varianzanalyse herangezogenen Daten nur teilweise die an sie gestellten Anforderungen der Normalverteilung und Varianzhomogenität. Der Test auf signifikante Mittelwertunterschiede mittels der einfaktoriellen Varianzanalyse gilt jedoch als relativ robust gegenüber Verletzungen dieser Annahmen.[23] Ein eventuell entstehender Fehler durch nicht eingehaltene Prämissen läßt sich zudem nach *Lindquist* durch die Wahl eines erhöhten Signifikanzniveaus ausgleichen. In dem hier vorliegenden Fall müßte sich das faktische Signifikanzniveau auf das drei- bis vierfache des berichteten Wertes verschieben.[24] Bei hier festgestellten Signifikanzwerten von sehr nahe Null bleiben die Werte damit immer noch statistisch signifikant.

Die Ergebnisse der einfaktoriellen Varianzanalyse zum Test auf signifikante Unterschiede in der Erfolgslage von Unternehmen der drei Wechseltypen werden in der folgenden Tabelle 38 wiedergeben.

Sowohl im Jahr unmittelbar vor dem Wechsel der Spitzenführungskraft als auch im ersten Jahr unter dem Einfluß der nachfolgenden Spitzenführungskraft zeigen sich ausreichend große F-Werte mit einem Signifikanzniveau sehr nahe an Null, so daß die Null-Hypothese gleicher Mittelwerte aller Wechseltypen für diese beiden *t*-Jahre abgelehnt werden kann.[25] In t_{-1} und t_0 unterscheidet sich wenigstens eine Wechselgruppe signifikant von den jeweils anderen Wechselgruppen hinsichtlich des durchschnittlichen Unternehmenserfolges. In beiden Jahren kann ein ausrei-

---

19 Vgl. Parasuraman (1991), S. 740. Alternativ ließen sich mehrere Paarvergleiche zwischen den Wechseltypen mit Hilfe jeweils eines *t*-Tests vornehmen. Die Wahrscheinlichkeit eines α-Fehlers, das heißt die Ablehnung einer korrekten Null-Hypothese, steigt jedoch mit der Anzahl vorzunehmender Paarvergleiche, so daß die Varianzanalyse hier vorgezogen wird. Vgl. zum „Type I Error" stellvertretend Gujarati (1999), S. 107–109. Vgl. auch Daniel (1987), S. 275. Zum Problem der Unabhängigkeit der einzelnen Tests vgl. Glaser (1978), S. 115 ff.

20 Vgl. zu den Voraussetzungen einer Varianzanalyse Bortz (1989), S. 343–347,

21 Vgl. Daniel (1987), S. 603 ff., Churchill (1995), S. 840 f.

22 Vgl. Hair et al. (1998), S. 73 ff.

23 Vgl. Backhaus et al. (1996), S. 85. Glaser (1978), S. 110 f. empfiehlt die Berechnung einer Varianzanalyse auch bei Verletzung der Prämissen, sofern als Faustregel (a) die Zahl der Maßzahlen je Gruppe nicht zu klein ist (Richtwert: n mindestens 10) und (b) sofern die Gruppen möglichst gleich groß sind. Dieses ist in der vorliegenden Studie der Fall.

24 Vgl. Lindquist (1953), S. 78 f. sowie Glaser (1978), S. 111 f.

25 Vgl. zur Vorgehensweise der Varianzanalyse sowie zur Interpretation der Ergebnisse Churchil (1995), S. 863 ff., Parasuraman (1991), S. 739 ff. sowie insbesondere zum Grundprinzip der Varianzzerlegung Glaser (1978), S. 63 ff.

Tabelle 38

Ergebnis der Varianzanalyse und des K-W-Tests zu Erfolgsunterschieden zwischen den Wechseltypen

		df	Gesamt-varianz	Mittlere Varianz	F-Wert (Signifi-kanz-niveau)	K-W 3-Gruppen Test[a] χ^2-Wert (Signifikanz-niveau)
t_{-2}	Varianz zwischen den Gruppen	2	0,0231	0,0115	1,547 (0,215)	3,388 (0,184)
	Varianz in den Gruppen	219	1,633	0,0075		
	Summe	221	1,657			
t_{-1}	Varianz zwischen den Gruppen	2	0,102	0,0509	9,105 (0,000)	17,159 (0,000)
	Varianz in den Gruppen	235	1,316	0,0056		
	Summe	237	1,417			
t_0	Varianz zwischen den Gruppen	2	0,345	0,172	12,502 (0,000)	28,134 (0,000)
	Varianz in den Gruppen	286	3,941	0,0138		
	Summe	288	4,258			
t_1	Varianz zwischen den Gruppen	2	0,0407	0,0204	1,612 (0,202)	7,028 (0,030)
	Varianz in den Gruppen	241	3,041	0,0126		
	Summe	243	3,082			
t_2	Varianz zwischen den Gruppen	2	0,0277	0,0139	0,495 (0,611)	9,632 (0,008)
	Varianz in den Gruppen	174	4,875	0,0280		
	Summe	176	4,903			

[a] Nichtparametrischer Kruskal-Wallis-3-Gruppen Test auf Mittelwertdifferenzen.

chend großer Teil der Gesamtvarianz (zwischen 7% und 8%) durch die Einteilung in Wechselgruppen erklärt werden. Insoweit erweist sich die Trennung der Wechselfälle in unabdingbare, unfreiwillige und freiwillige Wechseltypen als sinnvolle und notwendige Vorgehensweise.

Wie die obigen Ausführungen zeigen, kann nicht davon ausgegangen werden, daß in allen Fällen normalverteilte Daten zur Analyse zur Verfügung stehen. Daher wird ergänzend zur einfaktoriellen Varianzanalyse zusätzlich ein nichtparametrischer Kruskal-Wallis-3-Gruppen Test auf signifikante Mittelwertunterschiede gerechnet.[26] Die Ergebnisse dieses verteilungsfreien Tests bestätigen und erweitern die Ergebnisse der einfaktoriellen Varianzanalyse. Der Chi-Quadrat-Wert liegt nicht nur in t_{-1} und t_0, sondern auch in t_1 und t_2 deutlich oberhalb des kritischen Wertes, so daß auf der Basis dieses Tests festgehalten werden kann, daß drei Wechseltypen fast über den gesamten Wechselzeitraum signifikant unterschiedliche mittlere Erfolgswerte aufweisen.

Da für jeden Wechselfall bis zu fünf zeitlich aufeinander folgende Erfolgsmessungen im individuellen Wechselzeitraum vorliegen, entsprechen die Daten zur Erfolgslage je Wechseltyp einem Meßmodell mit wiederholter Messung.[27] Zur Ermittlung von Unterschieden zwischen den Wechseltypen bietet sich daher ergänzend eine Varianzanalyse mit Meßwiederholungen an.[28] Im Gegensatz zur „einfachen" Varianzanalyse, bei der die Fehlervarianz durch die Unterschiedlichkeit der unter einen Wechseltyp subsumierten Wechselfälle bestimmt wird, kann bei einer Varianzanalyse mit Meßwiederholungen der auf a priori Unterschiede der Wechselfälle zurückzuführende, auf allen Treatmentstufen[29] gemeinsam auftretende Fehlervarianzanteil, aus der Prüfvarianz eliminiert werden.[30] Durch die Kontrolle der „individual-level differences"[31], die unter Umständen die Varianz innerhalb der Gruppen beeinflussen können, wird die gesamte Fehlervarianz verkleinert.[32] Die Varianzanalyse mit Meßwiederholungen verbessert daher die Möglichkeit, Mittelwertunterschiede zwischen den Gruppen (hier Wechseltypen) zu entdecken[33] und erlaubt daher eine weitere Präzisierung der oben berichteten Ergebnisse.

Die Varianzanalyse mit Meßwiederholungen beruht auf „kompletten" Datensätzen je individuellem Wechselfall. „Komplette" Datensätze je Wechselfall liegen dann vor, wenn für jeden Zeitpunkt der Messung ein Erfolgswert zur Verfügung steht. Da besonders an den Rändern des individuellen Analysezeitraums (t_{-2} und t_2) erhebungsbedingt Missing Daten auftreten,[34] wird die Varianzanalyse mit Meßwiederholungen für den Zeitraum von t_{-1} bis t_1 und damit über drei Meßzeitpunkte

---

26 Vgl. Daniel (1987), S. 610 f.

27 Vgl. Hand/Taylor (1987), S. 47.

28 Vgl. zu einer ausführlichen Darstellung der Varianzanalyse mit Meßwiederholungen Bortz (1989), S. 402–434 und Norusis (1992), S. 109–134.

29 Der Begriff „Treatmentstufen" geht auf den ursprünglichen Anwendungsbereich der Varianzanalyse in der Medizin zurück und bezieht sich verallgemeinert im vorliegenden Fall auf die drei Wechseltypen. Vgl. Bortz (1989), S. 301 und Glaser (1978), S. 80.

30 Vgl. Bortz (1989), S. 402.

31 Vgl. Hair et al. (1998), S. 330.

32 Vgl. Kozma/Reeder/Lingle (1990), S. 58.

33 Vgl. Bortz (1989), S. 403 ff.

34 Vgl. Kapitel E.VII zur Analyse der Missing Daten.

gerechnet. Dies erhöht im Vergleich zum Analysedesign mit fünf Meßzeitpunkten (t_{-2} bis t_2) die Anzahl einzubeziehender „kompletter" Fälle um 40% auf n = 148 Wechselfälle.

Als Voraussetzung für die Gültigkeit der Ergebnisse aus der Varianzanalyse mit Meßwiederholungen müssen Homogenität der einzelnen Varianz-Kovarianz-Matrizen und Zirkularität der zusammengefaßten Varianz-Kovarianz-Matrix gegeben sein.[35] Der zum Test dieser Prämissen eingesetzte Box-Test auf Gleichheit der Kovarianzmatrizen führt mit einem F-Wert von 5,598 (Signifikanzniveau von 0,000) zu einer Ablehnung der Nullhypothese, daß die beobachteten Kovarianz-Matrizen über die Gruppen gleich sind.[36] Um diese Prämissenverletzungen zu kompensieren, werden für die F-Tests modifizierte Freiheitsgrade verwendet. Dabei finden, entsprechend der Empfehlung von *Bortz,* Freiheitsgrade Anwendung, die für einen „extrem konservativen F-Test [...] benötigt werden".[37] Als *„korrigierte" kritische F-Werte* ergeben sich für den Innersubjekteffekt $F_{(1,441;\ 90\%)} = 2{,}71$ und für den Zwischensubjekteeffekt $F_{(1,441;\ 95\%)} = 3{,}84$.[38]

Die Ergebnisse der Varianzanalyse mit Meßwiederholungen sind der nachfolgenden Tabelle 39 zu entnehmen.

Tabelle 39

Ergebnisse der Varianzanalyse mit Meßwiederholungen zu Erfolgsunterschieden zwischen Wechseltypen

Test auf Innersubjekteffekte					
Quelle	Quadrat-summe	df	Mittel der Quadrate	F-Wert	Signifikanz
Faktor1 (Meßzeitpunkte)	0,0164	2	0,0082	3,082	0,047
Faktor1 * Wechseltyp	0,0177	4	0,0029	1,104	0,355
Fehler (Meßzeitpunkt)	0,773	290	0,0027		
Test auf Zwischensubjekteffekte					
Wechseltyp	0,208	2	0,104	6,480	0,002
Fehler	2,323	145	0,0160		

35 Vgl. Bortz (1989), S. 426 ff.

36 Bortz (1989), S. 432, weist darauf hin, daß der Box-Test i. d. R. zu signifikanten Ergebnissen und damit zu einer Ablehnung der Nullhypothese führt. Er empfiehlt daher von „vornherein auf die Überprüfung der Voraussetzungen [...] zu verzichten, und gleich einen ε-korrigierten bzw. sogar einen konservativen F-Test einzusetzen". Vgl. auch die bei Bortz zitierte Literatur.

37 Vgl. zur Bestimmung der Freiheitsgrade für den konservativen F-Test Bortz (1989), S. 433.

38 Da der Interaktionseffekt bereits im „normalen" F-Test nicht signifikant ist, erübrigt sich eine Korrektur in diesem Fall.

Die Varianzanalyse mit Meßwiederholung untermauert – unter Berücksichtigung der korrigierten kritischen F-Werte – den Befund der einfachen Varianzanalyse signifikanter Mittelwertunterschiede zwischen den Performancewerten der einzelnen Wechseltypen. Die Zwischensubjekteffekte sind entsprechend dem konservativen F-Test auf dem 5%-Niveau signifikant. Das heißt, *die Wechseltypen unterscheiden sich* auch bei einem Analysedesign mit wiederholter Messung *statistisch signifikant voneinander.*

Ergänzend lassen sich auch Aussagen zur Veränderung der Performancewerte innerhalb eines Wechseltyps ableiten. Auf Basis des konservativen F-Tests erweisen sich diese Innersubjekteffekte zumindest auf dem 10%-Niveau als signifikant: *Die bereinigte Gesamtkapitalrendite verändert sich bei den Wechselfällen über den Zeitraum von* t_{-1} *bis* t_1 signifikant. Dies kann als erster Hinweis auf wechselbedingte Effekte, die Einfluß auf den ausgewiesenen Erfolg nehmen, gewertet werden und wird im weiteren Verlauf der Untersuchung einer näheren Analyse unterzogen.

Da sowohl die „einfache" Varianzanalyse als auch die Varianzanalyse mit wiederholter Messung lediglich die Tatsache eines vorhandenen Unterschieds zwischen den Wechseltypen konstatieren können, jedoch nicht spezifizieren, welche Typen sich konkret voneinander unterscheiden, werden ergänzend „a posteriori Einzelvergleiche" durchgeführt.[39] In der folgenden Tabelle 40 sind entsprechend die Ergebnisse eine Scheffé-Tests wiedergeben.[40] Der Scheffé-Test wird im allgemeinen als sehr konservativ in bezug auf den möglichen α-Fehler angesehen.[41] Hoch signifikante Mittelwertunterschiede zwischen Wechseltypen können daher – trotz möglicher Verletzung der Prämissen – als gültig angenommen werden.

Die auf Basis des Scheffé-Tests durchgeführten Post-hoc Paarvergleiche zeigen, daß sich der Erfolg von Unternehmen, die einen unfreiwilligen Wechsel realisieren, hoch signifikant vom Erfolg der beiden anderen Wechseltypen in den t-Jahren t_{-1} und t_0 unterscheidet. Die bereits in der grafischen Analyse der Erfolgslagen im Verlauf des Wechselprozesses festgestellte deutliche Erfolgsreduktion bei unfreiwilligen Wechseln im Jahr unmittelbar vor und im gleichen Jahr des Wechsels bestätigt sich also auch in der statistischen Analyse.

Zusammenfassend kann festgehalten werden, daß der in Hypothese 3 postulierte Zusammenhang von Wechseltypen und Erfolg der Unternehmen bestätigt werden kann. Unternehmen, die einen Wechsel an der Unternehmensspitze realisieren, unterscheiden sich signifikant in ihrem durchschnittlichen Unternehmenserfolg, je nachdem, ob ihre Spitzenführungskraft unabdingbar, unfreiwillig oder freiwillig aus dem Amt scheidet. Diese grundlegende Aussage läßt sich in zweierlei Hinsicht

39 Vgl. zum Unterschied von a priori und a posteriori Vergleichen Glaser (1978), S. 126–130.

40 Eine Reihe alternativer Tests beschreibt Daniel (1987), S. 292 ff.

41 Vgl. Hair et al. (1998), S. 356, Bortz (1989), S. 331, Morrison (1967), S. 31–33.

Tabelle 40

Test auf Erfolgsunterschiede der Wechseltypen – Paarvergleich

Scheffé-Test auf signifikante Mittelwertunterschiede[a]						
	Wechseltypen unabdingbar (I) vs. unfreiwillig (II)		Wechseltypen unabdingbar (I) vs. freiwillig (II)		Wechseltypen unfreiwillig (I) vs. freiwillig (II)	
	Mittlere Differenz[b]	Signifikanz	Mittlere Differenz[b]	Signifikanz	Mittlere Differenz[b]	Signifikanz
t_{-2}	0,0227	0,216	0,0109	0,802	-0,0117	0,795
t_{-1}	0,0373	0,003	-0,0158	0,535	-0,0530	0,002
t_0	0,0693	0,000	-0,0021	0,994	-0,0714	0,001
t_1	0,0241	0,311	-0,0062	0,957	-0,0303	0,353
t_2	0,0248	0,671	-0,0035	0,995	-0,0283	0,745

[a] Signifikante Erfolgsunterschiede sind in der Tabelle grau markiert.

[b] Mittlere Differenz aus (I) – (II)

präzisieren: Zum einen sind Erfolgsunterschiede nicht über den gesamten individuellen Wechselzeitraum festzustellen, sondern insbesondere unmittelbar vor und unmittelbar nach dem Wechsel innerhalb von drei Geschäftsjahren. Die weitere Analyse muß also nicht nur nach unterschiedlichen Wechseltypen differenzieren, sondern auch die Entwicklung über die Zeit berücksichtigen. Zum anderen zeigt die differenzierte Analyse auf der Basis von Post-hoc Tests, daß insbesondere die Unternehmen mit einem unfreiwilligen Wechsel eine deutlich unterschiedliche Erfolgslage im Wechselprozeß aufweisen, als dies bei den beiden anderen Wechseltypen zu beobachten ist. Offensichtlich zeigt der unfreiwillige Wechseltyp die größte Erfolgsvarianz im Verlauf des hier untersuchten Wechselzeitraums. Dieser Wechseltyp verdient daher besondere Beachtung im Rahmen der weiteren Analyse.

IV. Unfreiwilliger Wechsel der Spitzenführungskraft

Der unfreiwillige Wechseltyp ist im folgenden Abschnitt Gegenstand einer intensiven Analyse zum Zusammenhang von Unternehmenserfolg und Wechsel der Spitzenführungskraft.[42] Dabei wird die Performance der Wechselfälle zunächst

---

[42] Dieser Betrachtung des Zusammenhangs zwischen Wechsel der Spitzenführungskraft und Unternehmenserfolg liegt letztlich eine Kausalitätsthese zugrunde, die zum einen den Erfolg als Bedingung des Wechsels und zum andern den Wechsel als Bedingung des Erfolgs vermutet. Auch wenn sich diese Kausalität aus den theoretischen Überlegungen schlüssig ergibt, kann nicht vollkommen ausgeschlossen werden, daß die hier empirisch beobachtete

„unauffälligen" Kontrollfällen gegenübergestellt, um Besonderheiten dieses Wechseltyps erkennen zu können. Neben der Analyse der Erfolgsentwicklung im individuellen Analysezeitraum sowie der differenzierten Betrachtung der Erfolgsquellen rücken auch Kontextvariablen in den Fokus der Analyse. Dieses Kapitel schließt mit einer multivariaten Analyse des Zusammenhangs von Wechsel und Unternehmenserfolg unter Berücksichtigung von weiteren Kontextvariablen.

Da sich die Frage des Zusammenhangs von Wechsel der Spitzenführungskraft und Unternehmenserfolg in Relation zu einem Anspruchsniveau besonders beim unfreiwilligen Wechsel stellt, bietet es sich an, diese Analyse im folgenden Kapitel ebenfalls zu betreiben.

1. Unfreiwilliger Wechsel und Unternehmenserfolg

Um den Zusammenhang von Unternehmenserfolg und unfreiwilligem Wechsel analysieren zu können, werden die Wechselfälle zunächst mit Kontrollfällen hinsichtlich einer aggregierten Erfolgskennzahl verglichen. Als Erfolgsmaß dient dabei – ebenso wie in der vorangegangenen Analyse – eine um Jahres- und Brancheneffekte bereinigte Gesamtkapitalrendite. Die damit zur Verfügung stehende große Anzahl an Kontrollfällen (n = 1.800) wird per Zufallsauswahl auf n = 150 Fälle je t-Jahr reduziert.[43] Dadurch stehen zwei in etwa gleich große Gruppen an Wechsel- und Kontrollfällen je t-Jahr zur Verfügung. Die Wahl ungefähr gleich großer Gruppen ermöglicht trotz eventuell eingeschränkt gültiger Prämissen die Anwendung robuster Inferenzstatistiken.[44] Die Erfolgswerte der Wechsel- und Kontrollfälle in den einzelnen t-Jahren sind der Abbildung 26 zu entnehmen.

Es zeigen sich deutliche Unterschiede in der Erfolgslage zwischen unfreiwilligen Wechseln und Kontrollfällen mit den größten Differenzen im Bereich unmittelbar vor und nach dem Wechsel an der Unternehmensspitze (t_{-1} und t_0). In dem gesamten individuellen Wechselzeitraum weisen die Unternehmen mit einem unfreiwilligen Wechsel eine niedrigere Gesamtkapitalrendite auf als die Kontrollfälle. Die Differenz zwischen den Wechsel- und Kontrollfällen vergrößert sich in den beiden letzten Amtsjahren der später ausscheidenden Spitzenführungskraft (t_{-2} und t_{-1}). Die Wechselfälle realisieren im ersten Jahr unter der nachfolgenden Spitzenführungskraft ihr schlechtestes Ergebnis, um sich in den Folgejahren wiederum leicht zu erholen. Im Durchschnitt erreichen die Wechselunternehmen jedoch auch in t_{-2} nicht das Erfolgsniveau aus dem Anfangsjahr des Wechselzeitraums.

Beziehung von einer dritten Variable überlagert ist und damit Kausalität im unterstellten Sinne nicht oder nur eingeschränkt gegeben ist.

43 Vgl. zum hier angewandten Verfahren der Zufallsauswahl die in Kapitel E.VI.4 beschriebene äquivalente Vorgehensweise.

44 Vgl. Bortz (1989), S. 171 f. sowie spezifisch zum Begriff „robuste Verfahren" Büning / Trenkler (1978), S. 296.

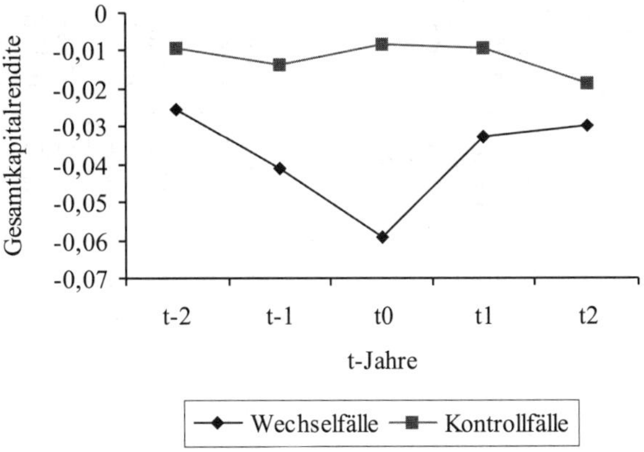

Abbildung 26: Gesamtkapitalrendite bei unfreiwilligem Wechsel und Kontrollfällen[45]

Die in Tabelle 41 wiedergegebenen Ergebnisse eines *t*-Tests sowie alternativ eines nichtparametrischen Mann-Whitney-U-Tests ergänzen die Befunde der deskriptiven Analyse.[46]

Bereits zwei Jahre vor dem Wechsel weisen Unternehmen mit einem späteren unfreiwilligen Wechsel auf dem 5%-Niveau signifikant niedrigere Erfolgswerte auf. Diese Differenz zwischen den mittleren Erfolgswerten vergrößert sich von 2,9% in t_{-2} auf 4,2% in t_{-1}, so daß im letzten Jahr der ausscheidenden Spitzenführungskraft signifikante Mittelwertunterschiede auf dem 1%-Niveau festzustellen sind. Diese Entwicklung setzt sich zunächst auch unter dem Nachfolger an der Unternehmensspitze fort: Die Mittelwertdifferenz erhöht sich in t_0 um gut 90% auf 8,1%. Im ersten Jahr unter der neuen Spitzenführungskraft ist der Erfolg des Wechselunternehmens so drastisch im Vergleich zu den Kontrollunternehmen eingebrochen, daß sich nun hoch signifikante Unterschiede im Mittelwerttest zeigen.[47] Die

45 Median der jahres- und branchenbereinigten Gesamtkapitalrendite.

46 Als Voraussetzung für die Berechnung robuster *t*-Tests sollten normalverteilte Daten und Varianzhomogenität vorliegen. Insbesondere die Normalverteilungsannahme für die hier zu Grunde liegenden Werte erscheint problematisch. (Der sehr konservative Kolmogorov-Smirnov-Test auf Normalverteilung führt mit niedriger Irrtumswahrscheinlichkeit zur Ablehnung der Normalverteilungshypothese in allen Fällen. Die Analyse der grafischen Normalverteilungsplots bestätigen zwar nur in einigen Fällen stark, systematisch abweichende Verteilungen, insgesamt kann jedoch allenfalls von annähernd normalverteilten Daten ausgegangen werden). Zusätzlich weist die Levene Teststatistik in den Jahren t_0 bis t_2 auf Varianzheterogenität hin, so daß die Signifikanzniveaus der *t*-Tests mit Vorsicht interpretiert werden sollten. Aussagen zu Mittelwertunterschieden können jedoch durch die Analyse der Ergebnisse des Mann-Whitney-U-Tests, der unter weniger restriktiven Prämissen gültig ist, erhärtet werden. Vgl. Büning / Trenkler (1978), S. 150 f.

47 Nachrichtlich sei angemerkt, daß die durchschnittliche, nicht um Jahres- und Brancheneffekte bereinigte, Gesamtkapitalrendite der Wechselfälle in t_0 erstmals einen negativen Wert annimmt.

Tabelle 41: **Signifikante Mittelwertunterschiede der Gesamtkapitalrendite zwischen unfreiwilligen Wechseln und Kontrollfällen**

t-Jahr	Levene-Test[a]			*t*-Test für die Mittelwertgleichheit						Mann-Whitney-Test
	Varianzen sind	F	Sig.	T	df	Sig.	mittlere Differenz	95% Konfidenz.[b]		Z (Sig.)
								Untere	Obere	
t_{-2}	gleich	0,083	0,774	2,087	219	,038	0,0289	0,0016	0,0561	-3,009 (0,003)
	nicht gleich			2,176	156,7	,031		0,0027	0,0551	
t_{-1}	gleich	0,004	0,950	3,427	226	0,001	0,0422	0,0179	0,0664	-4,331 (0,000)
	nicht gleich			3,631	210,8	0,000		0,0193	0,0651	
t_0	gleich	15,344	0,000	5,691	257	0,000	0,0807	0,0528	0,1087	-6,367 (0,000)
	nicht gleich			5,453	189	0,000		0,0515	0,1099	
t_1	gleich	5,351	0,022	1,717	237	0,087	0,0254	-0,003	0,0545	-2,486 (0,013)
	nicht gleich			1,592	151,4	0,113		-0,006	0,0569	
t_2	gleich	7,571	0,006	2,063	203	0,040	0,0241	0,0010	0,0472	-1,498 (0,134)
	nicht gleich			1,764	88,9	0,081		-0,003	0,0513	

[a] Levene-Test auf Varianzhomogenität, H_0: Varianzen in der Grundgesamtheit sind gleich.

[b] 95%-Konfidenzintervall

Differenz zwischen beiden Erfolgsmittelwerten in der Grundgesamtheit liegt dabei mit einer Wahrscheinlichkeit von 95% zwischen 5,3% und 10,9%. Das heißt, Wechselunternehmen realisieren im ersten Jahr unter der neuen Spitzenführungskraft im Durchschnitt eine um 5 bis 10% niedrigere Gesamtkapitalrendite als vergleichbare Kontrollfälle.

Da ab t_0 neben der Verletzung der Normalverteilungsprämisse auch keine homogenen Varianzen vorliegen, kann der *t*-Test nicht mehr als robust bezeichnet werden.[48] In diesen Fällen sind die Ergebnisse des Mann-Whitney-Tests heranzuziehen. Obwohl die durchschnittliche Gesamtkapitalrendite der Wechselunternehmen in t_1 bereits wieder einen deutlich höheren Wert erreicht als im Vorjahr, liegt dieser immer noch signifikant unterhalb der Werte der Kontrollfälle. Erst im letzten Jahr des Wechselzeitraums – unter Umständen jedoch auch bedingt durch absinkende Werte der Kontrollfälle – sind keine signifikanten Unterschiede zwischen beiden Gruppen festzustellen.

Ein Vergleich der durchschnittlichen Kennzahlenwerte zwischen den aufeinanderfolgenden t-Jahren ermöglicht eine Aussage über die Veränderung des Unternehmenserfolges im Verlauf des individuellen Wechselzeitraums. Die Ergebnisse eines hierfür durchgeführten Wilcoxon-Tests sind in Tabelle 42 auf Seite 266 wiedergegeben.[49]

In den Jahren von t_{-2} bis t_0 zeigt sich eine kontinuierlich zurückgehende Gesamtkapitalrendite bei den Wechselfällen, wobei sich die Werte der einzelnen t-Jahre jeweils signifikant von den Vorjahreswerten unterscheiden. Erst mit dem zweiten Jahresabschluß unter der neuen Spitzenführungskraft zeigt sich eine Trendwende: Die Erfolgswerte aus t_1 sind signifikant besser als im Vorjahr. Diese Ergebnisverbesserung kann sich in der Folge jedoch nicht wiederholen. Die Gesamtkapitalrenditen der Jahre t_1 und t_2 unterscheiden sich nicht mehr signifikant voneinander. Abgesehen von der letzten Differenz bestätigt also der Vergleich der Erfolgswerte aufeinanderfolgender Jahre im Wechselzeitraum die bereits im Rahmen der Varianzanalyse mit Meßwiederholungen „global" festgestellten Innersubjekteffekte: Zumindest für den Fall des unfreiwilligen Wechsels kann festgehalten werden, daß die aggregierte Erfolgslage der Unternehmen einer erheblichen Veränderung im Verlauf des Wechselprozesses unterliegt. Signifikante Veränderungen der Erfolgswerte zeigen sich dabei sowohl vor als auch nach dem Wechsel.

Um einen ersten Einblick in die Erfolgsquellen zu erhalten, wird der betrachtete aggregierte Gesamterfolg in die Erfolgsquellen „ordentlicher" und „nicht-ordentli-

---

48 Die Irrtumswahrscheinlichkeit kann in diesem Fall folglich nicht mehr ohne weiteres korrekt interpretiert werden.

49 Alternativ böte sich ein *t*-Test für abhängige Stichproben an. Dieser Test wird hier nicht wiedergegeben, da seine Gültigkeit auf Grund von Prämissenverletzungen nur bedingt gegeben ist. Grundsätzlich gilt jedoch, daß der *t*-Test für abhängige Stichproben bei Anwendung auf obige Daten tendenziell gleiche Ergebnisse hervorbringt wie der hier gewählte Wilcoxon-Test.

Tabelle 42

Veränderungen der Gesamtkapitalrendite bei unfreiwilligen Wechseln von t-Jahr zu t-Jahr – Wilcoxon-Test

Erfolgsveränderung von *t*-Jahr zu *t*-Jahr		*N*	mittlerer Rang	Rangsumme	Z-Wert (Signifikanz)
$t_{-2} \rightarrow t_{-1}$	Verbesserung[a]	*18*	39,83	717	*-3,214 (0,001)*
	Verschlechterung[b]	*53*	34,70	1839	
	Gesamt	*71*			
$t_{-1} \rightarrow t_0$	Verbesserung	*34*	33,50	1139	*-2,600 (0,009)*
	Verschlechterung	*48*	47,17	2264	
	Gesamt	*82*			
$t_0 \rightarrow t_1$	Verbesserung	*65*	49,88	3242	*-3,571 (0,000)*
	Verschlechterung	*30*	43,93	1318	
	Gesamt	*95*			
$t_1 \rightarrow t_2$	Verbesserung	*37*	31,11	1151	*-1,223 (0,221)*
	Verschlechterung	*25*	32,08	802	
	Gesamt	*62*			

[a] „Erfolgs-Verbesserung" entspricht negativen Rängen des Wilcoxon Tests.
[b] „Erfolgs-Verschlechterung" entspricht positiven Rängen des Wilcoxon Tests.

cher" Erfolg aufgeteilt. Der ordentliche Erfolg kann dabei zusätzlich in den „ordentlichen betrieblichen Erfolg" und den „Finanzerfolg" unterschieden werden.[50] Die Analyse dieser verschiedenen Erfolgsgrößen betrachtet zum einen den Unterschied zwischen Wechsel- und Kontrollfällen und zum anderen die Entwicklung der einzelnen Erfolgsquelle bei den Wechselfällen über die t-Jahre.

Die nachfolgende Abbildung gibt einen ersten Überblick zu Ausprägung und Entwicklung der differenzierten Erfolgsmaße. Grau schraffierte Felder stehen für signifikante Mittelwertunterschiede zwischen Wechsel- und Kontrollfällen in einer spezifischen Erfolgsquelle in einem bestimmten t-Jahr. Die Pfeile zwischen zwei Kästchen deuten auf signifikante Veränderungen der jeweiligen Erfolgsquellen bei den Wechselfällen von einem t-Jahr zum nächsten hin. Eine Verbesserung der Erfolgswerte ist durch ein (+)-Zeichen und eine Verschlechterung durch ein (–)-Zeichen über den jeweiligen Pfeilen gekennzeichnet. Die dieser Abbildung zu Grunde liegenden Werte sind der folgenden Tabelle 43 zu entnehmen.

50 Die weitere Trennung des „nicht ordentlichen Erfolges" in die sonstigen betrieblichen Erträge und den außerordentlichen Erfolgsbereich ist mit Vorsicht zu analysieren, da der außerordentliche Erfolg nur in wenigen Unternehmen ausgewiesen wird.

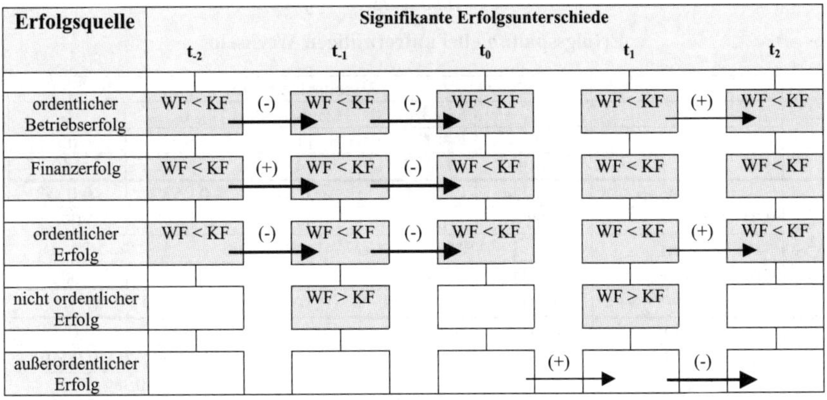

WF < KF = signifikanter Unterschied zwischen Wechselfällen (WF) und Kontrollfällen (KF), Mittelwert WF ist kleiner als Mittelwert KF.

——→ = signifikanter Unterschied der Erfolgswerte zwischen zwei t-Jahren (bei Wechselfällen).[51] (+) bzw. (–) über den Pfeilen stehen für Erfolgsverbesserung oder Erfolgsverschlechterung von einem t-Jahr zum nächsten.

Abbildung 27: Erfolgsquellen im Wechselprozeß – unfreiwilliger Wechsel

Der ordentliche betriebliche Erfolg ist sowohl bei den Wechsel- als auch den Kontrollfällen die betragsmäßig größte Erfolgsquelle und determiniert somit maßgeblich die Erfolgsentwicklung des ordentlichen Erfolgs sowie der bisher betrachteten Gesamtkapitalrendite. In beiden ordentlichen Erfolgsquellen – ordentlicher betrieblicher Erfolg und Finanzerfolg – weisen Wechselfälle über den gesamten betrachteten Wechselzeitraum signifikant niedrigere Erfolgswerte aus als die Kontrollfälle.[52] Die größte Erfolgsdifferenz zeigt sich dabei in t_0 sowie in den jeweils angrenzenden t-Jahren.

Der nicht ordentliche Erfolg weist insgesamt eine geringere Variabilität im Wechselzeitraum auf. Signifikante Unterschiede zwischen Wechsel- und Kontrollfällen zeigen sich in dieser Erfolgsquelle lediglich unmittelbar vor dem Wechsel (t_{-1}) und im zweiten Jahr unter der neuen Spitzenführungskraft in t_1. In beiden Jahren weisen Wechselfälle deutlich höhere nicht ordentliche Erträge aus als Kontrollfälle.

51 Ein dünner Pfeil steht für ein Signifikanzniveau von 0,05, ein dicker Pfeil für ein Signifikanzniveau von 0,01.

52 Zur Überprüfung der Mittelwertunterschiede wurde sowohl ein *t*-Test auf unabhängige Stichproben als auch ein nichtparametrischer Mann-Whitney-U-Test gerechnet. Die Ergebnisse beider Inferenzstatistiken unterscheiden sich nur unwesentlich. Vgl. zu den signifikanten Mittelwertunterschieden die dunkelgrau schraffierten Flächen in Tabelle 45.

Tabelle 43

Erfolgsspaltung bei unfreiwilligen Wechseln

Erfolgs-kennzahlen[b]			Wechselzeitraum				
			t_{-2}	t_{-1}	t_0	t_1	t_2
	WF	n	72	86	116	99	65
	KF	n	149	142	143	140	140
ordentl. betriebl. Erfolg	WF	Mittelwert	-0,0224	-0,0422	-0,0702	-0,0527	-0,0353
		Standardabweichung	0,0836	0,0889	0,1135	0,1132	0,0962
		Z-Wert[a]		-2,504**	-2,827**	-1,281	-2,023*
	KF	Mittelwert	-0,0047	0,0007	0,0028	0,0108	0,0023
		Standardabweichung	0,1104	0,1079	0,1053	0,1070	0,0766
Finanzerfolg	WF	Mittelwert	-0,0012	-0,0009	-0,0175	-0,0043	-0,0008
		Standardabweichung	0,0257	0,0278	0,0734	0,0336	0,0259
		Z-Wert[a]		-2,286*	-4,274**	-0,200	-0,389
	KF	Mittelwert	-0,0067	0,0075	0,0089	0,0066	0,0080
		Standardabweichung	0,0619	0,0284	0,0329	0,0278	0,0241
ordentlicher Erfolg	WF	Mittelwert	-0,0240	-0,0430	-0,0873	-0,0562	-0,0354
		Standardabweichung	0,0851	0,0897	0,1469	0,1206	0,0992
		Z-Wert[a]		-2,607**	-3,470**	-1,622	-2,051*
	KF	Mittelwert	0,0102	0,0079	0,0119	0,0175	0,0103
		Standardabweichung	0,1146	0,1136	0,1109	0,1094	0,0747
nicht ordentlicher Erfolg	WF	Mittelwert	-0,0073	-0,0058	-0,0019	0,0258	-0,0006
		Standardabweichung	0,0602	0,0531	0,1266	0,1378	0,0721
		Z-Wert[a]		-0,653	-0,358	-1,284	-0,698
	KF	Mittelwert	-0,0067	-0,0155	-0,0134	-0,0129	-0,0150
		Standardabweichung	0,0619	0,0592	0,0582	0,0547	0,0515
außerordentlicher Erfolg	WF	Mittelwert	-0,0045	-0,0002	0,0001	0,0039	-0,0002
		Standardabweichung	0,0367	0,0029	0,0178	0,0543	0,0169
		Z-Wert[a]		-1,069	-1,251	-1,816*	-2,574**
	KF	Mittelwert	0,0033	-0,0042	-0,0015	-0,0012	-0,0031
		Standardabweichung	0,0441	0,0234	0,0180	0,0229	0,0222

WF = Wechselfälle, KF = Kontrollfälle

[a] Z-Wert für Wilcoxon-Test auf signifikante Abweichung des aktuellen Kennzahlenwertes vom Vorjahreswert. * $p < 0,05$, ** $p < 0,01$

[b] Erfolgswerte sind jeweils an der Bilanzsumme relativiert.

Zwar sind keine signifikanten Unterschiede zwischen Wechsel- und Kontrollfällen bezüglich des außerordentlichen Erfolges festzustellen, eine Analyse des Ausweises außerordentlicher Erfolge – unabhängig vom Umfang der Beträge – zeigt jedoch Unterschiede zwischen den beiden Gruppen. Dabei sind in Tabelle 44 je Wechsel- und Kontrollgruppe die relativen Häufigkeiten an Fällen angegeben, die einen von Null abweichenden außerordentlichen Erfolg ausweisen.[53]

---

53 Dabei wird, im Gegensatz zur Tabelle 43, der außerordentliche Erfolg hier nicht um Jahres- oder Brancheneffekte bereinigt.

Tabelle 44

Ausweis außerordentlichen Erfolges bei Wechsel- und Kontrollfällen

	t − 2	t − 1	t0	t1	t2
	%-Fälle mit außerordentlichem Erfolg > oder < Null				
Wechselfälle	23,6	38,3	55,2	51,5	44,6
Kontrollfälle	13,8	16,9	14,7	13,6	12,9

In allen t-Jahren ist die relative Anzahl der Unternehmen, die einen außerordentlichen Erfolg ausweisen, bei der Gruppe der Wechselfälle deutlich größer als bei den Kontrollfällen. Während sich bei letzteren nur geringe Schwankungen der relativen Häufigkeit zeigen, erhöht sich die Anzahl der Unternehmen, die außerordentliche Erträge oder Aufwendungen ausweisen, bei den Wechselfällen deutlich mit Amtsantritt der neuen Spitzenführungskraft. In t_0 weisen mehr als die Hälfte der Wechselfälle einen außerordentlichen Erfolg ungleich Null auf. Diese Anzahl reduziert sich auch in den beiden Folgejahren nur wenig. Bei Wechselfällen finden sich offensichtlich außerordentliche Sachverhalte mit erfolgswirtschaftlichen Auswirkungen deutlich häufiger als bei Kontrollfällen. Mit Eintritt der neuen Spitzenführungskraft steigt sogar die Wahrscheinlichkeit des Ausweises außerordentlicher Erfolgskomponenten.

Zum Test auf signifikante Veränderungen der einzelnen Erfolgswerte von einem t-Jahr zum nächsten werden in Tabelle 43 die Z-Werte eines Wilcoxon-Tests angegeben. Signifikante Veränderungen sind dabei durch „*" gesondert vermerkt.

In den letzen beiden Jahren der später ausscheidenden Spitzenführungskraft zeigt sich eine signifikante Verschlechterung der mittleren *ordentlichen betrieblichen Rendite,* dieser Erfolgsrückgang setzt sich verstärkt von t_{-1} zu t_0 fort, wobei in t_0 das Erfolgsminimum erreicht wird. Zwar zeigt sich im weiteren Verlauf unter der neuen Spitzenführungskraft eine leichte Erfolgssteigerung, die ordentlichen betrieblichen Erfolgswerte von t_0 und t_1 unterscheiden sich jedoch nicht signifikant. Ein signifikant positiver Anstieg zeigt sich erst von t_1 zu t_2. Die zweite ordentliche Erfolgsquelle – der *Finanzerfolg* – verbessert sich im Gegensatz zum ordentlichen betrieblichen Erfolg signifikant unter der „alten" Spitzenführungskraft. Diese gegenläufige Entwicklung des Finanzerfolges setzt sich jedoch nicht fort. Mit dem Wechsel der Spitzenführungskraft sinkt parallel zum ordentlichen betrieblichen Erfolg auch der Finanzerfolg signifikant von t_{-1} zu t_0. Die weitere Entwicklung des Finanzerfolges ist durch ansteigende Werte gekennzeichnet, diese Verbesserung ist jedoch nicht mehr signifikant. Die bereits festgestellte betragsmäßige Dominanz des ordentlichen betrieblichen Erfolges schlägt sich entsprechend in der Entwicklung des *ordentlichen Erfolges* nieder. Dieser entwickelt sich parallel zum ordentlichen betrieblichen Erfolg und zeigt das gleiche signifikante Verlaufsmuster. Der zum Teil gegenläufige Finanzerfolg ist nicht ausreichend groß, um die aggregierte

Größe des ordentlichen Erfolgs signifikant zu beeinflussen. Obwohl sich abhängig vom t-Jahr Unterschiede zwischen Wechsel- und Kontrollfällen beim *nicht ordentlichen Erfolg* nachweisen lassen, variieren diese Erfolgswerte zwischen den t-Jahren nicht signifikant. Neben den sonstigen betrieblichen Erträgen ermittelt sich der nicht ordentliche Erfolg auch aus dem außerordentlichen Erfolg als saldierte Größe aus außerordentlichen Erträgen und Aufwendungen. Beim *außerordentlichen Erfolg* zeigt sich eine signifikant positive Zunahme vom ersten zum zweiten Jahr unter der neuen Spitzenführungskraft. Diese Entwicklung kehrt sich in der Folgeperiode zu t_2 jedoch wieder um.

2. Kontextvariablen des unfreiwilligen Wechsels

Bevor im Rahmen einer multivariaten Analyse der Zusammenhang von Wechsel der Spitzenführungskraft und Unternehmenserfolg unter Kontrolle von Kontextbedingungen untersucht werden kann, sollen im folgenden die Ausprägungen der verschiedenen Kontextvariablen bei Wechsel- und Kontrollfällen verglichen werden. Da bei den Kontextvariablen keine umfassende Statistik zur Ausprägung der Variablen – entsprechend der Bundesbankstatistik für jahresabschlußbasierte Erfolgsmaße – in der Grundgesamtheit vorliegt, greift die folgende Analyse auf Seite 271 auf einen parallelisierten Untersuchungsansatz zurück. Aus der Menge an branchen- und jahresparallelisierten Kontrollfällen je Wechselfall wird dabei per Zufallsauswahl jeweils ein Kontrollfall ausgewählt, so daß gleich große Gruppen an Wechsel- und Kontroll-Unternehmensjahren zur Verfügung stehen.[54]

Die Variable Vorstandsgröße mißt die Anzahl der ordentlichen Vorstandsmitglieder inklusive der Spitzenführungskraft im jeweiligen Unternehmensjahr. In den beiden Jahren vor dem Wechsel an der Unternehmensspitze liegt die durchschnittliche Vorstandsgröße bei den Wechselfällen signifikant über den Werten der Kontrollfälle. Während die Kontrollfälle im Mittel etwa von drei Vorständen geführt werden, setzen sich bei den Wechselfällen die Vorstände durchschnittlich aus 3,6 (t_{-2}) und 3,5 (t_{-1}) Personen zusammen.

In einer ersten ad hoc Interpretation können die unterschiedlichen Vorstandsgrößen unter Umständen als eine Reaktion auf Probleme der Wechselunternehmen im Vorfeld des unfreiwilligen Spitzenführungskraftwechsels verstanden werden. Durch eine personelle Ausweitung des Vorstandes und damit verbundener Verbreiterung der Kompetenzbasis versuchen diese Unternehmen, ihren Problemen zu begegnen. Alternativ kann die Vorstandsgröße in diesem Zusammenhang aber auch als Symptom für ineffiziente oder inadäquate Leitungsstrukturen interpretiert werden, die im weiteren Verlauf durch die Veränderung in der Spitzenführungsposition korrigiert werden.

---

54 Den Kontrollfällen wurde dabei mit Hilfe eines Zufallsgenerators eine zufällige Zahl zwischen 0 und 1 zugeordnet. Je Wechselfall wurde jeweils der Kontrollfall mit der niedrigsten Ausprägung der Zufallszahl ausgewählt.

Tabelle 45

Kontextvariablen bei Wechsel- und Kontrollfällen

Variable			Wechselzeitraum				
			t_{-2}	**t_{-1}**	**t_0**	**t_1**	**t_2**
	WF	n[a]	72 (70)	86 (85)	116 (113)	99 (95)	65 (63)
	KF	n[a]	74 (66)	84 (77)	114 (100)	95 (90)	62 (58)
Vorstandsgröße	WF	Mittelwert	3,63	3,53	3,14	3,33	2,98
		Standardabweichung	1,7504	1,7736	1,5618	1,7202	1,7225
		Median	3,000	3,0000	3,0000	3,0000	3,0000
	KF	Mittelwert	3,02	2,96	3,16	3,11	3,15
		Standardabweichung	1,6300	1,7107	1,6541	1,9487	1,6030
		Median	3,0000	3,0000	3,0000	3,0000	3,0000
	Z-Wert[b] (Signifikanz)		-2,428 (0,015)	-2,595 (0,009)	-0,391 (0,696)	-1,408 (0,159)	-0,931 (0,352)
Aufsichtsratsgröße	WF	Mittelwert	10,46	10,63	9,98	9,93	9,60
		Standardabweichung	5,1929	5,4450	5,3275	5,1976	5,1986
		Median	10	12	9	9	7
	KF	Mittelwert	7,99	7,94	7,56	8,00	8,03
		Standardabweichung	4,0426	5,0404	4,7950	4,7736	4,9422
		Median	6	6	6	6	6
	Z-Wert[b] (Signifikanz)		-2,881 (0,004)	-3,286 (0,001)	-3,840 (0,000)	-2,913 (0,004)	-1,283 (0,199)
Anteil AN-Vertreter	WF	Mittelwert	0,39	0,39	0,38	0,37	0,37
		Standardabweichung	0,1026	0,1226	0,1164	0,1214	0,1215
		Median	0,3333	0,4000	0,3333	0,3333	0,3333
	KF	Mittelwert	0,38	0,37	0,36	0,37	0,35
		Standardabweichung	0,1326	0,0866	0,0905	0,0821	0,1140
		Median	0,3333	0,3333	0,3333	0,3333	0,3333
	Z-Wert[b] (Signifikanz)		-0,832 (0,405)	-2,453 (0,014)	-2,120 (0,034)	-0,867 (0,386)	-0,405 (0,686)
Unternehmensgröße	WF	Mittelwert	6518	7888	6502	7319	8473
		Standardabweichung	11663	13071	11504	19517	24822
		Median	1615	2316	1848	1572	1434
	KF	Mittelwert	4303	7168	5980	10868	7069
		Standardabweichung	10298	19238	14718	42938	17823
		Median	1005	762	1069	1161	1203
	Z-Wert[b] (Signifikanz)		-2,161 (0,031)	-3,616 (0,000)	-2,901 (0,004)	-1,369 (0,171)	-1,120 (0,263)
SpFK = Aktionär	WF	Anzahl ja	8	5	4	4	2
		Anzahl nein	63	81	112	95	63
	KF	Anzahl ja	16	21	25	29	14
		Anzahl nein	58	63	88	63	46
	χ^2 (nach Pearson) (Signifikanz)		2,812 (0,094)	12,974 (0,001)	18,051 (0,000)	25,198 (0,000)	11,479 (0,001)
Unternehmensalter	WF	Mittelwert	63,54	65,90	62,94	63,15	66,91
		Standardabweichung	41,61	42,09	45,74	46,53	44,85
	KF	Mittelwert	75,35	67,42	66,24	68,96	63,45
		Standardabweichung	43,37	46,93	42,90	49,26	40,43
	Z-Wert[b] (Signifikanz)		-1,772 (0,076)	-0,380 (0,704)	-0,772 (0,440)	-0,988 (0,323)	-0,490 (0,624)

[a] Werte in Klammern beziehen sich auf die Stichprobengröße bei der Variablen „Unternehmensgröße"

[grau hinterlegt] = signifikanter Mittelwertunterschied zwischen Wechsel- (WF) und Kontrollfällen (KF)

[b] Ergebnis eines Mann-Whitney-Tests auf signifikante Mittelwertunterschiede

Mit Ausscheiden der Spitzenführungskraft gleichen sich die durchschnittlichen Vorstandsgrößen durch eine Reduktion bei den Wechselfällen an, so daß in der Periode von t_0 bis t_2 keine signifikanten Unterschiede mehr festzustellen sind. Da in der Regel auf die ausgeschiedene Spitzenführungskraft unmittelbar eine neue folgt, muß sich die Angleichung der Vorstandsgrößen durch eine Netto-Reduktion in den einfachen Vorstandspositionen im Verlauf des Wechsels an der Spitzenposition ergeben. Wird die Spitzenführungsposition durch ein „einfaches" bisheriges Vorstandsmitglied übernommen (Insider-Nachfolge), so erklärt sich der Rückgang der Vorstandsgröße durch den Spitzenführungskraftwechsel. Vollzieht sich eine Outsider-Nachfolge, scheidet bei einer Reihe von Unternehmen mindestens ein weiteres Vorstandsmitglied zusammen mit der Spitzenführungskraft aus, ohne daß in der Folgezeit diese Vakanz erneut besetzt wird. Die detaillierte Analyse der Insider-/ Outsider-Wechsel im weiteren Verlauf dieser Arbeit kann hierüber Auskunft geben.

Die Ausprägungen der Variablen „Unternehmensgröße", „Aufsichtsratsgröße" sowie „Anteil der Arbeitnehmervertreter im Aufsichtsrat"[55] sind durch gesetzlich fixierte Regelungen zum Zusammenhang von Umfang und Zusammensetzung des Aufsichtsrats und Unternehmensgröße miteinander verbunden.[56] Je größer ein Unternehmen, desto größer muß auch der Aufsichtsrat sein, desto größer ist tendenziell auch der unternehmerische Mitbestimmungsumfang. Die Analyse dieser drei Variablen muß folglich mit der Unternehmensgröße beginnen.

Unternehmen mit einem unfreiwilligen Wechsel unterscheiden sich in der Unternehmensgröße von den Kontrollfällen insoweit, als daß sie in den beiden Jahren vor dem Wechsel (t_{-2}, t_{-1}) sowie im ersten Jahr nach dem Wechsel (t_0) eine signifikant größere Anzahl Mitarbeiter beschäftigen. In den Jahren t_1 und t_2 unterscheiden sich die Wechsel- und Kontrollfälle nicht mehr signifikant voneinander, wobei die Angleichung der Werte sowohl auf einen Rückgang der Beschäftigtenzahlen bei den Wechselfällen als auch auf einen leichten Anstieg bei den Kontrollfällen zurückzuführen ist.[57] Wechselunternehmen realisieren mittelfristig nach dem unfreiwilligen Wechsel der Spitzenführungskraft offensichtlich eine Reduktion der Unternehmensgröße gemessen an der Anzahl Beschäftigten. Dieser Rückgang der Mitarbeiterzahl kann unter Umständen als Hinweis auf „reale" Maßnahmen der neuen Spitzenführungskraft gewertet werden. Parallel zum Unterschied von Wechselfällen und Kontrollfällen im Größenmaß „Beschäftigtenzahl" zeigen sich auch bei Bilanzsumme und Umsatz bis zu t_0 signifikant größere Werte bei den Wechsel-

55 Im Gegensatz zur deskriptiven Analyse im vorangehenden Abschnitt wird hier nicht mehr die absolute Anzahl an Arbeitnehmervertretern im Aufsichtsrat betrachtet, sondern zur verbesserten Vergleichbarkeit der relative Anteil der Arbeitnehmervertreter im Aufsichtsrat.

56 Vgl. zur gesetzlichen Regelung der Aufsichtsratsgröße und -zusammensetzung stellvertretend Vogel (1980), S. 114 ff., Lutter / Krieger (1993), S. 24 ff.

57 Zwar erhöht sich der Mittelwert der Beschäftigten bei den Wechselfällen, dies geht jedoch mit einer stark erhöhten Varianz der Werte einher. Die Analyse der Mediane zeigt eine Reduktion der Beschäftigtenzahlen.

fällen. Der Rückgang der Beschäftigtenzahl in t_1 und t_2 geht bei den Wechselfällen auch mit einem Rückgang der beiden anderen Größenmaße einher, so daß sich Wechsel- und Kontrollfälle in diesen beiden Jahren nicht mehr signifikant voneinander unterschieden (Umsatz: t_1, Z-Wert: -0,985 / Sig.: 0,325; t_2, Z-Wert -1,211 / Sig.: 0,226)[58]. Insoweit scheint der Rückgang der Beschäftigtenzahl nach einem unfreiwilligen Wechsel weniger in Rationalisierungsmaßnahmen als in einer allgemeinen Größenreduktion zum Beispiel durch Desinvestition begründet zu sein.

Hinsichtlich der Aufsichtsratsgröße unterscheiden sich die Wechsel- und Kontrollfälle fast über den gesamten Wechselzeitraum. Unternehmen mit einem unfreiwilligen Wechsel der Spitzenführungskraft besitzen zwischen t_{-2} und t_1 – und damit zumindest für die Zeit vor dem Wechsel – parallel zur Unternehmensgröße einen größeren Aufsichtsrat als die Kontrollfälle. Die Anzahl der Aufsichtsratsmitglieder verringert sich jedoch nach dem Wechsel der Spitzenführungskraft, wobei sich die Werte im Vergleich zur Entwicklung bei der Unternehmensgröße leicht verzögert anpassen. Die Verkleinerung des Aufsichtsrats und dessen Angleichung an die Größe der Kontrollunternehmen wird besonders bei der Analyse der Median-Werte deutlich. Während der Aufsichtsrat der Wechselunternehmen von 10 beziehungsweise 12 Mitgliedern vor dem Wechsel auf sieben Mitglieder reduziert wird, bleibt die Mitgliederzahl bei den Kontrollfällen konstant bei sechs. Offensichtlich realisieren Unternehmen, die einen unfreiwilligen Wechsel in der Unternehmensleitung vollziehen, auch personelle Veränderungen im Kontrollorgan. Die interne Struktur des Aufsichtsrats unterliegt der detaillierten gesetzlichen Regelung und ist stark abhängig von der Größe des Aufsichtsorgans. Während sich jedoch noch signifikante Unterschiede in der Aufsichtsratsgröße über fast den gesamten Wechselzeitraum ergeben, unterscheiden sich Wechsel- und Kontrollfälle hinsichtlich des Mitbestimmungsumfangs nur in t_{-1} und t_0 signifikant voneinander. In beiden Jahren liegt der Anteil der Arbeitnehmervertreter bei den Wechselunternehmen leicht über dem Anteil in den Kontrollunternehmen. Insgesamt zeigen sich jedoch bei fast konstanten Medianwerten von ein Drittel kaum Unterschiede zwischen den beiden Gruppen.

Das Unternehmensalter als Differenz von „Jahr der Beobachtung" und „Gründungsjahr der Aktiengesellschaft" ist hier als „klassische" Kontrollvariable in die Analyse einbezogen. Signifikante Unterschiede hinsichtlich des Unternehmensalters zwischen Wechsel- und Kontrollfällen zeigen sich jedoch nicht.

Die Variablen zum Anteilsbesitz in der Hand der Spitzenführungskraft (SpFK = Aktionär) sowie zur Anteilseignerstruktur allgemein lassen sich direkt oder indirekt als Abbildung der Machtposition der Spitzenführungskraft interpretieren und sind daher von großem Interesse im Rahmen der Analyse des unfreiwilligen Wechsels. Die Werte der Variable „Spitzenführungskraft = Aktionär" (SpFK = Aktionär) als dichotome Variable werden im Gegensatz zu allen anderen Variablen in Tabelle

58 Ergebnis des nichtparametrischen Mann-Whitney-U-Tests zum Unterschied von Wechsel- und Kontrollfällen in t_1 und t_2 (Z-Wert / Signifikanz).

45 als Kreuztabelle je t-Jahr mit Häufigkeiten dargestellt. Dabei zeigt sich, daß in Unternehmen mit einem unfreiwilligen Wechsel unabhängig vom t-Jahr deutlich weniger Spitzenführungskräfte gleichzeitig Anteilseigner sind als in den Kontrollfällen.[59] Die Unterschiede erweisen sich über den gesamten Analysezeitraum als signifikant.[60] Diese Unterschiede zwischen Wechsel- und Kontrollfällen sind insoweit plausibel, als daß Spitzenführungskräfte seltener unfreiwillig ausscheiden, wenn sie selber Anteile am Unternehmen halten.

Tabelle 46

Anteilseignerstruktur bei unfreiwilligen Wechseln und Kontrollfällen

Wechselzeitraum:		t_{-2}	t_{-1}	t_0	t_1	t_2
Anteil institutioneller Besitz						
WF	Mittelwert	50,34	52,85	57,10	63,70	61,93
	Standardabweichung	36,20	36,73	36,38	33,85	34,20
	Median	53,47	63,18	68,23	75,80	75,10
KF	Mittelwert	42,45	36,40	42,83	37,49	38,96
	Standardabweichung	39,07	39,66	36,58	37,65	36,86
	Median	41,45	16,18	50,00	26,00	35,75
Z-Wert[a] (Signifikanz)		-1,160 (0,246)	-2,700 (0,007)	-3,025 (0,002)	-4,737 (0,000)	-3,394 (0,001)
Anteil Besitz bei natürlichen Personen						
WF	Mittelwert	19,40	16,93	16,38	10,93	11,67
	Standardabweichung	30,95	29,61	30,16	24,95	25,49
	Median	0	0	0	0	0
KF	Mittelwert	26,77	35,15	29,05	33,17	34,68
	Standardabweichung	36,16	38,31	35,25	37,85	37,58
	Median	0	13,55	0	9,09	18,40
Z-Wert[a] (Signifikanz)		-0,848 (0,397)	-3,076 (0,002)	-2,778 (0,005)	-4,896 (0,000)	-3,821 (0,000)
Anteil Streubesitz						
WF	Mittelwert	27,49	29,06	26,53	25,38	26,40
	Standardabweichung	22,69	24,08	23,21	22,01	22,23
	Median	25,00	24,92	23,50	23,00	23,00
KF	Mittelwert	29,44	28,45	28,12	29,34	26,31
	Standardabweichung	28,51	24,14	20,01	23,82	20,23
	Median	25,00	25,00	25,00	25,99	25,00
Z-Wert[a] (Signifikanz)		-0,168 (0,866)	-0,167 (0,867)	-1,292 (0,196)	-1,369 (0,171)	-0,277 (0,781)

[a] Ergebnis eines Mann-Whitney-Tests auf signifikante Mittelwertunterschiede

[grau hinterlegt] = signifikanter Mittelwertunterschied zwischen Wechsel- (WF) und Kontrollfällen (KF)

59 Dabei ist zu beachten, daß die Variable „SpFk=Aktionär" nicht direkt den Anteilsbesitz der Spitzenführungskraft mißt, sondern lediglich die Zugehörigkeit der Spitzenführungskraft zu einer Familie mit größerem Anteilsbesitz. Vgl. auch zur Operationalisierung dieser Variable Kapitel E.VI.3.

60 Lediglich in t_{-2} liegt das Signifikanzniveau mit 0,094 zwar noch unterhalb des 10%-Niveaus, aber oberhalb der hier sonst als signifikant definierten 5%-Grenze.

Die Aktionärsstruktur wird hier mittels der Variablen „Anteil institutioneller Besitz", (umfangreicher) „Anteil Besitz in der Hand natürlicher Personen" und „Anteil Streubesitz" jeweils in % erfaßt.

Die Anteilsbesitzverhältnisse unterscheiden sich dabei in zwei der drei betrachteten Variablen signifikant zwischen Wechsel- und Kontrollfällen. Während der Anteilsbesitz der Wechselfälle in signifikant größerem Umfang bei institutionellen Anlegern liegt, zeigt sich bei dem kumulierten Anteil von größerem Aktienbesitz bei natürlichen Personen eine spiegelbildliche Situation: Unternehmen mit einen unfreiwilligen Wechsel der Spitzenführungskraft sind im Gegensatz zu Kontrollfälle in einem signifikant geringeren Umfang im Besitz von natürlichen Personen. Eine Analyse der Veränderung der Aktionärsstruktur bei Wechselfällen von einem t-Jahr zum nächsten bestätigt dieses Bild. Während der Anteil der institutionellen Anleger sowohl von t_{-1} zu t_0 als auch von t_1 zu t_2 signifikant zunimmt[61], reduziert sich der Anteil des Besitzes bei natürlichen Personen fast über den gesamten Analysezeitraum signifikant.[62] Der Anteil Streubesitz unterschiedet sich nicht signifikant zwischen den beiden Gruppen.

Unternehmen, deren Anteile durchschnittlich zu über 50% von institutionellen Anlegern gehalten werden, entfalten unter Umständen stärkere Kontrollaktivitäten, stellen restriktivere Anforderungen an die Zielerreichung und ziehen eher die Konsequenz aus Zielabweichungen und haben demnach eine stärkere Tendenz, ihre Spitzenführungskraft auszutauschen. Die Analyse der Anteilseignerstruktur ergänzt damit das Bild zum Zusammenhang von Anteilsbesitz bei der Spitzenführungskraft und ihrem unfreiwilligen Wechsel. Wechselfälle zeichnen sich durch eine Anteilseignerstruktur aus, die weniger durch größeren Besitz bei natürlichen Personen (und damit auch bei Spitzenführungskräften bzw. ihren Familien) als vielmehr durch institutionelle Anteilseigner geprägt ist. Ein höherer Anteil institutioneller Anleger kann unter Umständen als Indikator für eine geringere Macht der Spitzenführungskraft interpretiert werden, so daß in diesen Fällen ein unfreiwilliger Wechsel wahrscheinlicher wird.

Insgesamt zeigen sich bei der Analyse der Kontextvariablen erhebliche Unterschiede zwischen den Wechsel- und Kontrollfällen. Inwieweit diese Kontextvariablen einen ergänzenden und / oder moderierenden Einfluß auf den hier zentralen Zusammenhang von Wechsel der Spitzenführungskraft und Unternehmenserfolg haben, ist Gegenstand der folgenden Analyse.

---

61 Die Analyse der Veränderungen basiert auf einem nichtparametrischen Wilcoxon-Test für abhängige Stichproben. Veränderung von t_{-1} zu t_0: Z-Wert = -2,514 (Sig. 0,012); t_1 zu t_2: Z-Wert = -1,964 (Sig. 0,049).

62 Veränderung von t_{-2} zu t_{-1}: Z-Wert = -1,689 (0,091); t_{-1} zu t_0: Z-Wert = -2,962 (0,039); t_0 zu t_1: Z-Wert = -2,805 (0,005).

3. Unfreiwilliger Wechsel der Spitzenführungskraft und Unternehmenserfolg – eine multivariate Analyse

Die multivariate Analyse hat zum Ziel, sowohl die Bedingungen als auch die Wirkungen des unfreiwilligen Wechsels der Spitzenführungskraft zu untersuchen. Auf Basis der konzeptionellen Überlegungen ist zu erwarten, daß der Unternehmenserfolg die zentrale Determinante des unfreiwilligen Wechsels darstellt. Dieser Zusammenhang wird jedoch vermutlich durch verschiedene Kontextbedingungen beeinflußt. Als zentrale Variable der Wechseleffekte interessiert hier wiederum der Unternehmenserfolg. Dessen Entwicklung wird ebenfalls neben dem Wechsel an der Unternehmensspitze von verschiedenen Kontextbedingungen beeinflußt. Die folgende Analyse differenziert folglich in einen Analysezeitpunkt *vor* dem Wechsel (Bedingungen des Wechsels) und einen Zeitpunkt *nach* dem Wechsel (Wirkungen des Wechsels).

a) Bedingungen des unfreiwilligen Wechsels

Das letzte Geschäftsjahr, das sowohl im Sinne von Sachverhaltsgestaltungen als auch hinsichtlich weiterer bilanzpolitischer Möglichkeiten vollständig von der später ausscheidenden Spitzenführungskraft verantwortet werden muß, wird in der vorliegenden Studie als t_{-1}-Jahr bezeichnet. Eine Analyse der Bedingung des unfreiwilligen Wechsels muß folglich an diesem Jahr ansetzen. Die Frage nach Art und Bedeutung verschiedener Einflußfaktoren auf die Tatsache eines Wechsels kann mit Hilfe eines Vergleichs von Wechsel- und Kontrollfällen geschehen. Da nicht für alle unabhängigen Variablen Lageparameter (z. B. Mittelwerte) der Grundgesamtheit zur Verfügung stehen, empfiehlt sich ein parallelisiertes Design.[63]

Die zu erklärende Tatsache des Wechsels stellt eine dichotome Variable dar, so daß sich als multivariate Verfahren grundsätzlich die Diskriminanzanalyse sowie die logistische Regression anbieten.[64] An die Anwendung der Diskriminanzanalyse sind jedoch einige restriktive Prämissen geknüpft, wie zum Beispiel metrisch skalierte, normalverteilte unabhängige Variablen, die den Einsatz dieses Verfahrens in der vorliegenden Analyse verhindern.[65] Daher wird alternativ das Verfahren der „logistischen Regression" herangezogen, das sich gerade auch bei nicht-metrischen abhängigen Variablen anbietet.[66] Neben der zentralen unabhängigen Varia-

63 Vgl. zur Parallelisierung Kap. E.VI.4.

64 Vgl. Hair et. al. (1998), S. 18 – 22, Churchill (1995), S. 940 ff.

65 Vgl. zu den Prämissen der Diskriminanzanalyse Backhaus (1998), S. 90 ff., sowie grundlegend Fischer (1936), S. 179 ff.

66 Vgl. zu einer detaillierten Darstellung der logistischen Regression Urban (1993), Gujarati (1995), S. 552 ff., Hair et al. (1998), S. 276 ff. sowie Krafft (1997) und Leker / Schewe (1998) zu Anwendungsbeispielen.

ble „Unternehmenserfolg" fließen zusätzlich Variablen aus den zuvor definierten vier Kontextbereichen in die Analyse ein.[67]

Bevor die Regressionsanalysen zum empirischen Test der Hypothesen zu Bedingungen des Wechsels durchgeführt werden können, ist der „Grad der Multikollinearität"[68] der zehn unabhängigen Variablen zu überprüfen.[69] Dafür werden zunächst die in der Tabelle 47 dargestellten bivariaten Korrelationen zwischen den unabhängigen Variablen geprüft.[70] Ergänzend kann mit Hilfe des sogenannten „Variance Influence Factor" (VIF) beziehungsweise der „Toleranz" (TOL) als $TOL_j = (1 / VIF_j)$ überprüft werden, inwieweit sich eine abhängige Variable x_j als Linearkombination der anderen Variablen darstellen läßt.[71]

Der höchste absolute Korrelationskoeffizient ergibt sich mit minus 0,786 zwischen den Variablen „Anteil Besitz bei natürlichen Personen" und „Anteil institutioneller Besitz". Die Variable „Anteil Besitz bei natürlichen Personen" weist zudem mit 0,046 einen Toleranzwert sehr nahe Null auf und wird daher in einem ersten Schritt auf Grund vermuteter hoher Multikollinearität aus der Analyse ausgeschlossen. Eine erneute Überprüfung der Kollinearitätsstatistik ergibt für die Variablen „Aufsichtsratsgröße" und „Vorstandsgröße" Toleranzwerte von 0,284 und 0,349. Nach Elimination der Variable „Aufsichtsratsgröße" liegt der Toleranzwert aller verbleibenden Variablen oberhalb 0,41. Die Werte des VIF bleiben mit maximal 2,4 deutlich unter der kritischen Marke[72] von 10, so daß von einem akzeptablen Grad an Kollinearität ausgegangen werden kann. Die entfernten und damit nicht in der multivariaten Analyse betrachteten Variablen sind in der Tabelle 47 grau schraffiert. Alternativ wurden verschiedene Varianten von Regressionsanalysen durchgeführt, die sich jeweils in der Anzahl der einbezogenen Variablen insoweit unterschieden, daß zunehmend restriktivere Bedingungen an die Höhe der Korrelation zwischen zwei Variablen gestellt wurden. Die Ergebnisse dieser Regressionen erwiesen sich in Hinblick auf Vorzeichen, Standardfehler und Signifikanzniveau der einzelnen Koeffizienten als überaus stabil und in Übereinstimmung mit dem im weiteren dargestellten Gesamtmodell.[73]

---

67 Der Kontextbereich „Umwelt" wird mittels der branchen- und jahresbezogenen Parallelisierung kontrolliert und ist daher implizit im Modell enthalten.

68 Vgl. Kmenta (1986), S. 431.

69 Zum Problem der Kollinearität bzw. der Multikollinearität in Regressionsmodellen vgl. Gujarati (1995), S. 319 ff., Parasuraman (1991), S. 720–723.

70 Vgl. Backhaus et al. (1996), S. 33 f.

71 Vgl. Gujarati (1995), S. 338 f.

72 Vgl. Kleinbaum / Kupper / Muller (1988), S. 210.

73 Das „Gesamtmodell" hat gegenüber den weiteren „eingeschränkten" Modellen den Vorteil, daß keine der als theoretisch bedeutsam erachteten Variablen ausgeschlossen werden muß – das Ausmaß an Multikollinearität bleibt jedoch weiterhin aktzeptabel.

Tabelle 47: **Korrelationsmatrix der unabhängigen Variablen in t_{-1} – unfreiwilliger Wechsel**

		1.	2.	3.	4.	5.	6.	7.	8.	9.	10.
1.	GKR	1,0000									
2.	besinst	0,091	1,0000								
3.	besstreu	-0,155*	-0,440**	1,0000							
4.	besnat	0,007	-0,786**	-0,175*	1,0000						
5.	n_besch	-0,002	0,087	0,238**	-0,251**	1,0000					
6.	n_ar	-0,087	0,237**	0,158*	-0,417**	0,677**	1,0000				
7.	n_anar	-0,031	0,196*	0,067	-0,254**	0,393**	0,647**	1,0000			
8.	n_vorst	-0,037	0,164*	0,093	-0,242**	0,694**	0,751**	0,561**	1,0000		
9.	SpFK=Aktionär	0,006	-0,439**	-0,220**	0,642**	-0,165*	-0,318**	-0,189*	-0,164*	1,0000	
10.	Unternehmensalter	-0,017	0,176*	0,106	-0,242**	0,165*	0,099	0,066	0,126	-0,180*	1,0000

[grau] Entfernte Variablen
[weiß] Korrelation *B3* 0,7

* signifikant im 5%-Intervall, ** signifikant im 1%-Intervall

Ergänzend ist zu kontrollieren, inwieweit Ausreißer einen verzerrenden Einfluß auf die Regressionsrechnung haben.[74] Dabei sind die Fälle („influential observations“) zu identifizieren, die einen maßgeblichen außergewöhnlichen Einfluß auf die Ergebnisse der Regressionsrechnungen ausüben.[75] Neben der Analyse von „Cook's Distance“, bei der Fälle als Ausreißer identifiziert werden, deren individueller Distanzwert einen kritischen Wert überschreitet,[76] werden Ausreißer zusätzlich über eine Betrachtung der Residuen identifiziert.[77] Liegt der individuelle Wert des Residuums außerhalb von zwei Standardabweichungen, können diese Fälle ebenfalls als Ausreißer bestimmt werden. Der maximale Wert des „Cook's Distance“, der von einem Stichprobenfall erreicht wird, bleibt mit 0,87 weit unterhalb des kritischen Wertes von 2,06. Das alternative Kriterium zur Bestimmung von Ausreißern identifiziert in einer zweistufigen Analyse drei kritische Fälle, bei denen das Residuum außerhalb von zwei Standardabweichungen liegt. Diese drei Ausreißer werden entsprechend in der folgenden logistischen Regression nicht berücksichtigt. Von den insgesamt zur Verfügung stehenden 170 Fällen (86 Wechsel- und 84 Kontrollfälle) gehen im Sinne einer konservativen Vorgehensweise 161 Fälle in die Analyse ein.[78] Durch die Elimination von drei Ausreißern reduziert sich der Datensatz weiter auf insgesamt 158 Fälle (53,2% WF, 46,8% KF).

Bevor die Ergebnisse der logistischen Regression hinsichtlich des Einflusses des Unternehmenserfolges sowie weiterer Kontextvariablen auf den unfreiwilligen Wechsel an der Unternehmensspitze berichtet werden, soll zunächst die Güte des Gesamtmodells beurteilt werden. Hierzu stehen eine Reihe von Gütekriterien zur Verfügung, deren Ausprägung in der auf Seite 280 folgenden Tabelle 48 angegeben sind.[79]

Insgesamt weisen die Gütemaße des Modells zum Zusammenhang von Wechsel, Unternehmenserfolg und Kontextvariablen auf eine gute Anpassung hin. Die acht Variablen, die im endgültigen Modell („Gesamtmodell“) eingesetzt werden, erreichen gegenüber dem Null-Modell mit lediglich einer Konstanten eine auf dem 0,000-Niveau signifikant bessere Anpassung. Die Nullhypothese, daß die Koeffizienten des Gesamtmodells nicht signifikant von Null verschieden sind, kann damit abgelehnt werden.[80] Die hier angegebenen Pseudo-R^2-Maße liegen mit 0,252 und

74 Vgl. Chatterjee / Hadi (1986), S. 379 ff. zu verschiedenen Verfahren der Ausreißeridentifikation.

75 Vgl. Hair et al. (1998), S. 184 – 187 zur Unterscheidung von „outliers“, „leverage points“ und „influential observations“.

76 Der kritische Wert ergibt sich dabei aus F(Anzahl Variablen; Anzahl Fälle ./. Anzahl Variablen; 1 ./. Signifikanzniveau). Vgl. Cook (1977), Chatterjee / Hadi (1986), S. 383.

77 Ergänzend wurden Residuen-Plots auf Ausreißer analysiert.

78 Neun Fälle werden auf Grund fehlender Werte bei einer oder mehreren Variablen von der Analyse ausgeschlossen.

79 Vgl. zur Definition der einzelnen Gütekriterien Urban (1993), S. 62 f., Krafft (1997), S. 625 ff.

80 Dieser Test entspricht in seiner Aussage dem aus der linearen Regressionsanalyse bekannten F-Test. Vgl. Krafft (1995), S. 291.

Tabelle 48

Güte des Gesamtmodells zu Bedingungen des unfreiwilligen Wechsels

Gütemaß	Ausprägung der Maße im Gesamtmodell	
Devianz[81] des Gesamtmodells	163,281, Signifikanzniveau 1,0000[82]	
Goodness-of-Fit Statistik[83]	136,852, Signifikanzniveau 1,0000	
Likelihood-Quotienten-Test	Devianz Null-Modell (nur Konstante) 218,401 Devianz Gesamtmodell (alle unabhängigen Variablen) 136,852 Differenz der Devianz = 81,82; Signifikanzniveau 0,000	
Pseudo-R^2	0,252	
Nagelkerke-R^2	0,393	
Klassifikationsmatrix	korrekt klassifizierte Kontrollfälle	67,6%
	korrekt klassifizierte Wechselfälle	71,4%
	korrekte Klassifikation gesamt	69,6%
	zufällige Trefferquote[84]	50,20%

0,393 deutlich innerhalb des von *Urban* als gut bezeichneten Wertebereichs von 0,2 bis 0,4 und unterstützen damit die Aussage guter Modellanpassung.[85] Ergänzend sind in Tabelle 48 noch die Klassifikationsgüten der logistischen Regressionsfunktion aufgeführt. Die korrekte Gesamtklassifikation liegt mit 69,6% deutlich oberhalb der zufälligen Trefferquote. Auffällig ist, daß mit Hilfe der Regressionsfunktion Wechselfälle offensichtlich leicht besser identifiziert werden können als Kontrollfälle. Insgesamt wird jedoch eine ausreichend ausgewogene korrekte Klassifikation erreicht.

Tabelle 49 zeigt die Ergebnisse der logistischen Regression zum Einfluß des Unternehmenserfolges und der Kontextvariablen auf den unfreiwilligen Wechsel an der Unternehmensspitze. Die Regressionskoeffizienten sind hinsichtlich ihres Vorzeichens – der Richtung ihres Einflusses – und ihres Signifikanzniveaus direkt zu in-

---

81 „Gute" Modelle haben eine niedrige Devianz und Modelle mit schlechter Anpassung weisen eine hohe Devianz auf. Da die Devianz jedoch im positiven Bereich unbeschränkt ist, bleibt die Bewertung ihrer Höhe abhängig von der jeweiligen Stichprobe und Analyse. Vgl. Krafft (1995), S. 290.

82 Das Maß ist asymptotisch χ^2-verteilt mit N-p Freiheitsgraden (N = 158 Fälle, p = 9 Parameter). Vgl. Krafft (1995), S. 291.

83 Vgl. Urban (1993), S. 65.

84 Zufällige Trefferquote gemäß des „proportional chance criterion". Vgl. Hair et al. (1998), S. 303.

85 Vgl. Urban (1993), S. 62 f.

terpretieren. Berichtet werden neben den Koeffizienten, ihre Standardabweichung, die Wald-Statistik, das Signifikanzniveau und die partielle Korrelation. Letztere ermöglicht zumindest annäherungsweise eine Abschätzung der Stärke der individuellen Zusammenhänge.

Tabelle 49

Ergebnisse der logistischen Regression zu Bedingungen des unfreiwilligen Wechsels

Variable	Hypothese	Wirkung	Koeffizient (Standardfehler)	Wald (Signifikanz)	partielle Korrelation[a]
Gesamtkapitalrendite	H 3.1	–	-19,123**** (4,127)	21,471 (0,0000)	-0,2986
Anteil Streubesitz	H 18a H 18b	–	-0,0004 (0,0104)	0,0017 (0,9669)	0,0000
Anteil institutioneller Besitz	H 18a H 18b	+	0,0118* (0,0070)	2,8247 (0,0928)	0,0615
SpFK=Aktionär	H 18a H 18b	–	-1,5640** (0,7405)	4,4608 (0,0347)	-0,1061
Vorstandsgröße	H 19	+	0,2980* (0,1722)	2,9947 (0,0835)	0,0675
Anteil AN im AR	H 18a H 18b	–	0,5424 (2,2876)	0,0562 (0,8126)	0,0000
Unternehmensgröße	(H 21)	–	-0,00003* (0,00002)	2,7320 (0,0984)	-0,0579
Unternehmensalter		+/–	-0,0086* (0,0050)	2,9089 (0,0881)	-0,0645
Anteil Besitz bei natürlichen Personen	H 18a H 18b	–	Ausschluß wegen Multikollinearität – Schritt 1		
Aufsichtsratsgröße		+/–	Ausschluß wegen Multikollinearität – Schritt 2		
Konstante			0,0121 (0,9458)	0,0002 (0,9898)	

* $p \leq 0{,}1$; ** $p \leq 0{,}05$; *** $p \leq 0{,}01$; **** $p \leq 0{,}001$

[a] Das Programm SPSS weist partielle Korrelationen nur aus, wenn die Wald-Statistik einen Wert größer 2 annimmt. Andernfalls wird lediglich eine „0" ausgewiesen.

Bei der Analyse des Zusammenhangs der unabhängigen Variablen mit dem unfreiwilligen Wechsel an der Unternehmensspitze ist zunächst festzuhalten, daß alle betrachteten Variablen hypothesenkonforme Vorzeichen aufweisen. Die unabhängigen Variablen wirken also alle in die erwartete Richtung auf den Spitzenführungskraftwechsel. Von den acht unabhängigen Variablen in der logistischen Regression erweisen sich fünf als mindestens statistisch signifikant auf dem 10%-Niveau.

Der Unternehmenserfolg (bzw. die Gesamtkapitalrendite) wirkt negativ auf den unfreiwilligen Wechsel. Entsprechend der Hypothese 3.1 gilt also, daß mit abnehmendem Unternehmenserfolg die Wahrscheinlichkeit eines unfreiwilligen Wechsels zunimmt.[86] Dieser Zusammenhang weist eine sehr hohe Signifikanz von 0,0000 auf. Der Unternehmenserfolg kann vor dem Hintergrund des relativ hohen partiellen Korrelationskoeffizienten als bedeutendster Einflußfaktor auf den unfreiwilligen Wechsel identifiziert werden.

Als weiterer bedeutender Einflußfaktor erweist sich die Variable „Spitzenführungskraft = Aktionär". Ihr negatives Vorzeichen bei einer Signifikanz von 0,0347 belegt, daß Spitzenführungskräfte weniger wahrscheinlich unfreiwillig aus ihrem Amt scheiden, wenn sie durch eigenen Anteilsbesitz oder durch persönliche (familiäre) Beziehungen zu bedeutenden Anteilseignergruppen eine gesonderte Machtposition erhalten.[87] Nach der Erfolgsvariable weist diese Variable den höchsten partiellen Korrelationskoeffizienten aus.

Neben der Variable „Spitzenführungskraft = Aktionär" beziehen sich auch die Variablen „Anteil Streubesitz" und „Anteil institutioneller Besitz" auf die Aktionärsstruktur und deren Einfluß auf den unfreiwilligen Wechsel. Während der Umfang an Streubesitz offensichtlich keinen Einfluß auf den Wechsel hat, zeigt sich beim Umfang institutionellen Besitzes ein zumindest auf dem 10%-Niveau signifikanter positiver Zusammenhang. Je mehr Anteilsbesitz sich in der Hand institutioneller Anleger befindet, desto größer ist das Risiko eines unfreiwilligen Wechsels für die Spitzenführungskraft.

Die Variable „Vorstandsgröße" wirkt – auf dem 10%-Niveau signifikant – ebenfalls positiv auf den Wechsel. Je mehr Mitglieder vor dem Wechsel der Spitzenführungskraft dem Vorstand angehören, desto größer ist die Wahrscheinlichkeit, daß die aktuelle Spitzenführungskraft unfreiwillig ausscheidet.[88] Ein größerer Vorstand bietet ein umfangreicheres Potential an internen Alternativen zur jeweiligen Vorstandsspitze und kann damit die Wahrscheinlichkeit des unfreiwilligen Wechsels erhöhen. Dieses Ergebnis stützt damit die Hypothese 19.

Die Unternehmensgröße sowie das Unternehmensalter erweisen sich ebenfalls, wenn auch nur auf dem 10%-Niveau, als signifikante Einflußfaktoren auf den Wechsel. Das negative Vorzeichen der Größenvariable signalisiert, daß mit zunehmender Größe des Unternehmens die Wahrscheinlichkeit des Wechsels abnimmt.

---

[86] Hypothese 3.1: *Unfreiwillige Wechsel der Spitzenführungskraft zeichnen sich besonders durch eine negative Beziehung von Unternehmenserfolg und nachfolgendem Wechsel aus.*

[87] Hypothese 18b: *Je geringer die Macht der Spitzenführungskraft ist, desto eher wechselt sie unfreiwillig aus dem Amt.*

[88] Hypothese 19: *Je mehr potentielle interne Nachfolger zur Verfügung stehen, desto wahrscheinlicher ist ein Wechsel der Spitzenführungskraft.*

Mit steigender Unternehmensgröße wird der Unternehmensleitung im allgemeinen eine größere Unabhängigkeit unterstellt, die entsprechend zu einer erhöhten Resistenz der Spitzenführungskraft gegenüber Entlassungsbestrebungen führt. Das Unternehmensalter wirkt negativ auf den Spitzenführungskraftwechsel. Das heißt, je jünger ein Unternehmen ist, desto größer ist die Wahrscheinlichkeit des unfreiwilligen Wechsels. Jüngere Unternehmen unterliegen offensichtlich einer höheren Dynamik in allen Unternehmensbereichen als dies bei älteren Unternehmen mit in der Regel gefestigten Marktpositionen der Fall ist. So zeigen jüngere Unternehmen häufig größere Veränderungen in ihrer Aktionärsstruktur, wenn zum Beispiel die Gründungsaktionäre ausscheiden. Diese Veränderung der Aktionärsstruktur hat dann unter Umständen Rückwirkungen auf die Wahrscheinlichkeit des Führungskraftwechsels. Bei diesen Interpretationen ist jedoch zu beachten, daß die partiellen Korrelationskoeffizienten der zuletzt analysierten Variablen vergleichsweise geringe Werte ausweisen und somit für die grundsätzliche Erklärung des unfreiwilligen Wechsels nur von untergeordneter Bedeutung sind.

Insgesamt kann festgehalten werden, daß besonders der Unternehmenserfolg entscheidend für den unfreiwilligen Wechsel an der Unternehmensspitze ist: Je geringer der Erfolg ist, desto eher wird die Spitzenführungskraft unfreiwillig ausscheiden. Die Wahrscheinlichkeit des Wechsels ist jedoch zusätzlich determiniert durch die Machtposition der Spitzenführungskraft. Diese Machtposition manifestiert sich besonders in der Beziehung der Spitzenführungskraft zu den Anteilseignern. Ist die Spitzenführungskraft selbst Aktionär oder hat sie enge familiäre Beziehungen zu bedeutenden Anteilseignern, so ermöglicht ihr diese Stellung, einem unfreiwilligen Wechsel auszuweichen. Umgekehrt gilt, daß bei größerem institutionellen Anteilsbesitz die Machtposition der Spitzenführungskraft reduziert ist und damit auch die Wahrscheinlichkeit des Wechsels steigt. Die Frage interner Ressourcen zur Nachfolge einer unfreiwillig ausgeschiedenen Spitzenführungskraft spielt zudem eine wichtige Rolle im Wechselprozeß. Diese Frage soll im später folgenden Abschnitt zum Nachfolgertyp (Insider / Outsider) einer tiefergehenden Analyse unterzogen werden.

b) Erfolgswirkungen des unfreiwilligen Wechsels

Nachdem im vorangehenden Kapitel die Erfolgsbedingung für den Wechsel an der Unternehmensspitze unter Kontrolle verschiedener Kontextvariablen Gegenstand der multivariaten Analyse war, steht nun die Wirkung des Wechsels an der Unternehmensspitze auf den Erfolg im Vordergrund des Interesses. Der auf einer Intervall-Skala gemessene Unternehmenserfolg ist folglich nicht mehr eine unabhängige Variable, sondern eine zu erklärende Größe.

Der Hypothese 4.1 folgend, sollte der unfreiwillige Wechsel eine bestimmende Determinante des Unternehmenserfolges unmittelbar nach dem Wechsel darstellen.[89] Ergänzend können in den folgenden statistischen Tests zusätzliche Kontextvariablen als Kontrollgrößen berücksichtigt werden. Zur Überprüfung der empirischen Gültigkeit der Hypothese zum negativen Zusammenhang von Wechsel und nachfolgendem Erfolg können lineare multiple Regressionsmodelle geschätzt werden.[90] Dabei ist zunächst zu prüfen, inwieweit die Prämissen der linearen Regression für den hier betrachteten Datensatz Gültigkeit besitzen. An die Evaluation der generellen Güte des Regressionsmodells schließen sich die eigentlichen statistischen Tests und die Interpretation der Koeffizienten an.

Zunächst sind die Variablen auf Multikollinearität zu prüfen.[91] Zu diesem Zweck werden in Tabelle 50 die Korrelationen der insgesamt zur Verfügung stehenden unabhängigen Variablen abgebildet. Neben der bivariaten Abhängigkeit kann die Interkorrelation zusätzlich anhand der Toleranzwerte überprüft werden.[92] Aufgrund der hohen Korrelation zwischen den Variablen „Anteil institutioneller Besitz“ und „Anteil Besitz bei natürlichen Personen“ wird letztere von der Analyse ausgeschlossen. In einem zweiten Schritt zeigen die Variablen „Aufsichtsratsgröße“ (0,252) und „Unternehmensgröße“ (0,346) relativ niedrige Toleranzwerte, die auf hohe Interkorrelation hindeuten. Nach Elimination der Variable „Aufsichtsratsgröße“ zeigen sich Toleranzwerte über 0,44 (größtenteils nahe 1), so daß der Grad an Multikollinearität als akzeptabel eingeschätzt wird.

Die Überprüfung der Prämissen einer linearen multiplen Regression ergab *keine* Hinweise, daß die hier betrachteten Daten zum unfreiwilligen Wechsel der Spitzenführungskraft den Anforderungen an eine Regressionsanalyse nicht genügen.[93] Inferenzstatistische Tests auf Gültigkeit der Hypothesen sind damit zulässig.

---

89 Hypothese 4.1: *Scheidet eine Spitzenführungskraft unfreiwillig aus ihrem Amt, so verschlechtert sich die Performance unmittelbar nach dem Ausscheiden unter dem Einfluß der neuen Spitzenführungskraft.*

90 Vgl. zur linearen multiplen Regressionsanalyse Hair et al. (1998), S. 141 ff., Backhaus et al. (1996), S. 1 ff., Gujarati (1995), S. 191 ff., Draper / Smith (1981).

91 Vgl. zu den Prämissen der Regressionsrechnungen Gujarati (1995), S. 59–69 sowie S. 192–194.

92 Vgl. Backhaus et al. (1996), S. 41.

93 Zur Überprüfung der Linearität von Regressand und Regressoren wurden die partiellen Plots der Residuen auf auffällige Muster untersucht. Die visuelle Inspektion dieser Plots ergab keinen Hinweis auf typische Muster, die einen eventuell vorhandenen nicht-linearen Zusammenhang indizieren könnten. Vgl. auch Hair et al. (1998), S. 173 f., zu typischen Mustern bei nicht-linearen Beziehungen. Die Linearität des zu messenden Phänomens erscheint damit gegeben. Anhand eines Histogramms sowie eines Normalverteilungsplots wurde die Prämisse normalverteilter Residuen überprüft. Vgl. Hair et al. (1998), S. 175. Insgesamt zeigen sich nur sehr geringe Abweichungen zwischen dem Verlauf der Residuen und der Diagonalen im Normalverteilungsplot, so daß von Normalverteilung der Residuen ausgegangen werden kann. Die Überprüfung der Punktediagramme, in der Residuen gegen die geschätzten Werte der abhängigen Variable abgetragen sind, ergab keine Hinweise auf Heteroskedastizität. Vgl. Gujarati (1995), S. 61–63. Ein Test auf Autokorrelation der Residuen im Rahmen einer Querschnittsanalyse ist nur dann notwendig, wenn die Reihenfolge, mit der die Beobachtungen in die Analyse eingehen, von Bedeutung ist. Vgl. Gujarati (1995), S. 405. Im vorliegenden Fall stellt Autokorrelation folglich kein Problem dar.

Tabelle 50: **Korrelationsmatrix der Variablen in t_0 – unfreiwilliger Wechsel**

		1.	2.	3.	4.	5.	6.	7.	8.	9.	10.
1.	SpFK-Wechsel	1,0000									
2.	SpFK = Aktionär	-0,281**	1,0000								
3.	besinst	0,193**	-0,427**	1,0000							
4.	besnat	-0,191**	0,480**	-0,816**	1,0000						
5.	besstreu	-0,037	-0,006	-0,457**	-0,141**	1,0000					
6.	$n^a nar$	0,102	-0,138*	0,137	-0,155*	0,006	1,0000				
7.	$n^a r$	0,233**	-0,220**	0,206**	-0,327**	0,150*	0,695**	1,0000			
8.	n_vorst	-0,004	-0,028	0,050	-0,142*	0,133*	0,475**	0,646**	1,0000		
9.	Unternehmensgröße	0,020	-0,143*	0,057	-0,209**	0,223**	0,457**	0,730**	0,689**	1,0000	
10.	Unternehmensalter	-0,037	-0,218**	0,271**	-0,288**	-0,020	0,093	0,164*	0,049	0,175**	1,0000

Entfernte Variablen

Korrelation $\geq$ 0,7

* signifikant im 5%-Intervall, ** signifikant im 1%-Intervall (zwei-seitig)

Zur Identifikation von beeinflussenden Beobachtungen (Ausreißern) wurden neben Cook's Distance auch die Werte der standardisierten Residuen herangezogen. Während der maximale Wert von Cook's Distance mit 0,073 deutlich unterhalb des kritischen Wertes bleibt, können in einer zweistufigen Vorgehensweise sieben Fälle – mit Residuen außerhalb von drei Standardabweichungen – als beeinflussende Beobachtungen identifiziert werden. Insgesamt stehen damit 205 komplette Fälle (107 Wechsel- und 98 Kontrollfälle) für die Analyse zur Verfügung.[94]

Das Regressionsmodell erklärt 28,2% der Varianz, wobei auch das um die Zahl der Regressoren korrigierte R^2 noch auf eine befriedigende Varianzerklärung hindeutet.[95] Mit einem F-Wert von 9,613 (bei 8 bzw. 196 Freiheitsgraden) kann die Null-Hypothese, daß die Koeffizienten der Regressionsgleichung gleich Null sind und damit der erklärte Zusammenhang rein zufällig entsteht, mit einer Wahrscheinlichkeit größer 99,9% abgelehnt werden. Damit wird die Interpretation der Ergebnisse des Regressionsmodells zum Effekt des unfreiwilligen Wechsels der Spitzenführungskraft auf den Unternehmenserfolg möglich.[96] Die folgenden Tabelle 51 auf Seite 287 gibt einen Überblick über die Ergebnisse der Regressionsanalyse zu Erfolgswirkungen des unfreiwilligen Wechsels.

Der unfreiwillige Wechsel der Spitzenführungskraft erweist sich als hoch signifikant erklärende Variable des Unternehmenserfolges unmittelbar nach dem Wechsel an der Unternehmensspitze. Das Vorzeichen der Wechsel-Variable deutet auf einen negativen Zusammenhang zwischen Wechsel und Erfolg hin: Wechselt die Spitzenführungskraft unfreiwillig, reduziert sich unmittelbar der Erfolg des Unternehmens. Dieser Zusammenhang gilt auch unter Kontrolle der hier betrachteten Kontextvariablen. Mit einem standardisierten Regressionskoeffizienten von minus 0,444 kommt dem Wechsel der Spitzenführungskraft somit im Vergleich zu allen anderen im Regressionsmodell berücksichtigten Variablen die größte Bedeutung zu.[97]

---

94 Die ursprünglich zur Verfügung stehende Fallzahl von 230 reduziert sich – neben der Ausreißerbereinigung – durch die konservative Vorgehensweise der fallweisen Elimination bei fehlenden Werten um weitere 18 Fälle.

95 Vgl. zum (korrigierten) Bestimmtheitsmaß Carroll / Green / Chaturvedi (1997), S. 262 ff., Draper / Smith (1981), S. 33. Da aus der Literatur keine kritischen Werte für ausreichende Bestimmtheitsmaße abgeleitet werden können, ermöglicht ein Vergleich der Erklärungskraft der hier vorliegenden Regressionsschätzung mit den Ergebnissen anderer Studien zum Spitzenführungskraftwechsel einen Einblick in die Güte der Regressionschätzung. Ein vergleichbares Regressionsmodell zur Erklärung der „post-succession performance" liegt mit der Arbeit von *Finkelstein* und *Hambrick* vor. In ihrer Erklärung der Performance in Abweichung vom Branchenmittel erreichen sie jeweils in Abhängigkeit der einbezogenen unabhängigen Variablen ein R^2 zwischen .30 und .03. Die in der vorliegenden Untersuchung ermittelte Regressionsschätzung erreicht damit auch vor dem Hintergrund bisheriger Ergebnisse ein sehr befriedigendes Niveau der Varianzerklärung. Vgl. Finkelstein / Hambrick (1990), S. 497.

96 Vgl. zu signifikanten F-Werten als Bedingung der Interpretation von Regressionsmodellen Hair et al. (1998), S. 181 f.

97 Dabei ist zu beachten, daß die standardisierten Koeffizienten bei schwach korrelierenden Regressoren lediglich die ungefähre relative Bedeutung der Variablen abbilden können. Vgl. auch Green / Carroll / DeSabro (1978), S. 356.

Tabelle 51

Ergebnisse der Regressionsanalyse zu Erfolgswirkungen des unfreiwilligen Wechsels

Variable	Hypothese	Wirkung	Regressions-koeffizient (Standardfehler)	standardisierter Koeffizient	T-Wert (Signifikanzniveau)
unfreiwilliger Wechsel der Spitzenführungskraft	H 4.1	(--)	-0,08461 (0,012)	-0,444	-6,847 (0,000)
SpFK=Aktionär			0,02781 (0,020)	0,097	1,367 (0,173)
Anteil institutioneller Besitz			0,00010 (0,000)	0,040	0,489 (0,625)
Anteil Streubesitz			0,00011 (0,000)	0,024	0,332 (0,740)
Anteil Besitz bei natürlichen Personen			Ausschluß wegen Multikollinearität		
Aufsichtsratsgröße			Ausschluß wegen Multikollinearität		
Anteil AN im AR			-0,01625 (0,064)	-0018	-0,256 (0,798)
Vorstandsgröße			0,01834 (0,005)	0,313	3,528 (0,001)
Unternehmensgröße			-0,000002 (0,000)	-0,285	-3,123 (0,002)
Unternehmensalter			-0,00006 (0,000)	-0,026	-0,394 (0,694)
Konstante			0,01706 (0,031)		0,558 (0,578)
Bestimmtheitsmaße	R^2 0,282				
	korrigiertes R^2 0,252				
Modell-Validität	F-Wert 9,613				
	Signifikanz 0,000				

Dieser negative Zusammenhang von Wechsel und nachfolgendem Erfolg legt die Vermutung nahe, daß von dem unfreiwilligen Wechsel erhebliche disruptive Effekte ausgehen, die sich unmittelbar im Unternehmenserfolg niederschlagen. Unternehmen, die einen unfreiwilligen Wechsel realisieren, werden also zumindest in der kurzen Frist einen schlechteren Erfolg erzielen als dies der Fall ist bei Unternehmen, die ihre Spitzenführungskraft nicht wechseln. Inwieweit dieser kritische Erfolg unmittelbar nach dem Wechsel größtenteils durch „reale" Sachverhalte, wie zum Beispiel Effizienzeinbußen im Rahmen des Führungswechsels, oder eher durch bilanzpolitische Maßnahmen des Nachfolgers bestimmt ist, muß im weiteren Verlauf der Untersuchung geklärt werden.

Neben dem Spitzenführungskraftwechsel zeigen auch die Kontextvariablen „Vorstandsgröße“ und „Unternehmensgröße“ signifikant von Null verschiedene Koeffizienten. Die Vorstandsgröße geht mit einem standardisierten Koeffizienten von 0,313 in das Regressionsmodell ein und erweist sich damit als zweit-wichtigste erklärende Variable des Unternehmenserfolges: Je größer der Vorstand, desto besser ist auch der Unternehmenserfolg. Die Vorstandsgröße erscheint vor dem Hintergrund dieser Ergebnisse neben dem Wechsel der Spitzenführungskraft als kritische Variable des Unternehmenserfolgs. Eine größere Anzahl an Vorstandsmitgliedern stellt offensichtlich ein tendenziell positiv wirkendes Potential dar und ist in diesem Sinne als kritische Ressource zu werten.

Die Unternehmensgröße weist einen negativen Zusammenhang zum Erfolg auf. Eine ad hoc-Interpretation besonders der Unternehmensgröße als erklärende Variable des Erfolges erscheint nicht möglich. Die Tatsache, daß die Größe jedoch einen signifikant von Null verschiedenen Einfluß auf den Erfolg aufweist, hebt nochmals die Bedeutung der Kontrolle dieser Variable bei der hier gewählten Fragestellung hervor.

Obwohl die Variable „Spitzenführungskraft = Aktionär“ auf dem hier geforderten Signifikanzniveau keinen von Null verschiedenen Koeffizienten aufweist, ist dennoch bemerkenswert, daß sie positiv mit dem Unternehmenserfolg zusammenhängt.[98] Während der Wechsel der Spitzenführungskraft negativ auf den Unternehmenserfolg wirkt, zeigt sich ein positiver Zusammenhang von Erfolg und Aktionärsposition der Spitzenführungskraft. Das heißt, besitzt die neue Spitzenführungskraft eine enge Bindung an eine bedeutende Aktionärsfamilie oder ist sie selbst Aktionär, zeigt sich nach dem unfreiwilligen Wechsel tendenziell kein Erfolgseinbruch.

Zusammenfassend können damit für den Zusammenhang von Unternehmenserfolg und unfreiwilligem Wechsel der Spitzenführungskraft im Verlauf des gesamten Wechselprozesses folgende zentrale Ergebnisse festgehalten werden:

- Der Erfolg ist die bestimmende Determinante des unfreiwilligen Wechsels. Selbst unter Kontrolle der Kontextvariablen bleibt der Unternehmenserfolg die wichtigste erklärende Variable des Wechsels der Spitzenführungskraft. Die Hypothese 3.1 wird damit für Daten aus deutschen Aktiengesellschaften unterstützt.

- Entscheidende Bedeutung kommt neben dem Unternehmenserfolg der Machtposition der Spitzenführungskraft sowie dem Potential möglicher interner Nachfol-

---

98 Bei einer a priori formulierten gerichteten Hypothese zum Zusammenhang von Erfolg und SpFK = Akionär, ergäbe sich im Sinne eines einseitigen Tests ein zumindest auf dem 10%-Niveau signifikanter Koeffizient.

ger (gemessen durch die Vorstandsgröße) zu. Je stärker die Machtposition der Spitzenführungskraft gegenüber den Anteilseignern ist, desto geringer ist die Wahrscheinlichkeit ihres unfreiwilligen Ausscheidens. Je größer das Potential an internen Nachfolgern ist, desto wahrscheinlicher ist der unfreiwillige Wechsel. Die Hypothesen 18b und 19 können damit bestätigt werden.

- Der unfreiwilligen Wechsel hat einen deutlichen Einfluß auf die Entwicklung des Unternehmenserfolges nach dem Wechsel. Unternehmen, die einen unfreiwilligen Wechsel vollziehen, müssen unmittelbar nach diesem Führungswechsel ein schlechteres Erfolgsniveau akzeptieren. Die Hypothese 4.1 wird damit für die hier betrachteten Daten bestätigt.
- Dieser Zusammenhang von Wechsel und nachfolgendem Erfolg gilt auch bei Kontrolle der Kontextvariablen.

4. Anspruchsniveau und Wechsel der Spitzenführungskraft

Nachdem in den vorangegangenen Abschnitten deutlich gemacht werden konnte, daß der unfreiwillige Wechsel signifikant durch die Erfolgslage der Unternehmen vor dem Wechsel beeinflußt wird, läßt sich nun die Frage klären, inwieweit der Wechsel der Spitzenführungskraft vom Erreichen beziehungsweise Unterschreiten eines bestimmten Erfolgs-Anspruchsniveaus abhängt. Dabei wird die Wahrscheinlichkeit des Wechsels in Abhängigkeit des anspruchsniveaurelativierten Unternehmenserfolges betrachtet. Die Bestimmung der Wechselwahrscheinlichkeit greift auf eine aus der Insolvenzprognose bekannte Vorgehensweise zurück, bei der für bestimmte Erfolgsintervalle (z. B. je 1%-Schritt) die Anzahl der Wechselfälle in Relation zur Gesamtzahl aller Wechsel- und Kontrollfälle betrachtet wird.[99]

Zunächst kann der Frage nachgegangen werden, inwieweit bei deutschen Aktiengesellschaften der Branchenmittelwert der Gesamtkapitalrendite als Anspruchsniveau zur Beurteilung der Qualität der Spitzenführungskraft herangezogen wird. Dafür ist die Verteilung der Wechselwahrscheinlichkeiten, zum einen bei der „einfachen" und zum anderen bei der anspruchsniveaurelativierten Gesamtkapitalrendite zu analysieren. Zeigt sich das erwartete Muster zum Zusammenhang von Wechselwahrscheinlichkeit und Erfolg lediglich im Fall der Erfolgs-Relativierung am Anspruchsniveau, kann dies als Bestätigung für die Bedeutung des branchenbezogenen Anspruchsniveaus gewertet werden.

Die beiden nachfolgenden Abbildungen zeigen entsprechend die Verteilung der Wechselwahrscheinlichkeit in Abhängigkeit der beiden Erfolgsmaße (aus t_{-1}) im Fall des unfreiwilligen Wechsels. Während in der Abbildung 28 die Gesamtkapital-

[99] Im Fall der Insolvenzprognose wird i. d. R. eine Insolvenzwahrscheinlichkeit für bestimmte Intervalle der z-Werte (z. B. aus der Diskriminanzanalyse) als Anzahl der Insolvenzunternehmen in Relation zu allen klassifizierten Unternehmen bestimmt.

rendite direkt abgetragen ist, sind in der Abbildung 29 die Werte der Abszisse als Abweichungen der Gesamtkapitalrendite vom Branchenmittelwert zu interpretieren.

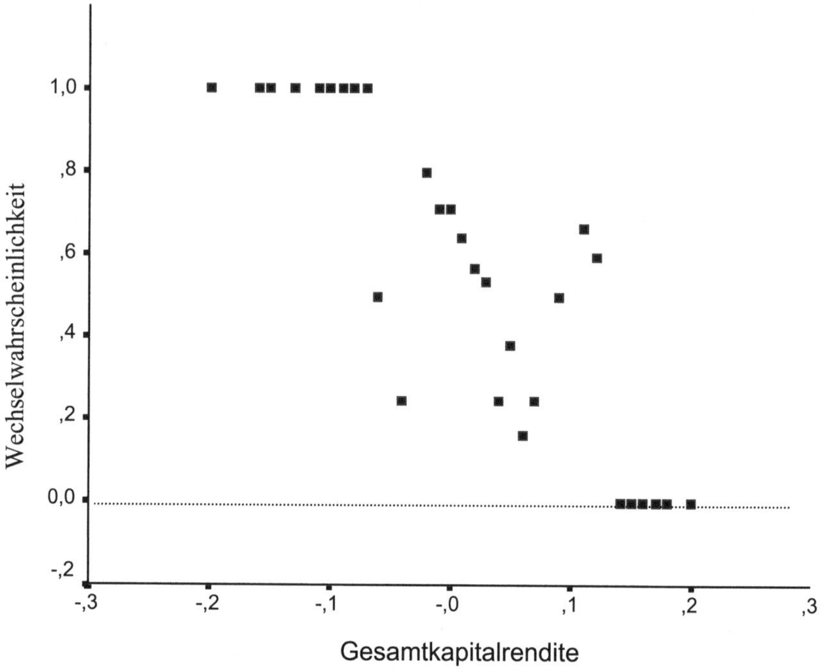

Abbildung 28: Wechselwahrscheinlichkeit und „einfache" Gesamtkapitalrendite

Die Verteilung der Wechselwahrscheinlichkeiten ähnelt sich in beiden Abbildungen. Zwischen jeweils zwei Extrembereichen, in denen die Wechselwahrscheinlichkeit 0% beziehungsweise 100% beträgt, variiert die Wahrscheinlichkeit des Wechsels der Spitzenführungskraft. Dabei ist eine steigende Tendenz der Wechselwahrscheinlichkeit in Richtung negativer Erfolgswerte zu beobachten. Damit der Branchenmittelwert als bestimmendes Anspruchsniveau für den Wechsel der Spitzenführungskraft identifiziert werden kann, müßte jedoch dieser Bereich „mittlerer Wechselwahrscheinlichkeit" im Fall der Abbildung 29 sehr nahe bei Null liegen und deutlich enger ausfallen als im Fall der „einfachen" Gesamtkapitalrendite. Wechselwahrscheinlichkeiten zwischen Null und 100% kommen jedoch im Fall der „Anspruchsniveaurelativierung" bei Unternehmen vor, deren Gesamtkapitalrendite bis zu 14% unterhalb und 10% oberhalb des Branchenmittels liegt. Dieses Ergebnis deutet also nicht darauf hin, daß die mittlere Gesamtkapitalrendite der jeweiligen Branche als Referenzmaßstab zur Bewertung des eigenen Unternehmenserfolges herangezogen wird.

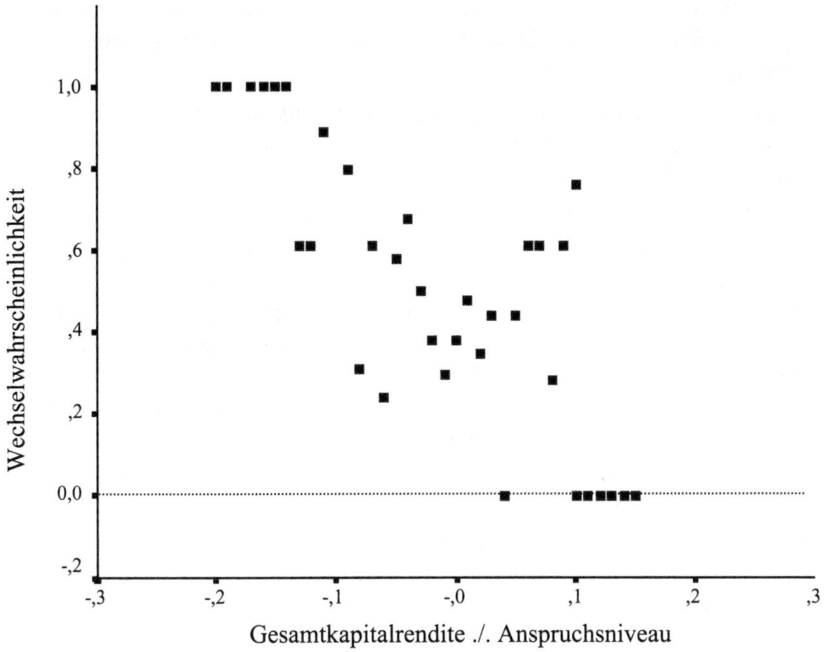

Abbildung 29: Wechselwahrscheinlichkeit und anspruchsniveaurelativierte Gesamtkapitalrendite

Die Entscheidung über den Wechsel der Spitzenführungskraft orientiert sich offensichtlich weniger am Erfolg relativ zur Branche als vielmehr am absoluten Erfolg. Sinkt die Gesamtkapitalrendite unterhalb von 10%, so steigt die Wahrscheinlichkeit des unfreiwilligen Wechsels. Unterschreitet die Gesamtkapitalrendite die Marke von minus 7%, so muß die Spitzenführungskraft mit Sicherheit bei allen Unternehmen aus dem Vorstand scheiden. Liegt die Gesamtkapitalrendite zwischen diesen Werten, so liegt die Wechselwahrscheinlichkeit zwischen 20% und 80%, wobei sich mit abnehmender Rendite kein durchgängig einheitliches Muster ansteigender Wechselwahrscheinlichkeiten zeigt.

Die Hypothese 2a, wonach die Wahrscheinlichkeit eines Wechsel der Spitzenführungskraft zunimmt, wenn der Unternehmenserfolg in Relation zum Anspruchsniveau abnimmt,[100] kann also nicht uneingeschränkt bestätigt werden. Zumindest die hier betrachtete durchschnittliche Branchenrendite scheint nicht als Referenzmaßstab zur Beurteilung der Spitzenführungskraft zu dienen. Dabei ist jedoch zu beachten, daß die Operationalisierung des hier gewählten Anspruchsniveaus besonders durch zwei Merkmale gekennzeichnet ist:

100 Hypothese 2a: *Sinkt die Performance der Unternehmen relativ zum Anspruchsniveau, steigt die Wahrscheinlichkeit eines Wechsels der Spitzenführungskraft.*

(1) Die Branchen sind auf dem 2-stelligen Niveau der Wirtschaftszweigklassifikation des Statistischen Bundesamtes erfaßt und damit nur sehr grob voneinander abgegrenzt.

(2) Als Datengrundlage dient die Bundesbankstatistik, die durch ihre Hochrechnung auf Basis der Umsatzsteuerstatistik Unternehmen aller Größenklassen widerspiegelt.[101]

Die hier betrachteten Unternehmen können unter Umständen also dennoch ein branchenorientiertes Anspruchsniveau besitzen. Dies wird wahrscheinlich eher auf eine deutlich kleinere Zahl an Unternehmen – zum Beispiel im Sinne einer „Peer-Group" – ausgerichtet sein, als hier unterstellt wird.[102] Für diese Vermutung spricht, daß die im Zusammenhang mit der Wechselentscheidung relevanten Aufsichtsratsmitglieder eher eine Vergleichsgruppe aus der Menge der direkten Konkurrenten im Auge hat als die undifferenzierte Gesamtzahl aller Unternehmen einer grob abgegrenzten Branche.[103] Für eine enger definierte Vergleichsgruppe ließe sich also unter Umständen eher ein Zusammenhang von Wechselwahrscheinlichkeit und Unterschreiten des Anspruchsniveaus feststellen.

Da hier kein eindeutiges Anspruchsniveau ermittelt werden kann, wird auch der Test der Hypothese 2b[104] zum funktionalen Zusammenhang von Wechselwahrscheinlichkeit und Erfolg in Relation zum Anspruchsniveau verhindert.

V. Pensionierung der Spitzenführungskraft – unabdingbarer Wechsel

Neben dem unfreiwilligen Wechsel erweist sich der unabdingbare Wechsel der Spitzenführungskraft im Rahmen planmäßiger Pensionierung als häufigster Wechseltyp bei deutschen Aktiengesellschaften. Wie die Ausführungen im Rahmen des zweiten Abschnitts dieser Schrift nahelegen, sollte sich der Zusammenhang von Unternehmenserfolg und Wechsel bei den pensionsbedingten Wechseln deutlich

---

[101] Vgl. auch Kapitel E.VI.1.

[102] Vgl. Hauschildt / Krehl / Leker (1996), S. 103 und 110 f. und Fiegenbaum / Thomas (1995), S. 462 ff. sowie die dort zitierte Literatur.

[103] Daß die Wahrnehmung der relevanten Vergleichsunternehmen aus Unternehmenssicht deutlich von der theoretischen Brancheneinteilung abweicht, macht z. B. die Befragung zur Bildung eines branchenparallelisierten Samples von *Leker* deutlich. So geben über die Hälfte der befragten Unternehmen an, daß sie sich nicht mit einem von ihm nach gleicher Branche (2-stellige SYPRO-Statistik) und Größenordnung ausgewählten Unternehmen vergleichen würden. Die von den Unternehmen selbst genannten Vergleichsunternehmen wichen hingegen zum Teil deutlich von der Menge der erwarteten Unternehmen ab. Vgl. Leker (1993), S. 146 – 149.

[104] Hypothese 2b: *Der Anstieg der Wahrscheinlichkeit eines Spitzenführungskraftwechsels ist für den Bereich, in dem die Performance oberhalb des Anspruchsniveaus liegt, deutlich geringer als für den Bereich negativer relativer Performance.*

von den bisher diskutierten unfreiwilligen Wechseln unterscheiden. Die Analyse dieses Zusammenhangs ist Gegenstand des folgenden Abschnitts, wobei entsprechend der Vorgehensweise unter Kapitel F.IV zunächst die Beziehung von unabdingbarem Wechsel und aggregiertem Unternehmenserfolg untersucht wird. In einem zweiten Schritt schließt sich eine Erfolgsquellenanalyse an, die die Ausprägung und Entwicklung verschiedener Erfolgsbestandteile im Rahmen des pensionsbedingten Wechselprozesses betrachtet. Bevor der Zusammenhang von Unternehmenserfolg und unabdingbarem Wechsel im Rahmen einer multivariaten Analyse jeweils vor und nach dem Wechsel an der Unternehmensspitze untersucht wird, ist die Ausprägung der Kontextbedingungen bei diesem Wechseltyp in Abgrenzung zu unauffälligen Kontrollfällen Gegenstand der Analyse.

Entsprechend der Vorgehensweise aus dem vorangehenden Abschnitt werden für die bivariate Analyse von Wechsel und Unternehmenserfolg zunächst mittelwertbereinigte Erfolgswerte sowohl für Wechsel- als auch für Kontrollfälle betrachtet. Die darauf folgende Analyse der Kontextvariablen sowie die multivariate Analyse verwenden zur Kontrolle von Branchen- und Jahreseffekten dann ein parallelisiertes Analysedesign.[105]

1. Pensionierung der Spitzenführungskraft und Unternehmenserfolg

Um die spezifische Entwicklung des Erfolges im Rahmen einer planmäßigen Pensionierung analysieren zu können, wird die Gesamtkapitalrendite unabdingbarer Wechselfälle dem Erfolgsniveau von Kontrollfällen gegenübergestellt. Abbildung 30 gibt dabei einen Überblick über die Erfolgswerte der Wechsel- und Kontrollfälle in den einzelnen t-Jahren des Wechselzeitraums.

Im Gegensatz zur Erfolgslage bei unfreiwilligen Wechseln sind im vorliegenden Fall der unabdingbaren Wechsel deutlich geringere Erfolgsunterschiede zwischen Wechsel- und Kontrollfällen zu beobachten. Die Median-Differenz der Renditen übersteigt in keinem Jahr des Wechselzeitraums den Wert von 1,5%. Unternehmen, deren Spitzenführungskräfte auf Grund planmäßiger Pensionierung ausscheiden, weisen zudem nur eine geringe Dynamik der Gesamtkapitalrendite unmittelbar um den Wechselzeitpunkt (t_{-1} und t_0) auf. Auffällig ist jedoch, daß die durchschnittliche Gesamtkapitalrendite der Wechselfälle, die bis einschließlich t_0 leicht unterhalb der Werte der Kontrollfälle liegt, im zweiten Jahr nach dem Wechsel den Kontrollwert überschreitet, um in t_2 deutlich oberhalb der Renditen der Kontrollfälle zu liegen. Der in t_{-1} zu beobachtende außergewöhnlich hohe Erfolgswert der Kontrollfälle ergibt sich aus der zufälligen Auswahl vergleichsweise „guter“ Kontrollunternehmen in diesem t-Jahr. Ohne Zufallsauswahl zur Herstellung ungefähr gleicher Gruppengrößen bei Kontroll- und Wechselfällen, sondern bei Berücksichti-

105 Vgl. zur Kontrolle von Branchen- und Jahreseffekten im Rahmen dieser Untersuchung Kapitel E.VI.4.

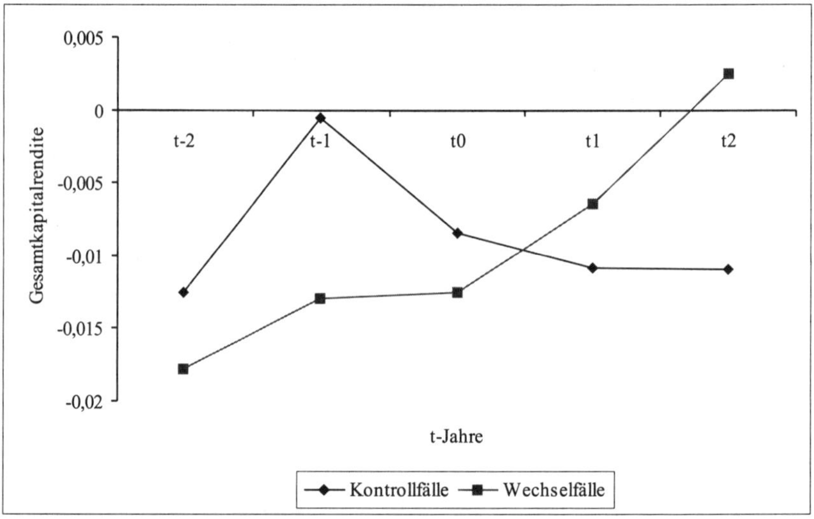

Abbildung 30: Gesamtkapitalrendite bei unabdingbarem Wechsel und Kontrollfällen

gung aller Kontrollfälle, zeigt sich keine entsprechend starke Dynamik der Werte in t_{-1}. Die grundsätzlich positive Entwicklung der Wechselfälle im weiteren Verlauf des Wechselzeitraums wird jedoch nicht durch die Wahl des Kontrollsamples beeinflußt.

Diese deskriptive Analyse der Erfolgslage bei unabdingbaren Wechseln kann durch die in Tabelle 52 und 53 wiedergegebenen Inferenzstatistiken untermauert werden.

Analog zur Vorgehensweise bei den unfreiwilligen Wechseln werden zum Test auf signifikante Mittelwertunterschiede zwischen unabdingbaren Wechseln und Kontrollfällen neben dem *t*-Test auch die Ergebnisse eines nichtparametrischen Mann-Whitney-Tests wiedergegeben.[106] Beide Tests zeigen übereinstimmend, daß die Gesamtkapitalrenditen der Wechsel- und Kontrollfälle im Fall der Pensionierung der Spitzenführungskraft im Zeitraum von t_{-2} bis t_1 keine signifikanten Unterschiede aufweisen. Erst im dritten Jahr nach dem Wechsel an der Unternehmensspitze sind die Erfolgswerte der Wechselunternehmen so stark gestiegen, daß sie zumindest auf dem 10%-Niveau signifikant oberhalb der Gesamtkapitalrendite der Kontrollfälle liegen. In t_2 zeigt sich ein mittlerer Renditeunterschied von 2,7%, der in der Grundgesamtheit mit einer Wahrscheinlichkeit von 90% zwischen 5,3 und 1,4% liegt. Wechselfälle erreichen also drei Jahre nach dem pensionsbedingten Abgang der Spitzenführungskraft ein überdurchschnittliches Erfolgsniveau.

106 Der ebenfalls wiedergegebene Levene-Test auf Varianzhomogenität ermöglicht für kein t-Jahr die Ablehnung der Null-Hypothese gleicher Varianzen, so daß jeweils die erste Zeile je *t*-Test relevant ist.

Tabelle 52: **Signifikante Mittelwertunterschiede der Gesamtkapitalrendite zwischen unabdingbaren Wechseln und Kontrollfällen**

t-Jahr	Levene-Test[a]			*t*-Test für die Mittelwertgleichheit						Mann-Whitney-Test
							mittlere	95% Konfidenz.[b]		Z
	Varianzen sind	F	Sig.	T	df	Sig.	Differenz	Untere	Obere	(Sig.)
t_{-2}	gleich	0,501	0,480	0,807	249	0,420	0,00812	-0,012	0,0282	-0,639
	nicht gleich			0,783	200,59	0,435		-0,012	0,0288	(0,524)
t_{-1}	gleich	0,809	0,396	0,890	250	0,375	0,00941	-0,011	0,0302	-1,280
	nicht gleich			0,915	249,99	0,361		-0,011	0,0297	(0,200)
t_0	gleich	0,650	0,421	1,632	256	0,104	0,02788	-0,006	0,0615	-1,058
	nicht gleich			1,735	215,06	0,084		-0,004	0,0596	(0,290)
t_1	gleich	1,185	0,277	-1,369	246	0,172	-0,0142	-0,035	0,0062	-1,084
	nicht gleich			-1,406	237,60	0,161		-0,034	0,0057	(0,278)
t_2	gleich	0,411	0,522	-1,741	223	0,083	-0,0272	-0,053[c]	-0,001	-1,724
	nicht gleich			-1,766	172,82	0,079		-0,053[c]	-0,002	(0,085)

[a] Levene-Test auf Varianzhomogenität, H_0: Varianzen in der Grundgesamtheit sind gleich.

[b] 95%-Konfidenzintervall

[c] Werte des 90%-Konfidenzintervalls. In allen anderen t-Jahren schließt das 90%-Konfidenzintervall den Wert „0" ein.

Um die Veränderung der Erfolgswerte bei den unabdingbaren Wechselunternehmen im Verlauf des Wechselprozesses analysieren zu können, werden die Kennzahlenwerte jeweils aufeinanderfolgender t-Jahre miteinander verglichen. Die Ergebnisse eines hierfür durchgeführten Wilcoxon-Tests sind in Tabelle 53 wiedergegeben.[107]

Tabelle 53

Veränderungen der Gesamtkapitalrendite bei unabdingbaren Wechseln von t-Jahr zu t-Jahr – Wilcoxon-Test

Erfolgsveränderung von t-Jahr zu t-Jahr		*N*	mittlerer Rang	Rangsumme	*Z*-Wert (Signifikanz)
$t_{-2} \rightarrow t_{-1}$	Verbesserung[a]	*62*	51,11	3169	*-0,870*
	Verschlechterung[b]	*45*	57,98	2609	*(0.384)*
	Gesamt	*107*			
$t_{-1} \rightarrow t_0$	Verbesserung	*56*	54,00	3024	*-0,247*
	Verschlechterung	*55*	58,04	3129	*(0,805)*
	Gesamt	*111*			
$t_0 \rightarrow t_1$	Verbesserung	*66*	53,95	3561	*-3,120*
	Verschlechterung	*36*	47,00	1692	*(0,002)*
	Gesamt	*102*			
$t_1 \rightarrow t_2$	Verbesserung	*47*	39,38	1851	*-1,108*
	Verschlechterung	*33*	42,09	1389	*(0,268)*
	Gesamt	*80*			

[a] „Erfolgs-Verbesserung“ entspricht negativen Rängen des Wilcoxon Tests.

[b] „Erfolgs-Verschlechterung“ entspricht positiven Rängen des Wilcoxon Tests.

Die Erfolgsentwicklung in den letzten beiden Jahren unter der später pensionierten Spitzenführungskraft sowie die Entwicklung des Erfolges von t_{-1} zu t_0 unter der dann nachfolgenden Spitzenführungskraft zeigen keine signifikanten Unterschiede. Erst die positive Veränderung des Erfolges von t_0 zu t_1 – also ein bis zwei Jahre nach dem Wechsel an der Unternehmensspitze – erweist sich als hoch signifikant. Offensichtlich zeigen sich Erfolgswirkungen des unabdingbaren Wechsels erst mit leichter Verzögerung ein bis zwei Jahre nach dem Wechsel.

107 Ein alternativ durchgeführter *t*-Test für abhängige Stichproben führt zu gleichen Ergebnissen und wird daher hier nicht wiedergegeben.

Der Unternehmenserfolg, der sich vor dem planmäßigen Ausscheiden der Spitzenführungskraft nicht signifikant von Kontrollfällen unterscheidet, verbessert sich in t_1 signifikant und setzt seine positive Entwicklung auch im Folgejahr fort, um dann in t_2 signifikant über den Erfolgswerten der Kontrollfälle zu liegen. Insgesamt kann jedoch festgehalten werden, daß die Dynamik der Erfolgsentwicklung im Rahmen des unabdingbaren Wechsels weit geringer ausfällt als beim unfreiwilligen Wechsel. Die planmäßige Pensionierung zeichnet sich vielmehr durch eine relativ stabile und im Vergleich zu den Kontrollfällen unauffällige Erfolgsentwicklung aus. Inwieweit sich diese relative Stabilität in den einzelnen Erfolgskomponenten widerspiegelt, ist Gegenstand der folgenden Erfolgsquellenanalyse.

Analog zur Darstellung im Rahmen des unfreiwilligen Wechsels ermöglicht die folgende Abbildung einen Überblick über die signifikanten Unterschiede zwischen unabdingbaren Wechselfällen und Kontrollfällen sowie die Entwicklung der einzelnen Erfolgsquellen über die Zeit bei den Wechselfällen.

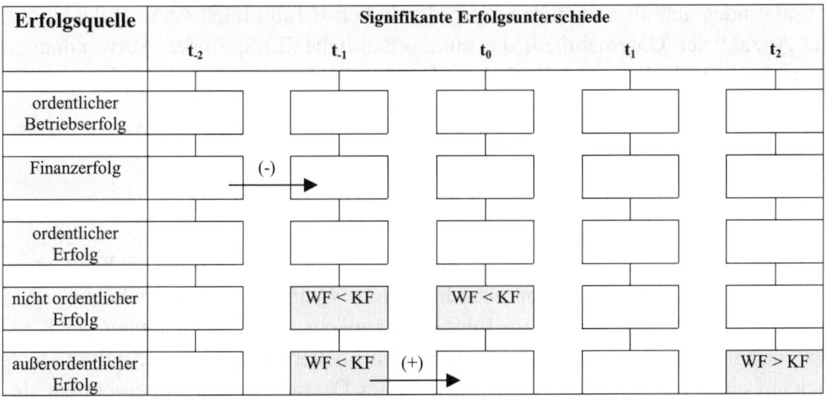

WF < KF = signifikanter Unterschied zwischen Wechselfällen (WF) und Kontrollfällen (KF), Mittelwert WF ist kleiner als Mittelwert KF.

→ = signifikanter Unterschied der Erfolgswerte zwischen zwei t-Jahren (bei Wechselfällen). (+) bzw. (-) über den Pfeilen stehen für Erfolgsverbesserung oder Erfolgsverschlechterung von einem t-Jahr zum nächsten.

Abbildung 31: Erfolgsquellen im Wechselprozeß – unabdingbarer Wechsel

Die relative Stabilität der Erfolgslage im Wechselprozeß läßt sich sowohl im aggregierten *ordentlichen Erfolg* als auch in seinen Komponenten erkennen. Weder der *ordentliche betriebliche* noch der *Finanzerfolg* zeigen signifikante Mittelwertunterschiede zwischen Wechsel- und Kontrollfällen. Auch die Veränderungen von t-Jahr zu t-Jahr zeigen keine auffälligen Muster. Lediglich die Reduktion des Finanzerfolges von t_{-2} zu t_{-1} in den letzten beiden Jahren unter der später pensionierten Spitzenführungskraft erweist sich auf dem 10%-Niveau als signifikant. Vor dem Hintergrund der relativ geringen absoluten Veränderung und der vergleichsweise hohen Wahrscheinlichkeit eines α-Fehlers ist dieses Ergebnis jedoch mit Vorsicht zu interpretieren.

Im Gegensatz zum ordentlichen Erfolg zeigen sich beim *nicht ordentlichen Erfolg* durchaus signifikante Mittelwertunterschiede. Wechselunternehmen weisen im Vergleich zu Kontrollfällen im Jahr unmittelbar vor dem Wechsel und im ersten Jahr nach der Pensionierung signifikant niedrigere nicht ordentliche Erfolge aus. Im letzten Jahr der dann pensionierten Spitzenführungskraft liegt zudem der *außerordentliche Erfolg* als saldierte Größe außerordentlicher Erträge und Aufwendungen deutlich unterhalb der Werte der Kontrollfälle. Ein Teil des niedrigeren nicht ordentlichen Ergebnisses in t_{-1} scheint somit in höheren außerordentlichen Aufwendungen begründet zu sein. Unter der neuen Spitzenführungskraft verbleibt der außerordentliche Erfolg zwar zunächst auf niedrigerem Niveau, verbessert sich jedoch in den folgenden Jahren soweit, daß in t_2 bereits signifikant höhere außerordentliche Erfolge bei den Wechselfällen zu beobachten sind. Die bereits in der Gesamtkapitalrendite festgestellte positive Situation im letzten Jahr des Wechselzeitraums findet sich also auch im außerordentlichen Erfolg. Interessant ist dabei, daß die Anzahl der Unternehmen, die außerordentliche Erträge oder Aufwendungen ausweisen, nach dem unabdingbaren Wechsel in der Unternehmensleitung stetig zunimmt und in t_2 mit 23,5% der Fälle ein Maximum erreicht.[108]

2. Kontextvariablen des unabdingbaren Wechsels

Bevor im Rahmen einer multivariaten Analyse unter Kontrolle von Kontextvariablen der Zusammenhang von unabdingbarem Wechsel und Unternehmenserfolg näher analysiert wird, stehen im folgenden zunächst die Ausprägungen der Kontextvariablen bei Wechsel- und Kontrollfällen im Vordergrund. Die Analyse stützt sich auf ein jahres- und branchenparallelisiertes Design, bei dem Unternehmen, deren Spitzenführungskräfte im Rahmen einer planmäßigen Pensionierung ausscheiden, mit Kontrollfällen gleicher Branche und gleichen Jahres verglichen werden.[109] Dabei zeigt sich folgendes Bild der Kontextvariablen:

Unternehmen, die einen unabdingbaren Wechsel an der Unternehmensspitze realisieren, sind in allen t-Jahren des Wechselzeitraums deutlich größer als die parallelisierten Kontrollfälle, jeweils gemessen anhand der Anzahl der Beschäftigten.[110]

---

108 Für die einzelnen t-Jahre ergeben sich dabei folgende %-Anteile an Wechsel-Unternehmen, die einen außerordentlichen Erfolg ausweisen: t_{-2} 11,9% / t_{-1} 15,3% / t_0 14,7% / t_1 16,5%.

109 Vgl. zum parallelisierten Design Kapitel E.VI.4. Um gleiche Gruppengrößen vergleichen zu können, wird per Zufallsauswahl aus der Menge möglicher Kontrollfälle je Wechselfall ein Kontrollfall ausgewählt.

110 Der Median der Anzahl Beschäftigten in den Wechsel-Unternehmen steigt dabei stetig von 4421 in t_{-2} auf 7255 in t_2. Der Median der Anzahl Beschäftigten in den Kontroll-Unternehmen schwankt zwischen 1103 und 1842 in den betrachteten t-Jahren.

Dieser Größenunterschied ist im nichtparametrischen Mann-Whitney Test hoch signifikant[111] und setzt sich entsprechend in der Größe der Unternehmensorgane fort. So weisen Wechselfälle ebenfalls über den gesamten betrachteten Zeitraum signifikant größere Vorstände[112] sowie Aufsichtsräte[113] auf. Mit steigender Anzahl der Aufsichtsratsmitglieder vergrößert sich auch der Anteil der Arbeitnehmervertreter im Aufsichtsrat.

Insgesamt ist festzuhalten, daß die Werte der Kontextvariablen sowohl bei Wechsel- als auch bei Kontrollfällen eine hohe Stabilität aufweisen. Die Größe der Unternehmensorgane unterliegt offensichtlich im Verlauf eines unabdingbaren Wechsels nur geringer Dynamik. Der Wechsel der Spitzenführungskraft hat insbesondere auf die Anzahl der Mitglieder des Vorstandes keinen meßbaren Einfluß. Sein Abgang führt zu keiner Reduktion dieses Organs der Unternehmensleitung. Inwieweit weitere, parallel zum unabdingbaren Wechsel ablaufende Fluktuationen unter „einfachen" Vorstandsmitgliedern auftreten, kann in dieser Analyse nicht vollständig beantwortet werden. Festzuhalten bleibt jedoch, daß selbst im Fall weiterer Abgänge diese unmittelbar neu besetzt werden, da die Größe des Vorstandes insgesamt nicht variiert. Die Vermutung, daß die ausscheidende Spitzenführungskraft nach ihrer Pensionierung in den Aufsichtsrat wechselt, muß ebenfalls einer näheren Analyse unterzogen werden. Zumindest scheint sich durch die Veränderung an der Unternehmensspitze zunächst keine Änderung der absoluten Größe des Kontrollorgans zu ergeben. Sollte sich zeigen, daß pensionierte Spitzenführungskräfte mehrheitlich in den Aufsichtsrat wechseln, müßte folglich gleichzeitig ein weiteres Mitglied des Aufsichtsrates ausscheiden.

In der Variable „Spitzenführungskraft = Aktionär" unterscheiden sich Wechsel- und Kontrollfälle signifikant. Sofern eine Spitzenführungskraft pensionsbedingt ausscheidet, ist sie weniger wahrscheinlich gleichzeitig Aktionär des Unternehmens. Die weiteren Variablen zur Aktionärsstruktur (Anteil institutioneller Anleger, natürlicher Personen und Streubesitz) zeigen keinen signifikanten Unterschied zwischen Wechsel- und Kontrollfällen.

Zusammenfassend kann festgehalten werden, daß sich die unabdingbaren Wechselfälle und Kontrollfälle im wesentlichen in der Unternehmensgröße und daraus abgeleitet auch in zentralen Variablen der Unternehmensverfassung wie zum Beispiel der Vorstands- und Aufsichtsratsgröße unterscheiden. Wechselfälle sind in allen Variablenausprägungen und nahezu über den gesamten Wechselzeitraum

---

111 Alternativ wurde für alle Kontextvariablen zusätzlich ein *t*-Test auf Mittelwertunterschiede bei unabhängigen Stichproben gerechnet. Trotz nur eingeschränkt gültiger Prämissen des *t*-Tests ergeben sich überwiegend die gleichen Ergebnisse wie beim berichteten nichtparametrischen Test. Im Sinne einer konservativen Vorgehensweise stützt sich die Interpretation der Ergebnisse jedoch auf den nichtparametrischen Mann-Whitney Test.

112 Wechselfälle haben in allen t-Jahren im Median 4 und Kontrollfälle im Median 3 Vorstandsmitglieder.

113 Der Aufsichtsrat ist im Median bei den Wechselfällen (12 Mitglieder) i. d. R. doppelt so groß wie bei den Kontrollfällen (6 Mitglieder).

durchschnittlich größer als die Kontrollfälle. Ähnlich der Erfolgsanalyse zeigt sich aber auch bei der Betrachtung der Kontextvariablen, daß der unabdingbare Wechsel durch eine hohe Stabilität der Werte im Verlauf des Wechselprozesses gekennzeichnet ist. Die Pensionierung der Spitzenführungskraft wird zwar in Unternehmen beobachtet, die sich in bestimmten Variablen signifikant von Kontrollfällen unterscheiden, der Wechsel an sich hat jedoch keinen weiteren Einfluß auf die analysierten Variablen. Damit unterscheidet sich der pensionsbedingte Wechsel deutlich von dem im vergangenen Abschnitt betrachteten unfreiwilligen Wechsel, der neben grundsätzlichen Unterschieden von Wechsel- und Kontrollfällen zudem eine hohe Dynamik in Erfolgs- und Kontextvariablen im Verlauf des Wechselprozesses offenbarte.

3. Pensionierung und Unternehmenserfolg – eine multivariate Analyse

Entsprechend der Vorgehensweise beim unfreiwilligen Wechsel soll im folgenden für den unabdingbaren Wechsel auf Grund von Pensionierung der Zusammenhang von Wechsel und Unternehmenserfolg einer multivariaten Analyse unterzogen werden. Dabei werden auf Basis der jahres- und branchenparallelisierten Wechsel- und Kontrollfälle zum einen die Bedingungen des Wechsels und zum anderen die Erfolgswirkungen des Wechsels unter Kontrolle der Kontextfaktoren untersucht.

a) Erfolgsbedingungen des unabdingbaren Wechsels

Die Analyse der Erfolgsbedingungen des Wechsels auf Grund von Pensionierung konzentriert sich auf das letzte Jahr (t_{-1}) vor dem unabdingbaren Ausscheiden der Spitzenführungskraft. Die nominal skalierte Variable des Wechsels wird mittels einer logistischen Regression[114] in Beziehung zur erklärenden Variable „Unternehmenserfolg“ (Gesamtkapitalrendite) unter Kontrolle der weiteren Kontextvariablen gesetzt.

Um dem Problem der Multikollinearität auszuweichen, werden aufgrund hoher bivariater Korrelation mit anderen unabhängigen Variablen die Kontextvariablen „Aufsichtsratsgröße“, „Vorstandsgröße“ und „Anteil Besitz bei natürlichen Personen“ nicht in der Regressionsschätzung berücksichtigt.[115]

---

114 Vgl. zur Vorgehensweise der logistischen Regression Kapitel F.IV.3.a).

115 Nach Elimination dieser Variablen ergeben sich Toleranzwerte der restlichen Variablen nahe Eins, so daß von einem sehr geringen Maß an Multikollinearität ausgegangen werden kann. Lediglich die Variablen „Anteil Streubesitz“ und „Anteil institutioneller Besitz“ weisen noch Toleranzwerte zwischen 0,47 und 0,58 auf. Die Schätzung alternativer Regressionsmodelle unter wechselseitiger Elimination der beiden Variablen zeigt jedoch keine veränderten Ergebnisse, so daß beide Variablen in das endgültige Modell aufgenommen werden können.

Die Bestimmung der Stichprobe zur Regressionsschätzung folgt der konservativen Vorgehensweise einer fallweisen Elimination bei fehlenden Daten in einzelnen Variablen, wobei insgesamt 20 Fälle auf Grund fehlender Variablenwerte nicht berücksichtigt werden können. Damit stehen n = 201 Fälle mit 106 Wechselfällen (52,7%) und 95 Kontrollfällen (47,3%) für die Analyse zur Verfügung.[116]

Zur Beurteilung der Güte des Gesamtmodells können die in der nachfolgenden Tabelle wiedergegebenen Gütemaße herangezogen werden.

Tabelle 54

Güte des Gesamtmodells zu Erfolgsbedingungen des unabdingbaren Wechsels

Gütemaß	Ausprägung der Maße im Gesamtmodell	
Devianz des Gesamtmodells	271,629 Signifikanzniveau 1,0000[117]	
Likelihood-Quotienten-Test	Devianz Null-Modell (nur Konstante) 278,043 Devianz Gesamtmodell (alle unabhängigen Variablen) 271,629 Differenz der Devianz = 6,41, Signifikanzniveau 0,492	
Pseudo-R^2	0,023	
Nagelkerke-R^2	0,042	
Klassifikationsmatrix	korrekt klassifizierte Kontrollfälle	47,4%
	korrekt klassifizierte Wechselfälle	78,3%
	korrekte Klassifikation gesamt	63,7%
	zufällige Trefferquote[118]	50,2%

Die Analyse der Gütemaße zeigt, daß das Modell zum Zusammenhang von unabdingbarem Wechsel und Erfolg unter Kontrolle der Kontextvariablen nur eine sehr schlechte Anpassung erreicht. Im Vergleich zum Null-Modell mit nur einer Konstanten erreicht das endgültige Modell mit dem Unternehmenserfolg und sechs weiteren unabhängigen Variablen keine signifikant bessere Anpassung. Bei einem Chi^2-Wert von 6,414 mit einem Signifikanzniveau von 0,4923 kann die Nullhypo-

---

116 Weder Cooks's Distance (maximaler Wert von 0,907 $<$ kritischer Werte von 2,73) noch die Analyse der individuellen Residuenwerte ergibt einen Hinweis auf potentielle Ausreißer, so daß im Fall des unabdingbaren Wechsels keine Bereinigung der Stichprobe um beeinflussende Beobachtungen nötig ist.

117 Das Maß ist asymptotisch χ^2-verteilt mit N-p Freiheitsgraden (N = 158 Fälle, p = 9 Parameter). Vgl. Krafft (1995), S. 291.

118 Zufällige Trefferquote gemäß des „proportional chance criterion“. Vgl. Hair et al. (1998), S. 303.

these, daß die Koeffizienten nicht signifikant von Null verschieden sind, nicht abgelehnt werden. Die im Rahmen der logistischen Regression zu bestimmenden (Pseudo-)Bestimmtheitsmaße zeigen mit 2,3 und 4,2% „Varianzerklärung" nur sehr schlechte Werte, die zusätzlich durch die unterdurchschnittlichen Klassifikationsgüten bestätigt werden. Insgesamt kann also kaum von einem Zusammenhang zwischen Unternehmenserfolg und nachfolgendem unabdingbaren Wechsel gesprochen werden. Die geringe Modellgüte ermöglicht zwar keine weitere, auf signifikanten Befunden beruhende Diskussion der Regressionskoeffizienten, dennoch werden die ermittelten Werte nachrichtlich in der folgenden Tabelle wiedergegeben.

Tabelle 55

Ergebnisse der logistischen Regression zu Erfolgsbedingungen des unabdingbaren Wechsels

Variable	Hypothese	Wirkung	Koeffizient (Standardfehler)	Wald (Signifikanz)	partielle Korrelation[a]
Gesamtkapitalrendite	H 3.3 a / b	0 / –	-2,7853 (2,5350)	1,2072 (0,2719)	0,0000
Anteil Streubesitz			-0,0086 (0,0074)	1,3462 (0,2459)	0,0000
Anteil institutioneller Besitz			0,0009 (0,0063)	0,0194 (0,8892)	0,0000
SpFK=Aktionär			-0,6516 (0,6000)	1,1791 (0,2775)	0,0000
Vorstandsgröße			Ausschluß wegen Multikollinearität – Schritt 2		
Anteil AN im AR			0,0646 (1,1234)	0,0033 (0,9541)	0,0000
Unternehmensgröße			0,000002 (0,000003)	0,5507 (0,4580)	0,0000
Unternehmensalter			-0,0017 (0,0035)	0,2392 (0,6248)	0,0000
Anteil Besitz bei natürlichen Personen			Ausschluß wegen Multikollinearität – Schritt 1		
Aufsichtsratsgröße			Ausschluß wegen Multikollinearität – Schritt 1		
Konstante			0,6636 (0,7668)	0,7491 (0,3868)	

* $p \leq 0{,}1$; ** $p \leq 0{,}05$; *** $p \leq 0{,}01$; **** $p \leq 0{,}001$

[a] Das Programm SPSS weist partielle Korrelationen nur aus, wenn die Wald-Statistik einen Wert größer 2 annimmt. Andernfalls wird lediglich eine „0" ausgewiesen.

Keine der betrachteten Variablen zeigt einen signifikanten Koeffizienten. Der Koeffizient der Variable „Unternehmenserfolg" weist ein negatives Vorzeichen auf. Auf Grund der fehlenden Signifikanz kann jedoch die Hypothese 3.3 b eines negativen Zusammenhangs von Erfolg und nachfolgender Pensionierung nicht bestätigt werden.[119] Folglich scheint sich die Alternativ-Hypothese 3.3 a für die hier betrachtete Stichprobe zu bestätigen, wonach der unabdingbare Wechsel unabhängig vom vorangegangenen Unternehmenserfolg ist.[120]

Fehlende signifikante Zusammenhänge bei den anderen unabhängigen Variablen sowie die grundsätzlich sehr geringe Modellgüte sprechen insgesamt für die Vermutung, daß der unabdingbare Wechsel durch andere Variablen als die hier berücksichtigten Einflußfaktoren zu erklären ist. Dabei sollte das Alter der ausscheidenden Spitzenführungskraft, das als konstitutives Element zur Bestimmung des unabdingbaren Wechseltyps bereits berücksichtigt wurde, die wesentliche treibende Kraft für den Wechsel darstellen. Die im Rahmen der Ableitung von Hypothese 3.3 b vermuteten organisationalen Rigiditäten zum Ende der Amtszeit einer Spitzenführungskraft lassen sich hier nicht feststellen. Zumindest haben eventuell vorhandene Rigiditäten keinen unmittelbar negativen Einfluß auf den Unternehmenserfolg.

b) Erfolgswirkung des unabdingbaren Wechsels

Der Zusammenhang von unabdingbarem Wechsel und Unternehmenserfolg nach der Pensionierung der Spitzenführungskraft unter Kontrolle von Kontextvariablen kann mittels einer linearen Regression – mit dem Erfolg als abhängige Variable – untersucht werden. Dabei ist zu testen, inwieweit die Hypothese H 4.5, daß sich nach einer Pensionierung keine Erfolgsänderung ergibt, durch die hier betrachteten Daten bestätigt werden kann.[121] Während die univariate Erfolgsanalyse im Rahmen des unfreiwilligen Wechsels eine hohe Erfolgsdynamik unmittelbar nach dem Wechsel indizierte und somit die multivariate Analyse dieses Wechseltyps bereits in t_0 ansetzen konnte, läßt sich vor dem Hintergrund relativ stabiler Erfolgswerte beim unabdingbaren Wechsel ad hoc kein primär zu betrachtendes t-Jahr identifizieren. Je nachdem, ob eine potentielle Erfolgswirkung des Wechsels unmittelbar nach dem Wechsel (t_0) oder erst mit Zeitverzögerung (t_1 oder t_2) eintritt, empfiehlt sich die Analyse eines anderen t-Jahres. Daher werden Regressionsmodelle für jedes der drei t-Jahre nach dem Wechsel geschätzt.

---

[119] Hypothese 3.3b: *Scheidet die Spitzenführungskraft (unabdingbar) auf Grund von Pensionierung aus, so geht diesem Wechsel ein kritischer Unternehmenserfolg voraus.*

[120] Hypothese 3.3a: *Der unabdingbare Wechsel der Spitzenführungskraft ist unabhängig von dem vorangegangenen Unternehmenserfolg.*

[121] Hypothese 4.5: *Scheidet die Spitzenführungskraft (unabdingbar) im Rahmen planmäßiger Pensionierung aus dem Amt, zeigen sich kaum Änderungen der Performance des Unternehmens.*

Die Gültigkeit der zu schätzenden linearen Regressionsmodelle ist für die zu untersuchende Stichprobe zu überprüfen.[122] Aufgrund hoher Interkorrelation mit anderen unabhängigen Variablen werden die Variablen „Anteil Besitz bei natürlichen Personen", „Aufsichtsratsgröße" und „Vorstandsgröße" nicht in der Analyse berücksichtigt.[123] Eine Überprüfung der partiellen Plots sowie eines Normalverteilungsplots der Residuen ergibt keine Hinweise auf eine Verletzung von Prämissen der Regressionsschätzung.[124] Insgesamt kann also davon ausgegangen werden, daß die hier analysierten Daten den Anforderungen an die Regressionsanalyse genügen.[125]

Zur Identifikation beeinflussender Beobachtungen werden neben Cook's Distance auch Abweichungen der standardisierten Residuen herangezogen. Insgesamt können neun „Ausreißer" in einem dreistufigen Vorgehen identifiziert werden, die nicht in die Schätzung des Regressionsmodells einfließen.[126] Die Zahl der 214 um Ausreißer bereinigten Fälle reduziert sich durch die fallweise Elimination bei fehlenden Daten um weitere 24, so daß letztlich 190 Fälle für die Analyse zur Verfügung stehen.

Bei einem R^2 von lediglich 0,132 und einem korrigierten R^2 von 0,098 erklärt das Regressionsmodell nur einen sehr geringen Teil der Erfolgsvarianz in t_0. Die Güte des Gesamtmodells kann, sofern der Wert des Bestimmtheitsmaßes herangezogen wird, nicht als zufriedenstellend beurteilt werden. Die zentrale Variable „Unternehmenserfolg" erreicht keine ausreichende Varianzerklärung, so daß die Hypothese mangelnden Zusammenhangs von Pensionierung und Erfolg bereits durch die Analyse der Modellgüte eine teilweise Bestätigung erfährt.[127]

Der F-Test zur Prüfung des linearen Zusammenhangs zwischen den unabhängigen und der abhängigen Variable liefert auf der anderen Seite einen F-Wert von 3,942, der bei einer Wahrscheinlichkeit von $p \leq 0{,}0001$ signifikant ist. Damit kann die Null-Hypothese, daß die Koeffizienten der Regressionsgleichung gleich Null sind, verworfen werden. Trotz unbefriedigender Varianzerklärung kann dennoch der Einfluß des unabdingbaren Wechsels auf den Unternehmenserfolg durch eine

---

122 Vgl. zur Vorgehensweise der linearen Regression Kapitel F.IV.3.b) und die dort zitierte Literatur.

123 Nach Elimination dieser Variablen liegen die Toleranzwerte der verbleibenden Variablen sehr nahe Eins, so daß der Grad an Multikollinearität als gering angesehen werden kann.

124 Im oberen Bereich der Diagonalen des Normalverteilungsplots weichen die Werte leicht von der Diagonalen ab. Eine annähernde Normalverteilung der Residuen kann gleichwohl angenommen werden.

125 Die Tests auf Einhaltung der Prämissen wurden entsprechend auch für die beiden anderen Analysezeitpunkte t_1 und t_2 durchgeführt. In beiden Fällen kann angenommen werden, daß die Schätzung linearer Regressionsmodelle zulässig ist.

126 Der maximale Wert von Cook's Distance liegt bei den letztlich berücksichtigten Fällen bei 0,069 und damit weit unterhalb des kritischen Wertes von 2,73 bei F (7; 183; 0,99).

127 Offensichtlich berücksichtigt das hier vorgestellte Modell nicht alle relevanten Variablen, die Einfluß auf den Erfolg des Unternehmens nach einem Wechsel nehmen.

vorsichtige Interpretation der Regressionskoeffizienten bewertet werden. Die folgende Tabelle 56 gibt einen Überblick über die Regressionsgleichung zum Zeitpunkt t_0.

Tabelle 56

Ergebnisse der Regressionsanalyse zu Erfolgswirkungen des unabdingbaren Wechsels – t_0

Variable	Hypothese	Wirkung	Regressions-koeffizient (Standardfehler)	standardisierter Koeffizient	T-Wert (Signifikanzniveau)
unabdingbarer Wechsel der Spitzenführungskraft	H 4.5	0	-0,0326 (0,008)	-0,297	-4,116 (0,000)
SpFK=Aktionär			0,0328 (0,015)	-0,180	-2,137 (0,034)
Anteil institutioneller Besitz			0,00001 (0,000)	0,007	0,078 (0,938)
Anteil Streubesitz			-0,0001 (0,000)	-0,061	-0,685 (0,494)
Anteil Besitz bei natürlichen Personen			Ausschluß wegen Multikollinearität		
Aufsichtsratsgröße			Ausschluß wegen Multikollinearität		
Anteil AN im AR			-0,0824 (0,035)	-0,175	-2,366 (0,019)
Vorstandsgröße			Ausschluß wegen Multikollinearität		
Unternehmensgröße			0,0000 (0,000)	0,019	0,245 (0,807)
Unternehmensalter			0,0000 (0,000)	0,012	0,162 (0,938)
Konstante			0,109 (0,019)		5,777 (0,000)
Bestimmtheitsmaße	R^2 0,132				
	korrigiertes R^2 0,098				
Modell-Validität	F-Wert 3,942				
	Signifikanz 0,000				

Entgegen den Befunden im Rahmen der univariaten Analyse zeigt sich in der multivariaten Analyse ein negativer und hoch signifikanter Zusammenhang zwischen unabdingbarem Wechsel und Unternehmenserfolg in t_0. Wechselt die Spitzenführungskraft im Rahmen planmäßiger Pensionierung, zeigt sich im Jahr unmittelbar nach dem Wechsel ein niedrigerer Unternehmenserfolg als bei Unternehmen, die nicht wechseln. Dieser Zusammenhang ist auch unter gleichzeitiger Berücksichtigung verschiedener Kontextvariablen gültig.

Neben dem Wechsel in der Unternehmensleitung weisen die Variablen „Spitzenführungskraft = Aktionär" und „Anteil Arbeitnehmervertreter im Aufsichtsrat" ebenfalls einen signifikanten Zusammenhang mit dem Unternehmenserfolg auf: Je eher die Spitzenführungskraft (im weiteren Sinne) Anteilseigner ist und je höher der Anteil der Arbeitnehmervertreter im Aufsichtsrat ist, desto kritischer fällt der Unternehmenserfolg in t_0 aus.

Der hier festgestellte Zusammenhang von Pensionierung der Spitzenführungskraft und nachfolgendem Unternehmenserfolg kann auf Basis der Regressionsmodelle mit Daten aus den Zeitpunkten t_1 und t_2 nicht bestätigt werden. In t_1 ist das Modell bei einen R^2 von 0,057[128] mit einem F-Wert von 1,533 (Signifikanz: 0,159) abzulehnen. Mit Daten aus t_2 erreicht die Regressionsschätzung ein R^2 von 0,074[129]. Auch dieses Modell findet mit einem F-Wert von 1,794 (Signifikanz 0,105) keine Bestätigung. Die Regressionskoeffizienten für den Wechsel der Spitzenführungskraft sind in beiden Fällen nicht signifikant, so daß auch vor diesem Hintergrund ein Zusammenhang von unabdingbarem Wechsel und nachfolgendem Erfolg zwei oder drei Jahre nach dem Wechsel nicht festgestellt werden kann.

Die Hypothese H 4.5 zum fehlenden Zusammenhang von Wechsel und nachfolgendem Unternehmenserfolg erfährt insgesamt eine uneinheitliche Bewertung aus den Ergebnissen der drei Regressionsschätzungen. Während in t_0 noch ein signifikanter negativer Zusammenhang festgestellt werden kann, erweist sich der unabdingbare Wechsel als unerheblich für den Erfolg in t_1 und t_2. Insgesamt zeichnen sich die Regressionsmodelle jedoch durch eine sehr geringe Modellgüte aus. Sie erklären nur einen kleinen Teil der Erfolgsvarianz und besitzen nur zum Teil von Null signifikant verschiedene Koeffizienten. Gerade die geringe Modellgüte sowie die in der univariaten Analyse festgestellte hohe Stabilität der Erfolgswerte im Wechselprozeß deuten nur auf geringen Einfluß des unabdingbaren Wechsels hin. In diesem Sinne kann die Hypothese H 4.5 zumindest teilweise bestätigt werden.

Zusammenfassend können damit für den Zusammenhang von Unternehmenserfolg und unabdingbaren Wechsel der Spitzenführungskraft im Verlauf des Wechselprozesses folgende zentrale Ergebnisse festgehalten werden:

- Im gesamten Wechselzeitraum zeigen sich nur geringe Erfolgsunterschiede zwischen unabdingbaren Wechselfällen und Kontrollfällen.
- Der Unternehmenserfolg zeichnet sich durch eine hohe Stabilität im Verlauf des unabdingbaren Wechsels der Spitzenführungskraft aus.

---

[128] Korrigiertes $R^2 = 0{,}020$.

[129] Korrigiertes $R^2 = 0{,}033$.

- Zwar sind Unternehmen mit einem unabdingbaren Wechsel signifikant größer als Kontrollfälle, weder die Unternehmensgröße noch andere „Kontextfaktoren" verändern sich jedoch maßgeblich im Verlauf des Wechsels.
- Der Unternehmenserfolg bedingt nicht den Abgang der Spitzenführungskraft auf Grund von Pensionierung. Hypothese 3.3a zum fehlenden Zusammenhang von Erfolg und nachfolgendem unabdingbaren Wechsel wird also bestätigt.
- Der unabdingbare Wechsel erklärt nur einen sehr geringen Teil der Erfolgsvarianz nach dem Wechsel. Lediglich für das erste Jahr nach dem unabdingbaren Wechsel (t_0) zeigt sich ein negativer Zusammenhang von Wechsel und Erfolg: Scheidet die Spitzenführungskraft pensionsbedingt aus, zeigt sich im ersten Jahr nach dem Wechsel ein geringerer Erfolg. Dieser Zusammenhang gilt nicht für die folgenden Jahre.
- Insgesamt kann der unabdingbare Wechsel der Spitzenführungskraft auf Grund planmäßiger Pensionierung als kontinuierlicher Übergang ohne größere Veränderungen in allen Unternehmensbereichen charakterisiert werden. Besonders im Vergleich zur hohen Dynamik des unfreiwilligen Wechsels bestätigt sich also der Ansatz zur Trennung nach Wechseltypen.

VI. Wechsel in den Vorstand eines anderen Unternehmens – freiwilliger Wechsel

Mit dem „Wechsel einer Spitzenführungskraft in den Vorstand eines anderen Unternehmens" betrachtet diese Untersuchung einen dritten Wechseltyp – den freiwilligen Wechsel. Die Spitzenführungskraft scheidet dabei auf eigene Initiative aus der Unternehmensleitung aus, um Führungsaufgaben in einem anderen Unternehmen wahrnehmen zu können. Auf Basis der konzeptionellen Überlegungen des Abschnitts B lassen sich unterschiedlich gerichtete Zusammenhänge von Unternehmenserfolg und freiwilligem Wechsel begründen. Die folgende empirische Analyse kann diesen Zusammenhang für deutsche Aktiengesellschaften untersuchen und Aussagen über die Gültigkeit der konkurrierenden Hypothesen treffen. Dabei wird – wie bei den beiden anderen Wechseltypen – zunächst die Ausprägung und Entwicklung der aggregierten Gesamtkapitalrendite im Wechselzeitraum betrachtet. An eine detaillierte Analyse der unterschiedlichen Erfolgsquellen sowie der Kontextvariablen schließt der Versuch einer multivariaten Analyse des Wechsel-Erfolgs-Zusammenhangs vor und nach dem Wechsel der Spitzenführungskraft an. Analog zu den vorangegangenen Analysen stützt sich die bivariate Erfolgsanalyse auf mittelwertbereinigte Kennzahlen. Zur Differenzierung von Wechsel- und Kontrollfällen im Kontextbereich sowie bei der multivariaten Analyse wird ein parallelisiertes Design zur Kontrolle von Branchen- und Jahreseffekten herangezogen.[130]

---

130 Vgl. zur Kontrolle von Branchen- und Jahreseffekten Kapitel E.VI.4.

1. Unternehmenserfolg und freiwilliger Wechsel der Spitzenführungskraft

Um einen ersten Überblick über Ausprägung und Entwicklung des Unternehmenserfolgs im Zusammenhang mit dem freiwilligen Wechsel an der Unternehmensspitze zu erhalten, wird in der folgenden Abbildung die Gesamtkapitalrendite der Wechsel- und Kontrollfälle je t-Jahr des Wechselzeitraums wiedergegeben.

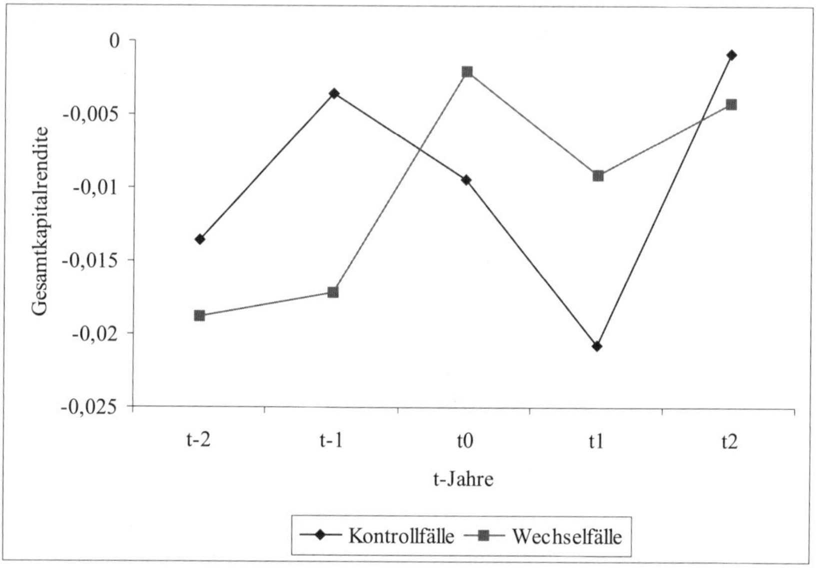

Abbildung 32: Gesamtkapitalrendite bei freiwilligem Wechsel und Kontrollfällen

Die Analyse des freiwilligen Wechsels der Spitzenführungskraft muß berücksichtigen, daß dieser Wechseltyp bei deutschen Aktiengesellschaften in deutlich geringerem Umfang als die beiden anderen hier relevanten Wechseltypen zu beobachten ist. Im Durchschnitt stehen lediglich 39 Wechselfälle für die Analyse zur Verfügung. Bei geringerer Stichprobengröße ist die Wahrscheinlichkeit der Verzerrung der Ergebnisse durch wenige Extremfälle größer als in Situationen mit umfangreicherer Fallzahl. Vor diesem Hintergrund ist bei der Interpretation der im folgenden berichteten Ergebnisse ein hohes Maß an Vorsicht geboten.

Die deskriptive Analyse der Erfolgslage bei freiwilligen Wechseln und Kontrollfällen zeigt eine relativ hohe Dynamik in den Medianwerte der Gesamtkapitalrendite je t-Jahr. Die Gesamtkapitalrendite der Wechselfälle liegt vor dem Wechsel leicht unterhalb der Werte der Kontrollfälle, um im Jahr des Wechsel deutlich anzusteigen und in den beiden weiteren Jahren auf einem höheren Niveau zu verbleiben. Im Gegensatz zu den bisher betrachteten Wechseltypen weisen die Kontrollfälle des freiwilligen Wechsels aufgrund der durch die Stichprobengröße bedingten Problematik der Fallauswahl jedoch ebenfalls eine relativ hohe Dynamik auf. Inwieweit die beobachteten Unterschiede auch für die Grundgesamtheit gültig sind, kann daher nur auf Basis der nachfolgenden inferenzstatistischen Analyse geklärt werden.

Wie bereits in den vorangehenden Analysen werden Wechselfälle mit den Kontrollfällen auf signifikante Mittelwertunterschiede untersucht. Dabei offenbart weder der *t*-Test für die Mittelwertgleichheit noch der nicht-parametrische Mann-Whitney-Test signifikante Mittelwertunterschiede der Gesamtkapitalrendite zwischen freiwilligen Wechseln und Kontrollfällen. Unternehmen, deren Spitzenführungskräfte freiwillig ausscheiden, unterscheiden sich in der aggregierten Erfolgslage nicht signifikant von Kontrollfällen.

Ergänzend wird die Veränderung der Gesamtkapitalrendite bei freiwilligen Wechseln im Wechselzeitraum anhand eines nichtparametrischen Wilcoxon-Tests für abhängige Stichproben analysiert. Auch eine Analyse der Veränderung der Gesamtkapitalrendite bei Unternehmen mit einem freiwilligen Wechsel der Spitzenführungskraft von t-Jahr zu t-Jahr ergibt keinen eindeutigen Hinweis auf eine Beziehung von Unternehmenserfolg und freiwilligem Wechsel. Lediglich am Anfang und Ende des Wechselzeitraums zeigen sich signifikante Veränderungen der Gesamtkapitalrendite. Sowohl von t_{-2} zu t_{-1} als auch von t_1 zu t_2 verbessert sich die Erfolgslage der Wechselfälle signifikant.[131] Im Zeitraum unmittelbar um den Wechsel an der Unternehmensspitze, der sich zum Beispiel bei den unfreiwilligen Wechseln als besonders „dynamisch“ erwiesen hat, kann keine signifikante Änderung des Unternehmenserfolges beobachtet werden. Aber auch die Erfolgsveränderungen an den Randpunkten des Wechselzeitraums führen zu keinen signifikanten Unterschieden zwischen Wechsel- und Kontrollfällen, so daß ihnen keine Beziehung zum freiwilligen Wechsel an der Unternehmensspitze unterstellt werden kann.[132]

Das Ergebnis nicht vorhandener signifikanter Unterschiede zwischen Wechsel- und Kontrollfällen wiederholt sich für die einzelnen Erfolgsquellen. Weder im ordentlichen noch im nicht ordentlichen Erfolg unterscheiden sich die Unternehmen mit einem freiwilligen Wechsel der Spitzenführungskraft von den Kontrollfällen. Lediglich bei dem ordentlichen betrieblichen Erfolg im letzten Jahr unter der freiwillig ausscheidenden Spitzenführungskraft (t_{-1}) erreichen Wechselfälle durch-

---

131 In t_{-2} zu t_{-1}: 22 Erfolgsverbesserungen zu 13 Verschlechterungen und in t_1 zu t_2: 17 Verbesserungen zu 7 Verschlechterungen. Dabei ist jedoch zu beachten, daß sich die Fallzahl zur Analyse der Veränderungen im Verlauf des Analysezeitraums erheblich reduziert. Vgl. zur Bestimmung der t-Jahre Kapitel E.V.

132 Da sich auch in den Randzeitpunkten des Wechselzeitraums keine signifikanten Erfolgsunterschiede zeigen, müssen sich entweder die Kontrollfälle parallel zu den Wechselfällen verändern oder die absolute Veränderung der Wechselfälle ist nicht von ausreichender Höhe, um Unterschiede zu den Kontrollfällen in signifikantem Ausmaß zu erreichen.

schnittlich einen etwas geringeren Erfolgswert als Kontrollfälle (Mittelwert ordentlicher betrieblicher Erfolg: Wechselfälle –.0175 / Kontrollfälle .0218). Da sich jedoch keine signifikante Änderung bei den Wechselfällen von t_{-2} zu t_{-1} ermitteln läßt und der Wert der Kontrollfälle in t_{-1} außergewöhnlich hoch ist, scheint dieser Befund stärker durch eine veränderte Zusammensetzung der Kontrollfälle getrieben als durch eine Besonderheit der freiwilligen Wechsel und sollte daher nicht überbewertet werden.

Insgesamt zeigt sich kein Zusammenhang zwischen dem freiwilligen Wechsel und dem Unternehmenserfolg. Weder vor dem Wechsel der Spitzenführungskraft noch in den hier betrachteten drei Jahren nach dem Wechsel unterscheiden sich Wechselfälle signifikant von den Kontrollfällen. Dieses Ergebnis ist dabei für alle Erfolgsmaße gleichermaßen gültig.

2. Kontextvariablen des freiwilligen Wechsels

Die Ausprägungen der Kontextvariablen bei Wechsel- und Kontrollfällen unterscheiden sich im Gegensatz zur Erfolgslage zum Teil deutlich. So zeigt sich wie bereits bei den beiden bisher analysierten Wechseltypen auch beim freiwilligen Wechsel ein deutlicher Unterschied in der Unternehmensgröße. Wechselfälle beschäftigen durchschnittlich signifikant mehr Arbeitnehmer als die betrachteten Kontrollfälle. Entsprechend zeigen sich zum Teil Auswirkungen auf andere Kontextbereiche, die in enger Relation zur Unternehmensgröße stehen.

Parallel zur Unternehmensgröße weisen die freiwilligen Wechselfälle auch einen signifikant größeren Aufsichtsrat auf. Der Anteil der Arbeitnehmervertreter im Aufsichtsrat zeigt demgegenüber keine signifikanten Unterschiede. Hinsichtlich der Vorstandsgröße unterscheiden sich die Wechsel- und Kontrollfälle kaum voneinander. Die in t_0 festzustellende Differenz ist vermutlich erneut lediglich auf Variationen im Kontrollsample zurückzuführen. Interessant ist dennoch eine Analyse der Medianwerte der Vorstandsgröße. Mit dem freiwilligen Ausscheiden der Spitzenführungskraft reduziert sich der Vorstand im Median von vier auf drei Mitglieder, ohne in den Folgejahren seine ursprüngliche Größe erneut zu erreichen. Diese Veränderung der Mitgliederzahl kann entweder aus einer unterbliebenen externen Neubesetzung der Spitzenführungskraftposition resultieren oder eine Fluktuation in „einfachen" Vorstandspositionen führt zu einer Netto-Reduktion im Gesamtvorstand. Die später erfolgende nähere Analyse des Wechselgeschehens kann hier unter Umständen weitere Erkenntnisse erbringen.

Die Aktionärsstruktur im weitesten Sinne kann zum einen anhand der Variable „Spitzenführungskraft=Aktionär" und zum anderen anhand des Anteils unterschiedlicher Aktionärsgruppen am Grundkapital der Unternehmen betrachtet werden. Die Spitzenführungskraft ist fast in keinem Fall gleichzeitig selbst Aktionär oder in anderer Art an eine Aktionärsfamilie gebunden, wenn sie im weiteren Verlauf freiwillig ausscheidet. Dies erscheint insoweit plausibel, als daß eine am Kapital des Unternehmens direkt oder indirekt beteiligte Spitzenführungskraft kaum aus ihrem Unternehmen ausscheiden wird, um eine Vorstandsposition in einem anderen Unternehmen zu übernehmen. Die Operationalisierung dieses Wechseltyps hat in diesem Fall also direkten Einfluß auf die Ausprägung der Kontextvariable.

Die differenzierte Betrachtung der Verteilung unterschiedlicher Anteilseignergruppen zeigt deutliche Unterschiede zwischen Wechsel- und Kontrollfällen. Der Anteil institutioneller Anleger ist bei Unternehmen, deren Spitzenführungskraft freiwillig ausscheidet, in allen t-Jahren signifikant höher als bei den Kontrollfällen. Entsprechend ist der durchschnittliche Anteil „Besitz bei natürlichen Personen" ebenso wie der Anteil Streubesitz bei den Wechselfällen geringer, wenn auch letzterer nicht immer signifikant unterschiedlich ist. Die Aktionärsstruktur erweist sich jedoch insoweit als stabil, als daß sie keiner wesentlichen Veränderung im Verlauf des Wechselzeitraums unterliegt.

3. Freiwilliger Wechsel und Unternehmenserfolg – multivariate Analyse

Obwohl die bivariate Analyse insbesondere bei der Erfolgslage keine wesentlichen Unterschiede zwischen Unternehmen mit einem freiwilligen Wechsel der Spitzenführungskraft und Kontrollfällen ermitteln konnte, soll im folgenden der Versuch einer multivariaten Analyse zum Zusammenhang von freiwilligem Wechsel und Unternehmenserfolg unter Kontrolle verschiedener Kontextvariablen unternommen werden. Dabei ist zwischen den Erfolgsbedingungen und den Erfolgswirkungen des Wechsels zu unterscheiden.

a) Erfolgsbedingungen des freiwilligen Wechsels

Wie bereits bei den vorangegangenen Wechseltypen können die Erfolgsbedingungen des freiwilligen Wechsels mittels einer logistischen Regression überprüft werden. Auf Grund hoher bivariater Korrelation und Toleranzwerten nahe Null werden die Variablen „Anteil institutioneller Besitz", „Anteil Besitz bei natürlichen Personen", „Vorstandsgröße" und „Aufsichtsratsgröße" nicht in die multivariate Analyse einbezogen.[133]

Die maximal zur Verfügung stehende Fallzahl von 73 reduziert sich durch die fallweise Elimination bei fehlenden Variablenwerten auf 66 Wechsel- und Kontrollfälle.[134] Dabei stehen 35 Fälle mit einem freiwilligen Wechsel der Spitzenfüh-

133 Alle übrigen unabhängigen Variablen weisen Toleranzwerte von mindestens 0,7 auf und sind damit grundsätzlich für die vorgesehene multivariate Analyse geeignet.

134 Bei keinem der 66 Fälle liegt der individuelle Wert von Cook's Distance oberhalb des kritischen Wertes $F_{krit., 0,99} = 3,12$.

rungskraft (53%) und 31 Kontrollfälle (47%) zur Verfügung. Im Vergleich zu den beiden zuvor betrachteten Wechseltypen basiert die multivariate Analyse bei dem freiwilligen Wechsel damit auf einem deutlich reduzierten Datensatz. Obwohl die Anzahl der Fälle nach üblicher Einschätzung in der Literatur noch ausreichend ist, empfiehlt sich eine vorsichtige Interpretation der Ergebnisse.[135]

Der nachfolgenden Tabelle sind ausgewählte Gütemaße der logistischen Regression zur Abschätzung der Bedeutung des Unternehmenserfolges für den freiwilligen Wechsel an der Unternehmensspitze zu entnehmen.

Tabelle 57

Güte des Gesamtmodells zu Erfolgsbedingungen des freiwilligen Wechsels

Gütemaß	Ausprägung der Maße im Gesamtmodell	
Devianz des Gesamtmodells	73,342, Signifikanzniveau 1,000[136]	
Goodness-of-Fit Statistik	157,532, Signifikanzniveau 1,000	
Likelihood-Quotienten-Test	Devianz Null-Modell (nur Konstante) 91,253 Devianz Gesamtmodell (alle unabhängigen Variablen) 73,342 Differenz der Devianz = 17,91, Signifikanzniveau 0,007	
Pseudo-R^2	0,196	
Nagelkerke-R^2	0,317	
Klassifikationsmatrix	korrekt klassifizierte Kontrollfälle	54,8%
	korrekt klassifizierte Wechselfälle	82,9%
	korrekte Klassifikation gesamt	69,7%
	zufällige Trefferquote[137]	50,2%

Die Gütemaße des Modells weisen insgesamt auf eine befriedigende Anpassung hin. Im Vergleich zum Null-Modell mit lediglich einer Konstanten erreicht die Einbeziehung der sechs Variablen im Gesamtmodell eine auf dem 0,007-Niveau signifikant bessere Anpassung. Der Pseudo-R^2-Wert von 0,196 liegt nur leicht unterhalb der von *Urban* als gut bezeichneten Untergrenze von 0,2. Die erreichte Klassifikationsgüte von 69,7% insgesamt korrekt klassifizierten Fällen liegt deutlich ober-

135 So empfehlen z. B. Backhaus et al. (1996), S. 49 ein Verhältnis von Fallzahl zu Variablenzahl von mindestens 2:1.

136 Das Maß ist asymptotisch χ^2-verteilt mit $N - p$ Freiheitsgraden (N = 66 Fälle, p = 6 Parameter). Vgl. Krafft (1995), S. 291.

137 Zufällige Trefferquote gemäß des „proportional chance criterion". Vgl. Hair et al. (1998), S. 303.

halb der zufällig zu erwartenden Trefferquote. Damit erscheint die Interpretation der einzelnen Koeffizienten der logistischen Regressionsschätzung zulässig.

Tabelle 58 gibt einen Überblick über die Ergebnisse der logistischen Regression zum Einfluß des Erfolges auf den Wechsel.

Tabelle 58

Ergebnisse der logistischen Regression zu Erfolgsbedingungen des freiwilligen Wechsels

Variable	Hypothese	Signifikanz	Koeffizient (Standardfehler)	Wald (Signifikanz)	partielle Korrelation[a]
Gesamtkapitalrendite	3.2	n.s.	1,819 (4,209)	0,1868 (0,6656)	0,0000
Anteil Streubesitz		n.s.	-0,0114 (0,0118)	0,9450 (0,3310)	0,0000
SpFK=Aktionär		n.s.	-10,122 (34,784)	0,0847 (0,7711)	0,0000
Anteil AN im AR		n.s.	-1,0388 (2,8460)	0,1332 (0,7151)	0,0000
Unternehmensgröße		n.s.	0,00003 (0,00003)	1,4923 (0,2219)	-0,0000
Unternehmensalter		*	-0,0139 (0,0076)	3,2965 (0,0694)	-0,1192
Anteil institutioneller Besitz			Ausschluß wegen Multikollinearität		
Anteil Besitz bei natürlichen Personen			Ausschluß wegen Multikollinearität		
Vorstandsgröße			Ausschluß wegen Multikollinearität		
Aufsichtsratsgröße			Ausschluß wegen Multikollinearität		
Konstante		n.s.	1,8953 (1,5284)	1,5378 (0,2150)	

* $p \leq 0{,}1$; ** $p \leq 0{,}05$; *** $p \leq 0{,}01$; **** $p \leq 0{,}001$

[a] Das Programm SPSS weist partielle Korrelationen nur aus, wenn die Wald-Statistik einen Wert größer 2 annimmt. Andernfalls wird lediglich eine „0“ ausgewiesen.

Die Analyse der Koeffizienten der Regressionsgleichung bestätigt den bereits in der bivariaten Analyse erkannten fehlenden Zusammenhang zwischen dem Unternehmenserfolg und dem nachfolgenden freiwilligem Wechsel der Spitzenführungskraft. Zwar weist der Gesamterfolg einen positiven Koeffizienten auf, der tendenziell auf einen positiven Zusammenhang hinweist, die Beziehung ist jedoch nicht signifikant. Die einzig schwach signifikante unabhängige Variable ist – im Gegensatz zum bivariaten Befund – das Unternehmensalter. Dabei gilt, daß mit geringerem Unternehmensalter ein freiwilliger Wechsel wahrscheinlicher wird. Bei der Interpretation dieses Zusammenhangs ist jedoch zu beachten, daß der partielle Korrelationskoeffizient mit -0,12 nur einen sehr schwachen Zusammenhang erkennen läßt, so daß insgesamt die Beziehung zwischen den hier betrachteten unabhängigen Variablen und dem Wechsel als vergleichsweise schwach bis nicht vorhanden angesehen werden muß.

Insgesamt ist zu vermuten, daß der sich freiwillige Wechsel aus weiteren, nicht im Fokus dieser Analyse stehenden Einflußfaktoren erklären läßt. Dabei sollten insbesondere persönliche, auf die individuelle Situation der Spitzenführungskraft bezogene Faktoren eine große Rolle spielen. So kann der „Wechsel in den Vorstand eines anderen Unternehmens" zum Beispiel in der Attraktivität des neuen Unternehmens beziehungsweise der neuen Aufgabe begründet sein. Damit sollten also weniger absolute Kennzeichen des „alten" Unternehmens als vielmehr Variablen zur Relation von „altem" zu „neuem" Unternehmen einen Erklärungsbeitrag zum freiwilligen Wechsel leisten können. Diese Perspektive geht jedoch über das hier gewählte Untersuchungsdesign hinaus.

Zusammenfassend läßt sich festhalten, daß der Unternehmenserfolg keinen signifikanten Zusammenhang zum nachfolgenden freiwilligen Wechsel aufweist. Die Hypothese 3.2c findet damit zumindest teilweise eine Bestätigung in der hier analysierten Stichprobe.[138] Die Hypothesen 3.2a und 3.2b zum ausschließlich positiven oder negativen Zusammenhang von Erfolg und Wechsel sind folglich abzulehnen. Mit Ausnahme einer sehr schwachen Beziehung von Wechsel und Unternehmensalter zeigen auch die weiteren hier betrachteten unabhängigen Variablen keinen Zusammenhang mit dem Wechsel.

b) Erfolgswirkungen des freiwilligen Wechsels

Neben den Wechselbedingungen soll auch der Zusammenhang des freiwilligen Wechsels mit dem nachfolgenden Unternehmenserfolg unter Einbeziehung ausgewählter Kontextvariablen im Rahmen einer multivariaten Analyse untersucht werden. Mit dem Erfolg als metrisch skalierte abhängige Variable bietet sich erneut die lineare Regressionsanalyse an. Da der Erfolg nach dem Wechsel zu insgesamt drei Zeitpunkten erhoben wurde (t_0 bis t_2), lassen sich jeweils drei Regressionsschätzungen vornehmen. Die nachfolgenden Ausführungen konzentrieren sich zunächst auf den Zeitpunkt t_0 (unmittelbar nach dem Wechsel). Sofern sich in den Folgejahren abweichende Ergebnisse zeigen, werden diese im Anschluß berichtet.

---

138 Hypothese 3.2c: *Bei freiwilligen Wechseln der Spitzenführungskraft zeigen sich sowohl positive wie auch negative Beziehungen von Unternehmenserfolg und nachfolgendem Wechsel.*

Insgesamt stehen nach fallweisem Ausschluß bei fehlenden Variablenwerten 82 Fälle für die Analyse zur Verfügung. Diese unterteilen sich in 39 Kontrollfälle (48%) und 43 Wechselfälle (52%).[139] Nach Elimination von vier Variablen auf Grund von hoher Interkorrelation und damit verbundenen Problemen der Multikollinearität wird ein Regressionsmodell mit den unabhängigen Variablen „freiwilliger Wechsel der Spitzenführungskraft", „Anteil Streubesitz", „Anteil Arbeitnehmer im Aufsichtsrat", „Unternehmensgröße" und „Unternehmensalter" geschätzt.[140]

Das Regressionsmodell zur Erklärung des Gesamterfolges in t_0, unmittelbar nach dem Wechsel der Spitzenführungskraft erreicht nur eine sehr geringe Güte. Die Varianzerklärung von lediglich 7,7% der Gesamtvarianz mit einem korrigierten R^2 von 0,004 verdeutlicht die schlechte Erklärungskraft des Modells. Die Null-Hypothese, daß die Regressionskoeffizienten gleich Null sind, kann bei einem F-Wert von 1,049 und einem Signifikanzniveau von 0,401 nicht abgelehnt werden. Die im Regressionsmodell vereinigten Variablen eignen sich folglich nicht zur Erklärung des Erfolgs in t_0. Damit bestätigt die multivariate Analyse das bereits bivariat erzielte Ergebnis eines fehlenden Zusammenhangs zwischen freiwilligem Wechsel der Spitzenführungskraft und nachfolgendem Erfolg. Auch die alternativen Regressionsschätzungen mit Daten aus den Zeitpunkten t_1 und t_2 ergeben keine interpretierbaren Ergebnisse. Beide Modelle sind jeweils mit nicht-signifikanten F-Werten und nur äußerst geringer Varianzerklärung abzulehnen. Der Unternehmenserfolg unmittelbar nach dem Wechsel und im weiteren Verlauf ist nicht durch die Veränderung in der Unternehmensleitung maßgeblich beeinflußt. Auch vor dem Hintergrund der bivariaten Analyse zur Entwicklung des Unternehmenserfolges im Wechselzeitraum können damit die Hypothesen 4.2 und 4.3 nicht bestätigt werden: Der freiwillige Wechsel hat keinen Einfluß auf die Entwicklung des Unternehmenserfolges.

Zusammenfassend lassen sich damit folgende Ergebnisse zum Zusammenhang von freiwilligem Wechsel der Spitzenführungskraft und Erfolg im Verlauf des Wechselprozesses feststellen:

- Es zeigen sich keine signifikanten Unterschiede im durchschnittlichen Gesamterfolg zwischen freiwilligen Wechseln und Kontrollfällen.
- Diese Übereinstimmung von Wechsel- und Kontrollfällen setzt sich auch in den einzelnen Erfolgsquellen fort.
- Hinsichtlich der Kontextvariablen zeigen sich in der bivariaten Analyse durchaus Unterschiede zwischen Wechsel- und Kontrollfällen. Wechselfälle beschäfti-

---

139 Kein Fall mußte auf Grund zu hoher Werte bei Cook's Distance oder nach Inspektion der einzelnen Residuenwerte als beeinflussende Beobachtung entfernt werden.

140 Die in der Regressionsschätzung verwendeten Variablen weisen Toleranzwerte oberhalb von 0,82 auf. Die visuelle Inspektion der unterschiedlichen Residuenplots zur Überprüfung der weiteren Prämissen der Linearität des zu messenden Phänomens, der Normalverteilung der Residuen sowie der Heteroskedastizität ergibt keine Hinweise auf kritische Prämissenverletzungen, so daß eine Regressionsschätzung zulässig erscheint. Vgl. zum detaillierten Vorgehen der Prämissenprüfung die Ausführungen in Kapitel F.IV.3.b).

gen durchschnittlich mehr Mitarbeiter, die freiwillig ausscheidende Spitzenführungskraft ist fast nie selbst am Unternehmen direkt oder indirekt beteiligt und institutionelle Anleger halten einen größeren Anteil am Kapital, als dies bei Kontrollfällen zu beobachten ist.

- Die Anzahl der Vorstandsmitglieder reduziert sich mit dem freiwilligen Ausscheiden der Spitzenführungskraft.
- Die multivariate Analyse unter Einbeziehung der Kontextvariablen läßt keinen Zusammenhang von freiwilligem Wechsel und Erfolg – weder vor noch nach dem Wechsel – erkennen.

VII. Bilanzpolitik im Wechselprozeß

Die Frage, inwieweit eine Spitzenführungskraft im Verlauf des Wechselprozesses Einfluß auf die veröffentlichte wirtschaftliche Lage des Unternehmens – und hier insbesondere auf den Unternehmenserfolg – nimmt, soll im folgenden anhand einer Betrachtung der Bilanzpolitik zu verschiedenen Zeitpunkten im Wechselprozeß analysiert werden.

Wie die Erörterungen im Abschnitt B zeigen, ist Bilanzpolitik aus Sicht der jeweiligen Spitzenführungskraft nur sinnvoll, wenn Tatsache und Umfang der Aktivität nicht unmittelbar von Dritten erkannt werden können. Die eingeschränkte Möglichkeit zur Beobachtung des relevanten Sachverhaltes ist damit das zentrale Problem der empirischen Analyse. Weiterhin ist zu beachten, daß nicht die Bilanzpolitik im Sinne der Ausnutzung bestimmter Wahlrechte schlechthin, sondern vielmehr die Änderung der Bilanzpolitik beziehungsweise der Bilanzierungs- und Bewertungsmethoden mit einem bestimmten, situationsspezifischen Ziel im Zentrum dieser Untersuchung steht. Die Messung der Änderung der Bilanzpolitik vollzieht sich daher auf Basis einer Anhangsanalyse, die „offen" berichtete Änderungen der Bilanzierungs- und Bewertungsmethoden betrachtet. Anhand der Anhangsangaben werden Tatsache, Umfang und Richtung der bilanzpolitischen Einflußnahme analysiert.

Die Messung der Bilanzpolitik im Wechselprozeß basiert auf den Pflichtangaben nach § 284 Abs. 2 Nr. 3 HGB und § 313 Abs. 1 Nr. 3 HGB zur Berichtspflicht von Änderungen der Bilanzierungs- und Bewertungsmaßnahmen im Anhang. Dabei konzentriert sich die Analyse der Wechselfälle entsprechend der vorangehenden Erfolgsanalyse auf die unfreiwilligen, unabdingbaren und freiwilligen Wechseltypen. Erneut wird ein nach Jahr und Branche parallelisiertes Untersuchungsdesign eingesetzt. Da insbesondere die bilanzpolitische Aktivität der jeweiligen Spitzenführungskraft in der Wechselsituation im Zentrum der Analyse steht, konzentriert sich die Untersuchung auf den individuellen Wechselzeitraum von t_{-1} bis t_1. Damit ergibt sich insgesamt eine Stichprobe von 1565 Unternehmensjahren mit 779 Wechselfällen und 786 Kontrollfällen.

Zur Anhangsanalyse wird auf Original-Jahresabschlüsse der jeweiligen Unternehmen aus dem *Kieler Jahresabschlussarchiv* zurückgegriffen.[141] Von den 1565 relevanten Jahresabschlüssen standen insgesamt 841 Abschlüsse (54%) für die Analyse zur Verfügung.[142] Damit liegt eine ausreichend große Stichprobe vor, um Aussagen zur Bilanzpolitik im Wechselprozeß treffen zu können.[143]

Die Analyse der Anhangsinformationen gemäß § 284 und § 313 HGB zeichnet sich dabei durch einen fortschreitenden Detaillierungsgrad aus. Ausgehend von der einfachen Tatsache einer Angabe zu Änderungen der Bilanzierungs- und Bewertungsmaßnahmen, wird in einem zweiten Schritt die Erfolgswirkung im Sinne der „Richtung der Bilanzpolitik" analysiert. Zusätzlich kann noch die individuelle Begründung für den Methodenwechsel sowie die mehrfache Änderung der Bilanzierungs- und Bewertungsmethoden betrachtet werden.

Mit jedem Analyseschritt sind höhere Anforderungen an die Daten hinsichtlich Umfang und Detaillierung zu stellen. Die vorliegenden Daten erfüllen jedoch nicht uneingeschränkt diese Forderung. So müssen nach herrschender Meinung zum Beispiel bei der Angabe der Auswirkungen bilanzpolitischer Maßnahmen im Anhang des Jahresabschlusses nicht zwingend DM-Beträge angegeben werden.[144] Zusätzlich berichten einige Unternehmen zum Teil unterhalb der gesetzlichen Norm.[145] Es ist also zu beachten, daß mit fortschreitender Detaillierung der Analyse die Anzahl der auswertbaren Fälle abnimmt. Dieser Zusammenhang ist bei der Interpretation der Ergebnisse entsprechend zu berücksichtigen.

1. Häufigkeit des Wechsels der Bilanzierungs- und Bewertungsmethoden

Der Umfang bilanzpolitischer Aktivität im Wechselprozeß läßt sich zunächst anhand des Anteils der Unternehmen analysieren, die in ihrem Anhang von einer Änderung ihrer bisherigen Bilanzierungs- und Bewertungspraxis berichten. In der nachfolgenden Tabelle wird daher die Anzahl der Fälle, die eine Änderung der Bilanzpolitik im Anhang berichten, wiedergegeben. Die Angaben der Tabelle beziehen sich auf Wechsel- und Kontrollfälle zum einen getrennt nach t-Jahren und

---

141 Sofern einzelne Abschlüsse nicht im Bestand vorhanden waren, wurde telefonisch beim jeweiligen Unternehmen der fehlende Abschluß nachbestellt.

142 Davon 508 Wechsel-Unternehmensjahre (60,4%) und 333 Kontroll-Unternehmensjahre (39,6%).

143 Vergleichbare andere Untersuchungen, die sich ebenfalls mit der Frage der Änderungen der Bilanzierungs- und Bewertungsverfahren beschäftigen, analysieren zum Teil erheblich geringere Stichproben. Vgl. z. B. Küting / Kaiser (1994), S. 15, die 150 Fällen analysieren, Vgl. auch Jäckel / Poppe (2000), S. 98 mit 117 Fällen.

144 Vgl. Leker / Möhlmann (1997), S. 26.

145 So berichten z. B. Jäckel / Poppe (2000), S. 109 von überraschend umfangreicher nicht gesetzeskonformer Publizität.

zum anderen als Summe über alle Perioden des unmittelbaren Wechselzeitraums (t_{-1} bis t_1).

Tabelle 59

Änderung der Bilanzpolitik bei Wechsel- und Kontrollfällen

Änderungen der Bilanzpolitik									
unmittelbarer Wechselzeitraum		t_{-1}		t_0		t_1		Gesamt	
		n	%[b]	n	%[b]	n	%[b]	n	%[b]
Wechselfälle	WF unabdingbar[a]	11	14,5	12	14,8	10	15,2	33	14,8
	WF unfreiwillig[a]	12	20,0	10	12,3	10	14,3	32	15,2
	WF freiwillig[a]	1	4,2	2	7,7	4	16,7	7	9,5
	Wechselfälle (gesamt)	24	15,0	24	12,8	24	15,0	72	14,2
Kontrollfälle		13	10,7	12	10,1	8	8,7	33	9,9
WF (gesamt) vs. KF χ^2-Wert nach Pearson (Signifikanz)		1,146 (0,284)		0,506 (0,477)		2,094 (0,148)		3,346 (0,067)	

[a] WF = Wechselfälle

[b] % aller Fälle, für die ein Jahresabschluß mit Anhang vorlag und die von einer Änderung gemäß § 284 und 313 HGB berichten.

Betrachtet über alle Perioden von t_{-1} zu t_1, berichten Unternehmen, die einen Wechsel der Spitzenführungskraft realisieren (Wechselfälle, gesamt), deutlich eher von einer Änderung der Bilanzierungs- und Bewertungspraxis, als dies bei den Kontrollfällen zu beobachten ist. Während nur 9,9% der Kontrollfälle eine Änderung im Anhang berichten, finden sich bei den Wechselfällen in 14,2% der analysierten Anhänge entsprechende explizite Hinweise auf geänderte bilanzpolitische Aktivität. Die Information „Wechsel- oder Kontrollfall" sowie „Anhangsangabe ja/nein" läßt sich als Kreuztabelle aufstellen, so daß der Zusammenhang anhand eines χ^2-Tests überprüft werden kann.[146] Mit einem Signifikanzniveau von 0,067 zeigt sich ein schwach signifikanter Zusammenhang zwischen dem Wechsel der Spitzenführungskraft und der Änderung der Bilanzierungs- und Bewertungsmethoden. Unternehmen, deren Spitzenführungskräfte im Verlauf des Wechselprozesses ausscheiden, berichten in größerem Umfang von Änderungen der Bilanzpolitik als dies bei Kontrollfällen der Fall ist.

Diese stärkere Intensität der Bilanzpolitik bei Wechselfällen kann durch den Vergleich mit Ergebnissen weiterer Studien zur Anhangsangabe von Bilanzierungs-

---

146 Die Durchführung eines χ^2-Tests ist an bestimmte Anforderungen geknüpft. So sollte – im Sinne einer konservativen Vorgehensweise – die erwartete Häufigkeit in jedem Feld mindestens fünf betragen. Diese Prämisse ist im vorliegenden Fall erfüllt.

und Bewertungsänderungen erhärtet werden. *Küting / Kaiser* ermitteln in ihrer Untersuchung zum Bilanzierungsverhalten deutscher Konzerne einen Anteil von 12,5% der Unternehmen, die eine Angabe gemäß § 284 Abs. 2 Nr. 3 oder § 313 Abs. 1 Nr. 3 HGB im Anhang aufweisen.[147] Im Gegensatz dazu können *Jäckel / Poppe* lediglich einen Anteil von 5% feststellen.[148] Da bei keiner der beiden Studien eine systematische Verzerrung zu vermuten ist, scheint der tatsächliche Wert in der Grundgesamtheit der Unternehmen, die überwiegend nicht ihre Spitzenführungskraft wechseln, eher zwischen diesen beiden Anteilswerten zu liegen.[149] Für diese Annahme spricht auch die Häufigkeit der Berichterstattung bei 9,9% aller hier analysierten Kontrollfälle. Somit zeigen sich auch im Vergleich mit Ergebnissen anderer Studien bei Wechselfällen, die in 14% der Fälle von Änderungen der Bilanzierungs- und Bewertungsmethoden berichten, tendenziell „übernormal" viele berichtspflichtige Abweichungen von der bis dato gültigen Bilanzpolitik.

Betrachtet man die einzelnen Jahre getrennt voneinander, so zeigen sich keine signifikanten Zusammenhänge zwischen dem Wechsel der Spitzenführungskraft und der Tatsache einer Anhangsangabe zur Änderung der Bilanzierungs- und Bewertungsmethoden. Offensichtlich ist dieser Zusammenhang nicht durch den Zeitpunkt im Wechselprozeß determiniert. Eine Unterscheidung von Wechsel- und Kontrollfällen wird erst durch die Betrachtung des gesamten Wechselzeitraums ermöglicht.

Im Gegensatz zur Differenzierung nach dem Zeitpunkt im Wechselprozeß zeigen sich bei der getrennten Analyse der einzelnen Wechseltypen und der jeweils zugeordneten Kontrollfälle durchaus unterschiedliche Ergebnisse. Während bei den unabdingbaren und den freiwilligen Wechselfällen kein Zusammenhang zwischen dem Wechsel der Spitzenführungskraft und der Berichterstattung festzustellen ist[150], weist der χ^2-Wert von 5,134 bei einem Signifikanzniveau von 0,023 bei den unfreiwilligen Wechselfällen auf einen deutlichen Zusammenhang hin. Damit bestätigen sich auch bei der Analyse der Anhangsangaben zu Bewertungs- und Bilanzierungsänderungen die Ergebnisse der Erfolgsanalyse: Besonders der unfreiwillige Wechsel zeigt eine hohe Intensität der Veränderung in den hier betrachteten Maßen. Im Gegensatz zu den beiden anderen Wechseltypen realisieren Unternehmen mit einem unfreiwilligen Wechsel deutlich mehr Änderungen der Bilanzierungs- und Bewertungsmethoden als die Kontrollfälle.

---

147 Vgl. Küting / Kaiser (1994), S. 15.

148 Vgl. Jäckel / Poppe (2000), S. 109.

149 Beide Untersuchungen beschäftigen sich mit Konzernabschlüssen aus den Jahren 1994 (Küting / Kaiser) und 1993 (Jäckel / Poppe) und wählen ihre Untersuchungseinheiten nach dem Zufallsprinzip aus. Zwar kann nicht ausgeschlossen werden, daß auch einige Wechselfälle in den jeweiligen Stichproben enthalten sind. Der Vergleich mit der Häufigkeit der Bilanzierungsänderungen bei den „reinen" Wechselfällen wäre in diesem Fall aber als konservativer Test zu interpretieren.

150 Unabdingbare Wechsel: χ^2-Wert = 0,013 (Sig. 0,451), freiwillige Wechsel: χ^2-Wert = 2,335 (Sig. 0,311).

2. Richtung der Bilanzpolitik

Neben der eigentlichen Tatsache einer Anhangsangabe zu Bilanzierungs- und Bewertungsänderungen läßt sich mittels der Analyse der *Richtung der Bilanzpolitik* eine weiter differenzierte Betrachtung der bilanzpolitischen Aktivität im Wechselprozeß vollziehen.[151] Grundsätzlich ist dabei zwischen positiven und negativen Auswirkungen der Änderungen der Bilanzierungs- und Bewertungsmethoden auf den Unternehmenserfolg zu unterscheiden. In Tabelle 60 ist die Anzahl der Fälle erfolgserhöhender und -senkender Bilanzpolitik wiedergegeben. Bei der Interpretation der Werte ist zu beachten, daß einige Unternehmen – trotz Publizitätspflicht – eine Angabe zur Einflußrichtung unterlassen und entsprechend nicht in der Statistik berücksichtigt werden. Dies hat zur Folge, daß vermutlich gerade die Fälle, die Bilanzpolitik mit gravierenden Auswirkungen praktizieren und ein besonders großes Interesse an der Kaschierung ihrer Aktivität haben, nicht berücksichtigt werden können. In diesem Sinne sind die hier berichteten Ausprägungen eher als zu konservativ zu werten, so daß auch „Tendenzen", die sich in den Verteilungen der Daten zeigen, einer Interpretation unterzogen werden können.

Tabelle 60

Richtung der Bilanzpolitik bei Wechsel- und Kontrollfällen

t-Jahre	t_{-1}		t_0		t_1		Gesamt	
Erfolg	erhö-hend	sen-kend	erhö-hend	sen-kend	erhö-hend	sen-kend	erhö-hend	sen-kend
WF unabdingbar[a]	2	6	7	5	7	2	15	13
WF unfreiwillig[a]	8	3	5	5	8	2	21	10
WF freiwillig[a]	k. A.	k. A.	k. A.	2	3	1	3	3
Wechselfälle (gesamt)	10	9	11	12	18	5	39	26
Kontrollfälle	3	6	2	8	1	5	6	19
WF(gesamt) vs. KF χ^2-Wert nach Pearson (Signifikanz)	0,914[b] (0,339) *(0,435)*		2,260[b] (0,133) *(0,245)*		7,991[b] (0,005) *(0,011)*		9,360 (0,002)	

[a] WF = Wechselfälle

[b] Zwei Zellen (in t_0 nur eine Zelle) haben eine erwartete Häufigkeit kleiner 5. Da damit Einschränkungen in der Zuverlässigkeit des χ^2-Tests zu erwarten sind, wird zusätzlich Fischer's exakter Test berechnet.[152] Die exakte zwei-seitige Signifikanz ist ergänzend kursiv in Klammern wiedergegeben.

---

151 Dabei bezieht sich „Richtung der Bilanzpolitik" auf die positive oder negative Ergebnisbeeinflussung, die sich durch den Wechsel der Bilanzierungs- und Bewertungsmethoden ergibt.

152 Vgl. Bortz (1989), S. 202 und die dort angegebene Literatur.

In der aggregierten Betrachtung über den gesamten unmittelbaren Wechselzeitraum sind bei Unternehmen, die einen Wechsel der Spitzenführungskraft verzeichnen, eher erfolgserhöhende Änderungen der Bilanzierungs- und Bewertungsmaßnahmen (n=39, 60%) zu beobachten, während bei den Kontrollfällen die erfolgsreduzierende Bilanzpolitik dominiert (n=19, 76%). Wie der χ^2-Test mit einem Wert von 9,360 und einem Signifikanzniveau von 0,002 zeigt, erweist sich dieser Zusammenhang zwischen Wechsel der Spitzenführungskraft und Richtung der Bilanzpolitik als hoch signifikant.

In der Betrachtung des Zusammenhangs von Wechsel der Spitzenführungskraft und Richtung der Bilanzpolitik je t-Jahr zeigt sich ein etwas differenzierteres Bild. Lediglich im zweiten Jahr nach dem Wechsel an der Unternehmensspitze kann ein hoch signifikanter Zusammenhang festgestellt werden. In t_1 finden sich im Gegensatz zu den beiden vorangegangenen Jahren besonders viele erfolgserhöhende Wechsel der Bilanzierungs- und Bewertungsmethoden bei Unternehmen unter einer neuen Spitzenführungskraft. Damit scheint sich die Vermutung zu bestätigen, daß eine Spitzenführungskraft mittelfristig nach ihrem Eintritt in die Führungsposition unter erheblichem Erfolgsdruck steht, dem sie unter anderen durch Bilanzpolitik begegnet.

Differenziert man nach den drei Wechseltypen, so kann zunächst festgestellt werden, daß im Fall des *freiwilligen Wechsels* relativ wenig Informationen zur Richtung der Bilanzpolitik vorliegen. Dieser Fall ermöglicht somit lediglich eine deskriptive Analyse.[153] Im Gegensatz zu den beiden anderen Wechseltypen zeigt sich beim freiwilligen Wechsel eine identische Anzahl erfolgserhöhender wie -senkender Maßnahmen, die tendenziell auf einen fehlenden Zusammenhang von Wechsel und Richtung der Bilanzpolitik hindeuten.

Sowohl beim unabdingbaren Wechsel als auch beim unfreiwilligen Wechsel dominieren die erfolgserhöhenden Maßnahmen. Bei beiden Wechseltypen zeigt sich ein hoch signifikanter Zusammenhang von Wechsel der Spitzenführungskraft und Richtung der Bilanzpolitik.[154] Dieser in der Aggregation über die t-Jahre gültige Zusammenhang ist jedoch in der detaillierten Analyse etwas differenzierter zu betrachten.[155]

---

153 Alle Zellen der Kreuztabelle haben eine erwartete Häufigkeit kleiner 5, so daß die Berechnung eines χ^2-Test nicht sinnvoll ist.

154 Der χ^2-Wert beim unabdingbaren Wechsel liegt bei 5,107, so daß die Nullhypothese eines fehlenden Zusammenhangs mit einem Signifikanzniveau von 0,024 abgelehnt werden kann. Da nur für sehr wenige parallelisierte Kontrollfälle des unfreiwilligen Wechsels Angaben zum Wechsel der Bilanzpolitik vorliegen und damit die erwartete Häufigkeit in zwei Zellen kleiner „5" ist, müssen diese Wechselfälle alternativ mit allen Kontrollfällen verglichen werden. (Damit wird u. U. ein nicht kontrollierte Branchen- und Jahreseffekt eingeführt). Bei dieser Vorgehensweise ergibt sich ein χ^2-Wert von 10,605, der auf dem 0,001-Niveau signifikant ist.

155 Da die Zellenbesetzung in der nach t-Jahren und Wechseltypen differenzierenden Analyse sehr gering ist, empfiehlt sich die Konzentration auf die deskriptive Analyse.

Ein Jahr vor dem *pensionsbedingten Ausscheiden* der Spitzenführungskraft (unabdingbarer Wechsel) zeigen sich in deutlich höherem Umfang erfolgssenkende bilanzpolitische Maßnahmen. Dies entspricht nicht der Erwartung aus Hypothese 9, daß eine Spitzenführungskraft unmittelbar vor ihrem unabdingbaren Ausscheiden ein Interesse an hohem Erfolg hat und dies durch entsprechende Bilanzpolitik untermauert. Die „Horizon"-Problematik[156] zum absehbaren Ende der Amtszeit der Spitzenführungskraft scheint in den hier betrachteten Fällen nicht vorzuliegen. Unter der nachfolgenden Spitzenführungskraft gewinnt der Wechsel von Bilanzierungs- und Bewertungsmaßnahmen mit dem Ziel erfolgssteigernder Effekte wieder an Bedeutung. Besonders im zweiten Jahr nach dem Wechsel dominiert die erfolgssteigernde Richtung der Bilanzpolitik.

Der *unfreiwillige Wechsel* zeigt eine eigene charakteristische Ausprägung der Bilanzpolitik im Verlauf des Wechselprozesses. In t_{-1} unter der im weiteren Verlauf ausscheidenden Spitzenführungskraft sowie im zweiten Jahr nach Vollzug des Wechsels, dominieren eindeutig die erfolgserhöhenden bilanzpolitischen Maßnahmen. Lediglich in t_0 steigt die Tendenz zur Erfolgsreduktion durch Änderung der bisher praktizierten Bilanzierungs- und Bewertungsmaßnahmen. Dieser Befund spricht tendenziell für das sogenannte „Financial Bath". Die neue Spitzenführungskraft nutzt auch die Bilanzpolitik, um die wirtschaftliche Lage des Unternehmens zunächst möglichst kritisch darzustellen. Entsprechend häufiger ist in diesen Fällen erfolgsreduzierende Bilanzpolitik festzustellen. Dieser Effekt ist jedoch nur kurzfristig gültig. Bereits im Folgejahr (t_1) dominieren wieder eindeutig bilanzpolitische Maßnahmen mit erfolgserhöhender Wirkung. Der Erfolgsdruck auf die neue Spitzenführungskraft ist offensichtlich bereits in ihrem zweiten Jahr nach dem Wechsel so groß, daß sie sich unter anderem gezwungen sieht, auf Wechsel der Bilanzierungs- und Bewertungsmethoden zurückzugreifen, um die Erwartungen erfüllen zu können.

3. Mehrfache Änderungen der Bilanzierungs- und Bewertungsmethoden

Ausgangspunkt der nachfolgenden Analyse ist die Annahme, daß die Spitzenführungskraft Einfluß auf die Bilanzpolitik nimmt. Je nach Situation sieht sich die Spitzenführungskraft unterschiedlichen Erwartungen ausgesetzt, die sie durch entsprechende Aktivität zu erfüllen sucht. Variieren die Ziele im Verlauf des Wechselprozesses, so ist auch zu vermuten, daß mehrfache Änderungen der Bilanzierungs- und Bewertungsmethoden vorgenommen werden.[157] Die nachfolgende Tabelle 61

156 Vgl. Kapitel B.IV.2.b).

157 Im Unterschied zum bisherigen Design der Untersuchung kann die Analyse der mehrfachen Änderung der Bilanzpolitik sich nicht mehr auf Wechselfälle beziehen, sondern muß einzelne Unternehmen über den gesamten individuellen Wechselzeitraum betrachten. Damit lassen sich mehrfache Änderungen der Bilanzierungs- und Bewertungsmethoden nur bei Wechselunternehmen und nicht bei Kontrollfällen untersuchen.

zeigt entsprechend die Häufigkeiten der mehrfachen Änderung je Wechseltyp, wobei jeweils nach der Richtung der aufeinanderfolgenden Änderungen unterschieden wird. Dabei bleiben solche Unternehmen unberücksichtigt, in denen „nur“ einmalig im betrachteten Wechselzeitraum eine Änderung der Bilanzierungs- und Bewertungsmethoden vorgenommen wird.

Tabelle 61

Mehrfache Änderungen der Bilanzierungs- und Bewertungsmethoden im Wechselzeitraum

Anzahl Unternehmen mit „mehrfacher“ Änderung der Bilanzpolitik												
Wechsel-typen	t_{-1} und t_0				t_0 und t_1				t_{-1} und t_1			
	+/+[a]	+/-	-/+	-/-	+/+	+/-	-/+	-/-	+/+	+/-	-/+	-/-
unab-wendbar				2	3			1			1	
unfrei-willig	1	1	1	1	1		1					
freiwillig							1					

[a] Erfolgswirkungen der Änderung der Bilanzierungs- und Bewertungsmethoden in t_{-1} / t_0: Die Änderung der Bilanzpolitik wirkte sowohl in t_{-1} als auch in t_0 in positiver Richtung.

Kein Unternehmen ändert seine Bilanzierungs- und Bewertungsmethoden dreimal unmittelbar hintereinander im Wechselprozeß. Zeigen sich zweifache Änderungen der Bilanzpolitik im Wechselprozeß, wird eine der Änderungen (mit Ausnahme eines Unternehmens) immer im ersten Jahr unter der nachfolgenden Spitzenführungskraft vollzogen. Die einzelnen Wechseltypen unterscheiden sich jedoch in dem Muster der mehrfachen Änderung. Während sich der freiwillige Wechsel auf Grund der geringen Fallzahl und der nur einmal auftretenden zweifachen Änderung der Bilanzpolitik einer detaillierten Analyse entzieht, treten beim unabdingbaren Wechsel immerhin sieben Fälle und beim unfreiwilligen Wechsel noch sechs Fälle mehrfachen Wechsels der Bilanzpolitik auf. Im Fall der Pensionierung der Spitzenführungskraft liegt die aufeinanderfolgende doppelte Durchbrechung des Stetigkeitsgebots eher in den zwei Jahren nach dem Wechsel an der Unternehmensspitze. Diese bilanzpolitische Aktivität ist also überwiegend auf die nachfolgende Spitzenführungskraft zurückzuführen. Im Gegensatz dazu liegen die doppelten Änderungen der Bilanzpolitik beim unfreiwilligen Wechsel eher in t_{-1} und t_0, das heißt, sie sind von jeweils unterschiedlichen Spitzenführungskräften zu verantworten.

Betrachtet man die Richtung der jeweiligen Änderung, so zeigen sich ebenfalls Unterschiede zwischen den Wechseltypen. Zwei aufeinanderfolgende Änderungen der Bilanzierungs- und Bewertungsmethoden beim unabdingbaren Wechsel wirken fast ausschließlich „gleichgerichtet“ auf den Unternehmenserfolg. Das heißt, beide Änderungen wirken entweder erfolgserhöhend oder erfolgssenkend. Auch wenn hier nur auf der Basis einer sehr geringen Fallzahl argumentiert werden kann, so ist doch bemerkenswert, daß gerade in den beiden Jahren nach dem Wechsel die Mehrzahl der Fälle zwei erfolgssteigernde Änderungen der Bilanzpolitik aufweisen. Dies kann – auch vor dem Hintergrund der bisherigen Befunde zum unabdingbaren Wechsel – als weiterer Beleg dafür gewertet werden, daß die nachfolgende Spitzenführungskraft dieses Wechseltyps bereits unmittelbar nach ihrem Amtsantritt positiven Erfolgserwartungen gegenübersteht. Diese Erwartungen werden offensichtlich auch durch verstärkte bilanzpolitische Aktivitäten zur Erfolgssicherung unterstützt.

Im Fall des unfreiwilligen Wechsels finden sich auch gegengerichtete Änderungen der Bilanzpolitik. Diese gegenläufige Dynamik der Bilanzpolitik spiegelt offensichtlich die unterschiedliche Situation wieder, der sich ausscheidende und nachfolgende Spitzenführungskraft ausgesetzt sehen. Dabei können sowohl unterschiedliche Erwartungen, die an die jeweilige Spitzenführungskraft gerichtet werden, oder auch eine unterschiedliche Bewertung der Situation durch die jeweilige Spitzenführungskraft zur mehrfachen und dabei gegengerichteten Änderung der Bilanzierungs- und Bewertungsmethoden führen.

4. Begründung bilanzpolitischer Maßnahmen

Ein Wechsel der Bilanzierungs- und Bewertungsmethoden ist nur in begründeten Ausnahmefällen zulässig. Nach herrschender Meinung ist dieser Wechsel ausreichend zu begründen: „Die Begründung des Wechsels hat eindeutig darzulegen, warum ein Wechsel der Bewertung erforderlich und gerechtfertigt scheint.“[158] Die Analyse dieser Begründungen ermöglicht damit unter Umständen abzuschätzen, inwieweit die bilanzpolitische Aktivität insbesondere der neuen Spitzenführungskraft ihre Ursache in „einer anderen Sicht der Dinge“ oder in der Verfolgung individueller Ziele findet. In der Tabelle 62 sind die in den Anhängen identifizierten Begründungen für den Wechsel bilanzpolitischer Maßnahmen je Wechseltyp und t-Jahr wiedergegeben.

Zunächst ist festzuhalten, daß nur in wenigen Fällen die Angaben zur Durchbrechung der Bilanzierungs- und Bewertungsstetigkeit den gesetzlichen Anforderungen an eine ausreichende Publizität genügen. Lediglich in neun Fällen und damit nur bei 12,5% der Unternehmen enthält die Anhangsangabe eine explizite Begründung für den vorgenommenen Wechsel der Bilanzierungs- und Bewertungsmaßnahmen. Dabei fällt auf, daß kein Unternehmen mit einem unfreiwilligen oder freiwilligen Wechsel der Spitzenführungskraft eine Begründung der bilanzpolitischen Aktivität im Anhang kommuniziert. Lediglich im Fall der Pensionierung und bei

158 Leker / Möhlmann (1997). S. 25. Vgl. auch die weiteren dort angegebenen Quellen.

Tabelle 62: **Begründungen des Wechsels der Bilanzierungs- und Bewertungsmaßnahmen**

	t_{-1}	t_0	t_1
unabdingbarer Wechsel	**„Im Rahmen der internationalen Ausrichtung** von Heidelberger Zement wurden 1994 erstmalig neben den Vorschriften des deutschen Handelsgesetzbuches (HGB) **auch die International Accounting Standards (IAS) beachtet.** (S. 56) [. . .] Bei der Bewertung der Vorräte gehen wird von der Lifo-Bewertung auf die international übliche Bewertung zu gleitenden Durchschnittspreisen über“ *(Heidelberger Zement, 1994, S. 59)* „Aufgrund der **geänderten steuerlichen Bewertungsvorschriften** wurde die Lifo-Methode (§ 256 HGB) neben Kupfer auch auf die anderen NE-Metalle angewendet.“ *(KM-kabelmetall AG, 1989/90, S. 20)*	„In the year under review we have also for the first time, valued pension provisions according to the projected unit credit method **in line with IAS principles.“** *(Degussa AG, 1995/96, S. 58)* “In Verbindung mit der Umbewertung der Pensionsrückstellungen **gemäß IAS-Regeln** [. . .].“ *(Hoechst AG, 1994, S. 61)*	„Bei den übrigen Herstellungskosten der unfertigen und fertigen Erzeugnisse wurde die in den Vorjahren fast ausnahmslos angewandte Last-in-first-out-Methode **wegen einer anderen Einschätzung der künftigen Auswirkungen von den neuen Vorstandsmitgliedern** nicht übernommen.“ *(Wilkens Bremer Silberwaren AG, 1993, S. 18)*
unfreiwilliger Wechsel	keine Angabe	keine Angabe	keine Angabe
freiwilliger Wechsel	keine Angabe	keine Angabe	keine Angabe
Kontrollfälle	„Im Hinblick auf die **geänderte steuerliche Rechtslage** wird für gleichartige Vermögensgegenstände des Vorratsvermögens grundsätzlich das Bewertungsvereinfachungsverfahren – Lifo-Methode – erstmals zugrunde gelegt.“ *(PREUSSAG, 1990, S. 94)*	„[. . .] die Herstellungskosten umfassen die direkt zurechenbaren Einzelkosten für Material und Lohn sowie – abweichend vom Vorjahr – diejenigen Material- und Fertigungsgemeinkosten, die nach **Vorschriften des deutschen Steuerrechts** aktivierungspflichtig sind.“ *(Dräger AG, 1990, S. 44)*	„Abweichend vom Vorjahr wurden auf die Anlagenzugänge erstmals die **einheitlichen Nutzungsdauern des Pirelli-Konzerns** angewandt. Die Abschreibungen wurden durch diese Anpassungsmaßnahme um etwa 5.800 TDM vermindert.“ *(Pirelli Deutschland AG, 1992, S. 22)* “Außerdem wurden **gemäß herrschender Auffassung** zum 31. Dezember 1993 erstmalig Rückstellungen für Dienstjubiläen in Höhe von TDM 426 gebildet.“ *(Aktiengesellschaft Norddeutsche Steingutfabrik Bremen-Grohn, 1993, S. 20)*

den Kontrollfällen sind Begründungen in einzelnen Fällen angegeben. Angesichts dieser insgesamt ungenügenden Publizität ist eine Aussage zur Motivation der Bilanzpolitik – unterschieden nach Wechseltypen oder Zeitpunkten – im Wechselprozeß kaum möglich. Insgesamt kann jedoch festgehalten werden, daß bei unfreiwilligen und freiwilligen Wechseln ein größeres Interesse an der Kaschierung der bilanzpolitischen Aktivität zu bestehen scheint, als dies für den unabdingbaren Wechsel oder die Kontrollunternehmen der Fall ist.

Die im Anhang tatsächlich angegebenen Wechselursachen beziehen sich überwiegend auf eher externe Vorgaben, an die sich das jeweils publizierende Unternehmen durch Änderung der Bilanzierungs- und Bewertungsmethoden angepaßt hat. Unter diese Rubrik fallen zum Beispiel Änderungen, die aus einer Berücksichtigung international gängiger Bilanzierungspraxis (gemäß IAS), aus Anpassungen an die Vorschriften den Steuerrechts oder an die „herrschende Meinung" resultieren.[159] Die Änderung der Bilanzierungs- und Bewertungspraxis geht in diesen Fällen weniger auf eine diskretionäre Entscheidung der jeweiligen Spitzenführungskraft zurück, sondern ist quasi eine Reaktion ohne großen Spielraum auf geänderte Rahmenbedingungen. Die These, bilanzpolitische Aktivität sei in einer „anderen Sicht der Realität" begründet, läßt sich in diesen Fällen also nicht bestätigen. Im Gegensatz dazu wird im Anhang des Jahresabschlusses der *Wilkens Bremer Silberwaren* AG von 1993 explizit auf die geänderte Einschätzung der neuen Vorstandsmitglieder hingewiesen. Dies ist jedoch der einzige Fall, in dem der Wechsel der Spitzenführungskraft in einem explizit kausalen Zusammenhang zur Änderung der Bilanzierungs- und Bewertungspraxis gestellt wird. Lediglich in diesem Fall liegt die Ursache für die bilanzpolitische Aktivität eindeutig in einer „anderen Sicht der Realität".

5. Bilanzpolitik und Unternehmenserfolg im Wechselprozeß

Die bisherige Analyse des Zusammenhangs von Wechsel der Spitzenführungskraft und Bilanzpolitik unterstellt, daß die jeweilige Spitzenführungskraft im Verlauf des Wechsels bilanzpolitisch tätig wird, um die Erfolgslage des Unternehmens zielgerichtet zu beeinflussen. Dabei kann zum einen eine bestimmte Erfolgssituation mittels „gegenläufiger" Bilanzpolitik kaschiert werden: Ein kritischer Unternehmenserfolg wird – im Sinne der „Cover Up-Hypothese" – durch erfolgserhöhende Bilanzpolitik abgemildert. Zum anderen kann eine bestimmte Erfolgslage durch eine in der Wirkung gleichgerichtete Bilanzpolitik verstärkt werden – so zum Beispiel im Sinne der „Blaming-These"[160]. Bilanzpolitik im Wechselprozeß

---

[159] Im weitesten Sinne könnte auch die Begründung im Anhang der Pirelli Deutschland AG unter diese Gruppe subsumiert werden. Die Änderung der Bilanzierungs- und Bewertungspraxis beruht hier offenbar auf „externen" Konzernvorgaben.

[160] Dabei ist hier unterstellt, daß ein unfreiwilliger Wechsel bereits vor dem Ausscheiden mit kritischer Erfolgslage einhergeht, die dann durch Bilanzpolitik des Nachfolgers zusätzlich negativ beeinflußt wird.

sollte also ergänzend in Abhängigkeit der Erfolgslage des Unternehmens analysiert werden.

Dabei stellt sich der empirischen Untersuchung das Problem, das korrekte Erfolgsmaß in Relation zur Bilanzpolitik im Wechselprozeß zu betrachten. Da die Bilanzpolitik offensichtlich eine Änderung des Erfolges bewirken soll, müßte als „korrektes" Erfolgsmaß der Unternehmenserfolg *vor* Wirkung der Bilanzpolitik herangezogen werden. Die Ermittlung dieser Erfolgsgröße setzt jedoch die genau quantifizierbare Wirkung der Bilanzpolitik voraus, die entsprechend vom ausgewiesenen Gesamterfolg zu subtrahieren wäre. Der Gesetzgeber verlangt zwar eine gesonderte Darstellung der Einflüsse auf die Vermögens,- Finanz- und Erfolgslage, die sich aus der Änderung der Bilanzierungs- und Bewertungsmethoden ergeben. Dieser Berichtspflicht kommen jedoch nur sehr wenige Unternehmen mit detaillierten Angaben in DM-Beträgen nach, so daß eine entsprechende Bereinigung nicht möglich ist. Alternativ muß daher ein Erfolgsmaß verwendet werden, das nur in geringerem Ausmaß von Bilanzpolitik beeinflußt ist. Dabei bietet sich der ordentliche betriebliche Erfolg an, der insbesondere die bilanzpolitisch stark beeinflußbaren nicht ordentlichen Erfolgsbestandteile unberücksichtigt läßt.[161] Zu beachten ist jedoch, daß auch der ordentliche betriebliche Erfolg lediglich eine Annäherung an das Konzept eines nicht durch Bilanzpolitik beeinflußten Erfolgsmaßes darstellt. So wird der ordentliche betriebliche Erfolg in seiner Höhe zum Beispiel durch Änderungen der Abschreibungsverfahren oder durch bewertungsbedingte Änderungen der aktivierten Eigenleistungen beeinflußt.[162] Die Verwendung des ordentlichen betrieblichen Erfolges stellt also lediglich eine Annäherung an das „Idealkonzept" einer nicht durch Bilanzpolitik beeinflußten Erfolgsmessung dar. Der Zusammenhang von Erfolg und Änderung der Bilanzierungs- und Bewertungsmethoden wird dabei jedoch eher unterschätzt, so daß tatsächlich ermittelte Zusammenhänge als relativ sicher gewertet werden können. Die Verwendung des ordentlichen betrieblichen Erfolges ist in diesem Sinne als konservative Vorgehensweise zu verstehen.

Erneut kann die Bilanzpolitik im Wechselprozeß im Sinne der Tatsache eines Wechsels der Bilanzierungs- und Bewertungsmethoden sowie hinsichtlich der Wirkungsrichtung dieser Durchbrechung des Stetigkeitsgebots analysiert werden. Soweit möglich versucht die Analyse, Zusammenhänge von Bilanzpolitik, Spitzenführungskraftwechsel und Unternehmenserfolg auch mittels induktiver Statistik zu verdeutlichen. Dies ist jedoch auf Grund der zum Teil recht geringen Fallzahl, für die ausreichend Informationen zur Verfügung stehen, nicht immer möglich. In die-

---

161 Vgl. zu Erfolgskennzahlen, die unbeeinflußt von Bilanzpolitik sind, Baetge / Dossmann / Kruse (2000), S. 193 ff. und Hauschildt (1996).

162 Alternativ böte sich auch eine Cash Flow-Kennzahl an, die in noch geringerem Maße unbeeinflußt von der Bilanzpolitik ist. Vgl. zur Bestimmung des Cash Flow Hauschildt / Leker / Mensel (2000), S. 52 ff. Da die verkürzte Bilanz- und GuV-Gliederung in dem als Datenbasis verwandten *Hoppenstedt Aktienführer* jedoch die Berechnung dieser Kennzahl verhindert, wird hier auf den ordentlichen Betriebserfolg zurückgegriffen.

sen Fällen beschränkt sich die Betrachtung auf eine rein deskriptive Analyse, die immerhin Tendenzaussagen erlaubt.

a) Tatsache der Bilanzpolitik und Unternehmenserfolg

Zunächst kann der Zusammenhang von „Änderung der Bilanzierungs- und Bewertungsmethoden" mit dem „Unternehmenserfolg" jeweils für alle Wechselfälle (aggregiert über alle t-Jahre) sowie für alle Kontrollfälle betrachtet werden. In Tabelle 63 sind die Mittelwerte und Standardabweichungen für die ordentliche betriebliche Rendite in Abhängigkeit einer Änderung der Bilanzpolitik wiedergegeben.

Tabelle 63

Bilanzpolitik und Unternehmenserfolg im Wechselprozeß

Mittelwert Unternehmenserfolg[a] (Standardabweichung)	Änderung der Bilanzierungs- und Bewertungsmethoden	
	nein	ja
Wechselfälle (gesamt) (435 / 71)[b]	-0,0328 (0,1127)	-0,0121 n.s. (0,0702)
Kontrollfälle (403 / 33)[b]	0,0173 (0,0873)	0,0112 n.s. (0,0530)
unabdingbarer Wechsel (188 / 33)[b]	-0,0036 (0,0817)	0,0050 n.s. (0,0672)
unfreiwilliger Wechsel (181 / 31)[b]	-0,0584 (0,1150)	-0,0314 n.s. (0,0668)
freiwilliger Wechsel (66 / 7)[b]	-0,0456 (0,1566)	-0,0077 n.s. (0,0868)

[a] Ordentlicher Betriebserfolg relativiert an der Bilanzsumme.

[b] (n Fälle ohne Änderung / n Fälle mit Änderung)

n.s. = nicht signifikante Erfolgsunterschiede zwischen Fällen mit und ohne Änderung der Bilanzpolitik

Ein Test auf signifikante Mittelwertunterschiede im ordentlichen betrieblichen Erfolg zwischen den Gruppen mit und ohne Änderung der Bilanzierungs- und Bewertungsmethoden sowohl als *t*-Test als auch mittels eines nicht-parametrischen Mann-Whitney Tests ermöglicht in keinem Fall die Ablehnung der Nullhypothese gleichen durchschnittlichen Unternehmenserfolges. Unternehmen, die eine Änderung der Bilanzpolitik vornehmen, unterscheiden sich in der aggregierten Analyse demnach nicht signifikant in ihrem durchschnittlichen Erfolg. Dies gilt sowohl für alle Wechselfälle – aggregiert über alle t-Jahre oder differenziert nach Wechseltypen – als auch für alle Kontrollfälle. Dieses Ergebnis kann insofern nicht verwundern, als daß bereits die konzeptionelle Überlegung zur Bilanzpolitik im Wechselprozeß, auch in Abhängigkeit vom Zeitpunkt im Wechselprozeß, bilanzpolitische Aktivität sowohl bei positivem als auch bei kritischem Unternehmenserfolg erwarten läßt. Die hier vorgenommene Zusammenfassung aller t-Jahre des unmittelbaren Wechselzeitraums verhindert somit durch die Überlagerung unterschiedlicher Situationen im Wechselprozeß vermutlich ein signifikantes Ergebnis.

b) Richtung der Bilanzpolitik und Unternehmenserfolg

Obwohl sich die Analyse der Tatsache einer Änderung der Bilanzpolitik in Relation zum Unternehmenserfolg als zu undifferenziert erweist, soll auch die Richtung der Bilanzpolitik einer näheren Analyse auf aggregiertem Niveau unterzogen werden. Im Gegensatz zur vorangegangenen Analyse zeigen sich bezogen auf die Richtung der Bilanzierungs- und Bewertungsmethoden durchaus signifikante Befunde. So gilt sowohl für alle Wechselfälle als auch spezifisch für die unfreiwilligen Wechsel, daß Unternehmen mit erfolgserhöhender Bilanzpolitik im Durchschnitt eine deutlich niedrigere ordentliche betriebliche Rendite erzielen als Unternehmen mit erfolgsreduzierender Bilanzpolitik.[163]

Tabelle 64

Richtung der Bilanzpolitik und Unternehmenserfolg

Mittelwert Unternehmenserfolg[a] (Standardabweichung)	Richtung der Änderung der Bilanzierungs- und Bewertungsmethoden	
	reduzierend	erhöhend
Wechselfälle (gesamt) (26 / 38)[b]	0,0107 (0,0704)	-0,0371** (0,0654)
Kontrollfälle (19 / 6)[b]	0,0129 (0,0566)	0,0176 (0,0642)
unabdingbarer Wechsel (13 / 15)[b]	0,0135 (0,0765)	-0,0186 (0,0602)
unfreiwilliger Wechsel (10 / 20)[b]	-0,0069 (0,0523)	-0,0463* (0,0710)
freiwilliger Wechsel (3 / 3)[a]	0,0575 (0,0983)	-0,0679 (0,0318)

[a] Ordentlicher Betriebserfolg relativiert an der Bilanzsumme.

[b] (n Fälle reduzierend / n Fälle erhöhend)

** $p \leq 0{,}05$; * $p \leq 0{,}10$

163 Der nicht-parametrische Mann-Whitney-Test ergibt für alle Wechselfälle einen Z-Wert von -2,379 (zweiseitige Signifikanz = 0,017) und für die unfreiwilligen Wechsel einen Z-Wert von -1,540 (zweiseitige Signifikanz = 0,124).

Dieses Ergebnis entspricht im wesentlichen der üblichen Erwartung, daß Bilanzpolitik grundsätzlich zur Gewinn- oder Erfolgsglättung eingesetzt wird. Bei überdurchschnittlichem Erfolg zeigt sich tendenziell eine erfolgsreduzierende Bilanzpolitik, bei unterdurchschnittlichem Erfolg wird Bilanzpolitik zur Kaschierung der kritischen Situation eingesetzt. Gerade bei dem unfreiwilligen Wechsel wäre jedoch entsprechend der „Blaming These" unter Umständen auch eine gleichgerichtete Bilanzpolitik mit positivem Zusammenhang von erfolgsreduzierender Bilanzpolitik und kritischem Unternehmenserfolg zu erwarten gewesen. Hier zeigt sich erneut die Problematik einer nicht nach dem Zeitpunkt im Wechselprozeß differenzierenden Analyse: Unter Umständen überlagern die oben beobachteten „Normaleffekte" aus t_{-1} und t_1 den ungewöhnlichen und wechselspezifischen Effekt, der in t_0 zu erwarten wäre.

c) Bilanzpolitik und Unternehmenserfolg: Differenzierung nach Wechseltypen und *t*-Jahren

Da offensichtlich der Zeitpunkt im Wechselprozeß entscheidenden Einfluß auf die Bilanzpolitik und damit auch auf den Zusammenhang von Bilanzpolitik und Unternehmenserfolg hat, sollten die Tatsache und Richtung der Änderung der Bilanzierungs- und Bewertungsmaßnahmen je t-Jahr analysiert werden. Sowohl die theoretischen Überlegungen zur unterschiedlichen bilanzpolitischen Motivation und Gelegenheit je nach Wechseltyp als auch die bisher vorgestellten Ergebnisse legen jedoch nahe, daß zusätzlich auch nach Wechseltypen differenziert werden muß.[164] Die damit einhergehende Fraktionierung des ohnehin relativ kleinen Samples zur Bilanzpolitik ermöglicht – zumindest für die Richtung der Bilanzpolitik – keine sinnvolle induktive Statistik, so daß in diesem Fall lediglich Tendenzaussagen zum Zusammenhang von Wechseltyp, Zeitpunkt im Wechselprozeß, Richtung der Bilanzpolitik und Unternehmenserfolg abgeleitet werden können.

Die nachfolgende Tabelle 65 zeigt die Anzahl der Fälle sowie den Mittelwert und die Standardabweichung der ordentlichen betrieblichen Rendite je Wechseltyp und t-Jahr, unterschieden nach Tatsache und Richtung der Änderung der Bilanzierungs- und Bewertungsmethoden. Nachrichtlich sind die Werte der Gesamtkapitalrendite ebenfalls wiedergegeben.

---

164 In Analogie zum obigen Vorgehen kann zunächst auch lediglich nach t-Jahren differenziert werden, ohne unterschiedliche Wechseltypen zu berücksichtigen. Diese Ergebnisse zum Zusammenhang von Wechsel der Spitzenführungskraft, t-Jahr und Änderung der Bilanzierungs- und Bewertungsmaßnahmen sind im Anhang dokumentiert. Signifikanten Erfolgsunterschiede zwischen Wechselfällen, die sich in der Tatsache der bilanzpolitischen Aktivität oder der Richtung der Bilanzpolitik unterscheiden, zeigen sich. Damit wird auch in diesem Fall nochmals die Bedeutung einer nach Wechseltypen differenzierenden Analyse unterstrichen.

Tabelle 65: **Unternehmenserfolg und Änderung der Bilanzierungs- und Bewertungsmethoden**

Unternehmenserfolg und Änderung der Bilanzierungs- und Bewertungsmaßnahmen												
n Mittelwert (Standard-abweichung)	t_{-1}				t_0				t_1			
	keine Änderung		Änderung		keine Änderung		Änderung		keine Änderung		Änderung	
	GKR[a]	obe_bs[b]	obe_bs	GKR	GKR	obe_bs	obe_bs	GKR	GKR	obe_bs	obe_bs	GKR
unabdingbar	65 0,0518 (0,0664)	65 0,0053 (0,0784)	11 0,0297 (0,0487)	11 0,0475 (0,0453)	68 0,0366 (0,0809)	68 -0,0044 (0,0705)	12 -0,0159 (0,0737)	12 0,0383 (0,0510)	55 0,0438 (0,0717)	55 -0,0132 (0,0974)	9 -0,0003 (0,0758)	9 0,0519 (0,0842)
unfreiwillig	48 0,0041 (0,0773)	48 -0,0434 (0,0878)	12 -0,0210 (0,0538)	12 0,0069 (0,0609)	74 -0,0391 (0,1515)	74 -0,0714 (0,1194)	10 -0,0379 (0,0671)	10 -0,0144 (0,0892)	59 0,0137 (0,1478)	59 -0,0544 (0,1282)	9 -0,0378 (0,0862)	9 0,0978 (0,1378)
freiwillig	23 0,0541 (0,1119)	23 -0,0102 (0,0770)	1 -0,0226	1 0,0806	27 0,0157 (0,1158)	27 -0,0505 (0,1158)	2 0,0008 (0,0049)	2 0,0283 (0,0489)	16 0,0024 (0,0813)	16 -0,0884 (0,2000)	4 -0,0082 (0,1222)	4 0,0478 (0,1158)

Unternehmenserfolg und Richtung der Änderung der Bilanzierungs- und Bewertungsmaßnahmen												
n Mittelwert (Standard-abweichung)	t_{-1}				t_0				t_1			
	senkend		erhöhend		senkend		erhöhend		senkend		erhöhend	
	GKR	obe_bs	obe_bs	GKR	GKR	obe_bs	obe_bs	GKR	GKR	obe_bs	obe_bs	GKR
unabdingbar	7 0,0379 (0,0579)	7 0,0198 (0,0623)	2 0,0335 (0,0156)	2 0,0638 (0,0034)	4 0,0099 (0,0785)	4 -0,0135 (0,0823)	7 -0,0231 (0,0789)	7 0,0489 (0,0274)	2 0,0534 (0,1587)	2 0,0455 (0,460)	6 -0,0307 (0,0366)	6 0,0406 (0,0730)
unfreiwillig	3 0,0341 (0,0479)	3 -0,0011 (0,0545)	8 -0,0339 (0,0554)	8 -0,0069 (0,0673)	5 0,0186 (0,0454)	5 -0,0044 (0,0544)	5 -0,0714 (0,0661)	5 -0,0474 (0,1145)	2 0,0391 (0,0933)	2 -0,0217 (0,0795)	7 -0,0425 (0,0935)	7 0,1145 (0,1496)
freiwillig	0	0	0	0	2 0,0283 (0,0489)	2 0,0008 (0,0050)	0	0	0	0	3 -0,0679 (0,0318)	3 -0,0083 (0,0359)

[a] Gesamtkapitalrendite, [b] ordentliche betriebliche Rendite, obe_bs = |größerer Wert|

Bei keinem Wechseltyp zeigen sich signifikante Unterschiede im durchschnittlichen Unternehmenserfolg in Abhängigkeit der *Tatsache einer Änderung der Bilanzierungs- und Bewertungsmethoden.* Die ergänzende Betrachtung des Unternehmenserfolgs bestätigt also für den *unabdingbaren und* den *freiwilligen Wechsel* die Ergebnisse zum Zusammenhang von Wechsel der Spitzenführungskraft und Bilanzpolitik. Beide Wechseltypen zeigen keine Auffälligkeiten hinsichtlich der bilanzpolitischen Aktivität.

Auch beim *unfreiwilligen Wechsel* ergeben sich in keinem *t*-Jahr signifikante Erfolgsunterschiede zwischen Wechselfällen, die sich hinsichtlich ihrer bilanzpolitischen Aktivität unterscheiden. Da in der obigen Analyse jedoch ein signifikanter Zusammenhang von unfreiwilligem Wechsel und Änderung der Bilanzpolitik nachgewiesen werden konnte, steht die Bilanzpolitik im Wechsel offensichtlich nicht primär in Relation zum Erfolg, sondern wird hauptsächlich durch den Wechsel an der Unternehmensspitze und der spezifischen Situation der jeweiligen Spitzenführungskraft bestimmt. Nicht die Erfolgslage, sondern allein der Wechsel der Spitzenführungskraft – beziehungsweise der Wechseltyp – bestimmt die bilanzpolitische Aktivität im Sinne der Änderung der Bilanzierungs- und Bewertungsmethoden.

Der zweite Teil der Tabelle 65 ermöglicht zumindest eine deskriptive Analyse des Zusammenhangs von Unternehmenserfolg und *Richtung der Bilanzpolitik.* Die geringe Zellenbesetzung verhindert jedoch beim freiwilligen Wechsel die Analyse und gebietet bei den beiden anderen Wechseltypen äußerste Vorsicht bei der Interpretation.

Unabdingbarer Wechsel

Unmittelbar vor dem unabdingbaren Wechsel der Spitzenführungskraft (t_{-1}) gilt, daß bei relativ niedrigem Unternehmenserfolg eher erfolgssenkende Änderungen der Bilanzpolitik vorgenommen werden. Dieses Ergebnis spricht nicht für die Annahme kurzfristig orientierten bilanzpolitischen Verhaltens der planmäßig ausscheidenden Spitzenführungskraft im Sinne der „Horizon-These". Dabei ist jedoch zu beachten, daß die Alternativ-Zelle mit lediglich zwei Fällen belegt ist und damit die Generalisierbarkeit der Aussage stark eingeschränkt bleibt. In den beiden Jahren nach dem Wechsel (t_0 und t_1) gilt jeweils: Je niedriger der Unternehmenserfolg, desto eher verfolgt die nachfolgende Spitzenführungskraft erfolgserhöhende Änderungen der Bilanzierungs- und Bewertungsmethoden. Bilanzpolitik wird in diesem Sinne „kompensierend" eingesetzt, um eine kritische Erfolgslage nach dem Wechsel zu kaschieren. Dieser Befund entspricht der Erwartung, daß Nachfolger von pensionierten Spitzenführungskräften bereits in ihrem ersten Jahr einen positiven Erfolg erzielen wollen und zur Erreichung dieses Ziels bei kritischem Erfolg auch auf bilanzpolitische Maßnahmen zurückgreifen.

Im hier betrachteten spezifischen Fall des unabdingbaren Wechsels auf Grund von Pensionierung kann zusätzlich nach dem Wechsel der ausscheidenden Spitzenführungskraft in den Aufsichtsrat unterschieden werden. Dabei ist die These zu prüfen, daß eine in den Aufsichtsrat wechselnde Spitzenführungskraft ihren Nachfolger an der Unternehmensspitze hinsichtlich der Möglichkeiten zur Bilanzpolitik beeinflußt. So kann zum Beispiel erwartet werden, daß die nachfolgende Spitzenführungskraft die bisher gültigen Bilanzierungs- und Bewertungsmaßnahmen in geringerem Umfang ändert, sofern ihr Vorgänger in den Aufsichtsrat wechselt. Um diesen Zusammenhang von Wechsel in den Aufsichtsrat und Änderung der Bilanzpolitik zu analysieren, können die in der Tabelle 66 wiedergegebenen Kreuztabellen herangezogen werden.

Tabelle 66

Änderung der Bilanzpolitik und Wechsel in den Aufsichtsrat

Wechsel in den Aufsichtsrat (AR)	t_0		t_1		t_0 und t_1	
	Tatsache der Änderung der Bilanzierungs- und Bewertungsmethoden					
	nein	ja	nein	ja	nein	ja
Kein Wechsel in AR	35	6	26	4	61	10
Wechsel in AR	33	6	29	5	62	11
χ^2-Wert (Signifikanz)	0,009 (0,925)		0,025 (0,875)		0,028 (0,867)	
Wechsel in den Aufsichtsrat	Richtung der Änderung der Bilanzierungs- und Bewertungsmethoden					
	senkend	erhöhend	senkend	erhöhend	senkend	erhöhend
Kein Wechsel in AR	2	3	2	2	4	5
Wechsel in AR	2	4	0	4	2	8

Insgesamt zeigt sich kein Zusammenhang zwischen dem Wechsel der unabdingbar ausscheidenden Spitzenführungskraft in den Aufsichtsrat und der *Tatsache einer Änderung* der Bilanzierungs- und Bewertungsmethoden durch die nachfolgenden Spitzenführungskraft. Dieser fehlende Zusammenhang gilt sowohl für jedes einzelne Jahr nach dem Wechsel in der Unternehmensspitze als auch für den zusammengefaßten Zeitraum nach dem Wechsel (t_0 und t_1). Spitzenführungskräfte, deren Vorgänger in den Aufsichtsrat wechseln, nehmen weder mehr noch weniger Änderungen in der Bilanzpolitik vor als ihre Kollegen, deren Vorgänger keinem Unternehmensorgan nach ihrer Pensionierung angehören.

Betrachtet man die *Erfolgsrichtung der Änderung* der Bilanzierungs- und Bewertungsmethoden, so zeigen sich auch hier keine grundlegenden Unterschiede in Abhängigkeit des Wechsels in den Aufsichtsrat. Es ist lediglich festzustellen, daß mit dem Wechsel in den Aufsichtsrat eine schwache Tendenz zur verstärkten erfolgserhöhenden Bilanzpolitik einhergeht. Zwar betreiben nachfolgende Spitzenführungskräfte, deren Vorgänger nicht in den Aufsichtsrat wechseln, nicht umfangreichere erfolgsreduzierende Bilanzpolitik, sie vermeiden jedoch auch erfolgserhöhende Änderungen. Insoweit kann also die in Hypothese 10 erwartete „Blaming"-Aktivität in Situationen mit vollständig ausscheidenden Spitzenführungskräften nicht bestätigt werden. Umgekehrt jedoch finden sich Hinweise auf geringeren Erwartungsdruck an den Nachfolger, wenn sein Vorgänger nicht mehr offiziellen Einfluß über den Aufsichtsrat ausüben kann, so daß die hinter Hypothese 10 stehende Argumentation „weiteren Einflusses" einer in den Aufsichtsrat wechselnden Spitzenführungskraft zumindest teilweise bestätigt werden kann.

Ergänzend ist zudem anzumerken, daß mit dem „Wechsel in den Aufsichtsrat" nur die „offizielle" Einflußnahme über ein Unternehmensorgan abgebildet werden kann. Unter Umständen wirken pensionsbedingt ausgeschiedene Spitzenführungskräfte jedoch auch über informelle Kanäle auf die Entscheidungen ihres Nachfolgers.[165] Eine Berücksichtigung dieser Einflußwege würde eine eindeutigere Aussage zur Bilanzpolitik nach dem unabdingbaren Wechsel ermöglichen.

Unfreiwilliger Wechsel

Auf Basis der Tabelle 65 läßt sich abschließend auch noch der Zusammenhang von der Richtung der Bilanzpolitik und dem Unternehmenserfolg für den unfreiwilligen Wechsel analysieren. Im Fall des unfreiwilligen Wechsels der Spitzenführungskraft gilt im Jahr unmittelbar vor dem Ausscheiden: Je niedriger der Unternehmenserfolg ist, desto eher wird erfolgserhöhende Bilanzpolitik eingesetzt. Die später ausscheidende Spitzenführungskraft versucht offensichtlich, die kritische Erfolgslage durch Bilanzpolitik zu verbessern. Dieser Befund sowie der oben festgestellte Zusammenhang von unfreiwilligem Wechsel und Tatsache der Bilanzpolitik unterstützen somit die „Cover-up"-Hypothese (H5) zur bilanzpolitischen Aktivität der unfreiwillig ausscheidenden Spitzenführungskraft.

Für das erste Jahr unter der neuen Spitzenführungskraft (t_0) zeigt sich erfolgserhöhende Bilanzpolitik um so eher, je niedriger der Unternehmenserfolg ausfällt. Dies entspricht nicht der „Blaming-Hypothese", nach der die nachfolgende Spitzenführungskraft im ersten Jahr ihrer Amtszeit eher erfolgssenkende oder zumindest gar keine Änderung der Bilanzierungs- und Bewertungsmethoden vornehmen sollte. Diese These ist also insoweit zu relativieren, als daß Bilanzpolitik nach dem unfreiwilligen Wechsel dann „negativ" eingesetzt wird, wenn der Unternehmenserfolg noch relativ gut ist. Wenn der Erfolg jedoch bereits ein sehr kritisches Niveau erreicht hat – im Durchschnitt erzielen diese Unternehmen eine *negative* ordentli-

165 Die Mehrzahl der Aufsichtsratsmitglieder gehört i. d. R. bereits während der Amtszeit der ausgeschiedenen Spitzenführungskraft dem Kontrollorgan an und wurde u. U. sogar vom ausgeschiedenen Vorstand ausgewählt. Bei diesen Aufsichtsratsmitgliedern sollten noch starke Verknüpfungen zum Vorgänger bestehen, die eine implizite „Regulierung" des Nachfolgers bewirken. Vgl. auch die Ausführungen in Kapitel B.III.2.c).

che betriebliche Rendite von 7% – besteht in einigen Fällen sogar Bedarf an erfolgserhöhender Bilanzpolitik. Die kritische Situation ist dabei allen Entscheidungsträgern deutlich bekannt und muß deshalb nicht zusätzlich hervorgehoben werden. Unter Umständen wird von der nachfolgenden Spitzenführungskraft bei einem bereits extrem kritischen Erfolgsniveau eine sofortige Verbesserung oder zumindest Stabilisierung erwartet. In dieser Situation besteht kein Spielraum, der „alten“ Spitzenführungskraft zusätzliche Aufwendungen anzulasten, vielmehr erscheint das Signal einer Trendwende angebracht.

Weitere Änderungen der Bilanzpolitik in Richtung Erfolgssenkung sind in t_1, also bereits im zweiten Jahre des Nachfolgers, nur in zwei Fällen zu beobachten. Beide Fälle weisen eine leicht bessere Erfolgslage auf als Unternehmen, in denen erfolgssteigernde Bilanzpolitik vollzogen wird. Diese Befunde unterstützen also die Hypothese, daß besonders bei kritischem Erfolg mit zunehmendem Abstand zum Wechsel Bilanzpolitik eingesetzt wird, um den Unternehmenserfolg in positive Richtung zu beeinflussen.

6. Zusammenfassung: Bilanzpolitik im Wechselprozeß

Abschließend lassen sich folgende Ergebnisse zum Zusammenhang von Wechsel der Spitzenführungskraft und Änderung der Bilanzierungs- und Bewertungsmethoden zusammenfassend festhalten:

Unternehmen, die einen Wechsel der Spitzenführungskraft realisieren, zeigen eine insgesamt deutlich höhere bilanzpolitische Aktivität als Unternehmen mit personeller Kontinuität in der Unternehmensspitze. Erneut ermöglicht jedoch eine Differenzierung der Wechselfälle nach den drei Wechseltypen – unabdingbarer, unfreiwilliger und freiwilliger Wechsel – ein präziseres Bild der Aktivität im Wechselprozeß.

Bei dem *unfreiwilligen Wechsel* bestätigt sich die Hypothese bilanzpolitischer Einflußnahme der später ausscheidenden Spitzenführungskraft in Richtung erfolgserhöhender Änderungen der Bilanzpolitik. Die Tatsache, daß trotz relativ häufig auftretender Änderung der Bilanzierungs- und Bewertungsmethoden in keinem Fall dieses Vorgehen im Anhang erläutert wird, kann als Bestätigung der „Cover-up“ oder Kaschierungs-Hypothese gewertet werden. Insbesondere *wenn der Unternehmenserfolg ein kritisches Niveau erreicht hat, betreibt die Spitzenführungskraft in ihrem letzten Amtsjahr Bilanzpolitik mit dem Ziel der Erfolgsverbesserung.* Hypothese 5 kann damit bestätigt werden.[166]

166 Hypothese 5: *Unternehmen mit einem unfreiwilligen Wechsel der Spitzenführungskraft werden unmittelbar vor dem Wechsel mehr erfolgserhöhende Bilanzpolitik aufweisen, als Unternehmen, die ihre Spitzenführungskraft nicht wechseln.*

Tabelle 67

Ergebnisse zur Bilanzpolitik im Wechselprozeß

Wechseltyp	Hypothese	Konzept[a]	Zeitpunkt im Wechselprozeß	Bestätigung[b]
unfreiwillig	H5	„Signalling", „Cover-up"	t_{-1}	+
unfreiwillig	H6	„andere Sicht", „Blaming"	t_0	+
unfreiwillig	H7a	„Blaming"	t_0	~
unfreiwillig	H7b	„Cover-up", „Blaming"	t_{-1} / t_0	+ / ~
unfreiwillig	H8	Erfolgsdruck	t_1	+
unabdingbar	H9	„Horizon-Phänomen"	t_{-1}	–
unabdingbar	H10	Wechsel in den Aufsichtsrat, „andere Sicht", „Blaming"	t_0, t_1	– / ~
freiwillig	H11	unbestimmt	t_{-1}	+
freiwillig	H12	„andere Sicht", „Blaming"	t_0	–

[a] Vgl. Kapitel B.IV. zur Diskussion verschiedener Konzepte der Bilanzpolitik im Wechselprozeß.

[b] + Hypothese kann bestätigt werden, – Hypothese ist abzulehnen, ~ Hypothese ist weiter zu relativieren

Unmittelbar nach dem Wechsel erwarten die Hypothesen 6 und 7 spezifische bilanzpolitische Aktivität der nachfolgenden Spitzenführungskraft, die in dem Begriff „Financial Bath" zusammengefaßt werden kann. Dabei ist die Begründung umfangreicherer Aktivität aus einer „anderen Sicht der Realität" von der „Blaming"-These im Sinne spezifisch erfolgsreduzierender Änderungen der Bilanzpolitik abzugrenzen. *Der Befund, daß Unternehmen, deren Spitzenführungskräfte unfreiwillig ausscheiden, in t_0 signifikant häufiger Bilanzierungs- und Bewertungsmethoden ändern, als dies bei den Kontrollfällen zu beobachten ist, spricht für die Vermutung „einer anderen Sicht" des Nachfolgers.* Auch die Tatsache, daß der „zweite Teil" der mehrfachen Bilanzpolitik beim unfreiwilligen Wechsel in der Regel in t_0 liegt und in der Erfolgsrichtung vom „ersten Teil" abweicht, spricht für die These unterschiedlicher Sicht der Realität zwischen den beiden Spitzenführungskräften. Hypothese 6 kann damit ebenfalls als bestätigt gelten.[167]

In t_0 zeigen sich grundsätzlich umfangreichere erfolgsreduzierende Änderungen der Bilanzierungs- und Bewertungsmethoden. Dieser Befund ist jedoch insoweit zu relativieren, als daß Änderungen der Bilanzpolitik nur dann negativ wirken, wenn der Unternehmenserfolg nicht bereits ein sehr kritisches Erfolgsniveau –

---

[167] Hypothese 6: *Unternehmen mit einem unfreiwilligen Wechsel der Spitzenführungskraft werden im ersten Jahr nach dem Wechsel mehr Veränderungen der Bilanzpolitik aufweisen, als Unternehmen, die ihre Spitzenführungskraft nicht wechseln.*

ohne Bilanzpolitik – erreicht hat. Die „Blaming“-These (Hypothese 7a) ist also vor dem Hintergrund der Erfolgssituation des Unternehmens zu relativieren und kann damit nur eingeschränkt bestätigt werden.[168] Hypothese 7b, die eine grundsätzlich andere Erfolgsrichtung der Bilanzpolitik vor und im ersten Jahr nach dem Wechsel unterstellt, kann in diesem Sinne ebenfalls bestätigt werden.[169] Zu beachten ist weiterhin die unterschiedliche Erfolgsrichtung der bilanzpolitischen Aktivität in den beiden Jahren nach dem Wechsel (t_0 und t_1). Die Zusammenfassung dieser beiden t-Jahre ist damit nicht sinnvoll und bestätigt die Annahme, das die Zeit nach dem Wechsel in zwei Phasen unterteilt werden muß. *In t_1 ist der Erfolgsdruck auf die neue Spitzenführungskraft offensichtlich bereits so hoch, daß generell erneut erfolgserhöhende Änderungen der Bilanzpolitik zu beobachten sind.* Dies ist besonders dann der Fall, wenn der Erfolg auch zwei Jahre nach dem Wechsel relativ gering ist. Hypothese 8, die Bilanzpolitik als Reaktion auf hohe Erfolgserwartungen nach dem Wechsel unterstellt, wird damit unterstützt.[170]

Für den Fall des unabdingbaren Wechsels im Rahmen planmäßiger Pensionierung wird in Hypothese 9 die Erwartung erfolgserhöhender Bilanzpolitik vor dem Wechsel im Sinne einer „Horizon“-Problematik formuliert.[171] Grundsätzlich dominieren zwar bei diesem Wechseltyp die erfolgserhöhenden Änderungen der Bilanzpolitik. Abweichend von der Erwartung zeigen sich jedoch in t_{-1} und damit unmittelbar vor dem Wechsel eher erfolgsreduzierende Änderungen der Bilanzierungs- und Bewertungsmethoden. Die Ursachen für die mangelnde Bestätigung der Hypothese 9 ist unter Umständen in dem generell vergleichsweise hohen Erfolgsniveau dieser Wechselunternehmen begründet. Bilanzpolitische Aktivität ist in diesen Fällen nicht primär durch den Wechsel bestimmt, sondern folgt eher einer allgemein üblichen Gewinnglättungsabsicht.[172]

Die hier betrachteten pensionsbedingt ausscheidenden Spitzenführungskräfte sind offensichtlich zum Ende ihrer Amtszeit nicht an zusätzlich erfolgssteigernden bilanzpolitischen Maßnahmen interessiert. Neben dem generell ohnehin hohen Erfolgsniveau ist dieser Befund unter Umständen auch darin begründet, daß weder die Höhe der Pensionszahlungen noch die Entscheidung zum Wechsel in den Auf-

168 Hypothese 7a: *Unternehmen mit einem unfreiwilligen Wechsel der Spitzenführungskraft werden im ersten Jahr nach dem Wechsel umfangreichere erfolgsreduzierende bilanzpolitische Maßnahmen ergreifen, als Unternehmen, die ihre Spitzenführungskraft nicht wechseln.*

169 Hypothese 7b: *Der Umfang erfolgsreduzierender bilanzpolitischer Maßnahmen ist im ersten Jahr nach dem Wechsel der Spitzenführungskraft höher als vor dem Wechsel.*

170 Hypothese 8: *Je kritischer der Unternehmenserfolg im zweiten und dritten Jahr nach dem Wechsel ist, desto eher wird die neue Spitzenführungskraft erfolgserhöhende Bilanzpolitik betreiben.*

171 Hypothese 9: *Unternehmen, deren Spitzenführungskräfte planmäßig im Rahmen von Pensionierungen ausscheiden, zeigen im Jahr vor dem Wechsel umfangreichere erfolgssteigernde Bilanzpolitik als Unternehmen, die ihre Spitzenführungskraft nicht wechseln.*

172 Vgl. zur Gewinnglättung bei deutschen Aktiengesellschaften, Schmidt (1979).

sichtsrat vom Erfolg des letzten Amtsjahres abhängen. Handelt es sich bei der Pensionierung tatsächlich um einen langfristig geplanten Vorgang, so ist zudem zu vermuten, daß die nachfolgende Spitzenführungskraft bereits vor dem Wechsel Einfluß auf die Entscheidungen der Unternehmensleitung ausüben kann. Die nachfolgende Spitzenführungskraft wird Bilanzpolitik zu Lasten zukünftiger Erfolge („Horizon"-Problem) zu verhindern suchen, so daß erfolgssteigernde Änderungen der Bilanzpolitik im letzten Amtsjahr vor der Pensionierung unwahrscheinlicher werden.

Die in Hypothese 10 erwartete Abhängigkeit der bilanzpolitischen Aktivität des Nachfolgers von der Möglichkeit zur Einflußnahme durch den pensionierten Vorgänger über ein Aufsichtsratsmandat kann nicht bestätigt werden.[173] Unternehmen, bei denen die Spitzenführungskraft in den Aufsichtsrat wechselt, zeigen weder umfangreichere noch geringere Änderungen der Bilanzierungs- und Bewertungsmethoden als Unternehmen mit einem „vollständigen" Abgang der Spitzenführungskraft. Dennoch kann festgehalten werden, daß bei ausbleibendem Wechsel in den Aufsichtsrat der Erfolgsdruck auf den Nachfolger offensichtlich geringer ist, so daß in diesen Situationen im weiteren Verlauf (t_1) weniger erfolgserhöhende Bilanzpolitik zu beobachten ist.

Scheidet die Spitzenführungskraft freiwillig aus ihrem Amt, so ist im Jahr vor dem Wechsel im Vergleich zu Unternehmen ohne einen Wechsel an der Unternehmensspitze kein Unterschied in der Intensität der Bilanzpolitik festzustellen. Hypothese 11 kann somit bestätigt werden.[174] Im Gegensatz zu den Erwartungen der Hypothese 12 zeigen sich jedoch auch nach dem Wechsel keine Auffälligkeiten in der Bilanzpolitik.[175] Die bereits in der Erfolgsanalyse festgestellte Unauffälligkeit dieses Wechseltyps setzt sich damit im Hinblick auf die bilanzpolitische Aktivität der jeweiligen Spitzenführungskräfte fort. Der freiwillige Wechsel ist offensichtlich bezogen auf Erfolgslage und Bilanzpolitik ein Vorgang ohne größere Veränderungen und damit im Vergleich zu den beiden anderen Wechseltypen von geringster Auffälligkeit.

Insgesamt zeigt sich, daß Unternehmen mit einem unfreiwilligen Wechsel der Spitzenführungskraft die stärkste Dynamik im Wechselprozeß aufweisen. Im Gegensatz zu den vergleichsweise unauffälligen freiwilligen und unabdingbaren

---

173 Hypothese 10: *Unternehmen, deren Spitzenführungskräfte nach planmäßiger Pensionierung nicht in den Aufsichtsrat wechseln, zeichnen sich durch eine stärkere Intensität der Bilanzpolitik („andere Sicht These") in Richtung kurzfristiger Erfolgsminderung („Blaming These") aus, als Unternehmen, deren Spitzenführungskräfte in anderer Funktion (AR) dem Unternehmen verbunden bleiben.*

174 Hypothese 11: *Unternehmen, deren Spitzenführungskräfte freiwillig aus dem Amt scheiden, zeigen vor dem Wechsel keinen Unterschied in der Bilanzpolitik im Vergleich zu Unternehmen, die nicht wechseln.*

175 Hypothese 12: *Unternehmen mit einem freiwilligen Wechsel an der Unternehmensspitze werden unmittelbar nach dem Wechsel umfangreichere (erfolgsreduzierende) bilanzpolitische Maßnahmen ergreifen als Unternehmen, die ihre Spitzenführungskraft nicht wechseln.*

Wechseltypen betreiben Spitzenführungskräfte im Verlauf des unfreiwilligen Wechsels umfangreiche und je nach Phase im Wechselprozeß unterschiedlich gerichtete Bilanzpolitik. Damit bestätigt sich erneut das bereits aus der Erfolgsanalyse bekannte Bild, daß *der unfreiwillige Wechsel als Ereignis mit größter Turbulenz hervortritt, während sich die beiden anderen Wechseltypen insgesamt durch eine unauffällige Entwicklung auszeichnen.*

VIII. Unternehmenserfolg und Insider / Outsider-Wechsel

Der Nachfolger einer ausgeschiedenen Spitzenführungskraft kann entweder Insider oder Outsider sein, je nachdem ob er dem Unternehmen schon bisher angehört oder nicht. In der vorliegenden Untersuchung sind Insider im Gegensatz zu Outsider definiert als Spitzenführungskräfte, die vor ihrem Amtsantritt bereits Mitglied des Vorstandes waren. Die Analyse der Insider / Outsider-Nachfolge in deutschen Aktiengesellschaften verfolgt dabei zunächst das Ziel, die Häufigkeit der jeweiligen Nachfolgertypen zu bestimmen. In einem zweiten Schritt werden, die in Abschnitt B aus agency-theoretischen Überlegungen abgeleiteten Hypothesen zu Bedingungen der jeweiligen Nachfolgerart überprüft, bevor abschließend die Effekte der Insider / Outsider-Nachfolge insbesondere auf den Unternehmenserfolg analysiert werden.

1. Häufigkeit des Nachfolgertyps

In der Analyse über alle Wechselfälle ergibt sich die in Tabelle 68 wiedergegebene Häufigkeit der Insider- oder Outsider-Nachfolge in deutschen Aktiengesellschaften.[176] Mit 241 Outsidern (59,4%) dominiert dieser Nachfolgertyp über die Anzahl an Nachfolgern, die sich aus dem bisherigen Vorstand rekrutieren (n = 165, 40,6% Insider). Die Hypothese 13, nach der die Mehrzahl der Nachfolger an der Unternehmensspitze aus dem bisherigen Vorstand stammt, kann damit also nicht bestätigt werden. Aufsichtsräte präferieren, zumindest bezogen auf alle Wechsel der Spitzenführungskraft, offensichtlich eher unternehmensexterne Personen, die vor dem Wechsel nicht an der Unternehmensleitung beteiligt waren.

Dieses Ergebnis überrascht insofern, als daß in der Regel angenommen wird, daß deutsche Unternehmen eine konservative und risikoscheue Rekrutierungspolitik verfolgen und daher eher geneigt sind, ihnen bekannte Insider in die Spitzenposition zu berufen. Dieses Ergebnis steht zudem im Widerspruch zu den Befunden

176 Die Angaben beziehen sich dabei auf die Anzahl Fälle in t_0. Auf Grund der spezifischen Definition der weiteren t-Jahre, reduziert sich die Anzahl Fälle bei der Betrachtung der Bedingungen (t_{-1}) und der Effekte (t_0, t_1 oder t_2) der jeweiligen Nachfolgertypen entsprechend. Vgl. auch Kapitel E.V zur Bestimmung der t-Jahre.

von *Schrader* und *Lüthje,* die mit n = 39 (69,9%) „intern berufenen Vorstandsvorsitzenden" zu n = 17 Externen eine Dominanz von Insidern an der Vorstandsspitze feststellen.[177] Da *Schrader* und *Lüthje* jedoch eine deutlich kleinere Stichprobe analysieren und die Auswahl der Unternehmen nicht unabhängig von unterschiedlichen Wechseltypen erfolgte[178], sind die Ergebnisse nur bedingt vergleichbar.

Der Hypothese 13 liegt die Annahme zu Grunde, daß der Aufsichtsrat umfangreichere und präzisere Informationen über die Qualität von Insidern besitzt.[179] Diese Informationssicherheit sollte entsprechend zur Präferenz für Insider führen. Unter Umständen stehen dem Aufsichtsrat jedoch auch vielfältige Informationsmöglichkeiten zur Qualität der Outsider zur Verfügung:

- Ist der potentielle Nachfolger Mitglied eines persönlichen „Netzwerks" der relevanten Entscheidungsträger, so ermöglicht dies eine Qualitätsbeurteilung auch außerhalb des Unternehmens.
- Sind potentielle Outsider-Nachfolger als Spitzenführungskräfte in Unternehmen der gleichen oder ähnlichen Branche beschäftigt, so ermöglicht dies unter Umständen ebenfalls eine ausreichende Informationsversorgung des Aufsichtsrats. Vorteilhaft wirkt in dieser Situation unter Umständen auch die detaillierte Kenntnis von Konkurrenzunternehmen, die ein Outsider im Gegensatz zum Insider mitbringt.[180]

Obwohl die Hypothese 13 für alle Wechselfälle nicht bestätigt wird, kann die dahinter liegende Argumentation zur Informationsgüte als Entscheidungskriterium weiterhin hohe Bedeutung für die Nachfolgerwahl besitzen. Lediglich die Annahme, daß Informationsqualität wesentlich durch die bisherige Zugehörigkeit zum Vorstand determiniert wird, kann nicht bestätigt werden. Alternativ ließe sich argumentieren, daß Outsider bevorzugt werden, um Konflikte innerhalb des verbleibenden Vorstands zu vermeiden. Mit einem Outsider als Nachfolger wird keiner der bisherigen Vorstandsmitglieder in eine formale Position „über" seine bisherigen Kollegen gehoben. Die Machtkonstellation innerhalb des Vorstandes kann trotz Wechsel der Spitzenführungskraft weitgehend erhalten bleiben. Entgegen der sonst üblichen Argumentation[181] wirkt eine Outsider-Nachfolge in diesem Sinne weniger disruptiv und wird daher vom Aufsichtsrat präferiert.[182]

---

177 Vgl. Schrader / Lüthje (1995), S. 486.

178 So achten *Schrader / Lüthje* bei der Auswahl der Unternehmen darauf, „daß im Hinblick auf die später erfolgende Gruppeneinteilung eine Mindestzahl von Firmen pro Gruppe garantiert war". Vgl. Schrader / Lüthje (1995), S. 473.

179 Hypothese 13: *Die Wahrscheinlichkeit einer Insider-Nachfolge ist höher, als die einer Outsider-Nachfolge.*

180 Vgl. Finkelstein / Hambrick (1990).

181 Vgl. zur disruptiven Wirkung der Outsider-Nachfolge Friedman / Singh (1989), S. 726 und Kang / Shivdasani (1995), S. 50.

182 Diese Argumentation fußt jedoch nicht mehr auf einer agency-theoretischen Basis (Informationsasymmetrien) und wird daher nicht weiter verfolgt.

Tabelle 68

Häufigkeit der Insider / Outsider-Nachfolge

Anzahl Wechselfälle (%)			
	Insider	Outsider	
Alle Wechselfälle	165 (40,6%)	241 (59,4%)	Teststatistik
Wechseltypen[b]			Chi-Quadrat nach Pearson (Signifikanz)[a]
unabdingbar	59 (54,6%)	49 (45,4%)	
unfreiwillig	34 (31,8%)	73 (68,2%)	11,797
freiwillig	15 (38,5%)	24 (61,5%)	(0,003)

[a] Keine Zelle hat eine erwartete Häufigkeit kleiner fünf.

[b] Die Summe über die drei Wechseltypen beträgt für die Insider n = 108 (42,5%) und für die Outsider n = 146 (57,7%).

Die Häufigkeit der Insider / Outsider-Nachfolge kann zusätzlich in bezug auf die Wechseltypen konkretisiert werden. Dabei zeigt die Differenzierung nach Wechseltypen, daß die Qualität der Information über den potentiellen Nachfolger dennoch relevant bleibt.

Die Verteilung des Nachfolgertyps unterscheidet sich bei den einzelnen Wechseltypen. Während der Nachfolger einer pensionierten Spitzenführungskraft mit größerer Wahrscheinlichkeit ein Insider ist (54,6%), werden die Nachfolger im Fall der beiden anderen Wechseltypen mehrheitlich außerhalb des bisherigen Vorstandes rekrutiert. Besonders auffällig ist dabei der unfreiwillige Wechsel, bei dem mehr als zwei Drittel der Nachfolger Outsider sind. Dieser Zusammenhang von Wechseltyp und Nachfolgerart erweist sich auf einem Signifikanzniveau von 0,003 als signifikant. Ist der Wechsel der Spitzenführungskraft ein geplanter und in der Regel länger bekannter Prozeß, so werden eher Insider als Nachfolger berufen. Im Fall des ungeplanten Abgangs steigt die Wahrscheinlichkeit einer Outsider-Nachfolge. Vollzieht sich der Abgang der Spitzenführungskraft nicht nur ungeplant, sondern auch in einer offenen Konfliktsituation, so verstärkt dies die Outsider-Nachfolge. Dieser Zusammenhang entspricht damit den Überlegungen zum spezifischen Kompetenzprofil von Insidern und Outsidern. Ist der Übergang an der Unternehmensspitze geplant, besitzen Kompetenzen wie Fachmannschaft und soziale Kompetenz hohe Bedeutung – entsprechend werden in dieser Situation Insider bevorzugt. Im Fall des Konfliktes wird hingegen der „aktionskompetente" Outsider präferiert.

Neben den Wechseltypen lassen sich noch weitere Bedingungen der Nachfolgerart betrachten, deren Analyse Gegenstand des nächsten Kapitels ist.

2. Bedingungen der Insider / Outsider-Nachfolge

a) Bivariate Analyse der Bedingungen für die Nachfolgerart

Bevor in einer multivariaten Analyse die Bedingungen für die Nachfolgerart betrachtet werden, sollen im folgenden die Insider- und Outsider-Wechsel anhand verschiedener Variablen in einer bivariaten Analyse voneinander abgegrenzt werden. Dabei stehen besonders die im Rahmen der Hypothese 14, 15 und 16 relevanten Variablen zur Aufsichtsratszusammensetzung, Vorstandsgröße und Unternehmenserfolg im Zentrum der Analyse.[183]

Im Rahmen der Ableitung der Hypothese 14 wird argumentiert, daß die Wahl der Nachfolgerart abhängig ist von der Zusammensetzung des Aufsichtsrates, der die Auswahlentscheidung zu treffen hat.[184] Dabei wird zum einen betrachtet, inwieweit die ausgeschiedene Spitzenführungskraft in den Aufsichtsrat wechselt. Zum anderen wird nach dem Anteil weiterer unternehmensinterner Vertreter (hier Arbeitnehmervertreter) differenziert.

Die Verteilung der Nachfolgertypen im Zusammenhang mit dem *Wechsel des Vorgängers in den Aufsichtsrat* ist in Tabelle 69 als Kreuztabelle dargestellt. Während im Fall der Insider-Nachfolge die vorherigen Spitzenführungskräfte etwa zu gleichen Teilen in den Aufsichtsrat wechseln, dominiert bei der Outsider-Nachfolge eindeutig der „vollständige Abgang" des Vorgängers. Dieser Zusammenhang erweist sich bei einem Signifikanzniveau von 0,0001 als signifikant. Wechselt die ausscheidende Spitzenführungskraft in den Aufsichtsrat, ist die Wahrscheinlichkeit hoch, daß sie in dem gesamten Wechselprozeß Einfluß auf die Nachfolgeentscheidung nehmen kann. Sie hat vor ihrem Ausscheiden die Möglichkeit, einen Nachfolger systematisch aufzubauen, und wird diesen im Fall des Wechsels dann entsprechend präferieren.[185] Ein Insider sichert dabei einen kontinuierlichen Übergang und eröffnet der ausscheidenden Spitzenführungskraft weitere Einflußnahme auch nach ihrem Ausscheiden.

Hinsichtlich des *Anteils an Arbeitnehmervertretern im Aufsichtsrat* als unternehmensinterne Gruppe ergibt sich ebenfalls ein hypothesenkonformes Bild: Unternehmen mit einem Outsider als Nachfolger besitzen – auf einem Signifikanzniveau von 0,004 – signifikant weniger Arbeitnehmervertreter im Aufsichtsrat als Unter-

---

183 Ergänzend werden Ausprägungen der Variablen zur Aktionärsstruktur, Umweltdynamik und Unternehmensalter sowie Unternehmensgröße betrachtet. Diese Variablen erweisen sich in der bivariaten Analyse nur vereinzelt als relevant und sind hier zunächst nachrichtlich aufgeführt. Sie werden in der späteren multivariaten Analyse erneut aufgegriffen.

184 Hypothese 14a: *Unternehmen, deren ausgeschiedene Spitzenführungskräfte in den Aufsichtsrat wechseln, berufen eher Insider als Outsider zur Nachfolge an der Unternehmensspitze.* Hypothese 14b: *Unternehmen mit einem größeren Anteil unternehmensinterner Vertreter (im wesentlichen Arbeitnehmervertreter) im Aufsichtsrat berufen eher Insider als Outsider zur Nachfolge an der Unternehmensspitze.*

185 Dies gilt insbesondere für die planmäßige Pensionierung, bei der sich ein vergleichbares Bild der Insider / Outsider-Verteilung ergibt.

nehmen mit einer Insider-Nachfolge. Je größer der Anteil an Arbeitnehmervertretern im Aufsichtsrat, desto eher tritt ein Insider die Nachfolge in der Unternehmensleitung an. Bei der Interpretation dieses Befundes ist jedoch zu beachten, daß der Arbeitnehmeranteil am Aufsichtsrat gesetzlich im wesentlichen an die Unternehmensgröße fixiert ist. Da die Insider-Nachfolge im Durchschnitt auch bei signifikant größeren Unternehmen vorkommt, ist zunächst nicht eindeutig, welchen separaten Einfluß die Aufsichtsratszusammensetzung auf die Nachfolgerwahl hat. Unter Umständen wird diese Wirkungsbeziehung von der Unternehmensgröße überlagert. Die Nachfolgerwahl wäre dann hauptsächlich durch die Größe des Unternehmens determiniert. In diesem Fall sind weniger Informationsasymmetrien als vielmehr sogenannte „Bürokratie-Effekte“ wirksam. Dabei wird unterstellt, daß große Unternehmen eher bürokratisch organisiert sind und damit eher zu internen Rekrutierungen neigen.[186]

Ein ähnliches Problem ergibt sich bei dem Zusammenhang von *Vorstandsgröße* und Nachfolgerart. Zwar weisen auch hier – konform mit der Hypothese 16[187] – Unternehmen mit einem Insider als Nachfolger einen größeren Vorstand auf als Unternehmen mit einer Outsider-Nachfolge. Insoweit scheint sich die Annahme zu bestätigen, nach der die Größe des „personellen Reservoirs“ und damit die Anzahl potentieller Nachfolger positiv mit der Insider-Nachfolge zusammenhängt. Da jedoch große Unternehmen in der Regel von einem größeren Vorstand geleitet werden, ist auch in diesem Fall der jeweils individuelle Effekt nicht eindeutig abzugrenzen. Um dies zu erreichen, bedarf es einer multivariaten Analyse, die Gegenstand des nächsten Kapitels ist.

Die theoretische Argumentation des zweiten Abschnitts stellt nicht nur einen Zusammenhang zwischen Nachfolgerart und Variablen der Unternehmensverfassung her, sondern vermutet auch eine Beziehung zum *Unternehmenserfolg.* Wie den Angaben der Tabelle 69 zu entnehmen ist, weisen Unternehmen mit einem Insider als Nachfolger im Durchschnitt eine höhere Gesamtkapitalrendite auf als Unternehmen mit einer Outsider-Nachfolge.[188] In der Betrachtung über alle Wechselfälle erweist sich dieser Unterschied jedoch nur als schwach signifikant (Signifikanzniveau: 0,079).

Da entsprechend der Ergebnisse aus den vorangehenden Kapiteln zwischen den Wechseltypen erhebliche Unterschiede hinsichtlich der Erfolgslage bestehen, erscheint es sinnvoll, die Analyse des Zusammenhangs von Unternehmenserfolg und Nachfolgerart zusätzlich um die Differenzierung nach Wechseltypen zu ergänzen. In Tabelle 70 sind entsprechend die Erfolgswerte je Nachfolgerart und Wechseltyp für t_{-1} wiedergegeben.

---

186 Vgl. Grusky (1963).

187 Hypothese 16: *Unternehmen mit einer größeren Anzahl Mitglieder im Vorstand berufen eher Insider als Outsider zum Nachfolger der Spitzenführungskraft.*

188 Die ebenfalls angegebene ordentliche betriebliche Rendite zeigt eine vergleichbare Tendenz.

Tabelle 69

Unternehmenserfolg und Kontext vor dem Insider / Outsider-Wechsel (t_{-1})

Variable	Insider		Outsider		Teststatistik[b]
	Mittelwert (Standardabweich.)	Median	Mittelwert (Standardabweich.)	Median	Z-Wert (Signifikanz)
Anzahl Fälle	91 (88)[a]		121 (118)[a]		
Gesamtkapitalrendite	0,0363 (0,0564)	0,0404	0,0269 (0,1010)	0,0274	-1,754 (0,079)
ordentliche betriebl. Rendite	-0,0072 (0,0744)	0,0008	-0,0156 (0,0906)	-0,0045	-0,813 (0,416)
Vorstandsgröße	4,6374 (2,2731)	4,0000	3,6612 (1,8910)	3,0000	-3,623 (0,000)
Aufsichtsratsgröße	12,4286 (5,5820)	12,0000	10,5041 (5,3776)	10,0000	-2,502 (0,012)
Anteil AN am AR	0,4321 (0,1016)	0,5000	0,3817 (0,1332)	0,3333	-2,858 (0,004)
Unternehmensgröße	22164 (52828)	6690	10617 (28828)	2205	-3,116 (0,002)
SpFK = Aktionär	ja	nein	ja	nein	0,640[+,1] (0,424)
	6	85	5	116	
Anteil Streubesitz	34,3063 (25,8088)	30,0000	29,5974 (24,9872)	24,9800	-1,359 (0,174)
Anteil Besitz bei nat. Personen	13,7149 (27,2015)	0,0000	14,6401 (28,7928)	0,0000	-0,102 (0,919)
Anteil instit. Besitz	51,9678 (33,7195)	56,1000	55,7626 (28,7928)	64,0000	-0,878 (0,380)
Umweltdynamik	0,8430 (1,7495)	0,2178	0,9214 (1,8773)	0,2178	-0,176 (0,860)
Unternehmensalter	72,6703 (41,3479)	81,0000	67,1405 (42,9232)	73,0000	-0,645 (0,519)
Wechsel in den AR	ja	nein	ja	nein	15,311[+,2] (0,000)
	42	49	25	95	
unabdingbar[c]	34	22	18	29	5,137 (0,023)
unfreiwillig[c]	1	21	4	52	0,178 (0,673)
freiwillig[c]	7	6	3	14	4,344 (0,037)

[a] Werte in Klammern beziehen sich auf Anzahl Fälle bei „Anteil Arbeitnehmer im Aufsichtsrat".

[b] Nichtparametrischer Mann-Whitney Test (2-seitige Signifikanz).

[+,1] Chi-Quadrat-Test nach Pearson; eine Zelle hat eine erwartete Häufigkeit kleiner 5. Die minimale erwartete Häufigkeit ist 4,72.

[+,2] Chi-Quadrat-Test nach Pearson. Die Kreuztabellen zum unfreiwilligen und zum freiwilligen Wechsel weisen Zellen mit erwarteten Häufigkeiten kleiner 5 auf.

[c] Wechseltypen differenziert nach der Initiative zum Wechsel.

[grau hinterlegt] = signifikanter Unterschied

Tabelle 70

Unternehmenserfolg je Nachfolgerart und Wechseltyp in t_{-1}

Gesamtkapitalrendite	Insider	Outsider	Teststatistik
Wechseltypen	Mittelwert (Standard-abweichung)	Mittelwert (Standard-abweichung)	Z-Wert[a] (Signifikanz)
unabdingbar	0,0430 (0,0413)	0,0493 (0,1003)	-0,722 (0,470)
unfreiwillig	0,0131 (0,0815)	-0,0115 (0,0715)	-2,154 (0,031)
freiwillig	0,0467 (0,0552)	0,0877 (0,1345)	-0,160 (0,873)

[a] Nichtparametrischer Mann-Whitney Test. Ein alternativ berechneter *t*-Test ergibt vergleichbare Ergebnisse.

Die einzelnen Wechseltypen unterscheiden sich im Unternehmenserfolg je Nachfolgerart voneinander. Während Unternehmen mit einem Insider als Nachfolger auf einen unabdingbaren Wechsel kaum Erfolgsunterschiede zum Fall der Outsider-Nachfolge aufweisen, zeigt sich beim unfreiwilligen Wechsel ein eindeutiger Unterschied zwischen beiden Nachfolgearten. Je kritischer der Unternehmenserfolg im Jahr vor dem Wechsel ist, desto eher folgt nach einem unfreiwilligen Wechsel ein Outsider als Nachfolger. Dieser Unterschied erweist sich bei einem Signifikanzniveau von 0,031 als signifikant. Scheidet eine Spitzenführungskraft unfreiwillig aus dem Amt, so dient der Unternehmenserfolg offensichtlich, in Übereinstimmung mit der Argumentation der Hypothese 15, als Informationsgröße über die Qualität eines Insiders.[189] Bisherige Vorstandsmitglieder werden als mitverantwortlich für den Unternehmenserfolg angesehen und ihre jeweilige Qualität als potentiell nachfolgende Spitzenführungskraft entsprechend beurteilt. Im Fall des unabdingbaren Wechsels zeigt sich kein entsprechender Zusammenhang, was jedoch unter Umständen auch auf das ohnehin hohe Erfolgsniveau zurückzuführen ist.

Beim freiwilligen Wechsels zeigt sich im Vergleich zum unfreiwilligen Wechsel ein in der Tendenz genau umgekehrter Zusammenhang:[190] Je höher der Unternehmenserfolg vor dem Wechsel, desto eher folgt ein Outsider auf die ausgeschiedene Spitzenführungskraft. Der Unternehmenserfolg dient hier scheinbar weniger zur Evaluation eines potentiellen Insider-Nachfolgers, sondern vielmehr als Signal der Attraktivität des Unternehmens für Outsider. Je attraktiver das Unternehmen, desto eher sind Outsider bereit, die Unternehmensleitung zu übernehmen. Damit steigt die Anzahl an Nachfolger-Alternativen und damit auch die Wahrscheinlichkeit einer Outsider-Nachfolge.

---

189 Hypothese 15: *Je kritischer der Unternehmenserfolg vor dem Wechsel der Spitzenführungskraft ist, desto eher wird ein Outsider im Amt nachfolgen.*

190 Dabei ist jedoch zu beachten, daß kein signifikanter Befund vorliegt und Aussagen daher höchstens in der Tendenz gültig sind.

Hypothese 15 bestätigt sich folglich nur für den Fall des unfreiwilligen Wechsels. Der Zusammenhang von Unternehmenserfolg und Wahl der Nachfolgerart ist also zusätzlich anhand von Wechseltypen und auch anhand von unterschiedlichen Erfolgsniveaus zu relativieren.

b) Multivariate Analyse der Bedingungen der Nachfolgerart

Mit der Unterscheidung des Nachfolgers an der Unternehmensspitze in Insider und Outsider liegt eine dichotom skalierte abhängige Variable in der Analyse der Bedingungen der Nachfolgerart vor. Damit bietet sich erneut die logistische Regression als multivariates Analyseverfahren an.[191] Bevor jedoch die Ergebnisse der Regressionsschätzung berichtet werden können, ist zunächst die Einhaltung der Prämissen der logistischen Regression zu überprüfen.

Zunächst kann anhand der nachfolgenden Korrelationstabelle eine erste Überprüfung auf Multikollinearität der unabhängigen Variablen erfolgen. Sofern zwei Variablen bereits bivariat hoch korrelieren, ist eine der beiden Variablen aus der multivariaten Analyse auszuschließen. Die entfernten Variablen sind in der Korrelationstabelle grau markiert.

Die vom Betrag her höchsten Korrelationen sind zwischen den Variablen zur Fluktuation in den „einfachen" Vorstandspositionen festzustellen. Da die relativen Abgänge und Zugänge im Vorstand jeweils Teilgrößen der Gesamtfluktuation bis zum Wechsel der Spitzenführungskraft sind, ist dieser Befund nicht überraschend. In der weiteren Analyse wird daher lediglich letztere Variable berücksichtigt. Wie bereits vermutet, korrelieren zudem die Aufsichtsratsgröße, Vorstandsgröße und Unternehmensgröße hoch miteinander. Da zudem die Aufsichtsratsgröße stark mit dem Anteil Arbeitnehmervertreter im Aufsichtsrat korreliert, werden sowohl die Variablen zur Aufsichtsrats- als auch zur Unternehmensgröße von der Analyse ausgeschlossen.[192] Die drei Variablen zur Aktionärsstruktur korrelieren ebenfalls hoch, deshalb kann davon ausgegangen werden, daß die Eigentümerstruktur durch die Variable „Anteil institutioneller Anleger" hinreichend Berücksichtigung findet.

---

191 Vgl. zum Vorgehen der logistischen Regression die Ausführungen in Kapitel F.IV.3 sowie die dort angegebene Literatur.

192 Da besonders der Zusammenhang von Aufsichtsratszusammensetzung (Anteil Arbeitnehmervertreter im Aufsichtsrat) und Nachfolgerart unter Umständen von Größeneffekten überlagert ist, wird alternativ eine Regressionsschätzung unter Einbeziehung der Unternehmensgröße, aber ohne die Vorstandsgröße vorgenommen. Die Koeffizienten der Variablen zur Aufsichtsratszusammensetzung verändern sich dabei nicht in nennenswertem Umfang, so daß von einem i. d. S. relativ stabilen Zusammenhang zwischen Nachfolgerart und Aufsichtsratszusammensetzung ausgegangen werden kann. Inwieweit Vorstandsgröße, Unternehmensgröße und Nachfolgerart interagieren, ist Gegenstand einer ergänzenden Analyse am Ende dieses Kapitels.

Tabelle 71: **Korrelationswerte der unabhängigen Variablen zu Bedingungen der Nachfolgerart (t_{-1})**

		1.	2.	3.	4.	5.	6.	7.	8.	9.	10.	11.	12.	13.	14.	15.	16.	17.
1.	GKR	1,000																
2.	n_vorst	.066	1,000															
3.	n_ar	-.110	.669**	1,000														
4.	n_anar	-.161*	.487**	.697**	1,000													
5.	wexinar	.182**	.223**	.122	.086	1,000												
6.	SpFK=Ak	.048	-.136*	-.267**	-.222**	-.013	1,000											
7.	besinst	.030	-.057	.177**	.119	-.050	-.321**	1,000										
8.	besnat	.049	-.150*	-.316**	-.177**	.015	.412**	-.678**	1,000									
9.	bestrue	-.090	.247**	.094	.039	.052	.001	-.612**	-.137*	1,000								
10.	n_besch	.026	.708**	.473**	.249**	.104	-.087	-.149*	-.137*	.355**	1,000							
11.	alter	-.010	.087	.071	.053	.069	-.013	.134*	-.081	-.068	.009	1,000						
12.	udynam	.125	-.161*	-.245**	-.471**	-.002	.122	-.066	.071	.020	-.010	.086	1,000					
13.	ab_biswex[a]	-.139*	.343**	.313**	.258**	-.034	-.030	-.011	-.065	.066	.374**	-.046	-.102	1,000				
14.	fluktbis	-.094	.425**	.332**	.291**	-.013	-.076	.002	-.100	.077	.391**	-.057	-.139*	.950**	1,000			
15.	zu_biswex[c]	-.034	.466**	.314**	.294**	.012	-.118	.015	-.127	.080	.364**	-.063	-.163*	.785**	.939**	1,000		
16.	Typ1_effekt	.013	.166*	.056	.054	.253**	.062	-.118	.059	.106	.152*	.072	.013	-.192**	-.156*	-.099	1,000	
17.	Typ2_effekt	-.311**	-.083	-.062	-.003	-.312**	.026	-.085	.114	-.024	-.060	-.044	-.058	.149*	.165*	.163*	.170**	1,000

[grau hinterlegt] Entfernte Variablen

[umrandet] Korrelation $\geq 0,7$

* signifikant im 5%-Intervall, ** signifikant im 1%-Intervall

[a] Summe der Abgänge „einfacher" Vorstandsmitglieder bis zum Wechsel der Spitzenführungskraft

[c] Summe der Zugänge „einfacher" Vorstandsmitglieder bis zum Wechsel der Spitzenführungskraft

Die verbleibenden Variablen weisen Toleranzwerte zwischen 0,92 und 0,74 auf, so daß von einem sehr geringen Grad an Multikollinearität ausgegangen werden kann. Damit können folgende Variablen in der multivariaten Analyse der Bedingungen der Nachfolgerart berücksichtigt werden: Neben dem *Unternehmenserfolg* (Gesamtkapitalrendite) zum Test der Hypothese 15 sind besonders die Variablen *„Wechsel in den Aufsichtsrat"* und *„Anteil Arbeitnehmervertreter im Aufsichtsrat"* zum Test der Hypothese 14 relevant. Da die vorangegangenen Analyse einen starken Zusammenhang von Wechseltyp und Unternehmenserfolg ergeben haben, empfiehlt es sich zusätzlich, den *Wechseltyp* als unabhängige Variable einzubeziehen.[193] Neben der Unternehmensgröße als zentraler Kontrollvariable werden zusätzlich auch noch die Variablen „SpFK=Aktionär" und „Anteil institutioneller Besitz" als Variablen zur Eigentümerstruktur sowie „Unternehmensalter", „Branchendynamik"[194] und „Gesamtfluktuation im Vorstand" als weitere Kontrollvariablen berücksichtigt.

Weiterhin ist zu prüfen, inwieweit Fälle mit maßgeblichem außergewöhnlichen Einfluß die Ergebnisse der Regressionsschätzung verzerren. Über die Betrachtung der Residuen sowie von Cook's Distance können insgesamt 10 Fälle als „influential observations" identifiziert und entsprechend aus der Analyse ausgeschlossen werden. Insgesamt stehen damit 223 Fälle zur Analyse zur Verfügung. Auf Grund eines fallweisen Ausschlusses bei fehlenden Werten in einer oder mehreren Variablen reduziert sich der Datensatz zusätzlich um 28 Fälle, so daß letztlich 195 Fälle zur Regressionsschätzung verwandt werden.

Zur Beurteilung der Güte der Regressionsschätzung sind in der nachfolgenden Tabelle eine Reihe von Gütekriterien wiedergegeben. Die Gütemaße weisen dabei

---

193 Beim Wechseltyp handelt es sich um eine effektcodierte Dummy-Variable. Bei drei möglichen Wechseltypen sind dabei zwei Dummy-Variablen ausreichend, um vollständig über den spezifischen Wechseltyp je Fall zu informieren. Wechselfällen, die auf beiden Dummy-Variablen eine Null aufweisen, wird eine –1 zugewiesen, so daß sich folgendes Codierungsschema für die Effektcodierung ergibt:

	Codierung	
Wechselfall	unabdingbar	unfreiwillig
1	1	0
2	0	1
3	–1	–1

Vgl. auch Bortz (1989), S. 578–581.

194 Mittels der Branchendynamik als Varianz der Erfolgsmittelwerte je Branche werden in diesem Analysedesign Brancheneffekte kontrolliert. Jahreseffekte sind über Dummy-Variablen für jedes Analysejahr zu kontrollieren. Die Koeffizienten dieser Dummy-Variablen sind jedoch für kein Jahr signifikant von Null verschieden, so daß das Jahr des Wechsels offensichtlich keinen Einfluß auf die Nachfolgerart hat. Auch die Koeffizienten der übrigen unabhängigen Variablen ändern sich nicht nennenswert bei Einbeziehung der Jahres-Dummys, so daß aus Gründen der Übersichtlichkeit auf die Einbeziehung dieser Dummy-Variablen verzichtet wird.

insgesamt auf eine relativ hohe Güte des Gesamtmodells zur Erklärung der Nachfolgerart hin. Die im Gesamtmodell einbezogenen 11 unabhängigen Variablen erreichen gegenüber dem Null-Modell mit lediglich einer Konstante eine auf dem 0,0001-Niveau signifikant bessere Anpassung. Mindestens einer der Koeffizienten des Gesamtmodells ist damit signifikant von Null verschieden.

Tabelle 72

Güte des Gesamtmodells zu Bedingungen der Nachfolgerart (t_{-1})

Gütemaß	Ausprägung der Maße im Gesamtmodell	
Devianz des Gesamtmodells	262,47, Signifikanzniveau 1,0000[195]	
Goodness-of-Fit Statistik	176,28, Signifikanzniveau 1,000	
Likelihood-Quotienten-Test	262,47 Devianz Null-Modell (nur Konstante) 203,44 Devianz Gesamtmodell (alle unabhängigen Variablen) 59,03 Differenz der Devianz (Signifikanzniveau 0,000)	
Pseudo-R^2	0,225	
Nagelkerke-R^2	0,353	
Klassifikationsmatrix	korrekt klassifizierte „Insider-Fälle“	62,8%
	korrekt klassifizierte „Outsider-Fälle“	78,6%
	korrekte Klassifikation gesamt	72,3%
	zufällige Trefferquote[196]	52,0%

Auch das Pseudo-R^2 mit einem Wert von 0,23 liegt innerhalb des von *Urban* als gut angegebenen Wertebereichs zwischen 0,2 und 0,4.[197] Die Klassifikationsgüte der logistischen Regressionsfunktion liegt mit 72% weit oberhalb der zufälligen Trefferquote und unterstützt damit die Aussage hoher Modellgüte.[198] Diese hohe Modellgüte ermöglicht eine detaillierte Interpretation der in Tabelle 73 wiedergegebenen Regressionskoeffizienten.

---

195 Das Maß ist asymptotisch $\chi 2$-verteilt mit N-p Freiheitsgraden (N = 195 Fälle, p = 11 Parameter). Vgl. Krafft (1995), S. 291.

196 Zufällige Trefferquote gemäß des „proportional chance criterion“. Vgl. Hair et al. (1998), S. 303.

197 Vgl. Urban (1993), S. 62 f.

198 Interessant ist dabei, daß das Regressionsmodell offensichtlich Outsider-Nachfolgen leicht besser klassifizieren kann, als dies im Fall der Insider-Nachfolge möglich ist.

Tabelle 73

Ergebnisse der logistischen Regression zu Bedingungen der Nachfolgerart (t_{-1})

Variable	Hypothese	Wirkung[b]	Koeffizient (Standardfehler)	Wald (Signifikanz)	partielle Korrelation[a]
Gesamtkapitalrendite	H 15	+	-0,2973 (2,8721)	0,0107 (0,9176)	0,0000
Anteil Arbeitnehmervertreter im AR	H 14b	+	9,3365 (2,5893)	13,0022**** (0,0003)	0,2047
Wechsel in den Aufsichtsrat	H14a	+	0,9533 (0,3963)	5,7856** (0,0162)	0,1201
SpFK=Aktionär			2,2897 (0,8695)	6,9346*** (0,0085)	0,1371
Anteil institutioneller Besitz			0,0023 (0,0060)	0,1413 (0,7069)	0,0000
Vorstandsgröße	H 16	+	0,1107 (0,1095)	1,0210 (0,3123)	0,0000
Gesamtfluktuation im Vorstand (bis zum Wechsel)			-0,1748 (0,1875)	0,8690 (0,3512)	0,0000
unabdingbarer Wechsel (Effektcodiert)		(+)[c]	0,4764 (0,2631)	3,2796* (0,0701)	0,0698
unfreiwilliger Wechsel (Effektcodiert)		(-)[c]	-0,7536 (0,3000)	6,3119** (0,0120)	-0,1282
Umweltdynamik			0,0777 (0,1241)	0,3919 (0,5313)	0,0000
Unternehmensalter			0,0026 (0,0045)	0,3278 (0,5670)	0,0000

* $p \leq 0,1$; **$p \leq 0,05$; ***$p \leq 0,01$; ****$p \leq 0,001$

[a] Das Programm SPSS weist partielle Korrelationen nur aus, wenn die Wald-Statistik einen Wert größer 2 annimmt. Andernfalls wird lediglich eine „0“ ausgewiesen.

[b] „+“ entspricht: je höher der jeweilige Wert, desto eher wird ein Insider als Nachfolger gewählt.

[c] Für die Wechseltypen sind keine Hypothesen explizit abgeleitet worden. Dennoch ergeben sich aus der Argumentation zu den explizit betrachteten unabhängigen Variablen und ihrem – zuvor festgestellten – Zusammenhang zum Wechseltyp indirekt die in den Klammern vermerkten Wirkungsrichtungen von Wechseltyp und Nachfolgerart.

Bei der Interpretation der multivariaten Bedingungen der Insider- oder Outsider-Nachfolge ist zunächst festzuhalten, daß bis auf den Unternehmenserfolg alle unabhängigen Variablen hypothesenkonforme Vorzeichen aufweisen. Fünf der elf betrachteten unabhängigen Variablen erweisen sich als mindestens statistisch signifikant auf dem 10%-Niveau.

Im Gegensatz zur Annahme der Hypothese 15 wirkt der *Unternehmenserfolg* vor dem Wechsel der Spitzenführungskraft bei Berücksichtigung aller weiteren unabhängigen Variablen nicht signifikant auf die Nachfolgerart. Zudem weist das negative Vorzeichen auf einen hypothesenkonträren tendenziell negativen Zusammenhang von Erfolg und Insider-Nachfolge hin. Inwieweit ein Insider oder Outsider an der Unternehmensspitze nachfolgt, ist also nicht durch den Unternehmenserfolg vor dem Wechsel bestimmt.

Dies Ergebnis überrascht, da auf Basis der agency-theoretischen Überlegungen zu erwarten war, daß mit dem Unternehmenserfolg eine verhältnismäßig gute Informationsquelle zur Beurteilung gerade von Insider-Nachfolgern zur Verfügung steht, die auch entsprechend vom Aufsichtsrat genutzt wird. Der hier zu beobachtende fehlende Zusammenhang kann dabei unter Umständen auf zwei alternative Ursachen zurückgeführt werden:

(a) Mit dem Unternehmenserfolg wird nicht die „richtige" Informationsquelle betrachtet: Obwohl ein potentieller interner Nachfolger als „einfaches" Vorstandsmitglied formal für den Unternehmenserfolg mitverantwortlich ist, wird ihm nur geringe diskretionäre Einflußmöglichkeit zugetraut. Hauptsächlich verantwortlich für den Erfolg ist die Spitzenführungskraft. Die Beurteilung der Qualität oder Befähigung des Nachfolgers an der Unternehmensspitze kann sich also nicht am Unternehmenserfolg orientieren. Seine Evaluation durch den Aufsichtsrat muß auf andere Informationen zurückgreifen. So können zum Beispiel konkrete inhaltliche Ergebnisse der Arbeit des potentiellen Nachfolgers zur Beurteilung seiner Führungskraftfähigkeiten herangezogen werden.

(b) Die Nachfolgerentscheidung ist unabhängig von der Qualität und Befähigung des Nachfolgers: Dies Argument unterstellt, daß nicht objektive Kriterien (wie z. B. der Unternehmenserfolg), sondern vielmehr subjektive Einschätzungen oder persönliche Kontakte die Nachfolgerwahl leiten. Der Auswahlprozeß ist in diesem Sinne nicht ein rational ökonomischer Entscheidungsprozeß, sondern eher das Ergebnis eines „Machtspiels". Dabei mag der Unternehmenserfolg ein Kriterium unter vielen anderen sein. Ein direkter Einfluß des Erfolges auf die Nachfolgerart ist jedoch nicht mehr festzustellen.

Welcher Erklärungsansatz für den beobachteten hypothesenkonträren fehlenden Zusammenhang von Unternehmenserfolg und Nachfolgerart gültig ist, kann anhand der hier vorliegenden Daten nicht abschließend beurteilt werden. Die in der obigen Regressionsschätzung zu erkennende Bedeutung der Aufsichtsratszusammensetzung sowie der Wechseltypen spricht jedoch für eine hohe Relevanz „politischer" Machtkonstellationen im Rahmen des Auswahlprozesses und unterstützt damit tendenziell den zweiten Erklärungsansatz.

Die beiden Variablen zur *Aufsichtsratszusammensetzung* bestätigen die in Hypothese 14 aufgestellte These, daß Insider besonders dann als Nachfolger gewählt werden, je mehr Untenehmensinterne – hier Arbeitnehmervertreter – im Aufsichtsrat vertreten sind und sofern die ausscheidende Spitzenführungskraft in den Aufsichtsrat wechselt. Besonders der „Anteil Arbeitnehmervertreter im Aufsichtsrat" erweist sich als hoch signifikanter Regressor ($p \leq 0{,}001$) mit der im Vergleich zu allen anderen hier betrachteten Einflußvariablen höchsten partiellen Korrelation zur Nachfolgerart. Dieser Befund bestätigt sich auch unter Berücksichtigung der Unternehmensgröße. Selbst wenn die Unternehmensgröße anstatt der Vorstandsgröße als unabhängige Variable in der Regressionsschätzung verwandt wird, verbleibt die Variable zum Anteil unternehmensinterner Mitglieder im Aufsichtsrat ein hoch signifikanter Einflußfaktor mit dem stärksten individuellen Zusammenhang zur Nachfolgerart.

Offensichtlich hat die Zusammensetzung des für die Neubesetzung der Spitzenführungskraftposition zuständigen Organs einen entscheidenden Einfluß auf die Nachfolgerwahl. Unternehmensinterne Nachfolger werden von den Arbeitnehmervertretern vermutlich deshalb präferiert, weil ihnen Informationen über diese Nachfolgekandidaten auf Grund ihrer eigenen Tätigkeit im Unternehmen in besonders großem Umfang vorliegen. Es ist jedoch auch nicht auszuschließen, daß die Wahl eines Insiders aus der Erwartung größerer Einflußmöglichkeiten auf die Spitzenführungskraft resultieren. So können Arbeitnehmervertreter im Aufsichtsrat von einem Insider ein relativ höheres Commitment zu früheren Entscheidungen erwarten. Bei einer unterstellten Präferenz für bestehende Strukturen und „Besitzstände" wird ein Insider daher gegenüber einem Outsider von den Arbeitnehmervertretern bevorzugt.

Unter Umständen deutet die hohe Bedeutung der Variablen „Anteil Arbeitnehmervertreter im Aufsichtsrat" jedoch weniger auf die Arbeitnehmervertreter als treibende Kraft bei der Nachfolgerwahl hin als vielmehr auf die umgekehrten Einflußmöglichkeiten durch interne Nachfolgekandidaten. Ein potentieller Nachfolger, der bereits im Unternehmen tätig ist, hat im Vergleich zu einem Outsider umfangreichere Kontakte zu Arbeitnehmervertretern. Damit eröffnen sich Möglichkeiten, die Arbeitnehmervertreter für sich zu gewinnen und in diesem Sinne eine Bestellung an die Unternehmensspitze aktiv zu betreiben. Je größer der Anteil der Arbeitnehmervertreter im Aufsichtsrat, desto größer sind demnach auch die Möglichkeiten des Insiders, zu seinen eigenen Gunsten Einfluß auf die Nachfolgerwahl zu nehmen.

Die Dummy-Variablen zum *Wechseltyp* erweisen sich ebenfalls als signifikante Faktoren zur Erklärung der Nachfolgerart. Der *unabdingbare Wechsel* hängt signifikant positiv mit der Insider-Nachfolge zusammen: Im Vergleich zum Durchschnitt über alle Wechseltypen folgt auf einen Wechsel im Rahmen planmäßiger Pensionierung eher ein Insider als Nachfolger an der Unternehmensspitze.[199] Dieser positive Zusammenhang ist insoweit erwartungskonform, als daß die Pensionierung ein planmäßiges Ereignis ist, das lange vorher allen Beteiligten bekannt ist. Ein potentieller Nachfolger kann in diesem Fall bereits intern auf die neue Aufgabe vorbereitet werden. Dies sollte die Insider-Nachfolge entsprechend begünstigen. Einer auf Grund von Pensionierung ausscheidenden Spitzenführungskraft kann zudem unterstellt werden, daß sie an möglichst großer Kontinuität auch nach ihrem Ausscheiden interessiert ist.[200] Die aus dem bisherigen Vorstand nachfolgende Spitzenführungskraft wird eher die von ihr mitgetragenen Entscheidungen der Vergangenheit auch in Zukunft weiterverfolgen. Sie wird damit von der ausscheidenden Spitzenführungskraft mit großer Wahrscheinlichkeit präferiert. Da eine planmäßig ausscheidende Spitzenführungskraft vergleichsweise großen Einfluß auf die Nachfolgeentscheidung haben sollte, wird die Auswahl eines Insiders in diesem Sinne begünstigt.

Im Gegensatz zum unabdingbaren Wechsel zeigt sich beim *unfreiwilligen Wechsel* ein negativer Zusammenhang zur Insider-Nachfolge: Im Vergleich zum Durchschnitt über alle Wechseltypen folgt auf eine unfreiwillig ausgeschiedene Spitzenführungskraft eher ein Outsider an der Unternehmensspitze. Dieser Wechsel der Spitzenführungskraft ist insbesondere durch „Differenzen über die Geschäftspolitik" zwischen Spitzenführungskraft und Aufsichtsrat gekennzeichnet. Die bisherige Situation wird vom Aufsichtsrat als unbefriedigend beurteilt und der unfreiwillige Wechsel wird als Maßnahme zur Korrektur eingesetzt. Entsprechend erwartet der Aufsichtsrat durch die neue Spitzenführungskraft eine Änderung der Geschäftspolitik. Die dabei bedeutsamen Kompetenzen – Aktionskompetenz und Methodenkompetenz – treten jedoch eher beim Outsider auf, so daß entsprechend die Wahrscheinlichkeit seiner Berufung in dieser Situation steigt. In diesem Sinne bestätigen die Befunde zum Zusammenhang von Nachfolgerart und Wechseltyp die Überlegungen zur Bedeutung spezifischer Kompetenzprofile bei der Nachfolgeentscheidung.

Die bisherigen Ergebnisse zum Zusammenhang von Unternehmenserfolg und Wechseltyp weisen auf eine starke negative Beziehung von Erfolg und unfreiwilligem Wechsel hin.[201] In diesem Sinne bestätigt der negative Zusammenhang von

---

199 Da es sich bei den Wechseltypen um effektcodierte Dummy-Variablen handelt, lassen sich die Regressionskoeffizienten nicht wie bei „einfacher" Dummy-Codierung üblich in Relation zur jeweiligen Referenzkategorie, sondern als Abweichung vom Durchschnitt über alle Wechseltypen interpretieren. Vgl. Hair et al. (1998), S. 168.

200 Scheidet eine Spitzenführungskraft pensionsbedingt aus, so deutet dies zudem auf eine i. d. R. lange und damit auch erfolgreiche Amtszeit hin. War die Unternehmenspolitik erfolgreich, ist zu erwarten, daß die Spitzenführungskraft auch eine erfolgreiche Nachfolgerpolitik betreibt. Das heißt, sie vermeidet möglichst eine turbulente Situation für das Unternehmen im Fall ihres Ausscheidens, indem sie einen Nachfolgekandidaten bereits intern auf die Unternehmensführung vorbereitet. Damit erhöht sich auch die Wahrscheinlichkeit einer internen Nachfolge auf einen planmäßigen Wechsel.

201 Vgl. die Ergebnisse aus Kapitel F.IV sowie die vorangehende Korrelationstabelle mit einer signifikanten Korrelation von unfreiwilligem Wechseltyp und Unternehmenserfolg von –.312.

unfreiwilligem Wechsel und Insider-Nachfolge zumindest indirekt (und nur für den Fall des unfreiwilligen Wechsels) damit auch die zuvor nicht direkt beobachtbare, erwartete Beziehung von Nachfolgerart und Unternehmenserfolg:[202] Ein vergleichsweise kritischer Unternehmenserfolg führt zu einem unfreiwilligen Wechsel der Spitzenführungskraft, deren Nachfolger mit höherer Wahrscheinlichkeit dann ein Outsider ist.

In Übereinstimmung der Erwartung der Hypothese 16, daß bei zunehmender Anzahl an Vorstandsmitgliedern die Wahrscheinlichkeit einer Insider-Nachfolge steigt, besitzt der Koeffizient zur *Vorstandsgröße* in der Regressionsgleichung ein positives Vorzeichen. Dieser Zusammenhang ist jedoch nicht signifikant, so daß man davon ausgehen kann, daß die Vorstandsgröße keinen bedeutenden Einfluß auf die Nachfolgerwahl hat.

Da die Vorstandsgröße jedoch eng mit der Unternehmensgröße korreliert (r =.708), ist eine Aussage zum Zusammenhang von Vorstandsgröße und Nachfolgerwahl in dieser Hinsicht differenzierter zu analysieren. Dabei sind Unternehmen zunächst entsprechend ihrer Beschäftigtenzahl in drei Größenklassen einzuteilen.[203] Je Größenklasse läßt sich dann die Wahl der Nachfolgerart in Relation zur Vorstandsgröße analysieren.

Obwohl Unternehmen mit einer Insider-Nachfolge unabhängig von der Größenklasse durchschnittlich einen größeren Vorstand besitzen, ist der Unterschied in der Anzahl der Vorstandsmitglieder lediglich bei den mittelgroßen Unternehmen signifikant:[204] In mittelgroßen Unternehmen wird dann ein Insider als Nachfolger bestellt, wenn der Vorstand sich aus vergleichsweise vielen Mitgliedern zusammensetzt. Hypothese 16 zum positiven Zusammenhang von Vorstandsgröße und Insider-Nachfolge läßt sich also nur für mittelgroße Unternehmen bestätigen. Bei diesen Unternehmen wirkt die verbreiterte Basis zur internen Rekrutierung offensichtlich in der erwarteten Richtung zu Gunsten von Insidern. Bei vergleichsweise kleinen Unternehmen setzt sich der Vorstand aus durchschnittlich zwei bis drei Mitgliedern zusammen.[205] Die personelle Basis ist in diesen Fällen so gering,

---

202 Die hohe Korrelation der beiden unabhängigen Variablen „Unternehmenserfolg" und „unfreiwilliger Wechseltyp" läßt mögliche Kollinearitätsprobleme vermuten. Da jedoch der Toleranzwert der beiden Variablen mit 0,92 und 0,76 sehr nahe an dem optimalen Wert von 1 liegen und auch die wechselseitige Elimination der beiden Variablen aus der Regressionsschätzung zu keiner nennenswerten Variation der übrigen Regressionskoeffizienten (und ihrer Bedeutung) führt, liegt in diesem Falle ein akzeptables Niveau an Multikollinearität vor.

203 Zur Bestimmung der Klassengrenzen werden die 30%-Percentile der Beschäftigtenzahl herangezogen, so daß sich folgende drei Größenklassen bilden: „kleine Unternehmen" $<$ 1.474, 1.474 $\leq$ „mittlere Unternehmen" $<$ 7.594 und „große Unternehmen" $\geq$ 7.594 Beschäftigte.

204 Mit einem Z-Wert von -2,086 und einem Signifikanzniveau von 0,037.

205 Durchschnittliche Vorstandsgröße bei Insider-Nachfolge = 2,86 und bei Outsider-Nachfolge = 2,50 Mitglieder.

daß trotz leicht größerer Vorstände keine realistisch größere Möglichkeit zur Berufung eines Insiders besteht.

Daß auch sehr große Unternehmen keinen Zusammenhang von Vorstandsgröße und Insider-Nachfolge aufweisen, erstaunt, da hier bei einer durchschnittlichen Größe von über fünf Mitgliedern eine ausreichend große Anzahl an Alternativen zur internen Nachfolge zur Verfügung stehen sollte. Dieser Zusammenhang wird jedoch unter Umständen überlagert durch die höhere Attraktivität eines großen Unternehmens für potentielle Outsider-Nachfolger, die sich aktiv um eine Position bemühen. Zudem ist auch der Aufsichtsrat bei großen Unternehmen in der Regel mit einer größeren Anzahl Personen besetzt.[206] Die Kontakte des Aufsichtsrats zur Unternehmensumwelt sind damit auch vielfältiger, so daß die Wahrscheinlichkeit steigt, daß ein qualifizierter Outsider dem Aufsichtsrat bei der Nachfolgersuche bekannt wird. Weiterhin kann argumentiert werden, daß trotz erhöhter Anzahl an Vorstandsmitgliedern bei großen Unternehmen nicht unbedingt die Anzahl geeigneter Nachfolgekandidaten höher ist. Größere Vorstände sind in der Regel auch deutlich spezialisierter in ihrer Aufgabenverteilung, so daß eine Reihe von „einfachen" Vorstandsmitgliedern unter Umständen nicht die nötige Qualifikation für die eher generalistisch ausgerichtete Spitzenführungskraftposition mitbringt. Diese Effekte verhindern unter Umständen einen deutlichen, gerichteten Zusammenhang zwischen Vorstandsgröße und Nachfolgerart bei vergleichsweise großen Unternehmen.

Neben den bisher diskutierten Einflußvariablen auf die Nachfolgerart sind in der Regressionsschätzung weitere Kontrollvariablen berücksichtigt, für die jedoch keine Hypothesen zum Zusammenhang zur Nachfolgeentscheidung formuliert worden sind. Bis auf die Variable *„Spitzenführungskraft=Aktionär"* erweist sich keine dieser Kontrollvariablen als signifikante Einflußgröße auf die Insider / Outsider-Nachfolge. Der Befund, daß Insider signifikant häufiger zum Nachfolger der ausgeschiedenen Spitzenführungskraft berufen werden, sofern diese direkt oder indirekt (z. B. über ihre Familie) am Kapital des Unternehmens beteiligt sind, weist Parallelen zum Einfluß der Variable *„Wechsel in den Aufsichtsrat"* auf. In beiden Fällen kann angenommen werden, daß die ausscheidende Spitzenführungskraft auch weiterhin Einfluß auf die Unternehmensführung ausüben wird. Dies gelingt ihr jedoch am besten im Fall einer Insider-Nachfolge, bei der die neue Spitzenführungskraft bereits „unter" ihrem Vorgänger tätig war und diesem persönlich verbunden ist. Zusätzlich gilt, daß bei bestehendem Einfluß der ausscheidenden Spitzenführungskraft auf die Nachfolgerauswahl während des gesamten Wechselprozesses – wie es sowohl beim Wechsel in den Aufsichtsrat als auch bei der „Aktionärsposition" der Fall ist – interne Nachfolger auf Grund der höheren Informationsqualität präferiert werden. In diesem Sinne wird die Hypothese 14a auch durch den Befund zum Einfluß der Variable „Spitzenführungskraft=Aktionär" unterstützt.

---

206 Die Korrelation von Aufsichtsratsgröße und Unternehmensgröße liegt bei r = .475.

Damit lassen sich folgende Ergebnisse zu den Bedingungen der Insider- oder Outsider-Nachfolge zusammenfassend festhalten:

- Die Zusammensetzung des Aufsichtsrates ist entscheidend für die Wahl des Nachfolgers. Mit einem größeren Anteil an Arbeitnehmervertretern im Aufsichtsrat und dem Wechsel der Spitzenführungskraft in dieses Kontrollorgan steigt die Wahrscheinlichkeit einer Insider-Nachfolge.
- Die Art des Wechsels an der Unternehmensspitze ist ebenfalls von Bedeutung für die Art der Nachfolge. Während im Fall des planmäßigen Ausscheidens der Spitzenführungskraft eher ein Insider berufen wird, folgt auf den unfreiwilligen Wechsel eher ein Outsider. Diese Beziehungen lassen sich zum einen als Beleg für die Bedeutung unterschiedlicher Kompetenzprofile der potentiellen Nachfolgekandidaten in der Auswahlentscheidung interpretieren. Zum anderen gibt insbesondere der planmäßige Wechsel im Rahmen von Pensionierungen ebenfalls Hinweise auf die Bedeutung von persönlichen Beziehungen und deren Einfluß auf den Auswahlprozeß.
- Der Unternehmenserfolg erweist sich im Gegensatz zur theoretischen Erwartung, daß der Erfolg eine zentrale Informationsgröße im Auswahlprozeß ist, nicht als signifikanter Faktor zur Bestimmung der Insider / Outsider-Nachfolge.
- Die Vorstandsgröße kann ebenfalls nicht als zentrale Determinante der Nachfolgerart identifiziert werden. Während in der aggregierten Betrachtung kein Zusammenhang von Vorstandsgröße und Insider / Outsider-Nachfolge festgestellt werden kann, zeigt sich jedoch in der nach unterschiedlichen Unternehmensgrößenklassen differenzierenden Analyse, daß ein hypothesenkonformer positiver Zusammenhang von Insider-Nachfolge und Vorstandsgröße zumindest für Unternehmen mittlerer Größe vorhanden ist. Ist ein Unternehmen vergleichsweise klein oder sehr groß, besteht kein signifikanter Zusammenhang von Vorstandsgröße und Nachfolgerart.
- Insgesamt ermöglichen die hier betrachteten Einflußgrößen einen relativ großen Beitrag zur Erklärung der Insider- oder Outsider-Nachfolge. Auch wenn die erklärenden Variablen den Auswahlprozeß nur indirekt abbilden können, geben besonders die Variablen zur Aufsichtsratszusammensetzung einen deutlichen Hinweis auf die Bedeutung von Informationsasymmetrien bei der Rekrutierung von Spitzenführungskräften. In diesem Sinne bestätigen diese Ergebnisse den hier gewählten agency-theoretischen Ansatz zur Erklärung der Nachfolgerart. Besonders der Zusammenhang von Wechseltyp und Nachfolgerart deutet zudem auf die Bedeutung spezifischer Kompetenzprofile der jeweiligen Nachfolger für die Auswahl von Insidern oder Outsidern hin. Ergänzend zeigt sich jedoch auch, daß der Auswahlprozeß zur Bestimmung des Nachfolgers nicht ausschließlich ein Vorgang objektiver Bewertung von Informationen oder Orientierung an typischen Kompetenzanforderungen ist. Vor dem Hintergrund, daß der Unternehmenserfolg (als objektive Informationsgröße) keinen Einfluß auf die Nachfolgerauswahl hat, läßt sich die signifikante Beziehung von Aufsichtsratszusam-

mensetzung und Insider / Outsider-Rekrutierung auch als Hinweis auf die Bedeutung „politischer Faktoren" bei der Nachfolgerwahl interpretieren.

3. Erfolgswirkung der Insider / Outsider-Nachfolge

Neben den Bedingungen einer Insider- oder Outsider-Nachfolge interessieren auch die Erfolgswirkungen des Wechsels in Abhängigkeit der Nachfolgerart. Dabei ist die Frage zu beantworten, inwieweit sich Unternehmen mit einer Insider-Nachfolge an der Unternehmensspitze unterscheiden von Unternehmen, die einen Outsider als Nachfolger wählen.

Neben der Nachfolgerart können noch weitere unabhängige Variablen betrachtet werden, deren Analyse zwei Ziele verfolgt: Weitere Variablen können als Kontrollvariablen eine Abschätzung des individuellen Erfolgseffektes der Nachfolgerart ermöglichen. Wie die Ergebnisse der vorangehenden Analysen zeigen, ist zum Beispiel zu vermuten, daß die Wechseltypen einen entscheidenden Einfluß auf die Erfolgsentwicklung nach einem Wechsel an der Unternehmensspitze ausüben. Es ist also zu klären, welche Wirkung die Nachfolgerart auf den Unternehmenserfolg unter Berücksichtigung von Kontrollvariablen hat. Ergänzend lassen sich die zusätzlich betrachteten Variablen aber auch als eigenständig erklärende Variablen des Unternehmenserfolges im Fall eines Wechsels an der Unternehmensspitze interpretieren.

Zunächst wird in einer bivariaten Analyse der Zusammenhang von Nachfolgerart und Unternehmenserfolg über alle drei *t*-Jahre nach dem Wechsel der Spitzenführungskraft betrachtet. Die Differenzierung dieser Analyse nach Wechseltypen verdeutlicht bereits die Vorteilhaftigkeit eines multivariaten Ansatzes zur Klärung der Erfolgswirkungen unterschiedlicher Nachfolgerarten. Entsprechend wird die multivariate Analyse im zweiten Teil dieses Abschnitts dokumentiert.

a) Zusammenhang von Nachfolgerart und Erfolg nach dem Wechsel

Betrachtet man die durchschnittliche Gesamtkapitalrendite der Wechselfälle, unterschieden nach Insider- und Outsider-Nachfolge (Tabelle 74), so fällt auf, daß unabhängig vom *t*-Jahr nach dem Wechsel im Fall einer Insider-Nachfolge immer ein höherer Erfolg ausgewiesen wird als bei Outsider-Fällen. Diese Differenz nimmt jedoch mit zunehmender Entfernung vom Jahr des Wechsels immer weiter ab. Die Angleichung des Unternehmenserfolges findet entsprechend auch Ausdruck im inferenzstatistischen Vergleich der Mittelwerte.[207] So unterscheiden sich Insider-

207 In Tabelle 74 sind dabei der T-Wert und das Signifikanzniveau (zweiseitig) eines *t*-Tests angegeben. Ein alternativ berechneter nicht-parametrischer Mann-Whitney-U-Test ergab die gleichen Ergebnisse.

Tabelle 74: **Erfolgseffekte der Nachfolgerart – bivariate Analyse je t-Jahr**

	Gesamtkapitalrendite											
	t_0				t_1				t_2			
	Insider		Outsider		Insider		Outsider		Insider		Outsider	
	μ $(\delta)^1$	Median	μ $(\delta)^1$	Median	μ $(\delta)^1$	Median	μ $(\delta)^1$	Median	μ $(\delta)^1$	Median	μ $(\delta)^1$	Median
n	108		146		96		119		70		88	
alle Fälle	.0253 (.1073)	.0310	-.0176 (.1204)	.0074	.0462 (.1011)	.0382	.0133 (.1187)	.0187	.0465 (.0600)	.0420	.0284 (.1300)	.0246
t-Test	-2,994 (0,003)				-2,191 (0,030)				-1,157 (0,249)			
n	59		49		53		42		44		32	
Typ 1[a]	.0454 (.0473)	.0423	.0153 (.1175)	.0379	.0501 (.0497)	.0420	.0284 (.0987)	.0333	.0461 (.0586)	.0420	.0734 (.1555)	.0380
t-Test	-1,683 (0,097)				-1,302 (0,198)				1,066 (0,290)			
n	34		73		31		61		17		44	
Typ 2[a]	-.0150 (.1730)	.0046	-.0616 (.1200)	-.0188	.0438 (.1651)	.0255)	-.0051 (.1323)	.0037	.0460 (.0683)	.0344	-.0124 (.1102)	.0117
t-Test	-1,617 (0,109)				-1,541 (0,127)				-2,032 (0,047)			
n	15		24		12		16		9		12	
Typ 3[a]	.0379 (.0491)	.0401	.0490 (.0665)	.0436	.0349 (.0463)	.0335	0,0441 (.1056)	.0601	.0490 (.0575)	.0488	.0580 (.0676)	.0331
t-Test	0,555 (0,582)				0,312 (0,758)				0,322 (0,751)			

[1] μ = Mittelwert, δ = Standardabweichung

[a] Typ 1, 2 und 3 = unabdingbarer, unfreiwilliger und freiwilliger Wechsel

[grau hinterlegt] = signifikanter Mittelwertunterschied zwischen Insider- und Outsider-Nachfolge

und Outsider-Fälle in t_0 und t_1 noch hoch signifikant beziehungsweise signifikant voneinander während in t_2 bereits keine signifikanten Unterschiede mehr festzustellen sind. In dieser über alle Wechselfälle aggregierten Betrachtung bestätigt sich somit zumindest für die Zeit unmittelbar nach dem Wechsel die Hypothese 17, daß Unternehmen, deren nachfolgende Spitzenführungskraft bereits vor dem Wechsel im Unternehmen beschäftigt war, einen besseren Unternehmenserfolg erzielen als Unternehmen mit einer Outsider-Nachfolge.

Diese Aussage zum Zusammenhang von Nachfolgerart und Unternehmenserfolg kann hinsichtlich der Wechseltypen relativiert werden. In der nach Wechseltypen differenzierten Betrachtung im unteren Teil der Tabelle 74 zeigen sich deutliche Unterschiede in der Erfolgslage bei Insider- und Outsider-Fällen.

Beim *freiwilligen Wechsel* (Typ 3) besteht kein signifikanter Mittelwertunterschied im Unternehmenserfolg zwischen den beiden Nachfolgerarten. Vielmehr erzielen Unternehmen mit einer Outsider-Nachfolge im Gegensatz zur Hypothese 17 unabhängig vom Jahr nach dem Wechsel tendenziell eine höhere durchschnittliche Gesamtkapitalrendite als Insider-Fälle. Im Fall des *unabdingbaren Abgangs* im Rahmen einer Pensionierung (Typ 1) zeigen Insider-Fälle zwar unmittelbar nach dem Wechsel (t_0) einen schwach signifikant besseren Unternehmenserfolg, in den Folgejahren gleichen sich die Ergebnisse jedoch an.

Im Gegensatz zu diesen beiden Wechseltypen sind beim *unfreiwilligen Wechsel* (Typ 2) – mit Ausnahme von t_1 – sehr deutliche Erfolgsunterschiede zwischen Insider- und Outsider-Fällen zu beobachten. Konform mit Hypothese 17 erreichen Insider als Nachfolger durchschnittlich eine höhere Gesamtkapitalrendite als Outsider, wobei jedoch zu beachten ist, daß im Jahr unmittelbar nach dem Wechsel auch die Insider-Fälle einen deutlich negativen Unternehmenserfolg realisieren. Während sich diese kritische Erfolgssituation jedoch bei den Insider-Fällen in den Folgejahren sichtbar bessert, zeigt sich bei den Outsider-Fällen auch im dritten Jahr nach dem Wechsel (t_2) noch ein signifikant schlechterer und durchschnittlich negativer Unternehmenserfolg.

Je nach Wechseltyp unterscheidet sich also der Zusammenhang von Nachfolgerart und Unternehmenserfolg, so daß eine multivariate Analyse zur Klärung dieses Zusammenhangs unter Kontrolle weiterer Einflußvariablen sinnvoll erscheint.

b) Nachfolgerart und Erfolgswirkung – multivariate Analyse

In einer multivariaten Analyse der Wirkung einer Insider- oder Outsider-Nachfolge auf den Unternehmenserfolg steht mit dem Erfolg eine auf Intervall-Skala gemessene abhängige Variable zur Verfügung. Damit bietet sich die multiple lineare Regression als adäquate Analysemethode an.[208] Neben der hier im Zentrum der

208 Vgl. zur Vorgehensweise der multiplen linearen Regression Kapitel F.IV.3.b) sowie die dort zitierte Literatur.

Tabelle 75: **Korrelationsmatrix der unabhängigen Variablen zu Erfolgseffekten der Nachfolgerart (t_0)**

		1.	2.	3.	4.	5.	6.	7.	8.	9.	10.	11.	12.	13.	14.	15.
1.	Insider / Outsider	1.000														
2.	AR-Größe	.184**	1.000													
3.	anteil_an	.204**	.682**	1.000												
4.	Vorstandsgröße	.245**	.686**	.513**	1.000											
5.	Wechsel in AR	.239**	.148*	.128*	.263**	1.000										
6.	u1_effekt	.164**	.115	.098	.175**	.306**	1.000									
7.	u3_effekt	-.111	-.068	-.009	-.117	-.265**	.197**	1.000								
8.	zuab_abwex	.017	.245**	.161**	.347**	.056	.061	.007	1.000							
9.	SpFK=Aktionär	-.009	-.148*	-.072	-.053	-.044	.005	-.021	-.047	1.000						
10.	besinst	-.100	.151*	.075	.007	-.064	-.135*	-.055	-.006	-.172**	1.000					
11.	besnat	.025	-.253**	-.110	-.162**	.001	.039	.072	-.068	.173**	-.717**	1.000				
12.	bestrue	.115	.075	.019	.180**	.091	.175**	.022	.078	.052	-.595**	-.109	1.000			
13.	n_besch	.131	.475**	.249**	.656**	.119	.170**	-.070	.206**	-.058	-.135*	-.113	.329**	1.000		
14.	u^{a}lter	-.007	.150*	.103	.109	.104	.111	-.107	-.012	-.133*	.056	-.058	-.031	.057	1.000	
15.	b_dyn	.005	-.220**	-.365**	-.202**	-.008	-.005	-.098	-.077	-.014	-.059	.098	-.026	-.027	.105	1.000

[grau] Entfernte Variablen
[weiß] Korrelation *B*3 0,7

* signifikant im 5%-Intervall, ** signifikant im 1%-Intervall

Analyse stehenden Frage des Einflusses der Nachfolgerart auf den Unternehmenserfolg sind weitere unabhängige Variablen zu betrachten. So empfiehlt es sich zum Beispiel, die in den vorhergehenden Analysen als bedeutsam ermittelten Wechseltypen als zusätzliche unabhängige Variable zur Erklärung des Unternehmenserfolges nach dem Wechsel einzubeziehen.

Bevor die Ergebnisse der Regressionsschätzung berichtet werden können, ist zu prüfen, inwieweit die Prämissen der linearen Regression für den hier analysierten Datensatz Gültigkeit besitzen. Zur Aufdeckung von Multikollinearität zwischen den unabhängigen Variablen werden neben bivariaten Korrelationen auch Toleranzwerte der einzelnen Variablen analysiert.

Die Variablen „Aufsichtsratsgröße“, „Vorstandsgröße“ und „Unternehmensgröße“ zeigen hohe bivariate Korrelationen, die eine gemeinsame Berücksichtigung aller drei Variablen in der Regressionsschätzung verhindern. Da zudem Aufsichtsrats- und Vorstandsgröße hoch mit dem „Anteil Arbeitnehmervertreter im Aufsichtsrat“ korrelieren, werden diese beiden unabhängigen Variablen aus der multivariaten Analyse ausgeschlossen.[209] Die drei Variablen zur Aktionärsstruktur korrelieren ebenfalls hoch, so daß mit der alleinigen Berücksichtigung des „Anteils Streubesitz“ in der Regressionsschätzung die Aktionärsstruktur ausreichend abgebildet ist. Nach Elimination dieser bivariat hoch korrelierenden unabhängigen Variablen weisen alle verbleibenden Variablen Toleranzwerte nahe eins auf,[210] so daß von einem befriedigend niedrigen Ausmaß an Multikollinearität ausgegangen werden kann.

Die Linearität des zu messenden Phänomens ist eine weitere Prämisse der linearen Regression. Eine visuelle Überprüfung der partiellen Plots der Residuen ergab jedoch keinen Hinweis auf typische Muster, die auf Nichtlinearität zwischen Regressand und Regressoren hindeuten könnten. Zur Überprüfung der Annahme normalverteilter Residuen werden das Histogramm der Residuen sowie ein Normalverteilungsplot herangezogen. Da sich nur sehr geringfügige Abweichungen der Residuen von der Diagonalen des Normalverteilungsplots zeigen, erscheint die Bedingung normalverteilter Residuen erfüllt.[211] Insgesamt genügen damit die hier betrachteten Daten den Bedingungen, die an eine lineare Regressionsschätzung gestellt werden.

---

209 Alternativ wurde eine Regressionsschätzung unter Berücksichtigung der Vorstandsgröße, aber ohne die Unternehmensgröße durchgeführt. Die Koeffizienten der weiteren unabhängigen Variablen sowie ihr Signifikanzniveau werden durch diese Variation der einbezogenen Variablen jedoch nicht nennenswert verändert.

210 Die Toleranzwerte variieren dabei zwischen 0,73 und 0,96 mit einem Mittelwert von 0,83.

211 Auch der Test auf Heteroskedastizität durch Überprüfung der Punktediagramme, in denen Residuen gegen die geschätzten Werte der abhängigen Variable abgetragen werden, ergab keine Hinweise auf Verletzung der Prämisse.

Tabelle 76

Ergebnisse der Regressionsanalyse zu Erfolgseffekten der Nachfolgerart

Variable	Hypothese	Wirkung[a]	Regressionskoeffizient (Standardfehler)	standardisierter Koeffizient	T-Wert (Signifikanzniveau)
Insider / Outsider	H17	+	.0147 (.009)	.106	1.656 (.099)
Anteil Arbeitnehmer im Aufsichtsrat			-.0708 (.038)	-.132	-1.875 (.062)
Wechsel in den Aufsichtsrat		(+)	.0219 (.011)	.144	2.058 (.041)
unabdingbarer Wechsel		(+)	.0170 (.007)	.177	2.557 (.011)
unfreiwilliger Wechsel		(-)	-.0307 (.007)	-.314	-4.703 (.000)
Fluktuation ab Wechsel			.0029 (.005)	.039	.620 (.536)
SpFK=Aktionär			.0347 (.021)	.104	1.688 (.093)
Anteil Streubesitz			-.0004 (.000)	-.134	-2.052 (.041)
Unternehmensgröße			.0000 (.000)	.045	.657 (.512)
Unternehmensalter			-.0000 (.000)	-.014	-.219 (.827)
Umweltdynamik			-.0018 (.002)	-.051	-.774 (.440)
Konstante			.0461 (.018)		2.563 (.011)
Bestimmtheitsmaße	R^2 0,218				
	korrigiertes R^2 0,178				

ANOVA:	Quadratsumme	df	F-Wert (Signifikanz)
Regression	.234	11	5.480
Residuen	.840	216	(.000)
Gesamt	1.074	227	

[a] Erwartungen zur Wirkungsrichtung in Klammern beziehen sich nicht auf explizit abgeleitete Hypothesen sondern ergeben sich indirekt aus den bisher ermittelten Ergebnissen.

[grau unterlegt] = signifikante Einflußfaktoren auf den Unternehmenserfolg in t_0

Anhand der Betrachtung der individuellen Werte von Cook's Distance in Relation zu einem kritischen Wert[212] sowie der Abweichung der standardisierten Residuen vom Mittel können in einer fünf-stufigen Vorgehensweise 16 beeinflussende Beobachtungen identifiziert werden. Neben diesen „influential observations" reduziert sich der Datensatz zusätzlich durch fallweisen Ausschluß bei fehlenden Werten in einer oder mehreren Variablen. Insgesamt stehen damit 228 Wechselfälle zur Analyse der Erfolgswirkung der Insider / Outsider-Nachfolge unter Berücksichtigung weiterer Erfolgsbedingungen zur Verfügung.

Das Regressionsmodell zur Schätzung der Erfolgsbedingungen nach dem Wechsel der Spitzenführungskraft erklärt 21,8% der Varianz der Gesamtkapitalrendite im ersten Jahr nach dem Wechsel.[213] Bei einem um die Anzahl der Regressoren korrigierten R^2 von 17,8% ergibt sich damit eine insgesamt sehr befriedigende Varianzerklärung.[214]

Die Überprüfung der Gültigkeit der Regressionsgleichung als Ganze ergibt einen F-Wert von 5,480. Mit einer Wahrscheinlichkeit von über 99% kann damit die Null-Hypothese abgelehnt werden, daß sich der erklärte Zusammenhang der unabhängigen Variablen mit dem Unternehmenserfolg nach dem Wechsel rein zufällig ergibt. Die Bestimmtheitsmaße sind signifikant von Null verschieden, so daß eine Interpretation der einzelnen Regressionskoeffizienten möglich ist.

Zunächst ist festzuhalten, daß von den 11 unabhängigen Variablen zur Erklärung des Unternehmenserfolges sieben Variablen einen signifikant von Null verschiedenen Koeffizienten aufweisen.[215] Alle Koeffizienten zeigen zudem ein den Erwartungen entsprechendes Vorzeichen.

---

212 Der kritische Wert bestimmt sich aus einer F-Verteilung mit F-kritisch = F (p Anzahl unabhängige Variablen, Anzahl Beobachtungen – p, 1 – Signifikanzniveau). Vgl. Cook (1977), S. 16.

213 Im Vergleich zu amerikanischen Vorgängerstudien, die ebenfalls den Effekt einer Insider / Outsider-Nachfolge auf den Unternehmenserfolg regressionsanalytisch prüfen, erreicht das hier vorliegende Modell sehr befriedigende Werte der Bestimmtheitsmaße. Zajac (1990), S. 226 f. erzielt ein R^2 von .20. In einem vergleichbaren Regressionsmodell erreichen Lauterbach et al. (1999), S. 1498 sogar lediglich eine Varianzerklärung von 3,7%.

214 Neben der Branchendynamik lassen sich noch „Jahreseffekte" als weitere, vom individuellen Wechselfall unabhängige Einflußfaktoren auf den Unternehmenserfolg kontrollieren. Werden diese „Jahreseffekte" mittels Dummy-Variablen für jedes Jahr der Analyse in die Regressionsschätzung einbezogen, erhöht sich die Varianzerklärung auf 26,8% bei einem korrigierten R^2 von 20,1%. Dabei erweisen sich die Dummy-Variablen für die Jahre 1992 und 1993 als signifikant negative Einflußvariablen auf den Unternehmenserfolg. Da sich die Koeffizienten der weiteren unabhängigen Variablen in den Regressionsgleichungen auch unter Berücksichtigung der Jahres-Dummys hinsichtlich Ausprägung, Vorzeichen oder Signifikanzniveau nicht nennenswert ändern, wird aus Gründen der Übersichtlichkeit auf die weitere Dokumentation von „Jahreseffekten" verzichtet.

215 Die Variablen „Fluktuation ab Wechsel", „Unternehmensgröße", „Unternehmensalter" und „Branchendynamik" haben keinen eigenständigen Einfluß auf den Unternehmenserfolg in t_0.

Die *Art des Nachfolgers* an der Unternehmensspitze beeinflußt den Unternehmenserfolg signifikant: Je eher ein Insider an der Unternehmensspitze nachfolgt, desto besser ist der Unternehmenserfolg im Jahr unmittelbar nach dem Wechsel (t_0). Dieser positive Zusammenhang von Insider-Nachfolge und Erfolg nach dem Wechsel gilt dabei auch unter Kontrolle der weiteren unabhängigen Variablen. Hypothese 17 läßt sich damit für die betrachteten deutschen Aktiengesellschaften bestätigen.[216]

Neben der Nachfolgerart gehen die beiden Dummy-Variablen zum *Wechseltyp* als weitere signifikante Variablen, die den Wechselvorgang unmittelbar kennzeichnen, in die Analyse ein. Dabei erweist sich die Variable zum „unfreiwilligen Wechsel" mit einem standardisierten Koeffizienten von –.314 als bedeutendster Einflußfaktor auf den Unternehmenserfolg. Im Vergleich zum Durchschnitt über alle Wechseltypen weisen Unternehmen, deren Spitzenführungskräfte unfreiwillig aus dem Unternehmen scheiden, einen schlechteren Unternehmenserfolg auf. Im Gegensatz dazu zeigt sich beim unabdingbaren Wechsel eine vergleichsweise positive Erfolgsentwicklung unter der nachfolgenden Spitzenführungskraft (standardisierter Regressionskoeffizient .177). Die Koeffizienten der beiden Variablen zum Wechseltyp bestätigen damit die bereits in den vorangehenden Analysen festgestellten Erfolgsbeziehungen.

Von den verbleibenden vier signifikanten Variablen weisen die Variablen „Wechsel in den Aufsichtsrat" und „Spitzenführungskraft = Aktionär" einen positiven und die Variablen „Anteil Arbeitnehmer im Aufsichtsrat" sowie „Anteil Streubesitz" einen negativen Zusammenhang mit dem Unternehmenserfolg nach dem Wechsel auf. Für den *Wechsel der Spitzenführungskraft in den Aufsichtsrat* gilt folglich, daß der Unternehmenserfolg um so besser ausfällt, je eher die ausscheidende Spitzenführungskraft auch weiterhin an das Unternehmen gebunden bleibt. Ist durch den Wechsel in den Aufsichtsrat im weitesten Sinne eine gewisse Kontinuität in der Unternehmensspitze gewährleistet, hat der Wechsel der Spitzenführungskraft unter Umständen geringere disruptive Effekte und wirkt entsprechend positiv auf den Unternehmenserfolg. So können zum Beispiel nach dem Wechsel die bestehenden persönlichen Kontakte der ausgeschiedenen Spitzenführungskraft weiterhin für das Unternehmen genutzt werden. Wissen, das an die Person der Spitzenführungskraft gebunden ist, verläßt das Unternehmen nicht, sondern kann vom Nachfolger bei Bedarf erfragt und genutzt werden.

Ergänzend kann argumentiert werden, daß der Wechsel der Spitzenführungskraft in den Aufsichtsrat unter Umständen disziplinierenden Charakter hinsichtlich der Nutzung der Bilanzpolitik zur gezielten Erfolgsbeeinflussung ausübt. So sollten insbesondere die Möglichkeiten der nachfolgenden Spitzenführungskraft zur Bilanzpolitik im Sinne des „Financial Bath" in dieser Situation eingeschränkt sein.[217]

---

216 Hypothese 17: *Unternehmen mit einem Insider als Nachfolger werden nach dem Wechsel eine bessere Entwicklung der Performance aufweisen, als Unternehmen mit einem Outsider als Nachfolger.*

Eine genauere Analyse dieser Wirkungszusammenhänge erfolgt im folgenden Kapitel.

Mit der Variable *„Spitzenführungskraft = Aktionär“* wird in diesem Untersuchungsansatz kontrolliert, ob die nachfolgende Spitzenführungskraft direkt oder indirekt (über ihre Familie) am Kapital des Unternehmens beteiligt ist. Der positive Zusammenhang zum Unternehmenserfolg dieser Variable läßt sich unter Umständen ebenfalls auf jeweils unterschiedliche Motivation zur gezielten Bilanzpolitik erklären. Ist die nachfolgende Spitzenführungskraft selbst Aktionär, ist nicht zu erwarten, daß sie ein starkes Interesse am „Financial Bath“ nach dem Wechsel hat.

Die beiden Variablen *„Anteil Arbeitnehmer im Aufsichtsrat“* und *„Anteil Streubesitz“* zeigen beide einen negativen Zusammenhang mit dem Unternehmenserfolg: Je größer der Anteil Arbeitnehmer im Aufsichtsrat ist und je größer der Anteil des Streubesitzes am Kapital des Unternehmens ist, desto geringer fällt der Unternehmenserfolg nach dem Wechsel aus. Beide Variablen lassen sich unter Umständen als „Proxy-Größen“ der Machtstellung der nachfolgenden Spitzenführungskraft interpretieren. Mit größerem Arbeitnehmereinfluß im Aufsichtsrat und größerer Anzahl an Kleinaktionären ist die Spitzenführungskraft vermutlich geringerem Druck zur Steigerung des Unternehmenserfolges nach dem Wechsel ausgesetzt. Besonders die Arbeitnehmervertreter im Aufsichtsrat werten zum Beispiel „Beschäftigungssicherung“ in der Regel höher als „Erfolgssteigerung“, so daß die nachfolgende Spitzenführungskraft ihre Aktivitäten entsprechend weniger auf Erfolgssteigerung ausrichtet, sofern die Bedeutung der Arbeitnehmervertreter vergleichsweise höher ist. Insgesamt dürfte in dieser Situation auch die Akzeptanz gezielter Bilanzpolitik im Sinne der „Blaming These“ auf geringeren Widerstand stoßen und damit ebenfalls zu einem geringeren Erfolgsniveau beitragen.

Das hier ermittelte Ergebnis eines positiven Zusammenhangs von Insider-Nachfolge und vergleichsweise guter Erfolgslage unmittelbar nach dem Wechsel wirft – insbesondere vor dem Hintergrund der bisherigen Ergebnisse zur Erfolgsentwicklung im Wechselprozeß – zwei Fragen auf:

1. Ist die relativ bessere Erfolgsposition von Insider-Unternehmen in geringeren *„realen“* disruptiven Effekten einer Insider-Nachfolge im Verhältnis zu einer Outsider-Nachfolge *oder* eher in *unterschiedlicher bilanzpolitischer Aktivität* der beiden Nachfolgertypen begründet? Disruptive „reale“ Effekte sind dabei wertneutral zu verstehen. Das heißt, Disruption ist, auch wenn sie zumindest kurzfristig Ausdruck in einer schlechteren Erfolgslage findet, nicht unbedingt kritisch zu werten. Vielmehr können umfangreiche Veränderungen gerade mit dem Wechsel bezweckt werden. Alternativ ist die relativ bessere Erfolgsposition von Insider-Unternehmen unter Umständen jedoch weniger in „realen“ Sachverhalten begründet, sondern primär in unterschiedlicher bilanzpolitischer Aktivität der Insider- und Outsider-Nachfolger? So könnte vermutet werden,

---

217 Vgl. auch die Überlegungen in Kapitel B.IV.2.b).

daß Insider zum Beispiel ein größeres Commitment zu früheren Entscheidungen besitzen und daher nach ihrem Amtsantritt weniger Bilanzpolitik im Sinne des „Financial Bath“ betreiben.

2. Läßt sich die relativ bessere Erfolgsposition der Insider-Unternehmen *nicht nur in* t_0, *sondern auch in den darauf folgenden Jahren* feststellen? Dabei steht die Frage im Vordergrund, inwieweit der festgestellte Nachfolgereffekt nachhaltig auf den Erfolg wirkt.

Um zu ermitteln, inwieweit der positive Zusammenhang von Insider-Nachfolge und Unternehmenserfolg „reale“ oder eher bilanzpolitische Ursachen hat, läßt sich zum einen der Zusammenhang von Nachfolgerart und Änderung der Bilanzierungs- und Bewertungsmethoden gemäß dem Vorgehen aus Kapitel F.VII untersuchen (Abschnitt c)). Ohne die Bilanzpolitik in diesem Sinne direkt zu messen, läßt sich alternativ die Wirkung der Nachfolgerart auf den ordentlichen betrieblichen Erfolg untersuchen (Abschnitt d)). Da der ordentliche betriebliche Erfolg im Gegensatz zur bisher betrachteten Gesamtkapitalrendite um nicht ordentliche und außerordentliche Erfolgsbestandteile bereinigt ist, kann vermutet werden, daß dieses Erfolgsmaß zumindest in der Tendenz eher „reale“ wirtschaftliche Effekte des Wechsels abbildet. Die Nachhaltigkeit der festgestellten Erfolgseffekte kann zudem anhand einer multivariaten Analyse zur Erklärung des Unternehmenserfolges zwei Jahre nach dem Wechsel (t_1) untersucht werden (Abschnitt e)).

c) Nachfolgerart und Bilanzpolitik – Hinweise auf Erfolgswirkung der Nachfolgerart

Entsprechend dem Ansatz aus Kapitel F.VII läßt sich die Bilanzpolitik nach dem Wechsel als Tatsache einer Änderung der Bilanzierungs- und Bewertungsmethoden und zusätzlich als Richtung des Methodenwechsels operationalisieren. Die folgende Tabelle 77 zeigt dabei den Zusammenhang von Nachfolgerart und Änderung der Bilanzierungs- und Bewertungsmethoden in t_0.

Wie das Ergebnis des nicht-signifikanten Chi-Quadrat Tests zeigt, besteht kein Zusammenhang zwischen der Häufigkeit der Änderung der Bilanzierungs- und Bewertungsmethoden und der Nachfolgerart. Insider- und Outsider berichten in annähernd gleicher Intensität von Methodenwechseln unmittelbar nach ihrem Amtsantritt als Spitzenführungskraft. Auch hinsichtlich der Erfolgsrichtung der Methodenwechsel läßt sich – wenn auch nur bei sehr kleiner Datenbasis von 22 Fällen – kein Unterschied zwischen den beiden Nachfolgerarten feststellen.[218]

Eine unterschiedliche Intensität der Bilanzpolitik je nach Nachfolgerart kann also auf Basis dieser Ergebnisse nicht festgestellt werden. Die vergleichsweise posi-

---

218 Bei insgesamt nur 22 Fällen, in denen Angaben zu Änderungen der Bilanzierungs- und Bewertungsmethoden zusammen mit dem Nachfolgertyp auswertbar sind, zeigen sich sowohl bei Insidern als auch bei Outsidern jeweils 6 Unternehmen mit erfolgserhöhender und 5 Unternehmen mit erfolgsreduzierender Bilanzpolitik.

Tabelle 77

Nachfolgerart und Bilanzpolitik in t_0

Bilanzpolitik		Insider		Outsider		Z-Wert[a] (Signifikanz)
		n	%	n	%	
Methodenänderung[b]	ja	11	10,09	12	7,64	0,488 (0,485)
	nein	98	89,91	145	92,36	
	Σ	109	100	157	100	

[a] Z-Wert eines Chi-Quadrat Test nach Pearson. Die minimale erwartete Häufigkeit ist 9,42.

[b] Tatsache der Änderung der Bilanzierungs- und Bewertungsmethoden

tive Erfolgslage bei einer Insider-Nachfolge scheint folglich nicht primär in unterschiedlicher bilanzpolitischer Aktivität der Insider- und Outsider-Nachfolger begründet zu sein, sondern ist eher auf „reale" Effekte des Wechsels zurückzuführen. Da jedoch besonders in bezug auf die Richtung der bilanzpolitischen Aktivität nur wenige aussagekräftige Fälle zur Auswertung zur Verfügung stehen, ist dies Ergebnis mit Vorsicht zu interpretieren.

d) Zusammenhang von Nachfolgerart und ordentlichem betrieblichen Erfolg in t_0

Die Ergebnisse einer multivariaten Analyse zum Zusammenhang von Nachfolgerart und ordentlichem betrieblichen Erfolg nach dem Wechsel unter Kontrolle weiterer Variablen ermöglicht im Vergleich zu den Ergebnissen der Regressionsschätzung zur Erklärung der Gesamtkapitalrendite, die unter Abschnitt b) berichtet werden, eine Abschätzung der „realen Nachfolgerart-Effekte". Sollte sich im Gegensatz zur Gesamtkapitalrendite (die auch nicht ordentliche Erfolgsbestandteile umfaßt) kein oder sogar ein negativer Zusammenhang von Insider-Nachfolge und ordentlichen betrieblichen Erfolg feststellen lassen, wäre dies als Hinweis auf tendenziell bewertungsbedingte Erfolgseffekte der Nachfolgerart zu werten.

Um den Vergleich mit der linearen multiplen Regression auf die Gesamtkapitalrendite zu ermöglichen, gehen in die Regression zum ordentlichen betrieblichen Erfolg die gleichen unabhängigen Variablen in die Regressionsschätzung ein. Damit ist auch für diese Regression die Prämisse geringer Multikollinearität erfüllt. Die visuelle Inspektion der verschiedenen Residuenplots ergab ebenfalls keine Hinweise auf Verletzung der Bedingungen.[219]

219 Nach Bereinigung um 12 „influential outliers" in einem vier-stufigen Prozeß und fallweiser Elimination bei fehlenden Variablenwerten stehen insgesamt 232 Fälle zur Analyse zur Verfügung.

Tabelle 78

Ergebnisse der linearen Regression zum Zusammenhang von Nachfolgerart und ordentlichem betrieblichen Erfolg in t_0 und zur Gesamtkapitalrendite in t_1

Variable	Hypothese	Wirkung[a]	ord. betriebl. Rendite in t_0		Gesamtkapitalrendite in t_1	
			Regressionskoeffizient (Standardfehler) standardisierter Koeffizient	T-Wert (Signifikanzniveau)	Regressionskoeffizient (Standardfehler) standardisierter Koeffizient	T-Wert (Signifikanzniveau)
Insider / Outsider	H17	+	.0157 (.010) .103	1.625 (.106)	.0179 (.011) .117	1.616 (.108)
Anteil Arbeitnehmer im Aufsichtsrat			-.0725 (.041) -.123	-1.752 (.081)	-.0379 (.045) -.069)	-.835 (.405)
Wechsel in den Aufsichtsrat		(+)	.0211 (.011) .127	1.841 (.067)	.0054 (.013) .032	.400 (.690)
unabdingbarer Wechsel		(+)	.0132 (.007) .123	1.797 (.074)	.0179 (.008) .164	2.127 (.035)
unfreiwilliger Wechsel		(-)	-.0366 (.007) -.337	-5.116 (.000)	-.0265 (.008) -.238	-3.127 (.002)
Fluktuation ab Wechsel			.0095 (.005) .114	1.832 (.068)	.0062 (.007) .069	.927 (.355)
SpFK=Aktionär			-.0075 (.023) .-020	.-332 (.740)	.0405 (.027) .105	1.503 (.135)
Anteil Streubesitz			.0003 (.000) .095	1.453 (.148)	-.0000 (.000) -.003	-.046 (.963)
Unternehmensgröße			.-0000 (.000) -.136	-1.995 (.047)	-.0000 (.000) -.076	-.954 (.341)
Unternehmensalter			-.0000 (.000) -.043	-.677 (.499)	.0000 (.000) .022	.305 (.761)

(Fortsetzung nächste Seite)

(Fortsetzung Tabelle 78)

Variable	Hypothese	Wirkung[a]	ord. betriebl. Rendite in t_0			Gesamtkapitalrendite in t_1		
			Regressionskoeffizient (Standardfehler) standardisierter Koeffizient	T-Wert (Signifikanzniveau)		Regressionskoeffizient (Standardfehler) standardisierter Koeffizient	T-Wert (Signifikanzniveau)	
Umweltdynamik			-.0034 (.003) -.090	-1.347 (.179)		.0006 (.003) .016	.208 (.835)	
Konstante			-.0083 (.020)	-.422 (.673)		.0240 (.022)	1.099 (.273)	
Bestimmtheitsmaße		R^2	0,207			0,118		
		$R^2_{korr.}$	0,168			0,066		
ANOVA			Quadratsumme	df	F Signifikanz	Quadratsumme	df	F Signifikanz
Regression			.273	11	5.230	.135	11	2.282
Residuen			1.045	220	(.000)	1.007	187	(.012)
Gesamt			1.318	231		1.142	198	

[a] Erwartungen zur Wirkungsrichtung in Klammern beziehen sich nicht auf explizit abgeleitete Hypothesen, sondern ergeben sich indirekt aus den bisher ermittelten Ergebnissen.

Wie der grau markierte Ergebnisteil der nachfolgenden Tabelle 78 zeigt, ermöglichen die unabhängigen Variablen – bei einem insgesamt hoch signifikanten Modell – eine um die Anzahl der Variablen korrigierte Varianzerklärung von 17%.

Die Regression auf den ordentlichen betrieblichen Erfolg unterscheidet sich hinsichtlich der Bedeutung der zentralen unabhängigen Variablen kaum von dem zuvor berichteten Regressionsmodell zur Erklärung der Gesamtkapitalrendite. Auch der ordentliche betriebliche Erfolg in t_0 wird signifikant durch die Variablen „Nachfolgertyp“, „Wechseltyp“, „Anteil Arbeitnehmer im Aufsichtsrat“ und „Wechsel in den Aufsichtsrat“ erklärt. Zwar erweist sich die Variable zur Nachfolgerart lediglich auf einem Signifikanzniveau von .10 als bedeutender Einflußfaktor, die Insider- oder Outsider-Nachfolge hängt jedoch auch mit dem ordentlichen betrieblichen Erfolg positiv zusammen. Die positiven Erfolgseffekte einer Insider-Nachfolge sind also nicht nur im Fall der Gesamtkapitalrendite sondern auch im ordentlichen betrieblichen Bereich festzustellen. Dies kann als Beleg oder zumindest Hinweis auf „reale“ Effekte der Nachfolgerart auf das Unternehmen gewertet werden und bestätigt zudem die Befunde aus der „direkten Messung“ der Bilanzpolitik aus dem vorhergehenden Kapitel. Folgt ein Insider auf die ausgeschiedene Spitzenführungskraft, so scheint der Wechsel insgesamt weniger disruptiv und damit auch weniger kritisch für den Unternehmenserfolg.

Neben den auch in der ersten Regressionsschätzung signifikanten Variablen erweisen sich bei der Erklärung des ordentlichen betrieblichen Erfolges in t_0 zusätzlich die Variablen „Fluktuation ab dem Wechsel“ und „Unternehmensgröße“ als signifikante Einflußfaktoren.[220] Interessant ist dabei insbesondere der positive Zusammenhang zwischen dem ordentlichen betrieblichen Erfolg und der Fluktuationsintensität in den „einfachen“ Vorstandspositionen: Je umfangreicher die personellen Änderungen im Vorstand nach dem Wechsel der Spitzenführungskraft ausfallen, desto besser entwickelt sich der ordentliche betriebliche Bereich der Unternehmen. Nicht allein der Wechsel der Spitzenführungskraft, sondern auch der Wechsel in „nachgeordneten“ Führungspositionen hat einen Effekt auf den Unternehmenserfolg. Dieser Zusammenhang entspricht dabei nicht den Erwartungen aus Hypothese 20, daß erhöhte Fluktuation in den „einfachen“ Vorstandspositionen auch negativ auf den Unternehmenserfolg wirkt. Offensichtlich bewirken zusätzlich zum Wechsel der Spitzenführungskraft stattfindende Änderungen in Führungsgremien keine negativen disruptiven Effekte. Da man davon ausgehen kann, daß die Besetzung der weiteren Vorstandspositionen stark von der neuen Spitzenführungskraft gesteuert wird, weisen die positiven Erfolgseffekte dieses Vorgangs damit auf „reale“ Effekte des Spitzenführungskraftwechsels hin.

e) Erfolgseffekte der Nachfolgerart in der mittleren Frist (t_1)

Wie die Ergebnisse der Analysen zur Erfolgsentwicklung im Wechselprozeß gezeigt haben, unterliegt der Unternehmenserfolg besonders in den Jahren um t_0 einer hohen Dynamik. Daher ist es sinnvoll, die Erfolgswirkung der Nachfolgerart nicht nur hinsichtlich des Erfolges in t_0, sondern auch in Bezug auf t_1 zu untersuchen. Die Ergebnisse, der zu diesem Zweck durchgeführten multiplen linearen Regressionsschätzung, sind im rechten Teil der Tabelle 78 wiedergegeben.[221]

Das Regressionsmodell für den Unternehmenserfolg in t_1 ist zwar weiterhin signifikant (Signifikanzniveau von .012). Mit einem Bestimmtheitsmaß von 12%

220 Die Unternehmensgröße ist negativ mit dem ordentlichen betrieblichen Erfolg verknüpft: Je größer die Unternehmen sind, desto geringer fällt der ordentliche betriebliche Unternehmenserfolg aus. Da insgesamt vergleichsweise große Unternehmen betrachtet werden (Vgl. Kapitel F.I.2), sind generalisierende Aussagen zum Einfluß der Unternehmensgröße jedoch nur eingeschränkt möglich.

221 Auch bei dieser Regressionsschätzung ergaben sich keine Hinweise auf schwerwiegende Prämissenverletzungen, so daß eine Interpretation der Ergebnisse möglich ist. Insgesamt stehen n = 199 Fälle zur Regressionsschätzung zur Verfügung.

und einem korrigierten R^2 von 6,6% erklärt das Modell jedoch einen deutlich geringeren Erfolgsvarianzanteil als die Regression auf die Gesamtkapitalrendite in t_0. Der Wechsel der Spitzenführungskraft beeinflußt den Unternehmenserfolg mit zunehmendem zeitlichen Abstand zum Wechselzeitpunkt offensichtlich in geringerem Ausmaß. Andere Variablen, die sich nicht wie die hier einbezogenen unabhängigen Variablen unmittelbar auf den Vorgang des Wechsels der Spitzenführungskraft beziehen, gewinnen an Bedeutung für den Unternehmenserfolg.

Dennoch ist auffällig, daß sowohl die Variable zum Nachfolgertyp als auch die beiden Dummy-Variablen zum Wechseltyp als einzige Einflußfaktoren weiterhin signifikant mit dem Unternehmenserfolg zusammenhängen: Scheidet die Spitzenführungskraft im Rahmen planmäßiger Pensionierung aus dem Amt und folgt ein Insider an der Unternehmensspitze, zeigt sich eine positive Erfolgssituation bei den Wechselunternehmen. Scheidet die Spitzenführungskraft unfreiwillig aus, realisieren die Unternehmen im Vergleich zum Durchschnitt über alle Wechselfälle ein schlechteres Unternehmensergebnis in t_1. Bezogen auf den Unternehmenserfolg in t_1 und damit mittelfristig nach dem Wechsel setzen sich die bereits in t_0 beobachteten Einflüsse des Spitzenführungskraftwechsels auf den Unternehmenserfolg fort. Ihre Bedeutung zur Erklärung des Erfolges nimmt jedoch insgesamt ab.

Damit lassen sich folgende Ergebnisse zum Zusammenhang von Insider / Outsider-Nachfolge und Unternehmenserfolg nach dem Wechsel sowie der weiteren hier betrachteten unabhängigen Variablen zusammenfassen:

- In Übereinstimmung mit der Hypothese 17 geht eine *Insider-Nachfolge* – auch unter Berücksichtigung von Kontrollvariablen – mit einem *relativ besseren Unternehmenserfolg* unmittelbar nach dem Wechsel einher *als eine Outsider-Nachfolge.*
- Neben der Nachfolgerart ist der Unternehmenserfolg in t_0 zudem entscheidend durch den Wechseltyp bestimmt. Analog zu den Ergebnisses der vorherigen Analysen im Vergleich zu Kontrollfällen zeigt sich auch hier, daß der *unfreiwillige Wechsel* im Vergleich zum Durchschnitt über alle Wechselfälle *nach dem Wechsel einen deutlich schlechteren Erfolg* erzielt und der *Wechsel auf Grund von Pensionierung* mit einem vergleichsweise *guten Unternehmenserfolg* einhergeht.
- Die beiden Variablen zur Beschreibung des Wechsels – *Nachfolgerart und Wechseltyp – erklären auch noch zwei Jahre nach dem Wechsel* (t_1) signifikant den *Unternehmenserfolg.* Die Bedeutung weiterer, hier nicht betrachteter Einflußfaktoren, die nicht unmittelbar auf den Wechsel bezogen sind, erhöht sich jedoch mit zunehmendem Abstand vom Wechselzeitpunkt.
- Die *positiven Erfolgseffekte einer Insider-Nachfolge sind* zumindest auch in „realen“ Effekten des Wechsels begründet und gehen nicht nur – oder unter Umständen gar nicht – auf unterschiedliche bilanzpolitische Aktivität von Insidern und Outsidern zurück.

G. Zusammenfassung und Schlußbetrachtungen

a) Zielsetzung

Im Zentrum der Betrachtungen stand der Zusammenhang zwischen Wechsel der Spitzenführungskraft und Unternehmenserfolg in deutschen börsennotierten Aktiengesellschaften. Durch die Analyse des gesamten Wechselvorgangs können zum einen die Erfolgsbedingungen und zum anderen die Erfolgswirkungen des Wechsels betrachtet werden. Die Ergebnisse der Untersuchung ermöglichen die detaillierte und ausführliche Beschreibung des Wechsel-Erfolgs-Zusammenhangs in deutschen Aktiengesellschaften. Darüber hinaus beantworten sie folgende Fragestellungen:

1. Scheiden Spitzenführungskräfte unfreiwillig aus ihrem Amt, wenn der Erfolg eine kritische Grenze unterschreitet? Diese Betrachtung zielt auf eine empirische Fundierung der aktuellen „Corporate Governance" Diskussion. Die Analyse des Zusammenhangs von Unternehmenserfolg und nachfolgendem (unfreiwilligen) Wechsel erlaubt dabei eine Aussage zur Kontrollaktivität und Effizienz deutscher Aufsichtsräte. Die Betrachtung weiterer Wechseltypen ergänzt die Analyse mit dem Ziel, typische Erfolgsmuster vor dem Wechsel an der Unternehmensspitze zu identifizieren. Neben dem Unternehmenserfolg lassen sich auch weitere Variablen mit Einfluß auf den Wechsel bestimmen.

2. Sind Spitzenführungskräfte beziehungsweise ihr Wechsel zentrale Determinanten des Unternehmenserfolges? Dabei war zu klären, inwieweit sich typische Erfolgsentwicklungen nach einem Wechsel an der Führungsspitze ergeben und welche Begleitumstände diese Erfolgsentwicklung beeinflussen. So könnte sich zum Beispiel bei einem unfreiwilligen Wechsel eine andere Erfolgslage unmittelbar nach dem Wechsel zeigen als bei einem freiwilligen Ausscheiden der Spitzenführungskraft. Aber auch die Nachfolgerart (Insider / Outsider) oder der Wechsel der ausgeschiedenen Spitzenführungskraft in den Aufsichtsrat könnten zusätzlichen Einfluß auf die zentrale Beziehung von Spitzenführungskraft und Erfolg nach dem Wechsel ausüben.

3. Unterliegt der Unternehmenserfolg im Verlauf des Wechsels typischen bilanzpolitischen Einflüssen? Im Sinne einer empirischen Bilanzforschung hatte die Untersuchung zum Ziel, die Gestaltungsentscheidungen der Geschäftsführung in der besonderen Situation des Wechsels zu analysieren. Dabei stand die Frage im Vordergrund, inwieweit Bilanzpolitik im Verlauf des Wechsels an der Unternehmensspitze eingesetzt wird, um ein bestimmtes Erfolgsbild zu erreichen. Ebenso wie im Rahmen der allgemeinen Erfolgsanalyse können auch bei der

Bilanzpolitik unterschiedliche Bedingungen identifiziert werden, die auf Umfang und Richtung der Bilanzpolitik Einfluß nehmen.

b) Theoretisches Konzept

Um sich diesen Fragestellungen anzunähern, wurde zunächst ein konzeptioneller Rahmen entwickelt, auf dessen Basis empirisch zu testende Hypothesen abgeleitet werden konnten. Die Betrachtung der Erfolgsentwicklung im Verlauf des Wechsels an der Unternehmensspitze greift dabei auf die Agency-Theorie zurück, die sich besonders zur Analyse der hier relevanten dyadischen Interaktionsbeziehung zwischen Spitzenführungskraft und Aufsichtsrat eignet. Für die spezifische Analyse der Erfolgsbedingungen des unfreiwilligen Wechsels wird der theoretische Ansatz zum „Aspiration-Level" angewandt. Die Analyse der Beziehung von Spitzenführungskraft und Aufsichtsrat im Verlauf des Wechsels auf Basis der Rollentheorie ermöglicht die Formulierung von Hypothesen zur Bilanzpolitik im Wechselprozeß.

c) Meta-Analyse

In einer vergleichenden Betrachtung der empirischen Forschung zu Erfolgsbedingungen und Erfolgswirkungen des Wechsels in der Unternehmensspitze wurden insgesamt 115 Studien ausgewertet. Neben der Mehrzahl der Studien, die sich auf die US-amerikanische Spitzenverfassung konzentriert, wurden relevante Studien zum Wechsel der Spitzenführungskraft in deutschen Unternehmen besonders berücksichtigt. Entsprechend dem Ansatz einer quantitativen Meta-Analyse fassen aggregierte Effektstärken den Wechsel-Erfolgs-Zusammenhang über alle Untersuchungen zusammen. Die in dieser Form aggregierten Ergebnisse zeigen, daß die Wahrscheinlichkeit zum Wechsel mit kritischem Erfolg steigt und der Wechsel wiederum den Unternehmenserfolg negativ beeinflußt. Aufgrund der signifikant hohen Heterogenität der einbezogenen Studien empfiehlt sich jedoch eine stärker differenzierende Betrachtung des Wechselvorgangs, besonders nach unterschiedlichen Wechseltypen und Erfolgsmaßen. Die systematische Analyse der unterschiedlichen Meßansätze und Operationalisierungen der Wechseltypen ergab, daß zum einen eine Unterscheidung nach der Initiative zum Wechsel in freiwillige, unfreiwillige und unabdingbare Wechsel sowie zum anderen die Differenzierung nach Insider- und Outsider-Nachfolgern sinnvoll ist. Bei dem Vergleich unterschiedlicher Erfolgsmaße erweisen sich Jahresabschlußkennzahlen, indem sie den stärksten Zusammenhang zum Wechsel der Spitzenführungskraft aufweisen, als überlegene Erfolgsoperationalisierung. Die Erkenntnisse aus der vergleichenden Betrachtung der empirischen Forschung gehen in geeignet modifizierter Form in die Vorgehensweise der eigenen empirischen Analyse ein. Zudem ergeben sich aus der Meta-Analyse Hinweise auf bedeutende Kontextfaktoren, die ebenfalls in der weiteren Analyse aufgegriffen werden.

d) Empirische Untersuchung

Die empirische Untersuchung betrachtet deutsche börsennotierte Aktiengesellschaften für den Zeitraum von 1987 bis 1997. Insgesamt können 501 Wechsel von Spitzenführungskräften in 301 Unternehmen identifiziert werden. Die Analyse umfaßt bei jedem Wechselfall einen auf fünf Jahre definierten individuellen Wechselzeitraum mit jeweils zwei Jahren vor dem Wechsel und drei Jahren nach dem Wechsel an der Unternehmensspitze. Damit ergibt sich eine Datenbasis von 1.856 Geschäftsjahren, denen 1.800 Geschäftsjahre von Kontrollfällen ohne Wechsel der Spitzenführungskraft gegenübergestellt werden. Für jeden Fall stehen Daten zum Wechsel der Spitzenführungskraft (z. B. Wechseltyp, Nachfolgerart), zum Unternehmenserfolg (Jahresabschlußkennzahlen), zur Bilanzpolitik (Anhangsinformationen) sowie zu den Kontextvariablen aus dem Bereichen „Unternehmensverfassung“, „Unternehmen“ und „Umwelt“ zur Verfügung.

e) Ergebnisse

Die Frage der tatsächlichen Kontrollaktivität des Aufsichtsrates läßt sich zunächst mit Hilfe der Verteilung der Wechseltypen bei deutschen Unternehmen beantworten. Die hier analysierten Wechsel der Spitzenführungskraft sind dabei überraschend oft als unfreiwillige Wechsel zu identifizieren. Insgesamt 31% der ausgeschiedenen Spitzenführungskräfte fallen unter diesen Wechseltyp. Weitere 30% wechseln „auf Grund planmäßiger Pensionierung“ und 13% scheiden freiwillig aus, um in „den Vorstand eines anderen Unternehmens“ zu wechseln. Im Vergleich scheiden amerikanische Spitzenführungskräfte durchschnittlich mit 68% deutlich häufiger unabdingbar und entsprechend in geringerem Umfang mit nur 19% unfreiwillig aus den Unternehmen. In Deutschland ist der Aufsichtsrat bei Wechsel der Spitzenführungskräfte deutlich häufiger die treibende Kraft und ergreift überraschend oft die Initiative zum Wechsel. Offensichtlich nutzt hier der Aufsichtsrat sein Recht auf Bestellung und Abberufung der Spitzenführungskräfte und scheut auch nicht, einen unfreiwilligen Wechsel zu betreiben.

Durch die Analyse der Erfolgslage vor dem Wechsel läßt sich abschätzen, inwieweit der Aufsichtsrat die Wahrnehmung seines Rechts auf Abberufung der Spitzenführungskraft an den Unternehmenserfolg knüpft. Zunächst ist in diesem Zusammenhang festzuhalten, daß sich die Wechseltypen im gesamten Verlauf des Wechselprozesses sowohl im Erfolgsniveau als auch in der Erfolgsentwicklung signifikant voneinander unterscheiden. Eine getrennte Betrachtung der Wechseltypen ist daher gerechtfertigt.

Für den unfreiwilligen Wechsel ist festzustellen, daß der Erfolg des Unternehmens die wichtigste erklärende Variable des Wechsels ist. Der negative Zusammenhang von Erfolg und nachfolgendem unfreiwilligen Wechsel gilt dabei auch unter Kontrolle aller Kontextvariablen. In diesem Sinne bestätigt sich also die Vermutung, daß der Aufsichtsrat die Initiative zum Wechsel der Spitzenführungskraft an die Entwicklung des Unternehmenserfolges knüpft. Erreicht das Unternehmen ein kritisches Erfolgsniveau, muß die Spitzenführungskraft ausscheiden.

Auch die Analyse des unabdingbaren Wechsels kann Hinweise auf die Aktivität des Aufsichtsrates geben. So kann argumentiert werden, daß ein „konfliktscheuer" Aufsichtsrat nicht unmittelbar die Konsequenzen aus einer kritischen Erfolgslage zieht, sondern die (nahe) Pensionierung der Spitzenführungskraft abwartet. Dies sollte insbesondere in den Fällen gelten, in denen nur noch ein bis zwei Jahre bis zur Pensionierung vergehen. Im Vorfeld dieser Pensionierungen sollte sich entsprechend auch eine Erfolgssituation abzeichnen, die der Lage der unfreiwilligen Wechsel entspräche. Diese These kann jedoch für deutsche Aktiengesellschaften nicht bestätigt werden: Der unabdingbare Wechsel auf Grund von Pensionierung ist nicht durch den Unternehmenserfolg bedingt. Vielmehr unterscheiden sich diese Wechselfälle kaum von den Kontrollfällen. Der Unternehmenserfolg vor der Pensionierung ist durch ein vergleichsweise hohes Niveau und große Stabilität gekennzeichnet. Die Aufsichtsräte machen offensichtlich unabhängig von einem nahen Pensionstermin von ihrem Recht auf Abberufung der Spitzenführungskraft bei kritischem Erfolg Gebrauch. Dies Ergebnis unterstützt damit ebenfalls die These, daß deutsche Aufsichtsräte auf einen kritischen Unternehmenserfolg mit Entlassung reagieren.

Inwieweit sich die Entscheidung des Aufsichtsrates zum unfreiwilligen Wechsel an dem Erfolg in Relation zu einem Anspruchsniveau orientiert, kann vor dem Hintergrund der hier präsentierten Ergebnisse nicht abschließend beurteilt werden. Ein Anspruchsniveau auf Basis des durchschnittlichen Branchenerfolges ist für deutsche Aktiengesellschaften nicht nachzuweisen. Dennoch steigt die Wahrscheinlichkeit eines unfreiwilligen Wechsels nicht erst ab einem noch gerade ausgeglichenen Ergebnis, sondern beginnt bereits bei einer Gesamtkapitalrendite unter ca. 10%. Ab dieser „absoluten" Marke erhöht sich das Risiko der Spitzenführungskraft, unfreiwillig auszuscheiden. Unterschreitet die Gesamtkapitalrendite den Wert von ca. minus 7%, muß die Spitzenführungskraft das Unternehmen auf jeden Fall verlassen. Dieses Ergebnis legt nahe, daß der Aufsichtsrat nicht in allen Fällen die gleiche absolute Erfolgsuntergrenze als Entscheidungskriterium anwendet. Unter Umständen, so kann argumentiert werden, ist der unfreiwillige Wechsel nicht an einen einmalig kritischen Erfolg, sondern an eine nachhaltig kritische Erfolgsentwicklung des Unternehmens geknüpft. Diese Sicht findet in den Daten insoweit Unterstützung, als gerade unfreiwillige Wechselfälle bereits zwei Jahre vor dem Wechsel ein signifikant schlechteres Ergebnis erzielen als die vergleichbaren Kontrollfälle. Unternehmen mit einem unfreiwilligen Wechsel realisieren also bereits mindestens in zwei aufeinander folgenden Jahren einen unterdurchschnittlichen Erfolg.

Die unzureichende Unterstützung der These, daß der Erfolg in Relation zum Branchendurchschnitt bewertet wird, kann auch in der unter Umständen zu weit gefaßten Definition der Referenzgruppe begründet sein. Orientieren sich Aufsichtsräte nicht am allgemeinen Branchendurchschnitt, sondern zum Beispiel an einer wesentlich enger und individuell definierten Gruppe von unmittelbaren Konkurrenten, so ließe sich vielleicht mit einer entsprechend alternativen Operationalisierung des Anspruchsniveaus die Orientierung an einer solchen relativen Erfolgsuntergrenze empirisch bestätigen.

Obwohl der Unternehmenserfolg die zentrale Größe zur Erklärung des unfreiwilligen Wechsels ist, erweisen sich weitere Variablen als bedeutend, indem sie ebenfalls Einfluß auf die Wahrscheinlichkeit des Wechsels ausüben. So scheidet die Spitzenführungskraft um so eher unfreiwillig aus dem Amt, je größer der Anteil institutioneller Anleger ist und je mehr Mitglieder der Vorstand aufweist. Ist die Spitzenführungskraft selbst Aktionär des Unternehmens oder Mitglied einer Familie, die einen bedeutenden Aktienanteil am Unternehmen hält, so scheidet sie weniger wahrscheinlich unfreiwillig aus.

Die drei Variablen „Anteil institutioneller Anleger“, „Vorstandsgröße“ und „Eigentümerposition der Spitzenführungskraft“ lassen sich als Maß für die Machtposition der Spitzenführungskraft interpretieren. Ein größerer Anteil institutioneller Anleger verstärkt in der Regel bei dem Aufsichtsrat die Kontrollfunktion gegenüber der Unternehmensleitung. Institutionelle Anleger sind besser in der Lage, konkrete Erfolgsziele zu kommunizieren und entsprechend direkten Einfluß auf die Unternehmensleitung beziehungsweise auf deren Wechsel zu nehmen. Umgekehrt sinkt die Bereitschaft des Aufsichtsrates, die Spitzenführungskraft für eine kritische Erfolgssituation verantwortlich zu machen, sofern diese selbst Eigentümer des Unternehmens ist. Eine Spitzenführungskraft in der Position des Eigentümers ist zudem häufig gleichzeitig Unternehmensgründer. In dieser Situation ist das gesamte Unternehmen in der Regel stark auf den Gründer an der Unternehmensspitze ausgerichtet, der dementsprechend als kritische Ressource angesehen wird. Entsprechend niedrig ist die Bereitschaft, personelle Konsequenzen an der Unternehmensspitze zu ziehen.

Neben der Anteilseignerstruktur bestimmt auch die Vorstandsgröße die Machtposition der Spitzenführungskraft. Mit zunehmender Anzahl der Vorstandsmitglieder steigt die Menge alternativer interner Nachfolger. Ist ein potentieller Nachfolgekandidat dem Aufsichtsrat bekannt, sinken die Kosten des Wechsels der Spitzenführungskraft. Suchkosten fallen nicht an und insbesondere Kosten der Unsicherheit hinsichtlich der Qualifikation des Nachfolgers werden reduziert, so daß der Macht der aktuellen Spitzenführungskraft entsprechend Grenzen gesetzt sind. Zwischen der Machtposition und dem unfreiwilligen Wechsel besteht also ein negativer Zusammenhang: Je geringer die Machtposition ist, desto eher scheidet die Spitzenführungskraft unfreiwillig aus dem Amt. Dabei bleibt der Unternehmenserfolg jedoch auch unter Kontrolle dieser Machtposition die entscheidende Determinante des Wechsels.

Im Gegensatz zum unfreiwilligen Wechsel lassen sich bei dem freiwilligen oder unabdingbaren Wechsel keine weiteren Bedingungsvariablen feststellen. Beide

Wechseltypen sind offenbar durch Faktoren bestimmt, die nicht Gegenstand der Analyse waren. So ist zu vermuten, daß das Alter der ausscheidenden Spitzenführungskraft, das als konstitutives Element zur Bestimmung der Pensionierung bereits berücksichtigt wurde, die wesentliche treibende Kraft dieses Wechsel darstellt. Da die hier betrachteten freiwilligen Wechsel in den Jahren vor ihrem Wechsel ebenfalls keine Erfolgsunterschiede zu Kontrollfällen aufweisen, scheint es sich bei diesen Wechselfällen offensichtlich um „richtige" freiwillige Wechsel zu handeln. Die Spitzenführungskräfte scheiden zumindest nicht in Erwartung einer Entlassung auf Grund kritischen Erfolges „freiwillig" aus. Die Gründe für den Wechsel liegen vermutlich weniger im „verlassenen" Unternehmen als vielmehr im neuen Unternehmen beziehungsweise im direkten Vergleich zwischen diesen beiden Unternehmen.

Mit der Analyse der Insider / Outsider-Nachfolge stand nicht mehr die Tatsache des Wechsels, sondern vielmehr die Frage nach der Art der Nachfolger im Mittelpunkt der Betrachtung. Während besonders beim unfreiwilligen Wechsel der Erfolg die zentrale Bestimmungsgröße für den Wechsel darstellt, wird die Art des Nachfolgers durch andere Faktoren erklärt. Die Wahrscheinlichkeit einer Insider-Nachfolge steigt mit höherem Anteil an unternehmens-internen Mitgliedern im Aufsichtsrat (Arbeitnehmervertreter und frühere Spitzenführungskraft) sowie zumindest bei mittelgroßen Unternehmen mit zunehmender Größe des Vorstandes. Scheidet die vorherige Spitzenführungskraft im Rahmen planmäßiger Pensionierung aus, so erhöht dies ebenfalls die Wahrscheinlichkeit der Insider-Nachfolge. Entsprechend folgt ein Outsider eher auf einen unfreiwillig ausgeschiedenen Vorgänger. Besonders die Variablen zur Aufsichtsratszusammensetzung und Vorstandsgröße weisen auf die hohe Bedeutung vorhandener Informationsasymmetrien sowie auf „politische" Faktoren im Rahmen der Entscheidung für einen Insider oder Outsider hin.

Die Betrachtung der Wirkung des Wechsels auf die Erfolgsentwicklung der Unternehmen ist ebenfalls nach den Wechseltypen sowie Nachfolgerarten zu differenzieren. Erneut erweist sich dabei der unfreiwillige Wechsel als der auffälligste Wechseltyp mit der größten Erfolgsvarianz im Wechselprozeß: Der unfreiwillige Wechsel der Spitzenführungskraft beeinflußt den Erfolg dabei stark negativ. Unmittelbar nach dem Wechsel realisieren die Unternehmen ihr schlechtestes Ergebnis im gesamten Wechselprozeß. Zwar zeigt sich im weiteren Verlauf unter der nachfolgenden Spitzenführungskraft wieder eine leichte Erfolgsverbesserung im Vergleich zum Jahr des Wechsels. Insgesamt erholen sich die Unternehmen im Durchschnitt jedoch nicht innerhalb der nächsten zwei Jahre nach dem Wechsel und bleiben weiterhin deutlich schlechter als vergleichbare Kontrollfälle. Dieser negative Zusammenhang von unfreiwilligem Wechsel und nachfolgendem Erfolg bleibt auch bei Kontrolle der Kontextbedingungen bestehen.

Der negative Effekt des Wechsels auf den Erfolg zeigt sich auch beim unabdingbaren Wechsel, jedoch in deutlich geringerem Ausmaß. Scheidet die Spitzenführungskraft auf Grund von Pensionierung aus, reduziert sich der Erfolg im ersten Jahr nach dem Wechsel leicht. Dieser Erfolgsrückgang wird jedoch im folgenden Jahr unmittelbar wieder ausgeglichen, so daß der unabdingbare Wechsel insgesamt keinen nachhaltigen Effekt auf den Erfolg ausübt. Die geringe Bedeutung dieser Wechsel der Spitzenführungskraft für den Unternehmenserfolg zeigt sich noch deutlicher beim freiwilligen Wechsel. Die Erfolgslage von Unternehmen mit einem freiwilligen Wechsel zeichnet sich durch eine erstaunliche Stabilität im Verlauf des gesamten Wechselprozesses aus. Der Erfolg unterliegt keiner meßbaren Veränderung durch den Wechsel und unterscheidet sich auch nicht vom Erfolg der Kontrollfälle.

Insgesamt läßt sich damit für die Betrachtung der Wechseltypen festhalten, daß lediglich der unfreiwillige Wechsel der Spitzenführungskraft eine wesentliche Veränderung des Erfolges nach dem Wechsel bewirkt. Die Ursache für den negativen Erfolgseffekt des Wechsels ist dabei jedoch offenbar nicht auf die Tatsache zurückzuführen, daß der Wechsel überraschend und ungeplant erfolgt. Wäre der Planungsgrad des Übergangs an der Unternehmensspitze der kritische Faktor für die Erfolgsentwicklung nach dem Wechsel, dürfte der freiwillige Wechsel, der in der Regel für das Unternehmen ebenfalls überraschend kommt, keine derart unauffällige Erfolgsentwicklung zeigen. Offensichtlich sind die Ursachen für die kritische Entwicklung nach dem Wechsel auf Besonderheiten gerade des unfreiwilligen Wechsels beschränkt. Dieser Wechseltyp zeichnet sich zum Beispiel im Gegensatz zu den beiden anderen Wechseltypen durch besonders hohen Konfliktgehalt der Wechselsituation aus. Notwendige Änderungen sind in dieser Situation durch den Nachfolger im Zweifel schwerer und nur unter höheren Kosten durchzusetzen. Wenn dem unfreiwilligen Wechsel Differenzen in der Geschäftspolitik zu Grunde liegen, ist zudem zu erwarten, daß ein Nachfolger umfangreiche Änderungen der Unternehmensstrategie vornehmen wird. Da der strategische Wandel in der Regel für Unternehmen mit höheren Kosten verbunden ist, denen zumindest kurzfristig keine höheren Erträge gegenüberstehen, läßt dies ebenfalls eine Belastung des Unternehmenserfolges nach dem unfreiwilligen Wechsel plausibel erscheinen.

Die unterschiedliche Entwicklung des Unternehmenserfolges nach dem Wechsel ist also offensichtlich an die Wechselsituation geknüpft. Diese wurde zusätzlich auch anhand der Art oder Herkunft des Nachfolgers analysiert: Unabhängig vom Wechseltyp realisieren Unternehmen, die einen Insider als Nachfolger erhalten, einen durchschnittlich besseren Erfolg als Unternehmen mit einer Outsider-Nachfolge. Dabei ist zu beachten, daß im Fall des unfreiwilligen Wechsels auch Insider im ersten Jahr nach dem Wechsel einen negativen Erfolg erzielen. Dieser liegt jedoch immer noch über dem Erfolg der Outsider und verbessert sich in den Folgejahren deutlich schneller. Die Turbulenzen nach dem Wechsel der Spitzenführungskraft können offenbar durch nachfolgende Spitzenführungskräfte, die bereits detaillierte Kenntnisse des Unternehmens mitbringen, reduziert werden. Mit zunehmendem Abstand vom Wechselzeitpunkt nimmt die Bedeutung der Nachfolgerart für den Unternehmenserfolg jedoch ab.

Die empirische Analyse ging jedoch über die Betrachtung des Wechsel-Erfolgs-Zusammenhangs hinaus. Ergänzend wurde der Frage nachgegangen, inwieweit die im Jahresabschluß veröffentlichte Erfolgslage der Unternehmen sowohl vor als auch nach dem Wechsel durch die jeweilige Spitzenführungskraft gezielt mittels Bilanzpolitik beeinflußt wird. Bilanzpolitische Einflußnahme im Verlauf des Wechsels kann dabei eindeutig festgestellt werden. Diese variiert in ihrer Intensität in Abhängigkeit des Wechseltyps und des Zeitpunktes im Wechselprozeß.

Erneut erweist sich der unfreiwillige Wechsel als Vorgang mit der größten Dynamik. Bei diesem Wechseltyp lassen sich insgesamt drei Phasen unterschiedlicher bilanzpolitischer Aktivität feststellen: (1) Vor dem Wechsel sucht die später ausscheidende Spitzenführungskraft die kritische Erfolgslage zu kaschieren. (2) Unmittelbar nach dem Wechsel bleibt die bilanzpolitische Aktivität der nachfolgenden Spitzenführungskraft unverändert intensiv. Sofern der Unternehmenserfolg nicht bereits ohne Bilanzpolitik ein sehr kritisches Niveau erreicht hat, wirkt die Bilanzpolitik in dieser Situation zusätzlich erfolgsreduzierend. Diese auch in amerikanischen Unternehmen unter dem Stichwort des „Financial Bath" beobachtete Einflußnahme der Spitzenführungskraft kann somit auch bei deutschen Aktiengesellschaften nachgewiesen werden. Ein Teil der negativen Erfolgswirkung des Wechsels ist somit auch auf bilanzpolitische Einflußnahme zurückzuführen. (3) Mit zunehmendem Abstand vom Wechselzeitpunkt verstärken sich jedoch wiederum die erfolgserhöhenden bilanzpolitischen Maßnahmen.

Sowohl beim freiwilligen als auch beim unabdingbaren Wechsel zeigen sich keine entsprechend umfangreichen und unterschiedlich gerichteten bilanzpolitischen Aktivitäten. Die Intensität der Bilanzpolitik läßt auch keine Abhängigkeit von dem Wechsel der ausgeschiedenen Spitzenführungskraft in den Aufsichtsrat erkennen.

Insgesamt zeichnen sich damit für den Wechsel der Spitzenführungskraft zwei Arten von Veränderungen an der Unternehmensspitze ab:

1. Der *außergewöhnliche Fall,*

- bei dem die Spitzenführungskraft unfreiwillig aus ihrem Amt scheiden muß,
- der die stärkste Erfolgsvarianz im Verlauf des Wechselprozesses aufweist,
- bei dem die jeweiligen Spitzenführungskäfte überdurchschnittlich starke und je nach Situation unterschiedlich gerichtete Bilanzpolitik betreiben und
- bei dem ein Unternehmensexterner (Outsider) zum Nachfolger berufen wird.

2. Der *Normalfall,*

- bei dem die Spitzenführungskraft im Rahmen von Pensionierung (oder auch freiwillig) aus ihrem Amt scheidet,
- der nur sehr geringe Erfolgsveränderung im Verlauf des Wechsels aufweist,

- bei dem keine außergewöhnliche Bilanzpolitik betrieben wird und
- bei dem in der Regel der Nachfolger an der Unternehmensspitze bereits vor dem Wechsel im Vorstand tätig war (Insider).

Während der „Normalfall" durch Routine und „Ruhe" in allen Unternehmensbereichen gekennzeichnet ist, erweist sich der „außergewöhnliche Fall" als extrem turbulenter Vorgang, der mit hoher Dynamik in allen Unternehmensbereichen einhergeht.

f) Ansätze für die weitere Forschung

Die Ergebnisse dieser Arbeit zeigen, daß es sich bei der Frage zum Zusammenhang zwischen Wechsel der Spitzenführungskraft und Unternehmenserfolg um ein relevantes und wichtiges Problem der Betriebswirtschaftslehre handelt. Aufbauend auf den theoretischen Überlegungen und Befunden zum Wechsel in der Unternehmensspitze deutscher Aktiengesellschaften lassen sich weitere Fragen bestimmen:

1. Bedingungen des Zusammenhangs von Erfolg und nachfolgendem Wechsel

Spitzenführungskräfte müssen offensichtlich bei unzureichendem Unternehmenserfolg aus ihrem Amt an der Unternehmensspitze scheiden. Die Befunde zur unterschiedlichen Wechselhäufigkeit bei verschiedenen Gesamtkapitalrenditen zwischen 10% und minus 7% sowie zur Bedeutung der Machtposition der Spitzenführungskraft deuten jedoch bereits an, daß dieser Zusammenhang durch weitere Bedingungen relativiert wird.[1] So ließe sich die spezifische Wechselsituation zum Beispiel durch die Betrachtung unterschiedlicher Aufsichtsratstypen konkretisieren.[2] Auch die Frage nach dem tatsächlichen Anspruchsniveau sowie dem funktionalen Zusammenhang von Wechsel und anspruchsniveaurelativiertem Erfolg bedarf noch weiterer Analysen.

2. Tatsächliche Aktivität der Spitzenführungskraft nach dem Wechsel

Mit dem Wechsel der Spitzenführungskraft zeigt sich in der Regel zumindest kurzfristig eine Verschlechterung des Unternehmenserfolges. Die tatsächlichen Aktivitäten der Spitzenführungskraft – abgesehen von der bilanzpolitischen Ein-

---

[1] Vgl. z. B. zum Wettbewerbsdruck als Bedingung mit Einfluß auf die Wechselwahrscheinlichkeit DeFond/Parck (1999). Vgl. zu weiteren möglichen Bedingungen auch Drazin/Rao (1999).

[2] Vgl. zu einer Typologie des Aufsichtsrates Gerum (1991) sowie zu einer dynamischen Betrachtung der „board structures" Denis/Sarin (1999). In einer erweiterten Betrachtung könnten zudem „Rückkoppelungen" über den Einfluß der Spitzenführungskraft auf die Auswahl der Aufsichtsratsmitglieder betrachtet werden. Vgl. Shivdasani/Yermack (1999).

flußnahme – konnten jedoch im Rahmen dieser Untersuchung nicht erfaßt werden. Hier könnte die weitere empirische Forschung sinnvoll ansetzen und beispielsweise die Frage strategischer Neuausrichtungen nach einem Wechsel an der Unternehmensspitze näher beleuchten. In diesem Sinne empfiehlt sich eine Integration der Betrachtung des Wechsels der Spitzenführungskraft in die Strategieforschung.[3] Zu klären ist, inwieweit dieser Wechsel eine Veränderung der Strategie bedingt und welche Erfolgswirkungen sich ergeben.[4]

3. Differenzierte Nachfolgertypen und Unternehmenserfolg

Aus der Betrachtung der tatsächlichen Aktivität der nachfolgenden Spitzenführungskraft ergibt sich unmittelbar die Frage, welche Effekte unterschiedliche Nachfolgertypen haben. Die hier vorgenommene Differenzierung nach Insider- und Outsider-Nachfolgern deutet bereits an, daß unterschiedliche Nachfolgertypen differenzierten Einfluß auf den Unternehmenserfolg nehmen können. Diese Betrachtung ließe sich hinsichtlich weiterer Charakteristika der Spitzenführungskräfte konkretisieren. Damit knüpft die Analyse des Wechsels der Spitzenführungskraft an die Untersuchungen zum Zusammenhang zwischen persönlichen Charakteristiken der Spitzenführungskräfte und Unternehmensstrategie an.[5] Läßt sich ein Zusammenhang zwischen bestimmten Nachfolgertypen, Unternehmensstrategien und dem Erfolg identifizieren, schließt sich konsequent die Frage nach den Bedingungen für die Auswahl des „richtigen" Nachfolgers an.

4. Bedingungen der Nachfolgerwahl

Mit der Analyse der Bedingungen der Nachfolgerwahl rückt die Zusammensetzung des Aufsichtsrates als verantwortliches Organ zur Bestellung der Spitzenführungskräfte in den Vordergrund der Betrachtung.[6] Die Befunde zur Bedeutung des Anteils unternehmensinterner Aufsichtsratsmitglieder für die Auswahl der Insider- oder Outsider-Nachfolger weisen bereits auf die Bedeutung der Zusammensetzung des Aufsichtsrates hin. Diese Analyse ließe sich zudem sinnvoll um eine Prozeßbetrachtung der Nachfolgerauswahl ergänzen. Diese Betrachtungen könnten insgesamt in einer Handlungsanweisung zur optimalen Gestaltung der Nachfolgerauswahl münden.[7]

---

3 Vgl. stellvertretend zum Einfluß der Spitzenführungskraft auf die Strategie McNulty / Petigrew (1999). Vgl. auch Schrader (1995).

4 Vgl. Miller / Friesen (1980).

5 Vgl. Schrader (1995), Hambrick / Mason (1984), Wiersma / Bantel (1992), Lant / Milliken / Batra (1992), Chaganti / Sambharya (1987).

6 Vgl. auch Baysinger / Hoskisson (1990), Westphal / Zajac (1995), Vafeas (1999).

7 Vgl. Vancil (1987).

5. Bilanzpolitische Gestaltung durch die Unternehmensleitung

Für den Fall des Spitzenführungskraftwechsels konnte gezeigt werden, daß die Unternehmensleitungen in bestimmten Situationen gezielt bilanzpolitisch Einfluß auf die veröffentlichte wirtschaftliche Lage der Unternehmen ausüben. Damit stellt sich grundsätzlich die Frage, inwieweit auch in anderen Situationen mittels der Bilanzpolitik auf ein gewünschtes Ergebnis gezielt Einfluß genommen wird. So bietet es sich zum Beispiel an, die Analyse der Erfolgswirkung von Strategieänderungen oder Akquisitionen, die ebenfalls vergleichsweise einschneidende Ereignisse in der Unternehmensentwicklung darstellen, um die Betrachtung der Bilanzpolitik zu ergänzen.[8] Gegebenenfalls sind Erfolgsmaße um bilanzpolitische Einflüsse zu korrigieren, um eine Aussage zu „realen" Effekten treffen zu können.

Insgesamt offenbart sich mit den hier erläuterten Fragen, ein komplexes und interessantes Feld für die weitere betriebswirtschaftliche Forschung, die die hier präsentierten Ergebnisse zum Zusammenhang von Spitzenführungskraftwechsel und Unternehmenserfolg aufgreifen und erweitern kann.

---

8 Vgl. Schipper (1989).

Anhang

Übersicht 1

Übersicht 2

Übersicht 3

Bilanzpolitik

Übersicht 1: **Empirische Untersuchungen zu Bedingungen des Wechsels der Spitzenführungskraft**

Autor(en)	Jahr	Erhebungszeitraum	Gundgesamtheit	Stichprobe
Panel 1.1 Unternehmen als Grundgesamtheit				
Abe	1997	1974 – 1990	An der Börse Tokio notierte Unternehmen ohne Banken und Versicherungen	n = 687 Unternehmen, n = 1193 „presidents“
Allen / Panian	1982	1971 – 1980	n = 250 größte Unternehmen (nach Umsatz in 1974 / 75) in den USA	n = 224 Unternehmen (ohne Konkurse, Akquisitionen) mit n = 241 CEO-Wechsel
Barro / Barro	1990	1982 – 1987	n = 140 größte „commercial banks“ in den USA (in 1986)	n = 83 Banken, n = 51 CEO-Wechsel, n = 407 Nicht-Wechsel
Boecker	1992	1968 – 1989	Halbleiterproduzenten aus „Silicon Valley“	n = 67 Unternehmen, n = 115 CEO „dismissals“, n = 244 Top-Management Entlassungen
Boecker / Goodstein	1993	1968 – 1989	Halbleiterproduzenten aus „Silicon-Valley“, n = 64	n = 64 (Totalerhebung), mit n = 231 CEO-Wechsel
Borokovich / Parrino / Trapani	1996	1970 – 1988	Große Publikumsgesellschaften	n = 588 Unternehmen, n = 969 CEO-Wechsel
Cannella / Lubatkin	1993	1971 – 1985	Unternehmen aus dem „Forbes anual list of executive compensation“	n = 472 CEO „Wechselereignisse“
Conyon / Nicolitsas	1998	1985 – 1992	Kleine / mittelgroße Unternehmen des verarbeitenden Gewerbes in Großbrittanien	n = 39 Unternehmen
Cosh / Hughes	1997	1989 – 1994	Britische Unternehmen aus der Elektrobranche	n = 75 Unternehmen
Coughlan / Schmidt	1985	1977 – 1980	Unternehmen aus „Forbes executive compensation survey“ von 1978 – 80 die gleichzeitig an der NYSE oder ASE notiert sind	n = 249 Unternehmen mit n = 76 CEO-Wechsel
Crain / Deaton / Tollison	1977	1971 – 1976	Unternehmen aus der „Forbes Top 500“-Liste	n = 500 (Totalerhebung)
Dalton / Kesner	1985	k. A.	An der NYSE notierte Unternehmen	n = 96 Unternehmen mit CEO-Wechsel
Datta / Guthrie	1994	1980 – 1989	Unternehmen aus der „Business Week 1000“ -Liste	n = 195 Unternehmen, n = 195 „Wechselereignisse“

(Fortsetzung nächste Seite)

(Fortsetzung Übersicht 1)

Autor(en)	Jahr	Erhebungs- zeitraum	Gundgesamtheit	Stichprobe
Denis / Serrano	1996	1983 – 1989	An der NYSE notierte Unternehmen mit „control contest“	n = 95 Unternehmen mit n = 98 erfolglosen „control contests“ und n = 32 CEO-Wechsel, n = 1689 Kontrollunternehmen mit n = 287 CEO-Wechsel
Drazin / Kazanjian	1993		Technologiebasierte Unternehmensneugründungen, Elektrotechnik- / Computerbranche, maximal 12 Jahre alt	n = 109 Unternehmen
Fizel / Louie / Mentzer	1990	1985	n = 785 Unternehmen aus „Forbes anual report on executive compensation“	n = 136 Unternehmen, n = 72 CEO Wechsel (von 1984 zu 1985)
Friedman / Singh (1. Teil)	1989	k. A.	Unternehmen aus „Fortune industrials 500“ und „Fortune services 500“	n = 130 Unternehmen, n = 130 CEO-Wechsel
Geddes / Vinod	1997	1974 – 1983	k. A.	n = 367 Unternehmen mit CEO-Wechsel im Analyse-Zeitraum
Gilson	1989	1979 – 1984	Unternehmen, die an der NYSE oder ASE notiert sind	n = 381 Unternehmen, die im Zeitraum zum unteren 5%-Percentile bezogen auf kumulierte 3-Jahres „stock return“ gehören
Hadlock / Lumer	1997	1933 – 1941	Börsennotierte Unternehmen in den USA mit Daten zu Aktienkursen ab Mai 1933	n = 231 Industrieunternehmen mit einer Bilanzsumme > 20 Mio. USD, n = 244 Wechsel des „president“ oder CEO
Harrison / Torres / Kukalis	1988	1978 – 1980	Unternehmen aus „Standard and Poor's COMPUSTAT Anual Industrial“ Datenbändern	n = 671 Unternehmen mit n = 111 CEO-Wechsel und n= 112 „chairman“-Wechsel
Helmich	1975	1916 – 1973	Unternehmen der Petro-Chemie aus „Moody's Industrial Manual“ von 1971	n = 194 Unternehmen
Helmich / Brown	1972	1959 – 1969	Unternehmen der Chemie-Branche	n = 204 Unternehmen mit Wechsel des „president“
James / Soref	1981	1965	„Top 300“ Unternehmen aus Moody's Industrial Manual“ von 1965	n = 286 Unternehmen

Kang / Shivdasani (1. Teil)	1995	1985 – 1990	Unternehmen aus „Moody's International Report 1984"	n = 270 Unternehmen („non-finance", Totalerhebung), n = 174 CEO-Wechsel
Kaplan	1994	1981 – 1989	Große deutsche Unternehmen in der Rechtsform AG und GmbH	n = 42 deutsche Unternehmen aus der „Fortune 500" Liste der größten ausländischen Gesellschaften
Kesner / Dalton	1985	k. A.	An der NYSE notierte Unternehmen	n = 96 Unternehmen mit CEO-Wechsel
Khorana	1996	1979 – 1992	„Mutual Funds" in den USA	n = 339 Unternehmen mit CEO-Wechsel, n = 4830 Kontroll-Unternehmen ohne CEO-Wechsel
Kim	1996	1981 – 1991	An der NYSE notierte Unternehmen	n = 170 CEO-Wechsel
Klein / Rosenfeld (1. Teil)	1988	1978 – 1983	An der NYSE und ASE notierte Unternehmen	n = 198 Unternehmen, davon n = 73 „greenmail"-Unternehmen, n = 25 13D-Unternehmen, n = 100 Kontrollunternehmen
Kriseberg	1962	1962	Führungskräfte von „public health" und „mental health" Programmen auf bundesstaatlicher und lokaler Ebene	n = 115 Führungskräfte
McEachern	1975	1969 – 1972	Große Unternehmen aus den Branchen: Pharma, Chemie, Ölraffinerie	n = 48 Unternehmen
Murphy / Zimmermann (1. Teil)	1993	1971 – 1989	Unternehmen aus „Forbes anual survey of executive compensation" und gleichzeitig „Forbes 500"- Liste	n = 599 Unternehmen mit n = 1063 CEO
Ocasio	1994	1960 – 1990	n = 1697 Unternehmen aus „Moody's Industrial Manual" von 1980	n = 114 Unternehmen mit n = 225 CEO-Wechsel, davon n = 114 CEO Wechsel unter 64 Jahre
Osborne / Jauch / Glueck	1981	1930 – 1974	Unternehmen mit Informationen aus „Fortune"- Artikeln und „Moody's Industrial Manual"	n = 313 Unternehmen
Parrino, R.	1997	1971 – 1989	Unternehmen aus dem „Forbes anual survey of executive compensation"	n = 626 Unternehmen, n = 977 CEO-Wechsel
Pfeffer / Moore	1980	1957 – 1976	Akademische Abteilungen (Fakultäten) zweier großer amerikanischer Universitäten	n = 20 Abteilungen, die in beiden Universitäten gleichzeitig vorkamen.

(Fortsetzung nächste Seite)

(Fortsetzung Übersicht 1)

Autor(en)	Jahr	Erhebungs-zeitraum	Gundgesamtheit	Stichprobe
Poensgen / Lukas	1982	1961 – 1975	Aktiengesellschaften aus 15 von 31 Zweigen des verarbeitenden Gewerbes in Deutschland	n = 629 Unternehmen (Totalerhebung hinsichtlich der Gesellschaften), n = 3581 Vorstände, n = 1365 Wechsel von Vorstandsmitgliedern
Puffer / Weintrop	1991	1982 – 1984	Unterenhemen aus dem „Forbes executive compensation survey“, n = 800	n = 480 Unternehmen, n = 53 CEO Wechsel
Salancik / Pfeffer	1980	1963 – 1972	Unternehmen aus „Forbes 500“- Liste in 1972	n = 84 Unternehmen (möglichst gleichverteilt über alle Kontrolltypen)
Salancik / Staw / Pondy	1980	1954 – 1974	„Department heads“ innerhalb einer Universität	n = 20 „departments“ der University of Illinois at Urbana-Champaign
Schrader / Lütjhe	1995	1965 – 1993	Große deutsche Aktiengesellschaften des produzierenden Gewerbes	n = 32 Aktiengesellschaften mit n = 57 Wechsel im Vorstandsvorsitz oder Vorstandssprecherposition (möglichst alle Wechseltypen)
Schwarz / Menon	1985	1974 – 1982	An der NYSE und ASE notierte Unterneehmen	n = 134 Konkurs-Unternehmen aus 70 Branchen und n = 134 gepaarte, unauffällige Vergleichsunternehmen
Smith / White	1987	1957 – 1981	Unternehmen aus der „Forbes 1000“-Liste	n = 173 Unternehmen, n = 370 CEO-Wechsel
TeWildt	1996	1986 – 1991	Deutsche Aktiengesellschaften im Amtlichen Handel oder Geregeltem Markt in 1991, n = 568 Unternehmen	n = 546 Unternehmen, Teilstichproben: n = 483 „non-financial“ / n = 29 Versicherungen / n = 34 Banken, insgesamt n = 262 Wechsel im Vorstandsvorsitz (keine Angaben zur Kontrollgruppe)
Virany / Tushmann / Romanelli	1985	1968 – 1980	Unternehmen der „Mini-Computer“ Branche	n = 23 Unternehmen
Warner / Watts / Wruck	1988	1963 – 1978	An der NYSE und ASE notierte Unternehmen	n = 269 Unternehmen, n = 567 Wechsel im Top Management, davon n = 64 unfreiwillige Wechsel
Weisbach	1988	1974 – 1983	An der NYSE notierte Unternehmen	n = 367 Unternehmen, n = 286 CEO-Wechsel
Wiersma / Bantel	1993	1980 – 1983	500 größten Unternehmen aus dem „Fortune 500“ des verarbeitenden Gewerbes	n = 85 Unternehmen

Untersuchungen die Wechsel im Rahmen von Akquisitionen untersuchen:				
Gerpott	1994	1988	Deutsche Industrieunternehmen, die 1988 Gegenstand einer Akquisition waren, n = 214 Unternehmen	n = 92 akquirierende Unternehmen (zu Zielunternehmen befragt) n = 84 Top-Manager-Abgänge
Hambrick / Cannella	1993	1980 – 1984	Akquirierende und akquirierte Publikumsgesellschaften in den USA	n = 97 Ziel-Unternehmen, n = 430 akquirierte „executives“
Krug / Hegarty	1997	1986 – 1993	Unternehmensakquisitionen, die im „mergers & acquisitions“ aufgeführt sind, (n = 715)	n = 270 Akquisitionen („target companies“) bei denen ein Topmanager identifizierbar ist n = 120 Unternehmen ohne Akquisistion im gleichen Zeitraum
Martin / McConnell	1991	Okt. 1958 – Dez. 98	Börsennotierte Unternehmen, die Gegenstand von Akquisitionen waren	n = 255 Akquisitionsvorgänge mit n = 154 CEO-Wechsel
Walsh	1988	1975 – 1979	Unternehmen, die Ziel einer Akquisition sind, mind. 10 Mio. Bilanzsumme, aus dem verarbeitenden Gewerbe und Bergbau	n = 50 Akquisitionen, n = 30 gepaarte Kontrollunternehmen (nach Bilanzsumme)
Walsh	1989	1975 – 1979	Unternehmen, die Ziel einer Akquisition sind, mind. 10 Mio. Bilanzsumme, aus dem verarbeitenden Gewerbe und Bergbau	n = 113 Unternehmen mit Managementwechsel nach Akquisition
Panel 1.2 Sportmannschaften als Grundgesamtheit				
Allen / Panian / Lotz	1979	1920 – 1970	Baseball Teams der „major league“	n = 934 Beobachtungen (Team während der Saison) n = 283 Team-Manager-Wechsel
Eitzen / Yetman	1972	1930 – 1970	n = 522 College Basketball Teams aus „1970 Official Collegiate Baketball Guide“	n = 129 Teams mit n = 657 Trainer-Wechseln
Pfeffer / Davis-Blake (1. Teil)	1986	1977 – 1981	Sportmannschaften der NBA	n = 22 Teams mit n = 27 Trainerwechseln
Scully (1. Teil)	1992	1901 – 1989 (Baseball) 1949 / 50 – 1989 / 90 (Basketball)	Alle Sportteams in der professionellen Baseball- und Basketball-Liga	n = 16 Clubs (Baseball) n = 40 Clubs (Basketball)

(Fortsetzung nächste Seite)

(Fortsetzung Übersicht 1)

Autor(en)	Jahr	abhängige Variable(n)	unabhängige Variable(n)	Ergebnisse	Verfahren
Panel 1.1 Unternehmen als Grundgesamtheit					
Abe	1997	Wechsel des „president“ (alle Wechsel / Wechsel ohne nachfolgendes „chairman“-Amt / Wechsel mit Ausscheiden aus dem Board)	- Performance („stock returns“ / Umsatzwachstum / Veränderung RoA / Veränderung Mitarbeiterzahl, jeweils Mittelwert über die gesamte Amtszeit) - Alter des CEO - Amtszeit vor CEO-Position - Dummy-Variable für Branche - mittlere Branchen-Performance	- negativer Zusammenhang von Performance und Wechsel - Zusammenhang gilt für kurz- und langfristige Performance - Zusammenhang stärker, wenn „vollständige“ Entlassung - Performance in Relation zur Branche nicht relevant	k. A.
Allen / Panian	1982	- CEO-Amtsdauer (Anzahl Jahre im Amt) - „managerial logevity“ (Alter des CEO bei Ausscheiden)	- Performance (RoE) - Macht des CEO (direkte CEO-Familien-Kontrolle / Familien-Kontrolle ohne CEO Beteiligung / CEO-Kontrolle ohne Familie, jeweils als „Kontrolle“ mit mind. 5% Anteilen oder als „Einfluß“ mit mind. 1% Anteilen operationalisiert) - Situation schlechter Performance (negativer Jahresüberschuß / RoE unterhalb der mittleren RoE von 1971 bis 1980)	- Performance erklärt nur geringen Teil der Varianz in der CEO-Amtsdauer aber ca. 8% des Alters bei Ausscheiden: Je besser die Performance, desto älter der CEO bei Ausscheiden - CEO in einer Eigentümerfamilie hat eine längere Amtsdauer und ist älter bei Ausscheiden - Wenn CEO nicht Mitglied der Eigentümerfamilie, dann ist er jünger bei Ausscheiden und hat eine kürzere Amtsdauer, dies gilt auch bei Kontrolle der Performance - die Zusammenhänge von Kontrolle und Ausscheiden / Amtsdauer schwächen sich ab, wenn nur „Einfluß“ betrachtet wird - in Situation schlechter Performance: Wenn CEO Mitglied der Eigentümerfamilie, dann kein Wechsel trotz negativer Performance	- ANOVA - ANCOVA

Barro / Barro	1990	Ausscheiden des CEO	- Alter des CEO (in t_{-1}) - Performance („stock return“ / „price earning ratio“, jeweils log, Veränderungswerte bzw. regional unterschieden) - Erfahrung des CEO (Amtsdauer)	- U-förmiger Zusammenhang von Wechselwahrscheinlichkeit und Alter des CEO (Minimum bei 52 Jahren) - höchste Wechselwahrscheinlichkeit mit 62 – 66 Jahren - auch mit 65 Jahren negativer Zusammenhang von Performance und Wechsel - nur „market performance“ nicht „accounting based performance“ hat Einfluß - maximal 2-jährige Veränderungsraten relevant - Erfahrung des CEO ist irrelevant	- logistische Regression
Boecker	1992	- CEO und Top-Management (2. Ebene) Entlassungen (jeweils 0 / 1)	- CEO-Nachfolgertyp (Insider / Outsider) - Performance (jährliches Umsatz-wachstum zu Branchenwachstum in t_{-1} und t_0 / Relation zum Branchenwachstum als 0 / 1-Variable) - Board-Charakteristika (Anzahl Insider / Anzahl „directors“ ernannt unter ausscheidendem CEO / davon Insider - „ownership“ (%-Anteile gehalten von Großaktionären / %-Anteile gehalten vom CEO) - Unternehmensgröße (Umsatz in t_0) - Publikumsgesellschaft (0 / 1) - Top-Management Team-Größe	- negativer Zusammenhang von Performance und CEO-Wechsel - niedrigere Wechselwahrscheinlichkeit bei schlechter Performance, wenn große Anzahl von Insidern im Board und diese vom CEO ernannt wurden, und wenn breite Streuung der Anteile - wenn CEO = Eigentümer, dann in jeder Situation geringere Wechselwahrscheinlichkeit - bei schlechter Performance und vielen Insidern im Board oder CEO = Eigentümer ist ein Managerwechsel (2. Ebene) wahrscheinlicher - mehr Top-Manager im Board, dann auch Ausscheiden weniger wahrscheinlich	- logistische Regression

(Fortsetzung nächste Seite)

(Fortsetzung Übersicht 1)

Autor(en)	Jahr	abhängige Variable(n)	unabhängige Variable(n)	Ergebnisse	Verfahren
Boecker / Goodstein	1993	Insider / Outsider-Nachfolge (CEO)	- Performance (Umsatzwachstum über 2 Jahre in Relation zum Branchenumsatzwachstum) - Board-Zusammensetzung (Anteil Insider im Board) - Eignerstruktur (Anteil Aktien gehalten von Insidern / Anteil Aktien gehalten von 4 größten Investoren) - Größe (Umsatz in t) - Amtsdauer des Vorgängers in Jahren - Vorgängertyp (Insider / Outsider) - Unternehmensalter bei Wechsel - Publikumsgesellschaft (ja / nein)	- negativer Zusammenhang von Performance und Outsider-Nachfolge - negativer Zusammenhang von Board-Zusammensetzung und Anteil Aktien gehalten von Insidern mit Outsider-Nachfolge - Interaktionseffecte: a) wenn schlechte Performance und viele Insider im Board, dann geringe Wahrscheinlichkeit der Outsider-Nachfolge, b) Performance und Insider-Eigentum hat keinen Einfluß auf Nachfolge, c) Performance und Eignerkonzentration hängt negativ mit Outsider-Nachfolge zusammen	logistische Regression
Borokhovich / Parrino / Trapani	1996	Nachfolgerart (Insider vs. Outsider)	- Board-Zusammensetzung (%-Anteil Outsider im Board) - Unternehmensgröße (lg Mitarbeiterzahl)	- positiver monotoner Zusammenhang von Outsider-Anteil im Board und Outsider-Nachfolge - positiver Zusammenhang von Unternehmensgröße und Outsider-Nachfolge	- (bivariate) Probit-Modelle
Cannella / Lubatkin	1993	Outsider als Nachfolger	- Performance (branchenbereinigter RoE / „market return" – Jensen's alpha / systematisches und unsystematisches Risiko - sozio-politischer Kontext (Wechselart / Nachfolger vorhanden / „CEO-duality") - Unternehmensgröße (lg Umsatz) - Jahreszahl des Wechsels	- negativer Zusammenhang von RoE und Outsider-Nachfolge - positiver Zusammenhang von unsystematischem Risiko und Outsider-Nachfolge -Performance-Nachfolge-Zusammenhang nur bei Entlassung des CEO - Outsider-Nachfolge nur dann bei schlechter Performance, wenn kein Insider vorhanden ist - „CEO-duality" hat keinen Einfluß	- ANOVA - logistische Regression

Conyon / Nicolitsas	1998	CEO-Wechsel	- Performance (%-Veränderung des Umsatzes / Veränderung der „real profits“ je Mitarbeiter; jeweils deflationiert) - Unternehmenstyp („public“ / “private“; groß / klein)	- negativer, nicht signifikanter Zusammenhang von CEO-Wechsel und Performanceveränderung in den zwei Jahren vor dem Wechsel - Zusammenhang gilt sowohl für „public“ wie auch „private“ Unternehmen	- logistische Regression
Cosh / Hughes	1997	Wechsel des CEO („dissmissal“ / „death, illness, retirement“)	- Managerkontrolle (0 / 1) - Aktienbesitz bei institutionellen Anlegern (0 / 1) (wenn Summe des institutionellen Anteilsbesitzes von mind. 3% mehr als 15% des Gesamtkapitals) - Performance („shareholder return“ / Gesamtkapitalrendite, jeweils absolut, branchenbereinigt und als Veränderung innerhalb von 2 Jahren - Unternehmensgröße (log Kapital) - Anteil „non-executive directors“ im Board	Bezogen auf alle Wechsel: - schwach negativer Zusammenhang von vergangener Performance und Anzahl CEO-Wechsel - kein Einfluß institutioneller Anleger Bezogen auf Entlassungen: - Wahrscheinlichkeit für CEO-Wechsel steigt mit abnehmender Performance - Zusammenhang ist stärker für Jahresabschlußkennzahlen, Aktienkurse haben keinen statistischen Einfluß wenn gemeinsam mit „Jahresabschluß-Erfolg“ betrachtet - Wechselwahrscheinlichkeit sinkt mit zunehmender Größe - institutionelle Anleger und Board-Zusammensetzung haben keinen Einfluß Bezogen auf Pensionierung, Krankheit, Tod: Größe und Performance haben keinen Einfluß auf diesen CEO-Wechsel	- logistische Regression
Coughlan / Schmidt	1985	CEO-Wechsel (< 64 Jahre / > 64 Jahre)	- „abnormal stock return“ - Alter des CEO - Fixgehalt (Residuum der „compensation regression“ als Proxy für Teilfaktor einer Gehaltserhöhung unabhängig von der tatsächlichen Aktienkursentwicklung)	bezogen auf CEO < 64 Jahre: - negativer Zusammenhang von Performance und Wechsel - schwach positiver Zusammenhang zwischen Alter und Wechsel - Gehaltszahlungen über das Maß hinaus, das eine Regression zum Aktienkurs erwarten läßt, führt zu weniger Wechsel Bezogen auf CEO > 64 Jahre: - kein Zusammenhang von Wechsel und Performance - negativer Zusammenhang mit dem Alter des CEO	- logistische Regression

(Fortsetzung nächste Seite)

(Fortsetzung Übersicht 1)

Autor(en)	Jahr	abhängige Variable(n)	unabhängige Variable(n)	Ergebnisse	Verfahren
Crain / Deaton / Tollison	1977	Amtsdauer des CEO in Jahren	- Performance (Umsatz / „profits“, jeweils als Abweichung vom individuellen Trend-Niveau)	- positiver Zusammenhang von Amtsdauer und „profit“-Erwartung - negativer Zusammenhang von Amtsdauer und Umsatz-Erwartung	- t-Test
Dalton / Kesner	1985	Insider vs. Outsider Nachfolge des CEO	Performance: - RoE (Mittelwert über 3 Jahre vor dem Wechsel) - „common stock performance“ (für jedes Unternehmen eine Regressionsgleichung über 36 Monatsendwerte vor Wechsel, „slope“ der Regressionsgraden als Performance-Maß)	- schlechte Performance steht nicht im Zusammenhang mit Outsider-Nachfolge - aber: Outsider-Nachfolge nur bei mittlerer Performance, i. d. S. nicht-linearer Zusammenhang, da Insider-Nachfolge besonders in extremen Performance-Situationen	- Logit-Analyse - „contingency“ Analyse
Datta / Guthrie	1994	Outsider-Nachfolge (max. 5 Jahre Firmenerfahrung zum Wechselzeitpunkt) vs. Insider-Nachfolge	- Performance (3-Jahres-Mittel des RoA) - Wachstum (%-Veränderung der Umsätze von t_{-3} zu t_0) - Unternehmensgröße (lg Mitarbeiterzahl) - Unternehmensalter	- negativer Zusammenhang von Performance und Outsider-Nachfolge - positiver Zusammenhang von Wachstum und Outsider-Nachfolge - positiver Zusammenhang von Größe und Insider-Nachfolge	- logistische Regression
Denis / Serrano	1996	unfreiwilliger Management-Wechsel	- Performance („pre-contest marked adjusted stock returns“) - Aktivitäten des Managements während des Akquisitions-versuchs - Eigentümerstruktur-Veränderung (zusätzliche Großaktionäre mit und ohne Anknüpfung an das Unternehmen) -Board-Strukturveränderung (Insider / Outsider-Abgang / keine Änderung)	- Unternehmen mit später erfolglosen „control contest“ zeigen in t_{-250} bis t_{-40} negative Performance - positiver Zusammenhang von Zunahme an Großaktionären ohne Anknüpfung an das Unternehmen und CEO-Wechsel - negativer Zusammenhang, wenn Großaktionär an Unternehmen geknüpft ist - positiver Zusammenhang von Outsider-Zugang im Board und CEO-Wechsel, kein Zusammenhang wenn Insider-Zugang	- „standard event study“ Methode - Wilcoxon Test

Drazin / Kazanjian	1993	Insider oder Outsider CEO-Nachfolge	-Wachstumstadien (1. Konzept / Entwicklung, 2. Kommerzialisierung, 3. Wachstum, 4. Stabilität)	- frühe Phasen (1. u. 2.) eher Outsider als Nachfolger - später Phasen (3. u. 4.) eher Insider als Nachfolger	- „Hildebrands Del“ - Chi-Quadrat-Test
Fizel / Louie / Mentzer	1990	Amtsdauer des CEO (Jahre seit 1985 als CEO)	- Performance (RoE / Gewinn pro Aktie / Umsatzwachstum, als 5-Jahres-Mittel, in Relation zu Branchen-Mittel, als 0 / 1-Variable in Relation zum Mittelwert) - „organizational“ (Unternehmensgröße = Umsatz / CEO-Macht = „CEO-duality“, Anzahl Outsider im Board - „behavioral“ (CEO-Alter bei Amtsbeginn / Anzahl Jahre im Unternehmen / absolute Höhe der Vergütung)	- Performance hat keinen Einfluß auf Amtsdauer - negativer Zusammenhang von Unternehmensgröße / Anzahl Outsider und Amtsdauer - wenn „CEO -duality“, dann längere Amtsdauer - je höher die Vergütung, desto länger die Amtszeit	- OLS Regression
Friedman / Singh (1. Teil)	1989	- CEO-Wechsel vollständig aus dem Unternehmen (0 / 1) - CEO-Wechsel differenziert nach verursachender Kraft: (Pensionierung, CEO, Board, „disability“) - Nachfolgertyp (Insider vs. Outsider)	- Performance (RoE) - Unternehmensgröße (lg Mitarbeiterzahl)	- niedrige Performance erhöht die Wahrscheinlichkeit für einen boardinitiierten CEO-Wechsel - kein Zusammenhang von Performance und anderen Wechselursachen - Größe hat keinen Einfluß - wenn Performance niedrig, Wechsel ganz aus dem Unternehmen wahrscheinlicher - Outsider als Nachfolger häufiger in kleinen Unternehmen	- logistische Regression

(Fortsetzung nächste Seite)

(Fortsetzung Übersicht 1)

Autor(en)	Jahr	abhängige Variable(n)	unabhängige Variable(n)	Ergebnisse	Verfahren
Geddes / Vinod	1997	- Amtsdauer (Anzahl Jahre als CEO im Amt)	- Alter des CEO (< 60 Jahre / > 60 Jahre - %-Anteil Outsider im Board - Branche (2-Ziffer SIC-code - regulierte vs. unregulierte Branche - Wechselkosten für Unternehmen (Kostenfunktion in Abhängigkeit von CEO Alter mit Kostenmaximum zwischen 49 und 56 Jahren) - Performance („market adjusted return" in t_1, t_2 / Änderung EBIT von t_0 zu t_1, t_2 zu t_1	- Regulierungsgrad der Branche hat keinen Einfluß auf Amtsdauer - in heterogenen Branchen längere, in homogenen Branchen kürzere Amtsdauer - je älter der CEO, desto wahrscheinlicher sein Ausscheiden - unter Kontrolle von bisheriger Amtsdauer und Alter sinkt Wahrscheinlichkeit des Wechsels wenn mehr Outsider im Board - wenn Performance kontrolliert wird, schwächt sich dieser Zusammenhang ab - unter Kontrolle des Alters gilt, das Kosten und Amtsdauer positiv zusammenhängen - Performance hat keinen eigenen Effekt auf die Amtsdauer	- Cox Hazard-Raten Modelle
Gilson	1989	Amtsdauer von CEO, „president" oder „chairman of the board" (kein Wechsel innerhalb der Gruppe, freiwillig / unfreiwillig)	- „financial distress" (Chapter 7 oder 11 / private Restrukturierung / Quote langfristiger Verbindlichkeiten) - „return on common stocks" (in t_{-3} bis t_{-1}) - „market return" (in t_{-3} bis t_{-1})	- obwohl alle Unternehmen unprofitabel, ist die Wechsel-Wahrscheinlichkeit bei „financially distressed" Unternehmen drei mal höher als bei den „unauffälligen" Krisenunternehmen (gilt auch bei Kontrolle der „relative rentability") - „financially distressed" Unternehmen zeigen häufiger unfreiwilligen Wechsel	-logistische Regression
Hadlock / Lumer	1997	- Top-Management Wechsel (0 / 1) - CEO Wechsel (0 / 1) - „president" Wechsel (0 / 1), jeweils Wechsel ohne Tod / unfreiwillige Wechsel	- Performance („anual stock returns", auch mit Time-lag definiert) - Alter des CEO (0 = 64 – 66 Jahre, sonst 1) - Größe Top-Management Team (0 / 1) - Top-Management = Unternehmensgründer (0 / 1) - Amtsdauer des CEO - Eigentümerstruktur (Anzahl Aktien bei Top-Management) - Unternehmensgröße (lg Bilanzsumme, Marktwert) - Unternehmensalter	- kein Zusammenhang von Performance und Wechsel (gilt auch bei Kontrolle von CEO = Gründer) - wenn Top-Manager = Gründer, dann höhere Wahrscheinlichkeit des Wechsels, unfreiwilliger Wechsel aber unwahrscheinlicher - je länger CEO im Amt, desto wahrscheinlicher der Wechsel - wenn Top-Management mehr als 1% der Aktien hält, dann ist unfreiwilliger Wechsel seltener - Unternehmensgröße und Alter haben keine Einfluß	- logistische Regression

Harrison / Torres / Kukalis	1988	- CEO-Wechsel von 1978 zu 1980 - Chairman-Wechsel von 1978 zu 1980	- Performance (RoA / RoE / „profit margin“ / „dividend yield“) - Unternehmensgröße (Umsatz in 1978) - Verschuldungsquote (in Relation zu Gesamtkapital) - %-Anteil Outsider im Board - „CEO-duality“ (0 / 1) - Alter des ausscheidenden CEO / Chairman in 1978 - Pensionierungs-Dummy (Alter > 63 Jahre in 1978, 0 / 1) - Branchenkonzentration (%-Anteil Branchenumsatz der 4 größten Unternehmen der Branche)	- negativer Zusammenhang von Performance und Wechsel des CEO - je größer das Unternehmen, desto eher wird CEO ausgewechselt - wenn Alter des CEO über 63 Jahre, dann häufiger CEO-Wechsel - Chairman, die gleichzeitig CEO-Position halten, haben eine geringere Wahrscheinlichkeit zum Wechsel als Chairman ohne CEO-Position - Wechsel des Chairman wahrscheinlicher, wenn Alter > 63 Jahre - CEO-Wechsel wird am besten durch RoA als Performance-Maß erklärt - Konzentrationsrate der Branche hat nur Einfluß auf Chairman-Wechsel: bei mittlerer Konzentrationsrate mit starkem Wettbewerb ist der Chairman-Wechsel wahrscheinlicher - wenn CEO und Chairman zwei separate Positionen sind, dann haben Unternehmensgröße und Alter bei Ausscheiden die größte Erklärungskraft für den Wechsel - schlechte Performance (RoA) erhöht insbesondere die Wahrscheinlichkeit, daß ein CEO in „gekoppelter“ Position den CEO-Posten verliert aber Chairman bleibt. „Vollkommenes Ausscheiden“ wird am stärksten durch Unternehmensgröße und Alter bei Ausscheiden beeinflußt - es besteht kein Zusammenhang von Wechsel und Alter bei Ausscheiden, wenn Pensionierung (Alter > 63 Jahre) kontrolliert wird	- „log-linear“ Modelle (ML-Schätzung)

(Fortsetzung nächste Seite)

(Fortsetzung Übersicht 1)

Autor(en)	Jahr	abhängige Variable(n)	unabhängige Variable(n)	Ergebnisse	Verfahren
Helmich	1975	- Nachfolgertyp (Insider / Outsider) - Wechselhäufigkeit des „president"	- Unternehmensalter (Jahr seit Gründung bzw. letzter Umstrukturierung) - Herkunft des ausscheidenden „presidents" (Insider / Outsider)	- je älter das Unternehmen, desto eher werden Insider als Nachfolger gewählt - je älter das Unternehmen, desto niedriger die Wechselhäufigkeit - wenn „president" als Insider gewählt wurde, dann eher kürzere Amtszeit als „outsider-president", für junge Unternehmen gilt der umgekehrte Zusammenhang	- chi-Quadrat-Test
Helmich / Brown	1972	Insider / Outsider-Nachfolge	- Performance („profitability") - Führungsstil des Nachfolgers - Umfang der Aktivitäten im chemischen Bereich (i .S. v. Produktionsspezialisierung) - Organisationsgröße (Mitarbeiterzahl) - Wachstum der Verwaltung in der Chemie-Branche (Änderung der Anzahl Mitarbeiter)	- Insider-Nachfolge eher in großen Unternehmen - Insider-Nachfolge eher in technologisch homogenen Organisationen (gemessen an der Intensität der chemischen Aktivitäten) - Der Rest der Variablen hat keinen Einfluß auf Wahl des Nachfolgertyps	- „Goodman / Kruskals ordinal Gamma" Koeffizient - Chi-quadrat-Test
James / Soref	1981	Wechsel des CEO (n = 16) als „firings" (Entlassungen)	- Kontrolltyp (Managerkontrolle / Eigentümerkontrolle) - Kontroll-Maße der Literatur (nach Burch / Larner / Chevalier / Villarejo / Perderson und Tabb) - Performance (Jahresüberschuß zu investiertem Kapital / Veränderung der „profit rate" von 1962 zu 1964) - Möglichkeit zur Umweltkontrolle (Vermögen / „Palmers Barriers to Entry")	- Unternehmen mit Performanceverschlechterungen haben eine größere Wahrscheinlichkeit ihren CEO zu entlassen (bei Kontrolle aller anderen Variablen) - schlechte Performance erhöht Entlassungswahrscheinlichkeit unabhängig vom Kontrolltyp - Kontrollmaße haben keinen eigenen direkten Einfluß auf die Wechselwahrscheinlichkeit, aber: wenn Eigentümerkontrolle, dann steigt Wechselwahrscheinlichkeit bei niedrigem Performanceniveau, wenn Managerkontrolle, dann ist die Performanceveränderung relevant für den Wechsel - größere Unternehmen habe eine höhere Entlassungswahrscheinlichkeit - Performance-Wechsel-Zusammenhang gilt auch ,wenn Sample um extrem schlechte Unternehmen bereinigt wird	- Probit-Analyse

Kang / Shivdasani (1. Teil)	1995	- CEO-Wechsel (weiter als Chairman / weiter im Board / vollständig ausgeschieden), („routine“ vs. „non-routine“ Wechsel) - Art des Nachfolgers (Insider / Outsider)	- Performance (branchenrelativierte RoA / branchenadjustierte „excess stock return“ / 0 / 1-Variable für negatives EBIT) - Unternehmensverfassung (Keiretsu-Zugehörigkeit / große Hausbankbeziehung / Anteilsumfang bei Großaktionären / Outsider im Board) - Alter des CEO - Amtsdauer des CEO	- kein Zusammenhang von „routine“-Wechsel und Performance - negativer Zusammenhang von „non-routine“ Wechsel und Performance (alle Maße) - wenn Hauptbankbeziehung, dann besteht nur ein deutlicher Zusammenhang zu „accounting“-Performance - wenn Großaktionäre, dann besteht nur eine Beziehung zu „market“-Performance - non-routine“ Wechsel ist weniger wahrscheinlich bei Zugehörigkeit zu Keiretsu-Gruppe, aber wahrscheinlicher, wenn Aktienbesitz konzentriert - Outsider als Nachfolger, wenn Performance extrem schlecht und wenn Aktienbesitz konzentriert	- logistische Regression
Kaplan	1994	- Wechsel des Vorstandes (Vorsitzendenwechsel / Mitgliederwechsel) - Wechsel des Aufsichtsrates (Vorsitzender / Zugang / Abgang)	- Performance (Umsatzwachstum / „stock returns“ / Veränderung Gesamtkapitalrendite / Gesamtkapitalrendite / negativer Jahresüberschuß als 0 / 1, jeweils in t_{-1} und t_0) - Unternehmensverfassung (> 50% Aktien im Streubesitz / Großaktionär mit mehr als 5%, Bank mit mehr als 5% / Familie / Management mehr als 5%, jeweils als 0 / 1-Variable)	- Wahrscheinlichkeit des Vorstandsmitgliederwechsels steigt bei schlechten „stock returns“ und schlechter Gesamtkapitalrendite - Dies gilt nicht für den Vorstandsvorsitzenden - Umsatz- oder Erfolgswachstum hat keinen Einfluß auf Vorstandswechsel - Wechsel im Aufsichtsrat steht in keinem Zusammenhang mit den betrachteten Variablen, nur schlechter „stock return“ in t_{-1} „bewirkt“ Zunahme der AR-Mitglieder - Unternehmensverfassungsvariablen haben keinen Einfluß auf Wechsel	- OLS Regression
Kesner / Dalton	1985	- Nachfolgertyp (Insider / Outsider)	- Board-Zusammensetzung (%-Anteil Insider / Outsider)	- Board-Zusammensetzung hat keinen Einfluß auf Nachfolgertyp	- Pearson's Korrelationskoeffizient

(Fortsetzung nächste Seite)

(Fortsetzung Übersicht 1)

Autor(en)	Jahr	abhängige Variable(n)	unabhängige Variable(n)	Ergebnisse	Verfahren
Khorana	1996	Wechsel des „Fund-Managers“	- Performance („asset“-Wachstumsrate korrigiert um mittlere Rate ähnlicher Fonds / „abnormal performance“ korrigiert um mittlere Performance anderer Fonds / „risk-adjusted return“, jeweils als Lag-Maße mit unterschiedlicher Länge - „portfolio turnover“ - Risiko (systematisches Risiko β / Portfolio-Gesamtrisiko)	- alle Performance-Maße stehen in negativen Zusammenhang mit Wechsel - „portfolio-return“-Maße erklären die Wahrscheinlichkeit des Wechsel besser als „asset“-Wachstumsmaße - Performancemaße bis 2 Jahre vor Wechsel besitzen Erklärungskraft - systematisches Risiko ist bei der Wechselgruppe deutlich höher	- logisitsche Regression
Kim	1996	- CEO-Wechsel (vor dem 64. Lebensjahr, wegen Entlassung) - CEO-Wechsel mit Verbleib im Unternehmen	- Alter des CEO bei Ausscheiden - Performance („anual stock return as deviation from the average market return“ als gewichtetes Mittel für verschieden lange Zeiträume)	- CEO-Wechselwahrscheinlichkeit ist in den ersten Jahren und nach 10 Jahren Amtszeit am geringsten (unter Kontrolle von CEO-Alter und Performance) - bei langer Amtszeit des CEO kein Zusammenhang von kurzfristiger Performance und Wechsel - wenn CEO aus Unternehmen ausscheidet, dann negativer Zusammenhang von kurzfristiger Performance und Wechsel	- Maximum-Likelyhood-Schätzung
Klein / Rosenfeld (1. Teil)	1988	Management-Wechsel (President, Chairman, CEO), (unfreiwillig / „replacement“ i. S. v. allen anderen Wechseln)	- Zahlung von „greenmail“, d. h. Rückkauf von Aktien über Marktpreis - Management-Eigentümer-Konflikte (unfreudlicher Akquisitionsversuch / „proxy contest“ / Gerichtsverfahren) - „abnormal stock return“	- Management wechselt nach „greenmail“ häufiger als im Zeitraum 2 Jahre vorher, als bei den 13D-Unternehmen, als bei den Kontrollunternehmen - Management-Eigentümer-Konflikte erhöhen Wahrscheinlichkeit des Management-Wechsels - Management-Wechsel wird nicht durch schlechte Performance bewirkt, sondern durch „greenmail“	- „standard event study“ Methode

Kriseberg	1962	Amtsdauer der Führungskräfte (< 5 Jahren / zwischen 5 und 9 Jahren / über 9 Jahre)	- Organisationsgröße (Anzahl Untergebenen: groß / klein) - Führungskräftetyp („administrator“ / „non-administrator“) - Umweltstabilität (Ein-Parteien-Dominanz der zuständigen Legislative: 0 / 1) - Träger-Organisation (bundesstaatlich / lokal)	- je größer die Organisation, desto kürzer die Amtsdauer (gilt auch bei Kontrolle der Umweltstabilität) - je eher eine Ein-Parteien-Dominanz, desto länger die Amtszeit - „administrator“ haben eine kürzere Amtszeit - Führungskräfte auf lokaler Ebene haben eine längere Amtszeit	k. A.
McEachern	1975	Amtsdauer des CEO	- Kontrolltypen (extern kontrolliert = mind. 4% Anteil, nicht Manager / Managerkontrolliert = keiner mit mehr als 4% Anteil / Eigentümer-Manager = Manager hält mehr als 4% Anteile) - Branchendummy	- bei Eigentümer.Manager-Kontrolle ist die Amtsdauer des CEO fast doppelt so lang wie bei den beiden anderen Kontrolltypen und signifikant unterschiedlich zu extern kontrollierten Unternehmen - Branche hat keinen Einfluß	- multiple Regression
Murphy / Zimmermann (1. Teil)	1993	CEO-Wechsel	- Performance („market adjusted stock returns“ / Veränderung Jahresüberschuß / Umsatzwachstum) - CEO Alter	- negativer Zusammenhang von aktueller / „lagged stock returns“ und CEO-Wechsel - je älter der CEO (> 64 Jahre), desto größer die Wechselwahrscheinlichkleit	k. A.
Ocasio	1994	CEO Wechsel (alle Wechsel / Wechsel unter 64 Jahre)	- Performance (branchenbereinigtes RoA) - Amtsdauer (Anzahl Jahre im Amt vor Ausscheiden) - Amtsdauer im Board (Anzahl Jahre) - Board-Größe (Anzahl Mitglieder) - Anteil Outsider im Board - Anzahl CEO-ernannter Board Mitglieder - CEO „duality“ (0 / 1) - Unternehmensgröße (lg Mitarbeiterzahl)	- Wahrscheinlichkeit des Wechsels steigt in den ersten 10 Amtsjahren, um danach wieder langsam zu fallen - negativer Zusammenhang von Performance und Wechselwahrscheinlichkeit - Unternehmensgröße, Eigentümer = CEO, Outsider = CEO, Anteil vom CEO ernannter Board-Mitglieder haben keinen Einfluß - längere Board-Zugehörigkeit des CEO verstärkt negativen Zusammenhang von Performance und Wechselwahrscheinlichkeit - je mehr Mitglieder im Board, desto stärker der negative Zusammenhang von Performance und Wechselwahrscheinlichkeit	- „duration dependent event history“ Analyse (log-normal Modell und Exponential-Modell)

(Fortsetzung nächste Seite)

(Fortsetzung Übersicht 1)

Autor(en)	Jahr	abhängige Variable(n)	unabhängige Variable(n)	Ergebnisse	Verfahren
			- Alter CEO (über oder unter 64 Jahre) - Jahr des Amtsbeginns - CEO = Gründer (0 / 1) - CEO = Outsider (0 / 1)	- unabhängig von der Performance steigt die Wechselwahrscheinlichkeit, wenn CEO nicht gleichzeitig Chairman - wenn Performance schlecht, dann erhöht sich die Wechselwahrscheinlichkeit mit größerem Insider-Anteil im Board, die Wahrscheinlichkeit sinkt mit größerem Outsider-Anteil	
Osborne / Jauch / Glueck	1981	CEO-Wechsel	- Performance (RoA 1 Jahr vor dem Wechsel) - Strategiewechsel (acht standardisierte Strategie-Maße in Abhängigkeit der Wichtigkeit bezogen auf andere Strategie-Kategorien der Unternehmen sowie bezogen auf relative Wichtigkeit gegenüber allen anderen Unternehmen des Samples) - Umweltbedingungen (konjunkturelle Situation i. S.v. vier Konjunkturphasen / sozio-ökonomische Volatilität als standardisiertes Maß der Wichtigkeit fünf verschiedener Umweltherausforderungen)	- frühere Performance, „financial strategy“, „merger strategy“, sozio-ökonomische Volatilität, „supplier volatility“ und „ownervolatility“ sagen in Kombination den Wechsel voraus - Wechselfirmen haben niedrigere Performance und mehr Veränderungen in finanzieller und Akquisitions-Strategie sowie der Zulieferer- und Eigentümersituation - alle anderen Strategie- und Umwelt-Veränderungen haben keinen Einfluß	- Diskriminanzanalyse
Parrino	1997	CEO-Wechsel unterteilt nach a. Wechselursache (freiwillig / gezwungen), b. Nachfolgertyp (Insider / gleiche Branche Outsider / andere Branche Outsider)	- Performance (EBIToA zu Branchenmittel / “stock returns“ zu Branchenmittel) - Anzahl Outsider im Board - CEO aus Gründerfamilie (0 / 1)	- negativer Zusammenhang von Performance und erzwungenem Wechsel - je mehr Outsider im Board, desto eher erzwungene Wechsel - wenn CEO aus Gründerfamilie, dann sinkt Wechselwahrscheinlichkeit - positiver Zusammenhang von Unternehmensgröße und erzwungenem Abgang	- logistische Regression

			- Unternehmensgröße (lg Umsatz)- Branchenhomogenität (Korrelation der Aktienkursentwicklung)	- Outsider-Nachfolge, wenn Performance unter Branchenmittel, Insider-Nachfolge, wenn Performance nicht unter Branchenmittel - Zeit-lag zwischen schlechter Aktienkursentwicklung und Wechsel bis zu 18 Monaten - positiver Zusammenhang von Homogenität der Branche und erzwungenem Wechsel und Outsider-Nachfolge aus gleicher Branche	
Pfeffer / Moore	1980	- Amtsdauer eines „department heads" in Jahren	- Größe (Anzahl vollzeitäquivalenter Angestellter Personen im „departement") - Senioritäts-Index (Rangzahl für mittlere Fakultätszusammensetzung) - Wachstum (Veränderung der Anzahl Mitarbeiter von 1967 bis @'76) - Paradigmen-Entwicklungsstand - Wechselformalia (Wahl vs. Ernennung / begrenzte vs. unbegrenzte Amtszeit)	- je weiter die Paradigmenentwicklung desto länger die Amtszeit - bei weiter Paradigmenentwicklung steigt die Organisationsgröße - positiver Zusammenhang von Größe und Wechsel - Einfluß von Größe und Paradigmententwicklungsstad bei knappen Ressourcen am stärksten	- multiple Regression
Poensgen / Lukas	1982	- Ausscheiden von Vorstandsmitgliedern („turnusgemäß altersbedingt" mit 65 Jahren / „vorzeitige Pensionierung" mit 55 – 64 Jahren / „Vertrag nicht verlängert", unter 55 Jahre)	- Umsatzvariabilität (Schwankung der Umsätze um den Trend) - Branchenalter (jung / alt) -F&E-Aufwand in Relation zu Beschäftigtenzahl - Performance (Eigenkapitalrendite / Gesamtkapitalrendite / ordentliches Betriebsergebnis, geschätzter Steuerbilanzgewinn; branchenbereinigte Renditen)	- negativer Zusammenhang von Größe und Rendite mit Ausscheiden unter 65 Jahren - Rendite erklärt maximal 9% der Ausscheidensvarianz	- multiple Regression

(Fortsetzung nächste Seite)

(Fortsetzung Übersicht 1)

Autor(en)	Jahr	abhängige Variable(n)	unabhängige Variable(n)	Ergebnisse	Verfahren
Puffer / Weintrop	1991	Wechsel von CEO in 1983 (CEO < 63 Jahren / CEO > 63 Jahre)	- Performance („unerwartete Erträge pro Aktie" / „unerwartete Branchen-Erträge pro Aktie" / kumulierte „abnormal security returns" / „accounting returns" = RoA, RoE, EPS, RoS) - Wachstum (Marktanteilsveränderung / Erfolgswachstum v. @'78-@'82) - Organisationsgröße (lg Vermögen in @'82) - Amtsdauer des ausscheidenden CEO	- kumulierte „abnormal returns" haben keinen Zusammenhang mit Wechsel - „accounting measures" haben keinen Zusammenhang mit Wechsel - Wechsel wahrscheinlicher, wenn CEO lange im Amt und wenn Marktanteil sinkt - negativer Zusammenhang von Wechsel und Performance-Erwartungen - nur aktuelle Performance, nicht vergangene relevant - wenn CEO älter als 63, dann tendenziell eher gute Performance bei Wechsel	- logistische Regression
Salancik / Pfeffer	1980	- Amtsdauer des CEO (bis 1972)	- Kontrolltypen nach McEachern (extern kontrolliert / Eigentümer-Manager / Managerkontrolle) - Unternehmensgröße (Vermögen in 1972) - Board-Zusammensetzung (Anteil Insider in 1972) - Performance (Umsatzrendite / branchenrelativierte Umsatzrendite / „combined rate of return on common stock", jeweils für 1963 bis 1972 und für das Jahr vor dem Wechsel)	- schlechte Performance hat stärksten negativen Einfluß auf Amtsdauer im Fall externer Kontrolle und den geringsten Einfluß im Fall von Kontrolltyp „Eigentümer-Manager" - „accounting peformance" und Amtsdauer ist im Fall von externer Kontrolle relevant, „market performance" im Fall von Manager-Kontrolle - wenn Anteil von Insider im Board steigt, dann wird positiver Zusammenhang von Performance und Amtsdauer umgekehrt	- multiple Regression

Salancik / Staw / Pondy	1980	- Anzahl Wechsel der „department heads“ / „chairman“ im betrachteten Zeitraum	- Ressourcen („grants“) - Größe (Anzahl Fakultätsmitglieder / Anzahl eingeschriebener Studenten) - Aufgabeninterdependenz (% Kurse aus anderen „departments“, die als Voraussetzung für eigene Kurse genannt werden - Ressourceninterdependenz (Rangdifferenz zwischen Größenrang und „Grants“-Rang) - Paradigmenentwicklung (Anzahl Worte je Dissertationsabstract / Länge der Kette voneinander abhängiger Veranstaltungen je „department“) - Umweltstabilität (10 Jahre als „Normal-Periode“, 10 Jahre mit Turbulenzen)	- stark interdependente „departments“ aus Bereichen mit geringer Paradigmenentwicklung zeigen die höchste Anzahl an Wechseln - positiver Zusammenhang von Wechsel und Umweltturbulenz	- Korrelations-analyse - Regression
Schrader / Lüthje	1995	Art und Ursache des Abgangs (freiwillig / erzwungen / unabwendbar)	- Eigentümerverhältnisse (Managerkontrolliert / Institutionell-kontrolliert / Eigentümer-kontrolliert) - Unternehmensgröße (Umsatz in 1991, groß / klein) - Einbeziehung der Spitzenführungskraft (extern oder intern berufen) - Alter der Spitzenführungskraft	- in managerkontrollierten Unternehmen ist ein Wechsel wegen unabdingbarer Gründe wahrscheinlicher als ein (un)freiwilliger Wechsel - wenn Eigentümer oder Institutionell kontrolliert, dann (un)freiwilliger Wechsel wahrscheinlicher als z. B. Pensionierung - (un)freiwillige Wechsel in kleinen Unternehmen häufiger als in großen - Pensionierung ist der häufigste Wechselgrund bei großen Unternehmen - intern berufene Spitzenführungskräfte bleiben länger im Unternehmen und scheiden eher wegen Pensionierung aus dem Unternehmen aus als extern berufene - je jünger die Spitzenführungskraft zum Zeitpunkt der Berufung, desto größer die Wahrscheinlichkeit, daß sie nicht pensioniert wird	- Probit-Analyse

(Fortsetzung nächste Seite)

(Fortsetzung Übersicht 1)

Autor(en)	Jahr	abhängige Variable(n)	unabhängige Variable(n)	Ergebnisse	Verfahren
Schwarz / Menon	1985	- CEO-Wechsel (alle Wechsel / Wechsel ohne Pensionierung, Tod) - Art des nachfolgenden CEO (Insider / Outsider)	- Konkurs (0 / 1) - Größe des Unternehmens	- es besteht ein Zusammenhang von „financial distress“ und CEO-Wechsel - je näher der Zeitpunkt des Konkurses, desto größer die Wechselwahrscheinlichkeit - Zusammenhang gilt auch für Wechsel wegen Pensionierung oder Tod - Krisen-Unternehmen wechseln häufiger zu einem Outsider, Kontrollunternehmen häufiger zu „insidern“ - wenn Krisenunternehmen, dann besteht ein positiver Zusammenhang von Größe und Outsider-Nachfolger, dieser Zusammenhang gilt nicht für Kontrollunternehmen	- chi-Quadrat-Test - Wilcoxon Test
Smith / White	1987	Karrierespezialisierung des Nachfolgers („core“ = Produktorientierung / „administrative“ = Management-Generalist / „environmental“ = Generalist)	- Unternehmensstrategie („single“ / „dominant, related“ / „unrelated, conglomerate“ - Strategieänderung - Karrierespezialisierung des Vorgängers	- Spezialisierung des Vorgängers und frühere Strategie des Unternehmens beeinflussen zusammen aber unabhängig die Spezialisierung des Nachfolgers - Spezialisierung von Vorgänger und Nachfolger i.d.R. gleich	-log-linear Modelle
te Wildt	1996	Wechsel im Vorstandsvorsitz (alle Wechsel / bereinigte Wechsel ohne Wechsel wegen Tod, Beförderung oder inoffizieller Pensionspolitik / bereinigte Wechsel ohne Wechsel mit 64 oder 65 Jahren)	- Unternehmenserfolg (Gesamtkapitalrendite / Krisensignalwert, jeweils branchen- und jahresbereinigt) - Unternehmensgröße (Bilanzsumme)	- mit schlechter Performance steigt die Wahrscheinlichkeit eines Wechsels bei allen drei Teilstichproben “non-financial“: Zusammenhang von Wechsel und Performance deutlicher bei bereinigter Stichprobe - Krisensignalwert zeigt schwächeren Zusammenhang als Gesamtkapitalrendite - schwach negativer Zusammenhang von Größe und Wechsel Versicherungs-Sample: - nur bei vollständig bereinigter Stichprobe zeigt sich negativer Zusammenhang von Wechsel und Performance	- logistische logistische Regression

Virany / Tushmann / Romanelli	1985	Grad des Wechsels im Management (von keinen Wechsel über Wechsel in 2. Managementebene, CEO-Wechsel mit Insider-Nachfolge bis CEO-Wechsel mit Outsider-Nachfolge als ordinales Maß)	- Performance (RoA-Verschlechterung im Jahr vor dem Wechsel) - strategische Phase (Reorientierung i. S. v. Strategie-, Macht-, Struktur- und Kontrollwechsel / Konvergenz i. S. v. ohne Wechsel dieser Art) - Kontrolle (Managementkontrolle / externe Kontrolle) - Unternehmensgröße (Anzahl Mitarbeiter) - „high- / low-performers" (in Relation zum Mittelwert der RoA in allen betrachteten Perioden)	- negativer Zusammenhang von Performance und Wechsel - positiver Zusammenhang von Reorientierung und Wechsel - kein Zusammenhang von Managerkontrolle und Wechsel, positiver Zusammenhang mit externer Kontrolle insbesondere bei „low-performer" - Performance, Reorientierung und Unternehmensgröße erklären zusammen den Wechsel - Performance hat den stärksten Zusammenhang mit Wechsel bei „low-performer", Reorientation bei „high-performer"	- multiple Regression
Warner / Watts / Wruck	1988	- Top-Management-Wechsel (CEO, president, chairman of the board) (alle Wechsel / CEO-Wechsel / Wechsel mit Outsider als Nachfolger / unfreiwillige Wechsel)	- Performance („stock return" / „market return", jeweils auch als Lag-Werte) - Branche - Unternehmensgröße - Management-Team-Größe	- für alle Wechsel zeigt sich ein negativer Zusammenhang mit „aktueller" Performance - Unternehmen im schlechtesten 10%-Percentile haben eine 1,5-fach höhere Wechselwahrscheinlichkeit als Unternehmen aus dem besten 10%-Percentile - Vorhersage sehr hoher Wechselwahrscheinlichkeit gilt nur bei sehr schlechter Performance - Lag-Länge zwischen Performance und Wechsel bis zu 2 Jahre - bei Kontrolle der eigenen Performance steigt Wechselwahrscheinlichkeit wenn Gesamtmarktperformance sich erhöht - Unternehmensgröße ist positiv mit Wechsel verbunden, nur bei Outsider-Wechsel negativer Zusammenhang	- logistische Regression

(Fortsetzung nächste Seite)

(Fortsetzung Übersicht 1)

Autor(en)	Jahr	abhängige Variable(n)	unabhängige Variable(n)	Ergebnisse	Verfahren
Weisbach	1988	- CEO-Wechsel (alle Wechsel außer Wechsel im Alter zwischen 64 und 66 bzw. wegen Tod oder Akquisition)	- Performance („return on stocks ./. return on value-weighted market portfolio" für das Jahr vor dem Wechsel-Quartal / Veränderung der um das Branchenmittel korrigierten Gesamtkapitalrendite von t_{-n} zu t_n) - Outsider-Dominanz (< 40% Outsider = Insider-Board, 40 – 60% Outsider = „mixed board", > 60% = Outsider-Board) - CEO Aktienbesitz (0 / 1) - „directors" Aktienbesitz (< 0,2%, bis 2%, ab 2%)	- schlechte „market"-Performance erhöht Wahrscheinlichkeit des CEO-Wechsels - negativer Zusammenhang zeigt sich nur bei Outsider-dominierten Boards - Performance-Einfluß gilt nur für Werte nahe dem Wechselzeitpunkt - negativer Zusammenhang von Veränderung der Gesamtkapitalrendite und CEO-Wechsel (für t_{-1}), wenn Outsider-Boards, dann auch für t_0 - bei gleichzeitiger Berücksichtigung beider Performancemaße zeigt „accounting"-Peformance größte Wirkung auf Wechsel - wenn CEO = Aktionär, dann sinkt Wechselwahrscheinlichkeit, Performance-Zusammenhang bleibt aber bestehen - Ausmaß des Aktienbesitzes von Board-Mitgliedern hat keinen Einfluß	-Logit-Modelle (ML-Schätzung)
Wiersma / Bantel	1993	- Management-Wechselrate (1. und 2. Ebene), Wechsel vor dem 65. Lebensjahr	- Umweltgroßzügigkeit (Umsatzwachstum der Branche) - Umweltstabilität (Anzahl und Größe der Branchenkonkurrenz) - Umweltkomplexität (gewichtete Produktvielfalt) - Performance (3-Jahres Mittel RoA, branchenrelativiert) - Strategischer Wechsel (Veränderung der Diversifikation von @'77 – @'80) - Demografische Heterogenität (Heterogenität der Team-Amtszeit, Ausbildungsniveau) - mittlere Team-Amtszeit	- kein Zusammenhang von Performance und Wechselrate - Umweltgroßzügigkeit (negativ), Umweltstabilität (positiv), Umweltkomplexität (positiv) haben starken direkten Zusammenhang mit Wechsel - Performance hat solange Bedeutung für den Wechsel, bis Umweltkomplexität kontrolliert wird - strategischer Wandel hängt direkt positiv mit Wechsel zusammen - Zusammenhänge gelten für 2. Leitungsebene stärker	- Pfadanalyse

Untersuchungen die Wechsel im Rahmen von Akquisitionen untersuchen:					
Gerpott	1994	Ausscheidensquote von Top-Managern (Zahl an Top-Manager der Zielunternehmen, die innerhalb von 3 Jahren nach Eigentümerwechsel ausscheiden in Relation zur Gesamtzahl der Top-Manager zum Akquisitionszeitpunkt)	- Performance (ordentliches Betriebsergebnis / Umsatz / Mitarbeiterzahl, jeweils Veränderungsrate von Mittel der 3 Jahre vor Akquisition zu Mittel der 3 Jahre nach der Akquisition als ordinale Skala von „Wachstum" zu „Schrumpfung") Unternehmensmerkmale: - Akquisitionsrichtung (branchenübergreifend / -intern) - Markt-, Produkt-, Technologieähnlichkeit (0 / 1) - Größenunterschied der Akquisitionspartner (Umsatzdifferenz) - Akquisitionserfahrung des Käuferunternehmens (Anzahl Akquisitionen in letzten 5 Jahren) - Eigentümer als Mitglied im Top-Management-Team (0 / 1) - Verhandlungsprozeß (Bedeutung von Alter der Top-Manager des Zielunternehmens für Akquisitionsentscheidung und Bereitschaft des Top-Managements weiter zu arbeiten) - Integration nach Akquisition (unternehmensübergreifende Integrationsmaßnahmen / Führungskräfteaustausch / Strategievermittlung zwischen Top-Management-Teams / Beteiligung des Ziel-Top-Managements an Abstimmungs-treffen; jeweils als 0 / 1-Variablen)	- U-förmiger Zusammenhang von Betriebsergebnisentwicklung des Zielunternehmens und der Ausscheidensquote, hohe Ausscheidensquote bei sehr guter und sehr schlechter Ergebnisentwiclklung - je geringer der Größenunterschied der Akquisitionspartner, je eher Eigentümer auch im Top-Management-Team, desto höher die Ausscheidensquote (unabhängig vom Alter der Ausscheidenden) - Ausscheidensquote niedriger, wenn Bereitschaft zur Weiterarbeit nach Akquisition wichtiges Entscheidungskriterium für Käufer war und wenn Personalfragen bereits vor Vertragsabschluß diskutiert wurden - niedrige Ausscheidensquote, wenn intensive Integrationsbemühungen nach Akquisition beobachtbar sind	- Korrelations-analyse - Varianzanalyse - multiple Regression

(Fortsetzung nächste Seite)

(Fortsetzung Übersicht 1)

Autor(en)	Jahr	abhängige Variable(n)	unabhängige Variable(n)	Ergebnisse	Verfahren
Hambrick / Cannella	1993	- „executive" Wechsel (CEO und / oder Board-Mitglied) innerhalb von 4 Jahren nach der Akquisition	- pre-Akquisitions-Performance (3-Jahres-Mittel RoE / RoE-Differenz zwischen Ziel- und Käufer-Unternehmen / branchenrelativierte RoE) - relative Größe (Umsatzverhältnis von Ziel- zu Käufer-Unternehmen in t_{-1}) - soziales Klima (gemeinsam ausgehandelte Vereinigung / vom Management nicht abgelehnte „tender offer" / vom Management abgelehnte „tender offer") - Autonomie-Reduktion (7-Punkte Skala von autonom bis eng integriert) - Status akquirierter CEO (1. oder 2. Management-Ebene) - „indirekter" Status des CEO (Aufstieg zu „officer" oder „director" irgendeiner Person) - Alter CEO - Akquisitionsart („related", „horizontal related", „unrelated")	- RoE des Käufer-Unternehmens hängt positiv mit Wechselrate zusammen (Modellgüte verbessert sich signifikant bei Beachtung dieses Zusammenhangs) - branchen-relativierte Performance schafft keine zusätzliche Erklärung - negativer Zusammenhang von Ziel-Unternehmens-RoE und Wechsel - Wechsel ist weniger wahrscheinlich bei „freundlicher" Übernahme als bei „feindlicher" - Reduktion der Autonomie erhöht kurzfristig die Wechselhäufigkeit, reduziert sie aber langfristig - hoher Status reduziert Wechselhäufigkeit - hoher indirekter Status erhöht Wechselhäufigkeit - positiver Zusammenhang von Alter und Wechselrate - wenn „horizontal-related", dann niedrige Wechselrate, wenn „unrelated" dann hohe Wechselrate - Zusammenhänge sind bis max. 1 Jahr nach Akquisition am größten	- „continius time-event-history" Modelle (ML-Schätzung von hazard-Raten-Modellen)
Krug / Hegarty	1997	- Ausscheiden des Topmanagers nach der Akquisition (von t_1 bis t_5) - Ausscheidensquote in Relation zu allen Managern in t_{-1}	- Ursprungsland des Käuferunternehmens (USA / „Anglo"-Raum / Japan / Rest-Länder) - Akquisition (0 / 1)	- Managementwechsel ist bei akquirierten Unternehmen häufiger als bei nicht-akquirierten Unternehmen in allen 5 Jahren - ausländische Akquisitionen haben im 4. und 5. Jahr eine höhere Wechselrate als inländische - keine unterschiedliche Wechselrate zwischen „Anglo"- und „nicht-Anglo"-Akquisitionen - nach japanischen Akquisitionen weniger Wechsel als bei anderen „nicht-anglo"-Akquisitionen	- repeated measures ANOVA - t-Test

Martin / McConnell	1991	- Management-Wechsel bei Ziel-Unternehmen nach Akquisition in t mit t_0 = Jahr der Akquisitionsankündigung („normal-" vs. „non-normal"- / Insider- vs. Outsider- Wechsel)	- Performance („average monthly prediction error" / „industry adjusted returns", jeweils auch kumulierte Werte) - Akquisitionsart (freundlich / unfreundlich)	- Ziel-Unternehmen, bei denen nach der Akquisition das Management ausgewechselt wird, sind in der Performance schlechter als Ziel-Unternehmen ohne nachfolgenden Wechsel (gilt für beide Performancemaße) - Wechselunternehmen sind insbesondere schlechter als ihre Vergleichsunternehmen der gleichen Branche - Unternehmen die nach der Akquisition „unfreiwillig" wechseln sind schlechter als Unternehmen die nicht wechseln oder „freiwillig" wechseln - sowohl Insider als auch Outsider-Nachfolge geschieht in Unternehmen die vorher schlechte Performance hatten - Art der Akquisition hat keinen Einfluß auf Wechselrate	- t-Test
Walsh	1988	-Management-Wechsel bis 5 Jahre nach der Akquisition - Management-Wechsel nach Ebenen unterteilt (CEO, „president", „chairman" / 2. Managementebene)	- Akquisitionsvorgang - Akquisitionsart („related" / „unrelated") - Unternehmensgrößendifferenz zwischen Ziel- und Käufer-Unternehmen	- Wechselhäufigkeit bei akquirierten Unternehmen höher als bei Kontrollunternehmen - Wechselhäufigkeit steigt mit jedem Jahr nach der Akquisition - Wechselrate ist nicht abhängig von der Akquisitionsart oder dem Größenunterschied - CEO-Ebene wechselt häufiger als 2. Ebene	- t-Test - ANOVA
Walsh	1989	- Management-Wechsel (1. und 2. Ebene) über 5 Jahre nach der Akquisition	- Eigenschaften der Unternehmen (Art der Akquisition: „related" vs. „unrelated" / Größenunterschied zwischen Ziel- und Käufer-Unternehmen / vorangegangenes Akquisitionsinteresse) - Eigenschaften der Transaktion (Art des Angebots: „merger" vs. „tender offer" / Anzahl Angebote / Tage bis Angebot akzeptiert / freundliche vs. feindliche Verhandlungen / Ankündigung ausbleibender Management-Wechsel / Zahlungsart: Bar, Aktientausch / Kombination / Zahlung einer Prämie für Aktien)	- bezogen auf t_4 nach der Akquisition: positiver Zusammenhang von Wechsel und „unrelated" Akquisition, Vorhandensein früherer Akquisitions-Interessen, „tender offer" - Wechsel nimmt über alle 5 Jahre nach der Akquisition zu	- ANCOVA

(Fortsetzung nächste Seite)

(Fortsetzung Übersicht 1)

Autor(en)	Jahr	abhängige Variable(n)	unabhängige Variable(n)	Ergebnisse	Verfahren
Panel 1.2 Sportmannschaften als Grundgesamtheit					
Allen / Panian / Lotz	1979	Team-Manager-Wechsel	- Performance („team winning percentage“)	- negative Beziehung zwischen Performance und Team-Manager-Wechsel	- Pfad-analyse
Eitzen / Yetman	1972	Trainer-Wechsel	- „overall winning percentage“ - relatives Niveau der Team-Effektivität („overall winning percentage“ < 45%, zwischen 45 und 54% und größer 55%)	- negative Korrelation zwischen Trainerwechsel und Performance - Korrelation verstärkt sich, wenn nur Traineramtszeiten betrachtet werden, die bis zum letzten Erhebungszeitpunkt (1970) bereits beendet wurden - negative Korrelation zeigt sich auch zwischen Wechselrate und „relativer Performance“	- Pearson's Korrelations-koeffizient
Pfeffer / Davis-Blake (1. Teil)	1986	Trainer-Wechsel	- vergangene Performance des Teams (% Spiele gewonnen während der normalen Saison) - Anzahl neuer Spieler pro Saison	- Teams mit schlechter, unmittelbar vergangener Performance haben eine höhere Wahrscheinlichkeit für Trainerwechsel und tauschen mehr Spieler aus	
Scully (1. Teil)	1992	Managerwechsel (0 / 1)	- Performance (Tabellenplatz am Ende der Saison / „win percentage“) - „Langzeit-Besitzer vs. „Kurzzeit-Besitzer“ der Clubs	- im Mittel erhöht eine Tabellenplatzverschlechterung um einen Platz die Wahrscheinlichkeit des Wechsels um 7% (Baseball) bzw. um 11% (Basketball) - Besitzzeitraum einer Mannschaft hat keinen Einfluß auf die Wechselwahrscheinlichkeit	- logistische Regression

Übersicht 2: **Empirische Untersuchungen zu Wirkungen des Wechsels der Spitzenführungskraft**

Autor(en)	Jahr	Erhebungszeitraum	Gundgesamtheit	Stichprobe
Panel 2.1 Unternehmen als Grundgesamtheit				
Beatty / Zajac	1987	Januar 1979 – Dezember 1980	An der NYSE notierte Aktiengesellschaften	n = 209 Unternehmen mit n = 184 Insider- und n = 25 Outsider-Nachfolger
Bonnier / Bruner	1989	1969 – 1983	An der NYSE oder ASE notierte Unternehmen	n = 70 Unternehmen, die im letzen Quartalsbericht ein negatives Ergebnis aufweisen und keine Dividende im Jahr vor dem Wechsel gezahlt haben, mit n = 87 Top-Management Wechsel
Borokhovich / Parrino / Trapani	1996	1970 – 1988	große Publikumsgesellschaften	n = 588 Unternehmen mit n = 969 CEO-Wechsel
Carlson	1961	1952 – 1956	n = 100 größte Schuldistrikte in Kalifornien	n = 100 Schuldistrikte (Totalerhebung), mit n = 35 Wechsel des „superintendent“; n = 31 Schuldistrikte ohne Wechsel, gepaart nach Schulart und Größe (Anzahl Schüler)
Caroll	1984	1800 – 1975	Zeitungsorganisationen	n = 2137 Zeitungsorganisationen in 7 zufällig ausgewählten amerikanischen Großstadtregionen mit n = 662 Wechsel
Daily / Dalton	1995	1973 – 1982 und 1990	k. A.	n = 57 Konkursfälle und n = 57 parallelisierte Kontrollfälle (nach Größe, Branche, Jahr) und 1990-Sample: n = 50 / 50 wie oben
Datta / Rajagopalan	1998	1977 – 1988	Nicht diversifizierte, öffentlich gehandelte U.S.-Unternehmen des verarbeitenden Gewerbes, Umsatz > 100 Mio. USD	n = 119 Unternehmen, n = 134 CEO-Wechsel
Denis / Serrano (2. Teil)	1996	1983 – 1989	An der NYSE notierte Unternehmen, die Gegenstand eines „control contest“ waren	n = 95 Unternehmen mit n = 95 erfolglosen „control contests“, mit n = 32 Management-Wechsel; n = 1689 Kontrollunternehmen mit n = 287 Wechsel

(Fortsetzung nächste Seite)

(Fortsetzung Übersicht 2)

Autor(en)	Jahr	Erhebungszeitraum	Gundgesamtheit	Stichprobe
Finkelstein / Hambrick	1990	1978 – 1982	Große Unternehmen der Computer-, Chemie- und Gasdistributionsbranche	n = 100 Unternehmen
Friedman / Singh	1989	k. A.	Unternehmen aus „Fortune industrials 500" und „Fortune services 500"	n = 130 Unternehmen, n = 130 CEO-Wechsel
Furtado / Rozeff	1987	1975 – 1982	An der NYSE oder ASE notierte Unternehmen	n = 323 Ernennungen, n = 62 Entlassungen von Top-Managern
Guthrie / Datta	1998	1983 – 1989	Unternehmen der Business Week 1000 Liste	n = 221 Unternehmen mit n = 221 CEO-Wechsel
Haveman	1993	1900 – 1917	„telephone industry" in Iowa	Alle Unternehmen der Branche im betrachteten Zeitraum, n = 243 Unternehmen mit n = 1230 Managern
Helmich / Brown	1972	1959 – 1969	Unternehmen der Chemie-Branche	n = 204 Unternehmen mit Wechsel des „president"
Hotchkiss	1995	Oktober 1979 – September 1988	n = 806 Unternehmen die im Zeitraum nach Chapter 11 Konkurs angemeldet haben und dem SEC bekannt sind	n = 197 Unternehmen, die aus dem Konkursverfahren als „public companies" hervorgingen und für die Jahresabschlüsse bis mind. t_3 nach Konkursverfahren vorlagen
Jahn	1996	1984 – 1993	Deutsche Versicherungsunternehmen	n = 63 Abgänge von Vorstandsvorsitzenden, n = 19 Wechsel mit Daten zur Veränderungsintensität
Johnson / Magee / Nagarajan / Newmann	1985	1971 – 1982	Unternehmen, die an der NYSE oder ASE notiert sind	n = 53 plötzliche, d. h. unerwartete Wechsel des CEO, Chairman oder President wegen Tod
Kang / Shivdasani (2. Teil)	1995	1985 – 1990	Unternehmen aus „Moodys International Report 1984"	n = 270 Unternehmen („non-finance", Totalerhebung), n = 174 CEO-Wechsel
Khanna / Poulsen	1995	1980 – 1990	Unternehmen, die im betrachteten Zeitraum nach Chapter 11 Konkurs anmeldeten	n = 128 Unternehmen, die nach Chapter 11 Konkurs anmeldeten und für die noch Daten bis 1991 vorhanden waren; n = 118 unauffällige Kontrollunternehmen parallelisiert nach Branche und Größe

Klein / Rosenfeld	1988	1978 – 1983	An der NYSE oder ASE notierte Unternehmen	n = 198 Unternehmen, davon n = 73 „greenmail“-Unternehmen, n = 25 13D-Unternehmen, n = 100 Kontrollunternehmen
La Salle / Jones / Jain	1993	1974 – 1983	k. A.	n = 92 Unternehmen aus 23 Branchen, n = 41 CEO-Wechsel
Lubatkin / Chung / Rogers / Owers	1989	1971 – 1985	n = 800 Unternehmen aus „Forbes anual issue on executive compensation“	n = 357 Unternehmen, n = 477 CEO-Wechsel
Miller	1991	1983	Kleine und mittelgroße Unternehmen aus Quebeck, Kanada	n = 95 Unternehmen aus verschiedenen Branchen
Miller	1993	unbestimmt (1890 – 1975)	Unternehmen aus den USA, mittelgroß bis groß, unterschiedliche Branchen	n = 36 Unternehmen mit n = 129 Untersuchungsperioden (= Zeitraum zwischen zwei wichtige Ereignissen)
Moore	1973	1966 – 1969	Amerikanische Aktiengesellschaften in nicht regulierten Branchen	n = 36 Unternehmen mit Management-Wechsel, n = 100 Unternehmen mit „personell“-Wechsel, n = 100 Unternehmen ohne Wechsel
Murphy / Zimmerman	1993	1971 – 1989	Unternehmen aus „Forbes anual survey of executive compensation“ und gleichzeitig „Forbes 500“- Liste	n = 599 Unternehmen mit n = 1063 CEO
Pourciau	1993	1985 – 1988	An der NYSE oder ASE notierte Unternehmen	n = 73 Unternehmen (nicht Banken oder Versicherungen) mit „non-routine“ Wechsel des Top-Managements
Reinganum	1985	1978 und 1979	An der NYSE oder ASE notierte Unternehmen	n = 667 Unternehmen mit n = 1236 Veränderungen in Managementpositionen, n = 218 Veränderungen mit gleichzeitiger Meldung von Abgang und Zugang
Salancik / Pfeffer	1977	1951 – 1968	U.S. Amerikanische Städte	n = 30 Städte mit mehr als 50.000 Einwohnern mit n = 172 unterschiedlichen Bürgermeistern
Smith / Carson / Alexander	1984	1961 – 1980	n = 233 „minister“ der „Northeast Ohio Conference of the United Methodist Church“	n = 50 „minister“ mit mindestens 10 Jahren Amtszeit
Thomas	1988	1965 – 1984	Unternehmen der „Times 1000“-Liste für UK Handesl-Unternehmen	Alle Unternehmen, die für jedes Jahr im betrachteten Zeitraum unter den ersten 200 Unternehmen erscheinen, n = 12

(Fortsetzung nächste Seite)

(Fortsetzung Übersicht 2)

Autor(en)	Jahr	Erhebungs-zeitraum	Gundgesamtheit	Stichprobe
Tushman / Rosenkopf	1996	1918 – 1986	n = 291 Unternehmen der US Zementindustrie	n = 52 Unternehmen, für die seit ihrer Gründung Daten zur Verfügung standen, n = 122 CEO-Wechsel
Virany / Tushman / Romanelli	1992	1968 – 1980	n = 59 Unternehmen der „minicomputer"-Branche	n = 38 Unternehmen für die Daten seit Gründung vorlagen
Virany / Tushmann / Romanelli	1985	1968 – 1980	Unternehmen der „minicomputer" Branche	n = 23 Unternehmen
Warner / Watts / Wruck (2. Teil)	1988	1963 – 1978	An der NYSE oder ASE notierte Unternehmen	n = 269 Unternehmen mit n = 567 Top-Management-Wechsel
Weiner / Mahoney	1981	1956 – 1974	Aktiengesellschaften des verarbeitenden Gewerbes	n = 193 Unternehmen
Weisbach	1988	1974 – 1983	An der NYSE notierte Unternehmen	n = 367 Unternehmen mit n = 286 CEO-Wechsel
Worrell / Davidson	1987	1966 – 1982	An der NYSE notierte Unternehmen	n = 60 CEO-Nachfolger auf den Tod des Vorgängers
Worrell / Davidson / Chandy / Garrison	1986	1967 – 1981	An der NYSE oder ASE notierte Unternehmen	n = 127 „key executives" (n = 61 „chairman", n = 23 CEO, n = 43 „chairman" und CEO in Persomnalunion)
Worrell / Davidson / Glasock	1993	1963 – 1987	An der NYSE oder ASE notierte Unternehmen	n = 62 Unternehmen mit n = 62 Entlassungen
Zajac	1990	1989	Unternehmen aus der „Forbes 500" und „Fortune 500" Liste, n = 591 „target" CEO	n = 105 Unternehmen, n = 105 CEO

Untersuchungen die Wechsel im Rahmen von Akquisitionen untersuchen				
Gerpott	1993	1988	Deutsche Unternehmen, die 1988 Gegenstand einer Akquisition waren, n = 214 Käufer-Unternehmen	n = 92 akquirierende Unternehmen
Weisbach	1995	1971 – 1989	große Akquisitionen (> 100 Mio. USD) im betrachteten Zeitraum	n = 270 Akquisitionen mit n = 118 Desinvestitionen bis 1989
Panel 2.3 Sportmannschaften als Grundgesamtheit				
Allen / Panian / Lotz	1979	1920 – 1970	Baseball Teams der „major league“	n = 934 Beobachtungen (Team während der Saison)
Eitzen / Yetman	1972	1930 – 1970	n = 522 College Basketball Teams aus „1970 Official Collegiate Baketball Guide“	n = 129 Teams mit n = 657 Trainer-Wechsel
Gamson / Scotch	1964	1954 – 1961	n = 22 Sportmannschaften der „american major league in baseball“	n = 22 Manager-Wechsel
Pfeffer / Davis-Blake	1986	1977 – 1981	Sportmannschaften der NBA	n = 22 Teams mit n = 27 Trainerwechseln
Scully	1992	1901 – 1989 (Baseball) 1949 / 50 – 1989 / 90 (Basketball)	Alle Sportteams in der professionellen Baseball- und Basketball-Liga	n = 16 Clubs (Baseball) n = 40 Clubs (Basketball)

(Fortsetzung nächste Seite)

(Fortsetzung Übersicht 2)

Autor(en)	Jahr	abhängige Variable(n)	unabhängige Variable(n)	Ergebnisse	Verfahren
Panel 2.1 Unternehmen als Grundgesamtheit					
Beatty / Zajac	1987	- Performance („abnormal return“) - Veränderung der Produktions- und Finanzierungsentscheidungen (Veränderungen des systematischen Risikos – beta)	- CEO-Wechsel (0 / 1) - CEO-Wechsel (erwartet = Alter > 65 Jahre und Pensionierung nicht überraschend / unerwartet / sonstige) - Nachfolgertyp (Insider / Outsider)	- Mit t_0 = Wechselankündigung, in t_1 und t_2 negative Marktreaktion auf CEO-Wechselankündigung (die auch durch positive Bewegung in t_3 nicht ausgeglichen wird) - Negative Marktreaktion sowohl bei Insider- wie auch bei Outsider-Nachfolge - Unerwartete Wechsel realisieren stark negative Marktreaktion auf Wechsel, erwartete Wechsel eher eine positive Reaktion (bereits im Vorfeld der Ankündigung), sonstige Wechsel zeigen eine negative Marktreaktion - Wenn Insider-Nachfolge, dann zeigt sich eine Veränderung des „systematic risc“, wenn Outsider-Nachfolge keine Veränderung sichtbar	- t-Test - Chow-ANCOVA
Bonnier / Brunner	1989	Performance (kumulierte „excess returns“ für unterschiedliche Zeitfenster um den Wechselzeitpunkt)	- Wechsel des Top-Managements (CEO, Chairman, President) - Nachfolgertyp (Insider / Outsider) - Titel des Ausscheidenden (CEO oder nicht) - Unternehmensgröße - Interaktion der Variablen	- „excess return“ am Tag des Wechsels ist positiv - Kumulierte „excess returns“ von t_{-4} bis t_0 sind positiv - Wenn Wechsel des CEO, dann stärkere Performance-Verbesserung als bei anderen Top-Managern - Eine Performance-Verbesserung bei Outsider-Nachfolge nur dann, wenn CEO bei großem Unternehmen wechselt	- multiple Regression
Borokhovich / Parrino / Trapani	1996	Performance („abnormal stock return“)	- CEO-Wechsel (freiwillig / unfreiwillig) - Nachfolgertyp (Insider / Outsider) - Unternehmensgröße (lg Beschäftigtenzahl) - CEO = Eigentümer	- Bei freiwilligem Wechsel: Performance verbessert sich sowohl bei Insider- als auch Outsider-Nachfolge, bei letzteren jedoch dreimal so stark - Bei unfreiwilligem Wechsel: Performance sinkt bei Insider- und steigt bei Outsider-Nachfolge - Weitere Variablen haben keinen Einfluß auf Wechsel-Performance-Zusammenhang	- (bivariates) Probit-Modell

Carlson	1961	Anzahl Mitarbeiter in der zentralen Verwaltung (Veränderung in 2 Jahren nach dem Wechsel)	- Nachfolgertyp (Insider / Outsider) - Wechsel des „superintendent" (Insider / Outsider / kein Wechsel)	- Outsider erhöhen Anzahl der Mitarbeiter in 2 Jahren nach dem Wechsel stärker als Insider - Sowohl Outsider als auch Insider erhöhen Anzahl der Mitarbeiter nach dem Wechsel stärker als „superintendents" die im gleichen Zeitraum nicht wechseln	- Fisher Exact Probability Test - Wilcoxon Test
Caroll	1984	„Tod der Organisation"	- Wechsel des ersten Herausgebers (i. d. R. Gründer) - Organisationsalter - Organisationskontext: a. Kontrollstruktur („dominant individual" / „individual" / Familie / Gruppe / „corporation") b. Veränderung der Kontrollstruktur	- „Todesrate der Organisation" erhöht sich, wenn Herausgeber wechselt - Je jünger die Organisation, desto stärker der Wechsel-"Orgainsationstod"-Effekt - Zusammenhang von Wechsel und „Organisationstod" gilt für alle Kontrollstrukturen - Wechsel der Kontrollstruktur „dominant individual" führt eher zu „Organisationstod" als Wechsel von anderen Kontrollstrukturen	- Hazard-Raten-Modelle - ML-Schätzung nach Tuma
Daily / Dalton	1995	Konkurs (0 / 1)	- CEO-Wechsel - Anzahl ausscheidender Board-Mitglieder - Board-Zusammensetzung (Anteil Outsider / %-Anteil „directors" die in der Amtszeit des ausgeschiedenen CEO ernannt wurden) - „CEO-duality" (0 / 1)	- CEO-Wechsel ist wahrscheinlicher für die Unternehmen, die in spätestens 5 Jahren Konkurs anmelden - Wechsel der Board-Mitglieder ebenfalls höher 5 Jahre vor dem Konkurs - Der Anteil von Outsidern nimmt in den 5 Jahren vor dem Konkurs nicht zu - Für 1990-Sample gilt, daß „CEO-duality" unmittelbar vor dem Konkurs abnimmt	- Diskriminanzanalyse - repeated measures ANOVA
Datta / Rajagopalan	1998	Peformance-Veränderung nach CEO-Wechsel (mittlere RoA in 3 Jahren nach Wechsel abzglüglich mittlere RoA 3 Jahre vor Wechsel)	- „fit" zwischen Branchenbedingungen und CEO-Charakteristika (Branchenbedingungen: Kapitalintensität / deflationierte Wachstumsrate 3 Jahre vor dem Wechsel / Produktdifferenzierung; CEO-Charakteristika: Alter / Ausbildungsniveau / Funktionaler Hintergrund	- Signifikante Zusammenhänge von Branchenbedingungen und CEO-Charakteristika zeigen sich sowohl bei allen Unternehmen als auch bei Unternehmen, deren Performanceverbesserung über dem Median der Verbesserung liegt. Diese Zusammenhänge lassen sich bei „schlechten" Unternehmen nicht feststellen	- OLS-Regression - logistische Regresson - t-Test

(Fortsetzung nächste Seite)

(Fortsetzung Übersicht 2)

Autor(en)	Jahr	abhängige Variable(n)	unabhängige Variable(n)	Ergebnisse	Verfahren
			- Kontrollvariablen (Branchenkonzentration / Unternehmensgröße / RoA / Kapitalintensität / Werbeaufwandsintensität / Umsatzwachstumsrate, jeweils branchenrelativiert für 3 Jahre vor dem Wechsel / Board-Macht als % Outsider im Board oder % Aktien im Besitz von „Outsider“		
Denis / Serrano (2. Teil)	1996	- Performance („abnormal return“ / ordentlicher Betriebserfolg / Veränderung ordentlicher Betriebserfolg; branchenrelativiert; von t_1 zu t_3) - Vermögens-Restrukturierung (Vermögensverkäufe)	- Management-Wechsel (unfreiwillig)	- Im Mittel Zuwachs des Aktienwertes nach Management-Wechsel im Rahmen von erfolglosen „control contests“ - Auf Management-Wechsel folgen Vermögens-Restrukturierungsmaßnahmen - Unternehmen ohne Management-Wechsel nach dem erfolglosen „control contest“ realisieren Verschlechterung des ordentlichen Betriebserfolgs; mit Management-Wechsel zeigt sich eine positive Veränderung	- „standard event study“-Methode - Wilcoxon-Test
Finkelstein / Hambrick	1990	- „strategic persistence“ (zusammengesetztes Maß aus branchenstandardisierter Varianz der Werbeintensität, F&E-Intensität, Neuigkeitsgrad der Maschinen, „non-production overhead“, „financial leverage“) - „strategic conformity“ (Maße wie oben jedoch nicht Varianz sondern Unterschied zu Branchenmittel) - „performance conformity“ (RoE, RoA, Marktwert zu Buchwert, jeweils in Relation zum Branchenmittel)	- Amtsdauer (mittlere Anzahl von Amtsdauern aller Board-Mitglieder in t) - Organisationsgröße (Mitarbeiterzahl in t) - „immediate slack“ („working capital“ zu Umsatz) - Performance (5-jahres Mittel RoE) (Variablen jeweils abzüglich Branchenmittelwert, geteilt durch Standardabweichung der Branchenwerte)	- Je länger die Amtszeit, desto geringer die Veränderlichkeit der Strategie, desto mehr ähnelt die Strategie der branchenüblichen Strategie, desto ähnlicher die Performance der Branchen-Performance - Diese Zusammenhänge ist in kleinen, „high slack“ Unternehmen am stärksten	- GLS / OLS Regression

Friedman / Singh	1989	Performance (kumulierte „abnormal stock return“, für t_{-2} bis t_2 in Tagen)	- Performance vor dem Wechsel (RoA) - Nachfolgertyp (Insider / Outsider) - Wechselverursachende Kraft (übliche Pensionierung / CEO / Board / „disability“) - Unternehmensgröße - Abgang des Vorgängers (0 / 1)	- Wenn Performance vor dem Wechsel niedrig, ist die Performance-Reaktion auf den Wechsel positiv (und umgekehrt) - Wenn die Performance vor dem Wechsel schlecht ist, bewirkt ein Board- / und CEO-verursachter Wechsel eine positive Veränderung der „stock returns“ - Wenn Performance vor dem Wechsel gut ist, hat ein Wechsel wegen „disability“ negative Effekte - „übliche Pensionierung“ hat keine Performanceeffekte - Nachfolgertyp und Verbleib des CEO im Unternehmen nach dem Wechsel haben keinen Einfluß auf Performance, beide Faktoren sind jedoch stark abhängig von der wechselverursachenden Kraft (z. B. wenn Board-initierter Wechsel, dann mehr Outsider als Nachfolger)	- logisitsche Regression - multiple Regression (OLS)
Furtado / Rozeff	1987	Performance („abnormal stock returns“ / kumulierte „abnormal stock returns“)	- Ankündigung der Ernennung von Top-Managern (Chairman, Vice-President, President, CEO; 0 / 1) - Ankündigung einer Entlassung von Top-Managern (0 / 1) - Nachfolgertyp (Insider / Outsider) - Unternehmensgröße	- „abnormal return“ nimmt nach Ernennung zu - Je kleiner das Unternehmen, desto eher Outsider-Nachfolge - Insider-Ernennung führt in großen Unternehmen zu höheren „abnormal returns“ als Outsider-Ernennungen - Positive „abnormal returns“ in t_0 und t_1, wenn Entlassungen („dismissal under pressure“) - Alle anderen Arten von Entlassungen (z. B. mit weiterer Zugehörigkeit zum Unternehmen) zeigen keine positiven oder negativen Performance-Effekte	- t-Test

(Fortsetzung nächste Seite)

(Fortsetzung Übersicht 2)

Autor(en)	Jahr	abhängige Variable(n)	unabhängige Variable(n)	Ergebnisse	Verfahren
Guthrie / Datta	1998	Performance-Veränderung (RoA-Änderung von t_{-1} zu t_1)	- Wechsel des CEO (geplant / ungeplant) - Unternehmensgröße (Mitarbeiterzahl in t_0) - Performance vor Wechsel (mittlere RoA in 3 Jahren vor dem Wechsel) - Unternehmensalter - Diversifikationsgrad (Anzahl „2-digit"-Branchen als Tätigkeitsfeld) - Nachfolgertyp (Insider / Outsider)	- Stark negativer Zusammenhang zwischen Insider-Nachfolge und Performance - Zusammenhang wird durch Diversifikationsgrad modifiziert: Wenn wenig diversifiziert, bringt Outsider-Nachfolge Performance-Verbesserung, wenn stark diversifiziert, dann zeigt sich dieser Zusammenhang nicht	- OLS-Regression
Haveman	1993	Ausscheiden aus dem Markt (0 / 1)	- Managerwechsel („president" / andere) - Alter des Unternehmens - Zeit seit letztem Managementwechsel	- Managementwechsel erhöht die Sterberate der Unternehmen - Wechsel hat stärkere Wirkung in jungen Unternehmen - Je mehr Zeit seit dem Wechsel vergeht, desto geringer der negative Einfluß des Wechsels, nach 7 Jahren sinkt die Sterberate unter die Rate der Nicht-Wechsler	- Schätzung von „Gompertz models of organizational mortality rate"
Helmich / Brown	1972	- ordinales Maß des organisationalen Wandels durch Kombination der beiden Werte: a. 2-jährige Prozentzahl für Personalwechsel innerhalb des direkten Einflußbereichs des „president" nach dem Wechsel (relativiert an der Anzahl der Personen vor dem Wechsel) b. 2-jährige Prozentzahl für Positionsveränderungen nach dem Wechsel (relativiert wie oben)	- Nachfolgertyp (Insider / Outsider) - Performance („profitability" in Rangfolge relativ zur Branche und vorangegangener Performance-Varianz) - Führungsstil des Nachfolgers - Umfang der Aktivitäten im chemischen Bereich, i. S. v. Produktionsspezialisierung - Organisationsgröße (Mitarbeiterzahl) - Wachstum der Verwaltung in der Chemie-Branche (Zunahme der Verwaltungsmitarbeiter in der gesamten Branche)	- Unter Kontrolle aller anderen Variablen gilt, das Unternehmen, die Insider-Nachfolge realisieren eine niedrigere Rate organisationalen Wandels erleben als Unternehmen mit Outsider-Nachfolge	- „Goodman / Kruskals ordinal Gamma" Koeffizient - Chi-quadrat-Test

Hotchkiss	1995	Performance nach Konkurs: - „accounting Maße“ (Cash Flow, ordentliche Umsatzrendite) - Fähigkeit Cash Flow Vorhersagen zu erreichen (%-Abweichung von Vorhersage) - zweiter Konkurs oder Vergleich	-CEO-Wechsel (CEO von t_{-2} bis zur Implementierung der Reorganisationsmaßnahmen noch im Amt; 0 / 1) - Unternehmensgröße (lg Bilanzsumme in t_{-1}) - Diversifikationsgrad (Anzahl Branchen) - Pre-Konkurs Rentabilität (in t_{-2}) - Branchenperformance (Veränderung von t_1 zu t_2)	- CEO-Wechsel im Rahmen des Konkurses, dann Performance-Verbesserung nach Wechsel - Diversifikationsgrad, Pre-Konkurs-Performance und Branchen-Performance haben keinen Einfluß	- logistische Regression
Jahn	1996	- Performance-Veränderungen (Gewinnindex, Wachstumsindex, Index der Betriebskosten, Schadensquote) - „qualitative Daten“ (z. B. Sanierungstätigkeit)	- Ausscheiden des Vorstandsvorsitzenden	- Kurzfristige Veränderungen der Wachstumsentwicklung um Vorstandswechsel - „Sanierungstätigkeit“ unter neuem Vorstand verstärkt - Veränderungsintensität entwickelt sich je nach „Wechsetyp“ unterschiedlich	- deskriptive Analyse
Johnson / Magee / Nagarajan / Newmann	1985	Performance (Aktienkursveränderungen „excess daily returns“ aus Marktmodell kumuliert über „Ankündigungsperiode“ t_{-10} bis t_{10})	- plötzlicher Tod des „top-executive“ - „top-executive“ = Unternehmensgründer (0 / 1) - Position des „top-executive“ (Entlohnung in Relation zur Entlohnung des nächsthöchst bezahlten „executive“) - „ability“ (3-jahres Mittelwert eines zusammengesetzten Maßes aus branchenbereinigtem Umsatzwachstum, Gesamtkapitalrendite, Kurswertsteigerung und Dividende) - Kosten / Vorteile der Aktionäre bei Fortsetzung der CEO-Anstellung (abhängig von Anteil Aktien unter Kontrolle des CEO und „ability“)	- Plötzlicher Tod des Top-Executives hat im Mittel keinen systematischen Einfluß auf Aktienkursentwicklung - Positive Effekte auf Aktienkurs, wenn Unternehmensgründer stirbt - Negative Effekte, wenn Tod eines „hochpositionierten“ CEO - Schlechte vergangene Performance hat keinen eigenen Einfluß aber in Kombination mit großem Aktienbesitz bei CEO positiven Einfluß auf Aktienkursentwicklung bei Tod des CEO	- multiple Regression

(Fortsetzung nächste Seite)

(Fortsetzung Übersicht 2)

Autor(en)	Jahr	abhängige Variable(n)	unabhängige Variable(n)	Ergebnisse	Verfahren
Kang / Shivdasani (2. Teil)	1995	Performance (branchenrelatives RoA / „industry adjusted excess stock return“, gemessen jeweils für Zeitraum 3 Jahre vor und nach dem Wechsel / 0 / 1-Variable für negativen Betriebserfolg)	CEO-Wechsel („routine“- oder „non-routine“-Wechsel) - Nachfolgertyp (Insider / Outsider)	- Bei „routine“-Wechsel zeigt sich keine Performance-Wirkung vor und nach dem Wechsel - Bei „non-routine“-Wechsel verbessert sich die Peformance in allen drei Maßen - Outsider-Nachfolge bewirkt RoA-Verbesserung	- logistische Regression
Khanna / Poulsen	1995	- Markt-Performance („abnormal stock returns“ für t_{-5} bis t_1) - „accounting“-Performance (Umsatz / Vermögen / ordentliche Gesamtkapitalrendite, jeweils Veränderung von t_{-3} zu t_{-1})	- Management-Wechsel - Nachfolgertyp (Insider / Outsider) - Managementaktionen (Mitarbeiterentlassung / Werkschließung / „downsizing“)	- Mangement-Wechsel haben unabhängig von Konkurs einen negativen Einfluß auf „abnormal returns“ - Insider- oder Outsider-Nachfolge unterscheiden sich in ihrer negativen Wirkung nicht voneinander - „accounting“-Performance ist unabhängig von nachfolgendem Konkurs nicht durch den Management-Wechsel beeinflußt - Positive „abnormal returns“ nach „downsizing“- Ent-scheidungen für Konkursfirmen nur wenn auch das Management ausgetauscht wird; ohne Wechsel keine positiven Marktreaktionen. Dieser Unterschied zeigt sich nicht bei den Kontrollfällen	- Wilcoxon-Test
Klein / Rosenfeld	1988	Performance („abnormal stock return“)	- unfreiwillige Management-Wechsel (CEO, Chairman, President) - Zahlung von „greenmail“, d. h. Rückkauf von Aktien über Marktpreis	- Positive „abnormal stock returns“ nach unfreiwilligem Wechsel bei „greenmail“-Unternehmen	

La Salle / Jones / Jain	1993	- „accounting change“ innerhalb der ersten 4 Jahre nach Wechsel (Veränderung der „accounting principals“ und „accounting estimates“)	- CEO-Wechsel (0 / 1) - Performance („total market return“ für 1974 -@’83)	- Unternehmen, die CEO wechseln haben häufiger „accounting changes“ als Nicht-Wechsler - „schlechte“ Unternehmen wechseln häufiger ihre Bilanzierungsmethoden als gute Unternehmen - Die Wahrscheinlichkeit für „accounting change“ steigt entweder mit CEO-Wechsel oder mit schlechter Performance - „accounting change“ nach CEO-Wechsel hat sowohl positive wie auch negative Erfolgswirkung	- ANOVA
Lubatkin / Chung / Rogers / Owers	1989	Performance als „excess return“ (Aktienkursveränderung abzüglich der Aktienkursveränderung aller Unternehmen der gleichen Risikoklasse nach β)	- Performance Kontext (kumulierte „excess returns“ von t_{-500} bis t_{-300}) - Nachfolgertyp (Insider / Outsider) - Unternehmensgröße (lg Marktkapitalisierung)	- Investoren korrigieren im Mittel Ertragserwartungen nach unten im Verlauf eines Wechsels des CEO - Wenn Performance-Kontext gut, dann auch positiver Effekt bei CEO-Wechsel - Wenn Outsider-Nachfolge, dann bessere Performance als bei Insider-Nachfolge - Wenn schlechter Performance-Kontext, dann schlechte Entwicklung unabhängig vom Nachfolgertyp; wenn guter Kontext, dann gute Entwicklung bei Outsider-Nachfolge - Unternehmensgröße hat keinen Einfluß	- multiple Regression
Miller	1991	- „match“ von Organisation und Umwelt - Performance (RoI / Umsatzwachstum / Wachstum „net income“)	- Amtsdauer des CEO (0 / 1, lang / kurz) - Anteilskonzentration - Umweltunsicherheit	- Je länger die Amtsdauer, desto schlechter der „match“ von Organisation und Umwelt - Mit hoher Anteilskonzentration und hoher Umweltunsicherheit, verstärkt sich inverse Beziehung von „match“ und Amtsdauer - Indirekter negativer Zusammenhang von Amtsdauer und Performance	- multiple Regression - LISREL

(Fortsetzung nächste Seite)

(Fortsetzung Übersicht 2)

Autor(en)	Jahr	abhängige Variable(n)	unabhängige Variable(n)	Ergebnisse	Verfahren
Miller	1993	- „infomation processing“ (Kontrolle / Kommunikation / beabsichtigte Rationalität) - Wettbewerbsaggressivität („proactiveness“ / Innovationstätigkeit / Risikofreude) - Komplexität der Struktur (Technokratisierung / Differenzierung) - Machtverteilung (Zentralisation / Delegation)	- CEO-Wechsel - Dauer der einzelnen Analyseperioden - Unternehmensalter - Datum der Periode (aktuell / alt) - Zunahme der Umweltunsicherheit - Pre- und Post-Wechsel Performance (0 / 1, wenn „profitability“ und Umsatz unter / über Branchenmittel liegt)	- Nach einem Wechsel nimmt die Machtkonzentration in der Organisation ab - Bei Interaktion von „schlechter“ Performance und Wechsel steigt die Informationsverarbeitung - Absolute Veränderung von Machtkonzentration, Informationsverarbeitung und Wettbewerbsaggressivität nach CEO-Wechsel - Komplexität der Struktur ändert sich nicht nach CEO-Wechsel	- Faktor-analyse - multiple Regression
Moore	1973	- „discretionary accounting decision“ (Wechsel der Bilanzierungsmethode / „write down“ / „write off“ / „provision for future costs or loss“) - Erfolg (EBIT)	- Management-Wechsel	- Umfang der „discretionary accounting decisions“, die Erfolg reduzieren sind bei Management-Wechsel-Unternehmen im Jahr nach dem Wechsel höher als bei „personell“-Wechsel oder Nicht-Wechsel-Unternehmen (die beiden letzten unterscheiden sich nicht) - Unternehmen mit Management-Wechsel haben eine höhere Wahrscheinlichkeit, drastische Wechsel der finanziellen Struktur und Politik zu vollziehen als alle anderen Unternehmen - Der Umfang der Erfolgsreduktion durch „accounting“- Entscheidungen ist bei Management-Wechsel-Unternehmen größer als bei allen anderen Unternehmen - Unternehmen mit Management-Wechsel habe insgesamt einen niedrigeren Erfolg als alle anderen Unternehmen (auch vor den „accounting“ Entscheidungen)	k. A.

Murphy / Zimmerman	1993	„discretionary financial"-Variable (F&E-, Werbe-Ausgaben / „capital expenditure" / „accruals"; jeweils relativiert am Umsatz)	- CEO-Wechsel (0 / 1), (vor und nach 64 / 65. Lebensjahr des CEO) - „market adjusted performance"	- Nach Kontrolle der Performance, „discretionary" Variablen in der Wechselperiode (t_{-1} bis t_1) niedriger als vorher und nachher - „discretionary" Variablen sind in den Wechseljahren dann niedriger, wenn (a) Performance schlecht und (b) Wechsel vor dem 64 / 65. Lebensjahr des CEO	k. A.
Pourciau	1993	- Umfang an Bewertungs- und Bilanzierungs-maßnahmen („special items" / „write offs") - unerwarteter Jahres-überschuß (Differenz von Jahresüberschuß und mit „random walk-modell" geschätzem Jahresüberschuß) - unerwartete „accruals" (s.o.)	- „non-routine"-Managementwechsel (CEO, Chairman, President, alle außer Pensionierung oder Rücktritt mit weiterer Zugehörigkeit zum Unternehmen)	- Nachfolgende CEO reduzieren den Erfolg durch „accruals" in t_0 und erhöhen den Erfolg in t_1 - ausscheidender CEO erhöht Erfolg in t_{-2} durch „accruals", reduziert den Erfolg jedoch in t_{-1} wieder - In t_{-1} hohe erfolgsreduzierende „write offs" durch ausscheidenden CEO, in t_0 noch höhere „write offs" durch neuen CEO, erst in t_1 wieder abnehmende „write offs"	- nicht-parametrische Mittelwert-t-ests
Reinganum	1985	Performance („abnormal return" / kumulierter „abnormal return")	- Wechsel im Top-Management (Chairman / President / alle) - Art des Nachfolgers (Insider / Outsider) - Art der Veränderung („paired" / „unpaired" = nur Zu- oder Abgang) - Unternehmensgröße	- Wenn Outsider-Nachfolge, dann positive „abnormal returns" in t_{-2} bis t_2 - Positiver Effekt noch stärker, wenn Outsider in Chairman-Position nachfolgt - Insider-Nachfolge hat keine Effekte auf Performance - Performance-Effekte sind nur bei kleinen Unternehmen zu beobachten - Outsider-Nachfolge häufiger bei kleinen Unternehmen - Wenn kleines Unternehmen, Abgang und externer Zugang, dann zeigen sich positive kumulierte „abnormal returns"; wenn nur Abgang oder Zugang, dann keine Effekte	k. A.

(Fortsetzung nächste Seite)

(Fortsetzung Übersicht 2)

Autor(en)	Jahr	abhängige Variable(n)	unabhängige Variable(n)	Ergebnisse	Verfahren
Salancik / Pfeffer	1977	- Ausgabentypen (Straßenbau / Gesundheit / Polizei / Erholung / Büchereien, Zinsen / große Einzelausgaben) - Einnahmetypen (Grundsteuereinnahmen / Schuldenwachstum), jeweils absolut und %-Anteil am Gesamtbudget; jeweils mittelwertbereinigt	- Jahr - Stadt - Bürgermeister	- Unabhängig ob absoluter Betrag oder relatives Gewicht betrachtet wird, ist der Einfluß des Bürgermeisters auf Ausgabentypen deutlich kleiner als z. B. der Stadt-Effekt. Mittlere Varianzerklärung durch den „Bürgermeister" ca. 10% gegenüber 19% durch die „Stadt" - Der Einfluß des Bürgermeisters auf Ausgabenpositionen, die von besonderer Bedeutung für mächtige Interessengruppen sind (z. B. Polizei, Straßenbau) ist geringer als auf andere Ausgabenpositionen - Größter Einfluß besteht auf große Einzelausgaben („capital outlays")	- ANOVA
Smith / Carson / Alexander	1984	- Performance (Besucherzahlen / Mitglieder / Vermögenswert / Differenz tatsächlich abgeführter Mittel an die Oberorganisation zu geforderten Mitteln / Summe Spenden für ein Jahr, jeweils preisbereinigt und standardisiert zu „z-score") - vom „minister" unabhängige Performance (Spenden an Frauenorganisation der UMC; ebenso standardisiert)	- „effektive minister" (z-score standardisierte Entlohnung für den gesamten Zeitraum über / unter dem Mittelwert der Entlohnung, 0 / 1, n = 7) - „minister"- Wechsel (0 / 1)	- „effektive" „minister" haben deutlichen Einfluß auf Performance-Variablen mit Ausnahme der per Definition unabhängigen Performance (Varianzerklärung steigt mit Berücksichtigung der „minister"-Variablen) - Vorangegangene Performance und nicht der Wechsel der „minister" erklärt nachfolgende Performance (im Jahr unmittelbar nach dem Wechsel und 4 Jahre danach)	- multiple Regression
Thomas	1988	- Performance („profit" / Umsatz / „profit margin")	- Jahr - Branche - Unternehmen - „Leadership" (für CEO)	- Unternehmensvariable erklärt den größten Teil der Performance-Varianz aller drei Performancemaße - „Leadership" erklärt danach nur noch 3,9% / 7,0% / 5,7% der jeweiligen Performance-Varianz - Jedoch 61,4% (für „profit") und 66% (für Umsatz) kann „Leadership" zugeordnet werden, d. h. „Leadership" hat Einfluß, auch wenn noch viel Varianz zu erklären bleibt	- ANOVA - MANOVA

Tushman / Rosenkopf	1996	Performance (RoA-Veränderung von t_0 zu t_2 bereinigt um Branchenveränderungen / Performance-Krise i. S. v. Performance-Verschlechterung in zwei Folgejahren als 0 / 1-Variable / RoA in t)	- CEO-Wechsel - „executive team"-Wechsel - CEO- und „executive team"-Wechsel; jeweils Abgang, Zugang oder vollständiger Wechsel - Stabilität der Umwelt (0 / 1) - Strategische Reorientierung (Strategie- und / oder Strukturänderung) - Unternehmensalter - Unternehmensgröße	- Grundsätzlich positiver Zusammenhang von CEO-Wechsel und Performance - CEO und „executive team"-Wechsel gleichzeitig: Performance sinkt in stabiler Umwelt und sinkt weniger stark in turbulenter Umwelt - CEO-Wechsel und „executive team"-Abgang in turbulenter Umwelt erhöhen die Performance – ausschließlich Team-Abgänge reduzieren die Performance, Team-Zugänge erhöhen die Performance in turbulenter Umwelt	- multiple Regression
Virany / Tushman / Romanelli	1992	Performance (RoA, %-Veränderung von t_{-1} zu t_2)	- CEO-Wechsel (CEO, sonst President oder „chairman of the board", 0 / 1) - „executive team"-Wechsel (%-Anteil aller Wechsel im Management außer CEO-Wechsel) - strategische Reorientierung (Wechsel gleichzeitig in Strategie, Struktur, Machtver-teilung, Kontrollarten)	- CEO-Wechsel oder „executive"-Wechsel beeinflussen nachfolgende Performance positiv - Wenn CEO- und „executive"-Wechsel gleichzeitig, dann kein Performanceeffekt - Strategische Reorientierung hat allein positiven Effekt auf Performance - Strategische Reorientierung und CEO- oder „executive"-Wechsel gemeinsam haben negativen Effekt auf Performance - Strategische Reorientierung und CEO- zusammen mit „executive"-Wechsel haben stärkeren positiven Effekt auf Performance als alle drei Faktoren jeweils allein	- multiple Regression
Virany / Tushmann / Romanelli	1985	Performance (RoA-Veränderung in 2 Jahren nach dem Wechsel)	- Grad des Wechsels (von keinen Wechsel über Wechsel in 2. Managementebene, CEO-Wechsel mit Insider-Nachfolge bis CEO-Wechsel mit Outsider-Nachfolge als ordinales Maß) - strategische Phase (Reorientierung i. S. v. Strategie-, Macht-, Struktur- und Kontrollwechsel /	- Positiver Zusammenhang von Wechsel und nachfolgender Performance dann, wenn gleichzeitig Phase der Reorientierung - Kein Unterschied im Zusammenhang zwischen „low- und high-performer"	- multiple Regression

(Fortsetzung nächste Seite)

(Fortsetzung Übersicht 2)

Autor(en)	Jahr	abhängige Variable(n)	unabhängige Variable(n)	Ergebnisse	Verfahren
			Kovergenz i. S. v. ohne Wechsel dieser Art) - „high- / low-performer" (in Relation zum Mittelwert der RoA in allen betrachteten Perioden)		
Warner / Watts / Wruck (2. Teil)	1988	Performance („abnormal stock return" über unterschiedliche Zeitfenster kumuliert)	- Ankündigung des Management-Wechsels (alle Wechsel / CEO-Wechsel / unfreiwillige Wechsel / Outsider-Nachfolge)	- Keine substantielle Auswirkung auf Aktienkurse durch Wechsel-Ankündigung - Schwacher Hinweis auf negative Kursreaktion nach Wechsel-Ankündigung, allerdings erst mit erheblichem Time-lag - Kumulierte monatliche „abnormal returns" sind neagtiv; stärker negativ für CEO-Wechsel und unfreiwillige Wechsel	- logistische Regression - „standard event study" Methode
Weiner / Mahoney	1981	Performance („profit level" als absolute Größe / „profitability" als „profit" zu Vermögen / Aktienkurse, jeweils von t_1 zu t_5 in Jahren)	- Umwelt (Bruttosozialprodukt / Summe Branchenumsätze / Branchenkonzentrationsindex) - Organisation (Vermögen / Technologie als „capital to labor ratio") - „leadership" („stewardship" als „1" in jedem Jahr in dem CEO im Amt und „2" ab dem Jahr in dem der nächste CEO im Amt ist usw.) - „leadership strategy" (Kapitalstruktur / „retained earnings" in Relation zu gesamten „earnings")	- Unternehmensgröße erklärt fast die gesamte Varianz von „profit" - Berücksichtigung von „stewardship" bei „profitability"- und Aktienkurs-Varianz ermöglicht zusätzliche 40% Varianz-erklärung, die nicht durch Umwelt-, Organisations- oder Strategievariablen erklärt wird - Umweltfaktoren haben kaum Einfluß auf Performance - Kapitalstruktur steht besonders mit Aktienkursen im Zusammenhang	- multiple Regression - „indirekte" ANOVA
Weisbach	1988	Performance („excess stock return", über verschieden Zeitfenster in Tagen kumuliert)	- CEO-Wechsel - Board-Zusammensetzung (siehe Panel 1.1) - Alter des CEO (<64 Jahre / > 66 Jahre)	- „excess returns" in jeder Konstellation positiv für alle Zeitfenster von t_{-3} bis t_3 - Board-Zusammensetzung oder CEO-Alter haben keinen Einfluß auf Performancewirkung des Wechsels	- Logit-Modell mit ML-Schätzung

Worrell / Davidson	1987	Performance („abnormal“ / „cumulative abnormal returns“ t_{-10} bis t_{15} bezogen auf Nachfolgerankündigung)	- Nachfolgertyp (n = 53 Insider / n = 7 Outsider)	- Über den gesamten Betrachtungszeitraum, insbesondere unmittelbar vor und nach der Nachfolgeankündigung reagiert der Markt positiv auf Insider-Nachfolge - Outsider-Nachfolge zeigt keine signifikanten „abnormal returns“	t-Test
Worrell / Davidson / Chandy / Garrison	1986	Performance („average abnormal returns“ / kumulierte „abnormal returns“, für t_{-90} bis t_{30} bezogen auf Wechselzeitpunkt)	- Tod des „key executive“ (alle „key executives“ / nur „chairman of the board“ / nur CEO, jeweils plötzlicher vs. nicht plötzlicher Tod und „bekannter“ Name des „key executives“ oder nicht)	- Bezogen auf alle Fälle zeigt sich keine Veränderung der Aktienkurse unmittelbar vor oder nach der Todes-Bekanntgabe - Wenn nur CEO betrachtet wird, reagiert der Markt in t_{-7} bis t_{-3} (Zeitraum zwischen Tod und Bekanntgabe) negativ - Falls der Tod plötzlich eintritt, reagiert der Markt negativ - Wenn „bekannte“ Person stirbt, dann ebenfalls negative Reaktion	- Signifikanz-tests
Worrell / Davidson / Glasock	1993	Performance (kumulierte „abnormal stock returns“ für t_{-30} bis t_{-2}, t_{-1} bis t_0, t_1 bis t_{30} mit t_0 als Datum der Wechselmeldung)	- unfreiwilliger Wechsel des CEO, Chairman, President - Ankündigung der Entlassung (mit gleichzeitiger Nachfolgerankündigung / ohne Nachfolgerankündigung / späterer Ankündigung des Nachfolger) - Nachfolgerart (Insider / Outsider; jeweils mit 3 Arten der Ankündigung)	- Entlassung ohne Ankündigung von Nachfolger hat keine Performance-Wirkung - Entlassung mit (späterer) Ankündigung von Nachfolger hat in t_0 keine und ab t_1 positive Performance-Wirkung - Wenn Nachfolger gleichzeitig bekannt wird, wirkt ein Insider mit Verzögerung positiv, ein Outsider hat keine Wirkung - Wenn Nachfolger später bekannt wird, wirkt ein Insider mit Verzögerung positiv, ein Outsider wirkt bei Ankündigung positiv auf die Performance	t-Test
Zajac	1990	Performance (mittlere RoA während der Amtszeit)	- Nachfolgertyp (Insider / Outsider) - Nachfolgeplanung durch aktuellen CEO (0 / 1) - Unternehmensgröße (mittlere Bilanzsumme)	- Positiver Zusammenhang von Insider-Nachfolge und Performance - Wenn Nachfolgeplanung durch aktuellen CEO, dann auch positive Performance	- multiple Regression

(Fortsetzung nächste Seite)

(Fortsetzung Übersicht 2)

Autor(en)	Jahr	abhängige Variable(n)	unabhängige Variable(n)	Ergebnisse	Verfahren
Untersuchungen, die Wechsel im Rahmen von Akquisitionen untersuchen:					
Gerpott	1993	Performance (ordentliches Betriebsergebnis / Umsatz / Mitarbeiterzahl, jeweils Veränderungsrate von Mittel der 3 Jahre vor Akquisition zu Mittel der 3 Jahre nach der Akquisition als ordinale Skala von „Wachstum“ zu „Schrumpfung“)	- Anteil ausgeschiedener Top-Manager (Vorstand / Geschäftsführer) - Anteil nicht aus altersgründen ausgeschiedener Top-Manager - Geschäftsverwandschaft - Erfolgsniveau	- Mit steigender Wechselrate sinkt das Erfolgsniveau bei akquirierten Unternehmen - Nicht altersbedingte Wechsel haben stärkeren negativen Einfluß auf Erfolg - Situative Variablen haben kaum oder keinen Einfluß auf diese Beziehung	- multiple Regression
Weisbach	1995	- Desinvestition (Verkauf von früheren Akquisitionen)	- CEO-Wechsel (alle / Pensionierung / alle außer Pensionierung) - Akquisitionserfolg (Umsatzentwicklung / „schlechte Presse“) - Zeitraum in der Akquisition gehalten wird - Typ der Akquisition („related“ / „unrelated“)	- Positiver Zusammenhang von CEO-Wechsel und Desinvestition - Wahrscheinlichkeit für Desinvestition nach CEO-Wechsel ist höher, wenn schlechte Performance und niedriger, wenn gute Performance - Wahrscheinlichkeit für Desinvestition unterscheidet sich nicht nach Ursache des CEO-Wechsels - Je länger seit Akquisition und wenn „unrelated“, dann häufiger Desinvestition - Spätere Desinvestitionen nach CEO-Wechsel werden bereits zum Zeitpunkt der Akquisition vom Markt negativ beurteilt	- logistische Regression
Panel 2.3 Sportmannschaften als Grundgesamtheit					
Allen / Panian / Lotz	1979	Performance („team winning percentage“ nach dem Wechsel)	- Management-Wechsel (0 / 1 / Insider vs. Outsider; jeweils innerhalb der Saison oder zwischen zwei Spielzeiten) - vergangene Performance („overall winning percentage“)	- Vergangene Performance determiniert hauptsächlich aktuelle Performance auch unter Einschluß des Manager-Wechsels und der Personalfluktuation - Direkter und indirekter (über Personalfluktuation) Einfluß des Management-Wechsels	- Pfadanalyse - ANOVA - ANCOVA

			- Spielerfluktuation (Anzahl neuer Spieler am Anfang der Saison)	auf die Performance ist zwar klein aber signifikant negativ - Wechsel zwischen den Spielzeiten bringt eine leichte Verbesserung, Wechsel innerhalb der Saison verschlechtert die Performance - Nachfolgertyp (Insider oder Outsider) und vergangene Performance erklären 49% der Performance-Varianz, der zusätzliche Beitrag des Nachfolgetyps beträgt nur 3%, ist aber signifikant - Kein Wechsel oder Insider-Nachfolge bringt Performance-Verbesserung, Outsider-Nachfolge oder viele sukzessive Wechsel verschlechtern die Performance	
Eitzen / Yetman	1972	Performance („overall winning percentage" als Veränderung vom letzten Jahr vor dem Wechsel zum Jahr nach dem Wechsel / als kumulierte Werte 5 Jahre vor dem Wechsel und 5 Jahre nach dem Wechsel / für Amtsdauer über 8 Jahre jeweils die Performancewerte für die 1. Hälfte im Vergleich zu Werten der 2. Hälfte der Amtszeit)	- Trainer-Wechsel - Relative vergangene Performance; „gute" vs. „schlechte" Trainer i. S. v. „winning percentage" über oder unter 50%)	- Wechsel allein betrachtet, verbessert die Peformance im Mittel - Wenn „relative vergangene Performance" berücksichtigt wird, hat Trainer-Wechsel keinen Einfluß. Ist die Performance der Vergangenheit schlecht, tendiert die aktuelle Performance (t_1) zum Besseren und umgekehrt („regression to the mean") - Je länger ein Trainer im Amt, desto besser die Performance - Bis zu 9 Jahre als Trainer ist die Performance am Ende der Amtszeit besser als zu Beginn, vom 10. bis 12. Trainerjahr zeigt sich keine Differenz zwischen früher und späterer Performance, ab dem 12. Jahr ist die Performance in der 2. Amtshälfte schlechter als in der ersten.	- Chi-quadrat-Test

(Fortsetzung nächste Seite)

(Fortsetzung Übersicht 2)

Autor(en)	Jahr	abhängige Variable(n)	unabhängige Variable(n)	Ergebnisse	Verfahren
Gamson / Scotch	1964	Performance nach Wechsel (Verhältnis gewonnene zu verlorene Spiele am Tag nach dem Wechsel, zwei Wochen nach dem Wechsel und am Ende der Saison)	- Manager-Wechsel während der Saison	- 15 der 22 Teams verbessern sich 2 Wochen nach dem Wechsel in Relation zum Tag des Wechsels - 13 von 22 Teams verbessern sich in der gesamten Zeit nach dem Wechsel in Relation zur Performance 2 Wochen vor dem Wechsel	k. A.
Pfeffer / Davis-Blake	1986	Performance (% gewonnene Spiele während der normalen Saison)	- Anzahl neuer Spieler pro Saison - Fähigkeit des neuen Trainers (kumulative Anzahl gewonnener, verlorener Spiele aus früheren Traineranstellungen in NBA, ABA / Erfahrung als professioneller Trainer (0 / 1) - Trainer-Wechsel (0 / 1) - Interaktionsvariablen von Trainerwechsel und jeder anderen unabhängigen Variable - vergangene Performance des Teams	- Vergangene Performance hat einen positiven Zusammenhang und Höhe des Spieleraustausches einen negativen Zusammenhang mit der aktuellen Performance - Trainer-Wechsel hat keinen Einfluß auf aktuelle Performance - Trainer mit (a) besserem früheren „win-loss"-Verhältnis, (b) mit mehr Erfahrung, (c) die schon früher Performance steigern konnten, haben positiven Einfluß auf die Performance nach dem Wechsel	- multiple Regression (GLS)
Scully	1992	Performance (Veränderung des Tabellenplatzes von t_0 zu t_1)	- Managerwechsel (0 / 1) - Eigentümertyp (langzeit / kurzzeit)	- Im Mittel zeigt sich eine Rangplatzverbesserung der Teams im Jahr nach dem Wechsel, unabhängig davon ob neuer Manager wieder gewechselt wird) - Eigentümertyp hat keinen Einfluß auf Wechsel-Performance-Zusammenhang	- logistische Regression - Probit-Modelle

Übersicht 3: **Bestimmung und Typologien des Wechsels von Spitzenführungskräften**

Autor (Jahr)	Datenquelle für Wechsel	Spitzen-führungskraft	Meß-methode	Datenquelle für Typologie	Konzept	Operationalisierung
Abe (1997), S. 5–6, 10–12	Kaisha Rireki Soram (Handbuch der Unter-nehmens-geschichte)	presidents	I	Verschiedene Hand-bücher: - Verzeichnis der board-Mitglieder - Verzeichnis der Un-ter-nehmensangestell-ten - Who's Who in Japan	① einfacher Wechsel ② „disciplinary“ Wechsel ③ vollständiger Wechsel	① alle Ausscheidenden ② Ausscheidende, aber ohne nachfolgende chairman-Po-sition ③ Ausscheidende, mit Ver-lust aller „representative rights“
Allen / Panian (1982), S. 540	k. A.	CEO	OI	k. A.	① Amtsdauer ② unfreiwillige Wechsel	① Anzahl Jahre im Amt bis Ausscheiden ② Alter bei Ausscheiden in Relation zum „normalen“ Pensionsalter
Beatty / Zajac (1987), S. 307, 312	WSJ Who's Who sec-tion	CEO	I, (EA)	WSJ Who's Who sec-tion	① „anticipated“ ② „unanticipated“ ③ „others“	① „retirement“ mit CEO-Al-ter mindestens 65 Jahre ② wenn Artikel die Wörter „surprise“, „suddenness“ entalten oder wenn „perso-nal reasons“, „policy diffe-rences“ ③ alle anderen (Mehrzahl)
Boecker (1992), S. 400, 408–409	Datenbanken zweier „market research“ Unternehmen die auf Halbleiterproduzenten spezialisiert sind	CEO	EA	Datenbanken der „market research“ Unternehmen aus re-gelmäßigen, ausführ-lichen Befragungen der Halbleiterprodu-zenten	① Entlassung ② freiwilliger Wech-sel ③ Pensionierung	Aus Befragung und weiterer Informationssammlung wird eine Urteil abgeleitet
Bonnier / Bruner (1989), S. 307–312	WSJ	CEO			keine Differenzie-rung, nur CEOs von „financially distressed firms“	

(Fortsetzung nächste Seite)

(Fortsetzung Übersicht 3)

Autor (Jahr)	Datenquelle für Wechsel	Spitzen-führungskraft	Meß-methode	Datenquelle für Typologie	Konzept	Operationalisierung
Canella / Lubatkin (1993), S. 771, 777	Forbes Anual List of Executive Compensation	CEO	I	- Wall Street Journal - Dun & Bradstreet's Reference Book of Corporate Management	① „normal retirement" ② „early retirement" ③ „death or poor health" *AF* „dismissal"	① bei Ausscheiden mind. 64 Jahre alt und im board verblieben ② bei Ausscheiden unter 64 Jahre und im board verblieben ③ wenn entsprechende Meldung im WSJ *AF* wenn alle Kontakte zum Unternehmen (insbesondere board-Zugehörigkeit) aufgegeben werden
Caroll (1984), S. 98 – 100	N. W. Ayer's Directory of Newspapers	Gründungsheraus-geber von Zeitungen	OI	N. W. Ayer's Directory of Newspapers	erster Wechsel im Lebenszyklus der Organisation	
Conyon / Nicolisas (1998), S. 148 – 149	Jahresabschlüsse	CEO	OI	Jahresabschlüsse	Wechsel (0 / 1)	k. A.
Cosh / Hughes (1997), S. 476, 481	Jahresabschlüsse	„chief executive officers"	I	- Jahresabschlüsse - „direct" („researches at company houses") - „online search of financial press"	① „natural reason" ② „sacked" u. a.	① Tod / Krankheit / Pensionierung (im Board verblieben oder nicht) ② Amt niedergelegt oder entlassen wegen schlechter Performance / gekündigt, um Position zu verbessern / gekündigt ohne Details
Coughlan / Schmidt (1985), S. 51	Forbes Anual List of Executive Compensation	CEO	OI	Forbes Anual List of Executive Compensation	① „mandatory retirement" ② andere Wechseltypen	① Wechsel, älter als 63 Jahre ② Wechsel, jünger als 64 Jahre

Crain et al. (1977), S. 1374	Forbes 500 Liste	CEO				
Daily / Dalton (1995)	Standard & Poor's Register of Corporations, Executives and Directors	CEO, Borad Mitglieder			keine Differenzierung, nur Wechsel in Konkursunternehmen	
Datta / Rajagopalan (1998)	k. A.					
Denis / Serrano (1996), S. 243 – 246	- WSJ-Index - proxy statements	CEO, president	I	I, (EA)	① „forced management change" ② alle anderen Wechsel	① „fired, poor performance, conflict" / „resigned to pursue other interests" / „unexpected retirement" (zusätzlich validiert über Betrachtung ob Nachfolger Insider oder Outsider ist)
Finkelstein / Hambrick (1990), S. 491	Dun & Bradstreet's Reference Book of Corporate Management	Board Mitglieder			keine Differenzierung	
Fizel et al. (1990), S. 369, 372	Forbes Anual List of Executive Compensation	CEO				
Friedman / Sing (1989), S. 730 – 732	- Fragebogen an Unternehmen - WSJ	CEO	I, EA	- Fragebogen an Unternehmen - WSJ	① „custom retirement following a preestablished rule, agreement or custom" ② „board initiation or removed on behalf of the board" ③ initiation by the departing CEO, or early retirement" ④ „death or health related disability of the CEO"	Fragen: ① „retirement because of age" ② „early retirement of former CEO not by his / her choice; due to poor performance or skills no longer appropriate for the job" ③ „early retirement of former CEO by his / her choice" ④ „death or health problems of former CEO"

(Fortsetzung nächste Seite)

(Fortsetzung Übersicht 3)

Autor (Jahr)	Datenquelle für Wechsel	Spitzen-führungskraft	Meß-methode	Datenquelle für Typologie	Konzept	Operationalisierung
Furtado / Rozeff (1987), S. 147–148, 156	WSJ (Who's Who und What's new section)	CEO, president, chairman, vice-chairman of the board	I, (EA)	WSJ	dismissals (keine Wechsel im Rahmen von „merger, divestu-re")	① „dismissals with internal repacement" ② „dismissals with continued affiliation" ③ " dismissals under presure"
Geddes / Vinod (1997), S. 772–773	Wall Street Journal	CEO	OI	Wall Street Journal	① junge CEO ② alte CEO	① Alter, jünger als 61 ② Alter, älter als 60
Gerpott (1993), S. 1273	Fragebogen an Experten des Käuferunternehmens	Top-Management (Vorstände, Geschäftsführer)			keine Differenzierung	
Gerpott (1994), S. 14–15	Befragung eines Experten des akquirierenden Unternehmens	Top-Management-Team	EA	Befragung eines Experten des akquirierenden Unternehmens	① „im Rahmen der Akquisition, nicht altersbedingt" ② „unabhängig von Akquisition, altersbedingt"	Fragen gemäß Konzept
Gilson (1989), S. 243, 249–251	- WSJ - Standard & Poor's Register of Corporations, Directors and Executives	CEO, president, chairman of the board	I, (EA)	WSJ	① „forced" ② „non-forced"	① „no reason" / „presure by board" / „personal reasons" / „presure by bank lenders" / „control change initiated by blockholders" / „policy or personel differences with directors or other managers" / „new manager appointed to restructure firms debts" / „bankrupthy trustee appointed" / „other" ② „normal management succession" / „retirement" / „death or illness"

Guthrie / Datta (1988), S. 106–107	Business Week	CEO	I, (EA)	- Lexis / Nexis - Dow Jones News Retrieval - F & S Index - „business periodicals“	① „usual (planned)“ ② „unusual“	① „retirement“ ② „forced out by board of directors“ / „death or illness“ / „sudden departure“
Hadlock / Lumer (1997), S. 161, 167	Moody's Industrial Manual	CEO, president, chairman of the board	I	- Commercial and Financial Chronicle - New York Times - Who's Who in Commerce and Industry	① „forced“ ② „non-forced“	① alle Wechsel außer die unter ② genannten ② „retirement“ / „voluntary leaving“ / „taking a honorary position“ / „taking a government or prestigous position elsewhere“ ③ „no reason“ nicht zugeordnet
Hambrick / Canella (1993), S. 744	- Jahresabschlüsse - 10k-reports - telefonische „employment verification“	top executives			keine Differenzierung	
Harrison et al. (1988), S. 213	Standard & Poor's Register of Corporations, Directors and Executives	CEO	OI	Standard & Poor's Register of Corporations, Directors and Executives	Pensionierungsalter als Dummy-Variable	Alter bei Ausscheiden über 64 Jahre
Haveman (1993)	tax forms	Management (president u. a.)			keine Differenzierung	
Hotchkiss (1995)	- proxy statements - disclosure statements - 10k-reports	CEO			keine Differenzierung, nur CEO-Wechsel in Unternehmen, die Konkurs angemeldet haben	

(Fortsetzung nächste Seite)

(Fortsetzung Übersicht 3)

Autor (Jahr)	Datenquelle für Wechsel	Spitzen-führungskraft	Meß-methode	Datenquelle für Typologie	Konzept	Operationalisierung
Jahn (1996), S. 115	k. A.	Vorstands-vorsitzende	I	k. A.	① „natürliche Umstände“ ② „freiwilliger Austritt“ ③ „äußerer Druck“	① Pensionierung ab 64 Jahre (mit oder ohne AR-Position) / Tod, Krankheit ② Wechsel auf andere, mindestens gleichwertige Position ③ Pensionierung vor 64 Jahre (mit oder ohne AR-Position) / andere, jedoch schlechtere Position / Tätigkeit für andere Unternehmen nach „krankheitsbedingtem“ Wechsel
James / Soref (1981), S. 4	Moody's Industrial Manual	CEO	I, (EA)	- New York Times - Fortune - Forbes - Business Week - WSJ - Dun's Review - Time - Newsweek	① „non-firing“ ② „firing“	① alle Wechsel außer wenn unter ② genannt ② „resigned before reaching retirement age and there was indication that the resignation was involuntary“ / „very unfriendly atmosphere surrounding the change“ / „sweeping policy changes by the successor“
Johnson et al. (1985), S. 156–157	WSJ-Index	CEO, president, chairman of the board	I, (EA)	-WSJ-Index - New York Times - „regional newspapers“	plötzlicher Tod	Tod wird nicht im Zusammenhang mit „prolonged illness“, „complication following surgery“ genannt

Kang / Shivadasani (1995), S. 34, 39 – 40	- Moody's International Reports - Yakuin Shikiho - J. B. Diamond's Directory - Japan Company Databook - Zeitungen	president	I, (EA)	- Moody's International Reports - Yakuin Shikiho - J. B. Diamond's Directory - Japan Company Databook - Zeitungen	① „routine change" ② „non-routine change"	① ausscheidender President bleibt Chairman of the Board oder andere Funktion im Board ② ausscheidender President verläßt auch Board
Kaplan (1994)	- Moody's International Manuals - Hoppenstedts Aktienführer - Jahresabschlüsse	Vorstandsvorsitzende, Aufsichtsrats-vorsitzende, Vorstandsmitglieder			keine Differenzierung	
Khana / Poulsen (1995), S. 925	Dow Jones News Retrieval System	CEO			keine Differenzierung, nur Wechsel in „financially distressed firms"	
Khorana (1996)	- Morningstar's database - telefonische Interviews	Portfoliomanager (top management)			keine Differenzierung	
Kim (1996), S. 484 – 486	- Forbes Anual List of Executive Compensation - Standard & Poor's 500 Liste	CEO	I, (EA)	Wall Street Journal	① „disciplinary turnover" ② „non-disciplinary turnover"	① alle Wechsel (außer Wechsel nach ②) bei denen der CEO keine neue Position im Unternehmen bis 3 Jahre nach Wechsel einnimmt ② „normal retirement" (CEO > 64 Jahre) / „early retirement" / „death or health problems" / „get a better position elsewhere" / „predetermined transition" / „control change"

(Fortsetzung nächste Seite)

(Fortsetzung Übersicht 3)

Autor (Jahr)	Datenquelle für Wechsel	Spitzenführungskraft	Meßmethode	Datenquelle für Typologie	Konzept	Operationalisierung
Klein / Rosenfeld (1988), S. 496–498	WSJ-Index	CEO, president, chairman of the board	I	WSJ-Index	① „forced departure" ② „replacement"	① „firing, resignation or retirement under age of 62" ② „change in which the WSJ gives no indication of a forced departure, or a retirement with a stated age of 62 or more"
Kriseberg (1962), S. 355–356	Fragebogen an Manager	Manager von „health"-Programmen	ST	Fragebogen	Länge der Amtsdauer	unter 5 Jahren / zwischen 5 und 9 Jahre / mehr als 9 Jahre
Krug / Hegarty (1997), S. 670	- Standard & Poor's Register of Corporations, Executives and Directors - Dun & Bradstreet's Million Dollar Directory	Top-Management			keine Differenzierung	
La Salle et al. (1993), S. 657	- Standard & Poor's Register of Corporations, Executives and Directors - Forbes Anual Survey of Executive Compensation	CEO			keine Differenzierung	
Martin / McConnell (1991), S. 675–677	Standard & Poor's Register of Corporations, Executives and Directors	CEO	I, (EA)	Wall Street Journal	① „disciplinary turnover" ② „non-disciplinary turnover"	A: ① „change in control" / „early retirement" / „policy differences", „fired" / „other personal or business interests" / „took position with another firm"

						② „nomal retirement“ / „high level position within an acquiring firm“ B: ① outsider als Nachfolger ② insider als Nachfolger
Miller (1991), S. 39	Fragebogen an aktuellen CEO und „most seniour vice president or general manager (mittels Interview)	CEO			keine Differenzierung, da nur Amtsdauer des aktuellen CEO betrachtet wird	
Miller (1993), S. 648	- „Miller / Friesen (1984) database“ - „books, anual reports and hundrets of newspapers and magazine articles“	CEO			keine Differenzierung	
Moore (1973) S. 101	- WSJ-Index - Jahresabschlüsse	CEO, president, chairman			keine Differenzierung	
Murphy / Zimmerman (1993), S. 275	Forbes Anual Survey of Executive Compensation	CEO			keine Differenzierung	
Ocasio (1994), S. 292 – 293	Standard & Poor's Register of Corporations, Executives and Directors	CEO	OI	Standard & Poor's Register of Corporations, Executives and Directors	① Wechsel wegen Pensionierung ② alle anderen Wechsel	Pensionierung, wenn Alter bei Ausscheiden größer 63
Osborne et al. (1981), S. 184 – 185	Fortune Magazine	CEO			keine Differenzierung	
Parrino (1997), S. 171 – 172	- Forbes Anual List of Executive Compensation - WSJ	CEO	I, (EA)	-WSJ - „business and trade press“	① „forced“ ② „unforced“	① explizite nennung von „forced“ oder „unspecified policy differences“ / alle anderen Wechsel unter 60 Jahre, die nicht explizit Tod,

(Fortsetzung nächste Seite)

(Fortsetzung Übersicht 3)

Autor (Jahr)	Datenquelle für Wechsel	Spitzenführungskraft	Meßmethode	Datenquelle für Typologie	Konzept	Operationalisierung
						Krankheit oder „acceptance of another position“, „personal or business reasons unrelated to the firm’s activities“ nennen oder bei denen Pensionierung nicht mindestens 6 Monate vorher angekündigt wird ② alle anderen Wechsel
Pfeffer / Moore (1980), S. 395	- „general catalogue“ der Universität - „other departmental sources“	department heads			keine Differenzierung	
Poensgen / Lukas (1982), S. 179	k. A.	Vorstände	OI	k. A.	① „turnusgemäß altersbedingt“ ② „vorzeitige Pensionierung“ ③ „Wechsel ohne Vertragsverlängerung im Arbeitsalter“	① Alter bei Wechsel über 64 Jahren ② Alter zwischen 55 und 64 ③ Alter unter 55 Jahre
Pourciou (1993), S. 318, 324–325	Compact Disclosure Database	CEO, president, chairman of the board	I, (EA)	- Jahresabschlüsse - WSJ	① „routine“ ② „non-routine“	① „retirements“ / „resignation“ mit Verbleib im board oder anderer Funktion im Unternehmen ② alle anderen Wechsel
Puffer / Weintrop (1991), S. 6–7	Forbes Survey of Executive Compensation	CEO	OI	Forbes Survey of Executive Compensation	① Pensionierung ② nicht Pensionierung	① Alter über 63 Jahre ② Alter unter 63 Jahre

Reinganum (1985), S. 48 – 49	WSJ	president, chairman of the board	I, (EA)	WSJ	① „paired change“ ② „unpaired change“ (im Sinne von Wechselintensität)	① Abgang aus Unternehmen und Zugang ② nur Zugang, kein Abgang
Salancik et al. (1980), S. 425 – 426	Universitäts Archive der University of Illinois at Urbana Champaign	k. A.			keine Differenzierung	
Salancik / Pfeffer (1977), S. 484	Statistical Abstract of the United States	Bürgermeister			keine Differenzierung	
Salancik / Pfeffer (1980)	Daten der McEachern Studie	k. A.				
Schrader / Lüthje (1995), S. 475 – 477	Geschäftsberichte („und andere Quellen“)	Vorstands-vorsitzende	I, (EA)	Deutsche Wirtschaftspresse (Manger magazin, Wirtschaftswoche, Capital, und Tages- / Wochenzeitungen)	① unabwendbarer Abgang ② freiwilliger Abgang ③ erzwungener Abgang	① Pensionierung / gesundheitliche Gründe / Tod ② „Vorstandsvorsitzender (VV) ist anscheinend Entscheidungsträger“ / „AR wird als passiv dargestellt“ / „keine öffentliche Rücktrittsforderung“ / „es wird vermutet, daß VV weiterbeschäftigt worden wäre“ ③ „AR löst einseitig Vertrag auf“ / „Entlassung öffentlich ausgesprochen“ / „starke Konflikte in Beziehung zu AR“ / „Verantwortung für Fehlentwicklung bei VV“ / „Wechsel in Zusammenhang mit Fusion“
Schwarz / Menon (1985), S. 682 – 683	- Jahresabschlüsse - 10k-reports - proxy statements („und soweit nötig“: Leasco's Disclosure Journals, WSJ, S&P's Register)	CEO	I	- Jahresabschlüsse - 10k-reports - proxy statements („und soweit nötig“: Leasco's Disclosure Journals, WSJ, S&P's Register)	① „normal retirement and death“ ② „other replacement“	k. A.

(Fortsetzung nächste Seite)

(Fortsetzung Übersicht 3)

Autor (Jahr)	Datenquelle für Wechsel	Spitzen-führungskraft	Meß-methode	Datenquelle für Typologie	Konzept	Operationalisierung
teWildt (1996), S. 58, 60, 90–94	Jahresabschluß	Vorstands-vorsitzender, Vorstandssprecher	I	Bericht des Aufsichtsrates im Jahresabschluß	① „all dismissals" ② " partially cleaned" ③ „fully cleaned"	① alle Wechsel ② Wechsel ohne „Tod, Beförderung, Pensionierung nach Pensionsplan" ③ Wechsel wie ② ohne Wechsel über 64 Jahre
Tushman / Rosenkopf (1996), S. 943–944	- Bradley Pulverized Annual Cement Directories - „technical and trade journals"	CEO, executive team (alle die dem CEO direkt berichten)	OI	- Bradley Pulverized Annual Cement Directories - „technical and trade journals"	Wechselintensität	1. nur CEO-Wechel 2. nur executive team-Wechsel (relativiert an Gesamtgröße) 3. CEO und executive team-Wechel
Virany et al. (1985), S. 187	- 10k-reports - Jahresabschlüsse	CEO, seniour executives	I	- 10k-reports - Jahresabschlüsse	Umfang der Wechselintensität	1. kein Wechsel = 0 2. Wechsel in Position unterhalb des CEO = 1 3. CEO-Wechsel mit insider-Nachfolge = 2 4. CEO-Wechsel mit outsider-Nachfolge = 3
Virany et al. (1992), S. 79	- 10k-reports - Jahresabschlüsse - „industry journals, business press articles" - „industry contacts"	CEO, president, chairman of the board, executive team	OI	- 10k-reports - Jahresabschlüsse - „industry journals, business press articles" - „industry contacts"	Wechselintensität	1. nur CEO-Wechsel 2. nur executive team-Wechsel 3. gekoppelter Wechsel
Walsh (1988), S. 176–177	-10k-reports - proxy statements - Fragebogen an Käufer-Unternehmen	Top-Management			keine Differenzierung	

Walsh (1989)	wie oben					
Warner et al. (1988), S. 467, 470–471	- WSJ-Index - Standard & Poor's Register of Corporations, Executives and Directors	CEO, president, chairman of the board	I, (EA)	- WSJ article - Standard & Poor's Register of Corporations, Executives and Directors	① „forced change" ② " non-forced change"	① „no reason" / „poor performacne" / „other interests" / „take other position" / „poilcy difference" / „fired" ② „retirement" (validiert über Alter mit 65 Jahren) / „taking another position in the firm" / „control change" / „death or health"
Weiner / Mahoney (1981), S. 461,458	Standard & Poor's Register of Corporations, Executives and Directors	CEO			keine Differenzierung, da nicht Wechsel als Variable direkt betrachtet wird, sondern „stewardship" = jedem Jahr wird einem CEO zugeordnet (1997=1), wenn CEO wechselt, dann im folgenden Jahr 1998=2 für neuen CEO	
Weisbach (1988), S. 436	- Forbes Anual Survey of Executive Compensation - WSJ	CEO	I, (EA)	WSJ	nur „performance related" Wechsel	alle Wechsel, außer Wechsel im Alter von 64–66 Jahre, wegen Tod oder wegen „followed by takeover"
Weisbach (1995), S. 169, 181–182	WSJ	CEO	OI	k. A.	① Pensionierung ② nicht Pensionierung	① Alter bei Ausscheiden = 64, 65, 66 Jahre ② alle anderen Wechsel
Wiersma / Bantel (1993), S. 492	Dun & Bradstreet's Reference Book of Corporate Managements	Top-Management	OI	Dun & Bradstreet's Reference Book of Corporate Managements	① „normal retirement" ② alle anderen Wechsel	① Wechsel mit 65 Jahren oder älter ② Wechsel unter 65 Jahren

(Fortsetzung nächste Seite)

(Fortsetzung Übersicht 3)

Autor (Jahr)	Datenquelle für Wechsel	Spitzenführungskraft	Meßmethode	Datenquelle für Typologie	Konzept	Operationalisierung
Worell et al. (1986), S. 679–680, 682	WSJ	CEO, president, chairman of the board	I	WSJ	A: ① Wechselintensität B: ① erwarteter Wechsel ② unerwarteter Wechsel C: Bekannheitsgrad ① bekannter CEO ② unbekannter CEO	A: ① nur CEO oder chairman Wechsel ② Wechsel beider gleichzeitig B: ① alle anderen Wechsel ② Wechsel bei Tod wegen „heart attack, accidents, violence“ C: ① CEO-Name im Unternehmensnamen enthalten ② CEO-Name nicht im Unternehmensnamen
Worell et al. (1993), S. 392–393	WSJ	CEO, president, chairman of the board	I, (EA)	WSJ	A: ① „firings“ ② alle anderen Wechsel B: Art der Nachfolgerankündigung	A: ① „fired, dismissed, asked to resign“ ② alle anderen B. 1. gleichzeitige Ankündigung von Ausscheiden und Nachfolge 2. ohne Nachfolgeankündigung 3. spätere Nachfolgeankündigung
Zajac (1990), S. 224	Forbes 500	CEO	ST	Fragebogen an aktuellen CEO	Planungsgrad des Wechsels	① aktueller CEO hat seinen Nachfolger bereits ausgesucht („have in mind“) ② keine konkreten Überlegungen zur Nachfolge

Bilanzpolitik und Unternehmenserfolg je t-Jahr

Tabelle 1

Änderung der Bilanzpolitik und ordentliche betriebliche Rendite je t-Jahr

Mittelwert obe_bs (Standardabweichung)	t_{-1}		t_0		t_1	
	ja	nein	ja	nein	ja	nein
Wechselfälle	0,0329 (0,0556)	-0,0145 (0,0840)	-0,0237 (0,0673)	-0,0411 (0,1180)	-0,0171 (0,0865)	-0,0412 (0,1292)
Mann-Whitney-Test[a]	-1,111 (0,267)		-0,590 (0,555)		-0,319 (0,749)	
Kontrollfälle	-0,0021 (0,0473)	0,0155 (0,0853)	0,0168 (0,0605)	0,0288 (0,0924)	0,0283 (0,0513)	0,0054 (0,0819)
Mann-Whitney-Test[a]	-1,051 (0,293)		-0,681 (0,469)		-0,956 (0,339)	

[a] Z-Wert und Signifikanz in Klammern.

Tabelle 2

Richtung der Bilanzpolitik und ordentliche betriebliche Rendite je t-Jahr

Mittelwert obe_bs (Standardabweichung)	t_{-1}		t_0		t_1	
	erhöhend	senkend	erhöhend	senkend	erhöhend	senkend
Wechselfälle	-0,0204 (0,0568)	0,0135 (0,0578)	-0,0432 (0,0749)	-0,0068 (0,0570)	-0,0428 (0,0653)	0,0437 (0,1144)
Mann-Whitney-Test[a]	-0,983 (0,326)		-0,923 (0,356)		-1,486 (0,137)	
Kontrollfälle[b]	-0,0235 (0,0582)	-0,0212 (0,0440)	0,0340 (0,0068)	0,0168 (0,0746)	0,1081	0,0282 (0,0404)

[a] Z-Wert und Signifikanz in Klammern.

[b] Aufgrund unzureichender Fallzahl kann für die Kontrollfälle keine induktive Statistik berechnet werden.

Literaturverzeichnis

Abe, Y. (1997): Chief executive turnover and firm performance in Japan, in: Journal of the Japanese and International Economies, 11, S. 2–26.

Albers, S./*Gedenk,* K. (1992): Strategie-orientierte Anreizsysteme, in: Manuskripte aus den Instituten für Betriebswirtschaft, Nr. 287.

Alexander, D. L./*Zhou,* H. (1995): Product-market competition and executive compensation, in: Journal of Economics and Business, 47, 5.

Allen, M. P./*Panian,* S. K. (1982): Power, performance and succession in the large corporation, in: Administrative Science Quarterly, 27, S. 538–547.

Allen, M. P./*Panian,* S. K./*Lotz,* R. E. (1979): Managerial succession and organizational performance: A recalcitrant problem revisited, in: Administrative Science Quarterly, 24, S. 167–180.

Amit, R./*Schoemaker,* P. J. H. (1993): Strategic asests and organizational rent, in: Strategic Management Journal, 14, S. 33–46.

Arrow, K. J. (1985): The economics of agency, in: J. W. Pratt/R. J. Zeckhauser (Hrsg.): Principals and agents: the structure of business, Boston, MA., S. 37–51.

Auge-Dickhut, S. (1999): Der Aufsichtsrat als Intermediär, Wiesbaden.

Backhaus, K., et al. (1996): Multivariate Analysemethoden: Eine anwendungsorientierte Einführung, 8. Aufl., Berlin et al.

Baetge, J. (1996): Bilanzen, Düsseldorf.

Baetge, J./*Ballwieser,* W. (1977): Zum bilanzpolitischen Spielraum der Unternehmensleitung, in: Betriebswirtschaftliche Forschung und Praxis, 29, S. 199–215.

– (1978): Probleme rationaler Bilanzpolitik, in: Betriebswirtschaftliche Forschung und Praxis, 30, 6, S. 511–530.

Baetge, J./*Dossmann,* C./*Kruse,* A. (2000): Krisendiagnose mit Künstlichen Neuronalen Netzen, in: J. Hauschildt/J. Leker (Hrsg.): Krisendiagnose durch Bilanzanalyse, Köln, S. 179–220.

Baglia, R. B./*Moyer,* C. R./*Rao,* R. S. (1996): CEO duality and firm performance: What's the fuss? In: Strategic Management Journal, 17, S. 41–53.

Baiman, S. (1990): Agency research in managerial accounting: A second look, in: Accounting, Organizations and Society, 15, 4, S. 341–371.

Bamberger, I./*Wrona,* T. (1996): Der Ressourcenansatz und seine Bedeutung für die strategische Unternehmensführung, in: Zeitschrift für Betriebswirtschaft, 48, 2, S. 130–153.

Banton, M. (1965): Roles. An introduction to the study of social relations, Worcester.

Barro, J. R./*Barro,* R. J. (1990a): Pay performance, and turnover of bank CEOs, in: Journal of Labour Economics, 8, 4, S. 44–481.

– (1990b): Pay performance, and turnover of bank CEOs, in: National Bureau of Economic Research, Working Paper Series, Cambridge M. A., Nr. 3262.

Baysinger, B. / *Hoskisson,* R. E. (1990): The composition of boards of directors and strategic control: Effects on corporate strategy, in: Academy of Management Journal, 15, 1, S. 72–87.

Beatty, R. P. / *Zajac,* E. J. (1987): CEO change and firm performance in large corporations: Succession effects and manager effects, in: Strategic Management Journal, 8, S. 305–317.

Becker, F. G. (1990): Anreizsysteme für Führungskräfte – Möglichkeiten zur strategisch-orientierten Steuerung des Managements, Stuttgart.

Becker, M. / *Rother,* G. (1998): Pendelschlag von der Qualifikation zur Kompetenz, in: Berufliche Kompetenzentwicklung – Bulletin, 2/3, S. 10–15.

Beeson, J. (1998): Succession planning: Building the management corps, in: Business Horizons, September / *Oktober,* S. 61–66.

Berelson, B. (1971): Content analysis in communication research, New York.

Berle, A. A. / *Means,* G. C. (1967): The modern corporation and private property, New York.

Bernard, V. L. / *Skinner,* D. J. (1996): What motivates managers' choice of discretionary accruals? In: Journal of Accounting and Economics, 22, S. 313–325.

Bernhardt, W. / *Witt,* P. (1999): Unternehmensleitung im Spannungsfeld zwischen Ressort-verteilung und Gesamtverantwortung, in: Zeitschrift für Betriebswirtschaft, 69, 8, S. 825–845.

Bleicher, K. (1987): Spitzenverfassung der Führung, in: A. Kieser (Hrsg.): Handwörterbuch der Führung, Stuttgart, Sp. 1856–1863.

Bleicher, K. / *Leberl,* D. / *Paul,* H. (1989): Unternehmensverfassung und Spitzenorganisation, Wiesbaden.

Bleicher, K. / *Paul,* H. (1986): Das amerikanische Board-Modell im Vergleich zur deutschen Vorstands- / Aufsichtsratsverfassung – Stand und Entwicklungstendenzen, in: Die Betriebswirtschaft, 46, 3, S. 263–287.

Bleicher, K., et al. (1984): Unternehmensverfassung und Spitzenorganisation, in: Zeitschrift für Organisation, 1, S. 21–29.

Bluedorn, A. C. (1982): The theories of turnover: causes, effects, and meaning, in: Research in the Sociology of Organizations, 1, S. 75–128.

Boecker, W. (1992): Power and managerial dismissal: Scapegoating at the top, in: Administrative Science Quarterly, 37, S. 400–421.

Boecker, W. / *Goodstein,* J. (1993): Performance and successor choice: The moderating effects of governance and ownership, in: Academy of Management Journal, 36, 1, S. 172–186.

Bonnier, K.-A. / *Bruner,* R. F. (1989): An analysis of stock price reaction to management change in distressed firms, in: Journal of Accounting and Economics, 11, S. 95–106.

Borokhovich, K. A. / *Parrino,* R. / *Trapani,* T. (1996): Outside directors and CEO selection, in: Journal of Financial and Quantitative Analysis, 31, 3, S. 337–355.

Bortz, J. (1989): Statistik für Sozialwissenschaftler, 3. Aufl., Berlin et al.

Bötzel, S. (1993): Diagnose von Konzernkrisen, Köln.

Boyd, B. K. (1995): CEO duality and firm performance: A contingency model, in: Strategic Management Journal, 16, S. 301–312.

Brandstätter, J. (1993): Die Prüfung der Sanierungsfähigkeit notleidender Unternehmen, München.

Breid, V. (1995): Aussagefähigkeit agencytheoretischer Ansätze im Hinblick auf die Verhaltens-steuerung von Entscheidungsträgern, in: Zeitschrift für betriebswirtschaftliche Forschung, 47, 9, S. 821–854.

Brockhoff, K. (1993): Produktpolitik, Stuttgart.

– (1999): Strategieidentifikation und Strategiewechsel, in: G. Wagner (Hrsg.): Unter-nehmensführung, Ethik und Umwelt: Hartmut Kreikebaum zum 65. Geburtstag, Wiesbaden, S. 210–225.

Brockhoff, K. / *Leker,* J. (1998): Zur Identifikation von Unternehmensstrategien, in: Zeitschrift für Betriebswirtschaft, 68, 11, S. 1201–1223.

Brown, C. M. (1982): Administrative succession and organizational performance: The Succession effect, in: Administrative Science Quarterly, 27, S. 1–16.

Büning, H. / *Trenkler,* G. (1978): Nichtparametrische statistische Methoden, Berlin, New York.

Bunk, G. P. (1994): Kompetenzvermittlung in der beruflichen Aus- und Weiterbildung in Deutschland, in: Europäische Zeitschrift Berufsbildung, 1, S. 9–15.

Cameron, K. S. / *Whetten,* D. A. / *Kim,* M. U. (1987): Organisatinal dysfunction of decline, in: Academy of Management Journal, 30, 1, S. 126–138.

Camp, R. C. (1994): Benchmarking, München.

Cannella, A. A. J. / *Lubatkin,* M. (1993): Succession as a sociopolitical process: Internal impediments to outsider selection, in: Academy of Management Journal, 36, 4, S. 763–793.

Carlsmith, M. J. / *Ellsworth,* P. C. / *Aronson,* E. (1976): Methods of research in social psychology, Reading, MA. et al.

Carlson, R. O. (1961): Succession and performance among school superintendents, in: Administrative Science Quarterly, 6, S. 210–227.

Caroll, G. R. (1984): Dynamics of publisher succession in newspaper organizations, in: Administrative Science Quarterly, 29, S. 93–113.

Carroll, D. J. / *Green,* P. E. / *Chaturvedi,* A. (1997): Mathematical tools for applied multivariate analysis, San Diego et al.

Castrogiovanni, G. J. / *Baliga,* B. R. / *Kidwell,* J., Roland E. (1992): Curing sick businesses: Changing CEOs in turnaround efforts, in: Academy of Management Executive, 6, 3, S. 29–41.

Chaganti, R. / *Sambharya,* R. (1987): Strategic orientation and characteristics of upper management, in: Strategic Management Journal, 8, S. 393–401.

Chakravarthy, B. / *Zajac,* E. J. (1984): Tailoring incentive systems to a strategic context, in: Planning Review, 12, S. 30–35.

Chakravarty, S. N. (1983): Character is destiny, in: Forbes, October, 10, S. 114–123.

Chatterjee, S. / *Hadi,* A. S. (1986): Influential observations, high leverage points and outliers in linear regression, in: Statistical Science, 1, 3, S. 379–416.

Chatterjee, S. / *Wernerfelt,* B. (1991): The link between ressources and type of diversification: Theory and evidence, in: Strategic Management Journal, 12, S. 33–48.

Chen, K. C. W. / *Lee,* C. -W. J. (1995): Executive bonus plans and accounting trade-offs: The case of the oil and gas industry, 1985 – 86, in: The Accounting Review, 70, 1, S. 91 – 111.

Chmielewicz, K. (1992): Organisation der Unternehmensleitung, in: E. Freese (Hrsg.): Handwörterbuch der Organisation, 3. Aufl., Stuttgart, Sp. 2426 – 2480.

Chopin, M. C. / *Dickens,* R. N. / *Shelor,* R. M. (1995): An empirical examination of compensation of REIT managers, in: The Journal of Real Estate Research, 10, 3, S. 15 – 21.

Churchill, G. A. J. (1995): Marketing research – methodological foundations, 6. Aufl., Fort Worth et al.

Clemm, H. (1989): Bilanzpolitik und Ehrlichkeits- („true and fair view"-) Gebot, in: Die Wirtschaftsprüfung, 42, 12, S. 357 – 366.

–h(1996): Reform des Aufsichtsrats? Bemerkungen und Wünsche aus Wirtschaftsprüfer-Sicht, in: Betriebwirtschaftliche Forschung und Praxis, 4, S. 269 – 284.

Coenenberg, A. G. (1991): Jahresabschluß und Jahresabschlußanalyse: Betriebswirtschaftliche, handels- und steuerrechtliche Grundlagen, Landsberg / *Lech.*

Coenenberg, A. G. / *Schmidt,* F. / *Werhand,* M. (1986): Accounting policy decisions of manager- and owner-controlled firms in Germany and their impact on security investment decisions, in: E. Witte / H. -J. Zimmermann (Hrsg.): Empirical Research on organizational decision making, Amsterdam et al., S. 327 – 350.

Coenenberg, A. G., et al. (1978): Empirische Bilanzforschung in Deutschland, in: Die Betriebswirtschaft, 38, 4, S. 495 – 507.

Cohen, J. (1960): A coefficient of agreement for nominal scales, in: Educational and Psychological Measurement, 20, S. 37 – 46.

Comte, T. E. / *McCanna,* W. F. (1988): Progressive differentiation: Improving the strategic act of CEO selection, in: The Academy of Management Executive, 11, 4, S. 303 – 310.

Comte, T. E. / *Mihal,* W. L. (1990): CEO turnover: Causes and interpretations, in: Business Horizons, 33, S. 47 – 51.

Conner, K. R. (1991): A historical comparison of resource-based theory and five schools of thought within industrial organization economics: Do we have a new theory of the firm? In: Journal of Management, 17, 1, S. 121 – 154.

Conyon, M. J. / *Nicolitsas,* D. (1998): Does the market for top executives work? CEO pay and turnover in small U. K. companies, in: Small Business Economics, 11, S. 145 – 154.

Cook, D. R. (1977): Detection of influential observation in linear regression, in: Technometrics, 19, 1, S. 15 – 18.

Cosh, A. / *Hughes,* A. (1995): Executive remuneration, executive dismissal and institutional shareholdings, in: ESRC Centre for Business Research, University of Cambridge, Working Paper Series, 19.

– (1997): Executive remuneration, executive dismissal and institutional shareholdings, in: International Journal of Industrial Organizations, 15, S. 469 – 492.

Cotton, J. L. / *Tuttle,* J. M. (1986): Employee turnover: A meta-analysis and review with implications for research, in: Academy of Management Review, 11, 1, S. 55 – 70.

Coughlan, A. T. / *Schmidt,* R. M. (1985): Executive compensation, management turnover and firm performance, in: Journal of Accounting and Economics, 7, S. 43 – 66.

Crain, M. W. / *Deaton,* T. / *Tollison,* R. (1977): On the survival of corporate executives, in: Southern Economic Journal, 43, 3, S. 1372 – 1374.

Cyert, R. M. / *March,* J. G. (1963): A behavioral theory of the firm, Englewoods Cliffs, N. J.

Dahrendorf, R. (1964): Homo Sociologicus. Ein Versuch zur Geschichte, Bedeutung und Kritik der Kategorie der sozialen Rolle, Köln, Opladen.

Daily, C. M. / *Dalton,* D. R. (1995): CEO and director turnover in failing firms: An illusion of change? In: Strategic Management Journal, 16, S. 393 – 400.

Dalton, D. R. / *Kesner,* I. F. (1985): Organizational performance as an antecedent of inside / outside chief executive succession: An empirical assessment, in: Academy of Management Journal, 28, 4, S. 749 – 762.

Dalton, D. R., et al. (1998): Meta-analytic reviews of board composition, leadership structure, and financial performance, in: Strategic Management Journal, 19, S. 269 – 290.

Damanpour, F. (1992): Organizational size and innovation, in: Organization Studies, 13, S. 375 – 402.

Daniel, W. W. (1987): Biostatistics: A foundation for analysis in the health sciences, New York et al.

Datta, D. K. / *Guthrie,* J. P. (1994): Executive succession: Organizational antecedents of CEO characteristics, in: Strategic Management Journal, 15, S. 569 – 577.

Datta, D. K. / *Rajagopalan,* N. (1998): Industry structure and CEO characteristics: An empirical study of succession events, in: Strategic Management Journal, 19, S. 833 – 852.

DeAngelo, L. (1988): Managerial competition, information costs, and corporate governance: The use of accounting performance measures in proxy contests, in: Journal of Accounting and Economics, 10, S. 3 – 36.

Dechow, P. / *Sloan,* R. (1991): Executive incentives and the horizon problem: An empirical investigation, in: Journal of Accounting and Economics, 14, S. 51 – 89.

DeFond, M. L. / *Park,* C. W. (1999): The effect of competition on CEO turnover, in: Journal of Accounting and Economics, 27, S. 35 – 56.

Denis, D. J. / *Sarin,* A. (1999): Ownership and board structures in publicly traded corporations, in: Journal of Financial Economics, 52, S. 187 – 223.

Denis, D. J. / *Serrano,* J. M. (1996): Active investors and management turnover following unsuccessful control contests, in: Journal of Financial Economics, 40, S. 239 – 266.

Denz, H. (1989): Einführung in die empirische Sozialforschung, Wien

Dess, G. G. / *Ireland,* D. R. / *Hitt,* M. A. (1990): Industry effects and strategic management research, in: Journal of Management, 16, 1, S. 7 – 27.

Deutsche Bundesbank (1997): Ertragslage und Finanzierungsverhältnisse westdeutscher Unternehmen im Jahr 1996. Methodische Erläuterungen zur Umstellung auf die neue Wirtschaftszweigsystematik, in: Deutsche Bundesbank, Monatsbericht November, S. 31 – 55.

– (1998): Methodische Grundlagen der Unternehmensbilanzstatistik der Deutschen Bundesbank, in: Deutsche Bundesbank, Monatsbericht Oktober, S. 51 – 67.

Donaldson, L. / *Davis,* J. H. (1990): CEO governance and shareholder returns: Agency theory or stewardship theory, in: The University of New South Wales Working Paper Series, 90 – 003.

– (1991): Stewardship theory or agency theory: CEO governance and shareholder returns, in: Australian Journal of Management, 16, S. 49 – 64.

Dosi, G. / *Marengo,* L. (1992): Toward a theory of organizational competences, Boston.

Draper, N. R. / *Smith,* H. (1981): Applied regression analysis, 2. Aufl., New York et al.

Drazin, R. / *Kazanjian,* R. K. (1993): Applying the DEL technique to the analysis of cross-classification data: A test of CEO succession and top management team development, in: Academy of Management Journal, 36, 6, S. 1374 – 1399.

Drazin, R. / *Rao,* H. (1999): Managerial power and succession: SBU managers of mutual funds, in: Organization Studies, 20, 2, S. 167 – 196.

Eisenhardt, K. M. (1989): Agency theory: An assessment and review, in: Academy of Management Review, 14, 1, S. 57 – 74.

Eitzen, S. / *Yetman,* N. R. (1972): Managerial change, longevity and organizational effectiveness, in: Administrative Science Quarterly, 17, S. 110 – 116.

Elschen, R. (1991a): Gegenstand und Anwendungsmöglichkeiten der Agency-Theorie, in: Zeitschrift für betriebswirtschaftliche Forschung, 43, 11, S. 1002 – 1012.

– (1991b): Shareholder Value und Agency-Theorie – Anreiz- und Kontrollsysteme für Zielsetzungen der Anteilseigner, in: Betriebswirtschaftliche Forschung und Praxis, 3, S. 209 – 220.

Erle, B. (1987): Das Vetorecht des Vorstandsvorsitzenden, in: Die Aktiengesellschaft, 1, S. 7 – 12.

Ernst, H. (1996): Patentinformationen für die strategische Planung von Forschung und Entwicklung, Wiesbaden.

Fama, E. (1980): Agency problems and the theory of the firm, in: Journal of Political Economy, 88, 21, S. 288 – 307.

Fama, E., et al. (1969): The adjustment of stockprices to new information, in: International Economic Review, February, S. 1 – 21.

Fama, E. F. / *Jensen,* M. C. (1983): Seperation of ownership and control, in: Journal of Law & Economics, XXVI, S. 301 – 325.

Faulstich, P. (1996): Qualifikationsbegriffe und Personalentwicklung, in: Zeitschrift für Berufs- und Wirtschaftspädagogik, 92, 4, S. 366 – 379.

Federsen, D. / *Hommelhoff,* P. / *Schneider,* U. H. H. (1996): Corporate Governance – Optimierung der Unternehmensführung und der Unternehmenskontrolle im deutschen und amerikanischen Aktienrecht, Köln.

Feldman, D. C. (1994): The decision to retire early: A review and conceptualization, in: Academy of Management Journal, 19, 2, S. 285 – 311.

Festinger, L. (1954): A theory of social comparison, in: Human Relations, 7, 2, S. 117 – 140.

Fiegenbaum, A. / *Thomas,* H. (1995): Strategic groups as reference groups: Theory, modeling and empirical examination of industry and competitive strategy, in: Strategic Management Journal, 16, S. 461 – 476.

Finkelstein, S. (1992): Power in top management teams: Dimension, measurement, and validation, in: Academy of Management Journal, 35, 3, S. 505 – 538.

Finkelstein, S. / *Hambrick,* D. C. (1990): Top-management-team tenure and organizational outcomes: The role of managerial discretion, in: Administrative Science Quarterly, 35, S. 485 – 503.

Fischer, L. (1992): Rollentheorie, in: E. Freese (Hrsg.): Handwörterbuch der Organisation, 3. Aufl., Stuttgart, Sp. 2224 – 2234.

Fischer, R. A. (1936): The use of multiple measurements in taxanomic problems, in: Annals of Eugenics, 7, S. 179 – 188.

FitzRoy, F. R. / *Schwalbach,* J. (1990): Managerial compensation and firm performance – some evidence from West Germany, in: Discussion papers – Forschungsschwerpunkt Marktprozeß und Unternehmensentwicklung, FS IV 90 – 20.

Fizel, J. L. / *Louie,* K. K. T. / *Mentzer,* M. S. (1990): An economic, organizational and behavioral model of the determinants of CEO tenure, in: Journal of Economic Behavior and Organization, 14, S. 363 – 379.

Fleege-Althoff, F. (1930): Die notleidende Unternehmung, Band 1: Krankheitserscheinungen und Krankheitsursachen.

Franke, G. (1993): Agency-Theorie, in: W. Wittmann et al. (Hrsg.): Handwörterbuch der Betriebswirtschaft, 5. Aufl., Stuttgart, Sp. 37 – 57.

Fredrickson, J. W. / *Hambrick,* D. C. / *Baumrin,* S. (1988): A model of CEO dismissal, in: Academy of Management Review, 13, 2, S. 255 – 270.

Freese, E. (1980): Aufgabenanalyse und -synthese, in: E. Grochla (Hrsg.): Handwörterbuch der Organisation, 2. Aufl., Stuttgart, Sp. 207 – 217.

French, J. / *Raven,* B. (1950): The basis for social power, in: D. Cartwright (Hrsg.): Studies in social power, Michigan, S. 150 – 167.

Friedman, S. D. / *Singh,* H. (1989): CEO succession and stockholder reaction: The influence of organizational context and event content, in: Academy of Management Journal, 32, 4, S. 718 – 744.

Fröschle, G. / *Glaum,* M. / *Mandler,* U. (1998): Gesetz zur Kontrolle und Transparenz im Unternehmensbereich: Umfrage unter Führungskräften börsennotierter Unternehmen, in: Der Betrieb, 51, 18, S. 889 – 895.

Furbuton, E. G. / *Richter,* R. (1990): The new instutional economics: An assessment, in: Journal of Institutional and Theoretical Economics, 146, S. 1 – 32.

Furtado, E. P. H. / *Karan,* V. (1990): Causes, consequences, and shareholder wealth effects of management turnover: A review of the empirical evidence, in: Financial Management, Summer, S. 60 – 75.

Furtado, E. P. H. / *Rozeff,* M. S. (1987): The wealth effects of company initiaded management changes, in: Journal of Financial Economics, 18, S. 147 – 160.

Gabarro, J. J. (1988): Leitende in neuen Positionen – die Dynamik des Übernahmeprozesses, New York et al.

Gamson, W. A. / *Scotch,* N. A. (1964): Scapegoating in baseball, in: The American Journal of Sociology, 70, S. 69 – 72.

Geddes, R. R. / *Vinod,* H. D. (1997): CEO age and outside directors: A hazard analysis, in: Review of Industrial Organisation, 12, S. 767 – 780.

Gedenk, K. (1994): Strategie-orientierte Steuerung von Geschäftsführern, Wiesbaden.

– (1998): Agency-Theorie und die Steuerung von Geschäftsführern, in: Die Betriebswirtschaft, 58, 1, S. 22 – 37.

Gedenk, K. / *Albers,* S. (1994): Empirische Ergebnisse zur Strategie-orientierten Steuerung von Geschäftsführern, in: Die Betriebswirtschaft, 54, 3, S. 327 – 345.

Geiss, A. (1992): Computergestützte Inhaltsanalyse – Hilfe oder Hinterhalt, in: C. Züll / P. P. Mohler (Hrsg.): Textanalyse, Opladen, S. 7 – 32.

Gerpott, T. J. (1993): Ausscheiden von Top-Managern nach Akquisitionen: Segen oder Fluch? Empirische Befunde zu Zusammenhängen zwischen der Ausscheidensquote von Top-Managern und der Erfolgsentwicklung akquirierter Unternehmen, in: Zeitschrift für Betriebswirtschaft, 63, 12, S. 1271 – 1295.

– (1994): Abschied von der Spitze. Eine empirische Untersuchung zur Höhe und zu Determinanten der Ausscheidensquote von Top-Managern akquirierter deutscher Unternehmen, in: Zeitschrift für betriebswirtschaftliche Forschung, 46, 1, S. 4 – 31.

Gerum, E. (1991): Aufsichtsratstypen – ein Beitrag zur Theorie der Organisation der Unternehmensführung, in: Die Betriebswirtschaft, 51, 6, S. 719 – 731.

– (1995): Führungsorganisation, Eigentümerstruktur und Unternehmensstrategie, in: Die Betriebswirtschaft, 55, 3, S. 169 – 379.

Gibbins, M. / *Richardson,* A. / *Waterhouse,* J. (1990): The management of corporate financial disclosure: Opportunism, ritualism, policies, and processes, in: Journal of Accounting Research, 28, 1, S. 121 – 143.

Gilson, S. C. (1989): Management turnover and financial distress, in: Journal of Financial Economics, 25, S. 241 – 262.

Glaser, W. R. (1978): Varianzanalyse, Stuttgart, New York.

Glass, G. V. / *McGaw,* B. / *Smith,* M. L. (1981): Meta-analysis in social research, Beverly Hills, London.

Glueck, W. F. (1969): Easing the trauma of executive transfer, in: Business Horizon, December, S. 23 – 28.

Gonedes, N. J. / *Dopuch,* N. (1988): Analysis of financial statements: Financial accounting and the capital market, In: Studies in Accounting Research, 30.

Goodstein, J. / *Boecker,* W. (1991): Turbulence at the top: A new perspective on governance structure changes and strategic change, in: Academy of Management Journal, 34, 2, S. 306 – 330.

Gordon, G. / *Becker,* S. (1964): Organizational size and managerial succession: A re-examination, in: The American Journal of Sociology, 70, S. 215 – 222.

Gordon, G. E. / *Rosen,* N. (1981): Critical factors in leadership succession, in: Organizational Behaviour and Human Performance, 27, S. 227 – 254.

Goyder, J. (1987): The silent minority – nonrespondents on sample surveys, Oxford.

Graen, G. (1976): Role-making process within complex organizations, in: M. D. Dunnette (Hrsg.): Handbook of Industrial and Organizational Psychology, Chicago, S. 1201 – 1246.

Grant, R. M. (1991): The ressource-based theory of competitive advantage: Implications for strategy formulation, in: California Management Review, Spring, S. 114 – 135.

Green, P. E. / *Carroll,* J. D. / *DeSabro,* W. S. (1978): A new measure of predictor variable importance in multiple regression, in: Journal of Marketing Research, 15, S. 356 – 360.

Greiner, L. E. (1972): Evolution and revolution as organizations grow, in: Harvard Business Review, 50, S. 37 – 46.

– (1986): Top management politics and organizatinal change, in: S. Shrivastava et al. (Hrsg.): Executive Power. How executives influence people and organizations, San Francisco, S. 155 – 177.

Greve, H. R. . (1998): Performance, aspirations, and risky organizational change, in: Administrative Science Quarterly, 43, S. 58 – 86.

Grusky, O. (1960): Administrative succession in formal organizations, in: Social Forces, 39, 2, S. 105 – 115.

– (1963): Managerial succession and organizational effectiveness, in: The American Journal of Sociology, 69, S. 21 – 30.

– (1969): Succession with an ally, in: Administrative Science Quarterly, 14, S. 155 – 170.

Guest, R. H. (1962): Managerial succession in complex organizations, in: American Jouranl of Sociology, 68, S. 47 – 54.

Gujarati, D. N. (1995): Basic econometrics, 3. Aufl., New York et al.

– (1999): Essentials of econometrics, 2. Aufl., Boston et al.

Gupta, A. K. (1992): Executive selection: A strategic perspective, in: Human Ressource Planning, 15, 1, S. 47 – 61.

Gutenberg, E. (1962): Unternehmensführung – Organisation und Entscheidung, Wiesbaden.

Guthrie, J. P. / *Datta,* D. K. (1998): Corporate strategy, executive selection and firm performance, in: Human Resource Management, 37, 2, S. 101 – 115.

Hadlock, C. J. / *Lumer,* G. B. (1997): Compensation, turnover, and top management incentives: Historical evidence, in: Journal of Business, 70, 2, S. 153 – 187.

Hair, J. F., et al. (1998): Multivariate data analysis, 5. Aufl., Upper Saddle River, N. J.

Hall, R. (1992): The strategic analysis of intangible resources, in: Strategic Management Journal, 13, S. 135 – 144.

Haller, A. (1994): Positive Accounting Theory – die Erforschung der Beweggründe bilanzpolitischen Verhaltens, in: Die Betriebswirtschaft, 54, 5, S. 597 – 612.

Hambrick, D. C. (1988): Preface to „The executive effect", in: D. C. Hambrick (Hrsg.): The executive effect: Concepts and methods for studying top managers, Greenwich, Connecticut, S. XI-XIV.

Hambrick, D. C. / *Cannella,* A. A. J. (1993): Relative standing: A framework for understanding departures of acquired executives, in: Academy of Management Journal, 36, 4, S. 733 – 762.

Hambrick, D. C. / *Cho,* T. S. / *Chen,* M. -J. (1996): The influence of top management team heterogeneity on firms' competitive moves, in: Administrative Science Quarterly, 41, S. 659 – 684.

Hambrick, D. C. / *Fukutomi,* G. D. S. (1991): The seasons of a CEO's tenure, in: Academy of Management Journal, 16, 4, S. 719 – 742.

Hambrick, D. C. / *Geletkanycz,* M. A. / *Fredrickson,* J. W. (1993): Top executive commitment to the status quo: Some tests of its determinants, in: Strategic Management Journal, 14, S. 401 – 418.

Hambrick, D. C. / *Mason,* P. A. (1984): Upper echolons: The organization as a reflection of its top managers, in: Academy of Management Review, 9, 2, S. 193 – 206.

Hamel, W. (1982): Bilanzierung unter Mitbestimmungs-Einfluß, Stuttgart.

Hand, D. J. / *Taylor,* C. C. (1987): Multivariate analysis of variance and repeated measures – a practical approach for behavioural scientists, London, New York.

Hannan, M. T. / *Freeman,* J. (1984): Structural inertia and organizational change, in: American Sociological Review, 49, 4, S. 149 – 164.

– (1993): Organizational ecology, Cambridge, MA.

Harrison, R. J. / *Torres,* D. L. / *Kukalis,* S. (1988): The changing of the guard: Turnover and structural change in top management positions, in: Administrative Science Quarterly, 33, S. 211 – 232.

Hauschildt, J. (1977): Bilanzanalyse, Bilanzkritik und Bilanzpolitik, in: W. Albers (Hrsg.): Handwörterbuch der Wirtschaftswissenschaft, Bd. 1, Stuttgart et al., S. 659 – 670.

– (1981): „Ziel-Klarheit" oder „kontrollierte Ziel-Unklarheit" in Entscheidungen, in: E. Witte (Hrsg.): Der praktische Nutzen empirischer Forschung, Tübingen, S. 305 – 322.

– (1988): Unternehmenskrisen – Herausforderungen an die Bilanzanalyse, in: J. Hauschildt (Hrsg.): Krisendiagnose durch Bilanzanalyse, Köln, S. 1 – 16.

– (1994): „Wenig hilfreich" – Das Rechnungswesen aus Sicht des Managements technologischer Innovationen, in: E. Zahn (Hrsg.): Technologiemanagement und Technologie für das Management, Stuttgart, S. 173 – 196.

– (1996): Erfolgs- , Finanz- und Bilanzanalyse, Köln.

– (1997): Innovationsmanagement, München.

– (1999a): Unternehmensverfassung als Instrument des Konfliktmanagements – jenseits von rechtlichen, institutionenökonomischen und soziologischen Überlegungen, in: Manuskripte aus den Instituten für Betriebswirtschaftslehre der Universität Kiel, Nr. 500.

– (1999b): Widerstand gegen Innovationen – destruktiv oder konstruktiv? In: Zeitschrift für Betriebswirtschaft, ZfB-Ergänzungsheft, 2/*99,* S. 1 – 21.

– (2000a): Krisendiagnose durch Erfolgsspaltung, in: J. Hauschildt / J. Leker (Hrsg.): Krisendiagnose durch Bilanzanalyse, Köln, S. 33 – 48.

– (2000b): Vorgehensweise der statistischen Insolvenzdiagnose, in: J. Hauschildt / J. Leker (Hrsg.): Krisendiagnose durch Bilanzanalyse, Köln, S. 119 – 143.

Hauschildt, J. / *Grenz,* T. / *Gemünden,* H. G. (1988): Entschlüsselung von Unternehmenskrisen durch Erfolgsspaltung – vor und nach dem Bilanzrichtlinien-Gesetz, in: J. Hauschildt (Hrsg.): Krisendiagnose durch Bilanzanalyse, Köln, S. 41 – 63.

Hauschildt, J. / *Leker,* J. / *Mensel,* N. (2000): Der Cash Flow als Krisenindikator, in: J. Hauschildt / J. Leker (Hrsg.): Krisendiagnose durch Bilanzanalyse, 2. Aufl., Köln, S. 49 – 70.

Haveman, H. A. (1993): Ghosts of managers past: Managerial succession and organizational mortality, in: Academy of Management Journal, 36, 4, S. 864 – 881.

– (1995): The demographic metabolism of organizations: Industry dynamics, turnover, and tenure distributions, in: Administrative Science Quarterly, 40, S. 586 – 618.

Healy, P. M. (1985): The effect of bonus schemes on accounting decisions, in: Journal of Accounting and Economics, 7, S. 85 – 107.

Heidenhain, M. / *Meister,* B. W. (1985): Münchener Vertragshandbuch, Band 1., 2. Aufl., München.

Helmich, D. L. (1975a): Corporate succession: An examination, in: Academy of Management Journal, 18, 1, S. 429 – 441.

– (1975b): Succession: A longitudinal look, in: Journal of Business Research, 3, 4, S. 355 – 364.

– (1977): Executive succession in the corporate organization: A current integration, in: Academy of Management Review, April, S. 252 – 266.

Helmich, D. L. / *Brown,* W. B. (1972): Successor type and organizational change in the corporate enterprise, in: Administrative Science Quarterly, 17, 3, S. 371 – 381.

Hermalin, B. E. / *Weisbach,* M. S. (1988): Endogenously chosen boards of directors and their monitoring of the CEO, in: The American Economic Review, 88, 1, S. 96 – 118.

Hersey, P. / *Blanchard,* K. (1982): Management of organizational behavior: Utilizing human resources, Englewood Cliffs, N. J.

Heyse, V. / *Erpenbeck,* J. (1997): Der Sprung über die Kompetenzbarriere: Kommunikation, selbstorganisiertes Lernen und Kompetenzentwicklung von und in Unternehmen, Bielefeld.

Hill, C. W. / *Hansen,* G. S. (1991): A longitudinal study of the cause and consequences of changes in diversification in the US pharmaceutical industry 1977 – 1986, in: Strategic Management Journal, 12, 3, S. 187 – 199.

Hofer, C. W. (1980): Turnaround strategies, in: Journal of Business Strategy, 1, S. 19 – 30.

Hofer, C. W. / *Schendel,* D. (1978): Strategy formulation: Analytical concepts, St. Paul, MN.

Hölters, G. (1985): Geschäftsordnung für den Vorstand, in: M. Heidenhain / B. W. Meister (Hrsg.): Münchner Vertragshandbuch, Bd. 1, 2. Aufl., München, S. 657 – 660.

Hölters, W. (1978): Die zustimmungspflichtigen Geschäftsführungsmaßnahmen im Spannungs-feld zwischen Satzungs- und Aufsichtsratsautonomie, in: Betriebs-Berater, 13, S. 640 – 643.

Hommelhoff, P. / *Mattheus,* D. (1998): Corporate Governance nach dem KonTraG, in: Die Aktiengesellschaft, 43, 6, S. 249 – 259.

Hopt, K. J. (1998): The German two-tier board: experience, theories, reforms, in: K. J. Hopt (Hrsg.): Comparative corporate governance – the state of the art and emerging research, Oxford, S. 229 – 258.

Hotchkiss, E. S. (1995): Postbankruptcy performance and management turnover, in: The Journal of Finance, L, 1, S. 3 – 21.

Huber, O. (1995): Beobachtung, in: E. Roth / K. Heidenreich (Hrsg.): Sozialwissenschaftliche Methoden, 4. Auflage, München et al., S. 126 – 145.

Hunt, S. D. / *Morgan,* R. M. (1995): The comparative advantage theory of competition, in: Journal of Marketing, 59, April, S. 1 – 15.

Hunter, J. E. / *Schmidt,* F. L. / *Jackson,* G. B. (1982): Meta-analysis, Beverly Hills, CA.

Iber, B. (1987): Die Entwicklung der Aktionärsstruktur börsennotierter deutscher Aktien-gesellschaften, Kiel.

Isele, S. (1991): Managerleistung messen – beurteilen – honorieren, Zürich.

Jäckel, A. / *Leker,* J. (1995): Abschlußprüfer und Konzernpublizität, in: Die Wirtschaftsprüfung, 48, 9, S. 293 – 305.

Jäckel, A. / *Poppe,* H. (2000): Krisendiagnose durch qualitative Bilanzanalyse, in: J. Hauschildt / J. Leker (Hrsg.): Krisendiagnose durch Bilanzanalyse, Köln, S. 88 – 117.

Jacobs, O. (1994): Bilanzanalyse: EDV-gestützte Jahresabschlußanalyse als Planungs- und Entscheidungsrechnung, München.

Jahn, A. (1996): Vorstandswechsel in deutschen Erstversicherungsunternehmen, in: Zeitschrift für die gesamte Versicherungswissenschaft, 1, S. 103 – 129.

James, D. R. / *Soref,* M. (1981): Profit constraints on managerial autonomy: Managerial theory and the unmaking of the corporation president, in: American Sociological Review, 46, S. 1 – 18.

Jarrell, G. / *Bradley,* M. (1980): The economic effects of federal and state regulations of cash tender offers, in: Journal of Law and Economics, 23, 10, S. 371 – 407.

Jensen, M. C. / *Meckling,* W. H. (1976): Theory of the firm: Managerial behavior, agency costs, and ownership structure, in: Journal of Financial Economics, 3, S. 305 – 360.

Johnson, B. W., et al. (1985): An analysis of the stock price reaction to sudden executive deaths, in: Journal of Accounting and Economics, 7, S. 151 – 174.

Joskow, P. L. / *Rose,* N. L. (1994): CEO pay and firm performance: Dynamics, asymmetries, and alternative performance measures, in: The National Bureau of Economic Research Working Paper, Nr. 4976.

Kahnemann, D. (1992): Reference points, anchors, norms, and mixed feelings, in: Organizational Behavior and Human Decision Process, 51, S. 296 – 312.

Kahnemann, D. / *Tversky,* A. (1979): Prospect theory: An analysis of decision under risk, in: Econometrica, 47, 2, S. 263 – 291.

Kang, J. -K. / *Shivdasani,* A. (1995): Firm performance, corporate governance and top executive turnover in Japan, in: Journal of Financial Economics, 38, S. 29 – 58.

Kaplan, S. N. (1994): Top executives, turnover and firm performance in Germany, in: The Journal of Law, Economics & Organization, 10, 1, S. 142 – 159.

Katz, D. / *Kahn,* R. L. (1966): The social psychology of organisations, New York, London.

Kern, W. (1988): Der Betrieb als Faktorkombination, Köln.

Kesner, I. F. / *Dalton,* D. R. (1985): The effects of board composition on CEO succession and organizational performance, in: Quarterly Journal of Business and Economics, S. 3 – 20.

Kesner, I. F. / *Sabora,* T. C. (1994): Executive succession: Past, present & future, in: Journal of Management, 20, 2, S. 327 – 372.

Keun-nam, Y. (1996): Is „honorable retirement" by choice or coercion? In: Korean Focus on Current Topics, 4, 6, S. 54 – 65.

Khanna, N. / *Poulsen,* A. B. (1995): Managers of financially distressed firms: Villains of scapegoats? In: The Journal of Finance, L, 3, S. 919 – 940.

Khorana, A. (1996): Top management turnover. An empirical investigation of mutual fund managers, in: Journal of Financial Economics, 40, S. 403 – 427.

Kienbaum (1993): Vergütung 1993, Band II, Geschäftsführer, Gummersbach.

Kim, Y. (1996): Long-term firm performance and chief executive turnover: An empirical study of the dynamics, in: The Journal of Law, Economics, and Organization, 12, 2, S. 480 – 496.

Klar, M. (1997): Auswirkungen des Gesetzesvorhabens zur Kontrolle und Transparenz im Unternehmensbereich (KonTraG) auf die Prüfung von Nicht-Aktiengesellschaften, in: Der Betrieb, 50, 14, S. 685 – 688.

Klein, A. / *Rosenfeld,* J. (1988): Targeted share repurchase and top management changes, in: Journal of Financial Economics, 20, S. 493 – 506.

Kleinbaum, D. G. / *Kupper,* L. L. / *Muller,* K. E. (1988): Applied regression analysis and other multivariate methods, Boston, MA.

Kmenta, J. (1986): Elements of econometrics, New York.

Knyphausen, D. zu (1993): Why are firms different? Der „Ressourcenorientierte Ansatz" im Mittelpunkt einer aktuellen Kontroverse im Strategischen Management, in: Die Betriebswirtschaft, 53, 6, S. 771–792.

Koppel, M. (1998): Zur verzerrten Performancemessung in Agency-Modellen, in: Zeitschrift für betriebswirtschaftliche Forschung, 50, 6, S. 531–550.

Kosiol, E. (1976): Organisation der Unternehmung, 2. Aufl., Wiesbaden.

– (1980): Aufbauorganisation, in: E. Grochla (Hrsg.): Handwörterbuch der Organisation, 2. Aufl., Stuttgart, Sp. 179–187.

Kotin, J. / *Sharaf,* M. (1967): Management succession and administrative style, in: Psychiatry, 30, S. 237–248.

Kozma, C. M. / *Reeder,* E. C. / *Lingle,* E. W. (1990): Using repeated measures designs to evaluate interventions: A multivariate approach, in: Journal of Research in Pharmaceutical Economics, 2, 1, S. 55–73.

Krafft, M. (1995): Außendienstentlohnung im Licht der Neuen Institutionenlehre, Wiesbaden.

– (1997): Der Ansatz der Logistischen Regression und seine Interpretation, in: Zeitschrift für Betriebswirtschaft, 67, 5/6, S. 625–642.

Kraft, K. / *Niederprüm,* A. (1999): Ist die Vergütung von Managern im Zeitablauf flexibler geworden? In: Zeitschrift für betriebswirtschaftliche Forschung, 51, 9, S. 787–804.

Kriseberg, L. (1962): Careers, organization size and succession, in: The American Journal of Sociology, 68, 3, S. 355–359.

Kriz, J. (1978a): Zuverlässigkeit und Gültigkeit, in: R. Lisch / J. Kriz (Hrsg.): Grundlagen und Modelle der Inhaltsanalyse, Hamburg, S. 84–104.

– (1978b): Methodologische Grundlagen der Inhaltsanalyse, in: R. Lisch / J. Kriz (Hrsg.): Grundlagen und Modelle der Inhaltsanalyse, Hamburg, S. 29–55.

Kromrey, H. (1986): Empirische Sozialforschung: Modell und Methoden der Datenerhebung und Datenauswertung, Stuttgart.

Kropff, D. (1993): Publizität, in: K. Chmielewicz / M. Schweizer (Hrsg.): Handwörterbuch des Rechnungswesens, Stuttgart, Sp. 1669–1678.

Krug, J. A. / *Hegarty,* H. W. (1997): Postacquisition turnover among U. S. top management teams: An analysis of the effects of foreign vs. domestic acquisitions of U. S. targets, in: Strategic Management Journal, 18, 8, S. 667–675.

Krüger, W. (1992): Macht, in: E. Gaugler / W. Weber (Hrsg.): Handwörterbuch des Personalwesens, 2. Aufl., Stuttgart, Sp. 1313–1324.

Kubicek, H. / *Thom,* N. (1976): Umsystem, betriebliches, in: E. Grochla / W. Wittmann (Hrsg.): Handwörterbuch der Betriebswirtschaft, 4. Aufl., Stuttgart, Sp. 3977–4017.

Küting, K. (1993): Der Geschäftsbericht als Grundlage der qualitativen Bilanzanalyse, zugleich: Das Saarbrücker Modell der Unternehmensbeurteilung – Ein neuer Ansatz zur Analyse von Unternehmen, in: K. Küting / C. -P. Weber (Hrsg.): Konzernmanagement – Rechnungswesen und Controlling, Stuttgart, S. 45–70.

– (1996): Das Spannungsverhältnis zwischen Bilanzpolitik und Bilanzanalyse, in: DStR, 23–24, S. 934–944.

Küting, K. / *Kaiser,* T. (1994): Bilanzpolitik in der Unternehmenskrise, in: Betriebs-Berater, 49, Beilage 2 zu Heft 3, S. 1–18.

Küting, K. / *Weber,* C. -P. (1997): Die Bilanzanalyse, Stuttgart.

Lant, T. K. (1992): Aspiration level adaption: An empirical exploration, in: Management Science, 38, 5, S. 623–644.

Lant, T. K. / *Milliken,* F. J. / *Batra,* B. (1992): The role of managerial learning and interpretation in strategic persistence and reorientation: An empirical exploration, in: Strategic Management Journal, 13, S. 585–608.

LaSalle, R. E. / *Jones,* S. K. / *Jain,* R. (1993): The association between executive succession and discretionary accounting changes: Earnings management or different perspectives? In: Journal of Business Finance & Accounting, 20, 5, S. 653–671.

Lauterbach, B. / *Vu,* J. / *Weisberg,* J. (1999): Internal vs. external succession and their effect on firm performance, in: Human Relations, 52, 12, S. 1485–1504.

Leibfried, K. H. J. / *McNair,* C. J. (1993): Benchmarking – von der Konkurrenz lernen, die Konkurrenz überholen, Freiburg i. Br.

Leker, J. (1993): Fraktionierende Frühdiagnose von Unternehmenskrisen, Köln.

Leker, J. / *Möhlmann,* T. (1997): Die Berichterstattung in Anhang und Konzernanhang von Kapitalgesellschaften, Düsseldorf.

Leker, J. / *Salomo,* S. (1998): Die Veränderung der wirtschaftlichen Lage im Verlauf eines Wechsels an der Unternehmensspitze, in: Zeitschrift für betriebswirtschaftliche Forschung, 50, 2, S. 156–177.

Leker, J. / *Schewe,* G. (1998): Beurteilung des Kreditausfallrisikos im Firmenkundengeschäft der Banken, in: Zeitschrift für betriebswirtschaftliche Forschung, 50, 10, S. 877–891.

Levintal, D. / *March,* J. G. (1981): A model of adaptive organizational search, in: Journal of Economic Behavior and Organization, 2, S. 307–333.

Levitt, B. / *March,* J. G. (1988): Organizational learning, in: R. W. Scott (Hrsg.): Annual Review of Sociology, 14, Palo Alto, CA., S. 319–340.

Lewin, A. Y. / *Wolf,* C. (1974): When the CEO must go, in: Advanced Management Journal, July, S. 59–62.

Lieberson, S. / *O'Connor,* J. F. (1972): Leadership and organizational performance: A study of large corporations, in: American Sociological Review, 37, 2, S. 117–130.

Lindquist, E. F. (1953): Design and analysis of experiments in psychology and education, Boston, MA.

Linton, R. (1973): Rolle und Status, in: H. Hartmann (Hrsg.): Moderne amerikanische Soziologie, 2. Auflage, Stuttgart, S. 310–315.

Lisch, R. (1978): Kategorien, in: R. Lisch / J. Kriz (Hrsg.): Grundlagen und Modelle der Inhaltsanalyse, Hamburg, S. 69–83.

Littkemann, J. (1997): Innovationen und Rechnungswesen, Wiesbaden.

Louie, K. K. T. / *Fizel,* J. L. / *Mentzer,* M. S. (1993): CEO tenure and firm performance, in: The Journal of Economics, XIX, 1, S. 51–56.

Lubatkin, M. H., et al. (1989): Stockholder reactions to CEO changes in large corporations, in: Academy of Management Journal, 32, 1, S. 47–68.

Lutter, M. (1991): Unternehmensplanung und Aufsichtsrat, in: K.-P. Kistner / R. Schmidt (Hrsg.): Unternehmensdynamik, Wiesbaden, S. 345–360.

Lutter, M. / *Krieger,* G. (1993): Rechte und Pflichten des Aufsichtsrates, Freiburg i. Br.

Macharzina, K. (1995): Unternehmensführung: das internationale Managementwissen; Konzepte, Methoden, Praxis, Wiesbaden.

Maddala, G. (1977): Econometrics, New York.

Mahoney, J. T. / *Pandian,* R. J. (1992): The ressource-based view within the conversation of strategic management, in: Strategic Management Journal, 13, S. 363–380.

March, J. G. (1988): Variable risk preferences and adaptive aspirations, in: Journal of Economic Behavior and Organization, 9, S. 5–24.

March, J. G. / *Simon,* H. A. (1965): The concept of rationality, in: D. J. Singer (Hrsg.): Human behavior and international politics. Contributions from the social-psychological sciences, Chicago, S. 340–343.

Markides, C. (1995): Diversification, refocusing, and economic performance, Cambridge, MA.

Martin, K. J. / *McConnell,* J. J. (1991): Corporate performance, corporate takeovers and management turnover, in: The Journal of Finance, XLVI, 2, S. 671–687.

Massenberg, J. A. (1986): Strategie und Entwicklung deutscher Großunternehmen. Computergestützte Inhaltsanalyse der Hauptversammlungsansprachen der Unternehmensführung 1966 bis 1983, Frankfurt / M.

Mayntz, R. (1980): Rollentheorie, in: Handwörterbuch der Organisation, 2. Aufl., Stuttgart, Sp. 2043–2052.

Mayntz, R. / *Holm,* K. / *Hübner,* P. (1978): Einführung in die Methoden der empirischen Soziologie, Opladen.

McEachern, W. A. (1975): Managerial control and performance, Lexington, MA. et al.

McNulty, T. / *Pettigrew,* A. (1999): Strategists on the board, in: Organization Studies, 20, 1, S. 47–77.

Meinhövel, H. (1999): Defizite der Principal-Agent-Theorie, Köln.

Merten, K. (1983): Inhaltsanalyse. Einführung in Theorie, Methode und Praxis, Opladen.

Mertens, H. -J. (1996): Kölner Kommentar zum Aktiengesetz – Band 2, Köln et al.

Merton, R. K. (1975): Der Rollen-Set: Probleme der soziologischen Theorie, in: H. Hartmann (Hrsg.): Moderne amerikanische Soziologie, 2. Aufl., Stuttgart, S. 316–333.

Meyer-Landrut (1973): Aktiengesetz Großkommentar, Berlin.

Mezias, S. J. (1988): Aspiration level effects: An empirical investigation, in: Journal of Economic Behavior and Organization, 10, S. 389–400.

Miller, D. (1991): Stale in the saddle: CEO tenure and the match between organization and environment, in: Management Science, 37, 1, S. 34–52.

– (1993): Some organizational consequences of CEO succession, in: Academy of Management Journal, 36, 3, S. 644–659.

Miller, D. / *Friesen,* P. H. (1978): Archetypes for strategy formulation, in: Management Science, 24, 9, S. 921–933.

– (1980): Momentum and revolution in organizational adaption, in: Academy of Management Journal, 23, 4, S. 591 – 614.

Milliken, F. J. / *Lant,* T. K. (1991): The effect of an organization's recent performance history on strategic persistence and change: The role of managerial interpretations, in: Advances in Strategic Management, 7, S. 129 – 156.

Mizruchi, M. S. (1983): Who controls whom? An examination of the relation between management and boards of directors in large american corporations, in: Academy of Management Review, 8, 3, S. 426 – 435.

Moore, M. L. (1973): Management changes and discretionary accounting decisions, in: Journal of Accounting Research, Spring, S. 100 – 107.

Morecroft, J. D. W. (1985): Rationality in the analysis of behavioral simulation models, in: Management Science, 31, 7, S. 900 – 916.

Morrison, D. F. (1967): Multivariate statistical methods, New York et al.

Müller, C. (1995): Agency-Theorie und Informationsgehalt, in: Die Betriebswirtschaft, 55, 1, S. 61 – 76.

Müller-Böling, D. (1992): Methodik der empirischen Organisationsforschung, in: E. Freese (Hrsg.): Handwörterbuch der Organisation, 3. Aufl., Stuttgart, Sp. 1491 – 1505.

Murphy, K. (1998): Executive compensation, in: O. Ashfelter / D. Card (Hrsg.): A handbook of labour economics, North Holland.

Murphy, K. J. / *Zimmerman,* J. L. (1993): Financial performance surrounding CEO turnover, in: Journal of Accounting and Economics, 16, S. 273 – 315.

Neuberger, O. (1987): Führungstheorien – Rollentheorien, in: A. Kieser / G. Reber / R. Wunderer (Hrsg.): Handwörterbuch der Führung, Stuttgart, Sp. 867 – 880.

Norusius, M. J. (1992): SPSS for Windows Advanced Statistics, Release 5, Chicago.

Ocasio, W. (1994): Political dynamics and the circulation of power: CEO succession in U. S. industrial corporations, 1960 – 1990, in: Administrative Science Quarterly, 39, S. 285 – 312.

Oesterle, M. -J. (1996): Entwicklung und Stand der unternehmerischen Mitbestimmung in Deutschland, in: WiSt, 9, S. 451 – 455.

– (1999): Führungswechsel im Top-Management, Wiesbaden.

Osborn, R. N., et al. (1981): The event of CEO succession, performance, and environmental conditions, in: Academy of Management Journal, 24, 1, S. 183 – 191.

Papadakis, V. / *Bourantas,* D. (1998): The cief executive officer as a corporate champion of technological innovation: An empirical investigation, in: Technology Analysis & Strategic Management, 10, 1, S. 89 – 109.

Parasuraman, A. (1991): Marketing Research, 2. Aufl., Reading, MA.

Parrino, R. (1997): CEO turnover and outside succession. A cross-sectional analysis, in: Journal of Financial Economics, 46, S. 165 – 197.

Perlitz, M. / *Löbler,* H. (1985): Brauchen Unternehmen zum Innovieren Krisen? In: Zeitschrift für Betriebswirtschaft, 55, 5, S. 424 – 450.

Peteraf, M. A. (1993): The cornerstones of competitive advantage: A ressource-based view, in: Strategic Management Journal, 14, S. 179 – 191.

Pfeffer, J. / *Davis-Blake,* A. (1986): Administrative succession and organizational performance: How administrator experience mediates the succession effect, in: Academy of Management Journal, 29, 1, S. 72–83.

Pfeffer, J. / *Moore,* W. L. (1980): Average tenure of academic department heads: The effects of pardigm, size, and departmental demography, in: Administrative Science Quarterly, 25, S. 387–406.

Pfeffer, J. / *Salancik,* G. R. (1978): The external control of organizations – a resource dependence perspective, New York et al.

Picot, A. H. (1995): Corporate Governance – Unternehmensüberwachung auf dem Prüfstand, Stuttgart.

Poensgen, O. H. (1982): Der Weg in den Vorstand. Die Charakteristiken der Vorstandsmitglieder der Aktiengesellschaften des verarbeitenden Gewerbes, in: Die Betriebswirtschaft, 42, 1, S. 3–25.

Poensgen, O. H. / *Lukas,* A. (1982): Fluktuation, Amtszeit und weitere Karriere von Vorstandsmitgliedern, in: Die Betriebswirtschaft, 42, 2, S. 177–195.

Popitz, H. (1968): Der Begriff der sozialen Rolle als Element der soziologischen Theorie, in: Recht und Staat in Geschichte und Gegenwart, 331/*332,* S. 3–51.

Pound, J. (1991): Proxy voting and the SEC, in: Journal of Financial Economics, 29, S. 241–285.

Pourciau, S. (1993): Earnings management and nonroutine executive changes, in: Journal of Accounting and Economics, 16, S. 317–336.

Pratt, J. W. / *Zeckhauser,* R. J. (1985): Principals and agents: An overview, in: J. W. Pratt / R. J. Zeckhauser (Hrsg.): Principals and agents: The structure of business, Boston, MA., S. 1–35.

Puffer, S. M. / *Weintrop,* J. B. (1991): Corporate performance and CEO turnover: The role of performance expectations, in: Administrative Science Quarterly, 36, S. 1–19.

Rechenberg, W. -G. von (1990): Zustimmungsvorbehalte des Aufsichtsrats für die Unternehmens-planung, in: Betriebs-Berater, 20, S. 1356–1363.

Reetz, L. (1989): Zum Konzept der Schlüsselqualifikation in der Berufsbildung (Teil I), in: Berufsbildung in Wissenschaft und Praxis, 18, 5, S. 3–10.

Reinganum, M. R. (1985): The effect of executive succession on stockholder wealth, in: Administrative Science Quarterly, 30, S. 46–60.

Reske, W. / *Brandenburg,* A. / *Mortsiefer,* H. -J. (1978): Insolvenzursachen mittelständischer Betriebe, 2. Aufl., Göttingen.

Rosenthal, R. (1979): The ‚file drawer problem' and tolerance for null results, in: Psychological Bulletin, 86, S. 638–641.

Rosenthal, R. / *Rosnow,* R. L. (1991): Essentials of behavioral research – methods and data analysis, New York et al.

Rother, F. W. (1999): Neues Profil – Wie der neue Vorstandschef Stephan Kassel das deutsche Traditionsunternehmen weiter umbauen will, in: Wirtschaftswoche, 15, S. 50–55.

Ruhnke, K. / *Deters,* E. (1997): Die Erwartungslücke bei der Abschlußprüfung, in: Zeitschrift für Betriebswirtschaft, 67, 9, S. 923–945.

Rumelt, R. P. (1991): How much does industry matter? In: Strategic Management Journal, 12, S. 167–185.

Salancik, G. R. / *Pfeffer,* J. (1977): Constraints on administrator discretion. The limited influence of mayors on city budgets, in: Urban Affairs Quarterly, 12, 4, S. 475–495.

– (1980): Effects of ownership and performance on executive tenure in U. S. corporations, in: Academy of Management Journal, 23, 4, S. 653–664.

Salancik, G. R. / *Staw,* B. M. / *Pondy,* L. R. (1980): Administrative turnover as a response to unmanaged organizational interdependence, in: Academy of Management Journal, 23, 3, S. 422–437.

Salomo, S. (1999): Ratingsysteme zur Unternehmensbeurteilung, in: Datenverarbeitung, Steuer, Wirtschaft, Recht, 29, 6, S. 174–176.

Salomo, S. / *Kögel,* K. (2000): Krisendiagnose mit wissensbasierten Systemen, in: J. Hauschildt / J. Leker (Hrsg.): Krisendiagnose durch Bilanzanalyse, Köln, S. 221–239.

Sauermann, H. / *Selten,* R. (1962): Anspruchsanpassungstheorie der Unternehmung, in: Zeitschrift für die Gesamte Staatswissenschaft, 118, S. 577–597.

Sawyer, A. G. / *Peter,* P. J. (1983): The significance of statistical significance tests in marketing research, in: Journal of Marketing Research, 20, May, S. 122–133.

Scheffler, E. (2000): Zum Rollenverständnis der Aufsichtsräte, in: Der Betrieb, 53, 9, S. 433–437.

Scheuch, E. K. / *Kutsch,* T. (1975): Grundlagen der Soziologie: Grundlegung und elementare Phänomene, Stuttgart.

Schewe, G. (1998): Strategie und Struktur: eine Re-Analyse empirischer Befunde und Nicht-Befunde, Tübingen.

Schildbach, T. / *Feldhoff,* M. (1993): Adressaten, in: K. Chmielewicz / M. Schweizer (Hrsg.): Handwörterbuch des Rechnungswesens, 3. Aufl., Stuttgart, Sp. 30–36.

Schipper, K. (1989): Commentary on earnings management, in: Accounting Horizons, December, S. 91–102.

Schmalensee, R. (1985): Do markets differ much? In: The American Economic Review, 75, 3, S. 341–351.

Schmid, F. A. (1997): Vorstandsbezüge, Aufsichtsratvergütung und Aktionärsstruktur, in: Zeitschrift für Betriebswirtschaft, 67, 1, S. 67–83.

Schmidt, F. (1979): Bilanzpolitik deutscher Aktiengesellschaften: Empirische Analyse des Gewinnglättungsverhaltens, Wiesbaden.

Schneider, M. (1986): KWG-Kommentar, Kreditwesengesetz mit den wichtigen Ausführungsvorschriften, München.

Schneider, S. L. (1992): Framing and conflict: Aspiration level contingency, the status quo, and current theories of risky choice, in: Journal of Experimental Psychology: Learning, Memory and Cognition, 18, S. 1040–1057.

Schrader, S. (1995): Spitzenführungskräfte, Unternehmensstrategie und Unternehmenserfolg, Tübingen.

Schrader, S. / *Lüthje,* C. (1995): Das Ausscheiden der Spitzenführungskraft aus der Unter-nehmung: Eine empirische Analyse, in: Zeitschrift für Betriebswirtschaft, 65, S. 476–492.

Schreib, H. P. (1996): Reform des Aufsichtsrats aus Sicht der Aktionäre, in: Betriebswirtschaftliche Forschung und Praxis, 4, S. 285–291.

Schreyögg, G. (1996): Organisation – Grundlagen moderner Organisationsgestaltung, Wiesbaden.

Schwalbach, J. / *Graßhoff,* U. (1997): Managervergütung und Unternehmenserfolg, in: Zeitschrift für Betriebswirtschaft, 67, 2, S. 203–217.

Schwarz, K. B. / *Menon,* K. (1985): Executive succession in failing firms, in: Academy of Management Journal, 28, 3, S. 680–686.

Scully, G. W. (1992): Is managerial termination rational? Evidence from professional team sports, in: Advances in the Economics of Sport, 1, S. 67–87.

Seidel, E. / *Redel,* W. (1987): Organisation der obersten Unternehmensleitung, in: WISU, 3, S. 131–136.

Selten, R. (1996): Aspiration adaption theory, in: Discussion Paper: Sonderforschungsbereich 303 „Information und die Koordination wirtschaftlicher Aktivitäten“, B-389.

Shivdasani, A. / *Yermack,* D. (1999): CEO involvement in the selection of new board members: An empirical analysis, in: The Journal of Finance, 54, 5, S. 1829–1853.

Simon, H. A. (1957): Models of man – mathematical essays on rational human behavior in a social setting, New York, London.

– (1959): Theories of decision-making in economics and behavioral science, in: The American Economic Review, XLIV, 3, S. 253–283.

Singh, J. V. / *House,* R. J. / *Tucker,* D. J. (1986): Organizational change and organizational mortality, in: Administrative Science Quarterly, 31, S. 587–611.

Smith, A. (1993): Earnings and management incentives – comments, in: Journal of Accounting and Economics, 16, S. 337–347.

Smith, J. E. / *Carson,* K. P. / *Alexander,* A. R. (1984): Leadership: It can make a difference, in: Academy of Management Journal, 27, 4, S. 765–776.

Smith, M. / *White,* M. C. (1987): Strategy, CEO specialization, and succession, in: Administrative Science Quarterly, 32, S. 263–280.

Snow, C. C. / *Hambrick,* D. C. (1980): Measuring organizational strategies: Some theoretical and methodological problems, in: Academy of Management Review, 5, 4, S. 527–538.

Sonnenfeld, J. (1988): The hero's farewell – what happens when CEOs retire, New York, Oxford.

SPSS (1997): SPSS Base 7.5 Application Guide, Chicago.

Staehle, W. H. (1991): Management: Eine verhaltenswissenschaftliche Perspektive, München.

Staw, B. M. / *Sandelands,* L. E. / *Dutton,* J. E. (1981): Threat-rigidity effects in organizational behavior: A multilevel analysis, in: Administrative Science Quarterly, 26, S. 501–524.

Steinmann, H. / *Klaus,* H. (1987): Zur Rolle des Aufsichtsrates als Kontrollorgan, in: Die Aktiengesellschaft, 2, S. 29–34.

Steinmann, H. / *Schreyögg,* G. / *Dütthorn,* C. (1983): Managerkontrolle in deutschen Großunternehmen – 1972 und 1979 im Vergleich, in: Zeitschrift für Betriebswirtschaft, 53, 1, S. 4–25.

Stier, W. (1996): Empirische Forschungsmethoden, Berlin et al.

te Wildt, C. (1996): CEO turnover and corporate performance. The German case, Kiel.

Tenbruck, F. (1970): Rolle, in: E. Grochla (Hrsg.): Handwörterbuch der Organisation, Stuttgart, Sp. 1406–1472.

Thomas, A. B. (1988): Does leadership make a difference to organizational performance? In: Administrative Science Quarterly, 33, S. 388–400.

Tomaskovic-Devey, D. / *Leiter,* J. / *Thompson,* S. (1994): Organizational survey nonresponse, in: Administrative Science Quarterly, 39, S. 439–457.

Tomczak, T. (1992): Forschungsmethoden in der Marketingwissenschaft – ein Plädoyer für den qualitativen Forschungsansatz, in: Marketing-ZFP, 14, S. 77–87.

Tosi, H. L. J. / *Gomez-Mejia,* L. R. (1989): The decoupling of CEO pay and performance: An agency theory perspective, in: Administrative Science Quarterly, 34, S. 169–189.

Trenkle, T. (1983): Organisation der Vorstandsentscheidung, Frankfurt / M.

Trow, D. B. (1961): Executive succession in small companies, in: Administrative Science Quarterly, 6, S. 228–239.

Tsui, A. S. (1984): A role set analysis of managerial reputation, in: Organizational Behaviour and Human Performance, 34, S. 64–96.

Tushman, M. L. / *Rosenkopf,* L. (1996): Executive succession, strategic reorientation, and performance growth: A longitudinal study in the U. S. Cement Industry, in: Management Science, 42, 7, S. 939–953.

Tversky, A. / *Kahneman,* D. (1974): Judgement under uncertainty: Heuristics and biases, in: Science, 185, S. 1124–1131.

Urban, D. (1993): Logit-Analyse: Statistische Verfahren zur Analyse von Modellen mit qualitativen Response-Variablen, Stuttgart, Jena, New York.

Vafeas, N. (1999): The nature of board nominating committees and their role in corporate governance, in: Journal of Business Finance & Accounting, 26, 1/2, S. 199–225.

Vancil, R. F. (1987): Pasing the baton. Managing the process of CEO succession, Boston, MA.

Veit, K.-R. (1992): Zur Aktivierung von Ausgaben für Grundlagenforschung, in: Der Betrieb, 45, 13, S. 641–645.

– (1994a): Der Umfang von Segmentierungspflichten bei der Rechnungslegung, in: BBK, 23, S. 1133–1140.

– (1994b): Die Behandlung von Forschung und Entwicklung im Rechnungswesen, in: WISU, 7, S. 591–594.

– (1995): Die Inanspruchnahme von Bilanzierungshilfen, Ergebnisse einer empirischen Untersuchung, in: Der Betrieb, S. 2129–2131.

Veit, K.-R. / *Bernards,* O. (1995): Anforderungen an die Segmentberichterstattung im internationalen Vergleich, in: Die Wirtschaftsprüfung, 15, S. 493–498.

Veit, K.-R. / *Ulrich,* N. (1995): Die Wahl des Abschreibungsverfahrens für Zwecke der Handels- und Steuerbilanz, in: BBK, 10, S. 3121–3864.

Virany, B. / *Tushman,* M. L. / *Romanelli,* E. (1985), A longitudinal study of the determinants and effects of executive succession, in: R. B. Jr. Robinson / J. A. II. Pearce (Hrsg.): Proceedings to the 45th anual meeting of the Academy of Management, San Diego, CA. S. 186–190.

– (1992): Executive succession and organizational outcomes in turbulent environments: An organizational learning approach, in: Organization Science, 3, 1, S. 72–91.

Vogel, W. C. (1980): Aktienrecht und Aktienwirklichkeit – Organisation und Aufgabenteilung von Vorstand und Aufsichtsrat, Baden-Baden.

Wagner, G. W. / *Pfeffer,* J. / *O'Reilly,* C. A. I. (1984): Organizational demography and turnover in top-management groups, in: Administrative Science Quarterly, 29, S. 74–92.

Walgenbach, P. (1994): Mittleres Management Aufgaben – Funktionen – Arbeitsverhalten, Wiesbaden.

Walsh, J. P. (1988): Top management turnover following mergers and aquisitions, in: Strategic Management Journal, 9, S. 173–183.

– (1989): Doing a deal: Merger and aquisition negotiations and their impact upon target company top management turnover, in: Strategic Management Journal, 10, S. 307–322.

Warner, J. B. / *Watts,* R. L. / *Wruck,* K. H. (1988): Stock prices and top management changes, in: Journal of Financial Economics, 20, S. 461–492.

Weber, M. (1956): Wirtschaft und Gesellschaft, Tübingen.

Weinberg, J. (1996): Kompetenzerwerb in der Erwachsenenbildung, in: Hessische Blätter für Volksbildung, S. 209–216.

Weiner, N. / *Mahoney,* T. A. (1981): A model of corporate performance as a function of environmental, organizational, and leadership influences, in: Academy of Management Journal, 24, 3, S. 453–470.

Weisbach, M. S. (1988): Outside directors and CEO turnover, in: Journal of Financial Economics, 20, S. 431–460.

– (1995): CEO turnover and the firms' investment decision, in: Journal of Financial Economics, 37, S. 159–188.

Welge, M. K. (1992): Führungskräfte, in: E. Gaugler / W. Weber (Hrsg.): Handwörterbuch des Personalwesens, 2. Aufl., Stuttgart, Sp. 937–947.

Welsh, A. M. / *Dehler,* G. E. (1988): Political legacy of administrative succession, in: Academy of Management Journal, 31, 4, S. 948–961.

Werder, A. von (1987): Organisation der Unternehmensleitung und Haftung des Top-Managements, in: Der Betrieb, 40, 45, S. 2265–2273.

Wernerfelt, B. (1984): A ressource-based view of the firm, in: Strategic Management Journal, 5, S. 171–180.

Westphal, J. D. / *Zajac,* E. J. (1995): Who shall govern? CEO / board power, demographic similarity and new director selection, in: Administrative Science Quarterly, 40, S. 60–83.

Wiersema, M. F. / *Bantel,* K. A. (1992): Top management team demography and corporate strategic change, in: Academy of Management Journal, 35, S. 91–121.

– (1993): Top management team turnover as an adaption mechanism: The role of the environment, in: Strategic Management Journal, 14, S. 485–504.

Wilhelmi, S. (1977): Die Vorstandstätigkeit und ihre Überwachung, in: Handbuch des Aufsichtsrates, München.

Winter, S. (1996): Prinzipien der Gestaltung von Managementanreizsystemen, Wiesbaden.

Wiswede, G. (1992): Rolle, soziale, in: E. Gaugler / W. Weber (Hrsg.): Handwörterbuch des Personalwesens, 2. Aufl., Stuttgart, Sp. 2001–2010.

Witte, E. (1973): Organisation für Innovationsentscheidungen, Göttingen.

– (1977): Lehrgeld für empirische Forschung, in: R. Köhler (Hrsg.): Empirische und Handlungstheoretische Forschungskonzeption in der Betriebswirtschaftslehre, Stuttgart, S. 269–281.

– (1981a): Die Unabhängigkeit des Vorstandes im Einflußsystem der Unternehmung, in: Zeitschrift für betriebswirtschaftliche Forschung, 33, 4, S. 273–296.

– (1981b): Spitzenführungskräfte im empirischen Portrait, in: N. N. Geist / R. Köhler (Hrsg.): Die Führung des Betriebes. Festschrift für Kurt Sandig zum 80. Geburtstag, Stuttgart, S. 165–175.

– (1982): Das Einflußsystem der Unternehmung in den Jahren 1976 und 1981. Empirische Befunde im Vergleich, in: Zeitschrift für betriebswirtschaftliche Forschung, 34, 5, S. 416–434.

Witte, E. / *Kallmann,* A. / *Sachs,* G. (1981): Führungskräfte der Wirtschaft. Eine empirische Analyse ihrer Situation und ihrer Erwartungen, Stuttgart.

Wöhe, G. (1992): Bilanzierung und Bilanzpolitik: Betriebswirtschaftlich, handelsrechtlich, steuerrechtlich, München.

Worrell, D. L. (1993): Stockholder reactions to departures and appointments of key executives attributable to firings, in: Academy of Management Journal, 36, 2, S. 387–401.

Worrell, D. L. / *Davidson,* W. N. I. (1987): The effect of CEO succession on stockholder wealth in large firms following the death of the predecessor, in: Journal of Management, 13, 3, S. 509–515.

Worrell, D. L., et al. (1986): Management turnover through death of key executives: Effects on investor wealth, in: Academy of Management Journal, 29, 4, S. 674–694.

Wysocki, K., et al. (1971): Die Berichterstattung deutscher Aktiengesellschaften über die Bewertungs- und Abschreibungsmethoden gem. § 160 Abs. 2 AktG, in: Zeitschrift für betriebswirtschaftliche Forschung, 23, 5/6, S. 308–334.

Yin, R. K. (1981): The case study crisis: Some answers, in: Administrative Science Quarterly, 26, March, S. 58–65.

– (1991): Case study research – design and methods, Newbury Park et al.

Yin, R. K. / *Heald,* K. A. (1975): Using the case survey method to analyze policy studies, in: Administrative Science Quarterly, 20, S. 371–381.

Zajac, E. J. (1990): CEO selection, succession, compensation, and firm performance: A theoretical integration and empirical analysis, in: Strategic Management Journal, 11, S. 217–230.

Zald, M. (1965): Who shall rule? A political analysis of successsion in a large welfare organization, in: Pacific Sociological Review, 8, S. 52–60.

Ziegler, W. (1984): Die Unternehmensbeurteilung als Instrument zur Früherkennung von Kreditrisiken, Stuttgart.

Stichwortverzeichnis

ECOVIOLENCE STUDIES

Ecoviolence, defined broadly as the intersection between human–human exploitation and the destruction of nature, is one of the defining features of our time. This book collects 10 case studies examining the intersection between the exploitation of human beings and environmental harm. Topics discussed include the wildlife trade, ecoviolence at sea, natural resource exploitation in Latin America and Africa, human trafficking induced by extreme weather events, climate change-related language death, and the confluence of drug cartels and environmental destruction. The book argues that ecoviolence studies has emerged as an expanded, multidisciplinary field in its own right, and that policy responses and the search for environmental and social justice should reflect accumulated knowledge in this area. It is an insightful volume for researchers and graduate students working in green criminology, Earth system governance, environmental politics, human rights, environmental and international law, and related areas.

PETER STOETT is Dean of Social Science and Humanities at Ontario Tech University. He has published widely on global environmental governance and human rights issues and has worked extensively with the United Nations. Recently he co-chaired an IPBES (Intergovernmental Science-Policy Platform on Biodiversity and Ecosystem Services) Assessment. He currently holds a grant from the Social Science and Humanities Research Council of Canada. With Sandy Lamalle, he recently co-edited *Representations and Rights of the Environment*, published by Cambridge University Press in 2023.

DELON ALAIN OMROW is a lecturer and postdoctoral fellow in the Faculty of Social Science and Humanities at Ontario Tech University, and professor at Centennial College, located near Toronto. His research explores transnational environmental crime, ecoviolence, debt-for-nature swaps, and the links between ecocidality and suicidality. With Peter Stoett, he co-authored *Spheres of Transnational Ecoviolence: Environmental Crime, Human Security, and Justice*, published by Palgrave Macmillan in 2021.

ECOVIOLENCE STUDIES

Human Exploitation and Environmental Crime

Edited by

PETER STOETT
Ontario Tech University

DELON ALAIN OMROW
Ontario Tech University

CAMBRIDGE
UNIVERSITY PRESS

CAMBRIDGE
UNIVERSITY PRESS

Shaftesbury Road, Cambridge CB2 8EA, United Kingdom

One Liberty Plaza, 20th Floor, New York, NY 10006, USA

477 Williamstown Road, Port Melbourne, VIC 3207, Australia

314–321, 3rd Floor, Plot 3, Splendor Forum, Jasola District Centre, New Delhi – 110025, India

103 Penang Road, #05–06/07, Visioncrest Commercial, Singapore 238467

Cambridge University Press is part of Cambridge University Press & Assessment, a department of the University of Cambridge.

We share the University's mission to contribute to society through the pursuit of education, learning and research at the highest international levels of excellence.

www.cambridge.org
Information on this title: www.cambridge.org/9781009341585

DOI: 10.1017/9781009341622

When citing this work, please include a reference to the DOI 10.1017/9781009341622

First published 2025

A catalogue record for this publication is available from the British Library.

A Cataloging-in-Publication data record for this book is available from the Library of Congress.

ISBN 978-1-009-34158-5 Hardback

Contents

Contributors

Michelle Anagnostou
University of Waterloo

Francisco Cuamea
The Global Initiative Network Member of the Expert Network of the Global Initiative Against Transnational Organized Crime

Benjamin Greer
California Governor's Office of Emergency Services

Sheldon Jordan
Environment and Climate Change Canada

Julius Kaka
The Global Initiative Network

Sofia Käll
SwedWatch

Delon Alain Omrow
Ontario Tech University

Matilda Petersson
Stockholms Universitet

Ascensión García Ruiz
Complutense University of Madrid

Rudolph C. Rÿser
Center for World Indigenous Studies

Peter Stoett
Ontario Tech University

Daan van Uhm
Utrecht University School of Law

Rob White
University of Tasmania

Lowri Cunnington Wynn
Aberystwyth University

Foreword

SHELDON JORDAN

People are remarkably adept at building siloes of specialization to take on "wicked" problems – issues that have many components and no simple solutions. Ecoviolence – and responses to it – are no exception.

Human-influenced climate change is an example of what Michael Toman, the World Bank's former Lead Economist on Climate Change in the Development Research Group and Research Manager of the Sustainability and Infrastructure Team, once described as the "wickedness" of climate change – in terms of the deep uncertainties, profound ethical issues, and even lack of agreement on how best to mitigate shifts in temperatures and weather patterns resulting from human activities (Toman, 2012). Despite overwhelming evidence that greenhouse gas emissions pose significant threats to environmental sustainability and human security, coordinated efforts to address these risks in a timely manner seem few and far between. Indeed, the wickedness of this problem has much to do with political and institutional apathy mixed in with competing social and economic interests at many levels. Likewise, we tend to overlook the deeply wicked problem of ecoviolence when we speak of environmental issues.

Not everything that is harmful is illegal – this is illustrated in Yingyi Situ-Liu and David Emmons' (2000) distinction between the *strict* legalist perspective and the *social* legalist point of view. While the first views environmental crime as an unauthorized act which violates the law and therefore subject to prosecution and sanction, the second reveals that certain acts may not violate the letter of the law, but may warrant the popularly understood label of 'crime' because of their deleterious effects on the environment and human beings. But what of harm and ecoviolence? We often look at criminalizing – or regulating – harms based on their parts rather than their sums. It often comes as a frustration to practitioners who are trying to take on an issue, knowing they are only one tool among many others that are also required to fix the problem.

No problem walks alone. When we speak of ecoviolence, we often refer to the act of putting bad things into the environment (e.g. pollution) or taking good things out (e.g. illegal harvest/trade). The intersection between ecological destruction (or ecocide) and the exploitation of human beings requires new paradigms to address the wickedness of ecoviolence. The policy goal governments have is to reach a balance that is "sustainable" enough to generate wealth without depleting the resource to the point that it cannot regenerate itself.

In my view, ecoviolence and its mitigation is interesting to look at as a wicked problem. It is most often committed for money: either *to make it*, such as harvesting and marketing fish or timber illegally – or *to avoid spending it*, like not installing due diligence systems (and backups) for controlling polluting emissions. However, a constant challenge is that environmental law enforcement agencies are typically small, with a tightly defined and narrow mandate that does not include every harm (or collateral issues caused by the harm). This can be a challenge. For example, while environmental crimes generate massive amounts of money globally (estimated upwards of USD 250 billion in 2016), expertise in the sister area of financial investigations is usually housed in money laundering police units or in taxation departments, that usually have different enforcement priorities than environmental crime agencies. Wicked problem, meet siloed approaches.

In another example, overfishing by fleets in international waters is often done using vessels under a third country's "flag of convenience" and too often involves modern slavery, along with a lot of other shadowy practices. But taking this on is too complex for one agency or even one jurisdiction (assuming that there *is* a political will in a jurisdiction to take it on). Even Interpol, which I was involved with for over a decade, struggles with some of these challenges as it most often receives donor funding to help countries (usually developing) with certain "crime types," period. Environmental enforcement programs are not funded to address the underlying issues of organized criminals responding to market demand for inexpensive food, by any means possible including a multiplicity of other legal and unlawful practices.

There are also other impacts of environmental harms that are not – or cannot be – regulated or criminalized. The clearing of the vast plains of North and South America in the nineteenth and twentieth centuries in the name of developing sufficient food production has had huge environmental impacts, changing ecosystems forever. It also condemned Indigenous communities to being marginalized to this day, both geographically (on reserves; in poverty) and culturally (structural and social racism). Again, a wicked environmental problem with collateral consequences that no one tool can hope to find solutions to. And while the environmental damage, and the *ecoviolence*, are not illegal in this example – in fact it was encouraged by multiple governments for over a century – its offspring include a host of social, economic, and other issues – often resulting in criminalized behaviors – that plague local societies to this day.

That is not to say things are lost: there is an increasing recognition of the benefits of reaching across silos. As an example, in the 2010s, Canada was under a great deal of scrutiny with regards to its management and trade in polar bear, a species that is threatened by climate change but is of significant cultural and economic importance to the Inuit peoples of the Arctic. In short, there was pressure from numerous countries and (mostly European) civil society groups to stop the international trade in this species under the Convention on the International Trade of Endangered Species of Wild Flora and Fauna (CITES). While the economic and conservation effects of a trade ban would be minimal by global economic standards, under CAD 2 million annually in 2019, the impact on thousands of people in remote communities, where subsistence and guided hunting is a necessity while other economic opportunities are rare, would be tremendous. To complicate matters, between 2009 and 2013, the price of good-quality polar bear pelts at auction in southern Canada more than quadrupled from CAD 5,000 to nearly CAD 25,000, increasing the incentive for unlawful actors to engage in illegal trade (the prices have since fallen significantly). Also, there was the recent memory of European bans on the import of seal pelts, which had devastating impacts on the local economy further increasing suspicions of communities that polar bear trade bans were targeting them unfairly. To take on this issue, Federal, provincial, and territorial governments engaged with Indigenous communities to collaboratively improve species science and management, better track kills and trace trade, as well as improve compliance and enforcement to ensure that the resource would be there both now and for the future. It took a lot of work, and there were challenges and disagreements along the way, but in the end, this has been a real success story with better-informed conservation strategies for sustainable harvest and tightly managed legal trade to help identify cases of noncompliance.

A second example is the International Coalition to Combat Wildlife Crime (ICCWC), which brings together the expertise of five intergovernmental organizations to help countries implement strong legal frameworks, augment enforcement capacity, and support multilateral operations. The UN Office on Drugs and Crime is responsible for developing high level analysis to influence policy discussions, such as legal frameworks around environmental exploitation internationally and in member countries. It also trains members of the judiciary and prosecutors to ensure the impacts of environmental crime are taken into account when cases are brought to court. Interpol and the World Customs Organization provide support to frontline officers through training, information sharing, assisting in investigations as well as through coordinating global operations, such as the annual Operation Thunder law enforcement campaigns launche din 2017 (which, in addition to countering wildlife and forestry crime, often result in collateral investigations into illegal drugs and currency crimes). The CITES Secretariat provides overall coordination to the Coalition as well as expertise on trade in goods under that Convention. Efforts such as ICCWC would not exist were it not for visionary people thinking outside of silos, to create polyvalent approaches to help reduce multipronged problems. We need more of them.

But even the successes in creating strategies against ecoviolence only take into account part of the problem. There are no global strategies to counter human exploitation in the illegal fisheries, mining, and forestry sectors. Gender impacts of the illegal wildlife trade is just beginning to gain attention (Seager, 2021). And despite being the focus of lots of attention during the first months of the global COVID-19 pandemic, global health and environmental crime appear not to be joined in the public discourse very much anymore.

Crime and other harms frequently converge in the field of the environment, with often devastating effects for individuals, for local communities and for the Earth itself. Policy responses, being crafted by humans (who are good at building silos), are often directed to individual issues in the hope that it has some impact on the wicked problem that the policymaker knows exists, but likely has limited resources and/or mandate to take on. I had the good fortune, in my former role as Director General of Wildlife Enforcement for the Canadian Government, to participate in the 2021 event organized on human exploitation and environmental crime that inspired my colleagues to write this book. I hope that the information in the chapters motivates you to look at issues of environmental crime and ecoviolence horizontally. These are complex situations, and we need all the tools possible to understand them so that we can take them on successfully – to reduce the harm they cause.

References

Seager, J. (2021). *Gender and Illegal Wildlife Trade: Overlooked and Underestimated.* WWF.

Situ, Y., & Emmons, D. (2000). *Environmental Crime: The Criminal Justice System's Role in Protecting the Environment.* SAGE Publications.

Toman, M. (2020, July 27). *A Wicked Problem: Controlling Global Climate Change.* World Bank. www.worldbank.org/en/news/feature/2014/09/30/a-wicked-problem-controlling-global-climate-change#:~:text=Toman%20described%20the%20task%20of,problem%20is%2C%E2%80%9D%20said%20Toman.

Foreword

RUDOLPH C. RŸSER

For the last 60,000 years, the human species has emerged as the most successful of the animal kingdom, outlasting thousands of species, many of which have gone extinct in just the last 100 years. The Paradise parrot in Australia, the Sicilian wolf, the Tasmanian tiger, and many others are extinct due to the destruction of habitat, overhunting, poaching, deforestation, climate change, disease, environmental change, and more resulting from human rapaciousness.

As the world's Indigenous peoples occupied new lands and eventually began to colonize already settled lands unfamiliar to the immigrants, new rules of conduct governing behavior and political authority were introduced. Customary laws of the original occupants of the world's lands evolved due to the dynamic human interaction with the environment based on the Earth's capacity to restore life naturally. With the spreading industrial revolution, however, customary laws were pushed aside in favor of laws that expanded consumption and human demand. Laws promoting consumption, expansion, and population growth became the forces for destroying the balance between human needs and Earth's capacity to restore life – a process now called "ecocide" – the foundation concept of ecoviolence studies.

Writing in his 1975 book introducing the concept of ecocide, Scottish biologist and activist Arthur Galston turned to the spirit of ancient laws and wrote with alarm:

> Ecocide is not only a new concept for criminology, it is also a new challenge for international law. It requires a new approach to the relationship between humanity and the natural world, a recognition that we are part of a larger ecological system and that our actions have consequences that extend far beyond our own immediate interests. It requires us to think not only about our rights but also about our responsibilities, to recognize that we have a duty to protect and preserve the natural world for future generations. (1975, p. 14)

Galston introduced into contemporary consciousness the necessity for the more than 300-year assault on Mother Earth to end. Moreover, Galston's words called attention to the necessity for humanity to self-control through the institution of laws and measures to enforce laws to halt what, by all measures, constitutes a form of mass suicide – a concept recognized in ecoviolence studies.

The Scottish barrister, author, and environmental lobbyist, Polly Higgins (1968–2019) introduced a proposed law in 2010 for the international community to recognize and institute "ecocide" as a crime against humanity. When she sought political support for an ecocide law building on Galston's work to amend the Rome Statute (2002) she described "ecocide" as the extensive damage to, destruction of or loss of ecosystem(s) of a given territory, whether by human agency or by other causes, to such an extent that peaceful enjoyment by the inhabitants of that territory has been severely diminished (Higgins et al., 2013, p. 9).

Her efforts were met with objections and derision; a law against ecocide was considered unenforceable by international lawyers and officials of international organizations and governments. Proclaiming the often used "protection of sovereignty and territorial integrity" defense by states and the incorrect assertion that ecocide has little or nothing to do with "genocide," Higgins' courageous efforts were stalled and even blocked. Higgins wanted Indigenous peoples to join her efforts, and some leaders did, as did I. For a brief time before her death Polly Higgins worked with my organization, the Center for World Indigenous Studies, to actively establish an international mechanism to prevent ecocide and hold accountable extractive industries exploiting Indigenous nations and their ancestral territories. The obstacles posed by state bodies, and the narrow conceptions of genocide offered in the 1948 Genocide Convention on which the Rome Statute is based, joined corporations and governments asserting that the economic wealth produced by the exploitation of oil, minerals, metals, forests, grasslands, rivers, and oceans far outweighed the need to make destruction of the environment and human societies a crime.

Ecoviolence Studies: Human Exploitation and Environmental Crime continues the process of challenging that narrative. Its chapters demonstrate the validity of Galtson's and Higgins' prophetic works. Stoett and Omrow have arranged a volume which discusses various aspects of ecoviolence and its intersections with different forms of exploitation, highlighting existing strains of inquiry that examine the confluence of ecocide and (super)exploitation, such as forced migration/environmental refugees, human trafficking, human rights abuses related to resource conflicts, gendered violence related to environmental scarcity and forced labor, illegal fishing and sea slavery, patterns of slavery in mining and agriculture, toxic waste dumping by organized crime, and transnational pollution dumping. The authors conduct wide-ranging research into ecoviolence as a product of resource exploitation, including extraction of subsurface minerals and metals, trafficking of wildlife and resources for profit, and the role of climate change in growing human violence and involuntary migration. The chapters reinforce the notion that these issues are not isolated but rather are profoundly intertwined, with one fueling the other. Through case studies and analysis, the authors shed light on the consequences of environmental crimes and their impact on human well-being, illustrating significant elements of ecoviolence studies. The book also raises concerns about the impact of "green colonialism" and violations of Indigenous peoples' rights in pursuing a greener economy.

As a discipline, ecoviolence studies offers potential research pathways and subject areas in the highly nuanced relationship between ecocide and broader social harm analysis – whether in the form of human trafficking and wildlife trafficking; emergency management during and after disasters; forced labor and labor abuses in the sustainable seafood movement; illegal mining; agriculture, urbanization, industrial activities; carbon criminality; and, lastly, minority language death. While seemingly unrelated, these issues are brought together through the field of ecoviolence studies.

References

Galston, A. W. (1975). Ecocide: a new concept for criminology. *Criminology*, 13(1), 1–16.

Higgins, P., Short, D. & South, N. (2013). Protecting the planet: a proposal for a law of ecocide. *Crime, Law and Social Change*, 59(3), 251–266.

Preface and Acknowledgments

This book was conceived largely during a conference held at Ontario Tech University, where we both teach and research. A previous co-authored book entitled *Transnational Spheres of Ecoviolence* (Palgrave Macmillan, 2021) set the stage for more detailed case study work on the links between violence against nature and the exploitation of human beings and communities. As we explain in Chapter 1, putting these two regrettable aspects of contemporary life together is hardly an innovation, but we are adamant that the time has come to firmly establish an interdisciplinary field dedicated to their formal study, and we hope this text will offer a serious contribution to its development.

We are very grateful to all the authors featured in this text, many of whom have waited far too long to see their work published. Funding for various related projects came from the Social Science and Research Council of Canadian Institute for Advanced Research. Special thanks to the decanal staff at Ontario Tech University and in particular Peter's Executive Assistant, Ms. Kirstie Ayotte. There are far too many colleagues to thank for input and related conversations over the past years, but many of them are cited in these pages one way or another. And as always we thank our own families and partners for their support and inspiration.

We are grateful to the editorial team at Cambridge University Press for their patience and unwavering commitment to the cause, in particular Maya Zakrzewska-Pim, Editorial Assistant for Earth and Environmental Sciences. Thanks also to Martin Tribe for careful yet expeditious copy-editing.

Finally, this volume has an unusual feature: two Forewords, written by two outstanding individuals who have dedicated their lives to conserving nature and protecting the rights of those immediately dependent on it. The first was penned by our dear colleague Sheldon Jordan, former Director-General of Wildlife Enforcement with Environment and Climate Change Canada; he also served on

Interpol's Wildlife Crime Working Group amongst many other considerable achievements. He is a knowledgeable and ferocious opponent of environmental crime.

The second Foreword was written by Rudolph Rÿser, author of *Indigenous Nations and Modern States* (Routledge, 2012), founder of the Center for World Indigenous Studies, and the Editor in Chief of the *Fourth World Journal*. We were saddened to learn of his sudden passing in October of 2023, and honored that one of the last things he wrote was a foreword to this volume. We dedicate the book to all the Bear Clan and everyone else who sees the protection and security of nature and the communities living in it as their primary priority.

1

Ecoviolence Studies and Human Security

PETER STOETT AND DELON ALAIN OMROW

1.1 Introduction

Building on a recent publication (Stoett & Omrow, 2021) this edited volume is intended primarily as a contribution to the evolving field that we will refer to as ecoviolence studies. The field covers a wide variety of themes, challenges, questions, issues, policy designs, and theoretical implications. While the term ecoviolence had gained some popularity in a limited fashion in the 1980s and 1990s, referring primarily to violence that erupts over conflicts related to natural resources – in particular, access to resources contested along sectarian grounds – we use it in much broader fashion and argue that its resurgence as a field of social science is as timely as it is unfortunate. The threats to planetary health that animate activists and state diplomats alike today – the interconnected climate, biodiversity, and pollution crises, amongst other manifestations of modern capitalism and colonial histories as well as contemporary paths to violence – are violent affairs.

Readers will find an eclectic collection of chapters that contribute to a contemporary discussion of ecoviolence as an impactful aspect of agential and structural violence. The claim for ecoviolence studies as a distinct area of scholarship is deliberately provocative: we acknowledge that some of the issues dealt with in this book draw upon related green criminology scholarship but hold that this subfield of criminology can also be constructively conceived as a subfield of Ecoviolence Studies. Importantly, all of the chapters that follow can also be situated within a broadly conceived human security framework, one that focuses on the emancipatory project of freeing the individuals and communities from systemic oppression and structural violence. We readily embrace the significance of human–human exploitation in the overall conception of ecoviolence. Many would argue exploitation (and, in the case of some Marxist analyses, [super]exploitation) is the driving cause of scarcity, hunger, and anger in the world today. In line with ecofeminist analysis, we see entwined forms of exploitation (class, racial, and gender amongst them) as central to the environmental harm perpetrated by both market forces and the state today.

This introductory chapter begins with an exposé of the field of Ecoviolence Studies and then discusses the volume to follow.

1.2 Ecoviolence Studies Revisited

Ecoviolence is conceived here as the confluence of both *agential and structural violence* associated with environmental harm (in its most harmful form, ecocide) and human–human (super)exploitation. We affix the term *studies* to indicate a multidisciplinary field of inquiry, which covers a wide range of thematic issues, linked by the commonality of ecoviolence; many of these themes are also explored under the rubric of other specializations. We are not making the ambitious claim that ecoviolence studies have or will transcend multidisciplinarity to achieve interdisciplinarity or, even more ambitiously, transdisciplinarity, though this is an enticing possibility. But as the diversity of the authors assembled for this edited volume suggests, it is a theme that brings together scholars from a wide variety of disciplines and professions.

Agential violence is perhaps most easily represented by the World Health Organization's definition: violence is "[t]he intentional use of physical force or power, threatened or actual, against oneself, another person, or against a group or community, that either results in or has a high likelihood of resulting in injury, death, psychological harm, maldevelopment or deprivation" (WHO, 2002). We move toward structural violence at the end of the WHO definition. However, intentionality aside, much of the "slow violence" (Nixon, 2011) experienced by vulnerable populations is beyond the will of any individual. Agential violence is deliberately inflicted by an agent, be that a person or a government or a corporation; it is usually conceived as violence against a human but it can also be violence against the environment, such as warfare-related ecocide, ecological sabotage, environmental crime, and the deliberate harm and neglect of animals (according to some animal rights advocates, all forms of farming, for example, are violent).

Structural violence, a term championed by Johan Galtung (1990) and many others, suggests a much more intractable source of harm: sociopolitical structures that are passed on from generation to generation, that not only ensure millions of humans live in suboptimal conditions, but that perpetuate unsustainable resource use and pollution in the process. Some scholars such as Kurtz (2021) have revisited Galtung's triangular model of violence (comprising direct, structural, and cultural violence), calling for researchers to tear down the disciplinary silos so that Galtung's triangle can be transformed into a diamond with the addition of ecoviolence as a field of study. Kelkar (1992, p. 21) suggests that violence includes "exploitation, discrimination, unequal economic and social structures, the creation of an atmosphere of religiocultural and political violence," including gender-based violence against women, reinforcing its structural nature.

The distinction between agential and structural violence is all the more complicated when we consider the links between ecocidality and suicidality (an issue further explored in Chapter 5). The World Health Organization has explored the benefits of "greenness" on reducing suicide mortality rates and the data is quite clear: where we live can affect our mental health and exposure to "green spaces" is often limited to many as a result of nature being perceived, accessed, and used differently by people of different socioeconomic, ethnic, racial, and cultural backgrounds. Suicide, therefore, should be studied from a social, historical, and ecological standpoint (Widger, 2018). If neoliberal, free trade policy is also considered, the distinction between agential and structural violence is further exacerbated. One need only reflect on the proliferation of Western biotechnology in India and the increase of suicides among farmers as a direct result of Monsanto's commercialization of GM seeds; patent control; terminator technology; high-interest loans; and increased production costs for local farmers. Thomas & De Tavernier (2017) argue that there is a link between the economic factors associated with biotechnology cultivation and farmer suicide, as the country has witnessed approximately 300,000 farmer suicides over the past two decades (Mishra, 2014; Philpott, 2015). Critics of biotechnology have dubbed these genetically modified organisms "Seeds of Suicide, Seeds of Slavery, and Seeds of Despair" (Shiva & Jalees, 2006; Shiva, 2013).

In 2017, an Atayal farmer in Taiwan violated the country's Soil and Water Conservation Act by excavating a piece of land and was forced to pay a fine of NT$140,000 (approximately $4,700 USD). Faced with economic hardship and poor physical health, the farmer committed suicide – a practice which is widespread among Indigenous communities in Taiwan. Singer (2016) argues that the relationship the Atayal have with nature is based on what he refers to as "pluralea interactions," which are interactions based on a dynamic system of interwoven environmental crises and their effects on human health. With the Indigenous people of Taiwan being consigned to the margins of society during the country's rapid economic growth and Han-owned corporations embezzling their land, "pluralea interactions" help explain the correlation between the usurpation of Atayal dwelling sites and habitats and suicidality among the local communities (Chen et al., 2008).

Chantal Persad's (2017) analysis of the suicide crisis and state of emergency in the Attawapiskat First Nations community in Ontario, Canada, engages in a critical theoretical discussion of the neoliberal political economy and suicidality among teenagers in Attawapiskat. For Persad, the link between settler-colonial violence (ecocide) and suicide is clearly delineated through the legitimization of neoliberal, settler-colonial strategies of land theft and dispossession in Canada. Even more, the media's coverage of the tragedy reveals how humanitarian efforts and governance perpetuates tropes of settler colonialism through the pathologization of Indigenous peoples' lived experiences of "trauma" and "mental illness" (Persad, 2017). Murdocca (2020), similarly, examines the political genealogy of humanitarian governance in White settler colonialism, and reveals how racial colonial violence is (re)produced in public and media discourse, with the state ignoring its obligations under the Truth and Reconciliation Commission and the 94 Calls to Action.

Is the violence resulting from the ecocidality–suicidality nexus agential or structural? Westra (2008) offers a thoughtful articulation of the intersections between the "cultural integrity model" and the "self-determination model" (Anaya, 2004; Metcalf, 2004) in her book *Environmental Justice and The Rights of Indigenous Peoples*. Westra revisits both models, asserting that scant attention has been paid to another model which is foundational to the rights of First Nations: "the biological/ecological integrity model." This model addresses the right to life, health and normal functions. In other words, "cultural integrity" and "self-determination," both of which are pivotal in safeguarding Indigenous peoples' inalienable rights, are contingent on the sustainability of "biological/ecological integrity" which aims to bring an end to the (super)exploitation of Indigenous peoples. As the research above demonstrates, "biological/ecological integrity" is impacted by the ecocidality/suicidality nexus and must be integrated into a comprehensive, and intersectional, analysis of Indigenous peoples' connection to land and, more broadly, the geopolitical environment.

The preceding discussion of the ecocidality–suicidality nexus serves to remind us how complicated it is to branch out from more typical perspectives on ecoviolence, even if they were centered to some degree on human security concerns. Obviously, we consider human–human exploitation a form of violence, though of course there are remarkably differing perspectives on just how violent this is. Marxists, for example, remind us that capitalism itself is based on the acceptance of exploitation as the foundation of an entire mode of production. Marxist thought has also undergone many transformations, resulting in nonlinear critiques of capitalism through structural Marxism, neoMarxism, feminist Marxism and postMarxism. Scholars such as Bonds & Inwood (2016), Bosworth (2018), and McCreary & Turner (2018), offer an uncompromising analysis of the relationship between race and capitalism. How might racialized difference and capital accumulation engender ecoviolence, especially in historical and contemporary frameworks of analysis? Ecoviolence studies offers theoretical and political promise to better understand (super)exploitation and its undeniably egregious connotations. Such frameworks denote abject harm; in short, threats to human security, another theme we will return to soon.

In the recent past, ecoviolence referred more generally to conflicts that erupt in protracted violent episodes largely over the distribution of natural resources. This particular form of ecoviolence was seen primarily as a function of scarcity, inept or corrupt governance, and violent cultural trends. Homer-Dixon and Blitt's book (1998) *Ecoviolence: Links Among Environment, Population and Security*, was a clear example – it explored links between environmental scarcities of key renewable resources such as cropland, fresh water, and forests, and violent rebellions, insurgencies, and ethnic clashes in developing countries. Detailed contemporary studies of civil violence in Chiapas, Gaza, South Africa, Pakistan, and Rwanda demonstrated how environmental scarcity has played a limited to significant role in causing social instability in each of these contexts. Indeed, as we write these pages, a real-time catastrophe is unfolding in Sudan, where years of climate change-induced flooding have ravaged rural regions and a near-civil war is breaking out between military factions during the tumultuous climb toward democracy. No doubt there are links between environmental change and conflict and violence that need to be explored if humanitarian efforts are to be based on factual understandings of context.

However, the early Homer-Dixon research (sometimes referred to as the "Toronto School") also demonstrated that the causal relationships between the environment and societal unrest are considerably more complex than is widely presumed, opening new avenues of interrogation into ecoviolence, exploitation, and human security. No doubt natural resources can be the heart of what Le Billon termed the "political ecology of war" (Le Billon, 2001). Yet Conca and Wallace suggest that "much of the eco-conflict literature has invoked 'scarcity' without paying attention to how social relations create the condition for resource capture or other forms of social scarcity . . . the precise mechanisms by which resource wealth may induce or sustain violence remain disputed" (Conca & Wallace, 2009, p. 488; see also Gleditsch & Urdal, 2002). Ezenwa (2022) echoes the nuanced complexities of harm by suggesting that ecoviolence serves as umbrella terminology to gain greater insight into "conflicts in which competition for water and agricultural resources occurs within or between social groups or state actors, often resulting in mass murder and destruction of the environment and properties; such conflicts are exacerbated by the states' failure to address resource redistribution challenges, institutional failures, and environmental and social injustice." According to such an expanded definition, ecoviolence encompasses myriad dimensions of conflict and shifts our focus from the identities of warring social groups to the structural drivers of this type of violence: *state-initiated* and *state-facilitated* forms of state–corporate crime; insecurity, climate change challenges, and "resource captures" – to name a few. This expanded definition forces researchers to consider the links between ecoviolent behavior and mass murder, human displacement, sexual exploitation, ecological destruction, and social injustice. However, lest we conflate "the state" with governments, we should recall that other actors are also agential. For example, the role of multinational corporations investing in deforestation is depressingly widespread. Even small-time criminals are part of the equation; for example, as discussed in Chapter 3 the increased violence against women perpetrated during natural disasters is largely at the hands of human traffickers. This is not to deny the centrality of the state, as a mechanism of power and control and site of contestation, but to argue that other institutions or even individual agents are often as complicit, and that the pursuit of human security will need to include them in the overall assessment of related praxeology.

Ecoviolence studies as conceived here is animated by concepts and processes that inform policy and galvanize justice-demanding action, but as a multidisciplinary field it also explores explanations of root causes including physical, structural, and cultural forms of harm. Though lessons from historical cases and structures are vital, we are generally concerned with the present situation, and given the urgencies involved (human suffering and ecosystem collapse) it is no surprise that those engaged will seek strategies to prevent, end, and transform ecoviolence, and to present approaches to promote structural, ideological and institutional change at the local, national, and global level. Micro (individual) and macro (state/corporate-centric) ecoviolence warrant a new analytic lens for theorizing ecocide and (super)exploitation.

We borrow liberally from criminology, not only because environmental crime is a foremost form of ecoviolence but because the state–corporate nexus is so prevalent in large scale environmental harm. The most harmful (or in this case, ecoviolent) acts are committed through the exercise of economic, political, or cultural power; even when criminalized, those responsible receive less severe sanctions than "criminals" from less powerful groups (Michalowski, 2018). Michalowski & Kramer's (2007) groundbreaking work on state–corporate crime (or state-facilitated corporate crime) explore how unlawful acts were redefined as permissible ones so that corporate and political actors could threaten the health, well-being, and natural development of both humans and ecosystems. Whether it is through regulatory rollbacks which seek to minimize the regulation of harmful corporate behavior or powerful transnational corporations exercising pressure over nations seeking foreign investment so that they can engage in environmental degradation and forms of labor exploitation, the concept of state–corporate crime serves as an analytic framework for studying violence resulting from the intersection of political and business interests (Michalowski & Brown, 2020). Relatedly, Aulette & Michalowski (1993) highlight instances where government omissions lead to private businesses perpetuating forms of violence – most of which end up fulfilling state policies. Over the years, the concept of state–corporate crime has included both *state-initiated* and *state-facilitated* forms of state–corporate crime, a promising development for explaining micro/macro ecoviolence.

Indeed, extant green criminology scholarship, pioneered by Rob White and others (see White & Heckenberg, 2014) offers fertile ground for developing a framework for ecoviolence studies. For example, Brisman & South (2018) explore the "Anthropocene" and ways in which we understand the relationship between humans and nature. For them, the anthropocentric acceleration of the exploitation and appropriation of the environment must be seen as criminogenic, with implications for what this may mean for the idea of "security". How might this exploitation extend to humans, too? How might an analysis of agential and structural violence aid our theory of the "Anthropocene"? Holley & Shearing (2018) also provide an overview of criminology's contribution to the analysis and debate that flows from the Anthropocene, discussing ecocide in the context of climate change. Drawing on green criminology and regulatory studies, the authors reflect on what the criminalization of business conduct that breaches ecological limits would look like.

Crook et al. (2018) adopt a green criminology lens to explore parallel processes of exploitation and injustice in relation to nonhuman species and/or aspects of the natural environment. Specifically, the authors examine how ecocide, genocide, capitalism, and colonialism impact Indigenous peoples and on local and global ("glocal") ecosystems. However, the structural violence of colonialism and capitalism are not explored, obfuscating historical systems of governance and economic systems have led to systemic harm and inequality. Givens et al. (2019) review the theory of ecologically unequal exchange and its relevance for global environmental injustice, paying particular attention to international trade and how it shapes the unequal distribution of environmental harms and human development. Such a world-systems analysis, however, neglects the human–human (super)exploitation embedded in the ecological unequal exchange theory. Banzhaf et al. (2019) document the correlation between pollution and race and poverty, identifying inequitable exposure to environmental hazards and the implications of modeling choices as they relate to spatial relationships between polluters and residents. Undoubtedly, this type of work is situated in the realm of environmental justice and green criminology; however, the authors do not address the agential and structural violence of disproportionate siting of Black, Indigenous and racialized households, market-like coordination of such zoning, or discriminatory politics and/or enforcement.

Kramer (2020) pursued research on "carbon criminals" from a green criminological perspective. The author asserts that the criminal nature of environmental harms resulting from the release of greenhouse gas demands greater accountability in the fossil fuel industry, but also the US government, and the international political community. One facet of research that Kramer does not engage is an exploration of how agential and structural violence occurs when considering state–corporate climate crimes, or continued extraction of fossil fuels and the political omission (failure) related to the mitigation of these emissions. Lastly, Nurse (2022) argues that green criminology allows for the study of criminal laws and environmental criminality – including widespread environmental harm and the exploitation of nature. While environmental crimes (and overall harm) produce long-lasting and irreversible effects, the effectiveness of environmental enforcement is brought into question, especially in global neoliberal markets. The author contends that profit-driven economies and anthropocentric attitudes toward the environment lead to the exploitation of natural resources, but does comment on human–human (super)exploitation – an issue we believe to be tied to ecoviolence during the Anthropocene. Indeed, we humans are part of the "earth-system" as a whole and *agential and structural violence* by the hands of a few impacts not only the environment, but millions of peoples across the globe.

On a more theoretical plain, ecoviolence can be linked to different forms of colonial oppression, as evidenced in Agozino's (2005) analysis of colonial legacies in West Africa. Violence in West Africa, along with militarization and social control over people and resources, is a function of the consequences of imperialism in the colonial and postcolonial eras. Parsons & Fisher (2022), on the other hand, examine the history of settler-colonialism and how settler-colonial-led policies and projects led to environmental injustices in New Zealand. Environmental transformation efforts to remove native vegetation, drain wetlands, introduce exotic biota, and re-engineer waterways contribute to intensifying incidence of floods; and while flood risk management regimes were introduced to mitigate floods, the Maori interpret such interventions as far more destructive (socially, economically, and spiritually) than flood events. In fact, the authors argue that the reconfiguration of rivers (and of people) in accordance with settler values and imagined geographies constitute acts of ecoviolence.

In a recent publication, we explored several of what we termed the "spheres of transnational ecoviolence" centered on criminal and noncriminal acts of aggression against the environment that also have a pronounced human exploitation component (Stoett & Omrow, 2021). The book focused mainly on the illegal wildlife trade (animals and plants, two quite diverse fields), toxic waste dumping, oceanic crimes, and climate crimes as examples of transnational ecoviolence; transnational because these acts usually entailed the crossing of borders in the modern international state system. To quote briefly from that book, "transnational ecoviolence is not sporadic or spontaneous; it is agential, but driven by the structural political economy of global markets; it is deliberate and designed and generally profitable with low risk of punishment and it is facilitated by the structural violence of inequity, racism, sustained conflict, and other forms of human insecurity" (Stoett & Omrow, 2021, p. 24). We also looked into various possible responses to transnational ecoviolence, ranging from state intervention and regulation, militarized responses (the new "green militarization") (Lunstrum, 2014), represented by the "anti-poaching arms race" (Duffy, 2010, 2014) – clearly, human security must be a priority if we are to avoid making a bad situation worse for vulnerable groups caught in the web of transnational ecoviolence (see Duffy et al., 2019); high tech responses, which are often portrayed as the most promising but present their own problems. We also discuss the role of international courts (real, and imagined), and Earth jurisprudence as an emerging approach with an old pedigree. This volume contains case studies that will raise many of these possible coordinated responses, but it is readily apparent that there is no single answer to the multifaceted task of reducing or eliminating ecoviolence in the human future.

While there is no shortage of literature and investigative journalism that examines environmental harm, and similarly there is ample evidence of human rights abuses in all regions of the world today (with the exception perhaps of Antarctica), there are limited efforts to bring these two phenomena together, to explore the intersection between human exploitation and the deliberate harm resulting from illegal ecosystem exploitation, taking place on a transnational scale. And yet it is increasingly obvious that this is a tremendously deleterious and common intersection, and that efforts to stem the tide of climate change, for example, need to consider environmental crime and illicit activity as well as formally registered greenhouse gas emissions. Everyone's human security is therefore threatened by ecoviolence, though some are more directly threatened than others, especially those trapped in cycles of ecoviolence, or in slave or bonded labor on land or sea, or living in Indigenous communities whose way of life is threatened by invasive alien species, resource extraction, overfishing, sea level rise, and other existential threats. Framing this intersection explicitly as a place of violence helps the reader understand both the gravity of the situation, as well as the need to pursue a new green/blue human security in order to achieve transformative change.

Beyond the eco-conflict literature discussed earlier, several strands of inquiry already exist that examine aspects of the ecocide–exploitation confluence. These include forced migration/environmental refugees (see McNamara, Bronen, Fernando, & Klepp, 2018; Afifi & Jager, 2019); human trafficking (Dung & Avwunudiogba, 2021); human rights abuses related to conflict over resources (Oluduro, 2014); gendered violence related to environmental scarcity and forced labour, such as coerced sex work (Kempadoo, 1999); illegal, unreported, unregulated fishing, and sea slavery (Field, 2014; Urbina, 2019); more general patterns of slavery in mining, agriculture, and other industries (Mol, 2017); and toxic waste dumping by organized crime that also exploits local citizens and exposes them to unusual hazards (Kitt, 1995; Peluso, 2016). No doubt, this list of terrors can go on for quite some length before we have exhausted the possibilities.

Bales (2016) may have written one of the more arresting treatments of ecoviolence through his contention that ecocide and slavery are hand-in-hand, contributing vastly to climate change. His book explores how environmental destruction denies people traditional livelihoods, opening them to exploitation. The author outlines a pattern: where slavery exists, so does massive, unchecked environmental destruction. Documenting the lives of modern-day slaves along the global supply chain, the author lays bare lawless zones of activity which perpetuate human exploitation: unfree labor via illegal tropical logging, wildcat mining for gold and other minerals, reckless fishing, etc. Some critics have accused Bales of presenting "naked guesswork" when ascribing 40 percent of global deforestation to slave labor; and he's been (unfairly, as he does not do this) criticized for publicizing the assumption that if modern slavery disappeared, deforestation and other environmental destruction would also end. Nonetheless, the historical and current links between slavery and environmental destruction are a powerful place to start the study of ecoviolence.

Ecoviolence can also include the use of violence by governments or corporations to suppress environmental activism or opposition to environmentally damaging policies or practices. This can take the form of physical violence against activists, harassment, intimidation, or legal action designed to silence dissent. Omrow alludes to this state-led oppression of Indigenous groups opposed to Guyana's current path toward a burgeoning mining economy in Chapter 5 in this volume, and we also stressed this in our co-authored volume (Stoett & Omrow, 2021). The international NGO Global Witness reveals that there is a positive correlation between the climate crisis and violence against those protecting their land. In 2020 alone, 227 lethal attacks were documented in the form of intimidation, surveillance, sexual violence, and criminalization. Colombia, Mexico and the Philippines are overrepresented in the data, with almost 30 percent of the attacks being linked to resource exploitation (logging, mining and large-scale agribusiness), and other development projects (Global Witness, 2021).

This trend shows no signs of abating, unfortunately. According to a 2023 report by Global Witnessentitled *Standing Firm: The Land and Environmental Defenders on the Frontlines of the Climate Crisis,* at least 177 defenders were murdered in 2022. This brings the total number of documented killings to 1,910 since 2012, the year the organization started to investigate this matter. What is more unnerving is the fact that 1,390 of these murders occurred during the time the Paris Agreement was adopted and the end of 2022. When we disaggregate the data through an intersectional lens, women were subjected to 11 percent of the reported attacks, while 36 percent of those murdered were Indigenous peoples. Seven percent were Afro-descendants and more than 22 percent were small-scale farmers. Lastly, at least five children were murdered last year, highlighting the dastardly acts of the perpetrators.

As of 2023, Columbia remains particularly concerning, as the country accounted for 88 percent of these murders. The data reveals that Indigenous peoples, Afro-descendant communities, small-scale farmers and environmental activists are disproportionately targeted by organized crime groups and land invaders. Mexico, on the other hand, remains an anomic state, with 31 murders recorded in 2022, 16 of which included Indigenous peoples, and four lawyers (Global Witness, 2023). In Brazil, land defenders face hostility from former president Jair Bolsonaro's government and the administration's neoliberal policies which have accelerated the exploitation and destruction of the Amazon rainforest. In fact, more than one in five of the 177 killings recorded in 2022 happened in the Amazon. In particular, Pará is the most violent state for land defenders in Brazil. This is, undoubtedly, due to the legacy of destructive mining since the late 1970s. According to Global Witness (2023), illegal mining in the Brazilian Amazon alone has increased by 1,271 percent over the last 35 years. Bolsonaro's platform and geopolitics have weakened environmental inspection bodies, incentivising international mining operations on Indigenous territories. The most coveted resource in the Amazon is gold: companies from Switzerland, Italy, South Korea, and the United Kingdom have gone so far to finance improvised airports in exclusive mining areas, eluding regulatory agencies (Global Witness, 2023).

The Observatory for the Defence of Life (ODEVIDA) and the Inter-American Commission on Human Rights (IACHR) also document the murder of land defenders, calling on local governments to consult with defenders of the Amazon so that decision- and policy-making can be guided by principles of free, prior and informed consent (FPIC). Recommendations have also been made to improve monitoring and governance mechanisms aimed at detecting illegal miners and narcotrafficking agents. Lastly, Global Witness is pushing for countries that are part of the Amazon region to ratify the Escazú Agreement, leveraging this international treaty to advance more transparency, and access to information on issues pertaining to environmental justice (Global Witness, 2023).

The unfortunate fate of land defenders seems to be shared with journalists, as demonstrated in the murder of Percival Mabasa, an outspoken radio broadcaster in the Philippines in 2022. Mabasa, who hosted his broadcasts under the pseudonym Percy Lapid, voiced concern over former president Rodrigo Duterte's administration, especially "red-tagging" (a practice of the government publicly labeling protesters and journalists as communists). The Philippines is one of the world's most dangerous countries for journalists, according to the 2022 edition of Reporters Without Borders' World Press Freedom Index (Ore, 2022) and forces us to think about how ecoviolence studies can serve as a theoretical cornerstone of violence.

Another factor that should be kept in mind is that there is a price – perhaps best conceived as an ecoviolent one – for the rising "green" tide. Labeling forested areas as "protected" is hardly progressive if it means Indigenous peoples and local communities dependent on the biodiversity there are denied access. Rare earth minerals and other necessities that are helping drive the technological change necessary to break from our dependence on fossil fuels can in fact be the cause of significant problems as a new form of "green colonialism" takes effect. In fact, during the 22nd United Nations Permanent Forum on Indigenous Issues, Indigenous leaders lamented that the latest climate strategy presented by the West presents grave risks to Indigenous peoples' territories, and resources. The march towards a greener economy perpetuates a *frontier logic* as countries attempt to uphold pledges to keep global warming to 1.5C (2.7F) above pre-industrial levels by 2030 (Monet, 2023). Concomitantly, environmentally driven projects end up violating Indigenous peoples' rights to Free, Prior and Informed Consent (FPIC), a cornerstone of the UN Declaration on the Rights of Indigenous Peoples. Whether it is through mass lithium extraction efforts to supply countries' net-zero strategy to create a domestic supply of electric vehicles, or mining for nickel and cobalt for rechargeable batteries, conflicts in tribal communities in the United States and around the world will ensue. What is more, mining for these minerals can just as easily involve slave and child labor as is entailed in the infamous acquisition of blood diamonds. Deforestation to produce pellets to be fed into distant biofuel plants is hardly a serious improvement over fracking or other forms of extraction.

Perhaps the most glaring example of "green colonialism" and the Western world's wanton violation of FPIC can be found within the historic "loss and damage" fund for vulnerable countries reached at COP27 in Egypt. Indigenous peoples were not referenced in the agreement, despite many world leaders purporting to include Indigenous peoples in mitigation and adaptation climate change initiatives (Monet, 2023). While progress seems to be on the horizon – notably, the creation of the Local Communities and Indigenous Peoples' Platform (LCIPP) in 2019 – some remain skeptical about the impact the LCIPP will have on the "green" tide. It is certain that actions to mitigate and adapt to climate change are welcome, but a steadfast vigilance is necessary less these actions themselves constitute further acts of ecoviolence.

1.3 The Structure of This Book

This book was inspired by a conference we hosted at Ontario Tech University in 2021, entitled *Partners in Crime: A Virtual Conference to Explore the Intersections Between Human Exploitation and Environmental Crime*. Most of the chapters were presented in a very preliminary form at that conference, but all of them contribute to the growing body of literature on ecoviolence, demonstrating clear links between human–human exploitation and ecological degradation and/or climate change. While the conceptual and analytical contours of ecoviolence vary in the chapters of this book, what brings these works together is an expansion on the broad perspective of environmental harm (ecocide) and human–human (super)exploitation, developing the concept within their own case studies. Michelle Anagnostou and Daan van Uhm open with their discussion of the illegal wildlife trade. Scholars have suggested that the high profitability and low risk of detection for participating in the illegal wildlife trade is increasingly attracting the involvement of transnational organized crime groups that previously specialized in other crime types. They conducted a global literature review to understand the various convergences that link the global illegal wildlife trade to multiple forms of human exploitation according to academic and gray literature publications over the past two decades. They found that the illegal wildlife trade is linked to human exploitation in a number of ways, and that convergences have occurred at multiple stages of the human trafficking process across a variety of taxa and wildlife products, including abalone, elephant ivory, rhino horn, tigers, birds, gorillas, and fish, including shark fins, totoaba, and caviar. The types of convergences that link human exploitation and wildlife trafficking include shared smuggling routes, parallel trafficking, geographic convergences, diversification of organized crime groups, forced and bonded labor, common fixers, and shared enabling crimes. They also discuss a number of general similarities between the two types of illegal activities, such as the structures of the organized crime groups involved, and conclude by outlining the implications of the possible growing convergence of human and environmental exploitation.

Ben Greer turns our attention to yet another devastating impact of climate change: the links between natural disasters (some of which are increasing with climate change) and sexual exploitation. Natural disasters create an environment whereby human traffickers may seek to exploit chaos and vulnerability. Traffickers have proven likely to exploit the victims of disaster and/or profit from recovery efforts. In the wake of Hurricane Harvey, the United States Department of Health and Human Services began identifying emergency management personnel as uniquely positioned to identify and report potential human trafficking and trafficking-related suspicious behavior. This chapter seeks to summarize the existing research on this nexus, articulate how traffickers may attempt to exploit displaced persons, and exploit the US and Canadian disaster recovery framework. The chapter concludes by proposing three concrete steps the US and Canadian emergency management agencies can take during the preparedness and response phases of a disaster to increase emergency response system resiliency and mitigate exploitation of those affected.

Matilda Petersson and Sofia Käll address the issue of sea slavery in their chapter. In recent years, slave-like working conditions have been detected in the fishing industry, and scholars have found empirical evidence linking forced labor to illegal, unregulated and unreported (IUU) fishing. These revelations have triggered debates within the sustainable seafood movement and increased public pressure on retailers, fishing companies, governments, and environmental non-governmental organizations (ENGOs) to address the nexus between IUU fishing and forced labor. In this context, it is commonly argued that private governance institutions, such as certification schemes and voluntary initiatives, should address these socially complex problems as part of their efforts to incentivize sustainable fisheries. In this chapter, we focus on two prominent examples of private governance institutions, the Marine Stewardship Council (MSC) and Fishery Improvement Projects (FIPs). We explore the extent to which these institutions have addressed recent concerns with forced labor and compare it to their already existing efforts to combat IUU fishing. We find that both institutions have had a reactive response to address increasing concerns of forced labor, and that their response oftentimes is linked to their efforts to combat IUU fishing. At the same time, these institutions are only beginning to address these problems, and the procedures for doing so are still under development and have so far been met with criticisms from both ENGOs and the fishing industry. They end by discussing their findings in the context of ongoing debates in the fisheries governance literature on the nexus between IUU fishing and forced labor and how to most effectively tackle these problems.

Next, co-editor Delon Alain Omrow offers an analysis of frontier (neo)colonialism with his look into events unfolding in Guyana. Frontier logic refers to a genealogy of multiple and heterogeneous cycles of colonization and dispossession and this chapter will explore the return of a neoliberal frontier logic in Guyana via mining extractivism, and the acceleration of the ecoviolent removal of non-renewable raw materials such metals and minerals, worsening gender inequalities in the form of (super)exploitation. Human suffering and misery becomes more nuanced through an intersectional approach to understanding the experiences of Indigenous women, children and displaced persons crossing the border between Venezuela and Guyana. The frontier (neo)colonialism framework opens new vistas of inquiry into how *frontierism* can be used to illuminate entrenched neo-colonial conditions and how they intersect, animate, and propagate capitalist logics of extractivism and gender-based violence, both of which constitute ecoviolence in Guyana.

Julius Kaka, who works in Africa with the Global Initiative Against Transnational Organized Crime, describes the struggle of Uganda's gold mining sector to formalize and structure Artisanal and Small-Scale Miners (ASM) society, paving way for contentious politics in the industry, and constant disputes between ASM and mining companies and government. Incoherent approaches by the government to legitimize and organize ASM pose challenges to the rights and dignity of artisanal miners. Further, the informal nature of ASM and the context of informality of government in governing gold mining activities exposes artisan miners' communities to wide fronts of exploitation and forced labor. The country's mining laws (albeit with weaknesses) provide comprehensive guidelines on the environmental and occupational safety of miners; yet its implementation and enforcement are lacking. This is also true with labor issues, rights and regulation of mining impacts. Regulations and statutory arrangements should meaningfully provide for better protection against clandestine exploitation and adverse effects of the unfair gold market. Nevertheless, labor exploitation and abuse of rights in the gold mining sector continues to hamper sustainable growth of the gold production sector. This study undertakes to answer two main questions: what are the hindrances to labor and rights among artisanal miners in Uganda; and how significant can a rights based approach be in remedying exploitation in the gold mining sector? In answering these questions, the study employs a multidisciplinary approach by using data from extensive fieldwork and reviews of secondary literature.

Ascensión García Ruiz presents the visible consequences of ecocide and eco-migration, i.e. migration owing to disparate environmental factors. They may be indirectly produced and at times be due to environmental practices by transnational corporations or distinct issues closely related to disorganisation and inequality on accessing natural resources. The international criminal justice system does not include detrimental effects of ecocide or of social harm resulting in forced migration flows as a genuine crime capable of being prosecuted. However, a recent landmark United Nations Human Rights Committee decision claims that people should not be returned to their place of origin if climate change appears to constitute a threat. The United Nations Refugee Agency also welcomes such a pioneering ruling since it lays the ground for potentially effective international protection. This work examines the contemporary loophole regarding eco-displacements and ecocide and clamours for both legal and criminological international conceptualisation at ensuring the rights of eco-migrants, considering the future number of eco-migrants is unforeseeable. The 2020s may well be remembered as the decade when the international community resigned itself to live with what can only be described as a permanent refugee crisis, where refugees are used for political ends, drown as overloaded boats capsize into the Mediterranean and other waters (including the Saint Lawrence Seaway), and are easy victims of sexual and other forms of abuse. The climate crisis is exacerbating this, even if it is not the sole cause of undocumented migration.

In chapter eight, renowned green criminologist Rob White, one of the true originators of green criminology, turns his sights on climate crime as the ultimate form of ecocide. The causes of climate change are largely due to the activities and omissions by nation-states and transnational corporations that foster ongoing carbon emissions. This chapter re-casts these crimes of the powerful as ecocide insofar as they contribute to global warming. In addition to exploring the contours of ecocide as a crime against peace, the chapter deals with issues pertaining to contrarianism and the securitisation of natural resources, both of which protect and sustain sectional interests rather than the majority public interest. He argues that needed social transformations must go beyond "speaking truth to power" to actually confront the powerful. How this might be accomplished is examined via consideration of mechanisms for corporate accountability, the movement toward just transitions, the idea of a Green New Deal, and the importance of transformational nationalization. Combatting the violence of ecocide fundamentally requires root and branch change in the global political economy. It is fitting that we include a chapter that retracts the lens and focuses our attention on the bigger picture, even if many readers will be reluctant to accept White's conclusions.

In chapter nine, Francisco Cuamea and Delon Alain Omrow tease apart ecoviolence studies by analyzing the violence along the Sea of Cortez and the Mexican cartels' decades-long monopoly of the illegal drug market. The authors reveal that this illicit economy draws upon the convergence of illegal waste dumping, the illegal wildlife trade, money laundering, and human smuggling. They also argue that the Sea of Cortez is a fascinating case study due to its geographic location as a historical hub for smuggling multiple commodities such as totoaba bladders, shark fins, drugs, diamonds, and precious metals, and that the smuggling of immigrants has now come under the purview of these criminal networks, expanding our understanding of ecoviolence.

Finally, in chapter ten, Lowri Cunnington Wynn challenges conventional notions of ecoviolence by reflecting on the impact of the climate crisis on y Gymraeg or the Welsh language. Is the death of a language an example of ecoviolence? Wynn certainly thinks so, arguing that coastal areas across the world run the risk of catastrophic language and cultural loss into the next century. This is certainly the case for Wales, a country already grappling with language loss according to recent UK Census data. From an environmental justice perspective, this invites us to consider how minority Language Death is an incidental consequence of ecoviolence – namely, climate breakdown due to forced migration and how the same forces driving ecological collapse are destroying cultures and languages around the world.

1.4 Conclusion: Human Security as a Way Forward

As this book goes to print, war rages across the globe. Most attention has been focused on the Russian invasion of Ukraine, a war with unspeakable harm for the civilian population there; civil war rages in Khartoum and threatens to spread throughout Sudan; the Middle East continues along the path of reciprocal violence; Indigenous people around the globe are threatened and even murdered for defending their ancestral lands. To be blunt, human security, as both an empirically measured concept and as an explicit, nourished foreign policy design, and instrument and priority, has seen better days. But it could be at a point of resurrection, even in the midst of these ongoing assaults against physical security and human freedom. If we combine ecoviolence concerns with a genuine concern for human and nonhuman life, the pursuit of human security seems the most viable path forward.

Ecoviolence studies could well emerge as a permanent feature on the scholarly landscape, borrowing from and grafting material onto such diverse fields as environmental history, psychology, green criminology, peace and conflict, and others. We've made a similar argument elsewhere and won't belabor it here, but the main point is that when looking for ecoviolence we are inevitably also looking for threats to both human and environmental security and, as well, environmental justice (see Stoett, 2012). These terms are not separable; arguably, the study of ecoviolence brings them even closer together. Indeed, human and environmental security would seem the antithesis to ecoviolence. We believe that the chapters in this book will, essentially, make this clear. National security has been much more of a problem than a solution to the environmental crises we face. Deprivation of human rights demands a human security framework, one that centers the individual (or, in some cases, the family unit), but one that also recognizes the intricate, intimate relationship between human survival and that of the biosphere and the ecosystems that enable human life and liberty.

References

Afifi, T. & Jager, J. (Eds.). (2019). *Environment, Forced Migration and Social Vulnerability*. Springer.

Agozino, B. (2005). Crime, criminology and post-colonial theory: criminological reflections on West Africa. *African Journal of Criminology and Justice Studies*, 1(2), 1–18.

Anaya, S. J. (2004). *Indigenous Peoples in International Law*. Oxford University Press.

Aulette, J. & Michalowski, R. (1993) A fire in hamlet: a case study of state–corporate crime. In K. Tunnell (Ed.), *Political Crime in Contemporary America* (pp. 200–205). Garland.

Bales, K. (2016). *Blood and Earth: Modern Slavery, Ecocide, and the Secret to Saving the World*. Random House.

Banzhaf, S., Ma, L. & Timmins, C. (2019). Environmental justice: the economics of race, place, and pollution. *Journal of Economic Perspectives*, 33(1), 185–208.

Beck, U. (1992). *Risk Society: Towards a New Modernity*. Sage.

Bonds, A. & Inwood, J. (2016). Beyond white privilege: geographies of white supremacy and settler colonialism. *Progress in Human Geography*, 40(6), 715–733.

Bosworth, K. (2018). "They're treating us like Indians!": political ecologies of property and race in North American pipeline populism. *Antipode*, 53(3), 665–685.
Brisman A. & South N. (2018). Autosarcophagy in the anthropocene and the obscenity of an epoch. In Holley, C. & Shearing, C. (Eds.), *Criminology and the Anthropocene* (pp. 25–50). Routledge.
Chen, C., Yang, M., Yang, M., Chang, S., Chueh, K., Su, Y., Yu, C. & Cheng, T. (2008). Suicidal thoughts among elderly Taiwanese aboriginal women. *International Journal of Geriatric Psychology*, 23(10), 1001–1006.
Conca, K. & Wallace, J. (2009). Environment and peacebuilding in war-torn societies: lessons from the UNEP's experience with postconflict assessment. *Global Governance*, 15(4), 485–504.
Crook, M., Short, D. & South, N. (2018). Ecocide, genocide, capitalism and colonialism: consequences for indigenous peoples and global ecosystems environments. *Theoretical Criminology*, 22(3), 298–317.
Donald, D. (2009). The curricular problem of Indigenousness: Colonial frontier logics, teacher resistances, and the acknowledgment of ethical space. In J. Nahachewsky & I. Johnston (Eds.), *Beyond "Presentism"* (pp. 23–41). Brill-Sense.
Duffy, R. (2010). *Nature Crime: How We're Getting Conservation Wrong*. Yale University Press.
Duffy, R. (2014). Waging a war to save biodiversity: the rise of militarised conservation. *International Affairs*, 90(4), 819–834.
Duffy, R., Massé, F., Smidt, E., Marijnen, E., Büscher, B., Verweijen, J., Ramutsindela, M., Simlai, T., Joanny, L. & Lunstrum, E. (2019). Why we must question the militarization of conservation. *Biological Conservation*, 232(1), 66–73.
Dung, E. & Avwunudiogba, A. (Eds.). (2021). *Human Trafficking: Global History and Perspectives*. Lexington Books.
Ezenwa, O. (2022, July 15). What's in a Name? Making the Case for the Sahel Conflict as "Eco-violence." New Security Beat. www.newsecuritybeat.org/2022/07/whats-name-making-case-sahel-conflict-eco-violence.
Field, M. (2014). *The Catch: How Fishing Companies Reinvented Slavery and Plunder the Oceans*. Awa Press.
Galtung, J. (1990). Violence, peace and peace research. *Journal of Peace Research*, 6(3), 167–191.
Givens, J., Huang, X. & Jorgenson, A. (2019). Ecologically unequal exchange: a theory of global environmental injustice. *Sociology Compass*, 13(5), 1–30.
Gleditsch, N. & Urdal, H. (2002). Ecoviolence? Links between population growth, environmental scarcity and violent conflict on Thomas Homer-Dixon's work. *Journal of International Affairs*, 56(1), 283–302.
Global Witness. (2021). *Last Line of Defence*. Global Witness.
Global Witness. (2023). *Standing Firm: The Land and Environmental Defenders on the Frontlines of the Climate Crisis*. Global Witness.
Holley, C. & Shearing, C. (2018). Thriving on a pale blue dot: criminology and the anthropocene. In Holley, C. & Shearing, C. (Eds.), *Criminology and the Anthropocene* (pp. 1–24). Routledge.
Homer-Dixon, T. & Blitt, J. (1998). *Ecoviolence: Links Among Environment, Population and Security*. Rowman & Littlefield Publishers.
Kelkar, G. (1992). Stopping the violence against women: fifteen years of activism. In Schuler, M. (Ed.), *Freedom from Violence*. UNIFEM, pp. 75–99.
Kempadoo, K. (1999). *Sun, Sex, and Gold: Tourism and Sex Work in the Caribbean*. Rowman & Littlefield.

Kitt, J. (1995). Waste exports to the developing world: a global response. *Georgetown International Law Review*, 7(1), 485–514.

Kramer, R. (2020). *Carbon Criminals, Climate Crimes*. Rutgers University Press.

Kurtz, L. (2021, June 4). *Uncovering the Four-Volume Encyclopedia of Violence, Peace, and Conflict*. George Mason University. https://masonkorea.gmu.edu/articles/16089.

Le Billon, P. (2001). The political ecology of war: natural resources and armed conflicts. *Political Geography*, 20(5), 561–584.

Lunstrum, E. (2014). Green militarization: anti-poaching efforts and the spatial contours of Kruger National Park. *Annals of the Association of American Geographers*, 104(4), 816–832.

McCreary, T. & Turner, J. (2018). The contested scales of indigenous and settler jurisdiction: Unist'ot'en struggles with Canadian pipeline governance. *Studies in Political Economy*, 99(3), 223–245.

McNamara, K., Bronen, R., Fernando, S. & Klepp, S. (2018). The complex decision-making of climate-induced relocation: adaptation and loss and damage. *Climate Policy*, 18(1), 111–117.

Metcalf, C. (2004). Indigenous rights and the environment: evolving international law. *Ottawa Law Review*, 35(1), 101–140.

Michalowski, R. (2018). Power, crime and enclosure: capital accumulation in the twilight of the neoliberal SSA. In Snider, L. & Bittle, S. (Eds.), *Crimes of the Powerful* (pp. 102–116). Routledge.

Michalowski, R. & Brown, M. (2020). Poisoning for profit: regulatory rollbacks, public health, and state-facilitated corporate crime. *Journal of White Collar and Corporate Crime*, 1(2), 1–25.

Michalowski, R. & Kramer, R. (2007). State-corporate crime and criminological inquiry. In: Pontell, H. N. & Geis, G. (Eds.), *International Handbook of White-Collar and Corporate Crime*. Springer.

Middeldorp, N. & LeBillon, P. (2019). Deadly environmental governance: authoritarians, eco-populism, and the repression of environmental and land defenders. *Annals of the American Association of Geographers*, 109(1), 324–337.

Mishra, S. (2014). *Farmers' Suicides in India, 1995–2012: Measurement and Interpretation*. Asia Research Centre.

Mol, H. (2017). *The Politics of Palm Oil Harm*. Palgrave Macmillan

Monet, J. (2023, April 23). *"Green colonialism": Indigenous world leaders warn over west's climate strategy*. The Guardian. www.theguardian.com/world/2023/apr/23/un-indigenous-peoples-forum-climate-strategy-warning.

Murdocca, C. (2020). "Let's help our own": humanitarian compassion as racial governance in settler colonialism", *Oñati Socio-Legal Series*, 10(6), 1270–1288.

Nixon, R. (2011). *Slow Violence and the Environmentalism of the Poor*. Harvard University Press.

Nurse, A. (2022). Contemporary perspectives on environmental enforcement. *International Journal of Offender Therapy and Comparative Criminology*, 66(4), 327–344.

Oluduro, O. (2014). *Oil exploitation and human rights violations in Nigeria's oil producing communities*. Intersentia Publishing Ltd.

Ore, J. (2022, October 5). *Journalists in the Philippines fear for their safety after popular commentator gunned down*. CBC News. www.cbc.ca/radio/asithappens/journalists-in-the-philippines-fear-for-their-safety-after-popular-commentator-gunned-down-1.6607037.

Parsons, M. & Fisher, K. (2022). Decolonising flooding and risk management: Indigenous peoples, settler colonialism, and memories of environmental injustices. *Sustainability*, 14(1), 1–27.
Peluso, P. (2016). Organized crime and illegal waste disposal in Campania. In T. Spapens, R. White & W. Huisman (Eds.), *Environmental Crime in Transnational Context: Global Issues in Green Enforcement and Criminology* (pp. 25–40). Routledge.
Peluso, N. & Watts, M. (Eds.). (2001). *Violent Environments*. Cornell University Press.
Persad, C. (2017). "This is a continuation of genocide": Examining the pathologization of Indigeneity in the 2016 suicide crisis and state of emergency in Attawapiskat First Nation. [Master's Thesis, York University]. ProQuest Dissertations Publishing.
Philpott, T. (2015, August 24). *No, GMOs Didn't Create India's Farmer Suicide Problem, But* . . .. Motherjones.com.
Shiva, V. (2013). *Seed Freedom and Food Freedom in Times of Globalization*. Himal Books.
Shiva, V. & Jalees, K. (2006). *Seeds of Suicide: The Ecological and Human Costs of Seed Monopolies and Globalisation of Agriculture*. Navdanya.
Shover, N. & Routhe, A. (2005). Environmental Crime. *Crime and Justice*, 32(1), 321–371.
Singer, M. (2016). *A Companion to the Anthropology of Environmental Health*. John Wiley & Sons.
Stoett, P. (2000). *Human and Global Security: An Exploration of Terms*. University of Toronto Press.
Stoett, P. (2012). What Are We Really Looking For? From Eco-violence to Environmental Justice, In M. Schnurr & L. Swatik, (Eds.), *Environmental Change, Natural Resources and Social Conflict: Rethinking Environmental Security in Theory and Practice* (pp. 15–32). Palgrave MacMillan.
Stoett, P. (2019). *Global Ecopolitics: Crisis, Governance, and Justice*. University of Toronto Press.
Stoett, P. and Omrow, D. (2021). *Spheres of Transnational Ecoviolence: Environmental Crime, Human Security and Justice*. Palgrave Macmillan.
Thomas, G. & De Tavernier, J. (2017). Farmer-suicide in India: debating the role of biotechnology. *Life Sciences, Society and Policy*, 13(8), 1–32.
Urbina, I. (2019). *The Outlaw Ocean: Journeys Across the last Untamed Frontier*. Vintage.
Uvin, P. (1998). *Aiding Violence: The Development Enterprise in Rwanda*. Kumarian Press.
Westra, L. (2004). *Ecoviolence and the Law: Supranormative Foundations of Ecocrime*. Transnational Publishers.
Westra, L. (2008). *Environmental Justice and the Rights of Indigenous Peoples: International and Domestic Legal Perspectives*. Earthscan.
White, R. & Heckenberg, D. 2014. *Green Criminology: An Introduction to the Study of Environmental Harm*. Routledge.
Widger, T. (2018). Suicides, poisons and the materially possible: The positive ambivalence of means restriction and critical–critical global health. *Journal of Material Culture*, 23(4), 396–412.
WHO. (2002). *World Report on Violence and Health: Summary*. https://apps.who.int/iris/handle/10665/42512.

2

The Links between Human Trafficking and Wildlife Trafficking

MICHELLE ANAGNOSTOU AND DAAN VAN UHM

2.1 Introduction

Globalization has facilitated the flow of people, products, services, and money across national borders. One of the dark sides of globalization is the growing extent and convergence of international illegal markets, including human trafficking, drug trafficking, and wildlife trafficking. The interconnectedness of these illegal markets has received increasing attention in recent years (e.g. Anagnostou & Doberstein, 2021; van Uhm & Wong, 2021). Transnational organized criminal networks are often able to use their existing infrastructure for trafficking illicit commodities and diversify into a variety of profitable illegal businesses. Crime convergence is occurring more frequently due to the changes that globalization has brought to crime – namely, more horizontally integrated crime networks, and easier access to communications and logistics technology (van Uhm & Nijman, 2020; Wyatt et al., 2020; Anagnostou, 2021). This results in a criminogenic landscape with actor, geographic, and activity convergences.

This chapter reviews the convergences that occur between human trafficking and illegal wildlife trade according to information and case studies reported in the literature, including academic and grey publications, as well as the authors' personal knowledge and empirical research in this area. We outline human trafficking and illegal wildlife trade convergences in a variety of shapes across different landscapes, including taxa and wildlife products. The impetus for this study is to highlight (1) the extensive ways that human exploitation and wildlife exploitation are closely related, and (2) offer explanations for such crime convergences. (See Chapter 9 for a related analysis focused on crimes at sea.) The chapter first provides an explanation of various types of human trafficking and wildlife trafficking convergences, followed by a discussion of the theoretical conceptualization of links between the two criminal enterprises. We conclude by outlining future research directions and the implications of the convergence between human and wildlife exploitation.

2.2 Violent Histories of Human and Wildlife Trade

The close intertwining of human and wildlife exploitation is not a new phenomenon. The trade in wildlife has a violent history that is closely tied to human trafficking and slavery. Developing trade relations in Africa, the Mediterranean, the Middle East, and Asia saw wildlife and slaves being traded in large quantities, predating the Common Era (Sommerville, 2017). The global trade in wildlife escalated in the early modern period (±1500–1800 CE) with the advent of European imperialism and colonialism in the 'Age of Exploration' (van Uhm, 2016). This period characterizes European exploration, circumnavigation, and large-scale trade with so-called "exotic areas" (Berger, 1980). For example, the British East India Company, the Dutch East India Company and the Dutch West India Company were established, and although these companies were known for their dreadful trade in slaves, exotic wildlife species and their products and derivatives were also traded (Van Gelder, 1997; Cheyns, 2008; Neves, 2019). The companies transported live exotic animals such as ostriches, leopards, penguins, monkeys, cassowaries, parrots, cockatoos, and deer to Europe, serving as an endorsement of modern colonial power and "a symbolic representation of the conquest of all distant and exotic countries" (Berger, 1980, p. 21).

In addition to live animals, animal products, such as tusks from elephants, were imported on a large scale from West Africa to Europe during European imperialism.[1] The ivory was mainly used for luxury and fashion products (e.g. lice combs), but elephant products were also used to exchange for slaves: a good elephant tail had the value of two to three slaves and played a major role in the Portuguese slave trade in West Africa in the early seventeenth century (Runge, 1987; van Uhm, 2016). In other words, during the colonization of large parts of the world, both slaves and ivory were traded at the same trade posts; and both were traded in exchange for things like ceramics, cloth, metals, spices as well as guns and gunpowder, making those traders even more efficient elephant hunters and slave raiders (Sommerville, 2017). Both humans and wildlife species were put on display in enclosures, capturing the imagination of crowds who, until then, had never seen such a "spectacle." In the late nineteenth century exhibitions of Indigenous people became immensely popular in Europe, driving a lucrative enterprise for traders. Between 1870 and 1940, hundreds of groups of Indigenous people were traded for entertainment and science in zoos, circuses, fairs and world exhibitions. These Indigenous people were mainly imported from overseas colonies: Indigenous people from Africa, the Arctic, Australia, South Asia, and Southeast Asia, among other places (Sánchez-Gómez, 2013; van Uhm, 2016). Concomitantly, both human

[1] Between 1675 and 1731, the Dutch West India Company recorded an imported amount of 2,955,533 lb of ivory (a total value of 2,512,280 guilders), which was 10.3 % of the total cargo (Rijkelijkhuizen, 2009).

and wildlife trade resulted in huge numbers of killings, tortures, and other acts of violence. In many cases, the same people became powerful as a result of both trades. Moreover, forced labor as an enabling crime for ivory trade existed historically, when people in East and Central Africa in the nineteenth century would capture or buy slaves to carry the ivory from a source to a destination location, as was particularly common for Zanzibar-based traders (Sommerville, 2017). More recently, in the north-east of Zaire in 1989, 40 villagers were kidnapped and forced to carry ivory to Kisangani (Alers et al., 1992). There were reportedly many similar cases in the area, and (corrupt) officials did not intervene (Alers et al., 1992; Sommerville, 2017).

The intertwined nature of human and wildlife exploitation is exemplified in many other historical contexts. Consider seventeenth century colonist slave owners in the Lesser Antilles, many of whom exploited Indigenous slaves for wildlife trade labor, given their knowledge of the land, waterways, and hunting and fishing techniques (Price, 1966). These Indigenous slaves were forced to teach their hunting and fishing techniques to African slaves, creating a network of forced labor to be exploited by plantation owners (Arena, 2017). These historical examples illustrate the nexus between violent histories of the wildlife and human trade.

Such links, however, are not a thing of the past, but a framework for understanding ecoviolence and the cadence of the human trafficking rings and global wildlife trade that exist today. Over 40 million people are currently victims of modern slavery, including forced labor and forced marriage (ILO, 2017),[2] while more than 6,000 different species of wild fauna and flora are being illegally traded (UNODC, 2020), with a total of 93,528 seizure records reported between 2016 and 2020 (CITES, 2022). Both human trafficking and wildlife trafficking may occur in multiple stages, such as recruitment of humans or harvesting/collection of wildlife, transportation, and exploitation or consumption (Aronowitz, 2009; Campana, 2015). In theory, convergences may be possible at all stages of the illicit supply chain (see Table 2.1).

We found that convergences with illegal wildlife trade may occur at all stages of the human trafficking process. Firstly, passive convergences are crime convergences that may not necessarily involve the same criminal offenders

[2] Human trafficking and modern slavery have disproportionate effects on women, with 71% of trafficked persons being women and girls (ILO, 2017). According to the United Nations Protocol to Prevent, Suppress and Punish Trafficking in Persons, Especially Women and Children, trafficking in persons includes "the recruitment, transportation, transfer, harbouring or receipt of persons, by means of the threat or use of force or other forms of coercion, of abduction, of fraud, of deception, of the abuse of power or of a position of vulnerability or of the giving or receiving of payments or benefits to achieve the consent of a person having control over another person, for the purpose of exploitation. Exploitation shall include, at a minimum, the exploitation of the prostitution of others or other forms of sexual exploitation, forced labour or services, slavery or practices similar to slavery, servitude or the removal of organs" (Article 3, paragraph (a)) (UN, 2000).

Table 2.1 *Framework for understanding the various crime convergences between human trafficking and illegal wildlife trade.*

Types of convergences	Subtypes of crime convergences	Explanation
Actor convergence	Alliances and mutualism	Established between groups for mutual benefit and to share expert knowledge or operational services
	Diversification of organized crime groups	An organized criminal group/network that has chosen to become involved in illegal wildlife trade along with, or instead of, their other organized criminal activities, such as human trafficking (or vice versa). The motivation for diversifying a criminal portfolio may be to achieve control, reputation, and authority and/or to get involved in something new that is high value, yet with a low risk of detection, prosecution, and penalties
	Use of forced and bonded laborers	Occurs when people who are victims of human trafficking and/or modern slavery are forced to be perpetrators of illegal wildlife trade in order to pay off a debt or through threat of punishment
	Common fixer	An individual, rather than an entire criminal group or network, who serves an essential intermediary role in the illegal supply chain for illegal trades. May become involved in both types of trafficking opportunistically and to maximize profits
	High-ranking criminal consumers	Occurs when the end user of illegally traded wildlife is a high-profile offender involved in human trafficking, or alternatively, when the end consumer of illegally trafficked humans is a high-profile wildlife trafficker
Geographic convergence	Hub locations	A specific physical location through which both wildlife and humans are trafficked. This occurs because both types of trafficking thrive in similar environments (e.g. high levels of corruption, limited law enforcement capacity)

Table 2.1 (*cont.*)

Types of convergences	Subtypes of crime convergences	Explanation
	Similar/shared smuggling routes	High-risk trafficking routes that are used for both wildlife and persons
Activity convergence	Similar/shared modus operandi	Trafficking techniques that are used for both wildlife and persons
	Parallel/poly-commodity trafficking	Wildlife and humans being smuggled together in the same shipment
	Multiple tradelines	Illegal tradelines for both wildlife and humans controlled by the same crime group
	Camouflage	Illegal trade being concealed by legitimate trade in wildlife and movement of people
	Barter trade	Occurs when wildlife contraband is exchanged with trafficked humans in a cashless transfer
	Same enabling crimes	Any crime that further empowers and facilitates the ongoing success of trafficking networks. This can include criminal violence, corruption (petty and grand), illicit financial flows, and document fraud, which may be essential enablers for both human and wildlife trafficking
	Criminal taxation	Territorial criminal groups can impose a "tax" for other illicit groups to traffic in wildlife or persons through a territory or port that they control as a means to maximize their profits
	Threat finance	May occur when illegal wildlife trade and human trafficking are used to fund non-state armed groups including militias and insurgents

Note: Theoretical concepts are retrieved from van Uhm & Nijman (2020); Anagnostou (2021), and Anagnostou & Doberstein (2021).

(Anagnostou & Doberstein, 2021). These can include shared smuggling routes, broad geographic convergences, and similar smuggling techniques. Shared smuggling routes are trafficking routes that are used for various types of contraband. Wildlife traffickers sometimes use the same smuggling techniques and routes that human traffickers use or establish alliances to facilitate the illegal trades (Sollund, 2019). For example, long-standing smuggling routes in South East Asia are used for moving humans, timber, elephant ivory and rhino horn (Rademeyer, 2012) or rivers in Latin America, such as the notorious Cacarica River, where both wildlife and human trafficking takes place along with drug, timber and arms trafficking, which can be embedded in systems of criminal taxation by organized crime (van Uhm, 2023). Similarly, the Strait of Gibraltar is a notorious route for trafficking activities between Africa and Europe, including human trafficking and illegal wildlife trade (van Uhm, 2016). A report from Europol outlined that:

> "With the use of false documents, tiger skins from the Far East, exotic birds from South America and turtles from North Africa are being smuggled into the EU. Routes used for illegal immigration and drug trafficking are also being used for smuggling rare animals, corals and valuable plants. Europe is a key market for exotic animals such as toucans, parrots, spiders and crocodiles from, for example, Central and South America, and these animals are often traded with very high profits for the criminals" *(Europol, 2011, p. 2).*

Geographic hub convergences occur when a single physical location is used for multiple types of organized crime activities. According to Farrelly et al. (2022), components of a hub for environmental crime may include easy land or maritime access; access to trading routes; access to illicit environmental commodities; state corruption and/or acquiescence; autocratic political control; weak domestic law enforcement; and access to illicit financial flows. An example of two types of convergences – hub locations and high-ranking criminal consumers – are locations that Chinese underworld elites visit to "consume" both prostitutes and wildlife, such as the Boten and Golden Triangle special economic zones in Southeast Asia (van Uhm & Zhang, 2022). Another example of this is a town near Minkébé National Park in Gabon where it was found that ivory trafficking, prostitution, and child slavery commonly occur (Shelley & Kinnard, 2018). This makes this town a convergence hub location for both wildlife and human exploitation, and therefore a passive convergence, as each type of organized crime may not involve the same criminal actors. Most of these crimes in convergence hubs are facilitated by fraudulent documentation from corrupt officials [and take place in remote locations with high levels of poverty]. Extractive industries offer significant opportunities for corruption, particularly in countries that are resource-rich, low-income, and lacking strong democratic institutions (Bhattacharyya & Hodler, 2010; Tacconi & Williams, 2020). This means that in locations with more autocratic governance structures, and with high amounts of energy resources, minerals, metals, and abundance of wildlife, systemic corruption and a multitude of criminal activities can become the norm (van Uhm & Moreto, 2018; Tacconi & Williams, 2020).

However, what can start out as a passive convergence of crime types occurring in the same place can turn into actively collaborating with each other. Trafficking networks operating in the same areas are likely to "end up bumping into" each other, making active convergences likely in geographic convergence hotspots (Bargent, 2014). The idea that international organized crime groups are more likely to form collaborative ties when residing or operating in the same physical locations has been evidenced in the context of various regions across the world (Coutinho et al., 2020).

2.3 Diversification

In some cases, it is known that the crime convergences are active, and that the same criminal groups are involved in the trafficking of both wildlife and people. With the infrastructure in place for international trafficking activities, the same groups can illegally move multiple commodities, including humans and wildlife products, such as abalone, shark fin, and rhino horn (Shelley & Kinnard, 2018). This type of convergence is best characterized as the diversification of sophisticated organized crime groups. Criminal groups often diversify [from drug or human trafficking] into environmental crime due to the high profits and low risks involved, while maintaining their traditional activities (van Uhm, 2023).

There are numerous examples of criminal groups that have diversified their activities to illegally move humans and wildlife across international borders. For example, coordination between offenders can occur during the transportation stage or the exploitation stage, since the offenders involved in the transportation of trafficked persons or wildlife may have more opportunities for convergences (Campana, 2015). Multiple criminal networks and non-state armed groups that were known to move elephant ivory through Southern Africa and the horn of Africa were also involved in the trafficking of persons in the regions (Rademeyer, 2012) For example, several offenders that were arrested for trafficking ivory, pangolin scales, and leopard skins in Côte d'Ivoire have been linked to human trafficking (Assanvo, 2018). One of the suspects in this case held documents with lists of private details and photos of young Ivoirian women (Searcey, 2018). The arrested members of the syndicate had also made phone calls to Switzerland, Turks and Caicos Islands, and Saint Kitts and Nevis, which are countries used as offshore tax-havens by people trying to launder money (Searcey, 2018). In addition, some of the supply chains moving both people and ivory in Gabon and Somalia may be linked to Boko Haram and Al-Shabaab, respectively (Peters, 2018). However, these types of convergences are not limited to the African continent.

Many regions of the world are experiencing the diversification of organized crime groups. For instance, trafficking networks operating throughout South American and Persian Gulf countries traffic wildlife to supplement their other illegal activities, including human trafficking (Wyler & Sheikh, 2009; Miklaucic & Brewer, 2013; Bargent, 2014; Webster, 2018). The trafficking of totoaba maw from Mexico is another example of the diversification of organized crime groups, including groups that traffic in both humans and wildlife (Alvarado-Martínez, 2012; Alvarado-Martínez & Martínez, 2018; Earth League International, 2022). East Asian organized crime groups operating in the inter-continental illegal shark fin trade also maintain multinational human trafficking operations. Some criminal networks that traffic endangered birds of prey throughout Europe are also engaged in human trafficking and facilitate migrant smuggling (Europol, 2011a; van Uhm, 2016). These criminal groups are able to illegally trade multiple illicit commodities across borders through their use of corrupt law enforcement officers and high-level officials as common convergence nodes (Alvarado-Martínez & Martínez, 2018).

As both human and wildlife trafficking require many of the same enabling crimes, this may make fixer convergences likely. For instance, similarities exist at the transportation stage, such as a reliance on criminal specialists for document fraud. While human traffickers must obtain false documents for their victims, wildlife traffickers often obtain fraudulent documentation for the export and import of wildlife products. Corruption is also a common feature of both trafficking types. Fixers and facilitators, such as semi-legitimate law enforcement officials, accountants, and brokers, involved in the international illegal trade in shark fins and rhino horns may also be supporting organized crime groups with human trafficking operations (Anagnostou, 2021). Both types of trafficking networks also require the ability to launder illicit proceeds. However, most jurisdictions currently have a lack, or partial, implementation and enforcement of anti-money laundering legislations.

2.4 Forced Labor and Modern Slavery

Human trafficking can also converge with illegal wildlife trade through the use of bonded laborers. This type of convergence can be considered to be "forced criminality" and occurs when people who are victims of human trafficking are forced to be the perpetrators of wildlife trafficking. This can take place at both the illegal extraction level, and at the cross-border trafficking level with smuggling mules. For example, exploitative behavior is commonly seen in the illegal abalone trade. At the illegal harvesting level, local people in South Africa who extract abalone can be paid in addictive narcotics, or provided with the drugs up front and then forced to work off the debt in a variation of loan shark behavior (De Greef & Raemaekers, 2014; De Greef & Haysom, 2022; Nelson, 2023). Undocumented migrants can also be trained by trafficking networks to dive for abalone because they are dependent on the job (De Greef & Haysom, 2022). In some cases, their earnings for participating in the abalone trade are subtracted from their debts to human smugglers. Either way, local abalone harvesters can be kept dependent on the wildlife trafficking intermediaries. Some transnational organized crime networks involved in abalone trade have also reportedly diversified their activities from direct involvement in transnational human trafficking and migrant smuggling (Gastrow, 2001; De Greef & Raemaekers, 2014).

Additionally, intermediaries can loan money to vulnerable people at extremely high interest rates, and then exploit recipients when they are unable to pay it off. The lenders can demand labor from the recipient to pay off the debt, such as illegal wildlife harvesting. For instance, local poachers in Shan State can be forced to work for Chinese businessmen. The Chinese organized crime groups provide them with poaching equipment and salaries. However, if they do not provide high-value species, they have to pay back their debt, similar to prostitutes working for the same networks. Moreover, the poachers can be forced to continue working for the networks, which illustrates how opportunistic poaching can become forced poaching in the long-term (van Uhm & Wong, 2021; van Uhm, 2023). This makes the illegal wildlife trade connected to several types of convergences with human trafficking, including forced criminality, the use of bonded laborers as an enabling crime for the illegal wildlife trade, and diversification of syndicates into both human and wildlife trafficking.

Similar to the illegal abalone trade, some rhino trafficking networks are involved in multiple forms of human trafficking and exploitation. Perhaps the most well-known example of this includes bonded laborers unwillingly participating in a rhino horn trafficking operation involving South Africa, Czech Republic, and Vietnam. The case of rhino horn traffickers using labor trafficking as an enabling crime is described in a CITES report:

> "Several Vietnamese traders along with a Czech mediator hired Czech citizens and paid for their trip to South Africa, stay, and licenses to hunt rhinos. According to information so far obtained there were dozens of people involved and this activity lasted at least two to three years. The hired persons had no hunting experience, or permission to bear weapons. They usually came from poor backgrounds (often with untraceable or difficult to trace residencies, they were indebted, or faced execution). The pseudo-hunters were usually in groups of three to four trucked to South Africa, most of them to the farm in Limpopo Province owned by a South African citizen who has been under investigation in South Africa for several years in relation to a wildlife crime ... They were not allowed to film or take pictures during hunting. If the hunters refused to hunt rhinos they were forced to hunt indiscriminately, or the rhino was shot dead by one of the locals." *(CITES, 2016, p. 24).*

In addition, certain criminal and non-state armed groups that are known to traffic elephant ivory also use forced labor, such as forced porterage and domestic servitude, as an enabling crime (Agger & Hutson, 2013; United States Department of State, 2018). These same groups also exploit humans through large-scale abductions and kidnapping, child slavery, human trafficking, and sexual exploitation (Agger & Hutson, 2013; Nellemann et al., 2014; United States Department of State, 2018). For example, in the Democratic Republic of the Congo (DRC) several militia groups are linked to forced labor and child slavery, while some substructures of the militia groups are also involved in ivory trafficking (van Uhm et al., 2022).

Perhaps the most prevalent and well-known modern example of the illegal wildlife trade converging with forced labor, is relating to Illegal, Unreported, and Unregulated (IUU) fishing. Investigations into IUU fishing networks have well documented the role of human trafficking and forced labor (C4ADS, 2019; Petrossian, 2019). In an attempt to maximize profits, IUU offenders will recruit vulnerable people who are desperate for work to be laborers on their fishing vessels. Once they are out at sea, the fishermen may be subject to exploitation, emotional and physical abuse, and violence (C4ADS, 2019). The fishermen may have no ability to communicate with people on land, and transshipment – or the exchange of catch and supplies out on the water – can allow them to remain at sea for long periods of time, resulting in modern slavery. This is also aided by the fishing vessel's active avoidance of regulatory authorities at port, meaning these workers have no means of escaping the conditions on board (C4ADS, 2019; see also Chapter 9 in this book).

2.5 Sexual Exploitation

Generally speaking, it is not uncommon for women to be trafficked from one country to another for sexual exploitation and debt bondage. A noteworthy distinction is that if sexual services are provided legally and consensually, and when participation is not forced, sex work is not considered sex trafficking (Bernat & Zhilina, 2010). However, in a famous convergence case, women who were trafficked and exploited for sexual activity in South Africa were then also forced to pretend to be rhino trophy hunters in another elaborate and fraudulent rhino "pseudo-hunting" scheme (Rademeyer, 2012). The traffickers exploited a loophole in the national laws on rhino trophy hunting and exportation, by forcing foreign women to apply for hunting permits, go on hunting expeditions, and then shipping the horns to Asia.

There are also examples of high-profile wildlife traffickers who actively run human trafficking operations and forced prostitution rings. An example of this is the network ties that link the Vixay Keosavang and Vannasang groups who conduct illegal business in Laos with connections in other South East Asian countries. They also cooperate with the Bach brothers' network which operates the smuggling route between Thailand and Vietnam through Laos (Shelley & Kinnard, 2018). They have moved many illegal wildlife products and live animals including turtles, snakes, lion and tiger bones, pangolin scales, elephant tusks, and rhino horn. Bach Van Limh, in particular, is also reportedly running prostitution rings (Shelley & Kinnard, 2018). He has a "legitimate" job placement company for migrant workers, which can easily facilitate recruitment of individuals to be trafficked, and businesses that are commonly used for laundering money (Shelley & Kinnard, 2018).

A recent case involved a human trafficking operation linked to the Golden Triangle special economic zone (SEZ) in Laos. In the Kings Romans casino where illegal wildlife species are sold, including rhino horn, tiger bone wine and hornbill casques, many prostitutes work. Not only prostitutes from the region work in the casino, but also from as far as Western Europe, Russia and Latin America. However, some of them are not paying off their debts and are forced to work in the casino. Moreover, the casino has become an important meeting place for Asian wildlife syndicates and the casino hotel rooms are used for illegal wildlife trade deals as well as consumption of endangered species, including tiger meat, bear meat, or pangolins (van Uhm, 2023). An additional example of convergences between wildlife trafficking and sex exploitation, involves an ivory trafficker operating in Southern Africa, whose illegal activities were facilitated by corruption, and who also ran a brothel in Johannesburg (Naylor, 2004). Furthermore, there are known geographic convergences occurring in DRC, where sex slavery is known to take place in locations where gorilla poaching (Nellemann et al., 2014). More recently, a tiger trafficking network operating in South East Asia was also trafficking Vietnamese women to Malaysia for sexual exploitation (Wildlife Justice Commission, 2021).

2.6 Exploitation of Migrants

There are a number of challenges that would make it difficult for a criminal group to travel to another country to engage in illegal activities that are already controlled by a local group (van Dijk & Spapens, 2014). Among the challenges are fierce resistance by the local established groups, the added challenges to conducting illegal activities unnoticed, and the lack of existing network relations for corrupting officials (van Dijk & Spapens, 2014). That said, some transnational organized crime networks follow legitimate business routes laid out by trade agreements and labor migration (Neumann, 2013; Shelley & Kinnard, 2018). Diaspora communities, especially near border regions, are thought to be convergence settings for human trafficking, wildlife trafficking and other transnational crime (Anagnostou, 2021; van Uhm, 2023). There are numerous examples of organized crime groups exploiting diaspora communities of their same ethnicity or tribe, including transnational crime groups originating from South East Asia, West Africa, the Middle East and North Africa, the Western Balkans, the Caribbean, and many other regions (e.g. UNODC, 2013; Global Initiative, 2014; Wicks, 2019; Kemp, 2020).

Diasporas typically facilitate legitimate commerce and trade between their home and host countries (Turner & Kelley, 2009). However, a number of factors such as climate disasters, environmental stress, humanitarian crises, and little to no social assistance availability can distress the lives of migrant people (Zimmerman & Kiss, 2017). In some cases, the growing diaspora means a growing number of people who are highly vulnerable, and who – in the eyes of transnational criminal organizations – can be corrupted, extorted and blackmailed to support illicit trafficking (Neumann, 2013). In extreme cases, as people migrate following investments and labor opportunities, a small fraction of the immigrated communities that end up involved in the illegal wildlife trade may develop characteristics of mafia or organized criminal groups (e.g. Saffón, 2020).

Hotspot locations for both sourcing and consuming of illegal wildlife trade have been linked to areas with foreign private investments and high immigration (e.g. Morcatty et al., 2020; Nguyen & Roberts, 2020). Organized crime groups from numerous countries have followed this same pattern and establish new alliances as evidenced by the literature on counterfeit goods, illegal cigarettes, human trafficking, drug trafficking, and money laundering (Turner & Kelley, 2009; UNODC, 2013; Global Initiative, 2014; Wicks, 2019; Kemp, 2020). Therefore, there is evidence to suggest ever-intertwining linkages between cross-continental trafficking groups with convergence sites that may be concentrating on legal trade agreements. The prioritization of trade relations and historical ties between countries have also led governments to remain silent on issues of foreign embassies engaging in wildlife trafficking in their country. Countries should engage trading partner countries under existing free trade agreements to take measures that integrate wildlife trafficking as a priority area for information exchange and capacity building.

In addition to wildlife trafficking linked to diaspora, countries with weak governance that experience tourism development can see increased criminal activity (Rizzolo, 2017). The tourism industry can, in some cases, spread disrespect to the local culture, ignorance and disregard of local laws, and open up opportunities for illicit businesses to establish connections with corrupt officials (Rizzolo, 2017). The Chinese intermediaries have long operated in the borderlands of Shan State in Myanmar and the Laotian provinces of Bokeo and Luang Namtha, following the flows of mass migration from China (van Uhm & Wong, 2021). Thousands of Chinese tourists and businesspeople flock to Mong La, Tachileik, Golden Triangle SEZ and Boten for gambling, entertainment, prostitution, drugs, or to buy parts of endangered species. Tourism has already been linked to illegal wildlife trade with captive wildlife tourism ventures that may illegally trade live animals, facilitate illegal poaching expeditions, and the illegal consumption of novelty meat (Rizzolo, 2017). Similarly, sex tourism is closely linked to trafficking activities and the exploitation of women and children (Wen et al., 2020). This exploitation can be direct and intentional, such as child sex tourism, or indirect, such as unknowingly using tourism and hospitality businesses that exploit labor from people who have been trafficked (Wen et al., 2020). Therefore, tourists can deliberately or inadvertently support both the exploitation of trafficked people and wildlife. Awareness raising, stricter regulations, and the creation of sustainable tourism policy can increase tourists' social responsibility and reduce opportunities to support exploitation (Wen et al., 2020).

2.7 Knowledge Gaps

To the authors' knowledge, there is little reporting to date on possible links between the illegal wildlife trade and domestic servitude, forced marriage, and organ trafficking. In addition, the authors are aware of a couple of examples when illegal wildlife trade has converged with human trafficking through parallel trafficking, although there is limited reporting on this to date. Similarly, we did not find reported convergences of the barter trade of wildlife products with trafficked humans. Given how little information is available on the topic of organized crime convergences, more research is needed to understand if and how these other types of possible convergences are occurring.

2.8 Implications

More nuanced research and delicate consideration for tourism, migration, and diasporas will contribute to a deeper understanding of the different representations of international organized crime (Turner & Kelley, 2009), including illegal wildlife trade and human trafficking. Importantly, the misunderstanding and misuse of these trends can lead to criminalization or stigmatization. Caution must be taken to avoid the demonization of certain ethnic and cultural groups as representing organized crime conspiracies (Turner & Kelley, 2009). This so-called othering is not uncommon in crime contexts and can lead to prejudiced law enforcement responses. For this reason, multi-pronged approaches should be used to address organized crime by addressing the systemic causes and multidimensional poverty in marginalized communities. The deprivation of social, economic, health, political, and protective capabilities can lead people to engage in crime and illegal wildlife trade, and similarly prevent people from engaging in anti-illegal wildlife trade efforts (Anagnostou et al., 2020, 2021). Root causes of sex exploitation and related human trafficking similarly can often include poverty and a lack of other economic opportunities (Nuttavuthisit, 2007). Normative compliance can be achieved when the government takes an active role in promoting community development and the well-being of people who live near areas prone to illegal wildlife trade (Moreto & Gau, 2017). The failure to do so can be particularly harmful if criminal organizations offer to fill in the gap in government support. For example, leaders of trafficking networks can provide social functions to their communities, and justify their actions as the result of a neglectful government that has failed to provide jobs and livelihoods (Felbab-Brown, 2018; van Uhm, 2023).

The possible correlation between diaspora and border communities with transnational organized crime should be seen as a reason to invest more in supporting diaspora communities and communities in other convergence locations. Strategic approaches to reducing crime in convergence settings, particularly in diaspora or border communities, is implementing proactive measures such as capacity-building and job creation for migrant workers (Kemp, 2020). It has been suggested that a way to counter human trafficking is to engage with ethnic communities in the destination countries to identify the victims of trafficking, but also to challenge the legitimacy of offenders in the eyes of exploited individuals by offering viable alternatives to trafficking activities (Campana, 2015). Mitigating the effects of serious and organized crime by strictly focusing on law enforcement, rather than promoting development, can harm historically marginalized communities and deepen inequities (Reitano & Hunter, 2018). However, the effectiveness of interventions to address organized crime through development and livelihoods programs is extremely limited (Schultze-Kraft, 2018). The need for more rigorous impact evaluations of human rights-centered interventions has been called for with regards to both illegal wildlife trade and human trafficking (e.g. Davy, 2016; Green et al., 2023).

2.9 Conclusions

While it is not always clearly linked to human trafficking, the illegal wildlife trade engenders ecoviolence through layered processes of exploitation of rare and iconic species, but also vulnerable people. Despite limited research on the topic, we found case studies of convergences between human trafficking and wildlife trafficking reported from around the world. International criminal networks that are involved in converging crimes are adaptive and fluid, requiring law enforcement authorities to be equally adaptive, fluid, collaborative, and coordinated across jurisdictions in efforts to disrupt them. Investigators and law enforcement agents could focus on identifying the actors in the trafficking networks that coordinate activities and exchanges between multiple criminal groups, and the locations where offenders meet to arrange activities. Given the variety of theories to explain why an otherwise law-abiding citizen may become involved in trafficking, it is also crucial to understand and mitigate the upstream factors, rather than continuing to treat the symptoms. In addition to law enforcement responses, since many of the drivers of both types of exploitation stem from structural problems such as multidimensional poverty, inequality, and marginalization, more upstream and participatory strategies aimed at addressing these factors will also be needed.

References

Aas, K. F. (2007). *Globalization and Crime*. Sage Publications.

Agger, K. & Hutson, J. (2013). *Kony's Ivory: How Elephant Poaching in Congo Helps Support the Lord's Resistance Army*. Enough Project. www.enoughproject.org/reports/konys-ivory-how-elephant-poaching-congo-helps-support-lords-resistance-army.

Alers, M. P. T., Blom, A., Kiyengo, C. S., Masunda, T. & Barnes, R. F. W. (1992). Preliminary assessment of the status of the forest elephant in Zaire. *African Journal of Ecology*, 30(4), 279–291.

Alvarado-Martínez, I. (2012). *Organized Environmental Crime in Mexico: A New Criminal Manifestation of Species Traffic*. National Institute of Penal Sciences.

Alvarado-Martínez, I. & Martínez, E. (2018). Trafficking of Totoaba Maw. In I. Arroyo-Quiroz & T. Wyatt (Eds.), *Green Crime in Mexico: A Collection of Case Studies* (pp. 149–170). Palgrave Macmillan.

Anagnostou, M. (2021). Synthesizing knowledge on crime convergence and the illegal wildlife trade. *Environmental Challenges*, 5(1), 1–8.

Anagnostou, M. & Doberstein, B. (2022). Illegal wildlife trade and other organised crime: A scoping review. *Ambio*, 51(7), 1615–1631.

Anagnostou, M., Moreto, W. D., Gardner, C. J. & Doberstein, B. (2021). Poverty, Pandemics, and Wildlife Crime. *Conservation and Society*, 1(15), 1–13.

Anagnostou, M., Mwedde, G., Roe, D., Smith, R. J., Travers, H. & Baker, J. (2020). Ranger perceptions of the role of local communities in providing actionable information on wildlife crime. *Conservation Science and Practice*, 2(6), 202–210.

Arena, C. (2017). *Indian Slaves from Caribana: Trade and Labor in the Seventeenth-Century Caribbean*. Colombia University Press.

Aronowitz, A. (2009). *Human Trafficking, Human Misery: The Global Trade in Human Beings*. Praeger.

Assanvo, W. (2018, March 27). *Is Côte d'Ivoire becoming a wildlife trafficking hotspot?* ENACT. https://enactafrica.org/enact-observer/is-cote-divoire-becoming-a-wildlife-trafficking-hotspot.

Bargent, J. (2014, July 7). *Eco-Trafficking in Latin America: The Workings of a Billion-Dollar Business*. InSight Crime. https://insightcrime.org/news/analysis/eco-trafficking-latin-america-billion-business.

Bhattacharyya, S. & Hodler, R. (2010). Natural resources, democracy and corruption. *European Economic Review*, 54(4), 608–621.

Berger, J. (1980). *About Looking*. Random House.

Bernat, F. & Zhilina, T. (2010). Human trafficking: the local becomes global. *Women & Criminal Justice*, 20 (1), 2–9.

C4ADS. (2019). *Strings Attached: Exploring the Onshore Networks Behind Illegal, Unreported, & Unregulated Fishing*. Center for Advanced Defense Studies.

Campana, P. (2015). The structure of human trafficking: lifting the bonnet on a Nigerian transnational network. *British Journal of Criminology*, 56(1), 68–86.

Cheyns, M. (2008). *Zeeuwse schepen voor Azië. Het scheepsbouwbedrijf van de kamer Zeeland van de de VOC in de eerste helft van de 18de eeuw*. Universiteit Gent.
CITES. (2016). *Trade in Rhino Horns in the Territory of the Czech Republic: Report of Czech Enforcement Authorities*. CITES.
CITES. (2022). *Analysis of CITES Annual Illegal Trade Reports: 2016 to 2020 seizure data*. CITES.
Costa, J. (2021). *Social Network Analysis Applied to Illegal Wildlife Trade between East Africa and Southeast Asia*. Basel Institute on Governance.
Coutinho, J., Diviák, T., Bright, D. & Koskinen, J. (2020). Multilevel determinants of collaboration between organised criminal groups. *Social Networks*, 63(1), 56–69.
Davy, D. (2016). Anti-human trafficking interventions: how do we know if they are working? *American Journal of Evaluation*, 37(4), 486–504.
De Greef, K. & Haysom, S. (2022). *Disrupting Abalone Harms: Illicit flows of H. midae from South Africa to East Asia*. Global Initiative Against Transnational Organized Crime.
De Greef, K. & Raemaekers, S. (2014). *South Africa's Illicit Abalone Trade: An Updated Overview and Knowledge Gap Analysis*. TRAFFIC International.
Earth League International. (2022). *Explaining Environmental and Organized Crime Convergence Through a Systematic Analysis of the Operational Dynamics of Transnational Criminal Groups*. Earth League International and John Jay College of Criminal Justice.
Europol. (2011a). *OCTA 2011: EU Organised Crime Threat Assessment*. European Police Office.
Europol. (2011b). *European Organised Crime Groups Active in Trafficking Endangered Species*. European Police Office.
Farrelly, N., Dawkins, A. & Deegan, P. (2022). *Sihanoukville: A Hub of Environmental Crime Convergence*. Global Initiative.
Felbab-Brown, V. (2018). Wildlife and drug trafficking, terrorism, and human security. *PRISM*, 7(4), 124–137.
Gastrow, P. (2001). *Triad Societies and Chinese Organised Crime in South Africa*. Institute for Security Studies.
Global Initiative. (2014). *Poisoning the Arab Spring: Emerging Criminal Markets*. The Global Initiative against Transnational Organized Crime.
Green, A., Anagnostou, M., Harris, N. C. & Allred, S. (2023). Cool cats and communities: exploring the challenges and successes of community-based approaches to protecting felids from the illegal wildlife trade. *Frontiers in Conservation Science*, 4(1), 105–138.
ILO (International Labour Office). (2017). *Global Estimates of Modern Slavery: Forced Labour and Forced Marriage*. International Labour Office.
Kemp, W. (2020). *Transnational Tentacles: Global Hotspots of Western Balkan Organized Crime*. Global Initiative Against Transnational Organized Crime.
Miklaucic, M. & Brewer, J. (2013). *Convergence: Illicit Networks and National Security in the Age of Globalization*. National Defense University Press.
Morcatty, T., Bausch Macedo, J., Nekaris, K., Ni, Q., Durigan, C., Svensson, M. & Nijman, V. (2020). Illegal trade in wild cats and its link to Chinese-led development in Central and South America. *Conservation Biology*, 34(6), 1525–1535.
Moreto, W. & Gau, J. (2017). Deterrence, legitimacy, and wildlife crime in protected areas. *Conservation Criminology*, 1(12), 45–58.
Naylor, R. T. (2004). The underworld of ivory. *Crime, Law and Social Change*, 42(4), 261–295.

Nellemann, C., Henriksen, R., Raxter, P., Ash, N. & Mrema, E. (Eds.). (2014). *The Environmental Crime Crisis – Threats to Sustainable Development from Illegal Exploitation and Trade in Wildlife and Forest Resources*. United Nations Environment Programme.

Nelson, A. (2023). *Convergence of Wildlife Crime and Other Forms of Transnational Organised Crime in Eastern and Southern Africa*. Global Initiative Against Transnational Organized Crime.

Nguyen, T. & Roberts, D. (2020). Exploring the Africa–Asia trade nexus for endangered wildlife used in traditional Asian medicine: interviews with traders in South Africa and Vietnam. *Tropical Conservation Science*, 1(13), 1–17.

Neumann, V. (2013). Grievance to greed: The global convergence of the crime-terror threat. *Orbis*, 57(2), 251–267.

Neves, K. G. (2019). *Postnormal Conservation: Botanic Gardens and the Reordering of Biodiversity Governance*. State University of New York Press.

Nuttavuthisit, K. (2007). Branding Thailand: Correcting the negative image of sex tourism. *Place Brand Public Diplomacy* 3(1), 21–30.

Peters, G. (2018). *Advancing Effective Conservation Policy Worldwide: Successes, Challenges, and Next Steps. Testimony Before the House Committee on Foreign Affairs United States House of Representatives*. CINTOC.

Petrossian, G. (2019). *The Last Fish Swimming: The Global Crime of Illegal Fishing*. Praeger.

Price, R. (1966). Caribbean fishing and fishermen: a historical sketch. *American Anthropologist*, 68(6), 1363–1383.

Rademeyer, J. (2012). *Killing for Profit: Exposing the Illegal Rhino Horn Trade*. Zebra Press.

Reitano,T. & Hunter, M. (2018, March 19). *Mitigating the Threat of Organised Crime to Africa's Development*. ENACT. https://globalinitiative.net/wp-content/uploads/2018/02/ENACT-Policy-Brief-001-SDGs-15Feb10151.pdf.

Rijkelijkhuizen, M. (2009). Whales, walruses, and elephants: artisans in ivory, baleen, and other skeletal materials in seventeenth-and eighteenth-century Amsterdam. *International Journal of Historical Archaeology*, 13(4), 409–429.

Rizzolo, J. (2017). Exploring the sociology of wildlife tourism, global risks, and crime. *Conservation Criminology*, 1(5), 133–154.

Runge, H. J. (1987). Vormünzliche Zahlungsmittel: Tiere. Felle, Zähne. *Money Trend*, 1(1), 22–25.

Saffón, S. (2020, September 24). *Suriname's Jaguar Trade: From Poaching to Paste*. InSight Crime. https://insightcrime.org/news/analysis/suriname-jaguar-trade-poaching-paste/.

Sánchez-Gómez, L. (2013). Human zoos or ethnic shows? Essence and contingency in living ethnological exhibitions. *Culture & History Digital Journal*, 2(2), 1–25.

Schultze-Kraft, M. (2018). *Serious and Organised Crime and Livelihoods Programmes: K4D Helpdesk Report*. Institute of Development Studies.

Searcey, D. (2018, March 17). *Ivory Coast Arrests Six in Ring That Smuggles Parts of Elephants, Leopards and Pangolins*. The New York Times. www.nytimes.com/2018/01/25/world/africa/ivory-coast-elephants-leopards-pangolins-smuggling.html.

Shelley, L. & Kinnard, K. (2018). The convergence of trade in illicit rhino horn and elephant ivory with other forms of criminality. In W. Moreto (Ed.), *Wildlife Crime from Theory to Practice* (pp. 109–134). Temple University Press.

Sollund, R. A. (2019). *The Crimes of Wildlife Trafficking: Issues of Justice, Legality and Morality*. Routledge.

Somerville, K. (2017). *Ivory: Power and Poaching in Africa*. Oxford University Press.
Tacconi, L. & Williams, D. (2020). Corruption and anti-corruption in environmental and resource management. *Annual Review of Environment and Resources*, 45(1), 305–329.
Turner, J. & Kelly, L. (2009). Trade secrets: intersections between diasporas and crime groups in the constitution of the human trafficking chain. *The British Journal of Criminology*, 49(2), 184–201.
UN Refugee Agency. (2000). *Protocol to Prevent, Suppress and Punish Trafficking in Persons Especially Women and Children, Supplementing the United Nations Convention Against Transnational Organized Crime*. UN Refugee Agency.
United States Department of State. (2018). *Trafficking in Persons Report – Somalia*. United States Department of State.www.refworld.org/docid/5b3e0a81a.html.
UNODC (United Nations Office on Drugs and Crime). (2013). *Transnational Organized Crime in East Asia and the Pacific A Threat Assessment*. United Nations Office on Drugs and Crime.
UNODC (United Nations Office on Drugs and Crime). (2020). *World Wildlife Crime Report: Trafficking in Protected Species*. United Nations Office on Drugs and Crime.
van Dijk, J. & Spapens, T. (2014). Transnational organized crime networks across the world. In J. Albanese & P. Reichel (Eds.), *Transnational Organized Crime An Overview from Six Continents* (pp. 7–27). SAGE Publications.
van Gelder, R. (1997). *Het Oost-Indisch avontuur: Duitsers in dienst van de VOC*. Uitgeverij SUN.
van Uhm, D. (2016). *The Illegal Wildlife Trade: Inside the World of Poachers, Smugglers and Traders*. Springer International Publishing.
van Uhm, D. (2019). Chinese wildlife trafficking networks along the silk road. In T. Wing Lo, D. Siegel & S. Kwok (Eds.), *Organized Crime and Corruption Across Borders* (pp. 114–133). Routledge.
van Uhm, D. (2023). *Organised Environmental Crime: Black Markets in Gold, Wildlife and Timber*. Praeger.
van Uhm, D. & Moreto, W. (2018). Corruption within the illegal wildlife trade: a symbiotic and antithetical enterprise. *The British Journal of Criminology*, 58(4), 864–885.
van Uhm, D. & Nijman, R. C. (2020). The convergence of environmental crime with other serious crimes: Subtypes within the environmental crime continuum. *European Journal of Criminology*, 19(4), 542–561.
van Uhm, D. & Siegel, D. (2016). The illegal trade in black caviar. *Trends in Organized Crime*, 19(1), 67–87.
van Uhm, D. & Wong, R. (2021). Chinese organized crime and the illegal wildlife trade: diversification and outsourcing in the Golden Triangle. *Trends in Organized Crime*, 24(1), 486–505.
van Uhm, D. P. & Zhang, M. (2022). Illegal wildlife trade in two special economic zones in Laos: Underground-open-sale fluctuations in the Golden Triangle borderlands. *Frontiers in Conservation Science*, 3(1), 1–11.
van Uhm, D., Tjoonk, M. & Bakole, E. (2022). Organized forest crimes: charcoal and timber trade in the Democratic Republic of the Congo. In Y. Zabyelina & K. Thachuk (Eds.), *The Private Sector and Organized Crime* (pp. 149–162). Routledge.
Varese, F. (2011). *Mafias on the Move: How Organized Crime Conquers New Territories*. Princeton University Press.
Webster, N. (2018, October 8). Illegal wildlife trade 'funneled back to organised crime in the region'. The National News. www.thenationalnews.com/uae/illegal-wildlife-trade-funnelled-back-to-organised-crime-in-the-region-1.805766.

Wen, J., Klarin, A., Goh, E. & Aston, J. (2020). A systematic review of the sex trafficking-related literature: Lessons for tourism and hospitality research. *Journal of Hospitality and Tourism Management*, 45(1), 370–376.

Wicks, S. (2019, September 28). *SWJ Memo: Diaspora Vulnerability in Italy and Nigerian Organized Crime*. Small Wars Journal. https://smallwarsjournal.com/jrnl/art/swj-memo-diaspora-vulnerability-italy-and-nigerian-organized-crime.

Wildlife Justice Commission. (2021, March 13). Convergence of wildlife crime with other forms of organised crime. Wildlife Justice Commission. https://wildlifejustice.org/publications/convergence-of-wildlife-crime-with-other-forms-of-organised-crime/.

Wittig, T. (2016). Poaching, Wildlife Trafficking and Organised Crime. *Whitehall Papers*, 86(1), 77–101.

Wyatt, T., van Uhm, D. & Nurse, A. (2020). Differentiating criminal networks in the illegal wildlife trade: organized, corporate and disorganized crime. *Trends in Organized Crime*, 23(1), 350–366.

Wyler, L. & Sheikh, P. (2009). *International Illegal Trade in Wildlife: Threats and U.S. Policy*. Congressional Research Service.

Zimmerman C. & Kiss, L. (2017). Human trafficking and exploitation: A global health concern. *PLoS Medicine*, 14(11), 1–12.

3

Preventing a Secondary Disaster: How Emergency Management Agencies Can Prepare and Respond to Disaster-Linked Exploitation

BENJAMIN THOMAS GREER

3.1 Introduction

In the wake of Hurricane Harvey, the US Department of Health and Human Services began identifying emergency management personnel as uniquely positioned to identify and report potential human trafficking and trafficking-related suspicious behavior. Disaster events extend much of the operations shadow traffickers rely upon to conduct their criminal activity. Simultaneously, disasters create or exacerbate vulnerabilities traffickers may seek to exploit. While not all victims of natural disasters inherently become trafficking victims, the common trafficking risk factors like housing/food instability, and lack of safety and security are present for many affected during disaster events. This chapter will delve into how traffickers exploit economic pressure, political instability, and social and cultural factors present during disasters, linking said activities to ecoviolence studies. This chapter will also highlight and propose a planned emergency management response as the likelihood of same or similar events to occur as climate change results in more extreme events across the globe.

Disasters thrust victims into a state of heightened vulnerability of which emergency managers/disaster responders must be cognizant (Tomkins, 2018). Federal, state, and local emergency management agencies should update their preparedness, response, and recovery programs to include preventative measures to mitigate foreseeable secondary victimization (McCallum, 2020). While the research field focusing on the nexus between natural disasters and the trafficking of persons is in a nascent stage, experts are starting to examine the value of well-trained responders who play in the mosaic of a "whole-of-government" counter-trafficking response plan (Leckie et al., 2012). Scholars organize trafficking into three chief categories: (1) Commercial Sexual Exploitation; (2) Forced Labor; and (3) Domestic Servitude – each posing unique investigatory and service challenges. Often used as substitutes, forced and exploited labor and commercial sexual exploitation are not synonyms for human trafficking, but are best described as a sub-set among the exploitive purposes of trafficking. While statutory definitions of human trafficking vary by jurisdiction, they all carry common legal components that converge on common understanding: trafficking is the business of inducing a person to perform labor or engage in commercial sex through the use of force, fraud, or coercion (Harris, 2012; Greer, 2017).

The instability and destruction of the economic and social structure in the wake of natural and man-made disasters drives ecoviolence insofar as malignant individuals seek opportunities to prey upon those most impacted. Traffickers have shown the ability to exploit vulnerabilities in others while instilling fear and mistrust of the legal system, law enforcement, and other governmental representatives in their victims (Greer & Davidson, 2014). Generally, scholars analyze victim vulnerabilities through the "Push and Pull" migratory framework. "Push" factors consist of events that would cause an individual to leave his or her current location and seek safety or overall educational/economic betterment elsewhere. Some of the common "Push" factors include widespread poverty and unstable political structures. "Pull" factors are events or opportunities that would cause an individual to migrate to a specific location. Some of the common "Pull" factors are access to education, access to higher paying jobs, and upward social mobility. A destination country's demand for inexpensive labor is often a driving dominant "Pull" factor. Driven by profit margins, underpinned by a globalized economy and buyers of sex, traffickers can leverage both the "Push" and "Pull" factors as vulnerabilities in their victims to exploit. The following case studies will demonstrate both factors and how exploiters deploy them in a disaster setting (Bales, 2007; Harris, 2012; Miller, 2017; Greer, 2021).

Traffickers, like victims, will alter their actions and tactics based on their environment. Scant analysis has been conducted on the exploiter's "push" and "pull" factors as to how and why they choose the victims and events they do (Harris, 2012; Greer, 2021). At best, we infer this knowledge by examining the victim's vulnerabilities. Additional research needs to be conducted with the trafficker as the focal point. Because traffickers tend to adapt quickly to changing environmental factors, such as enforcement tactics and customer demand, they are more nimble than governmental structures and are able to exploit system vulnerabilities at a much greater pace (Harris, 2012; Greer, 2017, 2021). By better understanding how and why traffickers select the targets they do, we will be better informed on how to design a stout mitigation plan.

Adopted in 2000, the Trafficking Victims Protection Act (TVPA) was the first comprehensive federal legislative scheme in the United States to counter human trafficking. The TVPA authorized new investigatory tools for law enforcement helping to strengthen prosecutions and extended federal benefits and services, including immigration relief to victims of trafficking. The law provided a tri-faceted framework built around prevention, protection, and prosecution – "the three Ps." Since its 2000 passage, successive amendments and reauthorizations have enhanced the framework, adding more protections for victims and funding for law enforcement. One of the primary foci of the TVPA was how the national response was to incorporate a multidisciplinary approach. The use of specially trained multiagency task forces has resulted in an increased ability to identify victims and build successful cases. Scholars and researchers have called for a deeper understanding of how these specialized units employ different investigatory strategies, based on their specialized knowledge and relationships (Farrell et al., 2012).

In 2004, the US Department of Justice Office for Victims of Crime (OVC) and the Bureau of Justice Assistance (BJA) began funding human trafficking task forces (HTTF) following an Enhanced Collaborative Model (ECM HTTF). This model requires both a law enforcement agency and non-governmental organization/victim service member to partner (Ryan & Zeplowitz, 2016).

These partnerships are specifically designed to be a comprehensive, multidisciplinary approach encouraging collaborative cross-sector relationships and the pooling of resources and knowledge, creating a more positive outcome for prosecutions and the survivor. While the federal government has routinely sought to encourage and incentivize interagency coordination and a multidisciplinary approach to trafficking, they do not generally coordinate with the emergency management office(s) of their state. In 2009, Secretary of State Hillary Clinton officially added "partnerships" as the fourth "P" to the US anti-trafficking effort. While partnership and collaboration are a commonly stated goal, the Department of State acknowledged there was a lack of identifiable collaboration strategies.

To understand the current state of trafficking entwinement with disaster events, we must analyze recent disasters where exploitation has been demonstrated. We must also clearly define the exploitative behavior and methodologies we are seeking to inhibit. First, human trafficking must be clearly defined, articulated, and partitioned from often conflated ancillary/related crimes. Trafficking is best described as the despicable exploitation of others for profit through the use of force, fraud, or coercion (California Alliance, 2007; Harris, 2012). This pernicious act decimates the lives of the trafficked, fractures families, and exploits the victim's body and labor as a renewable resource. In this chapter, I connect trafficking to ecoviolence, linking climate change to natural disasters which, in turn, heighten trafficking. Traffickers seek out vulnerable populations during disasters, typically using techniques of physical and psychological abuse – utilizing fear and intimidation to exert control over their victims. Some traffickers may keep their victims under lock and key, while others use less obvious methods, specifically debt bondage – asserting erroneous financial obligations wherein the victim feels honor-bound to satisfy a dubious debt (Harris, 2012; Greer, 2021) The coercive tactics traffickers employ can be incredibly hard to identify, detect, and investigate. The spectrum of coercive tactics includes subtle and overt actions, such as physical and psychological force, the involvement and the use of physical violence, verbal threats against the victim or the victim's family, lies, or erroneously created debt bondage. This panoply of coercive tactics poses significant challenges for investigators (Greer & Davidson, 2014; Greer, 2017, 2021; Carr et al., 2014).

Clearly articulating the scope and prevalence of trafficking remains elusive. Evidence of a clandestine crime can be scarce or dispersed as crime data is notorious for being inaccessible, opaque, and segregated – stored in information silos and isolated from other record databases, unable to link to related cases (Dutta, 2021; Farrell et al., 2012; Haunsperger, 2021). It is generally acknowledged that perpetrators are extracting huge monetary value at the expense of their victims. The International Labour Organization (ILO) estimates that human traffickers generate in excess of $150 billion worldwide annually. Surpassed only by narcotics dealing, trafficking is tied with illegal arms sales as the second largest criminal activity in the world. Many researchers have assessed trafficking as the fastest growing criminal activity affecting between 20 and 40 million people globally (Dutta, 2021). Compounded by climate changes and associated crises, the World Bank estimates that by 2050, more than 143 million people may be displaced from sub-Saharan Africa, South Asia, and Latin American alone (Haunsperger, 2021). However, beyond these generalized statements, much is left to learn. Most of the global research on trafficking has focused on the international cross-border component of the trafficking experience and has omitted disaster related exploitation. With little more than two decades of legal and research treatment, this field presents a sanguine atmosphere to examine emerging, though difficult, meaningful questions. The purpose of this research is to heighten awareness among the emergency management community of the hazards of exploitation as a secondary disaster and to propose preparedness and mitigation tactics

3.2 Methodology

As this sub-topic conversation is emerging, I feel it necessary to articulate my methodology as to how I am analyzing this topic. There are legal and chronological parameters that are critical to an honest and clear assessment of the issue. As disasters become more frequent and destructive, the need for competent disaster managers and public officials increases. Disaster managers are trained to anticipate many cascading events stemming from the initial disaster, such as the failures of communication systems and sanitation systems, and civil unrest. However, human trafficking, specifically labor and sexual exploitation, may be cascading or producing secondary effects disaster managers may not be prepared to recognize and respond accordingly (Leckie et al., 2012; McCallum, 2020). The identification of labor exploitation during the suspension of the Davis–Bacon Act following Hurricane Katrina provided a case study for how public policy during a disaster can directly impact the likelihood of labor exploitation. Once identified, the goal should be to educate disaster managers, anti-trafficking practitioners, and law enforcement on how to propose how incident management teams can plan for and prepare to mitigate this secondary hazard.

3.3 Disaster and Legal Case Research

In this chapter the term "natural disaster" will describe catastrophic natural hazard events. Natural hazard is explained as extreme and severe weather and climate events that have a high likelihood of loss of life and property. Such phenomena include droughts, extreme temperature, hurricanes, floods, tornados, wildfires, earthquakes, and pandemics. While natural disasters may be exacerbated by human activity or inactivity, the emergency management field generally separates disasters into two categories: nature and man-made. For the purpose of this chapter, I am omitting some man-made disasters such as terrorist attacks or war/armed conflict. This discussion will focus on an analysis of cases of natural hazards – cases that cause the loss of life or injury, social and economic disruption, property damage, or environmental harm (Tu, 2018).

To properly assess how traffickers may exploit a disaster environment, it is necessary to examine known cases of victimization and the systematic flaws that were exploited (Miller, 2017; Tomkins, 2018). Case study and legal analysis will provide the framework for emergency managers to identify, articulate and mitigate anticipated threats. To determine the relationship between trafficking and disaster events I will focus on events from 1998 to 2020. This time frame was selected as human trafficking became a United States Federal felony in 2000 with the passage of the Trafficking Victims Protection Act and comprehensively became a state felony across the US during the 2008–2015 timeframe. This timeframe also allows me to examine two specific events (Hurricane Katrina in 2005 and Hurricane Harvey in 2017) each implicating two different forms of exploitation – forced/exploited labor and commercial sexual exploitation.

Information on these events was collected and reviewed from official state and government websites, law databases, and contemporaneous news reports. Also reviewed were similar sources that report instances when state labor laws were suspended during a disaster response. To contextualize the implications of suspending such laws, this chapter will elaborate on what protection the laws provide for worker wages and safety. While pandemics clearly qualify as natural disasters, my analysis omits the global pandemic caused by COVID-19. As we are still in the midst of this disaster and data/research remains opaque and I do not feel I have sufficient peer reviewed data I can reasonably rely upon. I strongly suggest the COVID-19/trafficking nexus as a future area of research. For example, examining how traffickers exploited "stay-at-home" orders to further coerce their victims and, conversely, how human trafficking task forces utilized public health laws to proactively investigate suspected trafficking not normally available to them but for a national pandemic (Redfen, 2020).

3.4 Findings

3.4.1 Articulating the Nexus between Exploitation and Disasters

While human exploitation has a long and sordid history, human trafficking as a legal, legislative, and victim support concept is nascent. Much of the domestic law enforcement response system and victim service programs are not adequately designed to address the fundamental characteristics of trafficking, failing to achieve their goals. Expanding the understanding of human trafficking and perfecting response requires a nuanced analysis of the activity and how perpetrators operate. Our evolution should include how this crime morphs and may visualize differently in different situations. Our training and planning should try and account for the most likely scenarios a jurisdiction would face.

> Humanitarian crises exacerbate pre-existing trafficking trends and create a fertile soil for new exploitation to germinate. With the collapse of the rule of law, economic and political instability associated with conflict or natural hazards, State security failures, erosion of social protection systems, and deterioration of living conditions within the affected crisis zone, it is not unusual to see cross border movements of people increase. Specific permissions or documents might be requested to move from one region to another, and movements could be hindered or controlled for specific groups. Hindered freedom of movement, even within the national border, can be a driver, creating leverage opportunities for exploration and trafficking. According to the United Nations High Commissioner for Refugees (UNHCR), there were approximately 58 million displaced people globally in mid-2015 as a result of conflict, natural disasters and other factors, the largest number since the Second World War. It is estimated that "disasters displace three to ten times more people than conflict and war worldwide" (Tu, 2018, p. 23). Climate-induced disasters have resulted in unprecedented impacts on people's livelihoods and contributed to massive displacement and vulnerability around the world. With increased vulnerability, human trafficking is often the hidden consequence that needs to be addressed in disaster relief efforts. A disaster event is rarely considered a contributing factor to trafficking in persons; thus, as a consequence, it remains largely neglected and overlooked in the aftermath of such crises (Tu, 2018). Vulnerability is not equally distributed or felt across society and some constituents are likely to be disproportionately impacted by climate change and disasters (Leckie et al., 2012).

Uneven distribution of impact creates challenges for disaster management, requiring each region/state to conduct internal analysis of their threat/vulnerability assessment. Ecoviolence, therefore, remains a hidden aftermath of natural disasters.

Mr. Ian Fry, Special Rapporteur on the promotion and protection of human rights in the context of climate change, is the first in this post. Through his work, the United Nations Human Rights Office of the High Commissioner estimates over 59 million people were internally displaced in 2021 due to climate-related disasters. Based on the increase in extreme climate events and climate change, this number is expected to increase (Leckie et al., 2012; Hynes, 2021). Major disasters have doubled from 200 to over 400 per year in the last two decades and more people are trafficked and exploited within home country borders than across borders (Leckie et al., 2012; Hynes, 2021). Climate-related displacement and forced migration should be recognized as a human and homeland security threat and emergency management agencies should incorporate mitigation tactics into their planning (Leckie et al., 2012). Governments should invest in the development of its population's resilience to the impacts of climate change and the insecurities it creates (Leckie et al., 2012). Disasters are geographically and politically amorphous, which demands a robust cross-border and multinational collaborative approach (Dutta, 2021; Hynes, 2021).

3.5 Case Studies

By examining past exploitative case studies and analyzing the common legal response emergency management agencies are likely to employ, analysis can improve our understanding of the modus operandi of the perpetrators, the anticipated disaster response structure and the proposed methods to mitigate future exploitation.

3.5.1 Hurricane Katrina (2005) – Forced Labor Exploitation

The United States has a series of procedural safeguards to deter the exploitation of labor; however, these procedural safeguards cannot ensure the dignity of work if they are not fully enforced. The primary tool the United States Government deploys to ensure reasonable and stable wages is the Davis–Bacon Act. The Davis–Bacon Act applies to subcontractors and contractors employed on federally funded, or partially federally funded contracts in excess of $2,000 for the repair, alteration, or construction of public works or public buildings (Olam & Stamper, 2006). It mandates contractors and subcontractors must pay their laborers no less than the locally prevailing wages and fringe benefits for corresponding work on similar projects within the area (Olam & Stamper, 2006). Additionally, it states workers must be paid at a rate of one and one-half times their regular pay rate for hours worked over 40 hours per week on prime contracts in excess of $100,000 (Olam & Stamper, 2006). The other safeguard is employers must provide proof to the

Department of Homeland Security that their workers are either citizens of the United States or that they are legally permitted to work in the United States (Olam & Stamper, 2006). These two laws work in a symbiotic relationship to ensure taxpayer funds are supporting legitimate work while providing stable and livable wages. Without one, or both, of these legal tools, exploitation is more likely to occur.

After Hurricane Katrina made landfall on the Gulf Coast in 2005, the region was structurally, economically, and emotionally decimated. To increase the pace of recovery, President George W. Bush suspended the Davis–Bacon Act. Suspension of Davis–Bacon has been a more common occurrence since the 1990s, conducted with the stated intent of removing "bureaucratic" paperwork that is thought to slow recovery efforts. The suspension eliminated the requirement for federal contractors to pay their workers locally prevailing wages on all projects in excess of $2,000. Removal of this requirement made sourcing local workers less advantageous than attracting migrant workers accustomed to much lower wages. In Addition to the Davis–Bacon suspension, the Department of Homeland Security suspended the requirement that federal contractors prove that their employees are either US citizens or legally permitted to work within the country. Both safeguards were removed. Though the Davis–Bacon Act was only suspended for two months, its reenactment did not trigger a contract review period and its requirement was not retroactive. This allowed contractors awarded federal projects during that two-month suspension to continue employing migrant workers at bargain rates (Olam & Stamper, 2006). Post-Hurricane Katrina, Signal International (Signal) was found guilty of exploiting workers' rights during the suspension of Davis–Bacon Act requirements.

Signal, a marine construction firm specializing in the commissioning, repair, and upgrade of offshore drilling rigs, saw their workforce depleted due to the hurricane. Recruiting agents working on behalf of Signal fraudulently induced and coerced nearly 500 guest workers from India, utilizing the H-2B guest worker program, to work for Signal in the United States (McCallum, 2020). The fraudulent inducement and means of coercion utilized by these recruiters primarily consisted of false promises of becoming lawful US residents. Upon arrival, recruiting agents confiscated their visas and passports, convinced the guest workers to pay exorbitant fees to cover their recruitment, travel, and immigration processing, and threatened them with legal actions and serious bodily harm unless they worked for Signal (McCallum, 2020). Once employed by Signal, the guest workers were subjected to living in labor camps under insalubrious conditions while suffering psychological abuse and being defrauded of hard-earned wages. Upon conclusion of the civil case, the jury found Signal, the attorney who assisted in this scheme, as well as the Indian recruiter, guilty of labor trafficking, racketeering, and discrimination (David, et al. v. Signal International, LLC, et al., 2015).

Systems that incentivize sourcing workers from outside of the disaster zone weakens and prolongs the recovery of the impacted area. Hiring local workers injects much needed funds and begins to stabilize the economic framework of the affected community. Before the Davis–Bacon Act is suspended the Chief Executive should conduct a risk/benefits analysis to determine if the theoretical savings of time and resources is significantly greater than the added risk of forced and exploited labor. This analysis should be made public and published in advance of any suspension.

3.5.2 Hurricane Harvey (2017) – Sexual Exploitation

Most emergency management professionals are familiar with the disaster life cycle: hazard mitigation, preparedness, response, and recovery. Lack of awareness or ignorance within this disaster life cycle increases the destruction, and slows and inhibits recovery (Enarson, 1999). Failing to understand or identify a foreseeable hazard makes crafting a mitigation plan almost impossible. Most emergency managers fail to fully understand how an exploiter will seek to exploit the material and emotional loss and feeling of helplessness experienced by many survivors of natural disasters.

In 2005, Houston was greatly affected by the sudden influx of evacuees from New Orleans in the wake of Hurricane Katrina. Learning from experiences gained in the wake of Hurricane Katrina, the city of Houston designed an aggressive anti-trafficking public awareness campaign to be deployed in the wake of disasters. As their violent and property crime rates increased, so did their interactions with exploiters and victims of sex and labor trafficking (City of Houston, Mayor's Office, n.d.). Additionally, they witnessed how the desire for an expedited recovery process attracted low wage laborers, some becoming victims of labor trafficking themselves, which in turn increased the demand for commercial sex.

Learning from the mistakes of Hurricane Katrina, the city of Houston was better prepared to counter human trafficking within their city leading up to the impact of Hurricane Harvey. The day after disaster shelters opened, the Mayor's office had representatives at two locations assessing the shelters' landscape and communication capabilities (City of Houston, Mayor's Office, n.d.). In-person education and outreach regarding the individual's trafficking potential was provided. This education included the distribution of materials illustrating the vulnerability of displaced persons to being trafficked as well as indicators that they may be recruited from within the shelter. This large-scale operation utilized a "cot-to-cot" strategy of speaking with each evacuee personally, in their various languages, totaling over

4,000 individuals (City of Houston, Mayor's Office, n.d.). During and post Hurricane Harvey, the Mayor's office witnessed a precipitous decline in online sex advertisements, followed by an exponential surge after the storm subsided. One well-known American classified advertisements website featured predatory offers reading:

> *Were you displaced by Harvey, now looking to get it all back together? Are you a female under 40 and need a place to call it your home? Then this mature gentleman is ready to help with a rent free accommodation. If you are interested, then lets talk? Explain your situation, send a pic and must use HARVEY as subject, to show you are real? I am!* (American classifieds advertising website, September, 2017).

Another advertisement read:

> ***Harvey help: Have a place for a cute girl***
> *Got a really cool studio loft available. I can hook you up if your Cool with staying with me. Please be Hispanic, Asian or White, hwp. Please send pics and info – please send pic and # in 1st response or I will not answer* (American classifieds advertising website, August, 2017).

While causation may be debated, the city foresight and proactive measures were prescient. "A number of factors could explain this massive uptick, including attempts by traffickers to recoup income lost during the storm, individuals entering or returning to prostitution because of loss of housing or income due to Harvey, or an influx of ads in anticipation of an increased population of male workers in the Houston area for storm recovery related work" (Children at Risk, 2021).

Human Trafficking Task Forces should collaborate with and incorporate disaster planning and response into their "whole-community" anti-trafficking strategy. The results of Hurricane Harvey and other disasters have demonstrated a weakness in our current response design. As traffickers evolve in their tactics, so should our response. The Houston Human Trafficking Task Force and the Greater New Orleans Human Trafficking Task Force have begun planning and preparing to address this nexus; other HTTFs across the US should learn from and follow their lead.

3.6 Lesson Learned/Recommendations

As we expand our understanding of the interplay between trafficking and disasters, we must match the known or anticipated threat with a strategic and comprehensive counter. "A gender perspective should be integrated into all disaster risk management policies, planning and decision-making processes, including those related to risk assessment, early warning, information management and education and training" (Dutta, 2021, p. 17).

In October 2021, the Federal Emergency Management Agency (FEMA) announced two key initiatives to advance climate change adaptation and promote disaster risk reduction and community resilience nationwide (FEMA, 2021.) These initiatives established a Climate Adaptation Enterprise Steering Group and a stakeholder engagement process to help develop the agency's 2022–2026 Strategic Plan (FEMA, 2021). "Communities across the country continue to witness the devastating and increasing impacts of hurricanes, floods, wildfires, droughts and other weather events. The increase and severity of disasters burden on our emergency management partners and disproportionately impact historically underserved communities." (Children at Risk, 2021).

Throughout the strategic planning process FEMA will engage with partners to increase climate literacy among emergency management professionals, and expand/build climate resilient communities and empower risk-informed decision making (FEMA, 2021). Their strategic planning process is attempting to apply a whole-of-community approach (FEMA, 2021). As FEMA continues to develop bold new initiatives to respond to the nation's climate crisis FEMA should include a comprehensive anti-trafficking training plan, tactical adjustment to the suspension of labor protections, and augment All-Hazard Incident Management Teams (AHIMT) to include an anti-exploitation specialty unit.

3.6.1 Current Training Options – Domestic and International

The US Department of Homeland Security (DHS), Department of Health and Human Services (HHS), and FEMA currently offer rudimentary anti-trafficking training; one general and one more tailored for disaster responders. FEMA, through their Independent Study Course modules, offers IS-1150: DHS Human Trafficking Awareness for FEMA Employees; and IS-1151/IS-1152: Blue Campaign Disaster Responder Training.

These brief self-guided courses are introductory in nature providing:

- Identify indications of human trafficking victims.
- Compare similarities and differences between "human trafficking" and "smuggling."
- Describe four different types of immigration relief.
- Identify possible indicators of human trafficking that may be encountered on the job.
- Describe the actions that should be taken when observing suspicious activities.

Recently, as of 2021, The National Human Trafficking Training and Technical Assistance Center (NHTTAC) delivered a virtual pilot training designed for emergency managers on how to prevent and respond to trafficking within a disaster management framework. Developed in collaboration with the Office on Trafficking in Persons, the Office of Human Services Emergency Preparedness and Response, and the Office of the Assistant Secretary for Preparedness and Response, the 1-hour course leverages the disaster management framework to support emergency managers in preventing, identifying, and responding to trafficking in their professional setting. Learning objectives of the course are:

- Understand the increased nexus between sex and labor trafficking and a disaster.
- Develop concrete strategies and educational and outreach materials.
- Engage stakeholders in executing the response plan.
- Conduct assessments for communication touchpoints to respond.
- Communicate human trafficking indicators to different audiences.
- Understand that foreign labor may be trafficked to meet the demand generated by recovery or rebuilding efforts. (Office on Trafficking in Persons, 2019)

The International Organization for Migration (IOM) offers an 11-module training demonstrating how human trafficking affects people impacted by conflict, governmental/social instability, natural disaster, and displacement. While this course was developed in partnership with the US Department of State's Office to Monitor and Combat Trafficking In Persons and was designed for external audiences, much of its contents are generalized for a global audience and have limited application within the United States (IOM, 2021).

3.7 Recommendations

As emergency management agencies better appreciate the interplay of disasters and exploitation, they must include anti-trafficking resiliency and mitigation planning into the disaster planning process. As all-risk emergency response agencies consistently evolve to address threats, anti-trafficking preparedness provides an opportunity to demonstrate dedication to public safety and community support. I recommend the following actions.

3.7.1 Disaster Responders Need Detailed and Comprehensive Anti-Trafficking Awareness Training

All emergency and disaster responders should have a basic awareness of human trafficking and trafficking related suspicious activity. Currently, emergency and disaster responders are woefully undertrained and under-skilled to properly identify trafficking related suspicious behavior. In a study conducted for the University of Chicago's Master of Science in Threat and Response management program entitled *Human Trafficking Awareness for Disaster Responders*, 92 percent of survey respondents answered human trafficking education was very/extremely important to the administration of disaster support; however, only 40 percent of the same respondents said their employer provided any level of trafficking related trainings (Humel, 2020). While the US Department of Health and Human Services has begun recognizing this developing nexus, awareness training curriculum has not penetrated the emergency management field.

3.7.2 Contracts Executed Under Davis–Bacon Act Suspension Period Should Receive Retroactive Scrutiny

As established above, post-disaster efforts often include the suspension of the Davis–Bacon Act. The US Department of Labor should review all labor contracts entered during Davis–Bacon Act suspension periods for efficacy. While this legal action is done with sincere intent, the action may have deleterious effects. Subject matter experts and scholars should examine this practice to evaluate and determine if the suspension is still justified; or alternatively, determine if there is another procedure that can be imposed while maintaining workers' physical and economic rights. We have seen how traffickers will exploit the removal of this procedural safeguard. We must now find a counteraction.

3.7.3 State and Federal Emergency Management Agencies Should Enhance Incident Management Teams with Human Trafficking Subject Matter Experts

FEMA should establish an anti-trafficking/human rights pilot program named **REACT** Team (**R**esponding to mitigate labor **E**xploitation **A**nd **C**ommercial sex **T**rafficking). A small but knowledgeable team of anti-trafficking subject matter experts should be embedded within incident management teams (IMT) and deployed to disasters to help identify/mitigate exploitation of both sexual and forced labor exploitation. This unit would be inserted within the appropriate Emergency Support Functions (ESF) to ensure exploitation is not fouling our response system. By examining exploitation uncovered during the rebuild of New Orleans (forced labor by contractors) and the sexual exploitation found during the response/recovery of Harvey, we are starting to realize where the dark corners are in our emergency management response vision. It is in these clandestine niches of our response traffickers seek to exploit. Over the years we have developed mechanisms to prevent looting and property crimes during disaster events – we need to develop similar tactical approaches to preventing human rights violations.

3.8 Conclusion

A jurisdiction's criminal and civil laws reflect the values and morals of that community. The ability to refine and perfect a response defines its commitment to the cause. As emergency management matures into a full-body all-hazards approach, policymakers must seek out or create new methodologies to identify and inhibit exploitation (Dutta, 2021). All available research indicates that an effective response requires a comprehensive whole-of-government unified approach. Bringing emergency managers into the operational fold with law enforcement and victim service organizations expands a jurisdiction's anti-trafficking response footprint.

References

ACF Office on Trafficking in Persons Fact Sheet. (n.d.). Retrieved October 29, 2021, from www.acf.hhs.gov/sites/default/files/documents/otip/factsheets_otip.pdf.

Bales, K. (2007). What predicts human trafficking? *International Journal of Comparative and Applied Criminal Justice*, 31(2), 269–279.

City of Houston. Office of the Mayor, Office of Human Trafficking and Domestic Violence. (n.d.). Emergency/Disaster Response Manual Protocols & Procedures California Alliance to Combat Trafficking and Slavery Task Force.

California Alliance. (2007). *Human Trafficking in California: Final Report of the California Alliance to Combat Trafficking and Slavery Task Force.* California Alliance to Combat Trafficking and Slavery Task Force.

Carr, B., Milgram, A., Kim, K. & Warnath, S. (2014). *Human Trafficking Law and Policy.* New Providence.

Children at Risk (2021). *Growing up in Houston 2019–2020 Assessing the Quality of Life of Our Children* https://childrenatrisk.org/wp-content/uploads/2019/03/GU-2019-2020-book-1.pdf.

Anti-slavery International. (n.d.). *Climate change and modern slavery* | www.antislavery.org/what-we-do/climate-change.

David, et al. v. *Signal International, LLC, et al.* (2015).

Dutta, M. (2021). *Disaster and Human Trafficking.* Springer.

Enarson, E. (1999). Violence against women in disasters. *Violence Against Women*, 5(7), 742–768. https://doi.org/10.1177/10778019922181464.

Farrell, A., McDevitt, J & Fahy, S. (2008). *Understanding and Improving Law Enforcement Responses to Human Trafficking: Final Report* (Boston: Northeastern University). http://hdl.handle.net/2047/d10015802.

Farrell, A., McDevitt, J., Pfeffer, R., Fahy, S., Owens, C., Dank, M. & Adams, W. (2012). *Final report: Identifying challenges to improve the investigation and prosecution of state and local human trafficking cases* (NCJ-238795). United States Department of Justice, National Institute of Justice.

FEMA. (2016). *IS-1150: DHS Human Trafficking Awareness for FEMA Employees.* https://training.fema.gov/is/courseoverview.aspx?code=IS-1150.

FEMA. (2021). *IS-1151: Blue Campaign Disaster Responder Training.* https://training.fema.gov/is/courseoverview.aspx?code=IS-1151&lang=en.

FEMA. (2021). *IS-1152: Blue Campaign First Responder Training*. https://training.fema.gov/is/courseoverview.aspx?code=IS-1152&lang=en.

FEMA. (2021). *FEMA Announces Initial Initiatives to Advance Climate Change Resilience*. www.fema.gov/press-release/20211028/fema-announces-initial-initiatives-advance-climate-change-resilience.

Greer, B., & Davidson, D. S. (2014). Balancing the equity of mental health injuries: examining the "trauma exception" for sex trafficking T-visa applicants. *International Journal of Migration, Health and Social Care*, 10(3), 159–191.

Greer, B. T. (2017). Crime shouldn't pay: How California should expand and structure its human trafficking asset forfeiture laws. *Intercultural Human Rights Law Review*, 12, 267-280.

Greer, B. T. (2021). *Connecting the Dots of an Opaque Crime: Analyzing California's Human Trafficking Task Force Information Sharing Framework and Practices*. Master's Thesis, Naval Postgraduate School. https://www.hsdl.org/c/abstract/?docid=868310

Harris, K. (2012). *The State of Human Trafficking in California. Sacramento*. California Department of Justice.

Hameed, S., Hlatshwayo, S., Tanner, E., Turker, M. & Yang, J. (Eds.). (2010). *Human trafficking in India: Dynamic, current efforts, and intervention opportunities for the Asia Foundation*. Stanford: International Policy Studies, Stanford University.

Haunsperger, N. (2021). *Foreign-born Human Trafficking – a Dark Specter Haunting America: An Examination of the Sex and Labor Trafficking Landscape*. Thesis. Naval Postgraduate School, Monterey. https://www.hsdl.org/c/abstract/?docid=850263.

State of California (2021). Department of Justice, Office of the Attorney General. *Human Trafficking*. https://oag.ca.gov/human-trafficking.

Huml, E., Susnis, S. & Salinas III, P. (2020). *Human Trafficking Awareness for Disaster Responders. A Capstone Project. University of Chicago's Master of Science in Threat and Response Management Program*, University of Chicago.

Hynes, P. (2021). *Introducing Forced Migration*. Routledge, Taylor & Francis Group.

International Organization for Migration (IOM). (2020). *Counter Trafficking in Emergencies Information Guide*. https://publications.iom.int/system/files/pdf/counter-trafficking-in-emergencies-information-guide.pdf.

International Organization for Migration (IOM). (2021). *IOM Launches Online Course on Counter Trafficking in Humanitarian Settings*. www.iom.int/news/iom-launches-online-course-counter-trafficking-humanitarian-settings.

Leckie, S., Simperingham, E. & Bakker, J. (2012). *Climate Change and Displacement Reader*. Earthscan.

McCallum, L. (2020). Reflections from the field: disparate responses to labour exploitation in post-Katrina Louisiana. *Anti-Trafficking Review*, 15(1), 21–41.

Miller, M. (2017). *Gaps in International Law Surrounding Human Trafficking and Natural Disasters*. Denver Journal of International Law and Policy. http://djilp.org/gaps-in-international-law-surrounding-human-trafficking-and-natural-disasters/.

Norwegian Refugee Council. (2016). A Record Number of Internally Displaced. https://www.nrc.no/news/2016/mai/a-record-number-of-internally-displaced.

OHCHR. (2022). *"Intolerable tide" of People Displaced by Climate Change: UN Expert*. www.ohchr.org/en/press-releases/2022/06/intolerable-tide-people-displaced-climate-change-un-expert.

Office on Trafficking in Persons. (2019). *SOAR to Health and Wellness Training*. www.acf.hhs.gov/otip/training/soar-health-and-wellness-training.

Olam, H. E. & Stamper, E. S. (2006). The Suspension of the Davis Bacon Act and the Exploitation of Migrant Workers in the Wake of Hurricane Katrina. *Hofstra Labor and Employment Law Journal*, 24(1), 1-12.

Redfern, C. (2020). *The Pandemic's Hidden Human Trafficking Crisis*. Foreign Policy. https://foreignpolicy.com/2020/04/30/coronavirus-pandemic-human-trafficking-crisis/.

Ryan, C. & Zeplowitz, D. (2016). *Partnerships in Investigating Sex Trafficking: Bridging Gaps to Support Survivors*. Polaris.

Tomkins, S., Farnadi, G., Amanatullah, B., Getoor, L. & Minton, S. (2018). The impact of environmental stressors on human trafficking. *2018 IEEE International Conference on Data Mining (ICDM)*. https://doi.org/10.1109/icdm.2018.00066.

Tu, J. (2018). *Institutional Quality and Human Trafficking in the Wake of Natural Disasters a Cross-Sectional Analysis of the Impacts of Natural Disasters on the Level of Human Trafficking*. Thesis for Master's Programme in International Administration and Global Governance, Goteborgs Universitet, Department of Political Science.

4

Ecoviolence at Sea

MATILDA PETERSSON AND SOFIA KÄLL

4.1 Introduction: From Global Fisheries Crisis to Ecoviolence at Sea

Ever since the late 1980s, global fisheries have been described as being in a state of crisis, characterized by declining global catches, overfishing and collapse of important fish stocks. Following this, the policy debates have been centered around the concept of "sustainable fisheries." Initially, this debate focused on how to ensure sustainable fisheries from an environmental perspective and how to overcome existing problems with overfishing, while at the same time ensuring profitability, jobs, livelihood opportunities as well as responding to the increasing global demand for seafood (e.g. Pauly et al., 2002; Myers & Worm, 2003; Worm et al., 2009). In the 1990s, the debate around sustainable fisheries was expanded further due to increasing concerns over illegal, unregulated, and unreported (IUU) fishing practices. These practices refer to fishing that is, for example, carried out in direct violation of national or international laws, or unreported or misreported catch to relevant management authorities. It can also refer to fishing of unregulated fish stocks without established catch limits, or fishing on regulated stock but under a flag of a country that is not a party to the relevant Regional Fisheries Management Organization (RFMO), which decides on those catch limits (FAO, 2002). IUU fishing undermines fisheries management at both national and international level, and can contribute to overfishing, economic losses and food insecurity in coastal communities (OECD, 2005; Agnew, 2009).

In recent years, the policy debate around sustainable fisheries has expanded even further, and today there are increasing concerns that forced labor, labor abuse and excessively poor working conditions are common practices onboard fishing vessels. These concerns came to the surface around 2014, as investigative journalists released a series of articles in global media outlets revealing what they referred to as "modern slavery" practices onboard fishing vessels. The first article was published in *The Guardian* and focused on the fishing sector in Thailand; shortly thereafter, the *New York Times*, *Associated Press*, *CNN*, and *Al Jazeera* published similar stories relieving slave-like practices in fisheries in Thailand and Indonesia (see Vandergeest & Marschke, 2020 for an overview). These stories revealed how migrant fish workers were forced to work under extremely bad conditions, being kept away at sea for years on end without any or little pay; with little ability to terminate work contracts while being subject to physical and verbal abuse; and, in some cases, even being murdered at sea. Seafood caught by these fisheries was then exported to global markets, mainly to North America and Europe. These horrific revelations were not completely new, but confirmed reports released some years prior by non-governmental organizations (NGOs) (e.g. EJF, 2013), the United Nations Office on Drugs and Crime (UNODC, 2011) and the International Labour Organization (ILO, 2013). However, these revelations effectively changed the conversation around what "sustainable fisheries" means, and placed labor-related problems in the fishing sector high up on the global political agenda (Vandergeest & Marschke, 2020). Today, it is increasingly clear that some fisheries operations fall within the scope of what Stoett & Omrow (2021) refer to as "spheres of ecoviolence" characterized by abusive practices affecting both the environment and vulnerable human beings.

In the aftermath of these new debates around fisheries, there has been a surge in scholarly publications exploring various aspects of labor-related problems in the fishing sector. Scholars have examined the manifestation of labor-related problems onboard fishing vessels, the extent of the problem and its geographical spread, the causes of these problems in various contexts and debated how working conditions in the fishing sector can be improved. Labor-related problems in the fishing industry were undoubtedly, until recently, relatively unexplored topics within the fisheries literature. While there is a vast literature on IUU fishing (e.g. Le Gallic & Cox, 2006; Sumaila et al., 2006; Agnew, 2009; Österblom & Bodin, 2012), it is only in recent years that scholars have begun to study how these practices converge with labor-related problems onboard fishing vessels (e.g. Mackay, 2020; McDonald et al., 2021). Although there has been an increase in peer-reviewed articles published on labor-related problems in the fishing sector, there is still, to our knowledge, no systematic review that grasps the broader insights from this emerging literature (however, see e.g. Garcia Lozano et al., 2022; Stinger et al., 2022). For the purpose of this chapter, we therefore conduct a systematic review of the literature on labor-related problems in the fishing sector in an effort to summarize the main focus, approach, theoretical underpinning, and contributions, and to make recommendations for future research directions.

Revelations of labor-related problems in the fishing sectors have also led to intense debates about the role of private actors in seafood supply chains (including retailers and processors). These actors have increasingly been pressured to be involved in the so-called "sustainable seafood movement," where they have made pledges to not support environmentally destructive fishing practices, and sell only sustainably certified seafood, as a response to the global fisheries crisis (Barclay & Miller, 2018; Sutton & Wimpee, 2008). The media reports from 2014 explicitly mentioned several big-name grocers and supermarkets which were being accused of selling seafood to North American and European markets from fisheries operations that had been involved in modern slavery practices, and thus, these private actors were now facing serious reputation damage (Hodal et al., 2014; Mendoza, 2016). Environmental NGOs, who have been supporting seafood certification and retailers' sourcing policies, were also under pressure to make sure that seafood they labeled "sustainable" was not being sourced from fisheries where labor-related problems were pervasive.

At the same time as private governance approaches, such as certification and standard-setting bodies, have increased globally, scholars have called on these approaches to take a more active role in addressing labor-related problems (Kittinger et al., 2017; Teh et al., 2019). These calls have been reinforced in recent years, as allegations of forced labor and labor abuse have been directed at fisheries certified by the Marine Stewardship Council (MSC) or involved in Fishery Improvement Projects (FIPs) (e.g. Hogan & Ish, 2021; Human Rights at Sea, 2020) which represents two important private governance approaches for sustainable fisheries. The MSC is the most widespread and well-known seafood certification body, certifying around 15 percent of wild-capture fisheries globally (MSC, 2023). FIPs is not a certifying body, but is a more flexible governance tool that was developed by international NGOs in order to incrementally improve the environmental status in fisheries, especially in small-scale and data-poor fisheries operating in the Global South which were unable to reach the requirements set up by the MSC. The emergence of these private governance approaches reflects a broader trend of extended private authority in global environmental governance emerging as an alternative to public governance and regulation (Lemos & Agrawal, 2006). These private governance approaches are voluntary in nature, based on market logic and designed to increase the incentives for the private sector to pay more attention to environmental sustainability (Falker, 2003; Auld, 2014).

To date, we still know little about how various private governance approaches promoting sustainable seafood have responded to the calls to address labor-related problems in the fishing sector. In this chapter we therefore conduct an analysis of the response made by one of the most prominent private governance approaches, namely FIPs, to better understand how these kinds of approaches attempt to change from addressing only environmental problems to also including social problems. FIPs play a critical role in the global seafood landscape (Cannon et al., 2018; Crona et al., 2019; Käll, 2022). Over the last decade, FIPs have increased significantly in numbers, and currently around 9 percent of the total global catch comes from fisheries that are involved in a FIP (Cannon et al., 2018; FIP-DB v2022). Many of the largest retailers in North America and Europe have committed to procuring seafood only from fisheries that are either certified or part of a FIP. We decide to focus our analysis on the response by the community of practice surrounding the FIPs, since this private governance approach has been center stage for many of the ongoing debates within the sustainable seafood movement on how to overcome labor-related problems and how to improve working conditions at sea, while at the same time improving the environmental status of fisheries.

In summary, this chapter contains two main parts. First, we provide a systematic review of the emerging literature on labor-related problems in the fishing sector. Second, we provide a detailed account of the main steps taken in recent years by one select private governance approach, the community of practice surrounding FIPs, to more effectively address labor-related concerns.

4.2 Literature Review of Labor-Related Problems in the Fishing Sector

For the purpose of this chapter, we conducted a systematic review of the emergent literature on labor-related problems in the fishing sector. To identify this literature, we searched for several key terms (conducted November 21, 2022) on Web of Science and Scopus, two well-known online platforms that encapsulate multiple databases of references and citation data from academic journals. Specifically, we searched for the following terms: "slavery," "forced labor/labour," and "labor/labour abuse" combined with the term "fish*." We deliberately excluded the term "illegal, unregulated and unreported/IUU fishing," given that there is a vast literature on this topic that does not consider how such practices converge with labor-related problems. Instead, we included the search term "transnational fisheries crime" given that this concept deals more explicitly with labor-related issues and how it is linked to IUU fishing. We searched for these search terms in the title, keywords and abstracts of academic works. Our initial search generated 688 results (442 on Web of Science and 246 on Scopus), out of which 96 duplicates were removed. We screened the abstracts of each of the remaining 590 articles and applied a set of inclusion criteria. We focused our review on peer-reviewed articles (thus excluding books and gray literature) and on studies that specifically study labor-related issues in the fishing sector (excluding articles that do not examine this topic and were not relevant to our study). After applying our inclusion criteria, 72 articles remained. After this, we read each of the 72 articles and excluded those that did not study labor-related issues specifically, but that, for example, only use it as part of their problem framing. After this second iteration, 52 articles remained, which were read in depth. Through our analysis, we divided the articles into four overarching themes, based on their main focus, approach, theoretical underpinning and contributions. Below we present the four main themes: (1) The sea of laws; (2) Out of sight, out of mind; (3) Fisher as workers; and (4) Socially responsible seafood, that emerged from the systematic review of the literature on labor-related problems in the fishing sector (see Table 4.1 for an overview).

4.3 The Sea of Laws

The first theme "The sea of laws" gathers insights from a range of different legal scholars. Several contributions within this theme examine the definition and interpretation of the concept of "modern slavery". Authors within this theme are often critical of the term and in particular of the word "modern" as it suggests some sort of progress from slavery, while in reality, there is nothing modern about these abusive practices (e.g., Kojima, 2021; Choukroune & Nedumpara, 2022). These authors conclude that the concept of modern slavery lacks a common definition in international law, but that it is still being used in various international forums. This includes the Sustainable Development Goal (SDG) number 8 on "decent work and economic growth" adopted in 2015, which specifically links forced labor to modern slavery and human trafficking.[1] This also includes the UNODC and the ILO that both use the term modern slavery as an umbrella term including practices such as forced labor, debt bondage, forced marriage, slavery and slavery-like practices, and human trafficking.[2] Given that the term modern slavery does not have a commonly agreed-upon definition in international law, several authors examine existing legal definitions of related concepts including "slavery,"[3] "human trafficking,"[4] "forced labor,"[5] and "debt bondage."[6] The authors state that these concepts might be

[1] See indicator 8.7: "Take immediate and effective measures to eradicate forced labour, end modern slavery and human trafficking, and secure the prohibition and elimination of the worst forms of child labour, including recruitment and use of child soldiers, and by 2025 end child labour in all its forms." (UN, 2015).

[2] According to the ILO: "modern slavery covers a set of specific legal concepts including forced labour, debt bondage, forced marriage, other slavery and slavery like practices, and human trafficking. Although modern slavery is not defined in law, it is used as an umbrella term that focuses attention on commonalities across these legal concepts. Essentially, it refers to situations of exploitation that a person cannot refuse or leave because of threats, violence, coercion, deception, and/or abuse of power." (Kojima, 2021: 3).

[3] Article 1 of the Slavery Convention from 1926 defines slavery as "the status or condition of a person over whom any or all of the powers attaching to the right of ownership are exercised" (League of Nations, 1926).

[4] Human trafficking "occurs when a person's movement is controlled by some means – which may be subtle – for the purpose of exploitation" (Macfarlane, 2015: 8) and is defined in the Protocol to Prevent, Suppress and Punish Trafficking in Persons, Especially Women and Children (the Trafficking Protocol) which supplements the United Nations Convention against Transnational Organized Crime.

[5] Article 2(1) of the ILO Convention No. 29 concerning Forced or Compulsory Labour from 1930 defines forced labor as: "all work or service which is exacted from any person under the menace of any penalty and for which the said person has not offered himself voluntarily." (ILO, 1930).

[6] The ILO recognizes debt bondage as a way to keep a person in a forced labor situation. Under the Supplementary Convention from 1956, forced labor is defined as "the status or condition arising from a pledge by a debtor of his personal services or of those of a person under his control as security for a debt, if the value of those services as reasonably assessed is not applied towards the liquidation of the debt or the length and nature of those services are not respectively limited and defined." (UN Economic and Social Council, 1956).

interpreted to also consider practices of modern slavery, and include those practices which have been found to be occurring in some segments of today's commercial fishing industry. For example, Macfarlane (2017: 8–9) considered the relationship between slavery and these other related concepts, concluding that "trafficking can amount to slavery," and that the terms slavery and forced labor "exist on the same continuum of exploitation," while debt bondage can be used as a method to keep a person in a forced labor situation.

Most authors focus on international law. For example, authors within this theme have examined the extent to which existing international legal instruments (Conventions, Treaties and Protocols) covering human trafficking, human rights, forced labor, slavery, trade, torture, and migration can be used to address labor-related problems in the fishing sector (Becker-Weinberg, 2021; Choukroune & Nedumpara, 2022; Doubeck, 2022). For example, Doubeck (2022) examines the Optional Protocol to the UN Convention against Torture, which traditionally has been used for detention situations in custody, and suggests that it might also be applied to situations where migrant workers are kept away at sea onboard distant water fishing vessels as a way to enhance inspections. Several authors focus on the United Nations Convention on the Law of the Seas (UNCLOS) adopted in 1982 and examine whether it can be applied to more effectively address today's problems of forced labor and labor abuse in the fishing sector. Here, Macfarlane (2017) and Kojima (2021) both argue that Article 99 on "the transportation of slaves" and Article 110 on the "right to visit" under the UNCLOS could be used to increase the ability of non-flag states to take measures against vessels suspected of forced labor and labor abuse onboard fishing vessels operating in the high seas.[7]

Several contributions are critical of the reach and ability of existing legal frameworks and international organizations in combating labor-related problems in the fishing sector and make suggestions for reforms. For example, Telesetsky (2021) proposes that UNCLOS should be updated to include articles that specifically address maritime trade slavery. Choukroune and Nedumpara (2022) examine whether the ongoing negotiations on fisheries subsidies within the World Trade Organization (WTO) could be used to address emerging problems with forced labor and labor abuse in the fishing sector. They argue that international economic law instruments and related dispute settlement mechanisms have done little to address these labor-related problems, and suggest that reforms should be made to integrate the ILO's approach to forced labor and labor abuse into these instruments. Ridings (2021) argues that the institutionally fragmented landscape of international law, and

[7] The high seas cover all areas of the sea beyond areas of national jurisdiction. More specifically, article 86 of UNCLOS (1982) defines the high seas as "all parts of the sea that are not included in the exclusive economic zone, in the territorial sea or in the internal waters of a State, or in the archipelagic waters of an archipelagic State."

its basis in a functionalist perspective that divides the responsibilities for various issues across different international organizations working in silos, is largely ineffective for addressing interconnected problems between labor and fishing management. As such, Ridings suggests that international organizations (such as the ILO and the UNODC) and regional organizations (including the RFMOs managing high seas fisheries) should enhance coordination on interconnected issues related to labor, human trafficking, fisheries management, and IUU fishing, in order to overcome problems with unclear boundaries of mandates and responsibilities, and to more effectively address these interconnected problems.

While most studies within this theme focus on international law, there are three noticeable exceptions. For example, Mileski and colleagues (2020) provide a descriptive account of national legislation and recent policy efforts across seven different countries to combat human trafficking and suggest that these efforts may also help address forced labor and labor abuse in the fishing industry. Murphy (2017) studies recent reforms to Irish labor laws in response to forced labor, labor abuse and generally poor working conditions for migrant workers in the Irish fishing sector. While these reforms display some progress and some elements of good practices, Murphy concludes that the problems with hyper-dependence and hyper-precarity for migrant workers from outside of Europe remain far from resolved. That being said, Murphy argues that the Irish focus on protective labor law regulation is more likely to respond to the complex realities for migrant fish workers than approaches that rely on international human rights or trafficking/modern slavery discourses. Finally, Yea and colleagues (2022) examine the extent to which restorative justice approaches can be applied to compensate victims of human trafficking and forced labor in the fishing sector, by examining two legal cases in the Asia–Pacific region prosecuted in Indonesia and Cambodia respectively. They find that victims of abuse rarely participate in a meaningful way in their respective legal cases and observe several limitations when it comes to the ability of national legal systems to compensate victims of abuse.

4.4 Out of Sight, Out of Mind

The second theme "Out of sight, out of mind" collects a range of studies conducted by fisheries and environmental scholars. Contributions within this theme have primarily sought to understand the extent of labor-related problems and identify risk factors that make the fishing sector particularly susceptible to these problems. These scholars typically focus their analysis on the most severe forms of labor-related problems using a modern slavery framing and considering how these problems manifest themselves onboard distant fishing vessels operating in the high seas. Contributions within this theme see this phenomenon as occurring "out of sight, out of mind." In this view, fishing in the high seas is particularly susceptible to both labor-related problems and IUU fishing, since it is conducted far away from the coastline, out of sight from where most human activities take place, in vast areas of the ocean which are extremely difficult to monitor and control. The division of the ocean into the high seas and national jurisdictions (exclusive economic zones), also makes matters complicated, as it means that the different responsibilities fall on coastal states, flag states and international cooperation through the RFMOs (e.g. Ewell et al., 2017; Selig et al., 2022). Most studies within this theme examine these modern slavery practices by focusing on occurrences of "forced labor" using the ILO's definition (e.g. Tickler et al., 2018; Mackay et al., 2020; McDonald et al., 2021) which describes forced labor as "all work or service which is exacted from any person under the menace of any penalty and for which the said person has not offered himself voluntarily" (ILO, 1930). Several contributions are large-*n* studies which take a global perspective in an attempt to map the extent and geographical spread of forced labor at sea. For example, these studies combine and utilize satellite data (McDonald et al., 2021), the Global Slavery Index (GSI), catch data from the Sea Around Us database (Tickler et al., 2018) and global media reports (Mackay et al., 2020). These studies have successfully examined forced labor occurring onboard distant water fishing vessels operating in the high sea, and contributed to the understanding of how common such practices are and where they mostly occur. For example, Tickler and colleagues (2018) find that parts of Asia, Sub-Saharan Africa, and South America represent regional hot-spots of forced labor or modern slavery in the fishing sector.

Scholars from within this theme tend to frame labor-related problems in the fishing sector as a complex, interconnected problem. For example, some scholars consider these labor-related problems as a "nexus" problem, which is closely associated with other harmful practices and violations. For example, several contributions demonstrated that forced labor and labor abuses often co-occur with IUU fishing (Tickler et al., 2018; Mackay et al., 2020; McDonald et al., 2021) and in some cases, also with overfishing (Decker Sparks & Hasche, 2019). Another common approach is to consider these problems from a "transnational fisheries crime" framing. Several scholars draw on criminology in describing the organized nature of transnational fisheries crime, which involves both national and foreign actors, and analyze the convergence between different types of crimes (Beseng, 2019; Chapsos & Hamilton, 2019; Witbooi, 2020). These scholars generally agree that the concept of transnational fisheries crime is analytically distinct from the concept of IUU fishing. For instance, Beseng (2019) argues that transnational fisheries crime includes a wider range of criminal activities carried out within the fishing sector, while IUU fishing is a much narrower concept that focuses explicitly on violations related to fisheries extraction. Transnational fisheries crimes on the other hand include activities such as corruption, fraud, illegal recruitment, labor abuse, and violations of worker's rights, but also illegal trade of critically endangered species, smuggling of contraband goods, trafficking in weapons, and illegal immigration. Similarly, Chapsos & Hamilton (2019: 254) argue that "IUU fishing provides ideal (illegal) environment for fisheries crimes and other forms of transnational organized crimes to flourish" and demonstrate that fishing operations that engage in IUU fishing also often engage in illegal recruitment patterns that target vulnerable groups, engage in document fraud and systematic use of forced labor and labor abuse.

Several contributions within this theme have identified risk factors that are specific to the fisheries context, which makes it particularly susceptible to these labor-related problems and make recommendations for how to address these risks. For example, Ewell and colleagues (2017) argue that the practice of transshipment (refueling or reloading catch at sea) represents a high-risk factor for forced labor and severe labor abuses onboard high seas fishing vessels, since it enables fishing vessels to stay out longer at sea without needing to go to port; making monitoring and control less frequent and more challenging. To address this problem, they argue that the RFMOs need to adopt and enforce stricter regulations and propose a complete ban on the use of transshipment in the high seas. Selig and colleagues (2022) identify weak port enforcement as a high-risk factor, and find that certain ports exhibit very high risks for both labor abuse and IUU fishing practices, and conclude that port state controls need to be enhanced. Marschke and colleagues (2020) take another approach and examine the potential of Information and Communication Technologies (ICTs), which have been promoted by various NGOs, businesses and governments, as a way to tackle labor-related problems in the fishing sectors. They conclude that detection technologies that contribute to the surveillance of the high seas, and the use of mobile apps by fish workers, hold some promise for addressing labor abuse in the fishing sector.

While most studies within this theme have assumed a modern slavery framing and focused on the most severe forms of labor-related problems, a recent review article by Garcia Lozano and colleagues (2022) challenges this focus. They call for additional studies that seek to understand the underlying dynamics that create exploitive working conditions in the fishing industry and propose that the concept of "decent work" which guides the work of the ILO and SDG8, could also help future studies to take a more holistic approach to labor-related problems and to shift the focus to more debate around how to improve working conditions for fishing workers more broadly. The concept of decent work goes beyond the absence of severe labor abuses (Garcia Lozona et al., 2022), to a view of work that is both productive and can deliver a fair income, workplace security, freedom to organize and express workplace concerns, and equal opportunities for women and men (see ILO, 2023).

Table 4.1 *Articles within each of the four themes*

Theme	References
1. The sea of laws	Macfarlane, 2017; Murphy, 2017; Mileski et al., 2020; Becker-Weinberg, 2021; Kojima, 2021; Ridings, 2021; Telesetsky, 2021; Choukroune & Nedumpara, 2022; Doubek, 2022; Yea et al., 2022
2. Out of sight, out of mind	Ewell et al., 2017; Tickler et al., 2018; Beseng, 2019; Chapsos & Hamilton, 2019; Decker Sparks & Hasche, 2019; Mackay et al., 2020; Marschke et al., 2020; Witbooi et al., 2020; McDonald et al., 2021; Garcia Lozano et al., 2022, Selig et al., 2022
3. Fishers as workers	Derks, 2010; Simmons & Stringer, 2014; Stringer et al., 2014, 2016a, 2016b, 2021, 2022; Chantavanich et al., 2016; Marschke & Vandergeest, 2016; Fischman, 2017; Marschke et al., 2019; Stringer & Harré, 2019; Azis & Wahyudi, 2020, Vandergeest & Marschke, 2020; Yen & Liuhuang, 2021; Yea & Stringer, 2021; Clark & Longo, 2022; Kadfak & Linke, 2021; Vandergeest & Marschke, 2021; Kadfak & Widengard, 2022; Kartikasari et al., 2022, Yea et al., 2023
4. Socially responsible seafood	Ratner et al., 2014; Kittinger et al., 2017; Nakamura et al., 2018; Teh et al., 2019; Wilhelm et al., 2020; Longo et al., 2021, Decker Sparks et al., 2022; Tindall et al., 2022; Williams & Decker Sparks, 2022

4.5 Fishers as Workers

The third theme "Fishers as workers" focuses more specifically on fish workers and their experiences. These scholars draw on theories and concepts from various fields of research, including a global value chain lens (e.g. Stringer et al., 2016a, 2016b) or more critical perspectives drawing on political ecology, environmental sociology and political economy (e.g. Vandergeest & Marschke, 2020; Clarke & Longo, 2022). Within this theme, there is also a debate around the concept of modern slavery and whether it is useful for addressing the problems at hand. While there generally is agreement that the modern slavery framing has been successful in raising awareness and salience internationally and, in some cases nationally, for labor-related problems onboard fishing vessels (Vandergeest & Marschke, 2020, 2021), several authors are explicitly critical to the concept of modern slavery and view it as problematic. For example, Vandergeest & Marschke (2020) argue for caution when it comes to the use of both modern slavery and human trafficking framings to examine labor-related problems in the fishing sector. They argue that conceptually, these framings tend to oversimplify complex practices which are involved in "capitalist labor relations" and create dichotomies between being "free" or "enslaved," "good" or "evil," "being forced" or "having a choice." In practice, they argue that these simplifications can lead to inappropriate solutions such as "rescue, in situations where most workers are more interested in better working conditions and pay" and reinforce a narrative where "free" labor is seen as the solution to "extreme" labor abuse (Vandergeest & Marschke, 2021: 20). Several authors within this theme have called for a more nuanced analysis of labor-related problems and for a focus on establishing conditions for decent work, rather than a sole focus on the most pervasive forms of forced labor and labor abuse (Marschke et al., 2019), thus expressing similar views to those expressed by Garcia Lozano and colleagues (2022) within the second theme "Out of sight, out of mind." Some also view the framing of modern slavery as partly misguiding, and argue that, for example, bonded labor more accurately describes what occurs onboard fishing vessels (Chantavanich et al., 2016).

Studies within this theme have significantly increased the understanding of the working conditions experienced by fish workers onboard fishing vessels. Most studies rely on in-depth case studies, focus specifically on migrant fish workers and their experiences, and base their analysis on interview data and surveys. A majority of these studies focus on the working conditions for migrant fish workers onboard vessels operating in Thailand (Derks, 2010; Chantavanich et al., 2016; Marsche & Vandergeest, 2016; Clarke & Longo, 2022; Stringer et al., 2022) and New Zealand waters (Simmons & Stringer, 2014; Stringer et al., 2014, 2016a, 2016b, 2021; Stringer & Harré, 2019). Studies within this theme clearly illustrate the complexity of contemporary industrial fishing and how distant water fishing vessels may be flagged to (or owned by operators based in) one country (e.g. in Thailand, Taiwan, or South Korea), often with a captain from that same country, but where most of the crew consist of migrant fish workers from countries such as Cambodia, Indonesia, the Philippines and Myanmar (see e.g. Simmons & Stringer, 2014; Azis & Wahyudi, 2020; Vandergeest & Marsche, 2021; Yea & Stringer, 2021).

Studies within this theme have been particularly insightful when it comes to describing how the phenomena of forced labor, labor abuse and poor working conditions manifest onboard fishing vessels. Scholars have examined three main stages: the entry, working conditions while employed, and the exit for fish workers (Derk, 2010; Simmons & Stringer, 2014; Chantavanich et al., 2016; Stringer et al., 2016a, 2021; Azis & Wahyudi, 2020).

When it comes to the entry, fish workers, and particularly migrant workers, tend to be recruited to the fishery by private "recruitment agents." The agents generally do not disclose much information to workers, or deliberately deceive workers about the working conditions at sea and the terms of employment. These agents target so-called "low-skilled workers" with little or no previous experience in the fishing industry. Training before boarding a vessel and starting to work is generally absent. Migrant fish workers are often particularly vulnerable to exploitation and debt-bondage situations. In many cases, these migrant fish workers are required to pay a fee to recruitment agents, in addition to borrowing money from extended family or village lenders (often at high interest rate) to cover travel costs (Derks, 2010; Stringer et al., 2021). After signing a contract with a recruitment agent, these workers will generally travel to the site of departure, at which point they sometimes are required to wait for several weeks before they receive their placement. During this time, recruitment agents retain migrant fish workers' official documentation, and many workers have no other option than to borrow money from these agents to cover day-to-day expenses; creating a debt-bondage situation even before any work has been conducted (Yea & Stringer, 2021). If not recruited by an agent, fish workers generally enter the fishery through informal channels, such as recommendations from friends or relatives.

When it comes to the working conditions while employed, fish workers have been subject to severe labor abuses, including verbal and physical abuse, forced labor and even murders at sea, payments being either withheld or only partially paid, and debt-bondage situations. They often work under excessively poor working conditions. Workers are sometimes kept away at sea for months or years on end without coming to port, or being forced to transfer between different fishing boats. Many fish workers are also forced to work extremely long hours, with little to no breaks, limited space to sleep and rest, lack of supplies of food and drinking water as well as inadequate safety measures.

Finally, when it comes to the exit of fish workers, these scholars illustrate that it is often very difficult to leave the fishery; for example, fishers are often not able to terminate contracts. Further, these studies demonstrate how fish workers, despite having been involved in abusive working situations, often take up fishing on other boats, thus remaining within the fishing sector. Some fishers may exit the fishery themselves, but instead become engaged in recruiting other fish workers to the fishery in order to receive payments from previous employers which have been withheld from them (Stringer et al., 2016a). Azis & Wahyudi (2020) examine fish workers' perspectives after being abused onboard fishing vessels. They find that there is considerable resentment among workers against their court cases, as prosecution often takes a very long time and rarely leads to anything, and when it does, payback tends to be too low, and that many, in particular migrant workers, struggle to "reintegrate" into society after being abused.

Studies within this theme have also contributed to the broader understanding of why these labor-related problems occur within the fishing sectors. Most scholars attribute the presence and prevalence of forced labor practices in the fishing sector to the globalization of value chains, combined with a capitalist economic system, which has enabled multinational corporations to take advantage of outsourcing production to regions with cheap labor costs (Stringer et al., 2021; Clarke & Longo, 2022). For many countries in the Global South, the provisioning of cheap labor (either relying on citizens or on migration streams from neighboring countries) is considered a key development strategy and competitive advantage for attracting foreign investments. For example, Stringer and colleagues (2021) describe how the Indonesian migrant labor policy originating in 1969 was part of a growth strategy which was meant to facilitate work abroad in order to generate economic growth from remittances. Clark & Longo (2022) combine perspectives within political economy with environmental sociology to explain the presence of forced labor and labor abuse in Thailand's fishing industry. They demonstrate through a historical account of Thailand's fishing industry that the government's development strategy rested on the provision of cheap labor and productive fishing grounds, but that over time, and as fish stocks began to show signs of decline, the fishing industry had to stay out longer at sea.

In parallel, Thailand went from being a developing to an emerging economy with a growing middle class; concomitantly, many Thai fish workers left the fishing industry, which increasingly began to rely on migrant fish workers from poorer neighboring countries (mainly Myanmar and Cambodia). Yen & Liuhuang (2021) view through a similar lens and describe how priorities within the Taiwanese government in the 1960s to develop a distant water fishing fleet, by encouraging private investments, led to one of the world's largest distant water fishing fleets. As Taiwan developed economically, most Taiwanese workers left fisheries given the difficult working conditions and the low status attributed to the work. The Taiwanese distant water fishing fleet therefore became increasingly reliant on workers from Taiwanese indigenous groups and migrant workers from neighboring countries, including the Philippines and Indonesia. Both Taiwan and Thailand were center stage for recent revelations of forced labor in the fishing industry detected by NGOs and investigative journalists. Several studies suggest that both Taiwan and Thailand turned a blind eye to these problems until both the EU and the US, two major seafood importers, began to put political pressure on Thailand to address the problem using bilateral trade measures (Kadfak & Linke, 2021; Yen & Liuhuang, 2021; Clark & Longo, 2022).

Most contributions within this theme focus on distant water or long-haul boats which stay out longer at sea. An interesting exception is Marschke and colleagues (2019) which describes the working conditions for fish workers in small-scale fishery in Jamaica (which has not experienced severe problems of forced labor and labor abuse). Analytically, they use a precarity lens, meaning that many fish workers have uncertain employment situations, which makes fish workers in general more vulnerable to poor working conditions.

4.6 Socially Responsible Seafood

The final and fourth theme "Socially responsible seafood" combines insights from human rights perspectives and private governance in fisheries. Here, scholars generally frame modern slavery and labor-related problems in the fishing sector as a violation of human rights (e.g. Ratner et al., 2014; Kittinger et al., 2017; Teh et al., 2019). Several of these scholars are part of the "sustainable seafood movement" literature, which focuses on the emergence, role and effect of private governance approaches within the context of sustainable fisheries and socially responsible seafood. These authors have an explicit focus on solutions, and an interest in how these labor-related problems and human rights offenses can be addressed. Here, they are specifically interested in the role of private governance approaches, such as certification schemes, voluntary business codes of conduct and standards, in promoting "social sustainability" and "responsible" seafood. Several articles within this theme also take the form of perspective pieces, where scholars join forces with one another, and sometimes with other actors within the sustainable seafood movement, and make calls for private governance approaches to go beyond their initial scope of environmental sustainability, to also address "social" problems related to human rights violations, forced labor, and labor abuse (Kittinger et al., 2017; Nakamura et al., 2018; Teh et al., 2019).

Some contributions within this theme have also begun to empirically examine the role of private governance approaches in addressing labor-related problems in the fishing sector. Thus far, most studies have focused on the role and efforts of the MSC in addressing problems with forced labor and labor abuse, but also in addressing related problems of IUU fishing (Marsche & Vandergeest, 2016; Teh et al., 2019; Wilhelm et al., 2020; Longo et al., 2021; Tindall et al., 2022). Several other authors within this theme remain skeptical about the potential of private governance approaches, such as the MSC, in addressing problems with forced labor (Wilhelm et al., 2019, Decker Sparks et al., 2022; Williams & Decker Sparks, 2022). For example, Wilhelm and colleagues (2020) question whether the MSC's current efforts to better address labor-related problems as part of their certification scheme will be enough, given that it relies on honest disclosure by organizations. Decker Sparks and colleagues (2022) examine the potential of private governance approaches in general, considering a range of certification schemes, codes of conducts and business standards. They conclude that the market logic which underpins these approaches is generally unfit for addressing forced labor. They also emphasize that fish workers often are not part of these private governance approaches, which significantly limits the potential of these institutions to address abusive and poor working conditions. Longo and colleagues (2021) and Tindall and colleagues (2022) examine the role of the MSC in addressing IUU fishing and forced labor and child labor respectively. Both studies are cautiously optimistic about the potential of the MSC to reduce illegal fishing practices, but less certain about its ability to address forced labor and child labor. It is worth noting that both of these studies involve authors affiliated with the MSC, suggesting that additional studies are needed to validate and complement these findings.

While most studies in this theme have focused on the MSC, there is one exception. Williams & Decker Sparks (2022) focus on FIPs, which is an increasingly important and well-known private governance tool for improving environmental sustainability in fisheries. Considering the design features of the FIPs model, Williams & Decker Sparks (2022) argue that FIPs are unfit for addressing forced labor and labor abuse, given their voluntary nature and focus on incremental improvements without a set benchmark, as the latter in particular could mean that some labor abuses would be considered acceptable as long as there are fewer instances of labor abuse than before. Apart from this study however, there is to our knowledge no existing research that study how the FIP community has begun to respond to these revelations of severe labor-problems and increasing calls from scholars and NGOs to develop stronger procedures for addressing social problems. In the following section of this chapter, we therefore provide a detailed account of the main steps taken by the broader FIP community in recent years to more effectively address labor-related concerns.

4.7 Fishery Improvement Projects

In this section, we begin by briefly introducing the sustainable seafood movement, explaining what FIPs are and how we conceptualize the broader "FIP community." Then, we provide a detailed account of the main steps taken by the FIP community in recent years to address labor-related problems in the fishing sector.

4.7.1 Private Governance Approaches for Sustainable Seafood and the Development of FIPs

Ever since the 1990s, the so-called sustainable seafood movement has promoted the use of private governance approaches, such as certifications schemes and procurement specifications, to ensure sustainable fisheries around the world (Sutton & Wimpee, 2008; Barclay & Miller, 2018). Today, a multitude of standards, certifications, codes, recommendation lists and traceability programs exist for sustainable fisheries, and around 90 percent of North American retailers have made sustainability commitments as part of their procurement policies (Blasiak et al., 2017; Ross Strategic, 2020). The sustainable seafood movement has largely been driven by international environmental NGOs, US-based family philanthropic foundations, and the fishing industry itself (Bush & Oosterveer, 2019). In recent years, these private governance approaches have begun to incorporate "social responsibility" such as human rights and labor issues, after previously only targeting environmental aspects (Conservation Alliance, 2021a; Lout, 2022).

The sustainable seafood movement has created an increase in demand for sustainably labeled seafood, mainly in North America and EU markets (Roheim et al., 2018). Despite this growing demand for certified seafood, many fisheries around the world struggle to meet the requirements set up by certification schemes. This is particularly true in fisheries in the Global South, where institutional resources for monitoring, control and enforcement tend to be lower, and where catch data often is lacking or largely incomplete (Ponte, 2012; Pérez-Ramírez et al., 2016). In the early 2000s, the FIP model was developed by international NGOs as a new and more flexible private governance approach compared to certifications, aiming to help industry actors to drive actions to improve the environmental status of a fishery e.g., by changing fishing gear, implementing a management plan, or reducing illegal fishing activities (Crona et al., 2019). Ever since, FIPs have grown considerably in numbers and by 2022 there were around 195 active FIPs in over 80 countries (FIP-DB v2022).

Unlike certifications schemes, the FIP model is not owned by one specific organization and it is not a standard-setting or certifying body. Instead, FIPs can be described as a model, tool, or an approach. Around the FIP model, there is also a growing "community of practice," involving NGOs, practitioners, industry and scholars that have been directly involved in developing the FIP model over the last 15 years (CEA, 2020). We refer to this as the FIP community. At the center of this community of practice we find the organization "Conservation Alliance for Sustainable Seafood" (from here on referred to as "Conservation Alliance"). Conservation Alliances is an umbrella platform representing different NGOs (e.g. Sustainable Fisheries Partnership (SFP) and the World Wildlife Fund (WWF) which have been two of the most active organizations developing the FIP model). The Conservation Alliance has developed a definition and a set of common guidelines for how a FIP needs to be run to make projects accountable. In 2021, the Conservation Alliance defined FIPs as: "a multi-stakeholder effort to address environmental challenges in a fishery. These projects utilize the power of the private sector to incentivize positive changes toward sustainability in the fishery and seek to make these changes endure through policy change" (Conservation Alliance, 2021b: 6).

Implementing a FIP is a stepwise process. According to the guidelines a FIP must start with an assessment of the fishery's environmental performance (often a MSC pre-assessment). Based on the assessment, FIP participants develop a work plan that includes FIP objectives, time-bound actions, and a budget. To assess whether projects are making credible improvements, FIPs need to report progress in relation to the work plan and the MSC Fisheries Standard (although certification is not required). All documentation, except budgets, should be made publicly available. Since 2016, over 95 percent of FIPs publicly share their self-reported progress every six months on a web platform called Fisheryprogress (www.fisheryprogress.org), which is run by the US-based NGO FishChoice. Fisheryprogress, therefore, has a large influence on the FIP community overall, since FIPs need to be included on the Fisheryprogress reporting site to be accountable. Importantly, this platform is used by buyers when they want to find FIPs to source from, meaning that FIPs need to be represented there to get a competitive advantage of running a FIP.

4.7.2 The Response by the FIP Community to Revelations of Forced Labor and Labor Abuses

We now turn our attention to how the FIP community has responded to the recent revelation of forced labor and labor abuse in the fishing sector that came to the surface around 2014, and to the increasing calls from scholars and practitioners to broaden the scope of the sustainable seafood movement to also include human and labor rights. The main steps taken by the FIP community in this regard, from 2016 to 2022, are sketched out in Figure 4.1.

The first action came from the Conservation Alliance, which, in 2016, took a strategic decision to develop a policy for social responsibility. This decision prompted an organization within the Conservation Alliance, called Conservation International (an international NGO aiming to improve the environment by linking science and policy) to take further action. Conservation International started a transdisciplinary process together with several fisheries scholars to develop a definition of "social responsibility" within the seafood industry. This work resulted in the so-called "Monterey framework" where a coalition of 33 NGOs, academics and businesses co-developed a definition of what "socially responsible seafood" constitutes, building on several UN conventions (including the ILO Work in Fishing Convention from 2007 (No. 188), ILO Maritime Labour Convention from 2006 (No. 186), and the ILO Migrant Workers (Supplementary Provisions) Convention from 1975 (No. 143)). The Monterey framework was published in the scientific journal *Science* in 2017 (Kittinger et al., 2017). The framework focuses on three overarching principles: (1) human rights dignity and access to resources, (2) ensuring equality and equitable opportunity to benefits, and (3) improving food and livelihood security. By emphasizing these three principles, the framework effectively broadened the meaning of the term "socially responsible seafood" in ways that go beyond labor violations.

In 2019, the Conservation Alliance adopted the Monterey framework into their FIP guidelines. This meant that FIPs were encouraged, but not required, to address social responsibility. However, later that same year, there was an allegation of human rights abuse in a FIP, which sparked an intense internal debate within the FIP community about how FIPs should operate (e.g., Hogan & Ish, 2021). The NGO, FishChoice, which oversees the FIP reporting platform Fisheryprogress, reacted to the incidents in 2019 by stating that they were going to develop a human rights and social policy. This policy is based on the operationalization of the Monterey framework called the Social Responsibility Assessment Tool for the Seafood Sector (SRA) developed by Conservation International. The SRA includes indicators for social performance that can be applied in large- and small-scale fisheries and works as a type of human rights due diligence.

In 2021, Fisheryprogress and Fishchoice adopted a human rights and social responsibility policy based on the SRA, and stated that all FIPs were required to take certain actions to eliminate forced labor by May 2022, in order to be allowed to continue to report on the Fisheryprogress platform. That decision has been argued to be a game changer for the FIP community, since it is critical for FIPs to be visible on the Fisheryprogress platform. The human rights and social responsibility policy states that FIPs should make sure they do their best efforts to make fishers aware of their rights as well as demonstrate that there is a grievance mechanism available to all fishers. Further, it states that all FIPs need to complete a self-evaluation for risks of forced labor and human trafficking. This self-evaluation includes five questions that each FIP needs to answer and sign – for example, if there are transshipment at sea and distant water fishing fleets, or if there are more than 25 percent migrant workers in the workforce. If one of these questions is answered with a yes, the FIP is considered to be at high risk, and thus the FIP needs to conduct the full risk assessment within the SRA. It is important to note that this policy focuses only on fishers, and not on workers in other stages of the supply chain including, for example, processing plants.

In the beginning of 2022, the implementation of the human rights and social responsibility policy was delayed for six months and shortly thereafter another decision was taken by Fisheryprogress to postpone the implementation of the social policy

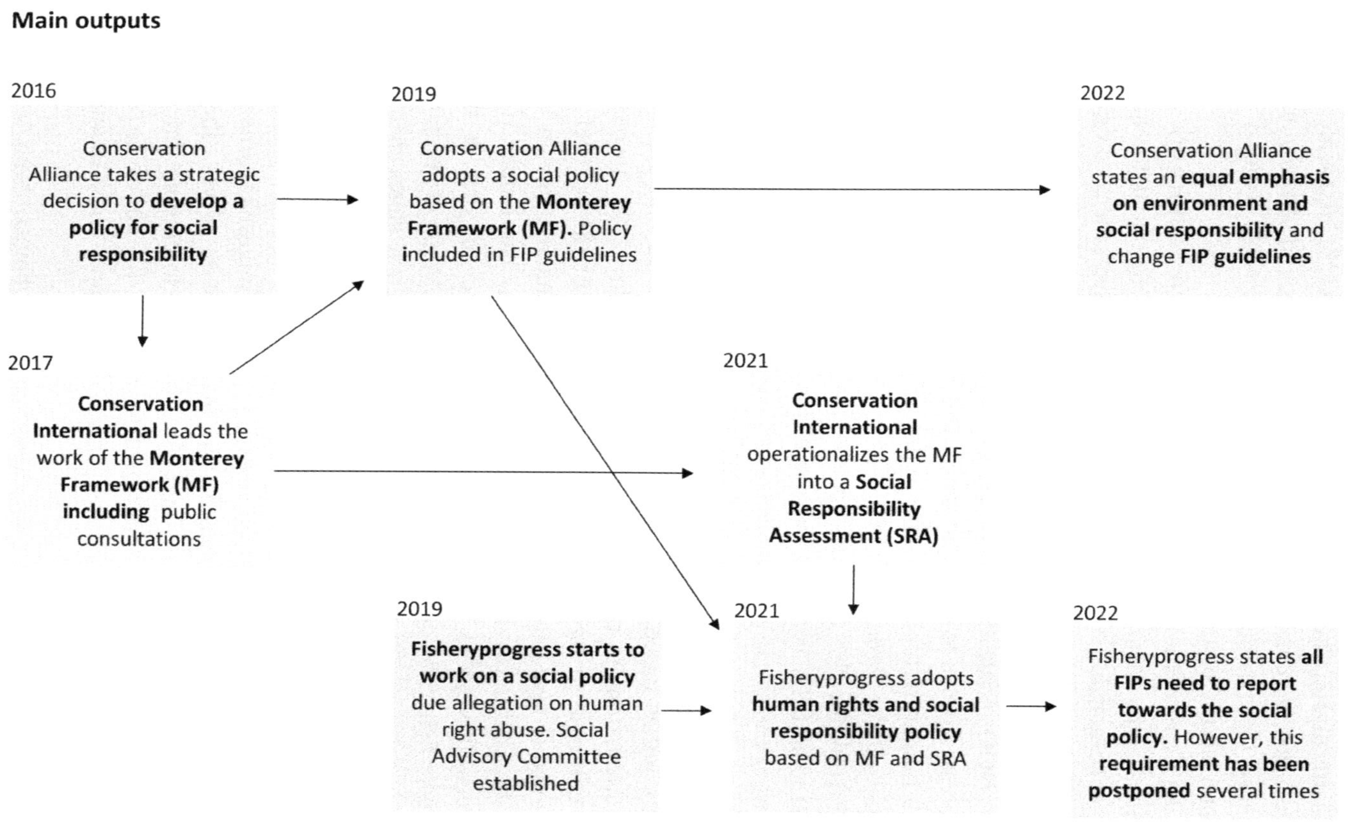

Figure 4.1 Steps Taken by the FIP Community to Address Labor-Related Problems

as it has been met with considerable resistance from industry actors involved in FIPs. This resistance, for example, revolves around issues of how to handle allegations of human rights abuses on the reporting site (Fisheryprogress, 2022). In parallel, the new FIP guidelines from Conservation Alliance, which were adopted in 2022, include an equal emphasis on social and environmental issues. Yet, the equal emphasis within the new guidelines has not been supported by some industry actors within the FIP community. This suggests a division among the involved actors and organizations within the FIP community on how to deal with concerns over forced labor and labor abuse. Despite some progress by the FIP community to address labor-problems in the fishing sector, our analysis of the gradual response and steps taken by the FIP community illustrates that it has been hard to implement the new requirement by the FIP reporting site because of complaints from some of the companies involved in FIPs. The potential of FIPs to more effectively address labor-related problems has also been criticized, as the FIP model lacks an approach for including workers' organizations and fish workers in the FIP in a meaningful way (Lout, 2022; Decker Sparks, 2022). The FIP community had adopted measures to ensure socially responsible seafood up until 2022.

4.8 Discussion

The emerging literature on labor-related problems in the fishing sector has grown significantly in the last decade, to what today is a broad and diverse literature combining insight from several disciplinary entry points, including international law, fisheries science, global political economy, political ecology, environmental sociology, and private governance to mention a few. Our first identified theme "The sea of laws" is particularly insightful when it comes to how forced labor and labor abuse can be addressed through existing international legal frameworks addressing closely related problems such as slavery, human trafficking, and forced labor and in making proposals for how both international and to some extent national legal frameworks can be reformed to better address these problems. The second theme "Out of sight, out of mind" is particularly insightful when it comes to describing the extent of the problem of forced labor and severe labor abuse onboard distant water fishing vessels in the high seas, and provides a useful account of potential risk factors to these problems that are specific to the fishery context. It also demonstrates how these labor-related problems often converge with IUU fishing and other types of transnational fisheries crime. The third theme "Fishers as workers" provides useful insights into how problems of forced labor and labor abuse manifest themselves onboard distant water and long-haul fishing vessels that stay out for a long time at sea, and describes in great detail how fish workers enter the fishery, the working conditions they are exposed to, and how they exit the fishery and the challenges they are faced with after exiting. This theme also adds understanding when it comes to explanations for why this phenomenon occurs in the fishing sector considering explanations from a global political economy perspective, alongside factors that are specific to the fisheries context. The fourth theme "Socially responsible seafood" focuses mainly on possible solutions, by considering the role of private governance approaches in addressing the labor-related problems in the fishing industry, drawing on their incentive structure and market-based logic to encourage more stringent measures. Several scholars within this theme call on private governance approaches to expand their focus beyond environmental sustainability to also address social responsibility (including labor concerns and human rights), while at the same time urging these private governance approaches to do much more to address these problems.

While there is some overlap between scholars across the four identified themes, we propose that there is more room for cross-fertilization between different focuses and approaches to study this phenomenon. For example, the first theme on "The sea of laws," which gathers insights from international law, appears to stand further away from the other three themes. There might also be opportunities for more interaction between themes two "Out of sight, out of mind" and three "Fishers as workers" as they provide complementary perspectives on how, when and why the labor-related problems occur in the fishing sector, in particular on distant water and long-haul vessels that stay out long at sea, drawing on both large-*n* and in-depth case studies. The fourth theme on "Socially responsible seafood," which focuses on identifying solutions to forced labor and labor abuse, primarily through private governance approaches, could usefully draw on each of the other themes to gather insights around other potential approaches to solve these problems, from international and national law (The seas of laws), regulation of the high seas by RFMOs and high risk factors (Out of sight, out of mind), as well as how to understand the realities of fish workers in order to enhance their involvement in these private governance approaches (Fishers as workers).

Authors across these themes have extensively debated the term modern slavery, which is the term that was used as the revelations of labor-related problems in the fishing sector came to the surface through global media reporting. Scholars within the first theme "The seas of laws" note that there is no commonly agreed upon definition of the term, but that even so, it is being used in multiple international forums, including in the SDGs, by the UNODC and by the ILO. They propose that other terms such as slavery, human trafficking and forced labor, which are defined in international law, might be applicable to situations which have been referred to as modern slavery. They also tend to be critical of the term modern slavery, given that it indicates that there is something new or modern, or even progressive about this phenomenon, when in reality there is nothing modern about these practices. Authors within the third theme "Fishers as workers" also caution against the term given that it provides too simplified view of the complex realities that fish workers face, and that it places too much emphasis on the worst forms of forced labor and labor abuse while overlooking other forms of poor working conditions which occur in the fishing sector, in particular in relation to migrant fish workers. Despite considerable criticism, authors across themes agree that the use of the term modern slavery has been important for advocacy purposes and for raising labor-related problems in the fishing industry to the global political agenda.

Across themes, we observe a recent discursive shift from talking about modern slavery to talking about decent work in the fishing sector. We suggest that these recent calls for a refocus on decent work represent an effort to reframe and rethink approaches for addressing labor-related problems in the fishing sector. Relatedly, contributions across themes propose that it would be useful to apply a workers' rights perspective, and to enhance involvement by fish workers organizations, labor unions, and individual fishers to work on protective labor laws that take in the complex realities of fish workers, rather than a focus that relies on international human rights, trafficking and modern slavery discourses.

Taken together, this emergent literature has contributed with valuable knowledge about the most severe labor-related problems in the fishing sector, and in particular onboard distant water and long-haul vessels that stay out long at sea. Less is, however, known about the dynamics of poor working conditions in small-scale fisheries, where for example so called patron–client relationships often play a critical role for fishers and their family's social life (Ferrol-Schulte et al., 2014; Drury O'Neill & Crona, 2017). Future research is needed to further untangle these debt-bonded relationships. The literature has identified some factors that explain why these labor-related problems in general occur within the fishing industry, and scholars have shed light on how structural factors of the global economy and global value chains matter. The next step for this literature should be to dive deeper into how these, often complex, problems of labor abuses can be overcome. Surprisingly, none of the studies focus on the specific role of NGOs strategies and their impact in pushing for international action on modern slavery and forced labor, even though most articles recognized that NGOs have played a critical role in raising salience for the issue internationally, and that NGOs (both international with local offices and local NGOs) have been critical for efforts at national and local level to detect and deter forced labor.

To complement the literature review, our analysis of the main steps taken by the FIP community, shows that the process of dealing with issues around forced labor in the seafood sector has been reactive, rather than proactive. However, compared to other globally influential private governance approaches for sustainable seafood, such as MSC, the FIP community appears to have reacted relatively quickly and taken some concrete actions. Even though the steps taken by the FIP community have been welcomed by scholars, practitioners, and NGOs, there is an ongoing debate that FIPs are not fit for the purpose of working with social issues as the approach does not rely on any explicit benchmarks (but rather focuses on incremental improvements) and oftentimes lacks active participation of fishers and labor unions (Lout, 2022; Williams & Decker Sparks, 2022). In that sense, there could be a risk that environmental NGOs, which might lack the expertise to address these social issues, and businesses, which might not want to give away power, are steering the agenda to the cost of actual benefits and rights for workers.

Our detailed account shows that different actors have come together, for example under the umbrella organization Conservation Alliance and during the development of the Monterey framework, to work for a shift so that FIPs, and the sustainable seafood movement as a whole, can improve their practices and procedures for addressing labor-related problems onboard fishing vessels. While several important steps have been taken, recent developments within the FIP community suggest that there is resistance from the involved fishing industry when it comes to actually changing practices. Industry actors seem to fear that being required to report on risks associated with forced labor and labor abuse could mean that they expose themselves to significant reputation risks. Moreover, there is still a lot of ambiguity concerning the actual consequences if a FIP is found to be involved in human rights or labor violation. FIPs rely on information disclosure as a theory of change to create improvements in fisheries supply chains. That approach has been working well when it comes to ecological data, but reporting data to address labor-related concerns is undoubtedly much more sensitive and problematic. As mentioned before, the newly adopted FIP guidelines from 2022 are now encouraging companies to self-report and to make risk assessments in relation to forced labor, but companies that are involved in such practices (or that simply do not know, if they are further down the supply chain) have little to no incentive to report publicly on the Fisheryprogress site. Reporting on Fisheryprogress (which is directed at fish buyers) could affect their ability to sell to these buyers. The only ones that have the incentive to report are those that are certain that no forced labor problems occur within their fishery. Echoing Williams & Decker Sparks (2022), using the same logic that FIPs have done regarding ecological issues of making "improvements," is problematic when it comes to human rights. Either FIPs adhere to human rights, or they do not.

The development of the Monterey framework, which presents the first shared definition of social responsibility for seafood business, suggests that the seafood industry had not worked much with social issues before, and that they were lagging behind other industries (Mussells & Stephenson, 2020). In addition, the FIP case illustrates that there is tension and a potential trade-off in incorporating social dimensions into the already existing work on environmental sustainability to avoid a situation where the fishing industry is discouraged from even engaging in ecological improvements.

We acknowledge that our brief analysis is looking at an ongoing process within the FIP community. The impact of the measures taken to illuminate forced labor, and how the industry will take on these issues remains to be seen. Future studies are needed to understand if the approach by the FIP community will lead to better working conditions for the people involved. We can conclude that there has been a change among many environmental NGOs, as they now put equal importance on social and environmental issues, triggered by the revelations of severe labor abuses in the global media in 2014. Although it is too early to say what this means for the future, it is a sign that ecoviolence at sea is gaining attention from the sustainable seafood movement.

4.9 Conclusion

In this chapter we explored ecoviolence at sea in two main ways. First, we conducted a systematic review of the emergent literature on labor-related problems in the fishing sector. We concluded that the literature still tends to work in disciplinary silos and that additional cross-fertilization could provide a better understanding of the underlying dynamics of these problems and how they can be addressed. Second, we provided a detailed account of one private governance approach for seafood sustainability, by identifying the recent steps taken by the FIP community to address labor-related problems. We found that the FIP community have taken important steps to better address labor-related problems onboard fishing vessels, but that many challenges lie ahead, in particular, when it comes to resistance from the involved fishing companies to report publicly on risks associated with forced labor and labor abuse. It is still too early to conclude what the effect of these new measures will be and if they will benefit the workers who need them the most.

References

Agnew, D. J., Pearce, J. Pramod, G., et al. (2009). Estimating the worldwide extent of illegal fishing. *PLoS ONE*, 4(2), e4570.

Auld, G. (2014). *Constructing Private Governance: The Rise and Evolution of Forest, Coffee, and Fisheries Certification*. Yale University Press.

Azis, A. & Wahyudi, R. (2020). Imperfect victims and an imperfect protocol: Reflecting on the trafficking experiences of Indonesian migrant fishermen, *Journal of Human Trafficking*, 6(2), 156–167.

Barclay, K. & Miller, A. (2018). The sustainable seafood movement is a governance concert, with the audience playing a key role. *Sustainability*, 10(1): 1–20.

Becker-Weinberg, V. (2021). Time to get serious about combating forced labour and human trafficking in fisheries, *International Journal of Marine and Coastal Law*, 36(1), 88–113.

Beseng, M. (2019). Cameroon's choppy waters: the anatomy of fisheries crime in the maritime fisheries sector, *Marine Policy*, 108, 103669.

Blasiak, R., Hsiang-Wen Huang, J. Ishihara, H., et al. (2017). Promoting diversity and inclusiveness in seafood certification and ecolabelling: Prospects for Asia. *Marine Policy*, 85(8), 42–47.

Bolotta, G. (2021). 'Invisible Worldings': image and reality in the Thai seafood industry's humanitarian engagements, *European Journal of East Asian Studies*, 21(2), 171–196.

Bush, S & Oosterveer, P. (2019). *Governing Sustainable Seafood*. New York: Routledge.

Cannon, J., Sousa., P., Katara, I., et al. (2018). Fishery improvement projects: Performance over the past decade. *Marine Policy*, 97: 179–187.

CEA. (2020). 2020 Global Landscape Review of Fishery Improvement Projects. https://oursharedseas.com/oss_downloads/2020-global-landscape-review-of-fishery-improvement-projects. Accessed July 12, 2023.

Chantavanich, S., Laodumrongchai, S. & Stringer, C. (2016). Under the shadow: forced labour among sea fishers in Thailand, *Marine Policy*, 68, 1–7.

Chapsos, I. & Hamilton, S. (2019). Illegal fishing and fisheries crime as a transnational organized crime in Indonesia. *Trends in Organized Crime*, 22(3), 255–273.

Choukroune, L. & Nedumpara, J. J. (2022). Blue trade and forced labour: breaking the resounding silence of international economic law. *Journal of World Investment and Trade*, 23(1), 95–121.

Clark, T. P. & Longo, S. B. (2022). Global labor value chains, commodification, and the socioecological structure of severe exploitation. A case study of the Thai seafood sector. *The Journal of Peasant Studies*, 49(3), 652–676. https://doi.org/10.1080/03066150.2021.1890041.

Conservation Alliance. (2021a). Conservation Alliance for Seafood Solutions Common Vision for Sustainable Seafood. https://solutionsforseafood.org/wp-content/uploads/2021/02/A-Common-Vision-for-Sustainable-Seafood-01-21.pdf. Accessed July 10, 2023.

Conservation Alliance. (2021b). Guidelines for Supporting Fishery Improvement Projects. https://fisheryprogress.org/sites/default/files/FIP-Guidelines-January-2021.pdf. Accessed July 10, 2023.

Conservation International. (2019). Public Statement from Human Rights and Environmental Organizations: MSC's Revised Chain of Custody Certification Fails to Adequately Address Forced Labor and Child Labor in Seafood Supply Chains. https://laborrights.org/publications/public-statement-mscs-revised-chain-custody-certification. Accessed July 10, 2023.

Crona. B., Käll, S. & Van Holt T. (2019). Fishery improvement projects as a governance tool for fisheries sustainability: a global comparative analysis. *PLOS ONE*, 14(10), e0223054.

Decker Sparks, J. L. & Hasche, L. K. (2019). Complex linkages between forced labor slavery and environmental decline in marine fisheries, *Journal of Human Rights*, 18(2), 230–245.

Decker Sparks, J. L., Matthews, L., Cárdenas, D. & Williams, C. (2022). Worker-less social responsibility: How the proliferation of voluntary labour governance tools in seafood marginalise the workers they claim to protect. *Marine Policy*, 139, 105044.

Derks, A. (2010). Migrant labour and the politics of immobilisation: Cambodian fishermen in Thailand. *Asian Journal of Social Science*, 38(6), 915–932.

Djohari, N. & White, C. (2022). How the socio-cultural practices of fishing obscure micro-disciplinary, verbal, and psychological abuse of migrant fishers in North East Scotland. *Maritime Studies*, 21(1), 19–34.

Doubek, P. (2022). Deprivation of liberty on distant water fishing fleets: a new impetus for the OPCAT monitoring? *Australian Journal of Human Rights*, 28(1), 56–73.

Drury O'Neill, E. & Crona, B. (2017). Assistance networks in seafood trade – A means to assess benefit distribution in small-scale fisheries. *Marine Policy*, 78, 196–205.

Environmental Justice Foundation (EJF). (2013). *Sold to the Sea – Human Trafficking in Thailand's Fishing Industry*. https://ejfoundation.org/resources/downloads/Sold_to_the_Sea_report_lo-res-v2.compressed-2.compressed.pdf. Accessed June, 10, 2023.

Ewell, C. Cullis-Suzuki, S., Ediger M., et al. (2017). Potential ecological and social benefits of a moratorium on transshipment on the high seas. *Marine Policy*, 81, 293–300.

Falkner, R. (2003). Private environmental governance and international relations: exploring the links. *Global Environmental Politics*, 3(2), 72–87.

Ferrol-Schulte, D. Ferse, S. C. A. & Glaser, M. (2014). Patron–client relationships, livelihoods and natural resource management in tropical coastal communities. *Ocean & Coastal Management*, 100, 63–73.

FIP-DB v2022. Fishery Improvement Projects Database – Sustainable Fisheries UFW 2022. https://sustainablefisheries-uw.org/databases/fishery-improvement-projects-database. Accessed June 10, 2023.

Fischman, K. (2017). Adrift in the sea: The impact of the business supply chain transparency on trafficking and slavery act of 2015 on forced labor in the Thai fishing industry, *Indiana Journal of Global Legal Studies*, 24(1), 227–252.

Fisheryprogress. (2022). Summary of Changes to the FisheryProgress Human Rights and Social Responsibility Policy Sept. 22, 2022. https://fisheryprogress.org/sites/default/files/FisheryProgress_Summary_of_Social_Policy_Changes_09-22.pdf. Accessed June 10, 2023.

Food and Agriculture Organization of the United Nations (FAO). (2002). *Implementation of the International Plan of Action to Prevent, Deter and Eliminate Illegal, Unreported and Unregulated Fishing*. Rome: FAO Fisheries and Aquaculture Department.

Garcia Lozano, A. J., Decker Sparks, J. L., Durgana, D. P., et al. (2022). Decent work in fisheries: Current trends and key considerations for future research and policy. *Marine Policy*, 136, 104922.

Hodal, K., Kelly, C. & Lawrence, F. (2014). Revealed: Asian slave labour producing prawns for supermarkets in US, UK. *Guardian*, June 10, 2014.

Hogan, S. & Ish, T. (2021). Addressing human rights and conservation in global fisheries. June 15 2021. The David and Lucile Packard Foundation. www.packard.org/insights/perspectives/an-important-step-toward-addressing-human-rights-and-conservation-in-global-fisheries. Accessed July 12, 2023

Human Rights at Sea. (2020). Fisheries Observer Deaths at Sea, Human Rights & the Role & Responsibilities of Fisheries Organisations. https://www.humanrightsatsea.org/fisheries-observer-deaths-sea-human-rights-and-role-and-responsibilities-fisheries-organisations. Accessed July 12, 2023.

International Labour Organization (ILO). (2013). Caught at sea: forced labour and trafficking in fisheries, *International Labour Office*, Special Action Programme to Combat Forced Labour, Geneva.

International Labour Organization (ILO). (1930). Forced Labour Convention, C29, 28 June 1930, C29. https://www.ilo.org/dyn/normlex/en/f?p=NORMLEXPUB:12100:0::NO::P12100_ILO_CODE:C029 . Accessed July 12, 2023.

Kadfak, A. & Linke, S. (2021). Labour implications of the EU's illegal, unreported and unregulated (IUU) policy in Thailand. *Marine Policy*, 127, 104445.
Kadfak, A. & Widengård, M. (2022). From fish to fishworker: traceability in Thai fisheries reform. *Environment and Planning E: Nature and Space*, 6(2), 1322–1342.
Käll, S. (2022). Reeling in Private Governance Approaches for Sustainable Fisheries: A Study of Fishery Improvement Projects. Doctoral Thesis in Sustainability Science at Stockholm University.
Kartikasari, A., Stringer, C. & Henderson, G. (2022). Co-creating changes to achieve decent work conditions in the New Zealand fishing industry. *Global Social Policy*, 22(2), 281–302.
Kittinger, J. N., Teh, L. C. L., Allison, E. H., et al. (2017). Committing to socially responsible seafood: Ocean science must evolve to meet social challenges in the seafood sector. *Science*, 356(6341), 912–913.
Kojima, C. (2021). Modern slavery and the law of the sea proposal for a functional approach. *The Korean Journal of International and Comparative Law*, 9(1), 4–17.
Le Gallic, B. & Cox, A. (2006). An economic analysis of illegal, unreported and unregulated (IUU) fishing: key drivers and possible solutions. *Marine Policy*, 30(6), 689–695.
League of Nations. (1926). Convention to Suppress the Slave Trade and Slavery, 25 September 1926, 60 LNTS 253, Registered No. 1414. https://www.refworld.org/docid/3ae6b36fb.html. Accessed September 26, 2023.
Lemos, M. C., & Agrawal, A. (2006). Environmental governance. *Annual Review of Environment and Resources*, 31(1), 297–325.
Longo, C. S. Buckley, L., Good, S. D., et al. (2021). A perspective on the role of eco-certification in eliminating illegal, unreported and unregulated fishing. *Frontiers in Ecology and Evolution*, 9, 637228.
Lout, G. E. (2022). Human rights in a sea of market-based approaches: evaluation of market-based tools integrating social responsibility in the Sustainable Seafood Movement. *Sustainable Production and Consumption*, 35(2023), 1–12.
Macfarlane, D. (2017). The slave trade and the right of visit under the law of the sea convention: exploitation in the fishing industry in New Zealand and Thailand. *Asian Journal of International Law*, 7(1), 94–123.
Mackay, M., Hardesty, B. D. & Wilcox, C. (2020). The intersection between illegal fishing, crimes at sea, and social well-being. *Frontiers in Marine Science*, 7, 589000.
Marschke, M. & Vandergeest, P. (2016). Slavery scandals: unpacking labour challenges and policy responses within the off-shore fisheries sector. *Marine Policy*, 68, 39–46.
Marschke, M., Campbell, D. & Armitage, D. (2019). Precarious livelihoods: examining the intersection of fish work and ecological change in coastal Jamaica. *People and Nature*, 2(1), 152–162.
Marschke, M., Andrachuk, M., Vandergeest, P. & McGovern, C. (2020). Assessing the role of information and communication technologies in responding to "slavery scandals". *Maritime Studies*, 19(4), 419–428.
McDonald, G. G., Costello, C., Bone, J., et al. (2021). Satellites can reveal global extent of forced labor in the world's fishing fleet. *Proceedings of the National Academy of Sciences of the United States of America*, 118(3), e2016238117.
Mendoza, M., McDowell, R., Mason, M. & Htusan E. (2016). *Fishermen slaves: Human trafficking and the Seafood We Eat*. Associated Press.
Mileski, J. P., Galvao, C. B. & Forester, Z. D. (2020). Human trafficking in the commercial fishing industry: A multiple case study analysis. *Marine Policy*, 116, 103616.

Molland, S. (2019). What happened to sex trafficking? The new moral panic of men, boys and fish in the Mekong Region. *Sojourn*, 34(2), 397–424.

MSC. (2023). The MSC's Collective Impact | Marine Stewardship Council, https://www.msc.org/what-we-are-doing/our-collective-impact. Accessed September 26, 2022.

Murphy, C. (2017). Tackling vulnerability to labour exploitation through regulation: the case of migrant fishermen in Ireland. *Industrial Law Journal*, 46(3), 417–434.

Mussells, C. & Stephenson, R. L. (2020). A comparison of sustainability objectives: how well does the Canadian Fisheries Research Network Framework compare with Fisheries, Forestry, and Aquaculture Certification Schemes? *Ecology and Society*, 25(1), 17.

Myers, R. & Worm, B. (2003). Rapid worldwide depletion of predatory fish communities. *Nature*, 423, 280–283.

Nakamura, K., Bishop, L., Ward, T., et al. (2018). Seeing slavery in seafood supply chains, *Science Advances*, 4(7), e1701833.

OECD. (2005). *Why Fish Piracy Persists: The Economics of Illegal, Unreported and Unregulated Fishing*. Paris: Organisation for Economic Co-operation and Development.

Österblom, H. & Bodin, Ö. (2012). Global cooperation among diverse organizations to reduce illegal fishing in the Southern Ocean. *Conservation Biology*, 26(4), 638–648.

Pauly, D., Christensen, V., Guénette, S., et al. (2002). Towards sustainability in world fisheries. *Nature*, 418, 689–695.

Pérez-Ramírez, M., Castrejón, M., Gutiérrez, N. L. & Defeo, O. (2016). The Marine Stewardship Council certification in Latin America and the Caribbean: a review of experiences, potentials and pitfalls. *Fisheries Research*, 182, 50–58.

Ponte, S. (2012). The Marine Stewardship Council (MSC) and the Making of a Market for 'Sustainable Fish. *Journal of Agrarian Change*, 12(2/3), 300–315.

Ratner, B. D., Åsgård, B. & Allison, E. H. (2014). Fishing for justice: Human rights, development, and fisheries sector reform. *Global Environmental Change*, 27(1), 120–130.

Ridings, P. J. (2021). Labour standards on fishing vessels: a problem in search of a home? *Melbourne Journal of International Law*, 22(2), 308–331.

Roheim, C, Bush, S. R., Asche, F., et al. (2018). Evolution and future of the sustainable seafood market. *Nature Sustainability* 1(8), 392–398.

Ross Strategic. (2020). Global Seafood Markets Strategy Evaluation Final Report. https://oursharedseas.com/wp-content/uploads/2020/10/Global-Seafood-Markets-Strategy-Evaluation-Final-Report.pdf. Accessed July 12, 2023.

Selig, E. R. Nakayama, S., Wabnitz, C. C. C., et al. (2022). Revealing global risks of labor abuse and illegal, unreported, and unregulated fishing. *Nature Communications*, 13(1), 1612.

Simmons, G. & Stringer, C. (2014). New Zealand's fisheries management system: Forced labour an ignored or overlooked dimension? *Marine Policy*, 50, 74–80.

Stoett, P. & Omrow, D. A. (2021). *Spheres of Transnational Ecoviolence – Environmental Crime, Human Security, and Justice*. Cham: Palgrave Macmillan.

Stringer, C. & Harré, T. (2019). Human trafficking as a fisheries crime? An application of the concept to the New Zealand context. *Marine Policy*, 105, 169–176.

Stringer, C., Burmester, B. & Michailova, S. (2022). Modern slavery and the governance of labor exploitation in the Thai fishing industry. *Journal of Cleaner Production*, 371 (15), 133645.

Stringer, C., Hughes, S., Whittaker, D. H., Haworth, N. & Simmons, G. (2016). Labour standards and regulation in global value chains: the case of the New Zealand Fishing Industry. *Environment and Planning A: Economy and Space*, 48(10), 1910–1927.

Stringer, C., Kartikasari, A. & Michailova, S. (2021). "They make a business out of desperate people": the role of recruitment agents in cross-border labour chains. *Australian Journal of Management*, 46(4), 672–689.

Stringer, C., Simmons, G., Coulston, D., Whittaker, D. H. (2014). Not in New Zealand's waters, surely? Linking labour issues to GPNs. *Journal of Economic Geography*, 14(4), 683–720.

Stringer, C., Whittaker, D. H. & Simmons, G. (2016a). New Zealand's turbulent waters: the use of forced labour in the fishing industry. *Global Networks*, 16(1), 3–24.

Sumaila, U. R., Alder, J. & Keith, H. (2006). Global scope and economics of illegal fishing. *Marine Policy*, 30(6), 696–703.

Suton, M. & L. Wimpee. (2008). Towards sustainable seafood: The evolution of a conservation movement. In Ward, T. & Phillips, B. (Eds.). *Seafood Ecolabelling: Principles and Practice* (pp. 403–415). Wiley-Blackwell. https://doi.org/10.1002/9781444301380.ch20.

Teh, L. C. L. Caddell, R., Allison, E. H., et al. (2019). The role of human rights in implementing socially responsible seafood. *PLoS ONE*, 14(1), e0210241.

Telesetsky, A. (2021). Keeping UNCLOS relevant. *The Korean Journal of International and Comparative Law*, 9(1), 18–34.

Tickler, D., Meeuwig, J. J., Bryant, K., et al. (2018). Modern slavery and the race to fish. *Nature Communications*, 9(1), 4643.

Tindall, C., Oloruntuyi, O., Lees, S., et al. (2022). Illuminating the mechanisms to mitigate forced and child labour risks within Marine Stewardship Council certified fisheries. *Marine Policy*, 143, 105140.

United Nations Office on Drugs and Crime (UNODC). (2011). *Transnational Organized Crime in the Fishing Industry. Focus on: Trafficking in Persons Smuggling of Migrants Illicit Drugs Trafficking*. Vienna.

United Nations (UN). (2015). *Transforming Our World: The 2030 Agenda for Sustainable Development*. Resolution Adopted by the General Assembly on 25 September 2015, 42809, 1–13.

United Nations (UN). (1956). Economic and Social Council (ECOSOC), *Supplementary Convention on the Abolition of Slavery, the Slave Trade, and Institutions and Practices Similar to Slavery*, 7 September 1956.

United Nations (UN). (1982). United Nations Convention on the Law of the Sea. https://www.un.org/depts/los/convention_agreements/texts/unclos/unclos_e.pdf. Accessed May 17, 2024.

Vandergeest, P. & Marschke, M. (2020). Modern slavery and freedom: exploring contradictions through labour scandals in the Thai fisheries. *Antipode*, 52(1), 291–315.

Vandergeest, P. & Marschke, M. (2021). Beyond slavery scandals: explaining working conditions among fish workers in Taiwan and Thailand. *Marine Policy*, 132, 104685.

Wilhelm, M., Kadfak, A., Bhakoo, V. & Skattang, K. (2020). Private governance of human and labor rights in seafood supply chains – The case of the modern slavery crisis in Thailand. *Marine Policy*, 115, 103833.

Williams, C. & Decker Sparks, J. L. (2023). Fishery improvement projects: a voluntary, corporate "tool" not fit for the purpose of mitigating labour abuses and guaranteeing labour rights for workers. *Marine Policy*, 147, 105340.

Witbooi, E., Ali, K. D., Santosa, M. A., et al. (2020). Organized crime in the fisheries sector threatens a sustainable ocean economy. *Nature*, 588(7836), 48–56.

Worm, B., Hilborn, R., Baum, J. K., et al. (2009) Rebuilding Global Fisheries. *Science* 325 (5940), 578–585. doi: 10.1126/science.1173146.

Yea, S. & Stringer, C. (2021). Caught in a vicious cycle: connecting forced labour and environmental exploitation through a case study of Asia–Pacific. *Marine Policy*, 134, 104825.

Yea, S., Stringer, C. & Palmer, W. (2023). Funnels of unfreedom: time-spaces of recruitment and (im)mobility in the trajectories of trafficked migrant fishers. *Annals of the American Association of Geographers*, 113(1), 291–306.

Yea, S., Stringer, C. & Rao, S. (2022). Restorative justice in cases of seafood slavery. *Journal of Human Trafficking*, doi: 10.1080/23322705.2022.2128597.

Yen, K.-W. & Liuhuang, L.-C. (2021). A review of migrant labour rights protection in distant water fishing in Taiwan: from laissez-faire to regulation and challenges behind. *Marine Policy*, 134, 104805.

5

There Will Be Blood: The Return of the Frontier Logic in Guyana and Hyper-Exploitation in the Mining Sector

DELON ALAIN OMROW

5.1 Introduction

The distinction between returning to one's roots and coming to terms with one's routes when unpacking identity, so beautifully captured in Paul Gilroy's publication, *The Black Atlantic: Modernity and Double Consciousness* (1994), lays bare the interconnections between the return of a neoliberal frontier logic in Guyana and the hyper-exploitation of workers in the mining sector. What routes, precisely, have led to this state of hyper-exploitation? Some of the earliest colonial routes to this country on the northern mainland of South America were taken by Spaniards from the sixteenth century, many of whom were in search of the legendary city Manoa and its king, El Dorado. Exploratory voyages as early as 1595 filled the heads of travelers with dreams of infinite wealth and riches for the taking in the elusive city (Bartlett, 2005). Today, these routes remain entrenched in the cultural identity of the communities residing in the towns, villages and, of course, its capital Georgetown, nicknamed "Garden City of the Caribbean."

While Guyana's Indigenous peoples, the Amerindians, named their home the "Land of Many Waters," towns and villages such as Rose Hall, New Amsterdam, Queenstown and Anna Regina serve as a reminder of the European colonial regimes which spearheaded capitalist, frontier logics of extractivism, which spatialized ecoviolence and precarity; the theft of Indigenous lands and territories; and the reduction of enslaved Africans and indentured servants from India to fungible property and second-class citizens, respectively. Even after gaining independence from the United Kingdom as a dominion in May 1966 and becoming a republic in February 1970, ongoing structural racial, gender, and economic disparities intersected with environmental injustice to reinforce the very routes that many Guyanese hoped would disappear when the yoke of British colonialism was formally lifted. In this chapter, I provide an historical context for the emergence, and continuation, of a frontier logic of ecoviolence in Guyana, analyzing the hyper-exploitation of the

Amerindians, minors and migrants in the mining sector; I proceed by exploring the *Canadian Connection* to transnational extractivism, charting the many routes that have brought me to Canada and back to Guyana; finally, I offer some comments on the legal, environmental and humanitarian interventions currently underway in Guyana.

My interest in identifying the myriad routes to extractivism and hyper-exploitation is sparked partly out of concern for the people of Guyana in the rural community of Black Bush Polder, known to many locals as the "suicide belt." In 2019, Guyana's standardized suicide rate was estimated to be 40.9 per 100,000, the second highest suicide rate in the world. The literature on suicidality in Guyana points to the complex history of colonization by multiple European nations, involving slavery from West Africa and indentured labor from India, China and Portugal (Shaw et al., 2022); deep poverty and pervasive stigma about mental illness in rural areas (Rawlins & Bishop, 2018); the prevalence of alcohol abuse (Guyana Chronicle, 2022); the ease of access to deadly substances and exposure to certain herbicides and pesticides used by farmers (Mohammed, 2015); and inter-personal violence, family dysfunction and insufficient mental health resources (Lindsay, 2022). As a Canada-born Indo-Guyanese and Indigenous son of the Guyanese diaspora, I have spent much of my intellectual work coming to terms with the routes that have shaped my identity, exploring the links between environmental justice and cognitive justice, the latter referring to the seeds of anti-colonial and decolonizing social justice movements (Omrow, 2017). Naturally, the return of neoliberal frontiers of logic and hyper-exploitation of workers, accompanied with the harrowing statistics on suicidality in Guyana, captured my attention, forcing me to think deeply about the connections between ecocidality, suicidality and ecoviolence.

5.2 Ecoviolence and Frontier Logic

In its literal sense, ecoviolence analyzes the links between environmental scarcities of renewable resources and violent rebellions, insurgencies, and ethnic clashes in developing countries (Homer-Dixon & Blitt, 1998; Le Billon, 2001; Collier & Hoeffler, 2004). Guyana is no stranger to such violence, and environmental scarcity has certainly played a role in causing social instability. One need only think of the Rupununi Rebellion of 1969, which was the result of the Amerindians' fears that land ownership certifications would fall into the hands of the Afro-Guyanese population (Bulkan, 2013). Lammouchi (2017), however, expands the definition of ecoviolence by drawing connections between violence against the environment and the different forms of colonial oppression, while Kurtz (2021) applies ecov-iolence to Johan Galtung's triangle of direct, structural, and cultural violence, turning this schematic into a diamond which explores how cultural patterns of oppression, racism and sexism, provoke and legitimate other kinds of violence (Galtung, 1969). Ezenwa (2022) weaves these themes together and proposes a more expansive definition of ecoviolence, which encompasses factors that sustain these violent conflicts: government failure to address resource scarcity, insecurity, climate change challenges, human displacement, ecological destruction, and social injustice. Adopting this definition of ecoviolence, hyper-exploitation in the extractive industry can be seen as another chapter in Guyana's protracted story of colonial conquest, dispossession, slavery, indentureship, and ecocide.

The return of the frontier logic in Guyana draws upon ecoviolent, colonial tropes utilized to normalize racial governance and resource accumulation. The colonial past and the civilizational frontiers organize and separate people according to race, culture, demarcating social and cultural boundaries (Donald, 2009). Launius & Boyce (2021) argue that the frontier logic belongs to a genealogy of multiple and heterogeneous cycles of colonization and dispossession, continuing a logic of racial capitalism. The return of the frontier logic occurred during Guyana's transition from post-colonial independence to co-operative socialism during 1966–1985, and the transition from co-operative socialism to liberalization from 1985 onwards. The World Bank started structural adjustment programs in 1981 and conditionalities included the devaluation of currency, governance over Amerindian land in the name of revitalization of export-oriented production, and a reformation of fiscal policies in order to attract foreign investment, and further reductions in public spending (Colchester, 1997).

In an attempt to address the economic crisis ushered in by failed socialist policies during post-colonial independence, President Desmond Hoyte attracted more foreign investment from the Western world by promoting a market driven economy under austere structural adjustment economic reforms (Ramcharan, 2007). While Guyana liberated itself from the British, the bauxite industry continued to be dominated by foreign companies: Aluminum Company of Canada and Reynolds Aluminum exercised extensive control over the country's resources, and loans from the World Bank, International Monetary Funds (IMF) and other Western capitalist countries also transformed the socialist country to a capitalist economy, driving resource accumulation (Manley, 1979; Hennessy, 2005). From 1993 to 1997, under President Cheddi Jagan, Guyana continued to work alongside the IMF to stimulate the economy through liberalization and integration into the globalized economy. At the dawn of the twenty-first century, a National Development Strategy for 2001–2010 was adopted under the leadership of President Bharrat Jagdeo. The strategy boasted a neoliberal frontier logic of attaining the highest possible rates of economic growth; geographical unity; an equitable distribution of economic activity; and a diversification of the economy. Such goals led to the proliferation of transnational extractive industries; "green" conditionalities for international loans for protected areas; and the growing presence of international loggers, and gold and mining companies – all of which spelled disaster for the Indigenous peoples of Guyana (Yadav et al., 2001).

5.3 Mining and the Hyper-Exploitation of the Amerindians

Today, mining operations in Guyana are carried out in six districts: Berbice, Potaro, Mazaruni, Cuyuni, North-West, and Rupununi (EiTi, 2023). Guyana features legal safeguards for Amerindian communities such as the Mining Ordinance No. 1 of 1903 which states: "All land occupied or used by the Aboriginal Indians, and all land necessary for the quiet enjoyment by the Aboriginal Indians of any Indian Settlement, shall be deemed to be lawfully occupied by them" (section 173). A similar provision is found in Section 42(2) of the State Lands Act of 1972 which states "Nothing in this Act shall be construed to prejudice, alter, or affect any right or privilege heretofore legally possessed, exercised, or enjoyed by any Amerindian in Guyana." The Guyana Human Rights Association (GHRA) also criticizes the government's failure to enforce the issuance of environmental permits (EP) for every mining operation, along with an environmental impact assessment (EIA), as per the Environmental Protection Act (1996). All mining concessions should be associated with EIAs and EPs but the Guyana Geology and Mines Commission (GGMC) fails to enforce such requirements for small or medium-scale mining, perpetuating a culture of non-compliance in the country's mining sector. State-led oppression of the Amerindians has also been documented by local news outlets, with threats from the police having increased after the United Nations Committee on the Elimination of Racial Discrimination (UN CERD) flagged the Guyanese government for not upholding the rights of the country's Indigenous peoples (Bhagirat, 2022).

Small and medium-scale gold mining illuminates the gender-based inequalities in mining communities and the disproportionate risks and challenges faced by women. Gender and social analyses of Guyana's artisanal and small-scale gold mining (ASGM) value chain reveal that mining is a male-dominated sector: women experience unequal ownership, rights, and access over resources that are required to maintain safe and sustainable mining operations (Watson & Westerman, 2021). Gender norms create auxiliary roles for women and young girls are lured into small-scale mining, working in mine bars and restaurants as cooks and sex workers (Rustad et al., 2016). Data obtained through the Global Environment Facility (GEF) GOLD project in 2020 reveals that negative stereotypes about what women should be doing in the "backdam" – Guyanese vernacular for interior, rural, and/or undeveloped areas where mining is conducted – confine Amerindian women to sex work. This, in turn, places them at risk of gender-based violence and hostile mining environments where their safety is often threatened by battery and assault by their male partners or employers (Watson & Westerman, 2021).

Mining camps appear to be anomic sites of violence because they are make-shift, offering little protection and few services. Indeed, the hyper-exploitation of Amerindian women appears to be systemic in nature because the police consider such violence against women to be *private* matters, while the GGMC sees this as a *social* matter not within their purview. The GHRA accuses the GGMC of perpetuating ecocide on Amerindian lands – specifically, in the Marudi Mountain area of South Rupununi, the Potaro River, and Baramita. Legal and administrative breaches of all legislation related to mining are now "institutionalized" in the GGMC, invoking a new frontier logic of extractivism which squanders the region's natural mining assets and systematically undermines Amerindian community life (Stabroek News, 2022). Even the Ministry of Labour claims that it currently does not have a mandate to oversee matters within the ASGM Sector. The situation is dire for Indigenous women who experience low levels of literacy, low social morale, teenage pregnancies, and influences of drugs and alcohol. Moreover, Indigenous women are more vulnerable to acts of violence, sexual exploitation, and/or forced sex work to the extent that leading Indigenous community members refer to mining sites as "hunting grounds" for Trafficking in Persons (TIP) victims. For those women who challenge the auxiliary roles and work alongside their male counterparts as miners, "Landlordism" is unfavorable to women, as male land-owners try to curtail women's participation in mining activities, repossessing land after gold is found and evicting women miners from mining sites (Osborne & Ramlagan, 2020).

Despite Guyana's ratification of the Minamata Convention in 2014 and Section 11 of the Environmental Protection Act, women face the greatest risks from carrying heavy materials, washing ore in contaminated water, and becoming exposed to mercury. The Environmental Protection Act regulates the use and emissions of metallic mercury and the incidence and scale of mercury methylation released into the environment and food chain, and the adverse effects on human health, but the introduction of 'draga' dredges has led to weakened enforcement of the act and increased contamination of Guyana's rivers and surrounding lands, disproportionately impacting women. Women in Indigenous villages in close proximity to mining areas have hair mercury content higher than the recommended WHO levels (10 ug/g^{-1}). This elevated level of mercury is attributed to regular consumption of contaminated carnivorous fish, as mercury is dumped into various water sources (Watson & Chin, 2018; Watson et al., 2020).

5.4 Mining and the Hyper-Exploitation of Minors

As of 2021, Guyana has made minimal advancement in eliminating hyper-exploitation of children (U.S. Embassy – Georgetown, 2022). While the Guyanese government has added $250,000 to the country's national budget to fund shelters and social programming for children who are survivors of domestic violence and human trafficking, children in Guyana are still subject to the worst forms of child labor. Guyana has ratified international conventions on child labor – notably, The ILO Convention Concerning Minimum Age for Admission to Employment, The Convention Concerning the Prohibition and Immediate Action for the Elimination of the Worst Forms of Child Labour, The Convention on the Rights of the Child, and the Palermo Protocol on Trafficking in Persons – but has yet to meet international standards for hazardous work. In 2021, labor law enforcement agencies made a concerted effort to address child labor by enhancing labor inspectorate personnel, training new labor inspectors and conducting routine inspections of mining sites but technical and operational capacity gaps continue to hinder adequate labor law enforcement to mete out civil penalties. Concomitantly, Guyana's children end up working overnight in industrial activities and are lured into commercial sexual exploitation, sometimes as a result of human trafficking (Henry, 2017).

According to a 2014 Multiple Indicator Cluster Survey, the situation is far worse for those children living in the country's interior: 37 percent of children ages five to 17 living in the interior are engaged in child labor, while 41 percent of children living in Amerindian households engage in child labor, with 34 percent of these children engaged in hazardous work (Scott, 2014). Not much has changed in almost a decade: poor infrastructure and the lack of information technology in rural and riverine communities during the COVID-19 pandemic has continued to force children into informal small-scale mining in which they wash gold, operate dangerous machinery, and are exposed to hazardous chemicals (U.S. Embassy – Georgetown, 2022). The National Steering Committee on Child Labor coordinates efforts to work with various government agencies, enforcing laws on child labor; for example, both the Guyana Forestry Commission and GGMC have partnered with the committee to focus on child labor and human trafficking in the rural and hinterland regions. However, poor implementation of the National Child Labor Policy and National Action Plan for the Elimination of Child Labor perpetuates the hyper-exploitation of minors in the mining sector.

5.5 Mining and the Hyper-Exploitation of Migrants

Mining sites in Guyana are part of a larger web of transnational crime – specifically, forced labor. Home to approximately 33,000 displaced Venezuelans, including some 2,500 members of the Indigenous Warao community, northern Guyana has become a crime hotspot (UNHCR, 2021). Guyana is not a party to the 1951 Refugee Convention and the country's absence of national asylum and refugee legislation and procedures creates ample opportunity for hyper-exploitation of migrants. Authorities in Guyana provide a 90-day legal stay permit with the possibility of continuous extension, but Venezuelans are often unable to successfully extend their stay and fall into "irregular status" (HIAS, 2022).

Stay permits do not entitle Venezuelans to legally work in the country and, as such, migrants and refugees rely on the informal sector to make a living – or so they are led to believe. A 2021 report by Kapé Kapé, a Venezuelan human rights organization, reveals that migrants from Venezuela's Warao Indigenous community who have been fleeing the country's economic crisis have been forcibly recruited to work as illegal miners in Guyana. The organization estimates that approximately 1,500 members of the Warao were rounded up in Murako, a community adjacent to the Venezuelan border in May 2021, and taken to work in illegal mines in the area of Kumaka, a northern coastal community in Guyana (Kapé Kapé, 2021).

Guyanese recruiters entered Venezuela to entice these migrants under false pretenses. According to one eyewitness: "They were supposed to go work as vegetable pickers in the countryside, but that wasn't the case. They tricked them and sent them straight to the mines to work like slaves" (quoted in Insight Crime, 2021). The exodus of Warao community members from Venezuela to Guyana began in December 2020 and shows no signs of slowing down, as these migrants are targeted by opportunistic and criminal schemes with promises of social mobility and wealth. In 2021, non-state armed groups located near Delta Amacuro in the state of Bolivar led members of the Indigenous Warao community into Guyana, forcing them to work long shifts in illegal mines and later subjected them to sex trafficking in Guyana (U.S. Department of State, 2022). The Regional Protection Sector and the national sectors in Guyana, Trinidad and Tobago and Colombia have established a Working Group with Indigenous Peoples in Brazil to develop a strategy to strengthen the response to protection risks faced by Venezuela's Indigenous peoples in host countries. The Working Group's 2021 publication entitled *National Roundtables of Consultation with Venezuelan Indigenous Peoples 2021: Guyana* reports that Venezuelan Indigenous people, Guyanese miners and British owners of the mines are involved in these recruitment actions. Migrants are also reluctant to file complaints due to fear of possible reprisals from recruiters (The Regional Protection Sector, 2021).

The Regional Protection Sector (2021) also cites xenophobia and discrimination as drivers of exploitation among the Warao Indigenous people. Unsettled territorial disputes between Guyana and Venezuela, coupled with clashes between refugees and host communities, have spread xenophobic attitudes towards the Venezuelan Warao. These migrants and refugees are also blamed for the lack of employment available in Guyana and police tend to turn a blind eye to acts of violence. When Warao migrants can eke out a living in the Guyanese mining sector, they receive less than 50 percent of the average salary in Guyana and are forced to enter clandestine criminal economies along the Venezuela–Guyana border, including-drug trafficking,oil smuggling, and the illegal wildlife trade (IWT) (Kapé Kapé, 2021).

5.6 The Canadian Connection

Ecoviolence is transnational, extending its reach across national boundaries. This is patently clear in the frontier logic of extractivism stemming from Canada-based gold company, Aurous. In 2018, the United Nations Committee on the Elimination of Racial Discrimination called on Guyana to cease and desist all mining projects on Marudi Mountain until free, prior, and informed consent (FPIC) was granted. Marudi is a sacred mountain and is in the traditional lands of the Wapishana tribe, who currently have a pending extension application as a result of formal titles claimed by the Wapishana since the 1967 Amerindian Lands Commission Report. In Wapichan the mountain is called *Marutu Taawa*, which translates to Darkness Mountain. Wapichan elders believe that this mountain is where *Tominkar* (creator) and his brother *Duwidi* lived before humankind was created, serving as a sacred place where the *marunao nao* (shamans) went to perform rituals and communicate with the spirit masters. Marudi also features many resources linked to the maintenance of Wapichan culture such as chalk used in the traditional *Parichara* dance; *orara*, which is a vine used for fishing; and *haimara,* a species of fish found only in that area (IWGIA, 2021). Local community members have lamented the disappearance of culturally important landmarks, as they witness forested areas being replaced by large, mining waste-filled holes in the ground, causing an uptick in malaria and dengue as a result of mosquitos.

The Caribbean Court of Justice (CCJ) has also weighed in on the matter, explaining that the "Constitution's Preamble indicates the determination of the Guyanese people to forge a system of governance that promotes concerted effort and broad-based participation in national decision-making in order to develop a viable economy and a harmonious community based on democratic values, social justice, fundamental human rights, and the rule of law" (quoted in Kaieteur News, 2021). Human Rights lawyer Malene Alleyne has founded Freedom Imaginaries, an organization dedicated to using rights-based strategies to assist Indigenous communities resisting illegal mining operations. According to the United Nations Declaration on the Rights of Indigenous Peoples (UNDRIP), the Convention on Biological Diversity, and the International Labour Organization Convention 169, Indigenous people have a right to free, prior, and informed consultations and consent (FPIC). Alleyne contends that the GGMC continues to issue mining concessions to Aurous to work in the Marudi Mountains without any participation or consent from the Wapishana people, failing to inform them of the imminent risks before commencing their project. Such consultations, according to Alleyne, must be in good faith, with the objective of reaching an agreement at the early stages of the proposal. Meetings between the Wapishana and members of Aurous have been held but many members of the community were denied an opportunity to raise their concerns and have their voices heard (Kaieteur News, 2021).

Amerindian chief and Wapichan elder, Tony James, has also penned a letter to local newspaper *Kaieteur News* stating: "I demand of the present and future governments to respect us as first-class citizens who deserve respect, especially for our rights to our lands, territories and natural resources, our right to be consulted in accordance with our traditional norms, and our right to give our consent, be it negative or positive, free of political interference, intimidation or any other form of coercion" (quoted in Kaieteur News, 2021). James has urged the GGMC to uphold FPIC and broad-based participation among the Wapsihana community who, he argues, has been burdened by predatory mining concessions and permits. In fact, James and his community have yet to receive any copy of the signed agreement between Aurous and the Guyanese government, and have requested to have the agreement revoked for violating international laws. The CCJ supports this decision, explaining that the constitutional promise of equality prohibits the Guyanese government from adopting measures that treat a group of persons as second-class citizens, or offends their dignity as human beings. Protests were staged in 2021 by members of the Wapsihana community, calling upon Minister of Natural Resources, Vickram Bharrat, Minister of Home Affairs, Robeson Benn, and Minister of Amerindian Affairs, Pauline Sukhai, to rescind the agreement (Sutherland, 2021).

Another Canadian company, Goldsource Mines Inc., has been granted the Eagle Mountain concession, located in Region Eight, Potaro-Siparuni. The 1,360-acre concession will involve a saprolite drilling program along with metallurgical testing and geotechnical work, drawing upon infill and expansion drilling. The former method refers to the practice of drilling new holes between previously drilled holes to identify where gold might be located and how much of it is present, while the latter method relies on mapping out fixed starting points from which a company intends to expand its gold deposit (Hinton et al., 2009). Indigenous community members have voiced concerns over these methods of drilling, calling into question the extraction of core samples from the earth to test for gold and its quality, but Goldsource Mines Inc. shows no signs of slowing down: In February 2021, Steve Parsons, Goldsource's CEO, reported that approximately 845,000 ounces of indicated resources (proven gold resources) and 865,000 ounces of inferred resources (estimated gold resources) will be uncovered during its operations (Lazenby, 2021). The company's report of profitability can be juxtaposed with a 2020 publication by the United Nations Development Programme which reveals that Potaro-Siparuni's population of approximately 11,000 has a poverty rate of 94%, raising questions about whether or not the wealth generated from the mining project will be reinvested into the community (UNDP, 2020).

5.7 The *Final* Frontier: Bringing an End to Ecoviolence?

This final section explores how ecoviolence and the hyper-exploitation of the Amerindians, minors and migrants can end with the help of national and international laws, nonprofit environmental organizations, and international humanitarian organizations. The concept of ecoviolence illuminates processes that galvanize action, improving resilience and informing policy in Guyana, but also offers explanations of root causes of ecoviolence in the country, including physical, structural, and cultural drivers. What strategies, if any, can end this violence, promoting structural, ideological and institutional change at local, national, and global levels? This chapter opened with dire statistics of suicidality in a country known as the "Land of Many Waters" – how ironic, considering water is "the giver of life" according to Wilbur Slockish, traditional river chief of the Klickitat Band of the Yakama Nation. What routes have intersected to create the macro (state-centric) processes of ecoviolence in Guyana and what routes can be taken to end this violence? Let us turn to some legislative, environmental and humanitarian developments currently underway.

While the CCJ has been active in promoting the human rights of the Amerindians, another legal development warrants mention. In 2022, after investigating land disputes between the Akawaio community and the Guyanese government, the Inter-American Commission on Human Rights called for revisions to the Amerindian Act, legislation recognizing and protecting the collective rights of Amerindian Villages and Communities. Both the Forest Peoples' Program and the Rainforest Foundation US (RFUS) have assisted local communities in drafting a proposal to allow villages to jointly hold title so that the federal government can acknowledge that the Amerindians have held territory collectively. This would also bring about the elimination of a clause in the Amerindian Act which allows the federal government to override the will of Indigenous communities in mining matters on titled land, and allows district councils to hold land (Rainforest Foundation, 2022). Such amendments to key legislation in Guyana will mitigate ecoviolence and hyper-exploitation in Amerindian communities, restoring their rights over land and resources.

Environmental sustainability is another approach to addressing ecoviolence – specifically, ecocide. A new project dubbed "El Dorado" aims to achieve mercury free mining in Guyana by 2025. As mentioned earlier, Guyana has ratified the Minamata Convention on Mercury but has failed to deliver on its commitment under international law. Project "El Dorado" will address this, drawing upon the support of GEF,Conservation International and UN Environment to implement the GOLD –Global Opportunities for Long-term Development in the Artisanal Small Gold Mining Sector – program (GEF, 2017). At the national level, stakeholders will include the Minister of Natural Resources of Guyana, the Head of Guyana's EPA, the GGMC, the Women Miners Organization, and representatives of local Indigenous communities – all of whom have reviewed the agreements between Guyana and international financing institutions, and private companies. Mining in Guyana is at a critical juncture and the introduction of automation and mechanization, along with analytics to optimize mercury free mining, may serve as the catalyst to end ecocide in this sector.

Humanitarian developments offer much promise in amending laws relating to the violent hyper-exploitation of workers in Guyana. A project named PlanetGOLD Guyana, led by the GEF, the United Nations Environment Programme (UNEP), Conservation International and the Norwegian Agency for Development Cooperation, began in 2021 to collect data on the push and pull factors of gold mining and the challenges and barriers unique to women. The project has designed an action plan which lays out key areas of potential risk and opportunities to enhance support for women in the mining sector. The plan includes thorough documentation of women miners' stories so that their experiences may be better understood; the provision of safe transportation to mining operations; the creation of workshops on mercury-free technologies for women; gender responsive policies; and the creation of the Project Steering Committee, which will be comprised of sub-grantees dedicated to gender analysis and action plans (Watson & Westerman, 2021).

HIAS (originally the Hebrew Immigrant Aid Society) also provides vital services to refugees and asylum seekers around the world, advocating for their fundamental rights. Since 2020, HIAS Guyana has assisted approximately 5,700 vulnerable Venezuelan migrants, refugees and Guyanese returnees through gender-based violence (GBV), mental health and psychosocial support (MHPSS) programming. Adopting holistic approaches to intervention, economic inclusion, and legal protection, the organization educates vulnerable workers on their rights and supports issuance and renewal of stay permits, and facilitates access to basic services like health and education. HIAS Guyana has been stationed in Mabaruma for three years now, working with Venezuelan Indigenous Warao, who are disproportionately impacted by labor exploitation, malnutrition, lack of clean water, sanitation, and hygiene resources. HIAS' survivor-centered approach helps reduce the risk of trafficking by offering safe spaces and psychosocial support, referral to other service providers, emergency shelters, and cash and voucher assistance. Also, its Entrepreneurship School promotes financial literacy, vocational opportunities, and job skills. The Global Accountability to Affected Populations (AAP) Framework also trains staff on individualized case management to include counseling and navigation of social service systems and sensitization sessions on migrant and refugee rights with public service providers (HIAS, 2022).

5.8 Conclusion

The return of a neoliberal frontier logic in Guyana has spearheaded extractivism, accelerating the ecoviolent removal of non-renewable raw materials such as oil, gas, metals, and minerals from the country's land, worsening gender and other inequalities in the form of hyper-exploitation. With mining and drilling operations occurring in relatively remote areas with minimal enforcement of law, forced labor in extractive industries and sex trafficking continue uninterrupted, disproportionately impacting Indigenous communities, minors and migrants. This record of human suffering and misery becomes more nuanced through an intersectional approach to understanding the experiences of Indigenous women, children, and displaced persons crossing the border between Venezuela and Guyana. Isolated from government oversight and community support, victims of this hyper-exploitation lose hope and call for reform. And the tide is turning: various actors are intervening to stanch the bleeding of the "Land of Many Waters" providing increased access to protective services, legal advocates, and law enforcement personnel. These are the routes that should be taken to reverse the damages inflicted upon this evocative landscape, and its people.

References

Bartlett, T. (2005). Amerindian development in Guyana: legal documents as background to discourse practice. *Discourse & Society*, 16(1), 341–364.

Bhagirat, L. (2022, June 19). *Chinese Landing Toshao Reports Increased Threats From Miners, Police*. Stabroek News. https://www.stabroeknews.com/2022/06/19/news/guyana/chinese-landing-toshao-reports-increased-threats-from-miners-police/. Accessed May 18, 2024.

Bulkan, J. (2013). The struggle for recognition of the Indigenous voice: Amerindians in Guyanese politics. *The Commonwealth Journal of International Affairs*, 4(1), 319–404.

Colchester, M. (1997). *Guyana, Fragile Frontiers: Loggers, Miners and Forest Peoples*. Ian Randle Publishers.

Collier, P. & Hoeffler, A. (2004). Greed and grievance in civil war. *Oxford Economic Papers*, 56(4), 563–595

Guyana Chronicle. (2022, October 6). *Data on Suicide Tells Only a Part of the Story*. https://guyanachronicle.com/2022/10/06/Data-on-suicide-tells-only-a-part-of-the-story/. Accessed March 21, 2023.

Donald, D. (2009). The curricular problem of Indigenousness: Colonial frontier logics, teacher resistances, and the acknowledgment of ethical space. In J. Nahachewsky and I. Johnston (Eds.), *Beyond 'Presentism'* (pp. 23–41). Brill-Sense.

EiTi. (2023). Mining Sector. https://eiti.gy/mining-sector. Accessed June 19, 2024.

Environmental Protection Act. (1996). https://www.ggmc.gov.gy. Accessed 18 May, 2024.

Ezenwa, O. (2022, July 15). *What's in a Name? Making the Case for the Sahel Conflict as "Eco-violence."* New Security Beat. https://www.newsecuritybeat.org/2022/07/whats-name-making-case-sahel-conflict-eco-violence/. Accessed May 18, 2024.

Galtung, J. (1969). Violence, Peace, and Peace Research. *Journal of Peace Research*, 6(3), 167–191.

Gilroy, P. (1994). *The Black Atlantic: Modernity and Double Consciousness*. Verso.

Global Environment Facility. (2017, February 1). *Guyana launches "El Dorado" project to eliminate mercury use from small-scale artisanal gold mining*. GEF. https://www.thegef.org/newsroom/news/guyana-launches-el-dorado-project-eliminate-mercury-use-small-scale-artisanal-gold. Accessed March 23, 2023.

Hennessy, L. (2005). *Fission and Fusion: Economic Transformations and Indigenous Resistance in Guyana*. Doctoral Dissertation, University of California.

Henry, P. (2017). *Child Neglect in Guyana*. European Union.

HIAS. (2022). *HIAS Guyana Overview*. HIAS.

Hinton, J., Veiga, M. & Beinhoff, C. (2009). Women and artisanal mining: gender roles and the road ahead. In G. Hilson (Ed.), *The Socio-Economic Impacts of Artisanal and Small-Scale Mining in Developing Countries* (pp. 37–51). Swets Publishers.

Homer-Dixon, T. & Blitt, J. (1998). *Ecoviolence: Links Among Environment, Population and Security*. Rowman & Littlefield Publishers, Inc.

InSight Crime. Venezuela Investigative Unit. (2021, July 13). *Venezuela's Indigenous Warao Press-Ganged into Guyana's Illegal Gold Mines*. https://insightcrime.org/news/Venezuela-warao-indigenous-guyana-illegal-gold-mines/. Accessed May 18, 2024.

International Work Group for Indigenous Affairs. (2021, November 12). *Impacts of Gold Mining on Wapichan Wiizi*. www.iwgia.org/en/guyana/4563-impacts-of-gold-mining-on-Wapichan-wiizi.html. Accessed May 18, 2024.

Kaieteur News. (2021). *Marudi residents' protest ... Rescind mining agreement and apologise to Indigenous People – Caribbean Human Rights lawyer*. (2021, November 21). https://www.kaieteurnewsonline.com/2021/11/30/rescind-mining-agreement-and-apologise-to-indigenous-people-caribbean-human-rights-lawyer/. Accessed March 23, 2023.

Kurtz, L. (2021, June 4). *Uncovering the Four-Volume Encyclopedia of Violence, Peace, and Conflict*. Mason Korea: George Mason University. https://masonkorea.gmu.edu/articles/16089. Accessed May 18, 2024.

Lammouchi, E. (2017, March 21). *Eco-violence: The Genocide of Germination*. English Literature of the Long Eighteenth Century (1660–1837) Gone Global. https://english102literaturesurvey.wordpress.com/2017/03/21/eco-violence-the-genocide-of-germination/. Accessed May 18, 2024.

Launius, S. & Boyce, G. (2021) More than metaphor: settler colonialism, frontier logic, and the continuities of racialized dispossession in a southwest U.S. city. *Annals of the American Association of Geographers*, 111(1), 157–174.

Lazenby, H. (2021, May 31). *Goldsource seeks to chart scalable development of Eagle Mountain*. Mining.com. https://www.mining.com/goldsource-seeks-to-chart-Scalable-development-of-eagle-mountain/. Accessed May 18, 2024.

Lindsay, B. (2022, September 18). *Fighting Guyana's Mental Health Crisis*. The Borgen Project. https://borgenproject.org/guyanas-mental-health-crisis/. Accessed May 18, 2023.

Le Billon, P. (2001). The political ecology of war: natural resources and armed conflicts, *Political Geography*, 20(5), 561–584.

Manley, R. (1979). *Guyana Emergent: The Post Independence Struggle for Nondependent Development*. G. K. Hall.

Mining Ordinance, No. 1 (1903). https://www.ggmc.gov.gy. Accessed May 18, 2024.

Mohammed, F. (2015, June 3). *Guyana: mental illness, witchcraft, and the highest suicide rate in the world*. The Guardian. https://www.theguardian.com/global-development-professionals-network/2015/jun/03/guyana-mental-illness-witchcraft-and-the-highest-suicide-rate-in-the-world. Accessed May 18, 2024.

Omrow, D. (2017). *Abyssal Ideology and the Amerindians of Guyana: an eco-crimes analysis of power, discourse and cognitive injustice*. Doctoral Dissertation, York University.

Osborne, A. & Ramlagan, K. (2020, November 17). Humanizing Gender Dynamics within Guyana's ASGM Sub-Sector. PlanetGOLD. https://www.planetgold.org/humanizing-gender-dynamics-within-guyanas-asgm-sub-sector. Accessed May 18, 2024.

Rainforest Foundation. (2022, May 16). *A Push to Enshrine Greater Rights for Guyana's Indigenous Peoples*. https://rainforestfoundation.org/greater-rights-for-guyanas-indigenous-peoples/. Accessed March 22, 2023.

Ramcharan, R. (2007). *The National Security of Guyana: A Study in Foreign Policy*. Edwin Mellen Pr.

Rawlins, W. & Bishop, M. (2018, June 29). *Trying To Stop Suicide: Guyana Aims To Bring Down Its High Rate*. National Public Radio. https://www.npr.org/sections/goatsandsoda/2018/06/29/622615518/trying-to-stop-suicide-guyana-aims-to-bring-down-its-high-rate. Accessed May 18, 2024.

Rustad, S., Ostby, G. & Nordas, R. (2016). Artisanal mining, conflict, and sexual violence in Eastern DRC. *The Extractive Industry and Society*, 3(2), 475–484.

Scott, J. (2014). *Encyclopaedia of Gender and Mining: Key Initiatives, Best Practices and Actors*. Deutsche Gesellschaft für Internationale Zusammenarbeit.

Shaw, C., Stuart, J., Thomas, T. & K. Kolves. (2022). Suicidal behaviour and ideation in Guyana: a systematic literature review. *The Lancet*, 11(1), 1–24.

State Lands Act. (1972). https://www.ggmc.gov.gy. Accessed May 18, 2024.

Stabroek News (2022, August 30). *GGMC must be held accountable for mining devastation, not junior officers – GHRA*. https://www.stabroeknews.com/2022/08/30/news/

guyana/ggmc-must-be-held-accountable-for-mining-devastation-not-junior-officers-ghra. Accessed March 22, 2023.

Sutherland, L. (2021, December 22). *Secrecy shrouds new gold mining deal in Guyana's Marudi mountains*. Mongabay. https://news.mongabay.com/2021/12/Secrecy-shrouds-New-gold-mining-deal-in-guyanas-marudi-mountains/. Accessed May 18, 2024.

The Regional Protection Sector. (2021). *National Roundtables of Consultation with Venezuelan Indigenous Peoples 2021: Guyana*. The Regional Protection Sector.

UNDP. (2020). *Socio-economic Impact Assessment of COVID-19 on Households in Guyana*. United Nations Development Programme.

UNHCR. (2021, November 26). *UNHCR concerned about difficult conditions of indigenous Venezuelans in Guyana*. https://www.unhcr.org/news//briefing/2021/11/61a0be914/unhcr-concerned-difficult-conditions-indigenous-venezuelans-guyana.html. Accessed March 22, 2023.

U.S. Embassy – Georgetown. (2022). *Trafficking in Persons Report*. Department of State, United States of America.

Kapé Kapé. (2021, June 28). *Warao indigenous people are subjected to labor exploitation in Guyana*. https://kape-kape.org/2021/06/28/indigenas-warao-son-sometidos-a-explotacion-laboral-en-guyana/. Accessed March 23, 2023.

Watson, K. & Westerman, K. (2021). *Gender in Guyan's Artisanal, Small-Scale Gold Mining (ASGM) Sector*. Guyana.

Watson L., Hurtado-Gonzales J., Chin C. & Persaud J. (2020). Survey of methylmercury exposures and risk factors among Indigenous communities in Guyana, South America. *Journal of Health & Pollution*, 10(26), 1–24.

Watson, C. & Chin, C. (2018). *A Rapid Risk Assessment on Mercury Exposure and Accumulation in Four Indigenous Communities in the Southern Rupununi Region, Guyana*. GGMC.

Yadav, G., Egoume-Bossogo, P., Weisman, E. & Jones, D. (2001). *Guyana: Statistical Annex*. International Monetary Fund.

6

Artisanal Gold Mining in Uganda: Towards Formalization as Remediation of Dignity and Rights

JULIUS KAKA

6.1 Introduction

Artisanal and small-scale gold mining offers opportunities to a diverse set of actors operating in formal, legal and clandestine realms. The sector has considerable expansion potential but it is hampered by corruption, illegal actors and a poorly regulated market. Approximately 90 percent of mining in Uganda is done by artisanal miners. Over 500,000 people are employed in the gold mining sector across the country, accounting for 90 percent of the workforce (UEITI, 2022). The government of Uganda has struggled to codify and structure the Artisanal and Small-Scale Miners (ASM) society, thus contributing to controversial politics in the business and ongoing tensions between ASM communities, mining firms, and the government. Enforcing health and safety laws in the extractive industry has proven challenging to departments responsible for worker health and safety. The combination of injury to miners and conflict that surrounds exploitation of natural resources suggests that some artisanal gold mining operations can be considered ongoing sites of ecoviolence as described by Stoett & Omrow (2021).

The government of Uganda has experienced difficulty tracking down the outputs of both ASMs and Large-Scale Miners (LSMs), as well as estimating the amount of royalties and other tax returns generated by the sector. These take place in the face of ineffective fiscal policies and regulatory frameworks that have been unjust to ASM's operations (Natural Resource Governance, 2018, p. 9; The Daily Monitor, 2021). Day to day operations of ASM communities suggest quick cash offers, emancipatory advantages from poverty, low-income sources, and financial difficulties, which are reasons for the nation's steadily rising artisanal mining population (Geenen, 2020, p. 8; Sebina-Zziwa & Kibombo, 2020, p. 106). Threats to health and welfare in the industry are most severely felt by women and children, who make up about 45 percent of the ASM community in the country (NEMA, 2019). The majority of them continue to be exploited at the very end of the supply chain with very little remuneration, and their duty is restricted to panning, transporting, mineral selection, and processing (Hinton, 2011; Sebina-Zziwa & Kibombo, 2020). The operating conditions for ASM communities expose them to risky substances like mercury, biohazards from mine explosions, and other unethical methods of mineral extraction (Omara et al., 2019). The majority of this is due to the informality of operations, poverty and lack of knowledge of best practices. Poverty is also widely cited as a contributing factor to accidents, fatalities, and recurring illnesses in mining communities, as well as the general lack of technical, financial, and training support for artisanal gold miners (Kiyando & Huggins, 2021; Perks & Scheneck, 2021).

Youth and child labour issues at donor and national policy levels have had challenges of prioritisation (Hilson & Maconachie, 2020; Hilson et al., 2021). Children are still used as cheap labor and exploited in mines with solutions that do not take into account the complexities of the socioeconomic setting. Since 2020, child labor in the mining industry has been exacerbated by the impact of COVID-19 (Hunter et al., 2021). Despite current loopholes, Uganda's mining laws give extensive recommendations on environmental and occupational safety for miners. However, its implementation and enforcement are inadequate, resulting in continuous labor exploitation and human rights violations in the gold mining communities, impeding long-term growth in the gold production sector.

Siegal and Marcelo's (2009) analysis of Uganda's formalization challenges of the gold mining sector has encouraged debate and adoption of formalization as a mechanism of legitimizing ASMs activities taking into account socio-economic and environmental concerns of communities in the policy making processes. Arguments in favor of this concept were further advanced by Hilson (2020) whose studies in sub-Saharan Africa noted that previous formalization efforts were more discriminatory, ignoring local groups classified as informal/illegal miners. Its consequences have been the expansion of informal frontiers and mining dynamics. The current process of formalization is impeded by loopholes that do not completely recognize ongoing active mining in ASM communities. Moreover the absence of gazetted ASM zones as an essential element for the formalization process prescribed in the new law is a major hindrance to the process. Using De Soto's (De Soto, 2001; De Soto & Diaz, 2002) concept of dual legal and extra-legal economy, this chapter views formalization as a constant process of negotiation. Rather than embracing strict definitions of formalization in policy and national laws, a continuous process of formalization should be undertaken to integrate the informal and formal realities of mining communities. The study seeks to answer two major questions: first, what are the barriers to labor and rights among Ugandan artisanal miners? Here, the research utilizes quantitative field data to provide best practices of achieving the integration of artisanal miners into the official economy.

Second, how significant is rights-based approaches in addressing exploitation in the gold mining industry? In identifying a transparent market, lawful artisanal mining with dignity and human rights observed, the study takes a multidisciplinary approach by using data from extensive fieldwork and examinations of secondary literature. It contends that secure and dignified livelihoods for miners require enhanced collaboration among stakeholders, as well as the engagement of ASMs in decision-making processes for long-term sustainability.

6.2 Methodology

Given the scarcity of literature on illicit gold supply chains and market distortion in East Africa, as well as policy concerns about ensuring strong coherent guidelines to enable sustainable growth of the ASM community, the Global Initiative Against Transnational Organized Crime (GI-TOC) conducted a two-year period of study (2020–2021) assessing the scale, trends, dynamics of production, and market distortion in the region.

During this time, research processes engaged numerous stakeholders through interviews and participatory methodologies in identifying policy concerns in order to lead multifaceted, innovative, and dynamic actions needed to combat crime and realize the sector's development potential. Artisanal miners, gold dealers/brokers from different mine sites in Mubende district, Karamoja region, and Busia district, were interviewed. In-depth insights and experiences from various actors in the gold mining sector were requested in order to understand the trends and extent of the supply chain in Uganda, with links to the Democratic Republic of the Congo and Sudan. Relevant material on the dignity and human rights of artisanal miners in Uganda was selected and evaluated, and a number of interviews that speak to concerns about artisanal miners' rights and dignity were chosen to triangulate the analysis. Information is drawn from the empirical study conducted in over seven districts that are either directly producing gold or act as key conduit points for gold flows between Uganda, DR Congo, South Sudan, and Kenya.

6.3 Overview of ASMs and Challenges to Rights and Dignity

ASM is a significant contributor to the country's mining industry, and it plays a vital role in local development through direct and indirect job generation (Bank of Uganda, 2020; Bank of Uganda, 2021). According to the Bank of Uganda, one million direct and indirect jobs were created in 2018, benefiting nearly 10 percent of the population. ASMs generated UGX 713.5 million in income between 2014 and 2021 (Bank of Uganda, 2021). About 90 percent of the workforce in the gold mining industry is made up of informal labor by artisanal miners and gold traders. And the biggest quantities of gold produced in Uganda are artisanal, mined and traded illegally (Hunter et al., 2021).

The biggest challenges for ASMs are on the poorly regulated market. In addition to this, absence of a strong market infrastructure for buying and selling gold makes it difficult to regulate criminality and unfair trade. Consequently, artisanal miners are at the receiving end of losses and exploitation in an unregulated gold market. Trading (legal and illegal) in the gold market is predominantly a spot market with prices quoted by individuals. Market forces operate at a set daily price guided by the dollar exchange rate. This mechanism serves the advantage of gaps in dollar exchange rates which are determined by individuals that, in turn, profit from it.

The poorly regulated market conditions force artisanal miners to sell their gold at floor price, make small margins of profits owing to pressures from brokers, agents and other powerful actors in the gold supply chain. Many miners, dealers and agents operate without licenses and required legal documents. Evidence of use of falsified legal documents and tax evasion is common, too. In Karamoja, ASM sell their gold to agents from Kampala, businessmen (within Moroto, Kotido and Kaabong) travel to Kampala and sell directly to bulk buyers – usually Indians. In the eastern region of the Busia, Bugiri, Mayuge and Namayingo districts, most of the artisanal miners and dealers equally sell their gold in Kampala. Some of the miners move their gold to Kenyan towns of Bungoma and Kisumu because of proximity and lower market value of gold from the area.

In the southwestern parts of Uganda, Mubende and Kasanda, where artisanal miners are much more organized in groups of between 5 to 100 people, the competing formal and informal dichotomy between artisanal mining is prominent (Kitatta, 2017; Kitatta & Kayiira, 2019; Sebina-Zziwa & Kibombo, 2020). With government and mining companies on one end and the Indigenous (artisanal miners) on another end, contestations over land use and ownership escalate into conflict and forceful eviction of unlicensed artisanal miners in favor of companies. Prior to the government's forced evictions in 2017, the mining town of Mubende was home to over 60,000 people whose livelihoods depended on artisanal mining (Kitatta, 2017). A total of nine mining camps existed with each producing approximately 40 to 100 grams of gold per day and a total of between 4 kgs and 6 kgs of gold per day. Most of the miners double as dealers: they either sell the gold directly to Indian buyers or the gold refineries that are rapidly increasing in Kampala (Hunter et al., 2021, p. 26). The AUC Mining Company, Kasita Company, and Gemstones International are the officially known mining companies actively mining in the area. Most of these companies (under)declare their gold as a way of avoiding tax. For instance, it is alleged that AUC Company has no public information on royalties and tax after years of exploration.

A series of dysfunctions – economic, political, governmental and security issues strongly associated with market and source control of gold – have allowed the growth of an illicit regional gold hub in Kampala. It is characterized by tax evasion, loss of revenues, and rampant smuggling of gold in and out of Uganda. By the end of 2020, outstanding annual mineral rent fees, royalties and taxes to the tune of $8.9 billion were recorded – revenue that the Directorate of Geological Survey and Mines needs to collect from mining companies (The Daily Monitor, 2021). Uganda's gold mining is not well regulated: there are no proper mechanisms to contain gold smuggling, and gold mining companies do not observe international standards and corporate social responsibilities (Sausi, 2017). Currently, regulations cannot be adequately enforced because ASM management is not yet centralized. There are no reliable statistics that detail domestic gold production and projections. Part of the reason for the lack of such information is due to the Department of Geology Survey and Mines being understaffed and underfunded.

Over the years, there has been a slow response, as well as a lack of commitment and support for artisanal miners. Poor sector administration, constraints on sustainable growth, and development ensure harmful inclinations of rent seeking, tax evasion, smuggling, and deliberate maintenance of a skewed gold market (Hunter et al., 2021, p. 23). The critical need for the government to adopt bold and consistent tactics in support of artisanal miners, including equitable policies, incentives, and political will to address the difficulties affecting the gold mining sector, cannot be overstated. The informal nature of ASM, as well as government's incoherence in controlling gold mining activities, exposes the artisan miners' community to a wide range of exploitation and forced labor.

6.4 Supply Chain and Exploitation of ASMs

The gold trade in Uganda is largely informal, secretive and as such it is characterized by the commonality of dubious deals (Hunter et al., 2021, p. 24). Legal structures that regulate the trade are too weak to manage the deliberate confusion in the gold trade, thereby creating a window for fraud, with brokers and speculators dictating the market. Information on gold production is lacking. In the last five years, gold exports have exponentially grown to become the biggest export contributor to the economy with 44 percent worth of USD $4,436,229,000 for 2020, and 2019 (Bank of Uganda, 2020, p. 33). This remarkable statistic is in sharp contrast with domestic production capacity of 6,864 kgs last recorded in 2018, with most production coming from the Karamoja region. Researchers have noted that gold production in Karamoja region alone is estimated at 845 kgs per year, representing LBMA Market value of US $36 million (Responsible Mines, 2018).

Artisanal miners mostly sell their gold to prominent businessmen/gold buyers and brokers based in Kampala. These businessmen often buy gold or offer flexible terms and allow sales of very small quantities of gold as low as 10 g. This is different from refineries that sometimes don't pay in cash, delay payments and indirectly discourage buying smaller amounts of gold. Within Kampala there are many agents and dealers (genuine and fake), a few of them connect with buyers in Nairobi, Dar el Salaam, and East DR Congo towns of Goma and Juba, for source or markets of gold. There is also a huge amount of gold flowing in the country from DRC and South Sudan. Gold refineries both licensed and unlicensed have proliferated, fomenting a hub of illicit and licit gold in the Kampala with international markets. Some of the refineries operate in secrecy and are at the intersection of licit and illicit gold in the country. Millions of dollars are lost in the gold mining sector through corruption, and the country is a mineral trafficking hub from DRC and South Sudan. Under declarations of both imported and exported quantities of gold are apparent (SENTRY, 2023).

Nearly 95 percent of active mining licenses are directly or indirectly owned by either ministers or military officials e.g., in Mubende and Kasanda (Kibirige, 2020). These categories of players have ensured that gold mining and processing by artisanal miners are prohibited through the controversial Police Mineral Protection Unit (PMPU). Artisanal miners are conditioned to have a mining license in order to operate. In Kisita, a unique arrangement started in 2020 whereby artisanal miners are allowed to mine but are conditioned to sell them to specific agents or buyers who are powerful people in government. The PMPU informally solicits bribes from miners and controls the production and sale of gold. Most of the gold stockpile collection does not go to Kampala, and it is not known where it is taken. Officially, the Kisita mining site has been closed by the PMPU; however, on the ground, active mining is going on. The PMPU controls informal gold trade within the area. PMPU in the area require artisanal miners to pay a mandatory bribe of at least UGX 4 million to access their pits (Kezzala, 2020). Kezzala (2020) emphasizes that when miners intend to trade their gold, they must sell to PMPU after paying another bribe (Kezzala, 2020). Where this gold is taken remains unknown.

Such clandestine arrangements were prevalent in greater Mubende, where licenses were limited to only 20 persons in 2020. All miners were assigned unique numbers and were conditioned to sell their gold to specific individuals who are rich and politically connected brokers. With assistance from the defunct PMPU, these brokers control the market, reap the profits and control the trade. In this closely controlled environment, the leaders are able to spot intruders – that is, artisanal miners and dealers who do not have their self-imposed registration numbers and those who attempt to undercut them on gold pricing. While the ASM industry has immense development potential, the entrenched interests of criminal actors, particularly corrupt government actors, pose a substantial challenge to successfully implement policy and reform programs (UEITI, 2022). Millions of dollars are lost in the gold mining sector through corruption and the country is a mineral trafficking hub from DRC and South Sudan where under declarations of both imported and exported gold is apparent (Mthembu-Salter & Phuzumoya Consulting, 2015; Hunter et al., 2021, p. 27). This happens in the face of vulnerable fiscal policies and legal regimes that have not been fair and just to ASMs operations.

The gold supply chain is naturally vulnerable to corruption, resulting in huge revenue losses. The approval processes regime, where licenses and necessary legal documentation for trade are obtained, is one of the sectors prone to corruption. Government employees are often on the receiving end of abuse. Bribes are paid to process legal documents or to circumvent the law in order to deal in gold, from Immigration to the Ministry of Energy and Mineral Development. When the entire flow of revenues from the gold sector gets caught up in rent and rent-seeking tendencies, it is difficult to create transparent and accountable systems. Moreover, the general fragility of the institutions governing the country is fraught with corruption. The structures in place are fairly complex in order to prevent corruption. However, a significant barrier to combating corruption is the lack of ongoing risk assessments in the legal and socioeconomic environment. Companies and ASM deliberately decline to declare production in order to evade payment of tax (annual rent and royalties). A company like AUC in Mubende – with close ties to the first family – has done exploration for so long in the Mubende (including the area from where people were evicted) but continue to claim they are still prospecting. According to a gold dealer, Uganda's gold prices are the highest in the region. A gram of purified gold costs between $53 and $56 dollars in Kampala. Dealers and brokers make profits at every point of the supply chain worth at least 0.2 points purity. Middlemen cheat on weighing scales and fake purity percentages are also issued. For instance, if purity is 97 percent, buyers will issue a purity percentage less by three or two points (Kibirige, 2020).

Low financial, educational and policy barriers have characterized the challenges and opportunities in the rural poor areas of gold mining in the country. Yet, the same sector employs both literates and illiterates – some of whom left white collar jobs to join the lucrative business. However, ineffective implementation of existing regulations and limited transparency have created opportunities for exploitation, domination and an unfair gold market environment. As noted in a study on the illicit gold supply chain in east and southern Africa, the powerful political elites exploit, facilitate and create market pressure, set prices and profit from the rural mining communities (Hunter et al., 2021, p. 37). The same is true of government, as demonstrated by the confrontations between investors and the local communities on one end and government against the local communities on the other. These clashes and encounters of resistance occur when mining firms and investors who might otherwise operate discreetly for and on behalf of wealthy political leaders are prevented from entering Indigenous communities. The apparent lack of standard gold pricing and market regulation means the potential of artisanal miners to be trapped in poverty is high. The inability to access fair extraction financing, and the dynamics of price domination by brokers, dealers and refineries are further detrimental to growth of ASMs communities in the country.

6.5 Gender

Public and private institutions have not adequately addressed critical issues relating to gender, human rights, and labor exploitation of miners in the gold mining industry (Mpagi et al., 2017). Access and control of information on gender issues remains limited and participation in decision making processes equally remains low (IMPACT TRANSFORM, 2017; MoFPED, 2019; Serwajja & Mukwaya, 2020, p. 1515). The situation has been worsened by the aftermath of the pandemic since public and private facilities like schools were shut down for nearly 18 months (Serwajja & Mukwaya, 2020).

National statistics indicate that women's involvement in ASM ranges between 40 and 60 percent (NEMA, 2019). In 2019, it was recorded that 45 percent of the miners engaged in ASM activities are women (NEMA, 2019). The numbers are higher in rural areas, especially in Karamoja region, which recorded over 6,300 women miners (NEMA, 2019). In the central region, Ankole, and eastern Uganda about 8,000 women are found to be actively engaged in mining. The numbers are slightly lower in the east, central, and Ankole region because of the methods of mining used. Here, mining operations are largely underground and as such restricts women's participation. Their role is more restricted to panning, haulage, mineral selection and processing (Hinton, 2011). Women are most exposed to mercury because of the role they play in extraction and processing of gold. Most women pan gold without use of personal protection equipment (Hinton, 2011).

Although gender concerns are important for ethical gold mining, there is a dearth of research and data that may help identify and address gender barriers and successes for treating women fairly in the gold mining industry (Hilson et al., 2021). In order to inform standards and practices for mainstreaming gender in the ASMs, women's involvement in policy and governance mechanisms ought to take a gender transformative approach. It is pragmatic and based on lived experiences, raising consciousness among advocates of women's inclusion in the extractive industry. It also enables a strong policy formulation process, pushing for the adoption of strong gender mainstreaming processes (Njuki et al., 2022, p. 210).

According to Mpagi et al. (2017), Uganda's records on gender parity and mainstreaming are quite developed. However, mainstreaming gender in mineral sector structures of the country, promoting diversity, and sensitivity to the position of women in society are yet to be achieved. The Directorate is implementing the recommendations from the gender impact assessment (GIA), which was finished in 2020, at a very slow pace (Chebet, 2020). The GIA was a comprehensive study into gender issues affecting women in the mining sector, with good recommendations on intervention strategies for stakeholders to engage with. However, the interventions have been overlooked as priorities are placed elsewhere on national security, defense budgets etc.

6.6 Child Labor

Studies done by Serwajja and Mukwaya (2021) in the north-eastern region of Uganda have shown that ASM miners largely use crude methods of manual breakage on grounds and rocks to access gold, which has hazardous consequences on the miners and the environment. Approximately 30 percent of the total labor force of artisanal miners in Mubende and Karamoja are children (NEMA, 2019; Hilson et al., 2021). In mines, children are exploited and exposed to risks and hazards. Nonetheless, their involvement in the mines on a daily basis is mostly to support family income, school feeding, and daily meals. The majority of the youngsters working in remote gold mines in Mubende, Karamoja, and Busia work alongside their parents. Immediate returns in the form of money or commodities are a huge boost to settling income needs in the household (Serwajja & Mukwaya, 2020, p. 1515; Omara, et al., 2019, p. 5). In the Ugandan ASM community, child abuse is a complicated problem that requires careful context analysis to be effectively addressed. The larger socioeconomic context is complicated. Families work together, move together, and live together as a cultural norm; for children, working for their parents irrespective of their age is an honor. Children provide their parents with financial security as they age in a less developed nation like Uganda. Due to the nature of family relationships, parents frequently have large extended families to care for them as they age. Therefore, regardless of their age, children must work for their parents and family.

In accordance with the UN Convention on the Rights of the Child, national laws such as the Child Act, National Child Labor Policy, and National Action Plan on the Elimination of the Worst Forms of Child Labor 2012, prohibit children from engaging in employment or activities that endanger their health, education, or development. Nevertheless, minors constitute a critical mass of cheap and adaptable labor that can be easily exploited in mines. Uganda Police and the Ministry of Gender, Labor, and Social Development (MoGLSD) responses to child labor in mining communities have been ineffective due to resource limitations, a lack of technical capacity to intervene effectively, and complex push factors requiring emancipatory economic approaches addressing all structural deficiencies such as poverty, access to education, unemployment, and health services.

In spite of this, the MoGLSD can adopt a variety of actions to address child labor and human rights given the complexity of the cultural context and the causes of poverty, school dropout, and other issues. The reality is that policy should be directed in a manner that encourages proper management of children out of the mines. Regulations and statutory arrangements should meaningfully provide for better protection against clandestine exploitation and adverse effects of unfair gold markets while incentivizing children being in school rather than staying with their parents to assist the fairly advantageous economic opportunities around mines.

6.7 Health and Safety Risks

Despite actively choosing to work in the mines for the better financial rewards, ASMs do so in dangerous environments. Presence of chemical toxicity from mercury, biohazards from mine blasts, and other risky methods of mineral extraction, have affected the health of the population in mining communities (Serwajja & Mukwaya, 2021). Such conditions have prevailed as a result of an unfavorable history of risky informal mining activities. Poverty is frequently noted as a contributing factor to mining community injuries, fatalities, and chronic illnesses, as well as a general lack of technical and financial support and training for artisanal gold miners (Hilson et al., 2021).

With a robust black market and organized crime groups smuggling it from Kenya to Uganda, mercury continues to be an essential component in the processing of gold that is frequently used by artisanal miners (Serwajja & Mukwaya, 2021). Artisanal miners are highly dependent on mercury for its affordability and perceived effectiveness in processing of gold. In spite of current efforts put in place to ensure removal of mercury use, the lack of information and statistics on implementation mechanisms, successes in the elimination of mercury use makes it impossible to understand the complex environment and solve fundamental problems and challenges (Serwajja & Mukwaya, 2021). A few civil society actors, particularly CBOs, have been critical in advocating for and disseminating key/desired standards. However, such projects are constrained by resource constraints and a lack of knowledge on one hand, and governments' failure to prioritize, finance, and channel resources into the sectors on the other.

Safety and use of personal protection initiatives are far from being realized in most mining communities in the country (Hilson et al., 2021). Personal protective equipment (PPE) use is very low and either expensive for the rural miners or there is sufficient lack of knowledge and information on its use and importance. Good mining practices such as the use of PPE not only ensures improved productivity but also healthier individual wellbeing. Decent work, health, and safety are important issues that the government is yet to achieve for the ASM communities in the country. The ILO notes that there is a lack of reliable data in the area of PPE use among mining communities, which poses a challenge in developing effective and efficient programs to improve safety and health assistance in mining communities around the world (ILO, 1999). ILO urges establishment of effective reporting on safety and health performance in ASM communities and in the case of Uganda, the MoGLSD has a fully-fledged department mandated to oversee occupational health and safety issues in the country. However, the department is incapacitated by lack of of resources and expertise to execute its mandates, especially in the area of monitoring compliance in mining communities. To date, no detailed studies have been conducted to profile and understand routine risks, exposures, fatalities and their causes in the mining communities. Available data is from CSOs and newspapers reporting isolated cases of risks, exposure and fatalities. Nevertheless, such reports often lack detailed information on health and safety in the gold mining sector.

Elimination of mercury use can achieve a positive impact in environmental conservation. However, dissemination of information in mining communities that are poverty stricken and tend to over rely on mercury use ought to be more impactful and accessible, especially on health impacts of mercury poisoning accumulated in the environment (Hilson et al., 2021). Many miners are more concerned about profits, day to day needs of survival such as food, shelter and school fees. However, the necessity of economic survival overrides the concerns of elimination of risky work environments and health in ASM communities (McQuilken & Perkz, 2021). Government departments are also ill equipped to adequately monitor, enforce and undertake sustainable programs on education and sensitization and yet heavily rely on donor funds for such activities (McQuilken & Perkz, 2021). Donor funds have time limitations and often limit the extent to which a sustainable project can be implemented to offer lasting solutions. It is therefore incumbent on the government to develop capacity and prioritize resources towards this (Hilson et al., 2021).

6.8 Rights to Land

Drawing ASM into the formal sector is significantly hampered by the need for access to land and the acquisition of mining rights. One issue that repeatedly arises in companies and ASM interfaces are conflicts over land. Uganda runs a first come first served licensing system with questionable processes devoid of fairness and transparency. This has often caused clashes between miners/local communities and companies. Access to gold reserves and land rights are regularly managed to the benefit of powerful persons, usually with ties to corporate crime and/or politics. They take advantage of policy gaps that ignore Indigenous peoples' rights to lands (Sausi, 2017; Parliament of the Republic of Uganda, 2021). For instance, in Mubende, Karamoja, and Busia, where land disputes emerged because of fraudulent acquisition of land for mining, violation of rights was committed, and the government employed hard force tactics in attempting to resolve these conflicts. (Kitatta & Kayiira, 2019).

The customary land tenure system in Karamoja has been shown to be lacking coherent ownership rights (Sausi, 2017). Because of the unoccupied land that indigenous people utilize for grazing cattle and rearing other animals, the system gives non-Indigenous people a false sense of ownership and property availability. Corruption and criminal activity related to land rights concerns are facilitated by a lack of transparency and restricted access to property rights and mineral reserves. Therefore, addressing land rights concerns and ensuring ASM miners have access to profitable gold deposits are essential in ensuring a fair and sustainable growth of ASM. Investigations have shown that DGMS employees conspire with businesses and that high authority decision-making is concentrated among a small number of people. By creating platforms that are more visible and accessible, electronic system operations must stay independent and dependable in order to establish the groundwork for greater accountability and transparency in the extractive sectors.

The involvement of the mining community in negotiating a solution could have prevented mistrust. Additionally, decision making processes relating to security strategies are useful steps towards sustainable intervention strategies against insecurity and crime in the mining industry.

6.9 Policy and Legal Framework

Various policy studies have indicated inadequate institutional capacity to administer gold mining activities. Existing legal structures are beset by weak enforcement capabilities and deliberate confusion by political actors creating ample space for the illicit gold market to thrive. Specifically, law enforcement – the Police Mineral Protection Unit – was utilized as a tool for powerful individuals in government to enforce control over the gold market in Kasanda and Mubende (Hunter et al., 2021). Artisanal miners experience difficulties in obtaining permits and licenses owing to bribery and corruption in the control and issuance of permits (UEITI, 2022). In order to survive, ASM adopts work habits that can deal with the present market realities and allow them to remain competitive.

The Mining and Mineral Act 2021 was passed in 2022, establishing better response mechanisms in governing the sector. The new law provides for the legal recognition of ASMs and their activities including provision for biometric registration and licensing of their activities; this could in effect be a welcome precursor to a robust, predictable, and transparent regime. Whether it will strengthen mining and mineral administration, business operations in the industry, value addition, and emerging challenges in the mineral sector is yet to be tested. The new law also established a department of Mineral Cadastre within the Directorate of Geology Survey and Mines (DGSM) to conduct online licensing, but transferred powers from government technical departments (in the DGSM) to grant and revoke mineral rights to a political head – the Minister responsible for Energy and Mineral Development, including signing mineral agreement with investors for and on behalf of government, and giving tax waivers to investors in collaboration with the finance minister. Such powers have been viewed as strategies used to feed interests of corporations and individuals within government

Further legislation to remedy challenges of registration and licensing process fraught with irregularities and corruption is through the establishment of the Online Mining Regulations of 2019. It was adopted to ensure transparency in the acquisition of licenses, ensuring protection against revenue loss, corruption, and effectively regulating existing illegal and unlicensed mining activities in Uganda. However, the bureaucratic red tape involved in the clearance and vetting processes has remained webbed in corruption. Applicants still pay bribes for administrative processes, and corporate companies and political elites dominate commercial gold production through collaboration with major players and government officials at the ministry. Selective issuance of mining licenses to political elites directly involved in the mining of gold continues. They are protected by police and the military who offer security and, when need arises, crackdown on any other miners in the proximity of their mining areas. For example, it is believed that nearly 95 percent of active mining licenses are directly or indirectly owned by either ministers or military officials in Mubende, Kasanda, and Buwheju.

In spite of these changes, what remains a challenge is institutional capacity to deal with corruption in the sector given the country's records on corruption, and the lack of political will to fight corruption in the broader sector and governance system. Periodic production of geological information and extension of related services to the small scale and artisanal miners is lacking. Contracts, exploration and mining leases, have been characterized with suspicion and lack of trust from the local communities, and in some instances have resulted in violence. Examples are a series of massive evictions of ASMs from various gold mining areas in Mubende, Buhweju, and Busia. Such extreme measures, in turn, built resilience among ASMs who have formed pressure groups to lobby the government for their rights and recognition. Incremental changes and achievements are being made but often at a very slow pace and to the detriment of AGMs rights. In February 2019, AGMs were given about 31 licenses in Bukuya but in different locations to where the miners were already engaged in mining.

6.10 Formalization Steps Towards Rights and Dignity

Researchers in the ASM sector have started to emphasize the necessity for a more emancipatory formalization strategy (Shefa & Veiga, 2009; Hilson, 2020; Hilson & Maconachie, 2020; Kiyando & Huggins, 2021). Along similar lines, Hilson et al. (2021) emphasized that the importance of a continual formalization approach should be implementation rather than adopting specific definitions of formalization in policy and national laws. The concept is diametrically opposed to the current formalization practices in Uganda that in concept and practice are limited to licensing, permits insurance, and registration. The process of formalization should be viewed as one that prioritizes the stimulation of small-scale mining growth through the organization of the informal sector, training miners, providing ASMs with mechanized tools, and ensuring a just and open market for ASMs communities. This goes beyond legalization and the implementation of national and international standards. It should pursue a continual negotiating strategy with the local mining community while maintaining a full awareness of the nature of the difficulties they encounter in order to inform solutions and policy directions.

Prioritization of ASMs and mainstreaming development requirements in national development programs has remained peripheral in Uganda as a result of strong preferential treatment of LSMs. It is important that government development initiatives be tailored to favor artisanal miners and legislation should provide a more favorable/competitive business climate for ASMs through establishing and expanding mechanisms for finance access, incentives, and value addition. As a result, artisanal miners have always been left behind or marginalized in favor of other economic interests. Centralizing and prioritizing artisanal miners in national strategic plans enables proper incorporation of ASM needs and inclusion into SDGs. SDG8 prioritizes the growth of micro, small, and medium-sized businesses by providing access to financial services: (1) create a method that allows existing artisanal and small-scale miners to obtain finance without incurring debt by utilizing unconventional financial elements; (2) create an operational structure with artisanal miners to create accountability for such an approach.

Government responses to gender issues must target engaging in gender transformative approaches as a sustainable approach. Firstly, by ensuring women's involvement in policy and governance of gold mining policy mechanisms. Secondly, empowering in order to provide a strong institutional and policy framework in support of gender equality and the empowerment of women among artisanal miners. Periodic evaluation and revising current policy regulations and standards to guide mainstreaming of gender dimensions in the sector is important. Reviews should include health issues, leadership, and labor relations to provide a strong institutional and policy framework in promoting gender equality and empowering women in the gold mining sector.

Intensifying mitigation of land conflicts by recognizing Indigenous rights and positions of miners must occur. Most ASMs in rural areas are Indigenous people and have traditionally engaged in artisanal mining for generations. Their livelihoods are altered by the entry of LSMs who fit within the new development paradigm of corporate interest, capital accumulation and investments. The results have seen massive displacement of rural population and conflict over land in Mubende and Karamoja. This can be fixed by creating systems that fairly distribute mining zones for all participants in terms of size and capacity, informed by geological information and existing regulations (national and customary) (Sausi, 2017). Additionally, it is important that electronic cadastres are developed in conjunction with ASM stakeholders to consider such communities in order to avoid conflict over land. In some communities miners have suggested "the government and LSM buy gold from small-scale mining activities instead of setting up big companies" (Sausi, 2017, p. 8). Due to technological requirements and knowledge related to making applications, support should be given to ASGM stakeholders where needed. Existing land and mineral rights systems and mining cadastres have largely focused on LSMs, excluding ASMs in the process. Besides, the majority of ASMs lack the technological knowledge, finances and computer literacy. For electronic cadastres to benefit ASM they must be accessible, and ministry and departments should provide opportunity for miners to register their claims and be accompanied by legal mechanisms and regulatory support that enables them to protect their land rights.

Self-sustaining improvement systems based on local context and dynamics of artisanal miners should be the basis upon which responsible sourcing and legislation is made. The practice of responsible sourcing today marginalizes the majority of ASMs in favor of LSMs who are already advantaged in terms of capital, machines and expertise. Protecting artisanal miners from the monopoly of LSMs, outside of competition, which indirectly serves as conflict mitigation mechanisms, should be part of responsible sourcing. Adoption of international safety and training standards should be remodeled to fit into local context to ensure a reliable and self-sustaining approach to develop the artisanal mining sector. This equally should guide systems designed to enforce standards, reviews of standards, and replacement.

ASMs contribute significantly to national revenues and are critical to local development and job creation. Utilizing self-perpetuating and sustainable processes of improvement that prioritize assisting local markets in the ASM sector, fostering local economies, and promoting the local mining industry, are important in ensuring the sustainable growth of artisanal miners. Artisanal miners' earnings have had a major multiplier effect in mining communities and rural areas. Small towns have cropped up in rural areas, and the general social-economic status of mining areas has transformed in ways that it would not have if it had grown naturally through government service delivery.

Government should ensure elaborate policies on disclosure and beneficial ownership in the ASM are transparent and accessible to the public. Disclosure of ownership and the creation of a beneficial ownership database easily accessible to the public will be beneficial to these efforts. Research is required to map and curtail illicit gold supply chains, and clandestine tendencies that disadvantage the gold mining sector. The government must ensure proper regulations on disclosure relating to companies, beneficial owners, and the disclosure of contracts and revenues. This information is significant in establishing the extent of illicit financial flows, corruption and rent seeking that undermine revenue contribution of the gold sector.

Developing capacity and systems to ensure accessible services and equipment for value addition in every region in the country is important for the sustainable growth of artisanal miners. In addition, deliberately integrating this into part of a larger, multi-faceted response will attract a wide range of actors and actions that tackle the challenge of quality of artisanal gold products to meet international standards. Priority areas for the start should (1) include increasing local value-addition in line with MoEMD's vision 2040 agenda that sets forth objectives to ensure value addition and industry that is inclusive and transparent to all, and (2) establish regional information and training hubs to empower the mining communities as per the ministry agenda 2040.

Creating information hubs and systems for the sector-information and technological skills hubs at regional level for the mining sector is necessary. Initiatives of recent governments and CSOs have rolled out awareness campaigns spreading messages of safe practices. However, more advocacy and training need to be done in the local languages to achieve good outcomes. Introduction of improved mining practices, including the elimination of whole ore amalgamation and open-air amalgam burning would equally supplement campaigns and community education.

6.11 Conclusion

Uganda is faced with many challenges in its efforts to formalize and restore the dignity and rights of artisanal miners. Government policies to strongly undertake formalization, as a precursor to achieving improved well-being and development of artisanal miners remain weak. Current formalization processes are beset by a lack of the relevant empirical data about the specific context of everyday life of artisanal miners needed to eliminate child labor, promote the inclusion and participation of women, eliminate sexual exploitation, and improve the working conditions of the old.

Ongoing processes towards formalization are affected by lack of prioritization of resources and incentives for the community. Very loose coordination mechanisms to monitor the health and safety of artisanal miners exist and are predominantly civil society entities with limited public oversight from the host communities. The environment and health of women and local communities have been significantly negatively impacted by mining activities via contaminated rivers and water bodies, toxic emissions from tailings ponds, and use of mercury. Many companies do not take full responsibility for corporate social responsibility obligations to ensure a healthy environmental protection throughout cycles of production. In most cases they are not accountable

Relevant and quality information to deliver formalization is fraught, with a significant lack of prioritization of resources and incentives for formalization affecting the regulatory mechanisms and guidelines for formalization. Also, the government has in the past prioritized small-scale and large-scale miners, who are purportedly foreign investors, to the detriment of the genuine growth of Indigenous mining communities. To develop effective strategies for ensuring the rights and dignity of artisanal miners, it is important to adopt an emancipatory development lens in which government policies and intervention strategies in the gold mining sector reflect the lived realities of the vast majority of artisanal miners. That is technical structuring and strengthening the entrepreneurial capacity of artisanal mining communities based on the following pillars: (1) ensure prioritization of funds to run and transform the sector; (2) rights and inclusion for all miners; and (3) establish a structured approach with detailed legal and technical collaboration between artisanal miners and technical people whose obligation is to offer legal and technical guidance.

References

Bank of Uganda. (2020). *2020 Statistical Abstract*. Kampala. https://www.bou.or.ug/bouwebsite/bouwebsitecontent/publications/Statistical_Abstract/2020/2020-Bank-of-Uganda-Statistical-Abstract.pdf. Accessed June 24, 2023.

Bank of Uganda. (2021). *2021 Statistical Abstract*. https://www.bou.or.ug/bouwebsite/bouwebsitecontent/publications/Statistical_Abstract/2021/2021-Bank-of-Uganda-Statistical-Abstract.pdf. Accessed June 24, 2023.

Chebet, L. (2020, February 18). Chairperson Gender Desk, Karamoja Artisanal Miners Association. (G.-T. Researcher, Interviewer).

De Soto, H. (2001). Dead capital and the poor. *SAIS Review*, 21(1), 13–44.

De Soto, H. & Diaz., H. P. (2002). The mystery of capital. Why capitalism triumphs in the west and fails everywhere else. *Canadian Journal of Latin American and Caribbean Studies*, 27(53), 172.

Geenen, S. (2020). *Snapshots of Global Gold Mining*. Palgrave Macmillan.

Hilson, G. (2020). Formalization bubbles: a blueprint for sustainable artisanal and small-scale mining (ASA) in sub-Saharan Africa. *Extractives Industries Societies*, 7(4), 1624–1638.

Hilson, G. M., McQuilken, J. T., Perks, R. B., Faulkner, S., Lahiri-Dutt, K., Urica, P. & Singo, P. (2021, September 2). *State of the Artisanal and Small-Scale Mining Sector.* https://policycommons.net/artifacts/1810587/state-of-the-artisanal-and-small-scale-mining-sector-2019-from-delve-english/2546105. Accessed June 24, 2023.

Hilson, G., & Maconachie, R. (2020). Artisanal and small-scale mining and sustainable development goals; opportunities and new directions for sub-Saharan Africa. *Geoforum*, 111, 125–141.

Hilson, G., Van Bockstael, S., Sauerwein, T., Hilson, A. & McQuilken, J. (2021). Artisanal and small-scale mining and COVID-19 in sub-Saharan Africa: a preliminary analysis. *World Development*, 139, 105315.

Hinton, J. J. (2011). Gender Differential Impacts and Benefits of Artisanal Mining: Engendering Pathways out of Poverty. A Case study in Katwe Kabatooro Town Council, Uganda. University of British Columbia. https://open.library.ubc.ca/media/download/pdf/24/1.0058307/1. Accessed May 20, 2024.

Hunter, M., Mukasiri, S., Opala, K., Kaka, J. & Modi, L. P. (2021). Illicit gold markets in East and Southern Africa. https://globalinitiative.net/wp-content/uploads/2021/05/Illicit-gold-markets-in-East-and-Southern-Africa-GITOC-.pdf. Accessed May 20, 2024.

ILO (1999, October). *ILO Research Paper No. 21 – The International Labour Organization and Globalization: Fundamental Rights, Decent Work and Social Justice*. www.ilo.org/publications/international-labour-organization-and-globalization-fundamental-rights. Accessed May 20, 2024.

IMPACT TRANSFORM. (2017, February). *Women in Artisanal and Small-scale Mining in Central and East Africa; A Snapshot of challenges and Opportunities for Empowerment*. https://impacttransform.org/wp-content/uploads/2017/09/women-mining-snapshot-central-and-east-africa-3.pdf. Accessed May 20, 2024.

Kezzala, M. (2020, June 20). Entrepreneur (Artisanal miner/ gold dealer). (G.-T. Researcher, Interviewer).

Kibirige, E. (2020, June 20). Entrepreneur (gold dealer/miner). (G.-T. Researcher, Interviewer).

Kibirige, E. (2020, June 20). Entrepreneur (Leader in the National Artisanal Miners Association). (G.-T. Researcher, Interviewer).

Kitatta, S. (2017, August 16). *Mubende gold row: Inside story of forceful evictions*. https://observer.ug/businessnews/54412-mubende-gold-row-inside-story-of-forceful-evictions. Accessed June 24, 2023.

Kitatta, S. & Kayiira, P. (2019, August 28). *Land evictions: Tears still flow in Mubende.* https://observer.ug/news/headlines/61796-land-evictions-tears-still-flow-in-mubende. Accessed June 24, 2023.

Kiyando, A. & Huggins, C. (2021). Cantres of excellence for artisanal and small-scale gold mining in Tanzania: Assumptions around artisanal entrepreneurship and formalization. *The Extractive Industries and Society*, 7(2), 758–766.

McQuilken, J. & Perkz, R. (2021, May 4). *2020 State of the Artisanal and Small-Scale Mining Sector.* https://stateofthesector.delvedatabase.org/. Accessed June 24, 2023.

MoFPED. (2019, October 19). *Gender and Equity Interventions Performance Report – Financial Year 2018/19*. https://www.finance.go.ug/sites/default/files/Publications/BMAU%20GEPR%202018-19_0.pdf. Accessed June 24, 2023.

Mpagi, I., Nalubega, F. S., Ongode, B., Henderson, S. & Gimbo, H. R. (2017). Artisanal and gold mining: Both a woman's and a man's world. A Uganda case study. *Gender and Development*, 25(3), 471–487.

Mthembu-Salter, G. (2015, May 6). *Baseline study four: Gold trading and export in Kampala, Uganda*. https://www.oecd.org/daf/inv/mne/Gold-Baseline-Study-4.pdf. Accessed June 24, 2023.

Natural Resource Governance. (2018, December). The Fiscal Regime for Uganda's Mining Sector: A Need for Reform. https://resourcegovernance.org/sites/default/files/documents/fiscal-regime-for-uganda-mining-sector.pdf. Accessed May 20, 2024.

NEMA. (2019, November). *The National Action Plan for Artisanal Mining and small-scale gold mining in Uganda in Accordance with the Minamata Convention on Mercury*. National Environmental Management Authority. https://www.mercuryconvention.org/sites/default/files/documents/national_action_plan/Uganda-NAP-2019.pdf. Accessed May 20, 2024.

Njuki, J., Melesse, M., Chaitali, S., Seward, R., Renaud, M., Sutton, S. & Charron, D. (2022). Meeting the challenges of gender inequality through gender transformative research; lessons from research in Africa, Asia and Latin America. *Canadian Journal of Development Studies*, 44(2), 206–228.

Omara, T., Karungi, S., Ssebulime, S., Kiplagat, M. K., Bongomin, O., Ogwang, R. & Akaganyira, S. (2019). Artisanal and small-scale gold mining in Syanyonja, Busia gold district, South Eastern Uganda: impacts on the mining population and the environment. *Asian Journal of Geological Research*, *2*(3), 212–224.

Parliament of the Republic of Uganda. (2021, February 3). *Police's Mineral Protection Unit cited in illegal evictions*. https://www.parliament.go.ug/news/4963/police%E2%80%99s-mineral-protection-unit-cited-illegal-evictions. Accessed June 24, 2023.

Perks, R. & Scheneck, N. (2021). COVID-19 in artisanal and small-scale mining communities: Preliminary results from a global rapid data collection exercise. *Environmental Science and Policy*, 121, 37–41.

Responsible Mines. (2018, January 17). *Economic Contributions of Artisanal and Small-scale Mining in Uganda; Gold and Clay*. https://www.responsiblemines.org/wp-content/uploads/2018/03/Uganda_case_study.pdf. Accessed June 24, 2023.

Sausi, C. (2017, August 1). *Mining in Uganda*. https://www.saferworld.org.uk/downloads/pubdocs/mining-in-uganda.pdf. Accessed June 24, 2023.

Sebina-Zziwa, A. & Kibombo, R. (2020). Licensing of artisanal mining on private land in Uganda: social and economic implications for female spouses and women entrepreneurs. *Canadian Journal of African Studies*, 54(1), 101–117.

SENTRY. (2023, January 6). *Untapped and Unprepared. Dirty Deals Threaten South Sudan's Mining Sector*. https://thesentry.org/reports/untapped-unprepared/. Accessed June 24, 2023.

Serwajja, E. & Mukwaya, P. I. (2020). Condemned to the periphery; the lived experiences of women in artisanal gold mining activities in Karamoja sub-region, Uganda. *The Extractive Industries and Society*, 7(4), 1511–1524.

Serwajja, E. & Mukwaya, P. I. (2021). Environmental health and safety intricacies of artisanal mining in gold-rich landscapes of Karamoja, north-eastern Uganda. *Journal of Sustainable Mining*, 20(2). https://jsm.gig.eu/journal-of-sustainable-mining/vol20/iss2/4/. Accessed May 20, 2024.

Sidorenko, O., Rauno, S. & Moore, K. (2020). Rethinking the concept of small-scale mining for technologically advanced raw materials production. *Resource Policy*, 68, 101712.

Siegal, S. & Veiga, M. M. (2009). Artisanal and small scale mining as an extralegal: De Soto and the redefinitions of formalization. *Resource Policy*, 34(1–2), 51–56. https://doi.org/10.1016/j.resourpol.2008.02.001. Accessed May 20, 2024.

Stoett, P. & Omrow, D. (2021). *Spheres of Transnational Ecoviolence: Environmental Crime, Human Security, and Justice*. London: Palgrave Macmillan.

The Daily Monitor. (2021, February 1). Special Report. *How Uganda Mining Industry Ground to Halt*. https://www.monitor.co.ug/SpecialReports/How-Uganda-mining-industry-ground-halt/688342-4582680-1kodsqz/index.html. Accessed May 20, 2024.

UEITI. (2022, May). *Uganda Extractives Industries Transparency Initiative Report for Fiscal Year 2019–2020*. https://eiti.org/documents/uganda-2019-2020-eiti-report. Accessed June 24, 2023.

7

Searching for Shelter in the Climate Crisis Era: Ecocide and Migration*

ASCENSIÓN GARCÍA RUIZ

7.1 Introduction

The 'Anthropocene' has flourished as a common scientific term to designate the period of Earth's history in which humans have a crucial influence on the present and future of the Earth system associated with a variety of anthropogenic processes, including colonization, agriculture, urbanization, industrial activities and global warming (Brisman & South, 2018; Zalasiewicz et al., 2019). As an example of what such an Earth transformation signifies, Soriano remarks that 'only human action has already provoked the major mass vertebrate extinction in the Earth history known from the stratigraphic record' (Soriano, 2020, p. 2). Hence, green topics are increasingly recognized as being of serious importance at a time when climate change and resource contestation are identified as global challenges (White & Kramer, 2015). In this light, both environmental criminal law and green criminology assume thought-provoking roles which are aimed at achieving broader sympathetic knowledge on such environmental threats (García Ruiz, 2018; White, 2018; Brisman & South, 2020).

The aim of this chapter is to examine whether and how environmental criminal law at an international level, coupled with strategic use of environmental law at a national level, may lend a hand to enlighten and make evident the violence behind eco-migration. Forced displacement is well represented in auxiliary contexts of soft law, often amalgamated with societal instruments, but they do not work for setting up legal barriers to ecocide coming from governmental and corporate (dirty) activities that hasten human mobility flows in various areas of the planet, not always the poorest ones. Based on environmental migration outlook, the aim of this chapter is to examine whether and how environmental criminal law strategies,

* This work has been developed within the R&D 'Social exclusion, criminal justice and penitentiary system: analysis and proposals surrounding three realities (immigration and refuge, mental illness and prison)', co-funded by the State Research Agency (Spain) & the European Regional Development Fund (EU). Reference: PID2019-105778RB-I00).

combined with strategic use of environmental law at a national level and, of course, soft law or societal instruments, can be merged for setting up legal barriers to ecocide coming from governmental and corporate activities that are responsible for major environmental harm that often hasten mobility flows. The international criminal justice system does not include the protection of the environment from harmful effects of ecocide including one of its more intricate consequences, that is, territories affected by environmental damage resulting in forced or voluntary migration flows, both induced by the suffering of native populations, as well as other eco-victim archetypes (García Ruiz, 2018). As a natural consequence, this chapter also discusses the eventual right to migration of environmentally displaced populations, inasmuch as the concepts of 'migrant' and 'displaced person' seem not to have the same meaning. Speaking on behalf of the vulnerability and adaptive capacity approaches along with 'loss and damage', 'migration as adaptation', securitization tendencies and migration-friendly solutions (Etzold & Sakdapolrak, 2016; Ober & Sakdapolrak, 2017; Fröhlich & Kleep, 2018; McNamara et al., 2018), this chapter recommends searching for integrated paths in which voices from potentially involved communities can be heard.

7.2 The Stimulus of a (Projected) Ecocide Act

The term 'ecocide' describes extensive damage to, destruction of or loss of ecosystem(s) of a given territory, whether by human agency or by other causes, to such an extent that peaceful enjoyment by the inhabitants – human and non-human – of that territory has been severely diminished (the environmental equivalent of genocide according to Higgins, 2012).[1] It is obvious that a higher rate of effective prevention and reduction of environmental disasters must not be postponed. All these environmental issues and their transboundary implications for humans and non-humans deserve a strong emphasis on the importance and legitimacy of international criminal law concerning the environment. Certainly, over time, ecocide has gradually taken on certain parallels with genocide (Gauger et al., 2012).

Yet at an international level, the International Criminal Court (ICC) is the single competent judicial authority to prosecute individuals for the international crimes of genocide, crimes against humanity, crimes of aggression and war crimes according to the Rome Statute (RS) – in force from 1 July 2002. So far, the ICC has brought a few criminal offenders to trial though the selected cases are not transmutable for prosecution of international environmental crimes. Even within the existing legal corpus it is not possible because the RS refers only to environmental damage caused during wartime. Particularly in the context of criminal law, green crimes in

[1] It was coined in the 1970s by US biologist Arthur Galston and documented in the Legislative Conference on War and National Responsibility in Washington 1970 (McFadden & Knoll, 1970).

peacetime are, in effect, overlooked by all international strata. The ICC's sole legal instrument, the RS, refers strictly to environmental damage caused during wartime (article 8.2 b. iv). However, a relatively new line of reasoning may allow the ICC to expand its area of activity towards environmental crimes, including illegal deforestation, land-grabs, and the prosecution of transnational, corporate environmental crime (Bernaz, 2017). In September 2016, the Office of the Prosecutor unexpectedly issued a Policy Paper on case selection and prioritization, which foresees the extension of its jurisdiction under certain premises (International Criminal Court, 2016). In this context, the overture to further concrete legislation might arise from the proposal for an Ecocide Act, which is an open declaration proposing a natural evolution of law, that is, inserting the crime of ecocide as the fifth crime against peace. In April 2010, a fully drafted proposal was submitted to the United Nations by Polly Higgins.[2]

As the greatly missed visionary Higgins pointed out, it should be relatively effortless to change 'the rules of the game', and criminal law can be used to prevent environmental abuse (Higgins, 2012). The inspirational work she carried out is being continued by an international team through the platform 'Stop Ecocide', along with distinct cooperation events led by the social movement 'Extinction Rebellion' as well as the commitment of several countries, for example, Vanuatu (Oceania).[3] Small Pacific islands on the frontline of climate breakdown are best placed to demand an ecocide law due to the fact that any member State, however small, can propose it as an amendment to the Rome Statute. Small Island Developing States are under-represented at the ICC – they simply lack resources to pay for delegates to attend, and so remain largely invisible and their issues remain silent. Climate change is a threat to Pacific Island countries and territories and therefore these are widely viewed as likely sites of climate-related migration, displacement, and resettlement (Farbotko et al., 2018; Klepp & Chavez-Rodriguez, 2018). The Statute had already been amended when the crime of aggression was added in 2017, so there is a singular precedent for proposing other similar regulation attempts. Besides Macron's relatively strong support in France (see the official response in July 2020 to the 150 randomly selected members of the French citizens assembly on climate, the *Convention Citoyenne pour le Climate*) and the Pope's response letter at the World Congress of the International Association of Penal Law advocating for the inclusion of a fifth category of crimes against peace – different initiatives are calling for an ecocide law.

2 This proposal already has a history since ecocide was listed as a Crime Against Peace in the draft Code of Crimes Against the Peace and Security of Mankind – the precursor to the RS. At that time, however, it was suddenly removed from the draft with no compelling argument (Gauger et al., 2012, p. 9; South, 2010, p. 230; García Ruiz, 2018, p. 8).

3 Sea level in Vanuatu has risen by more than double the global average and the whole area, comprised of 82 volcanic islands and home to 260,000 people, is on the frontline of climate change (McGree et al., 2022).

The Ecolo-Groen (Green) party in Belgium and the Social Democrats, Greens and Left Party in Sweden, all aimed to submit a bill into their parliaments, to propose legislating for ecocide both nationally and at an international level, backing the call from Vanuatu and the Maldives back in December 2019. The motion has been also echoed in Canada, Luxembourg, Finland, Spain, Netherlands, Portugal and the European Union. In this light, the open campaign to draw a dynamic legal definition of ecocrime recently pioneered by Stop Ecocide represents a definitive step forward, as it informs consultation that involves opinions from well-known international lawyers but also from the public, state parties, individuals, groups, organizations, corporations, and institutions. In this day and age, we can count numerous examples of ecocide around the world, for example, the recent but recurrent catastrophe destroying Europe's largest saltwater lagoon in the coast of Mar Menor (Spain) (García Ruiz et al., 2022). Several social platforms and scientists launched a pioneering initiative petitioning to turn Mar Menor into a legal entity to protect it against ecocide, but though this proposal has been admitted for processing, it has also been criticized due to the lack of scientific and technical criteria required in order to be supported in an ambitious but moreover realistic manner (Pérez-Solero, 2020).

The argument for an Ecocide Act and the International Criminal Court's function regarding environmental 'crime' (Higgins, 2012, 2015) raises two main key research questions. First is how an international agreement on ecocide might stimulate the engagement of populations in the prevention of ecocide. Second, given that 'climate change is both a discursive and material phenomenon' (Farbotko & Lazrus, 2012, p. 382), might an Ecocide Act promote a framework for the inclusion of the right of environmental asylum within future legal corpus for 'eco-refugees' at an international level? It is essential to establish innovative forms of reinforcement to confront this type of social exclusion under the cloak of an international loophole in view of the 1951 Convention Relating to the Status of Refugees not being valid *sensu stricto* for offering protection to eco-migrants. The serious environmental challenges that humanity will have to face in the rapidly approaching future requires taking scientific forecasts as a guide, and the theoretical and scientific contribution of Green Criminology is likewise vital since it takes on a critical interpretation in analysing disparate environmental crimes and the consequences of human behaviour for the environment (Brisman & South, 2020, 2019).

7.3 Are We Climate Refugees or Not?

The increasing ambiguity surrounding general terminology with the inclusion of expressions such as 'climate refugee', 'environmental migrant', 'environmental refugee', 'climate-induced migrant' (among others) also adds to the confusion and restricts recognition of the anomaly of forced migration. Instead, this chapter, harnessing the compound word 'eco-migrant', links the two central proposals argued below. While the label of eco-victim provides a global concept embracing both notions, the expressions 'displaced person' and 'environmental static victim', will be used when appropriate depending on legal or programmatic cited texts. In addition, the idea of 'static eco-victim' considers that, besides those migrants who may be displaced or move out voluntarily from their original or habitual temporary, long term, or permanent place of residence, other groups have no such opportunity since they are compelled to remain in polluted areas. These static eco-victims, as distinct from climate refugees, symbolize the abandonment of climate concerns (Brisman et al., 2018, p. 310), as 'trapped populations'.

According to the UK Government's Foresight Migration and Global Environmental Change report (Foresight, 2011) – the first narrative that identified such a stereotype, it involves 'people geographically "trapped" in environmentally high-risk areas due to economic, legal, or social constraints upon their mobility' (Ayeb-Karlsson et al., 2018, p. 558; Schewel, 2020, p. 338). The question here is whether such static eco-victims are formally covered by any international provision in the case that their respective governments do not preserve their rights, and they certainly are not. I would dare to further argue that this holds the same maze with no exit for developed countries due to the extreme violence associated with climate change and global warming. Also, we are assisting a recurrent denial of the socio-ecological inequalities regarding negative effects of environmental conditions. In the words of South, 'unequal and differentially distributed (negative) impacts ... affecting those who have contributed least to anthropogenic climate change' (South, 2019, p. 62), that favours the recurrent capitalization of certain privileged sanctuaries, friendly, greening, and sustainable 'eco-enclaves' by means of gated, entrenched communities against their local dwellers (South, 2019). For example, the Eko Atlantic project in Nigeria, conceived 'as a walled sanctuary for the richest one per cent while impoverished locals are evicted from their nearby homes to provide space for the development' (South, 2019, p. 67). Definitely, 'for some of those who can afford it, relocation to less stressed and less risky environments will be an attractive possibility' (South, 2019, p. 62).

Furthermore, there exist environmental sufferers who are unaware of their condition (label) as victims, such as children, elderly people or populations that merely have no access to regular information about the environment they inhabit (Skinnider, 2013; Myers & Theytaz-Bergman, 2017). Therefore, distinct interactions between international ecocide protection and ongoing knowledge on the environmental migration crisis should adopt modern stances and methodologies in order to offer a complete configuration of both phenomena, ecocide and climate migration. Some approaches are useful for understanding the causal linkages between climate stimuli and migration behaviour. For example, the Sustainable Livelihoods Approach (SLA) seeks to explain the responses of households to external vulnerabilities in terms of a variety of strategies. In this sense, climate change and variability can be considered as factors that change households' levels of vulnerability, whilst migration is one possible strategy in response. Another perspective is the New Economics of Labor Migration (NELM) which addresses more directly why individuals migrate, although again in the context of household decision-making (International Organization for Migration, 2008). It will allow for several migration terminological trends such as 'relocation', 'forced-voluntary mobility', 'loss and damage', etc., that are able to count on the participation of such affected and marginalized populations, increasing monitoring of the likely vulnerable areas on the planet as well as for providing more in-depth analysis (Farbotko & Lazrus, 2012; Morrissey, 2012; McNamara et al., 2018; Santos & Mourato, 2022).

Concerning eco-migration, despite the notion of the environmental refugee having been discussed for nearly 30 years (Brown et al., 1976; El-Hinnawi, 1985), disgracefully, neither transnational nor internal ecological displacement are yet sufficiently identified by international humanitarian law frameworks or by national rules in numerous countries. Even though the number of people is expanding steadily, it is still problematic in trying to offer a clear definition capable of bringing forms of eco-migration processes together, given their inherent complexity, as they can be caused by a myriad of factors. Environmental migration is multifaceted, particularly as demonstrated by ecological disasters (floods), industrial practices, deforestation, water scarcity, extreme heat, rising sea levels, siltation of rivers, urban planning, etc. Regardless, environmental matters are behind the migration phenomenon in most cases, a great many built into, or hidden by social, political and economic factors (Farbotko & Lazrus, 2012). Few people would want to move out from their respective country, region or local community without having robust reasons for doing so. Referring to nomadic communities believed to be constantly on the move, Nabenyo (2020) points to an example to demystify this old conception.

In Kenya, the Turkana, a nomadic-pastoralist community are compelled to move from place to place in search of pastures; however, when Turkana nomads have access to water and green pasture they do not keep moving on. The decision to move is therefore not a voluntary one. Most of the time these victims need an improved quality of environmental life that is, in a certain sense, the only possible choice to avoid forced displacement. It is also well known that they are unlikely to be welcome in the receiving country due to both the current discourse on citizenship and the consequences of 'crimmigration', a neologism that draws attention to the interlinkages between migration law and criminal law (Stumpf, 2006). Climate migrants, therefore, will have to deal with unethical but widely spread speeches on the part of economically developed countries, a discourse genuinely bound to moral and political isolation that is capable of rejecting migrants that have arrived at their frontiers (Brouwer et al., 2017; García Ruiz, 2018). It is readily accepted there are no simple causal relationships between the environment, migration and displaced people; there is indeed no economic improvement under unsuitable environmental conditions (see some case studies reported by Bedarff & Jakobeit, 2017). All these factors contribute to the loss of biodiversity, decline of ecosystems and destruction of any form of life in such ravaged areas; however, when people are able to farm the land, have access safe drinking water or draw on natural resources, it will be less probable they decide to migrate. As Watts et al. (2018, p. 2490) note 'Climate change is the sole contributing factor for thousands of people deciding to migrate and is a powerful contributing factor for many more migration decisions worldwide'.

7.4 What Regional Maps on Migration, Environment and Climate Change Tell Us

Several regional maps recently launched are shedding light on the enormous extension of climate change related problems. Funded by the European Union and created under the Migration, Environment and Climate Change: Evidence for Policy (MECLEP) project, in collaboration with IOM – Sciences Po project on the Atlas of Environmental Migration, these maps describe scientific forecasts ranging from the increase in global average air and sea temperatures; the prevalent melting of snow and ice; the intensification and high variability of extreme weather events; the acidification of the oceans; and the rising average global sea levels (Ionesco et al., 2017). Climate change has already affected all regions of the world, but its regional and local impacts are uneven, and hard to predict accurately.

Researchers working on the use of algorithms to forecast population displacement are suggesting how difficult it is to predict millions of such climate refugee routes, since their next frontier appears to be apparently their last frontier (Groen & Suleimenova, 2019), that is, it is impossible to figure out if the very last movement will be their ultimate destination or not. Despite some bold and exciting claims that the refugee forecast has largely been resolved, this is not entirely accurate (Groen & Suleimenova, 2019). The polymorphy of socio-spatialities in vulnerability research includes the external side (exposure and sensitivity) and the internal side (coping and adaptation) of vulnerability (Etzold & Sakdapolrak, 2016, p. 241). Researchers did test this method on collected data by the United Nations Human Rights Council over three recent conflicts in Burundi, the Central African Republic and Mali that turned out to be significantly more precise than foreseen regarding more than 75 per cent of cases searching for shelter. In the years ahead, the local effects and vulnerability of populations will depend greatly upon local exposure, development and adaptive capacities, future demographic and economic changes, and mitigation adaptation policies to be undertaken (see the description of Etzold & Sakdapolrak 2016, p. 241). These graphs also illustrate some of the most prominent regional changes that have already been occurring and what is yet to come across the globe and their impact on humans and ecosystems. Exacerbating socio-economic vulnerabilities are observed thanks to several emerging patterns linked to changing climate which are affecting human mobility worldwide through both slow-onset environmental and ecosystem changes and sudden-onset extreme weather events (Ionesco et al., 2017). Voluntary or forced environmental migration is likely to rise due to effects of climatic change such as increased water stress, greater food insecurity, and accelerating risks related to health and human security. Moreover, the maps identify a number of 'climate change hotspots' – in other words, areas undergoing a combination of distinct extreme climatic risks that are expected to be particularly harmful to human survival.

In the same vein, the first-ever scientific report carried out in the Mediterranean basin asserts that 'the region faces unequal distribution of resources, social instability, conflict and migration' (MedECC, 2019, p. 5). This ambitious work relies on previous research by a panel of over 80 scientists (see Cramer et al., 2018). The researchers' findings identify the Balearic Islands, the northwest Ionian, the Aegean and Levantine Seas as the regions of maximum sea surface temperature increase. As such it implies both rising sea levels and water acidification as ocean pH has decreased dramatically since the pre-industrial period, an unprecedented fact in the past 65 million years. With respect to social instability and unrest, conflict and migration, the report points out that human security in the Mediterranean is highly dependent on the socio-political situation but similarly impacted by ecological environmental mutations (MedECC, 2019, p. 20).

Further studies on patterns for indirectly affected people, for example in the United States, show that such indirect repercussions, mostly due to sea level rise, will prompt accelerated changes for inland zones, especially urban areas, which will stand greater 'levels of incoming migrants than they would have without climate impacts' (Robinson et al., 2020). Globally, researchers are also suggesting 'a strong tension between expected future population distributions and the future locations of climate conditions that have served humanity well over the past millennia'. They conclude that, in addition to climate mitigation, enhancing human development in certain areas should be a prime concern 'as the potentially most affected regions are among the poorest in the world' (Xu et al., 2020).

7.5 Eco-Migrants: State of Play

For its part, the International Organization for Migration (IOM) proposed the following definition: 'Environmental migrants are persons or groups of persons who, for compelling reasons of sudden or progressive changes in the environment that has adversely affected their lives or living conditions, are obliged to leave their home, or choose to do so, either temporarily or permanently, and who move either within their country – known as Internally Displaced Person (IDP) or abroad' (IOM, 2007). According to the IOM, three types of environmental migrants are identified so far: 'Environmental emergency migrants' – people who flee temporarily due to an environmental disaster or sudden environmental event (e.g., hurricanes, tsunamis, earthquakes, etc.); 'Environmental forced migrants' – people who have to leave due to deteriorating environmental conditions (e.g., slow deterioration of their environment such as deforestation, coastal deterioration, etc.); and 'Environmental motivated migrants' or 'environmentally induced economic migrants' – people who choose to leave to avoid possible future problems (e.g., declining crop productivity caused by desertification). The sum total of current eco-migrants is uncertain as predictive figures are merely guesswork, yet reports do show an alarming rate for potentially receiving countries which, inversely, contributes to justifying an increase of isolationist policy in developed countries, which are usually cited by literature as the largest receivers, in particular when referring to migration from the Global South to the Global North (Fröhlich & Klepp, 2018, p. 113). As a recent example, the new immigration system in the UK has introduced some notably radical proposals designed to discourage people from crossing the Channel in small boats to claim asylum. The concept of 'environmental migration', however, is solely applicable to certain contexts and complicated to be defined at a global level. Being mindful of the fact that the environmental refugees label is, to date, outside the legal corpus for refugees at an international level, the task of how to define environmental migration also becomes controversial.

What is crucial is that eco-migrants are regarded as having second-class rights in comparison with the rights of refugees in general and the name of 'refugee', as Zetter (2007, p. 183) notes, in certain sense, entails a privilege. Illegal human mobility is often an issue understood as a problem that solely poorer populations have to face, basically due to social or economic inequalities but there is little work at present talking about linking climate migration with human trafficking in the organized crime sphere (South, 2012, p. 101; Nett & Rüttinger, 2016, pp. 42–45; for an overview, see United Nations Office on Drugs and Crime, 2018 and 2019).

7.5.1 The Internally Displaced Persons Regime

Crossing an international border outlines a crucial requirement on whether or not a person is considered a 'refugee', so common classifications do not seem to categorically allow for internally displaced persons (IDP). IDPs are defined in the Guiding Principles of Internal Displacement (GP) – also known as Deng Principles. They are persons or groups of persons who have been forced or obliged to flee or to leave their homes or places of habitual residence, in particular as a result of or in order to avoid the effects of armed conflicts, situations of generalized violence, violations of human rights or natural or man-made disasters, and who have not crossed an internationally recognized State border. There are, however, three main points: (1) The concept of IDP in developing countries offers a possible alternative to reconciling most environmental refugees with the statelessness requirement mentioned by the Refugee Convention (Williams, 2008, p. 510); (2) The status of IDP is not binding, it is only recognized by soft law standards, basically through this GP text which was prepared by the UN Commission on Human Rights in 1998. The Office of the UN Refugee Agency has no specific competence. Subsequently, the African Union Convention for the Protection and Assistance of Internally Displaced Persons in Africa issued the Kampala Convention in 2009, which has been ratified by 27 States thus far; and (3) The GP restates and compiles human rights and humanitarian law relevant to internally displaced persons – it contains 30 main principles such as the right to life or the right to humanitarian aid and is based, in part, on many other international instruments.[4] The GP content is in line with positive (valid) rules of International Humanitarian law and by analogy to the rights of refugees (Gemenne & Brüker, 2015). Therefore, this standpoint allows for considering any infraction of Deng principles as a violation of the corresponding International Treaty (Williams, 2008; Piguet et al., 2011).

7.6 The Question of Refugee Status

What can be done about eco-migrants with international provisions at present? In accordance with the Geneva Convention Relating to the Status of Refugees (1951) and its Protocol (1967), the term 'refugee' shall apply to any person who satisfies specific requirements: (1) as a result of events that occurred before 1951; (2) owing to a well-founded fear of being persecuted for five reasons: race, religion, nationality, membership of a particular social group or political opinion; (3) the person must be outside the country of their nationality and be unable or, owing to such fear, is unwilling to avail

[4] The GP were presented by the Representative of the Secretary-General on internally displaced persons to the UN Commission on Human Rights at its fifty-fourth session, 1998 (E/CN.4/1998/53/Add.2) as an addendum to his annual report. Since then, the heads of State and governments have recognised the GP as 'an important international framework for the protection of IDPs' (G.A. Res. 60/L.1, ¶132, U.N. Doc. A/60/L.1).

themself of the protection of that country. Or the person has not a nationality and being outside the country of their former habitual residence is unable or, owing to such fear, is unwilling to return to it [article 1, A(2)]. At a glance, the Geneva Convention might be applicable, yet it raises dire obstacles. First, it does not consider internal migration but only transnational migration, and indeed it has limited success to date because internal migration far exceeds transboundary migration (Internal Displacement Monitoring Centre, 2017). Secondly, environmental degradation cannot be strictly described as 'persecution' for those specific reasons the Convention set out – incidentally, making use of politically tinted prose has occurred in responding to the extensive refugee flow throughout post-war Europe. Another reliable document is the 1969 Organization of African Unity Convention Governing the Specific Refugee Problems in Africa (OAU) but its scope is only regional. To the same extent, the 1984 Cartagena Declaration on Refugees which covers Central America, Mexico and Panama cannot achieve world-wide international impact either.

So far, all applications for obtaining the declaration of refugee status based on climate change have been refused with the argument that the stated legal basis is erroneous – persons who alleged persecution by industrialized countries were failed precisely because they were searching for shelter in developed countries which they claim as their own source of oppression – which is fairly illogical (Williams, 2008; Biermann & Boas, 2010; McAdam, 2016). In general, doctrine agrees with these limitations, yet some voices are claiming the opposite (Gemenne & Brüker, 2015). They assert that since there is no other document at the international level, it would be enforceable in a subsidiary manner (Becker, 2014). In my opinion this would be more detrimental than beneficial because of the ease of revoking it through several general principles for the interpretation of Treaties (e.g., principle of good faith, primacy of the text, purpose of the Treaty, grammatical interpretation and intention of parties, etc.). More importantly, there is some evidence of people rejecting being listed in such a category as 'refugee'. The fact is that participants of several migration strategies have already adopted or refused that option. For example, in Kiribati, an archipelago in the central Pacific highly affected by climate change, several persons interviewed stated they wanted to actively decide their destiny and participate in the development of both adaptation and migration strategies, more than becoming refugees (McNamara et al., 2018). This attitude approaches the concept of 'migrate with dignity' pointed out by Fröhlich & Kleep (2018, p. 7) which alludes to McNamara's argument on 'loss and damage' as negative effects including a break in ties to a sense of place and identity, rights to land and culture or self-efficacy (McNamara et al., 2018). In the context of Pacific island communities facing sea-level rise, some earlier experiences tell us they do not need labels but action, at times they refuse to see their community members as future refugees (see Farbotko & Lazrus, 2012, p. 383, quoting Rakova's narrative on islanders from Papua New Guinea).

7.7 An Epoch-Making Human Rights Committee Verdict: Assessing Human-Sensitive Climate Approach to Human Rights

The recent decision adopted by the UN Human Rights Committee by virtue of the International Covenant on Civil and Political Rights (ICCPR) decidedly opens an opportunity to bring about additional meaning to what a life with dignity does represent. However, it did not declare illegal the victim deportation from New Zealand to the Republic of Kiribati neither violation of his rights under article 6 of the Covenant. Substantive issue: Article 6 (1) Every human being has the inherent right to life. This right shall be protected by law. No one shall be arbitrarily deprived of his life.

The alleged victim is a citizen of the Republic of Kiribati, an archipelago in the central Pacific highly affected by climate change. His application for refugee status in New Zealand was rejected although he asserted the State party violated his right to life under the ICCPR but sent him back to Kiribati in 2015. The victim sought asylum in New Zealand, but the Immigration and Protection Tribunal issued a negative decision concerning his claim; however, they did not exclude the possibility that environmental degradation could 'create pathways into the Refugee Convention or protected person jurisdiction'. Both the Court of Appeal and the Supreme Court denied the victim's subsequent appeals concerning the same matter.

Who would wish to seek shelter while apparently living in paradise? For many people the situation in the island of Tarawa had become increasingly unstable and precarious due to sea level rise caused by global warming. Freshwater had become scarce because of saltwater contamination and overcrowding on Tarawa. Attempts to combat sea level rise have largely been ineffective. Inhabitable land on Tarawa has eroded, resulting in a housing crisis and land disputes that have led to numerous fatalities. Kiribati had thus become an untenable and violent environment for the victim and his family. The complaint asserts that sea level in Kiribati has resulted in the scarcity of habitable space, which has in turn caused violent land disputes that endanger the victim's life, and environmental degradation, including saltwater contamination of the freshwater supply.

Most nutritious crops were available and could be prepared into long-term preserved food; however, the health of the population had generally deteriorated, as indicated by vitamin A deficiencies, malnutrition, fish poisoning, and other ailments reflecting the situation of food insecurity. The islands constituting the country rise no more than three meters above sea level. Soils are generally poor and infertile, and unemployment is high. No island in Kiribati has surface freshwater. As a result of the increase in population, the rate of water extraction from the freshwater lens exceeded the rate of its replenishment through the percolation of rainwater. Waste contamination from Tarawa has contributed to pollution of the freshwater lenses, rendering some of the five underground water reserves unfit for the supply of fresh drinking water. Under the current international human rights standards, the Tribunal concluded that the author did not objectively face a real risk of being persecuted if returned to Kiribati. In this context, he was not a 'refugee' as defined by the Refugee Convention but 'while in many cases the effects of environmental change and natural disasters will not bring affected persons within the scope of the Refugee Convention, no hard and fast rules or presumptions of non-applicability exist. Care must be taken to examine the particular features of the case'.

Regarding the ICCPR, the Tribunal noted that the right to life must be interpreted broadly, but also considered that the Government of Kiribati was active on the international stage concerning the threats of climate change, as demonstrated by the 2007 Programme of Action. Moreover, the victim could not establish that there was enough risk to his life, or that of his family. However, the Committee pointed out that the right to life also includes the right of individuals to enjoy a life with dignity and to be free from acts or omissions that would cause their unnatural or premature death. State parties may be in violation of article 6 even if such threats and situations do not result in the loss of life. In addition, the Committee recalls that environmental degradation, climate change and unsustainable development constitute some of the most pressing and serious threats to the ability of present and future generations to enjoy the right to life. The Committee is of the view that without robust national and international efforts, the effects of climate change in receiving States may expose individuals to a violation of their rights under articles 6 or 7 of the ICCPR, thereby triggering the non-refoulement obligations of emitting States. Furthermore, given that the risk of an entire country becoming submerged under water is such an extreme hazard, the conditions of life in such a country may compromise the right to life with dignity. According to article 6, the right to life is a right that should not be interpreted narrowly. It concerns the entitlement of individuals to be free from acts and omissions that are intended or may be expected to cause their unnatural or premature death. Therefore, to enjoy a life with dignity embodies a central point.

Individual opinions by two members clearly disagree with the Committee position regarding what drinking 'safe water' really means. For example, one notes that the notion of 'potable water' should not be equated with 'safe drinking water'. Water can be designated as potable, while containing microorganisms dangerous for health, particularly for children, and the State Party failed to present evidence on having access to safe drinking water in the country of Kiribati. The other disagreeing party claims that it should be sufficient that the child of the author has already suffered significant health hazards on account of the environmental conditions. It is enough that the author and his family are already facing significant difficulty in growing crops and resorting to the life of subsistence agriculture on which they were largely dependent. All these facts reveal a livelihood short of the dignity that the Convention seeks to protect. In addition, the fact that this is a reality for many others in the country does not make it any more dignified for the persons living in such conditions. This climate change reality in Kiribati illustrates similar assumptions and actions in different territories that can be summarized in analogous situations for a large variety of inhabitants worldwide.

7.8 Conclusion

On the assumption that environmental crimes within the Rome Statute framework play no role for the time being, the critical disconnection between international binding legislation and the real world makes clear that international criminal policy is not seriously involved with this whole complex subject. An Ecocide Act, within or outside the RS, might be applicable at the international level as it could set legal barriers to ecocidal behaviour due to environmental practices on the part of corporations and States.

Criminalizing ecocide is an imperative need for this pressing reality and demands advanced legal and criminological approaches to fill in the lacuna prompted by lack of international conceptualization aimed at ensuring the rights of eco-migrants at all stages, including those climate victims choosing to remain in polluted areas and to reject the refugee label. Considering the existing relationships among States and those commitments achieved by international Treaties, negotiating a new international agreement on the issue would be extremely problematic and it would be easier to try to reach regional, bilateral or multilateral agreements. Accordingly, implementing quantitative and qualitative methodology is essential in establishing when, how and who should be recognized as an environmental victim forced to migrate either internally or transnationally, above all when migration is forecast to be long-lasting or on a permanent basis.

Elite groups have preserved their hierarchical position with regard to vulnerabilities associated to climate change, higher than 'disenfranchised or marginalized groups' and the consequent 'intersectional discrimination that results from this', and this fact often obstructs the use of valiant practices and normative commitments (Klepp & Fröhlich, 2020). The lack of an ecocide law at the international level and the huge legal distress on environmental displaced people are both issues of extreme importance but interconnections between facts and legal facts require more advanced stand points in criminal making policies and international humanitarian law. Indeed, as Chin-Yee (2019) notes, climate change has exacerbated uncertainty and instability in vulnerable populations in different territories;

therefore it is foreseeable that social instability, the scarcity of natural goods and the loss of biodiversity and cultural heritage will represent real threats to the good living of distant and not so distant generations.

References

Address of his Holiness Pope Francis to participants at the World Congress of the International Association of Penal Law, Friday, 15 November 2019. https://www.vatican.va/content/francesco/en/speeches/2019/november/documents/papa-francesco_20191115_diritto-penale.html.

Ayeb-Karlsson, S., Smith, C. D. & Kniveton, D. (2018). A discursive review of the textual use of 'trapped' in environmental migration studies: The conceptual birth and troubled teenage years of trapped populations. *Ambio. A Journal of the Human Environment* 47, 557–573.

Becker, M. (2014). The discourse about legal protection for environmental refugees: reconstructing categories – rethinking policies. In F. Gesing, J. Herbeck & S. Klepp (Eds), *Denaturalizing Climate Change: Migration, Mobilities and Space* (ARTEC paper No. 200). University of Bremen, 77–85.

Bedarff, H. & Jakobeit, C. (2017). *Climate Change, Migration, and Displacement: The Underestimated Disaster*. Greenpeace Germany.

Bernaz, N. (2017). An analysis of the ICC Office of the Prosecutor's Policy Paper on case selection and prioritization from the perspective of business and human rights. *Journal of International Criminal Justice* 15(3), 527–542.

Biermann, F. & Boas, I. (2010). Preparing for a warmer world: towards a global governance system to protect climate refugees. *Global Environmental Politics* 10(1), 60–88.

Brisman, A. & South, N. (2018). Autosarcophagy in the Anthropocene and the obscenity of an epoch. In C. Holley & C. Shearing (Eds.), *Criminology and the Anthropocene*. Routledge, 25–49.

Brisman, A. & South, N. (2019). Green criminology and environmental crimes and harms. *Sociology Compass* 13(1), 1–31.

Brisman, A. & South, N. (Eds.). (2020). *Routledge International Handbook of Green Criminology* (2nd ed.). Routledge.

Brisman, A., South, N. & Walters, R. (2018). Climate Apartheid and Environmental Refugees, In K. Carrington, R. Hogg, J. Scott, & M. Sozzo (Eds.), *The Palgrave Handbook of Criminology and the Global South*. Palgrave Macmillan, 301–321.

Brown, L. R., McGrath, P. & Stokes, B. (1976). Twenty-two Dimensions of the Population Problem, Worldwatch Paper 5. Worldwatch Institute.

Brouwer, J., van der Woude, M. & van der Leun, J. (2017). Framing migration and the process of crimmigration: a systematic analysis of the media representation of unauthorized immigrants in the Netherlands. *European Journal of Criminology* 14(1), 100–119.

Chin-Yee, S. (2019). *Climate Change and Security: Linking vulnerable populations to increased security risks in the face of the global climate challenge*. King's College London: EUCERS Strategy Paper 18, February, 2–31.

Cramer, W., Guiot, J., Fader, M., Garrabou, J., Gatusso, J-P., Iglesias, A., Lange, M., Lionello, P., Llasat, M. C., Paz, S., Peñuelas, J., Snoussi, M., Toreti, A., Tsimplis, M. N. & Xoplaki, E. (2018). Climate change and interconnected risks to sustainable development in the Mediterranean. *Nature Climate Change* 8, 972–980.

El-Hinnawi, E. (1985). *Environmental Refugees*. United Nations Environment Programme.
Etzold, B. & Sakdapolrak, P. (2016). Socio-spatialities of vulnerability: towards a polymorphic perspective in vulnerability research. *Journal of the Geographical Society of Berlin* 147 (4), 234–251.
Farbotko, C. & Lazrus, H. (2012). The first climate refugees? Contesting global narratives of climate change in Tuvalu. *Global Environmental Change* 22(2), 382–390.
Farbotko, C., McMichael, C., Dun, O., Ransan-Cooper, H., McNamara, K. E. & Thornton, F. (2018). Transformative mobilities in the Pacific: Promoting adaptation and development in a changing climate. *Asia & The Pacific Policy Studies* 5(3), 393–407.
Foresight (2011). *Migration and Global Environmental Change*. UK Government Office for Science.
Fröhlich, C. & Kleep, S. (2018). *Climate Change and Migration Crises in Oceania*. Peace Institute.
García Ruiz, A. (2018). Del ecocidio y los procesos migratorios a la opacidad de la victimización ecológica. *Revista Electrónica de Ciencia Penal y Criminología* 20(11), 1–44.
García Ruiz, A., South, N. & Brisman, A. (2022). Eco-crimes and ecocide at sea: toward a new blue criminology, *International Journal of Offender Therapy and Comparative Criminology* 66(4), 407–429.
Gauger A., Rabatel-Fernel, M. P., Kulbicki, L., Short, D. & Higgins, P. (2012). Ecocide is the missing 5th Crime Against Peace. The Ecocide Project, Human Rights Consortium, School of Advanced Study, University of London.
Gemenne, F. & Brücker, P. (2015). From the guiding principles on internal displacement to the Nansen Initiative: what the governance of environmental migration can learn from the governance of internal displacement. *International Journal of Refugee Law* 27(2), 245–263.
Greenpeace International. (2018). *Vanuatu warns fossil fuel companies could be sued over climate change*. Greenpeace International.
Groen, D. & Suleimenova, D. (2019, November 28). Climate refugees: why we can't yet predict where millions of displaced people will go, *The Conversation*. http://theconversation.com/climate-refugees-why-we-cant-yet-predict-where-millions-of-displaced-people-will-go-119414.
Higgins, P. (2012). *Earth is our Business. Changing the Rules of the Game*, Shepheard-Walwyn.
Higgins, P. (2015). *Eradicating Ecocide. Exposing the Corporate and Political Practices Destroying the Planet and Proposing the Laws to Eradicate Ecocide* (2nd ed.), Shepheard-Walwyn.
Internal Displacement Monitoring Centre. (2017). Global Report on Internal Displacement, Bilak, A. (Dir.). Norwegian Refugee Council. IDMC.
International Criminal Court. (2016). *Policy Paper on Case Selection and Prioritisation*, Office of the Prosecutor, 15 September.
International Organization for Migration. (2007). *Ninety-Fourth Session. IOM Council Discussion Note: Migration and the Environment*, December 1, 2007 (MC/INF/288). https://eea.iom.int/migration-management.
International Organization for Migration. (2008). Climate Change and Migration: Improving Methodologies to Estimate Flows, *Migration Research Series no* 33. https://publications.iom.int/system/files/pdf/mrs-33.pdf.
Ionesco, D., Mokhnacheva, D. & Gemenne, F. (2017). *The Atlas of Environmental Migration*, Routledge.

Klepp, S. & Chavez-Rodriguez, L. (2018). Governing climate change: the power of adaptation discourses, policies, and practices. In S. Klepp & L. Chavez-Rodriguez (Eds.), *A Critical Approach to Climate Change Adaptation. Discourses, Policies, and Practices*. Routledge, 3–34.

Klepp, S. & Fröhlich, C. (2020). Editorial: migration and conflict in a global warming era: a political understanding of climate change, special issue. *Social Sciences* 9(5), 78.

McAdam, J. (2016). Building international approaches to climate change, disasters, and displacement. *Windsor Yearbook of Access to Justice*. 33(2), 1–14.

McFadden, J. N. & Knoll, E. (1970). *War crimes and the American conscience.* Congressional Conference on War and National Responsibility. Holt, Rinehart and Winston.

McGree, S., Smith, G., Chandler, E., Herold, N., Begg, Z., Kuleshov, Y., Malsale, P. & Ritman, M. (2022). *Climate Change in the Pacific 2022: Historical and Recent Variability, Extremes and Change.* Climate and Oceans Support Program in the Pacific. Pacific Community, Suva, Fiji.

McNamara, K., Bronen, R., Fernando, S. & Klepp, S. (2018). The complex decision-making of climate-induced relocation: adaptation and loss and damage. *Climate Policy* 18(1), 111–117.

MedECC. (2019). *Risks associated to climate and environmental changes in the Mediterranean región: a preliminary assessment by the MedECC Network Science-policy interface*. MedECC.

Morrissey, J. (2012). Contextualizing links between migration and environmental change in northern Ethiopia, In K. Hastrup & K. Fog Olwig (Eds.), *Climate Change and Human Mobility: Challenges to the Social Sciences*. Cambridge University Press, 110–146.

Myers, L. & Theytaz-Bergman, L. (2017). *Child Labour Report 2017. The Neglected Link: Effects of Climate Change and Environmental Degradation on Child Labour.* Terre des Hommes International Federation.

Nabenyo, E. (2020). Climate-induced involuntary migration: nomadic-pastoralists' search for elusive pastures in Kenya, *Forced Migration Review* 64, 10-12. https://www.fmreview.org/sites/fmr/files/FMRdownloads/en/issue64/issue64.pdf.

Nett, K. & Rüttinger, L. (2016). *Insurgency, Terrorism and Organised Crime in a Warming Climate. Analysing the Links Between Climate Change and Non-State Armed Groups*. Adelphi.

Ober, K. & Sakdapolrak, P. (2017). How do social practices shape policy? Analyzing the field of 'migration as adaptation' with Bourdieu's Theory of Practice. *The Geographical Journal* 183(4), 359–369.

Pérez-Solero, R. (2020, November 25). Can Spain fix its worst ecological crisis by making a lagoon a legal person?, *The Guardian*, https://www.theguardian.com/environment/2020/nov/18/can-spain-fix-its-worst-ecological-disaster-by-making-a-lagoon-a-legal-person.

Piguet E., Pécoud A. & De Guchteneire, P. (2011). Migration and climate change: an overview. *Refugee Survey Quarterly*, 33(3), 1–23.

Robinson C., Dilkina B. & Moreno-Cruz J. (2020). Modeling migration patterns in the USA under sea level rise. *PLoS ONE* 15(1), 1–12.

Santos, C. & Mourato, J. (2022). Voices of contention: the value of development narratives in the age of climate (change) migration misconceptions. *Climate and Development* 14(1), 13–24.

Schewel, K. (2020). Understanding immobility: moving beyond the mobility bias in migration studies. *International Migration Review* 54(2), 328–355.

Skinnider, E. (2013). Effect, Issues and Challenges for Victims of Crimes that have a Significant Impact on the Environment. *Research Report Issue*: *Violence against Women and Children*. International Centre for Criminal Law Reform and Criminal Justice Policy, March, Vancouver, 1–9.

Soriano, C. (2020). On the Anthropocene formalization and the proposal by the Anthropocene Working Group. *Geologica Acta* 18(6), 1–10. doi: 10.1344/GeologicaActa2020.18.6.

South, N. (2010). The ecocidal tendencies of late modernity: transnational crime, social exclusion, victims and rights. In R. White (Ed.), *Global Environmental Harm. Criminological Perspectives*. Willan Publishing, 228–247.

South, N. (2012). Climate change, environmental (in)security, conflict and crime. In S. Farrall, T. Ahmed & French, D. (Eds.), *Criminological and Legal Consequences of Climate Change*. Hart Publishing, 97–111.

South, N. (2019). Arcologies, eco-shelters and environmental exemption: constructing new divisions and inequalities in the anthropocene. *International Journal for Crime, Justice and Social Democracy*. https://doi.org/10.5204/ijcjsd.v9i2.1007.

Stumpf, J. P. (2006). The crimmigration crisis: immigrants, crime, and sovereign power. *American University Law Review* 56(2), 367–419.

Department of State: United States of America. (2019). Trafficking in Person Report 2019, 129–130. https://www.state.gov/wp-content/uploads/2019/06/2019-Trafficking-in-Persons-Report.pdf.

United Nations Office on Drugs and Crime. (2018). Global Report on Trafficking in Persons. https://www.unodc.org/unodc/data-and-analysis/glotip.html.

United Nations Office on Drugs and Crime. (2019). Transnational Organized Crime in Southeast Asia: Evolution, Growth and Impact. https://www.unodc.org/roseap/uploads/documents/Publications/2019/SEA_TOCTA_2019_web.pdf.

Watts, N., Amann, M., Arnell, N., et al. (2018). The 2018 report of the Lancet Countdown on health and climate change: shaping the health of nations for centuries to come. *The Lancet*, 392(10163), 2479–2514.

White, R. (2018). Ecocentrism and criminal justice, *Theoretical Criminology* 22(3), 342–362.

White, R. & Kramer, R. (2015). Critical criminology and the struggle against climate change ecocide. *Critical Criminology* 23(4), 383–399.

Williams, A. (2008). Turning the tide: recognizing climate change refugees in international law. *Law and Policy* 30(4), 502–529.

Xu C., Kohler T. A., Lenton T. M., Svenning J.-C. & Scheffer M. (2020). Future of the human climate niche. *Proceedings of the National Academy of Sciences*, May 117(21), 11350–11355. https://doi.org/10.1073/pnas.1910114117.

Zalasiewicz, J., Waters, C. N., Williams, M. & Summerhayes, C. (Eds.). (2019). *The Anthropocene as a Geological Time Unit. A Guide to the Scientific Evidence and Current Debate*. Cambridge University Press.

Zetter, R. (2007). More labels, fewer refugees: remaking the refugee label in an era of globalization. *Journal of Refugee Studies* 23(2), 172–192.

8

Climate Change, Violence and Ecocide

ROB WHITE

8.1 Introduction

This chapter deals with ecocide and the carbon crimes of the powerful. It begins by outlining the nature of the climate crisis and the main perpetrators of global warming. The activities of corporate and state elites in regards to climate change are conceptualized as ecocide. In this instance, ecocide refers to the willful destruction of the planet. Given the strategic role of global elites – integrated into the international capitalist system and exercising power through transnational corporations and hegemonic nation-states – responses to climate change cannot rely solely on scientific suggestion and gentle persuasion. Rather, addressing profound eco-violence of this nature demands fundamental social transformation. This necessarily entails fighting the power.

Violence within a criminological context is usually conceptualized in relation to specific interpersonal acts and normally centers on street crime. The image is one of men fighting each other, or guns being used to commit robberies, or of sexual and physical assault in the home. These types of violence are of public concern. However, in the context of environmental issues and planetary wellbeing, violence is best thought of as stemming from the actions of the powerful, and as affecting both humans and the nonhuman in ways that distort and diminish their lives and their basic "right to be."

Eco-violence is prevalent precisely because it is ubiquitous. It is everywhere because it is propelled by pursuit of the private interests of the most powerful sectors of global society. Because it is everywhere, and results from the actions of the powerful, eco-violence is also normalized. It thus carries with it its own legitimacy since it has the stamp of approval of the ruling classes.

Yet, this structural violence involves destruction of the environment in ways that are utterly devastating for ecosystems, humans, habitats, and species (animal and plant). The net result of systematic degradation of environments (via extraction of resources, planting of flex crops, and the pollution of air, land, and water) and the trade in environment-changing commodities (such as minerals, coal, gas, plants, and nonhuman animals) can be described as ecocide. Ecocide involves the denuding and destruction of territories to the extent that they are unviable for all that resides within them. It also includes destroying elements of the abiotic – rivers, mountain tops, and soils – reflecting that these are likewise not seen as valuable in their own right.

Violence begets violence. Thus, the consequence of structural violence, as manifest in less food, less freshwater, fewer resources, and pressures to move (e.g., climate induced migration of both humans and nonhuman species), is more violence. Here violence is a result of prior systemic exploitations of people and places; it is not a stand-alone or isolated phenomenon. Conflict globally over natural resources and intensified struggles for survival are accompanied by desperations and expressions of physicality generated in the moment. From gang formations to armed resistance, the interface of the social and the environmental is crucial in understanding contemporary social tensions. Droughts, for instance, give rise to internal wars, as farmers move to the cities and despots resolutely hang on to land and power. Changing climates dramatically changes social situations.

8.2 Ecocide and Carbon Criminals

The causes of climate change are largely due to the activities of nation-states and transnational corporations that singly and in collusion produce greenhouse gas emissions. These activities can be described as crimes of the powerful, as ecocide, insofar as they contribute to global warming.

8.2.1 The Climate Crisis

Climate change brings with it dramatic environmental, health, economic and social impacts that will reverberate far into the future. It is a phenomenon that is dominating our lives and will affect everyone, everywhere.

The science of climate change demonstrates that global warming is escalating, due to anthropogenic causes. The world has gotten hotter as temperatures continue to rise (IPCC, 2023). The World Meteorological Organization (WMO) recently reported that:

> The ocean absorbs over 90% of the heat trapped in the Earth system by rising concentrations of greenhouse gases. Ocean heat content, which is a measure of this heat accumulation, reached record levels again in 2019 (WMO, 2020a, p. 1).

At the time of writing, the oceans are heating up at an unprecedented rate. This record ocean heating spike is seen as heralding yet a further acceleration of global warming. This will add to an already dire trend (WMO, 2020a, 2020b; IPCC, 2022a, 2020b, 2023).

> The global mean temperature for the period January to October 2019 was around 1.1 degree Celsius above pre-industrial levels (1850–1900). 2019 is likely to be the second or third warmest year on record. … Based on the year-to-date figures, the past five years, 2015 to 2019, are almost certain to be the five warmest years on record. The five-year (2015–2019) and ten-year (2010–2019) averages are, respectively, almost certain to be the warmest five-year period and decade on record. Since the 1980s, each successive decade has been warmer than any preceding decade since 1850 (WMO, 2020a, p. 3).

Among other things, the effects of global heating are manifest in high impact and extreme weather events. They also increase other kinds of risks.

Key risks identified by the Intergovernmental Panel on Climate Change (2014) include increased damage from wildfires, heat-related human mortality and increased damage from river and coastal urban floods. They include a distributional shift and reduced fisheries catch potential at low latitudes; compounded stress on water resources; increased mass coral bleaching and mortality; reduced crop productivity and livelihood and food security; and the loss of livelihoods, settlements, infrastructure, ecosystem services, and economic stability. Other risks include spread of vector-borne diseases – the Covid-19 pandemic illustrating just how quickly future risks can translate into present harms. In 2023, it was reported that:

> Widespread and rapid changes in the atmosphere, ocean, cryosphere and biosphere have occurred. Human-caused climate change is already affecting many weather and climate extremes in every region across the globe. This has led to widespread adverse impacts and related losses and damages to nature and people. Vulnerable communities who have historically contributed the least to current climate change are disproportionately affected (IPCC, 2023, p. 5).

To illustrate these climate impacts, consider the relationship between climate change and biodiversity.

> Climate change has altered marine, terrestrial and freshwater ecosystems all around the world. Climate change has caused local species losses, increases in disease, and mass mortality events of plants and animals, resulting in the first climate driven extinctions, ecosystem restructuring, increases in areas burned by wildfire, and declines in key ecosystem services. Climate-driven impacts on ecosystems have caused measurable economic and livelihood losses and altered cultural practices and recreational activities around the world (IPCC, 2022a, p. 1).

The damage caused by global heating is already being felt in the form of extreme weather events, increased competition for dwindling natural resources, outbreaks of disease and viral infections, further extinctions of species, and intensification of social conflict (Crank & Jacoby 2015; White 2018). The divides between the global North and South, geographically and metaphorically, are deepening as crises related to food production and distribution, energy sources and pollution, and changing climates re-order the international political environment (IPCC, 2014, 2018, 2022a, 2020b, 2023; Oxfam, 2018; Clark et al., 2020). Social inequality and environmental injustice will undoubtedly be the drivers of continuous conflicts for many years to come, as the most dispossessed and marginalized of the world's population suffer the brunt of food shortages, undrinkable water, climate-induced migration, and general hardship in their day-to-day lives.

The resulting climate-related migration creates all manner of opportunities for crime and violence, from human trafficking and illegal border crossings to gang stand-over tactics in the acquisition of food and water. Other kinds of violence stem from these changing biophysical conditions as well. For example, suicide rates increase in periods of extended drought and when farms become non-viable (Alston, 2012). Men are disproportionately involved in group, domestic, interpersonal and self-violence when income and food security is no longer possible. In a similar vein, there are increases in reported levels of violence against women in post-disaster communities (Wachholz, 2007). Predicted rises in the number and intensity of natural disasters due to climate change is thereby likely to be correlated with increases in violence against women in those regions experiencing extreme weather events.

Mass migrations and the burgeoning growth worldwide of megacities of 20 million people and more are major factors in increased violence. The megacity is not only a reservoir of inequality, desperation and vulnerability, but a major crucible of crime (Agnew, 2011; Crank & Jacoby, 2015). Insecurities of place and position are exacerbated in the context of failing states and countries that simply do not have the resources to put into human services and social infrastructure (Crank & Jacoby, 2015). A form of "climate apartheid" may well become entrenched as the world's wealthy move into secure residential enclaves; in essence, walled sanctuaries to isolate them from the milling masses of the megacity (Brisman et al., 2018).

8.3 The Crime of Ecocide

The term "ecocide" emerged in the late 1960s in response to the impact of war on the environment, and since then has been used in reference to the negative impacts on environments under peacetime as well as wartime conditions (Gray, 1996; Higgins, Short & South, 2013). Recently the concept has also been applied to the global scale insofar as the consequences of climate change are planet-wide, transformative, and catastrophic (White, 2018).

The baseline definition of ecocide is that it involves destruction, contamination and/or degradation of the environment to an extent that is measurable, serious, and harmful to that environment, with detrimental effects on its biotic (living plants and animals) and abiotic (rivers, mountains) components (White, 2023). There are at least five different conceptions of "ecocide" that vary according to purpose and context. The first two concentrate on the seriousness of the harm; the next three focus on the criminalization of activities that cause the harm.

8.3.1 Seriousness of Harm

1. Harm caused to the environment due to natural causes. Ecocide can refer to extensive destruction, damage to or loss of ecosystem due to causes other than human agency; thus, this harm is not due to human intervention as such (Higgins, 2010). It can be caused, for instance, by proliferation of species to the extent that other species, and ultimately the original species, suffer harm. An example of this is when a kangaroo mob grows too large to sustain itself thereby also causing the collapse of the local ecosystem. Another example is when a species of plant takes over an area, to the detriment of other species.
2. Harm perpetrated by humans that is severe to the extent that it is described as "criminal" in everyday parlance. Ecocide is not used here is a legal sense. Rather, the use of the term denotes activities that are seriously and dangerously harmful to specific environments or to the planet. This use of the term is sometimes employed by scientists and journalists to emphasize the gravity of the situation and the depth of the harm. "Terracide" is a similar rhetorical device describing wide scale destruction of the Earth (White, 2018).

8.3.2 Criminalization of the Harm

3. In international law, the crime of ecocide is currently recognized in Article 8(2)(b)(iv) of the Rome Statute, which describes the intentional creation of widespread, long-term and severe damage to the natural environment *during war*. It is the only stipulation in international law that can hold a person responsible for environmental damage, although the conditions of applicability are difficult to meet.
4. Under the broad umbrella of the Rome Statute (which deals with crimes against peace, including genocide and crimes against humanity) the "Stop Ecocide International" campaign has proposed a legal definition of ecocide that operates under conditions of peace as well as war. In this definition, ecocide means

"unlawful or wanton acts committed with knowledge that there is a substantial likelihood of severe and either widespread or long-term damage to the environment caused by those acts." The "environment" is broadly defined and includes the earth as well as outer space (Stop Ecocide Foundation, 2021).

8.3.3 *Ecocentrism and Harm*

5. Another definition of ecocide shifts the focus from exclusively or predominantly human (the Rome Statute is basically concerned with human rights and wellbeing) to ecocentric conceptions that include the valuing of Nature for its own sake and protection of nonhuman environmental entities such as rivers, plants, animals, and landscapes. This means that cases could be brought to court on behalf of nonhuman entities if they are affected by human-caused ecocide-related acts and omissions (Medlock & White, 2022).

Discussions of ecocide informed by ecocentrism describe an attempt to criminalize human activities that destroy and diminish the wellbeing and health of ecosystems and the species within these, including humans (Higgins, 2012; Higgins et al., 2013). Climate change and the gross exploitation of natural resources are undermining existing ecosystems and habitats – hence, ecocide.

The most striking indicators of ecocide are the negative trends pertaining to global warming discussed earlier, as well as the threats to biodiversity impacting millions of plant and animal species, and widespread pollution of air, land and water that is affecting habitats, migration patterns, and the quality and quantity of soils, fresh water and clean air (IPCC, 2013, 2014, 2018, 2022b, 2023; IPBES, 2019; WMO, 2020a, 2020b). Ecocidal activities heavily feature the collusion of political leaders with the fossil fuel industries and other degraders of the environment.

8.4 The Carbon Criminals

The key perpetrators of climate injustice are corporations, working in tandem with governments. Criminality involves *actus rea* that refers to acts and/or omissions. In this instance, global warming is generated by the activities of governments, corporations and individuals that rely upon or involve pumping greenhouse gases into the atmosphere. It is also fostered by the failure of governments to regulate carbon emissions, for example, letting the dirty industries continue to do what they do best – which is to continue to profit from irresponsible and destructive behaviors.

The nature and seriousness of harm – what makes something "criminal" or not – is captured in the distinction between illegality and serious harm. Illegality (*malum prohibitum*) refers to conduct that is prohibited by law but generally considered less serious than other types of social harms (for example, homicide). For instance, cutting down trees and pulling fish out of the ocean are not intrinsically criminal or "bad" activities from the point of view of the law. It is the context that makes something allowable or problematic. Serious harm refers to conduct considered inherently wrong and serious. The main response here is not to regulate, but to ban or prohibit these specific harmful activities (White & Heckenberg, 2014).

Crime involves serious harm. The intense weather events of the planet signaling climate disruption is harm that is serious-in-itself (*malum in se*) – and certainly serious enough to warrant criminal laws and criminal prosecutions for those most contributing to the problem. Crime also involves *mens rea* or the guilty mind. Amongst other things, this involves foreknowledge. In this regard, at the very least, there has been public knowledge and governmental agreement about the negative impacts of climate change since the United Nations Rio Summit in 1992. Thus, the problem and its consequences have been known for decades. Yet, those perpetrating the harms are rarely if ever held to account (White, 2018; Kramer, 2020).

The carbon criminals are those who believe that climate policy should not take precedence over immediate economic gain. Many are contrarians – eschewing scientific evidence in favor of biased and ill-informed opinion (Brisman, 2013). Nothing will convince them otherwise because their specific sectoral interests override universal human and ecological interests. This is so even though the problem keeps getting worse by the day.

> In 2018, greenhouse gas concentrations reached new highs, with globally averaged mole fractions of carbon dioxide (CO_2) at 407.8 parts per million (ppm), methane (CH_4) at 1869 parts per billion (ppb) and nitrous oxide (N_2O) at 331.1 ppb. The annual increases of the three main greenhouse gases were larger than the increases in the previous year and the 10-year averaged growth rates. There values constitute, respectively, 147%, 259% and 123% of pre-industrial (1750) levels (World Meteorological Organization, 2020b, p. 5).

This trend is corroborated in other data that shows that GHG emissions continue to rise, despite scientific warnings and political commitments: "Fossil CO_2 emissions from energy use and industry, which dominate total GHG emissions, grew 2.0 percent in 2018, reaching a record 37.5 $GtCO_2$ per year" (UN Environment Programme, 2019, p. XIV).

The carbon criminals are those who continue to facilitate greenhouse gas emissions. Yet, in the midst of increasing emissions, "Global fossil fuel consumption subsidies increased by 50% over the past 3 years, reaching a peak of almost US$430 billion in 2018" (Watts et al., 2019, p. 1836). This observation is repeated over and over again and across the globe: "Even today, States subsidize the fossil fuel industry to the tune of $5.2 trillion per year, or 6.3 per cent of global GDP. Another trillion goes to support natural resource overexploitation" (United Nations Human Rights Council, 2019; see also Campbell et al., 2021; Watts et al., 2021). In 2022, the United Nations UN Secretary-General Antonio Guterres observed that one of the critical actions to jump-start the renewable energy transition is to put an end to subsidies on fossil fuels, which amount to roughly $11 million per minute (quoted in WMO, 2022c, p. 2). Governments around the world thus continue to use public taxpayer monies to fund activities which directly cause climate damage. Alongside companies, nation-states are therefore the main ecocide culprits.

When it comes to emissions, the US has the highest per capita "territorial" and "territorial" plus "consumption" CO_2 emissions.

> Consumption-based emission estimates, also known as a carbon footprint, that adjust the standard territorial emissions for imports and exports, provide policymakers with a deeper insight into the role of consumption, trade and the interconnectedness of countries. Figure ES.3 shows that the net flow of embodied carbon is from developing to developed countries, even as developed countries reduce their territorial emissions this effect is being partially offset by importing embodied carbon, implying for example that EU per capita emissions are higher than Chinese when consumption-based emissions are included. It should be noted that consumption-based emissions are not used within the context of the United Nations Framework Convention on Climate Change (UNFCCC) (UNEP, 2019: p. XV).

How we measure ecocidal damage provides an indication of who is doing what, where and how.

The carbon criminals are those who fail to prevent and stop the activities and policies that are killing the planet and life as we know it. Delayed action is in effect a green light to even greater climate disruption happening at an even greater pace. Time is of vital concern here. Global warming is accelerating, and in-built biophysical feedback loops (such as melting ice sheets), mean that it is likely to happen even faster than it already is today as time goes by.

Moreover, each delay now, means that deeper cuts to carbon emissions are needed.

> There is no sign of GHG emissions peaking in the next few years; every year of postponed peaking means that deeper and faster cuts will be required. By 2030, emissions would need to be 25 per cent and 55 per cent lower than in 2018 to put the world on the least-cost pathway to limiting global warming to below 2 (degrees) C and 1.5 (degrees) C respectively (UNEP, 2019: XV).
>
> Had serious climate action begun in 2010, the cuts required per year to meet the projected emissions levels for 2 (degrees) C and 1.5 (degrees) C would only have been 0.7 per cent and 3.3 per cent per year on average. However, since this did not happen, the required cuts in emissions are now 2.7 per cent per year from 2020 for the 2 (degrees) C goal and 7.6 per cent per year on average for the 1.5 (degree) C goal. Evidently, greater cuts will be required the longer the action is delayed (UNEP, 2019).

A key defining feature of ecocide is that the crime involves actions (or omissions and failures to act) that are socially harmful and carried out by elites and/or those who wield significant political and social authority in the specific sectors or domains of their influence (White, 2018; Kramer, 2020; Whyte, 2020). These harms are inseparable from who has power, how they exercise this power, and who ultimately benefits from the actions of the powerful (Tombs & Whyte, 2015; Rothe & Kauzlarich, 2016; van der Velden & White, 2021).

As the UN Human Rights Council has pointed out, while climate problems are epic and urgent, the response has been frightfully inadequate.

> Governments and too many in the human rights community have failed to seriously address climate change for decades. Sombre speeches by government officials have not led to meaningful action and too many countries continue taking short-sighted steps in the wrong direction (United Nations, Human Rights Council, 2019).

Government administration has not been informed by the public interest but specific private industry and firm interests. The current trends in regards to global warming are unequivocal. The planet is heating up at an unprecedented rate. Greenhouse gas emissions continue to rise, despite scientific warnings and UN-oriented political commitments, and the main cause continues to be fossil fuel emissions from energy use and industry. In effect, we are running out of time (see especially IPCC, 2023).

8.5 Transformative Politics

Eco-violence on this scale and intensity really does beggar belief. Those most implicated in causing global warming do so under the guise of business as usual. Greenhouse gas emissions are part of normal business practice, and state–corporate collusion continues to be oriented toward the intentional and systematic destruction of specific environments, worldwide. Meanwhile, neutralization techniques likewise continue to be mobilized by corporations and governments to forestall needed mitigation and adaptation strategies.

Environmental harm is associated with the exploitation of natural resources that bring profit to powerful companies (privately owned and state-owned) and political benefit to governments (through political party fundraising and positive media treatment). Yet, the science tells us that the environment cannot bear the weight of these exploitations any longer. Ultimately, preventing further global heating, therefore, is about politics and political struggle. This also means that needed social transformations must go beyond "speaking truth to power" to actually confronting the powerful. Fundamentally, combatting the violence of ecocide requires root and branch change in the global political economy.

8.6 Class and State Interests

The strategies nation-states use to deal with environmental concerns are contingent upon the social and class interests associated with political power. The power of transnational corporations find purchase in the interface between the interests and preferred activities of the corporation and the specific protections and enabling supports (financial and regulatory) proffered by the nation-state (Whyte, 2020). The latter can be reliant upon or intimidated by specific industries and companies. The former need certainty in transactions and investment planning. Tax revenue and job creation, as well as media support and political donations, hinge upon state-corporate synergies. Politicians also financially benefit from knowledge they obtain and decisions they make while in office (witness the Conservative government in the United Kingdom during the Covid-19 pandemic). This undermines the basic tenets of democracy and collective deliberation over how best to interpret the public or national interest.

Countries are comprised of citizens and residents who have differential access to the levers of power, and who command uneven access to and mobilization of resources. It is governments of nation-states that bear responsibility for climate change policy, but they do so in the context of the interpenetration of corporate and state power. The fight for a better cleaner planet, therefore, must fundamentally involve assertion of democratic control over land, air, water, and energy. This means, for example, changing how companies operate, including the flow of their investments, and how their activities are regulated by the nation-state (Whyte, 2020). It means stopping the bail-out of private companies using public money. It means prioritizing social needs. Ultimately, it means expropriating corporate owners of their private property (van der Velden & White, 2021). In all cases, it means re-asserting the public interest – that is, the majority worker and consumer interest.

Productivist and consumerist ideologies and practices ensure continued economic growth at the expense of ecological limits (van der Velden & White, 2021). Deep-seated inequalities and trends within the treadmill of production go to the heart of ownership, control and exploitation of resources, and human relationships with "nature." Harm is perpetrated via a series of feedback loops that are, in turn, generated in the first place as politically and economically "safe" responses to climate change (White, 2018). This occurs because "non-reformist reforms" preferred by powerful government and business interests override those which would address the key ecological problems underlying climate change (e.g., "natural gas" as a transition fuel).

Anything which impedes business is deemed to be unreasonable, faulty, bad for the economy, not the rightful domain of the state, to undermine private property rights, and so on. The "naturalness" of capitalist crime – the way in which social harms, economic exploitation, and environmental destruction is built into the fabric of everyday, ordinary life as a "normal" feature of how we produce and consume – makes it that much more difficult to challenge (White, 2008). This is compounded by the fact that much of what occurs does so in a fully legal way regardless of actual harm.

In the context of massive concentrations of wealth and power, as evident in the rise of the billionaires (many of whom the world knows by first name – Elon, Bill, Richard and so on), reliance on "green capitalism" can only be of limited value and is immediately compromised. In many cases, it simply shifts money from "old" polluting industries to "new" profitable ones. This "solution" occurs without putting a lid on consumer growth. It can also substitute dirty production methods (e.g., fracking) with new polluting practices (e.g., mining of rare earth minerals). Moreover, as big money flows into areas of scarcity, such as freshwater and food, it is the billionaires who once again are leading the way (e.g., Bill Gates and agriculture). After all, profits are there to be made.

On another front, talk of a Green New Deal in the United States in the lead-up to the 2020 election seemed to strike a chord among many, with the exception of one Democratic candidate, Joe Biden. It promised huge investments in renewable energy, energy efficiency and clean transportation, offered work and heath guarantees, and included renewed efforts to tax and regulate big corporations. But essentially the Green New Deal died on election night. Big business has maintained its stranglehold on the resource and energy sectors in the USA, and the environment and climate change, while rhetorically important, generally still come second to economic considerations. Similar stories are evident in Australia (where the federal Labor Party subsidises fossil fuel industries, gives tax breaks to the rich, and grants new coal mining licenses), and in Europe and the United Kingdom where the Green New Deal has made uneven or no progress.

Promulgation of "de-growth principles" offering a politically progressive platform based on differentiated investment, debt cancellation and basic income provisions, have likewise not secured the political traction needed within governments to enable the deep social change that is needed for crisis response. The problem here parallels consumer boycotts more generally: "As customers, we may be able to protest, and sometimes boycott particular products. But those limited tactics are of little use to us if we do not have any control over the key decisions about how our economy works" (Whyte, 2020, p. 155). This is the nub of the economic issues and the key political challenge.

So too, the "just transitions" movement stems from union interventions designed to save future jobs for employees in energy industries such as coal and gas. However, this does not address or purport to change the basic wage relation and the ownership and control of industry. As commentators have pointed out, the vital issue is not jobs but about general choices: "For example, it is not simply a matter of producing clean energy but also how much energy to produce, for whom, and to sustain what kind of life" (Velicu & Barca, 2020, p. 270). These considerations go to the heart of the issue – namely, what kind of society is sustainable, and in whose interests.

The most immediate sticking point with "greening capitalism" is that it is focused on lobbying the existing structure of corporate power and control of the mainstream parties of government to alter their agenda. Utilizing and relying upon the very economic interests, relations, and mechanisms of a privatized national and global capitalist economy lacks political wisdom and credibility. It is precisely this which has led to current ecological predicaments. There is a need to dispel the myth that the "market" is either "free" or the "solution" – it is neither. As Whyte (2020, p. 9) nicely summarizes it:

> Any efforts to reduce climate change are bound to fail unless we confront the reality that the vast majority of the major threats to our environment are currently produced and controlled by profit-making corporations. Yet in the international treaties, and in many of the radical proposals to transform our economy, corporations are either envisaged as a solution to the crisis, or are ignored completely.

Rather than viewing corporations as the central reason for global environmental calamity, the discourse around green capitalism establishes them as "partners," encouraging dialogue with the very devils which cause it. The transition to a greener global capitalism is already well underway. But the fundamental problems remain. The growth imperative of capitalism as a system means that, for instance, "clean energy," on its own, simply feeds the machine of private profit-driven production and consumption.

8.7 Authority and Democracy

Politically, we are faced with two key dilemmas. First, important powerbrokers of world governance such as the United States, supported by countries such as Australia, are actively undermining the objectives of climate justice at domestic and international levels. How to overcome the impasse created by stubborn climate change contrarianism is a major problem. Second, we are running out of time. Every delay in stopping and reversing carbon emissions puts us into greater peril. Each approval of destructive industries, and endorsement of policies that destroy ecological systems and species habitat, brings us closer to the brink.

Globalized capitalism in its current form must and will change, dramatically. It cannot escape the growing climate and ecological crisis impacting upon expansion imperatives (including the limits imposed by ecology). Nor can it escape the expansionary growth imperatives generating this crisis (the pressures to accumulate). Internal systemic contradictions (especially exponential debt and underutilized capacity to produce commodities that cannot be sold) are evolved structural dilemmas stemming from the necessity to sustain accumulation. They are increasingly morphing into obstacles that constrain if not imperil these very growth and accumulation imperatives (van der Velden & White, 2021).

Capitalism is an authoritarian form of social production and appropriation of the social surplus. That is, the privatized control and appropriation of socialized production is imposed from above. It does not flow from below. What this means is that the collective interests and rationale of the direct producers is constrained or undermined. Specifically, what, how and to what purpose social production is carried out, and how it is distributed, remain in the hands of a small elite minority. This must change.

Production, distribution, exchange, and consumption – none of these could occur today without an extensive army of factory and agricultural workers, technicians, accountants, builders and laborers, finance officers, logistics analysts, and communications experts. Supporting these workers is an equally extensive network of educators, trainers, health professionals, childcare workers, and care staff. Production and distribution of the social surplus rests upon a large interconnected and diversified workforce, organized into a complex web of technical and social divisions of labor, and operating from local to global levels. This "democratization" of the workplace is an extension of the socialization of the forces of production. It thus refers to the ever-increasing diversification and integration of labor and class layers into the overarching capitalist mode of production.

The second component of democratization refers to decision-making processes. The extension of the democratic franchise to non-propertied classes, including previously excluded population groups such as women, people of color and Indigenous people, is part of this bigger picture of structural democratization.

Not democratized is the actual institutionalized ownership and control relationship to the means of production or the shared distribution of the social surplus produced by this collective labor. Accordingly, the conception and execution of work tasks need to be dispersed throughout the production–consumption chain, as do decisions about the social purposes and needs to be met by this labor. Moreover, it is not only direct producers but non-productive sections of the population – the young, the elderly, those with infirmities and incapacitated – who collectively have a stake in how social needs are met.

This can only really be achieved through the full socialization of corporate enterprise and via the collective democratization of the state apparatus. Extending democratic decision-making to that which matters most in life – work, home, leisure, public policy, environment – is vital to combating climate change. This requires expropriation as well as heightened citizen engagement. The concentration and centralisation of capital into mega-corporations is part of the overall socialization of the forces of production. It also clears the path to transformation of the central levers of the economy that these mega-corporations inhabit. It is easier to expropriate one large enterprise than a thousand small ones (van der Velden & White, 2021).

Large transnational corporations notwithstanding, in the advanced economies the state carries a comparable economic weight to or exceeds that of even these largest of individual corporations. The economic centrality of the capitalist state has been an unavoidable development within capitalism itself. The core role of the state is to expand capitalist growth and accumulation and it remains indispensable to transnational corporations and the global capitalist system in its totality (Whyte, 2020; van der Velden & White, 2021). The critical centrality of the State is particularly evident in conditions of economic crisis including the recent Covid-19 induced economic crisis. Bailing out billionaires, corporate tax-breaks, rescuing the worst climate vandals like the oil and gas companies, and printing money via Reserve Banks in a "whatever it takes" approach by neo-liberal governments to restart accumulation, reveal the core interests being secured. Also revealed, however, are whose state it needs to become, and how that transition can get funded.

Socializing the central means of production, through expropriation, and equitably sharing the existing accumulated wealth of the ruling class, goes part way to redressing widespread inequality under global capitalism and the scale of ecological destruction. The six pillars of social life – water, air, food, energy, shelter, and security – are of principal importance to address the structural vulnerability and insecurity of the global majority (van der Velden & White, 2021). Under capitalism, the six pillars are commodified and commercialized for private profit or, in the case of air, trashed with indifference in its pursuit. They are most at threat as the climate emergency continues to unfold. Contemporary responses to environmental crises reflect and reinforce existing class divisions and governmental biases rather than address the social and ecological needs of the majority.

What is needed is that the six pillars are guaranteed as a principled condition of existence for everyone. The central point with re-framing growth is that the eco-socialized re-organization of production (through to the moment of consumption) is a democratic platform for equitable resolution within the ecological and economic constraints in front of us. That does not mean it is going to be an easy process without difficult choices and intense differences and debate. But it is a collective process for a resolution that will be within majority hands, not an imposed authoritarian solution based upon the narrow commercial interests of a tiny minority.

8.8 Transformative Nationalization

Expropriation of capitalist ownership and control of the central levers of the economy, as well as equitable distribution of the total social surplus, need to occur if the climate crisis is to be adequately addressed. Transformational nationalization refers to using the centrality of the economic apparatus of the state to take command of the central levers of the economy. This transformation means taking the private capital that owns and controls these levers and putting them into public hands. It necessarily includes a significant degree of outright expropriation but not entirely. Leveraged buyouts based upon tactical and strategic considerations can be a central feature as well. Certainly, industry-based retirement funds would be capital guaranteed in the transformation, not expropriated.

Nationalization has had two forms under capitalist development. It includes provision of "nation building" infrastructure when private capital has not been available to create the infrastructure capitalism requires to expand (e.g., roads, railways, telecommunications, electrification, public education, and skills training). It also includes defensive nationalization that softens the consequences of capitalist competition and crises on the working classes, and props up failed enterprises in key sectors of the economy (state bank, public health, nationalized airlines, and/or manufacturing industry).

Transformational nationalization embraces and incorporates these two components. Both historical forms of capitalist nationalization have considerable support within the majority population. This is reflected in public and, consequently, bipartisan support for public debt measures during the Covid-19 crisis. It is also reflected in opinion polls that consistently show widespread support for institutions such as public health and national public broadcasters. Pressures to nationalize water resources also reflect this broad sentiment.

Transformational nationalization goes a strategic step beyond its nation building and defensive dimensions, whether salvaging distressed private assets or subordinate class insecurity. It is a concrete political platform that knits together the economic mechanism to achieve eco-socialist transformation, buffer the consequences and insecurities for working people and communities impacted by transformation, and create the engaged political support for shaping the eco-socialist transformation itself.

Central to this transformation is nationalization to secure the six pillars of social life, in particular the food retail giants and distribution networks, water and energy companies, and finance capital within the housing sector, including the large landlords. As environmental activists might put it, the four elements – earth, air, water, and sun (energy) – constitute "the commons" that needs to be put into democratic hands. It must also include nationalization of extractive industries to begin the democratic process of an economically secure, ecological sustainable transition *for* and *with* the workers and communities historically dependent upon those industries (van der Velden & White, 2021).

The real extent of public subsidization of privatized ownership and profit, including the fossil fuel industries (as discussed earlier), is such that socialization would likely be cheaper to the "public purse" especially in the medium to longer term. More importantly, meeting the social and economic needs of the majority through democratically decided and implemented nationalization, places socially rational outcomes over profit outcomes at the center of technological and resource applications.

What is needed, now, has several interrelated components (van der Velden & White, 2021). Technical and strategic solutions to the ecological crisis should be provisionally supported with nationalized public ownership and democratically controlled transitional solutions; anti-capitalist and transitional political demands to improve the deteriorating economic and ecological conditions of the population majority should be integrated into a broader climate action transition; and an integrated nationalized economic and climate action transition plan needs to be developed in conjunction with a political transition plan for alternative national government.

To counter the structural violence of global capitalism it is necessary to challenge its foundations. This essentially revolves around the "private property" of the billionaires. Expropriating and putting this where it rightly belongs invariably means struggles over the basic means of life. The stakes are that high.

8.9 Conclusion

Analysis of eco-violence points to structural violence as fundamentally a problem of systems. As such, the solution to this violence must be systemic rather than particularistic. Specific incidences of violence, such as food riots or clandestine trafficking of resources and people, are manifestations of broader structural violence that undermines the vitality of humans and environments across the globe. The causes are human in a generic sense only. The specific problem lies in the global political economy in which corporations and hegemonic nation-states collude to ravage the planet's resources and peoples in never-ending pursuit of private profit and economic growth.

In the face of the destructive power of rapid climate change, we should be worried. The urgency for action is there for all to see – in the rapid melting of the Earth's glaciers, escalating heating up of the oceans, and significant decreases in the ice masses of Greenland and Antarctica. These developments are happening absurdly quickly, shocking scientists and pundits alike. By the time this chapter is published, the situation will have become even worse. Yet, the greenhouse gas emissions continue, the coal and gas projects gain their licenses, and pollution contaminates every corner of the globe.

We should be very angry about this. Global warming has long been known (for at least a century), and the mitigating strategies – designed to prevent its causes – have likewise been widely known for decades (at least since the early 1990s). We know both the proximate causes (e.g., greenhouse gasses, deforestation) and disastrous consequences of climate change (social, economic, and existential). We also know who the main perpetrators of the problem have been in regard to nation-states (e.g., United States, China), corporations (e.g., Exxon Mobile, Chevron) and modes of production (i.e., global capitalism). Their growth imperative is killing us.

It is time to take the power out of the hands of those whose use of violence enforces their rule (e.g., arrest of protestors, assassination of environmental activists), in support of the structural violence that oppresses us all (i.e., exploitation of natural resources, and people). There already is blood. It is found in the majority billions worldwide who suffer the extremes of poverty, weather disasters, diminished health and educational provision, undrinkable water, and shortages of food. It is found in the jungles of the Amazon where land defenders are killed in the fight to protect Mother Earth. It is found in the future where present younger generations face the prospect of severe suffering due to the diminishment of essential and fundamental environmental services. The struggle to survive goes hand-in-hand with fighting the power elites who are making life itself problematic and contingent. There must be a fight for the future – or it, too, will be lost.

References

Agnew, R. (2011). Dire forecast: A theoretical model of the impact of climate change on crime. *Theoretical Criminology*, 16(1), 21–46.

Alston, M. (2012). Rural male suicide in Australia. *Social Science and Medicine*, 74, 515–522.

Brisman, A. (2013). The violence of silence: Some reflections on access to information, public participation in decision-making, and access to justice in matters concerning the environment. *Crime, Law and Social Change*, 59(3), 291–303.

Brisman, A., McClanahan, B., South, N. & Walters, R. (2018). *Water, Crime and Security in the Twenty-first Century: Too Dirty, Too Little, Too Much*. Palgrave Macmillan.

Campbell, R., Littleton, E. & Armistead, A. (2021). Fossil Fuel Subsidies in Australia: Federal and state government assistance to fossil fuel producers and major users 2020–21. Canberra, ACT: The Australia Institute. https://apo.org.au/sites/default/files/resource-files//apo-nid311955.pdf. Accessed June 30, 2021.

Clark, H., Coll-Seck, A. W., Banerjee, A., et al. (2020). A future for the world's children? A WHO–UNICEF–Lancet Commission. *The Lancet*, 395, 605–658.

Crank, J. & Jacoby, L. (2015). *Crime, Violence, and Global Warming*. Routledge.

Gray, M. (1996). The international crime of ecocide. *California Western International Law Journal*, 26, 215–271.
Higgins, P. (2010). *Eradicating Ecocide: Laws and Governance to Prevent the Destruction of Our Planet*. Shepheard-Walwyn Publishers Ltd.
Higgins, P. (2012). *Earth Is Our Business: Changing the Rules of the Game*. Shepheard-Walwyn Publishers Ltd.
Higgins, P., Short, D., & South, N. (2013). Protecting the planet: A proposal for a law of ecocide. *Crime Law and Social Change*, 59(3), 251–266.
Intergovernmental Panel on Climate Change. (2013). Working Group I Contribution to the IPCC Fifth Assessment Report Climate Change 2013: The Physical Science Basis. Summary for Policymakers.
Intergovernmental Panel on Climate Change. (2014). *Climate Change 2014 Synthesis Report*. Summary for Policymakers.
Intergovernmental Panel on Climate Change. (2018). *Special Report: Global Warming of 1.5C*. Summary for Policymakers.
Intergovernmental Panel on Climate Change. (2022a). *Sixth Assessment Report: Fact Sheet – Biodiversity*.
Intergovernmental Panel on Climate Change. (2022b). *Climate Change 2022: Impacts, Adaptation and Vulnerability*. Summary for Policymakers.
Intergovernmental Panel on Climate Change. (2023). Synthesis Report of the IPCC Sixth Assessment Report (AR6). Summary for Policymakers.
Intergovernmental Science-Policy Platform on Biodiversity and Ecosystem Services (IPBES). (2019) *The IPBES Global Assessment Report on Biodiversity and Ecosystem Services*. IPBES.
Kramer, R. (2020). *Carbon Criminals, Climate Crimes*. Rutgers University Press.
Medlock, F. & White, R. (2022). Ecocide, ecocentrism and social obligation. *Erasmus Law Review*, 15(2), https://doi.org/10.5553/ELR.000220.
Oxfam. (2018). *Reward Work, Not Wealth*. Oxfam.
Rothe, D. & Kauzlarich, D. (2016). *Crimes of the Powerful: An Introduction*. Routledge.
Stop Ecocide Foundation. (2021). Independent Expert Panel for the Legal Definition of Ecocide, Commentary and Core Text, June 2021. bit.ly/3URX4qL.
Tombs, S. & Whyte, D. (2015). *The Corporate Criminal: Why Corporations Must Be Abolished*. Routledge.
United Nations Environment Programme. (2019). Emissions Gap Report. UNEP.
United Nations, Human Rights Council. (2019). Climate Change and Poverty: Report of the Special Rapporteur on extreme poverty and human rights, A/HRC/41/39–24 June-12 July 2019, *Agenda item* 3; pp. 1–19.
van der Velden, J. & White, R. (2021). *The Extinction Curve: Growth and Globalisation in the Climate Endgame*. Emerald Publishing Limited.
Velicu, I. & Barca, S. (2020). The Just Transition and its work of inequality. *Sustainability: Science, Practice and Policy*, 16(1), 263–273, https://doi.org/10.1080/15487733.2020.1814585.
Wachholz, S. (2007). "'At risk': Climate change and its bearing on women's vulnerability to male violence," in P. Beirne & N. South (Eds.). *Issues in Green Criminology: Confronting Harms Against Environments, Humanity and Other Animals*. Routledge, pp. 161–185.
Watts, N., Amann, M., Arnell, N., et al. (2019). The 2019 report of The Lancet Countdown on health and climate change: ensuring that the health of a child born today is not defined by a changing climate. *The Lancet*, 394, 1836–1878.

Watts, N., Amann, M., Arnell, N., et al. (2021). The 2020 report of The Lancet Countdown on health and climate change: responding to converging crises. *The Lancet*, 397, 129–170.

White, R. (2008). "Class analysis and the crime problem," in T. Anthony & C. Cunneen (Eds.). *The Critical Criminology Companion*, Hawkins Press, pp. 30–42.

White, R. (2018). *Climate Change Criminology*. Bristol University Press.

White, R. (2023). Conceptions of ecocide and challenges for social transformation. *Current Issues in Criminal Justice*, 35(3), 1–12.

White, R. & Heckenberg, D. (2014). *Green Criminology: An Introduction to the Study of Environmental Harm*. Routledge.

Whyte, D. (2020). *Ecocide: Kill the Corporation Before It Kills Us*. Manchester University Press.

World Meteorological Organization. (2020a). *WMO Provisional Statement on the State of the Global Climate in 2019*. WMO.

World Meteorological Organization. (2020b). *State of the Global Climate 2020*. WMO.

World Meteorological Organization. (2022). Four key climate change indicators break records in 2021, Press Release Number 18052022, 18 May.

9

Sea of Cortez Region: Crime and Ecosystem Crossroads

FRANCISCO CUAMEA AND DELON ALAIN OMROW

9.1 Introduction

As explained in Chapter One of this book, ecoviolence studies can be conceptualized as a multidisciplinary endeavor designed to cover many themes, challenges, and policy designs, drawing upon both the *agential and structural* violence associated with organized crime (with and without involvement of the state), environmental harm and degradation, and human-human (super)exploitation. This encompasses a wide range of possible topics and case studies from which we can draw tentative conclusions along the path to more generally robust understandings of this key feature of the Anthropocene. One of the main characteristics of ecoviolence is the confluence of harms against the environment and against human beings, both of which are often, but not always, formally illegal activities (Stoett & Omrow, 2021).

In this chapter, we look at ecoviolence along the Sea of Cortez Region, and Mexican cartels' decades-long monopoly of the illegal drug market. Through this illicit economy we begin to see the convergence of illegal waste dumping, the illegal wildlife trade, money laundering, and human smuggling, and the role that Mexican, Chinese, and Fujian criminal organizations play in regional, interregional, and transnational exchanges to further criminal activities. The Sea of Cortez is a fascinating case study due to its geographic location as a historical hub for smuggling multiple commodities such as totoaba bladders, shark fins, drugs, diamonds, and precious metals. But the smuggling of immigrants has now come under the purview of these criminal networks. As such, a new analytical framework is required to analyze ecoviolence, building expert capacity for undertaking research and analysis of policy development and enforcement, combining green criminology with human trafficking and migration and other areas of study.

9.2 Crime Convergence and Cartels

The history of Mexico's cartels is a story of economics, logistics, structure and adaptation. In the case of the Mexican Northwest, in the first half of the 20th century, there were cannabis and poppy producers who had already traced a smuggling route to the United States (Shirk, 2011). The objective was the illegal importation of drugs with no more organization than necessary to achieve its objectives. Already in the 80s and 90s they became importers of cocaine, mainly from Colombia, to introduce it into the United States, so the Mexican route and its control acquired tremendous logistical value. Until then, the market, its logistics and structure were basically dominated by two cartels: Sinaloa and Golfo (Murphy & Rossi, 2020). The former was predominant on the border with California and Arizona, while the latter operated along the border with Texas. In the first decade of the 21st century, the number of actors involved in organized crime grew and by 2008–2010 the way of organizing in large vertical cartels gave way to a type of organization more inclined towards horizontal networks. Today, Mexico continues to be a country of production and transportation, but it is also one in which consumption is expanding strongly, with methamphetamine being the one that circulates with the greatest impact through Mexican streets and communities.

9.3 The Convergence of Ecoviolence

Law enforcement and government authorities have used the concept of convergence as a framework for understanding transnational organized crime and what responses and policies are best suited to combat it. Specifically, the concept helps us discover how self-associations of individuals operate on a transnational level to obtain power, influence, and monetary gains by illegal means (Wheatley, 2021). Undoubtedly, such convergence is found in many illicit economies, which poses severe security problems with tremendous social and development consequences. However, Brombacher et al. (2021) argue that the interaction between illicit economies and the environment is a relatively recent and unexplored branch of research. Nellemann et al. (2018) echo this sentiment by stating that there remains a persistent gap regarding environmental crime and its convergence with other serious crimes. Whether we are investigating illicit drug crop cultivation, drug trafficking, drug production, or the illicit trade in bushmeat and wildlife, it is worthwhile focusing on both the human–human violence and the human–nature violence accompanying these activities.

For example, it is somewhat prosaic to state that drug markets have detrimental effects on the environment (Babor, 2010; EMCDDA & Europol, 2019). Pardal et al. (2021) observe that the links between illicit drug production and environmental harm reveal both the ecological destruction resulting from illicit drug production, but also the harms associated with drug crop eradication programs – for example, aerial fumigation of coca or cannabis plantations using herbicides (del Olmo, 1998; Ortiz, 2004; Dávalos et al., 2011; Salisbury & Fagan, 2013). There are also deleterious indirect effects such as the displacement of production within and across countries to ecologically vulnerable areas such as tropical rainforests and other protected areas (McSweeney, 2015; Pardal et al., 2021). One need only consider the devastation wrought by deforestation and the clearance of tropical forests, or the decimation of local and endemic flora and fauna as examples of the traces of pervasive illicit drug markets (Álvarez, 2007; Mills, 2012; Salisbury & Fagan, 2013; Bauer et al., 2015; Butsic & Brenner, 2016; UNODC, 2016; Ashworth & Vizuete, 2017; Gianotti et al., 2017; Chouvy & Macfarlane, 2018; Mansfield, 2019). Yet, despite the fact that the literature clearly shows that illicit drug markets lead to harm and violence in myriad ways, there is seldom any explicit mention of the ecoviolence inherent in these markets. This may be the result of a lack of analytical tools and resources needed to improve our understanding of ecoviolence. This chapter aims to fill that lacunae by exploring transnational environmental crime convergences along the Sea of Cortez Region.

9.4 The Dark *Green* Figure of Crime

At the legislative level, environmental crimes are addressed in Mexico's federal penal code. These crimes are categorized into four areas: dangerous activities, harm to biodiversity, threats to biosecurity, and crimes against environmental governance. There is, however, what we refer to as a dark *green* figure of these crimes – in other words, the undetected and unreported violations by organized crime (Berlinski, 2009). Illegal, unreported and unregulated (IUU) fishing in Mexico has become very pervasive, threatening the productivity of fisheries, livelihoods for artisanal fishers, sustainability of marine products, marine biodiversity, and food security. Similar to illicit drug economies, Mexico's illegal fishing involves organized criminals exploiting poor local fishermen that harvest marine resources, which are then smuggled to distant markets such as China (Felbab-Brown, 2020). Mexico's extensive coastlines and fishing fleets involving over 100,000 small vessels (*pangas*) create challenges for effective enforcement on the seas, concealing the dark *green* figure of illegally trafficked marine species and other transnational environmental crime convergences.

In 2020, an international crime ring was discovered by American law officials involving the trafficking of approximately six tons of shark fins and totoaba bladders from Mexico to China along the Sea of Cortez. Referred to as the croaker fish, the totoaba is highly sought after in China for its putative effects in curative traditional Chinese medicine (TCM) and officials estimate that the 2020 seizure of shark fins and totoaba bladders barely scratches the surface of the overall illegal trade of these marine resources. Since 2017, Earth League International (ELI), inspired by the effort to protect the critically endangered vaquita porpoise (which some observers consider the world's most endangered animal), has been conducting intelligence-gathering operations in Mexico, learning more about totoaba bladder and other marine products trafficking networks. Vaquita and other marine mammals resident near the Upper Gulf of California are often killed as by-catch during the fishing of totoabas (Crosta et al., 2023). Operating between Mexico and China, these investigations have been dubbed *Operation Fake Gold* because the retail price of totoaba on the Chinese black market is higher than the price of gold.

ELI has also identified fourteen of the most important international totoaba and marine product trafficking networks operating in Mexico, the United States and China, along with Tier-1 international traffickers and their facilitators. Investigative efforts have uncovered Chinese nationals residing in Baja California and central Mexico – most of whom work with Mexican cartels and the Fujian mafia to expand the totoaba illegal trade. Two case studies by ELI are instructive of new transnational environmental crime convergences. The first involves a criminal network operating out of China and Mexico. ELI's team collected detailed information on the criminals involved in these networks, establishing several Persons of Interest (PoIs), and key players. The network's base is located in Baja California where they supply totoaba, butterfly, and corvina maws, as well as seahorses, sea cucumber, abalone, and shark fins to middlemen who, in turn, smuggled these species into the United States, which serves as both a transit and destination country. ELI has also confirmed that this criminal organization has engaged in human smuggling, immigration document counterfeiting, and money laundering (Crosta et al., 2023).

The second case study involves the activities of a network of Chinese community members collaborating with restaurants and other seafood providers in Central Mexico. For example, one of the most powerful networks in the country is based in Central Mexico and run by Cantonese Chinese nationals. This network of criminals also works with the Cantonese mafia and the Fujian mafia to smuggle totoaba maws from Mexico to Asia – in particular, to Hong Kong and Vietnam. This network has also engaged in money laundering operations, shadow banking between China and the United States, and human smuggling. The network's resilience and adaptability was clearly demonstrated during the COVID-19 pandemic, as resources were quickly deployed to adapt and change the supply chains. According to estimates, during the summer of 2020, the network processed more than 500 totoaba bladders (Crosta et al., 2023). Money laundering is also occurring alongside wildlife trafficking between the United States, China, and Mexico: China's strict regulations have created a vacuum for what is referred to as "flying money" systems – that is, mechanisms based on trade-based money laundering. Crosta et al. (2023: 34) explain: "the money doesn't go through the financial system, but it is moved between trusted entities and individuals within the same country, in Mexico, the US, and China. They often exchange the money in cash, rather than wiring internationally."

The illegal harvesting of sea cucumber off Yucatan in the Campeche Bank is also a growing problem for Mexican law enforcement: while commercial fishing of sea cucumber took off during the early 2000s, there has been very little progress in regulatory and management practices to protect this marine species. In fact, the population of sea cucumbers went from 20,000 tons in 2009 to 1,900 tons in 2013, and fewer since. By 2018, there were an estimated 1,000 sea cucumber poachers operating along the Campeche Bank (Felbab-Brown, 2020). In an interview with José Luis Carrillo Galaz, president of the Mexican Confederation of Fishing and Aquaculture Cooperatives, he observed that "the trade in lobster, abalone or totoaba swim bladder, which costs more than a kilo of cocaine, are now profitable activities that criminal groups go after" (Galaz, personal communication, Jan. 14, 2023). Alejandro Robles González, president of NOS Noroeste Sustentable, a civil society organization based in La Paz, Baja California Sur, also confirmed that "criminal groups get directly involved with a species, in this case, an endangered species, and take over trade in the totoaba swim bladder as an illegal product with a black market and a very high value" (González, personal communication, Feb. 21, 2023). Mexican environmental NGOs have also discovered jaguar carcasses without paws, teeth, and other body parts scattered along the border with Guatemala and Belize, along with traces of turtles and crocodilian skins heading into China (Felbab-Brown, 2022). The human–human (super)exploitation is also present in the illegal trafficking of these species, as violent conflict erupts among fishing communities, leading to deaths and injuries aboard fishing vessels and fishermen being forced to take increasing risks and suffering from decompression sickness (Pressly, 2021).

Despite Mexican President Andrés Manuel López Obrador's attempt to strengthen the role of the Mexican Navy (SEMAR), the National Commission of Natural Protected Areas (CONANP), the National Commission for Aquaculture and Fisheries (CONAPESCA) and the Procuraduría Federal de Protección al Ambiente (PROFEPA) in fisheries enforcement, environmental crimes on the high seas continue nearly unabated and the dark green figure of crime remains a mystery. Improved coordination among CONAPESCA, CONANP, PROFEPA, SEMAR, the federal, state, and municipal police forces is needed, enhancing data sharing, enforcement, investigation design, and prosecution – not to mention the international partnerships to be forged with American counterparts such as US Fish and Wildlife, customs, and prosecutors. At the national level, President Obrador's move towards the militarization of public policy domains in Mexico and SEMAR's role in suppressing IUU fishing has been met with skepticism among locals. The move to militarization has been a response to local fishermen launching violent attacks against CONAPESCA facilities in efforts to reclaim confiscated nets and boats (Felbab-Brown, 2020). As such, locals are calling on the government to promote more education and awareness of IUU fishing and promote public participation in fisheries management and environmental protection, drawing upon the expertise of marine biologists and environmental NGOs to improve the sustainability of fisheries, marine biodiversity protection, and policy (Felbab-Brown, 2020). Sadly, all of this will probably come too late for the vaquita porpoise, the world's smallest, and most endangered, cetacean.

9.5 The *High* Seas

The Sea of Cortez, also known as the Gulf of California, is situated between Mexico's mainland and the Baja California peninsula. Made up of the Mexican states of Baja California, Baja California Sur, Nayarit, Sinaloa and Sonora, the region contributes 11 percent of the country's gross domestic product and is united by the immense gulf of north-western Mexico, declared a world heritage site by UNESCO. According to UNESCO, the Sea of Cortez comprises 244 islands, islets and coastal areas, and boasts 695 vascular plant species and 891 types of fish; 39 percent of the world's total number of marine mammal species and 33 percent of the global number of cetacean species live in or pass through its waters in migratory patterns (UNESCO, n.d.). While the gulf is a protected site, illegal activity is rife due to its proximity to drug-producing regions and its expansive coastline offering ample opportunities for drug smuggling. Martínez & Alonso (2021) contend that organized crime groups adapt to illicit drug markets by corruption and violence, creating alliances with local fishermen and Asian criminal networks along the trafficking chain by tapping into existing routes and concealment methods used by criminal networks operating out of Mexico.

While the illegal trade among Mexican organized criminal groups during the second half of the twentieth century was comprised largely of cannabis, heroin, and cocaine en route to the United States, today organized crime groups have expanded their range of activities via advanced structures, sophisticated logistics, labor and weaponry. Illegal fishing of endangered species – such as the totoaba mentioned earlier – has allowed criminals to impose their prices on both fishers and fish processors, impacting the quality of life in fishing communities, as well as the industry and the region's biodiversity. In addition to carrying out illicit activities, organized criminal groups seek to monopolize legal fishing companies along the entire supply chain. As Vanda Felbab-Brown, director of the Initiative on Non State Armed Actors at the Brookings Institute, explains: "Mexican organized crime groups set prices at which fishers can be compensated and restaurants get paid for the cartels' marine products. The criminal groups also force processing plants to process the fish brought in by the criminal groups. And they charge extortion fees to seafood exporters" (Felbab-Brown, 2022, p. 18). Indeed, it appears that criminal groups have taken over the entire value chain of the fishing industry in some regions of Baja California and Baja California Sur. According to José Luis Carrillo Galaz, president of the Mexican Confederation of Fishing and Aquaculture Cooperatives, the incursion of organized crime in the fishing industry has already reached a point where it affects national security (Cuamea, 2023).

The intersections between transnational environmental crime and drug cartel activity warrants closer analysis, as wildlife trafficking, drug trafficking, and money laundering have become intertwined. Felbab-Brown (2022) reveals that the Mexico–China wildlife trade has become a mechanism to transfer value in select illicit economies, bypassing anti-money-laundering controls in the United States and Mexican banks. Moreover, various animal and timber products have been utilized by Mexican cartels to pay for drug precursor chemicals to produce fentanyl and methamphetamines. Felbab-Brown further explains (2022, p. 4):

> "The huge markups that wildlife products register between harvest and retail makes them an ideal tool of money laundering and value transfer. Such value transfer across two illicit economies goes beyond one trafficking network smuggling multiple commodities as, for example, detected in the 2020 US Operation Apex that targeted Chinese nationals in the United States smuggling totoaba bladders and shark fins from Mexico as well as drugs, diamonds, and precious metals."

With wildlife trafficking serving as a vehicle to consolidate various illicit economies, Mexican cartels are incentivized to legally and illegally harvest more animal and plant species to pay for precursor chemicals. The environmental impact of these illicit economies requires further investigation; for example, the toxic waste generated during drug production in clandestine labs has recently garnered the attention of the Global Initiative Against Transnational Organized Crime (GI-TOC). According to Mexico's Ministry of National Defense, 974 drug labs were identified and dismantled between 2012 and 2021 (Cuamea, 2023). The damage caused by this waste is irreparable, as these waste products are predominantly fuels and solvents, such as those used for household cleaning and vehicle maintenance: acetone, vehicle battery acid, brake fluid, wood varnish, ammonia, and air-conditioning refrigerants – to name just a few. The products used to manufacture methamphetamine may also contain particles of lithium or mercury, which act as catalysts in chemical reactions (Tennant & Mahadevan, 2021).

In addition to the environmental footprint left by methamphetamine production, and the effect of organized crime's takeover of the legal and illegal fishing markets, criminal groups have also set their sights on local drug use, known as narcomenudeo, or small-scale drug trade. Quite recently, local drugs have extended into the fishing communities in the Sea of Cortez region. According to data from the Mexican Ministry of Marine Affairs, the seizures of methamphetamine by the coast guard in 2012 remained in the range of between 12 and 16 kilograms in the vicinity of fishing communities in the five states of the Sea of Cortez. Beginning in 2018, the presence of methamphetamine became more pronounced, with larger seizures: a 100 percent increase that year. In 2019, 16 times more crystal meth was seized than the year before. In 2020, there was a drop of 9 percent, only for the number to quadruple in 2021 (Cuamea, 2023).

The impact of drug use on local fishing communities has been nothing short of devastating – with these communities experiencing economic decline in the last 40 years, the widespread use of drugs have pushed these fishermen into further isolation and marginalization. The Government of Baja California's State Observatory for Addictions reported in 2012 that methamphetamine was the drug with the third most significant impact in the entire state, behind alcohol and tobacco. In 2016, it rose to first place as the primary drug affecting the state, followed by cannabis and heroin. In the state of Nayarit, drug use increased from 2018 to 2021; during that period, the Ministry of Security and Civilian Protection reported that the number of people detained for using illicit substances tripled. In the fishing grounds of Sinaloa, for example, drug use has also been linked to a 99 percent increase in crimes causing bodily harm from 2012 to 2021 (Cuamea, 2023).

9.6 Ecoviolence and Transnational Environmental Crime Convergence

The dual energies of *agential and structural violence* course through the Sea of Cortez Region, laying bare the violence and harm committed against the environment and human beings. The complex interplay between environmental governance, protection, and human rights forces us to expand traditional understandings of ecoviolence, adopting a more holistic perspective that sees the destruction of the environment as coterminous with human–human (super)exploitation. The preceding sections clearly outline what the ELI refers to as a transnational environmental crime convergence along the Sea of Cortez and other regions in Mexico. Consider, for example, the illegal totoaba, butterfly, seahorse, sea cucumber, abalone, and shark fins trade. This trade has led to the exploitation of marine resources: IUU fishing and industrial bottom trawlers have destroyed the seabed, snatching up century-old corals and everything else in their path. In fact, for every pound of shrimp caught, trawlers acquire approximately 40 pounds of bycatch. Smaller scale artisanal fishing also poses grave threats to the ecosystem, as this practice is much harder to regulate. Small fishing fleets engage in illegal gillnetting for totoaba, endangering the vaquita porpoise.

But ecoviolence also appears as human–human (super)exploitation and the use of human mules to transport these illegal products. Intimidation tactics are used by organized criminal groups to force mules to take a variety of routes in order to avoid flying directly to their destination. ELI's investigations identify the convergence between the illegal wildlife trade and human smuggling – specifically, the trafficking of Chinese workers to the United States. As mentioned earlier, one network located in Baja California smuggles rare and iconic species into the United States, but also smuggles Chinese immigrants from Mexico to the United States via fraudulent visas, counterfeit Mexican residential cards, and birth certificates. Another criminal network based in Central Mexico smuggles immigrants brought to Cuba into Mexico. ELI has discovered that the network assists illegal immigrants with transport to Mexico, bribing corrupt officials to obtain forged travel documents and fake residence permits. Workers are forced to travel via foot, car, or tunnel and when they reach their destination, they are forced to stay in designated locations for two to four weeks to avoid being tracked and arrested by US authorities (Crosta et al., 2023).

Finally, the ecoviolence behind the convergence of various illicit economies reveals how transnational crime, environmental crime, and human–human (super)exploitation occur in Mexico. The accessibility of synthetic drugs leads to the collapse of fishing communities, as young men grow hopeless and turn to substance use to cope. As drugs like methamphetamine flood the community, officials have recorded an uptick in crimes such as domestic violence, injuries, rapes and small-scale drug sales. In the fishing grounds off Sinaloa, the small-scale drug trade has multiplied almost sevenfold; forced disappearances have increased by 31 percent; domestic violence has grown by 51 percent; and the number of rapes have doubled (Cuamea, 2023). This is accompanied by the effects of often-indiscriminate toxic waste dumping, which is literally poisoning regions surrounding the Sea of Cortez Region. An investigation by the UN Office on Drugs and Crime (UNODC, 2022) estimated 1.6 million kilograms of toxic waste was dumped into the area surrounding the Sea of Cortez, whose residues represent a potential risk for the 174 aquifers in the region; the amount of waste dumped by these meth laboratories is the equivalent of nearly two kilograms for every hectare of the 2.8 million hectares of wetlands located in this region (UNODC, 2022).

9.7 Ecoviolence and Community Resilience

While ecoviolence threatens the ecology and social fabric of the communities located near the Sea of Cortez, some members have come together to develop fishing cooperatives, which serve as Mexico's largest network of marine refuges (Galaz, personal communication, 2023). Another example of such resilience can be found in the neighborhood of El Manglito, which, along with NOS Noroeste Sustentable, developed a project to regenerate the population of the callo de hacha (*Atrina maura*), a scallop species that supports the local economy and has been habitually overexploited. The restoration project began in 2011 with the goals of restoring the ecosystem, but has evolved into the civil society organization Pescadores Rescatando la Ensenada (Fishermen Rescuing Ensenada) in 2016. This community-led initiative is made up of 109 members, 22 women and 87 men, in addition to 15 cooperatives and 10 independent fishermen. In 2017, three fishing cooperatives were formed in Altata, Sinaloa, all of which were made up of women: Las Almajeras de Santa Cruz, Las Lobas del Manglar, and Las Banas Guerreras. Adopting an intersectional lens, these women focus on gender-based violence and conservation efforts – notably, regenerating the population of rare and iconic species (Cuamea, 2023).

Yet, despite these laudable civil society efforts to mitigate the ecoviolence perpetrated by transnational environmental crime convergences in Mexico, much more work needs to be done. According to González, communities are in a downward spiral, unable to create projects to support resilience and rebuild the population of affected species or advance any other activity that would help them heal: "it takes a lot, not just in terms of organizing, but financially, and today there aren't solid support programs that allow communities to do that (Cuamea, 2023). They can have the intention of doing it, but the technical capacity and support to follow through are lacking" (Galaz, personal communication, 2023).

9.8 Conclusion

The Sea of Cortez Region serves as a unique case study of ecoviolence studies. This chapter highlights the transnational environmental crime convergences that lead to organized crime, environmental harm and human–human (super)exploitation. Wildlife trafficking, drug trafficking, money laundering, and human smuggling have become intertwined in our globalized world, giving rise to illicit economies and an overlap of transnational criminal networks, and presenting a severe and ongoing challenge to the legitimacy of the Mexican state and government. As demonstrated in this chapter, network convergence is multileveled, drawing upon regional, interregional, and transnational exchanges to further criminal activities; the environment suffers accordingly and, in the case of the possible impending extinction of marine mammals, irreversibly. A new analytical framework is needed to research, and respond, to such convergences – ecoviolence studies may be the answer, opening fruitful lines of inquiry into an exciting terrain of emerging research.

References

Álvarez, M. D. (2007). Environmental damage from illicit drug crops in Colombia. In Jong, W. (Ed.), *Extreme Conflict and Tropical Forests* (pp. 21–45). Springer.

Ashworth, K. & Vizuete, W. (2017). High time to assess the environmental impacts of cannabis cultivation. *Environmental Science & Technology*, 51, 2531–2533.

Babor, T. (2010). *Drug Policy and the Public Good*, 1st ed. Oxford Academic.

Bauer, S., Olson, J., Cockrill, A., van Hattern, M., Miller, L., Tauzer, M., & Leppig, G. (2015). Impacts of surface water diversions for marijuana cultivation on aquatic habitat in four Northwestern California watersheds. *PLOS ONE*, 10(9), 1–19.

Berlinski, C. (2009). *The Dark Figure of Corruption*. Hoover Institution. https://www.hoover.org/research/dark-figure-corruption.

Brombacher, D., Garzón, J. C. E., & Vélez, M. A. (2021). Introduction special issue: Environmental impacts of illicit economies. *Journal of Illicit Economies and Development*, 3(1), 1–9.

Butsic, V. & Brenner, J. C. (2016). Cannabis agriculture and the environment: A systematic, spatially-explicit survey and potential impacts. *Environmental Research Letters*, 11(1), 44–53.

Cuamea, F. (2023). *Sea of Cortez: The Social and Environmental Threats of Organized Crime*. Global Initiative Against Transnational Organized Crime.

Chouvy, P. & Macfarlane, J. (2018). Agricultural innovations in Morocco's cannabis industry. *International Journal of Drug Policy*, 58(1), 85–91.

Crosta, A., Talerico, C., Joseph, A., Ungar, M., Petrossian, G., Riungu, J., & Sosnowski, M. (2023). *Environmental Crime Convergence: Launching an Environmental Crime Convergence Paradigm Through Investigation of Transnational Organized Crime Operations*. Earth League International.

Dávalos, L. M., Bejarano, A. C., Hall, M., Correa, H. L., Corthals, A., & Espejo, O. J. (2011). Forests and drugs: Coca-driven deforestation in tropical biodiversity hotspots. *Environmental Science & Technology*, 45(4), 1219–1227.

del Olmo, R. (1998). The ecological impact of illicit drug cultivation and crop eradication programmes in Latin America. *Theoretical Criminology*, 2, 269–278.

EMCDDA and Europol. (2019). EU drug markets report 2019. Publications Office of the European Union.

Felbab-Brown, V. (2020, September 14). Illegal fishing in Mexico and policy responses. *Brookings*. https://www.brookings.edu/articles/illegal-fishing-in-mexico-and-policy-responses/.

Felbab-Brown, V. (2022, March 9). Something fishy: Wildlife trafficking from Mexico to China. *Brookings*. bit.ly/4dO47cA.

Gianotti, A. G. S., Harrower, J., Baird, G., & Sepaniak, S. (2017). The quasi-legal challenge: Assessing and governing the environmental impacts of cannabis cultivation in the North Coastal Basin of California. *Land Use Policy*, 61(1), 126–134.

Mansfield, D. (2019). On the frontiers of development: Illicit poppy and the transformation of the deserts of southwest Afghanistan. *Journal of Illicit Economies and Development*, 1(3), 330–345.

Martinez, A. & Alonso, I. (2021) Mexican organized crime and the illegal trade in totoaba maw. *Trends in Organized Crime*, 24(4), 526–546.

McSweeney, K. (2015). *The Impact of Drug Policy on the Environment*. Open Society Foundation.

Murphy, T. E. & Rossi, M. (2020). Following the poppy trail: Origins and consequences of Mexican drug cartels. *Journal of Development Economics*, 143, 102–133.

Mills, E. (2012). The carbon footprint of indoor cannabis production. *Energy Policy*, 46, 58–67.

Nellemann, C., Henriksen, R., Kreilhuber, A., Stewart, D., Kotsovou, M., Raxter, P., Mrema, E. & Barrat, S. (Eds.) (2016) *The Rise of Environmental Crime: A Growing Threat to Natural Resources, Peace, Development and Security*. Nairobi: United Nations Environment Programme.

Ortiz, C. (2004). Agricultura, cultivos ilícitos y medio ambiente en Colombia. *Guerra, sociedad y medio ambiente*, 16(1), 297–352.

Pardal, M., Colman, C., & Surmont, T. (2021). Synthetic drug production in Belgium – environmental harms as collateral damage? *Journal of Illicit Economies and Development*, 3(1), 36–49.

Pressly, L. (2021, May 12). "Cocaine of the sea" threatens critically endangered vaquita. *BBC News*. https://www.bbc.com/news/world-latin-america-57070814.

Salisbury, D. S. & Fagan, C. (2013). Coca and conservation: Cultivation, eradication, and trafficking in the Amazon borderlands. *GeoJournal*, 78(2), 41–60.

Shirk, D. (2011). *The Drug War in Mexico: Confronting a Shared Threat*. Council on Foreign Relations.

Stoett, P. & Omrow, D. (2021). *Spheres of Transnational Ecoviolence: Environmental Crime, Human Security and Justice*. Palgrave Macmillan.

Tennant, I. & Mahadevan, P. (2021). The implementation review mechanism of the UN Convention against Transnational Organized Crime (UNTOC). *Transnational Crime* 3(2–3), 39–54.

UNESCO. (n.d.). Islands and protected areas of the Gulf of California. https://whc.unesco.org/en/list/1182.

UNODC. (2016). *World Drug Report 2016*. United Nations.

UNODC. (2022). *World Drug Report 2022, Drugs and the Environment*. United Nations.

Wheatley, J. (2021). Transnational organized crime: A survey of laws, policies and international conventions. In F. Allum & S. Gilmour (Eds.), *Routledge Handbook of Transnational Organized Crime* (pp. 51–66). Routledge.

10

Minority Languages as Collateral Damage in the Climate Crisis: The Incidental Result of Ecoviolence on Y Gymraeg/Welsh Language

LOWRI CUNNINGTON WYNN

10.1 Introduction

Wales is a country within the unitary state of the United Kingdom and in this instance, is defined as a region with its own unique political and social history and a people who define themselves differently to that of the collective. It is not independent of the United Kingdom, however it possesses a specific cultural identity which in some instances, is demonstrated through its commitment to its language and a distinct national politics (Davies, 1989). The iaith Gymraeg/Welsh language is a part of the Celtic branch of Indo-European languages alongside other languages such as: Irish, Breton, Scottish Gaelic, Manx, and Cornish (Davies, 2014).

Since the Government of Wales Act, 1998, Wales has been subject to the devolution of political powers (Atkins, 2018) although these powers are often characterized by a lack of power and autonomy (Williams, 2021). Those devolved powers that are administered are sometimes considered to be a "Welsh veneer to Westminster policy making" (Williams, 2021, p. 107), with a definite lack of economic and financial levers and radical reform more generally. There have been some cumulative increases in the powers of the Welsh Government, however political power within Wales hasn't fundamentally changed. Wales as an internal colony of England (Levering & Lovering, 1978) continues to be a contested issue amongst Welsh historians, a model that assumes that unequal distribution of resources and a relationship based on extraction is a result of political intervention in the form of the subordination of a distinct society; Wales, to a central elite, the English ruling class (Levering & Lovering, 1978). This chapter does not purport either argument. However, it does seek to provide some context to the tense and certainly complex relationship between both nations and the impact that a majority language culture has on an already vulnerable minority language-speaking nation. The status and credibility of y Gymraeg is often met with at best indifference and at worst hostility, with extreme examples such as the creation of the Tryweryn dam in the 1950s and 1960s creating political and cultural rifts between both nations. The Tryweryn dam was a project designed to provide water to the city of Liverpool. Liverpool City Council flooded the village of Capel Celyn, near Bala, Gwynedd and displaced its 48, Welsh speaking, residents, after parliament passed the Tryweryn Reservoir Bill, in 1957. The opposition to the project was fierce and extended beyond this rural community, with the scheme becoming a focal point for Welsh nationalism (Atkins, 2018). This marks a low point in the history of the relationship between Wales and England and is indicative of the resource extraction which has been characteristic of an unequal relationship during the last century and indeed since the industrial revolution.

This chapter focuses on the impact of ecoviolence – in particular, climatic uncertainty – on the language and culture of three areas within the Northwest Wales Coastline and within the county of Gwynedd. These are considered the Cadarnleoedd y Gymraeg. The Cadarnleoedd is often contested as a political tool rather than a formally recognized linguistic or cultural territory, as is the Gaeltacht in Ireland and the Gaidhealtachd in Scotland. Here, it is used to describe the areas in Wales where the Welsh language is strongest, with at least 50 percent of the population able to speak it (Aitchson et al., 1989). There has been a consistent decrease in the number of people able to speak Welsh in Wales, which is challenging the sustainability of the language in its traditional heartlands. According to the 2021 Census, an estimated 538,300 usual residents in Wales aged three years or older reported being able to speak Welsh, or 17.8 percent of the population (Welsh Government, 2022). This is a decrease of around 23,700 people since the 2011 Census, and 1.2 percentage points lower than the 2011 Census. The percentage of people aged three years or older able to speak Welsh in 2021 was the lowest ever recorded in a census. The number of people aged three years or older able to speak Welsh in 2021 was the third lowest recorded in a census, higher than in both 1981 and 1991 only (Welsh Government, 2022).

In addition to its statistical and political definition, The Cadarnleoedd is considered to have other, perhaps more relevant meanings. It implies a specific culture formed around a common language, with an attachment to place and community. Although this can be difficult to define in real terms, this sense of the Cadarnleoedd is essential to understanding the culture of Northwest Wales and how it shapes those who reside there. Like other rural areas across the UK, the Cadarnleoedd are experiencing migration of their younger population. From a Welsh perspective, migration patterns have multiple impacts on its coastal communities. These impacts are linguistic, cultural and socio-economic. As demonstrated in the 2021 Census, Gwynedd is the third least densely populated of Wales's 22 local authority areas (ONS, 2022). Much of the literature written on these areas or indeed rural Wales, considers in detail questions of economic and social change. They illustrate the reclassification and the weakening of the Welsh language over time, in the context of longstanding migration patterns and the shifting nature of local identities (Morris & Williams, 2000).

According to the 2021 Census, the highest percentages of people aged three years or older able to speak Welsh were in Northwest Wales, with 64.4 percent in Gwynedd, and 55.8 percent in the Isle of Anglesey (Welsh Government, 2022). Geographically, the largest decrease in the percentage who can speak Welsh has been in areas of those local authorities that have the highest concentration of Welsh speakers. The percentage of people aged three years or older able to speak Welsh decreased between 2011 and 2021 in all local authorities except Cardiff, Vale of Glamorgan, Rhondda Cynon Taf and Merthyr Tydfil. Generally, the number of communities with 70 percent of Welsh speakers living in them has dwindled since 2001. There were 53 such communities in 2001; in 2016, there were 39. This is considered to have important implications for the Cadarnleoedd in terms of the composition of its communities and its linguistic retention. In addition, this research has wider policy implications, particularly in light of the Welsh Government's intention to increase the number of Welsh speakers from 575,000 to 1,000,000 by 2050.[1]

10.2 Environmental Justice for Coastal Communities

The Northwest Wales Coastline consists of 45.5 percent of the total length of the Welsh coastline and Natural Resources Wales[2] (NRW) has identified it as particularly vulnerable to the stark impacts of climate breakdown, rising sea levels and extreme weather events such as flooding. In addition, and according to the Welsh Index of Multiple Deprivation,[3] the Northwest Wales Coastline includes some of the one percent to 10 percent and 10 percent to 20 percent most deprived areas in Wales. From an environmental justice perspective, we should consider how poverty and class inequalities impact individuals and communities' access to justice and whether the state effectively responds to the poverty within those areas and inequality between areas. In the UK more widely, many coastal communities are already facing significant socio-economic challenges that require immediate

[1] For further information see: https://www.gov.wales/sites/default/files/publications/2018–12/cymraeg-2050-welsh-language-strategy.pdf

[2] Natural Resources Wales ensures the environment and natural resources of Wales are sustainably maintained and used, now and in the future. Natural Resources Wales works with the Welsh Government.

[3] The Welsh Index of Multiple Deprivation (WIMD) is the Welsh Government's official measure of relative deprivation for small areas in Wales. It identifies areas with the highest concentrations of several different types of deprivation. WIMD ranks all small areas in Wales from 1 (most deprived) to 1,909 (least deprived). It is a National Statistic produced by statisticians at the Welsh Government. Small areas are Census geographies called Lower-layer Super Output Areas (LSOAs).

attention, and the very real risks posed by climate breakdown, therefore, might not be a priority for national government, local government and local community actors. In addition, as with the Cadarnleoedd, these communities are vulnerable to serious challenges, including youth outmigration and inward migration of older people, aging populations and a high proportion of retirees and people receiving welfare benefits (Joseph Rowntree Foundation, 2011).

The potential weakening of the Welsh language and Welsh culture of the Cadarnleoedd due to the coastal effects of climate change, is primarily a matter of injustice, characterized by harm and potentially illegality. From a Green Criminological perspective, Hall (2012) maintains that environmental degradation is an elaborate and holistic social problem. He usefully embeds environmental victimization within the "social harms" approach as discussed by Hillyard and Tombs (2003). Consequently, the use of "harm" rather than "crime" when discussing environmental victims allows for a cross-section of individual experiences of victimization, such as emotional suffering (Hall, 2012) as well as the involvement and opinions of wider organizations. In turn, this allows for a holistic and integrated understanding of environmental harm and injustice, rather than the narrower focus on those actions and consequences defined only by law. As such, climate breakdown must be viewed as ecoviolence because it not only affects the environment, but also people and communities. It is clear, from a growing body of evidence drawn from research undertaken in relation to places facing coastal realignment, that many communities will have to confront their increasing vulnerability to the climate emergency.

The data collated from the focus groups, which form the basis of this chapter, suggest that some young people are rightly concerned and generally anxious about how the accelerating climate crisis will impact their future prospects should they decide to continue living on the Northwest Wales coastline. But these concerns also go deeper than the survival of places and people, they encompass the continuity of Welsh culture and language that is distinct to this part of the UK. The empirical data gathered suggests an increasing uncertainty about the ability of the Welsh Language to survive the environmental crisis, and how economic and social shifts triggered by this could accelerate "*Language Death*" as suggested by one focus group. The concept of language death will be critically explored later in this chapter.

Discussions surrounding the role and nature of environmental justice have broadened significantly over the last decade and have developed to encompass a range of integrated issues and characteristics that may lead to inequity, Bryant (1995, p. 6) notes that justice:

"refers to those cultural norms and values, rules, regulations, behaviors, policies, and decisions to support sustainable communities, where people can interact with confidence that their environment is safe, nurturing, and productive. Environmental justice is served when people can realize their highest potential, without experiencing the 'isms.' Environmental justice is supported by decent paying and safe jobs; quality schools and recreation; decent housing and adequate health care; democratic decision-making and personal empowerment; and communities free of violence, drugs, and poverty. These are communities where both cultural and biological diversity are respected and highly revered and where distributed justice prevails."

Often, discussions around the definitions and distributions of justice have centered on the unequal distribution of resources and the struggles of indigenous people and the stability of their rights and culture (Schlosberg & Carruthers, 2010) However, Schlosberg and Carruthers (2010, p. 15) have suggested a "*pluralistic discourse of justice*," which emphasizes the ability of people to participate in the foundational functioning of their culture and communities and to be recognized for doing so. However, scholars, academics and activists utilize a number of definitions of justice, whilst also recognizing that various cultures and races struggle to gain "*authentic inclusion*" and political participation, to allow them to live with freedom (Schlosberg & Carruthers, 2010). This is what Sen and Nussbaum (1992) would call the "*Capabilities Approach*," which is in itself a comprehensive and inclusive definition of justice. It focuses on the essential capacities that people need to fully function in the lives that they choose for themselves (Sen & Nussbaum, 1992). The Capabilities Approach examines what is needed to transform available primary goods into the potential for a fully functioning life. It also considers what might prevent this process limiting this potential. It's not how many resources someone has, but how these resources allow individuals to live the lives that they choose for themselves. As suggested by Schlosberg and Carruthers (2010, p. 15): "This theory of justice gives ethical significance to human functioning and flourishing, and finds harm—injustice—in forces that limit that potential." Sen and Nussbaum (1992) also suggest a communities-based approach to environmental justice, one which understands the multifaceted discourses and demands of environmental justice activists and their communities. To this end, environmental justice encompasses more than just the making and breaking of laws and considers those behaviors which both directly and indirectly destroy the ability of communities to exist within normal function with "cultural integrity" (Westra, 2008). This in turn has a distinct impact on the health and well-being of people but also of a place, which is central to the continuation of minority language cultures.

Both the Capabilities Approach and the Green Criminological Harms approach to environmental justice allow for a fuller sense of the effect of the climate crisis on individuals and communities, than might be possible through a narrower legal framework alone. These lenses are also better at engaging with future harms that might be expected in light of the latest scientific predictions. And, as is clear from the case material that informs this chapter, they allow us to analyze the different perceptions and experiences of particular communities and places faced with the potential impacts of the climate crisis (Cunnington Wynn, 2022).

Unique to Wales is the Wellbeing of Future Generations (Wales) Act (2015), which requires public bodies to "think about the long-term impact of their decisions, to work better with people, communities and each other, and to prevent persistent problems such as poverty, health inequalities and climate breakdown." (Welsh Government, 2015).[4] In addition, the Welsh Government Programme for Government 2021 aims to embed response to the climate and nature emergency in everything they do. As a result, the Welsh Government is already considering how the climate emergency may have specific consequences for Wales. The success and implementation of the Act however, will depend on the political will and the ability of those tasked with holding public bodies to account (Davies, 2016). As part of this continuing work by the Welsh Government, a recent study based on the impact of climate breakdown on young people living in Wales has ascertained that, understandably, this section of the population are anxious about the worsening health impacts of a warming climate and extreme weather events (FLiNT, 2022). Using creative research methods through the medium of storytelling, this research demonstrates the underlying concern about the impacts of the climate crisis on health and wellbeing, the probability of it contributing and exacerbating other crisis, such as the cost-of-living crisis and the COVID-19 pandemic and the extinction of animals, birds, and insects, particularly through loss of habitat (FLiNT, 2022). Discussions surrounding the Welsh language however were not prevalent themes within this data, suggesting a gap in the literature that needs addressing. Arguably, the loss of a language doesn't compare to the real casualties of catastrophic climate change; human, animal, environmental. However as suggested by Hale (1992), the late US Linguist and Activist, with each Indigenous language that goes extinct, so too goes the thought, the culture, tradition and knowledge it bears.

10.3 The Death of a Language

Language death is a result of language contact and shift, which leads to the more dominant language causing threat to the existence of the minority language, and often to its disappearance (Hickey, 2010). A language can die suddenly or gradually. In these circumstances, younger generations of minority language speakers often adopt the majority language due to its ties to socioeconomic advancement which is also characteristic of globalization and the climate crisis. There are many reasons for these circumstances but the most notable to this chapter is the concept of

[4] Programme for government | GOV.WALES

changes to the ecology of language (Wurm, 1991). In this instance, language death is caused by changes in the ecology of the language concerned (Wurm, 1991). This is often paralleled with that of nature, where changes to a particular environment or ecology can lead to decline and ultimately to extinction. As suggested by (Wurm, 1991, p. 2):

> "Extinction through violence and catastrophe is readily comparable in both instances, but the same is also the case with changes in ecology: an animal or plant species loses its viability and ability to survive through the drastic reduction or alteration of its habitat and/or the introduction of other animal or plant species which in some important respects are more powerful and with which the species concerned is unable to compete successfully."

Languages can die for many reasons and those reasons may be multifaceted and complex. Of the approximately 7,000 documented languages, nearly half are considered endangered and the most pessimistic predictions suggesting that 90 percent of the world's languages will be lost within a century (Bromham et al., 2021). The ability of minority language speakers to reproduce a language from one generation to the next, as well as the environment being less favorable to speakers are central to this chapter.

The impact of the climate crisis on the ability of minority languages to reproduce themselves is not a new phenomenon. A recent article in The Guardian (2023), suggests that many minority languages are dealing with wider threats posed by the climate crisis – is this not an example of ecoviolence? Factors such as the impact of globalization as well as migration from areas that are language strongholds are quoted as amplifying the impact on minority languages and their survival. The article is focused on the island of Vanuatu in the South Pacific, where 110 languages are spoken. However, a number of small linguistic communities are on islands and coastlines vulnerable to extreme weather events and increasing sea levels. Others live on lands where fluctuating temperatures threaten traditional farming and fishing practices, which in turn can impact migration patterns (Addaney et al., 2022). A recent minority language study based in Northern Ghana (Addaney et al., 2022) substantiates that forced migration as a result of an increasingly harsh climate is currently occurring in the upper East and West Regions of Ghana, where groups of minority language speakers have no choice but to migrate to the southern part of the country, where their culture and language are under threat as a result of a dominant language group within the territory. This research also argues that language loss as a result of forced migration is an underdeveloped field of study and that there needs to be a more detailed exploration of these patterns.

Within a Green criminological and environmental justice theoretical framework, the concept of language death is central if we are to assume its importance to the ability of people to live in an equal, fair society and to the continuation of the cultural and linguistic diversity of the UK. There are issues with maintaining that Welsh speakers are an indigenous group of persons native to Wales as this isn't the case for the majority of those who can speak the language. Doing so undermines the valid struggles of many indigenous communities who have ancestral, cultural and collective ties to land and resources and who are facing significant challenges to their way of life such as the Sami community (Jaakkola et al., 2018). However, dismissing the increasing threat from the climate crisis to minority language cultures, is to dismiss how this limits the capacity of people to live diverse lives and to denigrate many cultures worldwide as somehow lesser. Arguing that language loss, similar to species loss, is simply a result of an ever-evolving planet, is perhaps culturally imperialistic and discounts the richness of languages as conduits of human heritage, stories, songs and literature.

10.4 Exploration of the Data

The empirical data which forms the basis of this chapter demonstrates how anxiety surrounding the issues of the "death of the Welsh language," is something which cannot be ignored. In each of the three areas studied, there was evidence of growing concern about how Welsh, as an already vulnerable language, would not be able to survive the impacts of the unfolding climate crisis. As previously mentioned, three focus groups were conducted in the spring of 2023 in three coastal areas in Gwynedd, which is considered to be central to the Cadarnleoedd y Gymraeg. The focus groups were conducted through a creative medium, asking participants to visually convey what the impacts of the climate emergency might have on them personally but also on the communities in which they live. Work was conducted in groups with a combination of digital mediums such as polling techniques and traditional data collecting through group work. The data gathered was analyzed thematically. Although this study is limited in terms of being able to correlate these findings with much larger population sets, the data gathered was rich and participants provided a diverse set of responses.

During the focus groups, there were opportunities for the participants to describe the main threats, as well as opportunities that were most pressing for them within the context of a warming planet. The responses included concerns about the ability of the communities to sustain themselves as well as their ability to survive rising sea-levels and increasingly extreme weather events. In each group, participants recognized that the climate crisis would compound many of the real issues that they were already experiencing as young people living in coastal communities. These included a general lack of employment opportunities and lack of diversity of job opportunities within the Gwynedd rural economy. Salary levels in Gwynedd continue to be much lower than in other parts of Wales and the productivity value of Gwynedd businesses is low compared to other areas (Gwynedd Council, 2023). Housing was also a particular concern, with the housing stock in Gwynedd experiencing a trend of increasing second homes and holiday lets which was putting pressure on the ability of young people to get mortgages or rental accommodation in the communities where they grew up. The number of second homes estimated to be chargeable with a council tax premium during 2020–2021 in Gwynedd was 4,900 with an additional 1,976 holiday accommodation units There were therefore at least 6,849 "holiday homes" in the county, 10.76 percent of the total housing stock (Brooks, 2021).

Central to these issues is the outmigration of younger people and the influx of older people who come to the scenic areas of Gwynedd to retire. The population has continued to age within the county. Across Wales, more than one in five people (21.3%) were aged 65 years and over according to the 2021 Census. This is a higher percentage than ever before (ONS, 2022). In Gwynedd specifically, there has been an increase of 8.6 percent in people aged 65 years and over, a decrease of 6.8 percent in people aged 15 to 64 years, and a decrease of 8.2 percent in children aged under 15 years (ONS, 2022). This demographic situation is linked to the migration of young people, who can most often speak Welsh, from the Cadarnleoedd y Gymraeg. This was a concern for many of the participants involved in the study and that this situation may be aggravated by forced migration as a result of the climate crisis. This fear was expressed through the use of drawings of flooded towns and villages and visual representations of a lack of economic and social opportunities.

The impact of the climate crisis on the language was a stark theme within each of the focus groups, related to preexisting issues of migration as well as English increasingly becoming the dominant language in some areas. Explicitly, the young people suggested that the climate crisis would mean that "*bydd pobl ifanc yn symud o Gwynedd/young people will move from Gwynedd* and *that English speakers would impact on the Welsh language more and more.*" This was also related to house prices and "*more tourists buying houses in Wales and less people will speak the language.*" One group suggested that climate shocks could increase "*colli'r math o gymunedau sydd yn gadarnleoedd i'r Gymraeg/losing the types of communities that are part of the Welsh Heartlands.*" There were also comments about threats to Welsh language funding as investing in climate mitigation schemes would be prioritized over investing in the conservation of minority languages – "*Pwy sy'n mynd i falio am y Gymraeg pan mae'r byd yn llosgi*/Who's going to care about the language when the world is burning?"

From a justice perspective, the participants in the study expressed their feeling that there was a lack of consultation in the decision-making process surrounding the impact of environmental degradation. For example, one group suggested that being able to have "*a seat at the table,*" would be important to them when discussing the future of their area as well as the development of any climate mitigating schemes that could have an impact on their communities and culture, for example, the building of flood defenses or the inevitable but tragic relocation of some communities, which is already a reality for some coastal areas in Gwynedd (Cunnington Wynn, 2022). Although consultation with the community itself is considered best practice and the most basic of actions in circumstances such as these, evidence from other communities facing coastal realignment have expressed concerns that this doesn't always happen (Cunnington-Wynn, 2022). A recent report on the Northwest Wales Climate Assemblies suggests that there is a distinction between community perceptions of change and the acceptability of messages delivered via local mouthpieces versus top-down interventions (Roberts et al., 2023). In addition, one of the main findings of this report is that there is no known research on the relationship between the climate emergency and language emergency (Roberts et al., 2023).

It is here that we consider that concepts of environmental justice also include the inequitable impacts of climate change, not only in the way in which it impacts communities, *but also through other forms of injustice such as a lack of recognition and inclusion in political decision-making—represent another example, or symptom, of social injustice* (Schlosberg & Collins, 2014, p. 363).

10.5 Conclusion

This research demonstrates that language death, in this context, is an increasing anxiety for young people living in Cadarnleoedd y Gymraeg. Here, climate change was feared to be a significant contemporary driver of an old phenomenon. It is interesting that the focus group participants were as concerned about harm to their language, as a thriving community language, as they were about harm to their personhood, property and livelihoods. An insight like this, although based on a small sample, is indicative of necessary future study of the interface between the potential impact of the ecoviolence of the climate crisis and potential destruction of language and linguistic cultures. It is also an indication of the strength of criminological and environmental justice approaches to the experience and perception of climate change, which are nimble and flexible enough to engage with current and future harms across diverse categories of value between different human communities and societies. In this way, place specific and idiosyncratic harms can be foregrounded. It suggests that to fully appreciate the actual perception of future harm, and the actual experience of said harm, requires staying close to the lived experience of those most affected. Indeed, failure to do so may result in missing place specific issues, leading to an unhelpful blindness to the harms and injustices that are most significant to individuals and communities in particular places. This has important implications for the practice of policy makers, legislators and third sector organizations engaged in environmental justice and concerned with environmental harm. Wales is well placed to consider the wellbeing and the safeguarding of its future generations through the implementation of its Wellbeing and Future Generations (Wales) Act, 2015. Embedded in its way of working, it sets a statutory duty on Welsh Government and public bodies across Wales to substantively engage with the people of Wales with a strong eye to safeguarding the interests of future generations. Responding to the challenges posed by the climate emergency is fundamental to the Act. However, welcome as this legislation is, as a guide to public policy and public sector practice, messy realities do not always reflect neat legal form.

Welsh coastal communities are not unique in their predicament. They share the same increasing vulnerability as many other coastal areas across the UK and the wider world. However, the prevalence of Welsh as a threatened language shapes the way that the communities in this study experience and anticipate the impact of climate change. As the impact of our destructive actions on the environment become more pronounced, it promises to affect us in different ways, reflecting local identities, language, culture and many other factors. Like a domino effect, what we variously value as humans is increasingly under threat because of rising sea levels and extreme weather events. We must engage with people as they actually live, and in accordance with what they actually value, if we are to have a satisfactory grasp of the perception and experience of environmental harm and injustice. This has important implications for social justice, environmental justice and the creation of sound policy, legislation, and governmental and non-governmental programmes. In this case, if viewed from afar, language and culture loss would not be held equivalent to loss of human and animal life, when balanced on the scales of harm and injustice. However, an engagement with the issue on terms set by those who actually experience it or will experience it forces us to question how we weigh and measure justice. In the face of climatic uncertainty, justice should be determined from the bottom up.

References

Addaney, M. Yegblemenawo, S. Akudugu, J. Kodua, M. (2022). Climate change and preservation of minority languages in the upper regions of Ghana: A systematic review. *Chinese Journal of Population, Resources and Environment*, 20(2), 177–189.

Aitchison, J, Carter, H. & Rogers, D. (1989). *Immigration and The Welsh Language. A Case Study of Tregaron and Its Region*. Rural Surveys Research Unit.

Atkins, E. (2018). Building a dam, constructing a nation: The “drowning” of Capel Celyn. *Journal of Historical Sociology*, 31(4), 455–468.

Bromham, L., Dinnage, R., Skirgård, H. Ritchie, A. Cardillo, M., Meakins, F., Greenhill, S. & Hua, X. (2021) Global predictors of language endangerment and the future of linguistic diversity. *Nature Ecology and Evolution*, 6, 163–173.

Brooks, S. (2021). *Second Homes: Developing New Policies in Wales*. Welsh Government. www.gov.wales/second-homes-developing-new-policies.

Bryant, B. (1995). *Environmental Justice: Issues, Policies, and Solutions*. Island Press.

Cunnington Wynn, L. (2022). "The Fight for Fairbourne" – A Welsh study of environmental harm and its victims. *Criminological Encounters*, 5(1), 35–51.

Day, G. (2002). *Making Sense of Wales: A Sociological Perspective*. University of Wales Press.

Davies, C. A. (1989). *Welsh Nationalism in the Twentieth Century: The Ethnic Option and the Modern State*. Praeger.

Davies, H. (2016). The Well-being of Future Generations (Wales) Act 2015: Duties or aspirations? *Environmental Law Review*, 18(1), 41–56.

Davies, J. (2014). *The Welsh Language: A History*. University of Wales Press.

FLiNT. (2022). *Communities and Climate Change in a Future Wales*. Creative Futuring Methods Report. https://phwwhocc.co.uk/wp-content/uploads/2022/10/FLiNT-Methodology-Report-1.pdf.

Gwynedd Council. (2023). Economy and Community Department. https://www.gwynedd.llyw.cymru/en/Council/Documents—Council/Councils-Departments/2022–23/2022–23-Economi-and-Community-Department-Plan-FINAL.pdf

The Guardian. (2023, Jan 16). *Lost for Words: Fears of "Catastrophic" Language Loss Due to Rising Seas*. https://www.theguardian.com/environment/2023/jan/16/linguists-language-culture-loss-end-of-century-sea-levels-rise.

Hale, K. (1992). Endangered languages: On endangered languages and the safeguarding of diversity. *Linguistic Society of America*, 68(1), 1–42.

Hall, M. (2012). Environmental victims: Challenges for criminology and victimology in the 21st century. *Journal of Criminal Justice and Security*, 13(4), 371–391.

Hickey, R. (2010). Language contact: Reconsideration and reassessment, in: R. Hickey (Ed.), *The Handbook of Language Contact* (pp. 1–28). Wiley-Blackwell.

Hillyard, P., & Tombs, D. (2003). Introduction. In P. Hillyard, D. Toomb, & C. Pantazis (Eds.), *Beyond Criminology: Taking Harm Seriously* (pp. 1–9). Pluto Press.

Intergovernmental Panel on Climate Change. (2023). *Climate Change 2023. Synthesis Report. Summary for Policymakers*. www.ipcc.ch/report/ar6/syr/downloads/report/IPCC_AR6_SYR_SPM.pdf

Jaakkola, J, Juntunen, S. & Näkkäläjärvi, K. (2018). The holistic effects of climate change on the culture, well-being, and health of the Saami, the only Indigenous people in the European Union. *Global Environmental Health and Sustainability*, 5, 401–417.

Joseph Rowntree Foundation, (2011). *Impacts of Climate Change on Disadvantaged UK Coastal Communities*. https://www.jrf.org.uk/report/impacts-climate-change-disadvantaged-uk-coastal-communities

Levering, J. & Lovering, J. (1978). The theory of the "Internal Colony" and the political economy of Wales. *Review of Radical Political Economics*, 10(3), 55–67.

Morris, D. & Williams, G. (2000). *Language Planning and Language Use: Welsh in a Global Age*. University of Wales Press.

Natural Resources Wales. (2021). Shoreline Management Plan 2. https://lle.gov.wales/catalogue/item/ShorelineManagementPlan2/?lang=en

Nussbaum, M. & Sen, A. (1992). *The Quality of Life*. Oxford University Press.

Office for National Statistics (ONS). (2022). *How the Population Changed in Gwynedd: Census 2021*. https://www.ons.gov.uk/visualisations/censuspopulationchange/W06000002/

Figueroa, R. M. (2004). *A Cross-Cultural Analysis of Distribution, Recognition, and. Environmental Heritage*. Paper given at conference on Environmental Justice Abroad, Rutgers University, October 2004.
Roberts, S., Tenbrink, T., & Peisley, G. (2023). *Enhancing Community Involvement in Low-Carbon Projects: A Study of Northwest Wales Climate Assemblies*. Bangor University.
Schlosberg, D. & Carruthers, D. (2010). Indigenous struggles, environmental justice, and community capabilities. *Global Environmental Politics*, 10(4), 12–35.
Schlosberg, D. & Collins, L. (2014). From environmental to climate justice: climate change and the discourse of environmental justice. *WIREs Climate Change*, 5(1), 359–374.
Welsh Government. (2015). Well-being of Future Generations (Wales) Act 2015. https://www.futuregenerations.wales/about-us/future-generations-act/.
Welsh Government. (2019). *Fairbourne Coastal Risk Management Learning Project*. www.gov.wales/fairbourne-coastal-risk-management-learning-project.
Welsh Government. (2022). Welsh Language in Wales (Census 2021). www.gov.wales/welsh-language-wales-census-2021.
Westra, L. (2008). *Environmental Justice and the Rights of Indigenous Peoples: International and Domestic Legal Perspectives*. Earthscan.
Williams, H. (2021). The new dissent: neoliberal politics and the Welsh way. In Evans, D., Smith, K. & Williams, H. (Eds.), *The Welsh Way. Essays on Neoliberalism and Devolution* (pp. 105–117). Parthian Books.
Wurm, S. (1991). Language death and disappearance: causes and circumstances. *International Council for Philosophy and Human Sciences*, 39(153), 1–18.

Index

For EU product safety concerns, contact us at Calle de José Abascal, 56–1°,
28003 Madrid, Spain or eugpsr@cambridge.org.

www.ingramcontent.com/pod-product-compliance
Ingram Content Group UK Ltd.
Pitfield, Milton Keynes, MK11 3LW, UK
UKHW051038060425
456924UK00008B/75

* 9 7 8 1 0 0 9 3 4 1 5 8 5 *